들뢰즈 철학의 계보 1

Deleuze's Philosophical Lineage I

들뢰즈 철학의 계보 1

Deleuze's Philosophical Lineage 1

그레이엄 존스·존 로페 엮음

수조산 박인성 옮김

경진출판

감사의 말

우리가 이처럼 긴 책을 준비할 수 있었던 것은 여러 사람에게 실질적인 빚을 졌기 때문이다. 우리는 원고를 편집하는 일을 도와주고, 우수한 커버 이미지를 만들어준 나오미 메리트에게 감사의 뜻을 표하고 싶다. 잭 레이놀즈, 애슐리 우드워드, 폴 액킨슨은 각각 편집 과정 전반에 걸쳐서 특히 힘이 되었고 도움이 되었다. 또한 이 책을 구성하기까지 도움을 준 마르그 호르웰에게도 감사드린다.

에딘버러 대학 출판부의 여러분들도 『들뢰즈 철학의 계보』를 출간하는 데 중요한 역할을 했다. 우리는 열과 성을 다해 도와준 데 대해 특히 캐롤 맥도널드, 메이레아드 맥엘리트, 팀 클라크, 제임스 데일에게 감사드린다.

우리는 또한 들뢰즈에 관한 진지한 독해와 강의가 개최될 수 있는, 보기 드문 현대적 연구소들 중의 하나인 〈멜버른 대륙철학 학교〉에 감사드리고 싶다.

마지막으로 우리는 이 책에 논문을 제공한 저자들에게 감사의 뜻을 표하고 싶다. 이들의 논문은 들뢰즈의 학문 —이 책이 장려하고자 하는 종류의 학문—에 대한 매우 세심하고 주의 깊은 설명을 제시하고 있다.

약호

AO	*Anti-Oedipus*
B	*Bergsonism*
D	*Dialogues*
DI	*Desert Islands and Other Texts*
DR	*Difference and Repetition*
ECC	*Essays Critical and Clinical*
EPS	*Expressionism in Philosophy: Spinoza*
ES	*Empiricism and Subjectivity*
F	*Foucault*
FB	*Francis Bacon: The Logic of Sensation*
FLB	*The Fold: Leibniz and the Baroque*
K	*Kafka: Towards a Minor Literature*
LS	*The Logic of Sense*
M	*'Masochism'*
MI	*Cinema 1: The Movement Image*
N	*Negotiations*
NP	*Nietzsche and Philosophy*
PI	*Pure Immanence: A Life*
PS	*Proust and Signs*
SPP	*Spinoza's Practical Philosophy*
TI	*Cinema 2: The Time Image*
TP	*A Thousand Plateaus*
TRM	*Two Regimes of Madness and Other Texts*
WP	*What is Philosophy?*

차례

일러두기: '(=   )'은 역자의 것

9

0.

서론: 미로 안으로

그레이엄 존스와 존 로페

들뢰즈의 저작에 처음 다가가는 사람들은 (그리고 심지어 새로이 되돌아가는 사람들) 들뢰즈의 저작을 어디서 시작해야 할지, 어떻게 다루어야 할지 하는 딜레마에 봉착한다는 것을 발견하게 된다. 두 가지 어려움이 나타난다. 더 직접적인 첫 번째 어려움은 들뢰즈의 저작은 개념적으로 매우 풍요로울 정도로 상세하며 복잡하다는 점이다. 따라서 그의 책들 중 한 권을 펴자마자 독자들은 수많은 다른 관련 개념들, 이론들, 사상가들을 친밀하게 알고 있어야 한다는 점을 독자들 쪽에서 볼 때 이미 전제하는 것으로 보이는 과다한 개념들에 직면한다. 어쩌면 그것은 미로와 비슷해서 그 안에서 우리는 쉽게 길을 잃어버릴 수 있거나, 혹은 그런 복잡한 건축물을 항해한다는 생각에 좌절하여 낙심할 수 있다.

이것은 더 위태로운 두 번째 어려움—그런 마주침과 관련한 주해의 장소—으로 이끈다. 독자들은 들뢰즈 철학에 관한 안내서를 찾을 때 기존의 해석들을 숙독하곤 하는데 이는 불합리한 것이 아니다. 하지만 그들이 발견하는 모든 안심은 종종 오도된 것임이 판명나곤 한다. 왜냐하면 영미 "들뢰즈 연구"라고 불릴 수 있는 장에서 정설이 정착한 것으로 보이기 때문이다. 이러한 정설 혹은 "[들뢰즈] 사유의 이미지"는 다양한 원천들을 갖고 있고, 결과적으로 상세한 설명을 요구한다. 우선 먼저, 영어 번역으로 구할 수 있는 들뢰즈의 저작은 별로 없었는데, 이것이 들뢰즈의 기획에 관한 더 폭넓거나 더 정확한 모든 "관점"을 규정하는 일을 어렵게 만들었다는 것은 오랫동안 부정할 수 없는 사실이었다. 텍스트들이 비-연대기적 순서로 번역되었고, 이것이 특정 개념들의 발달과 전반적 중요성을 평가하는 일을 어렵게 만들었으며, 결국 이것은 여러 방면의 비평가들이 개념들이나 용어(가령 "기관들 없는 신체")를 왜곡하고 때로 와전하는 일을 초래했다는 사실은 이 점과 관련되어 있다. 또한, 그리고 어쩌면 가장 중요하게도 들뢰즈 자신의 더 "사적인" 인터뷰 상의 발언들을 액면 그대로 수용하는 일(철학사와 관련하여 "비역"을 그의 고유한 방법으로서 언급하는 일, 그의 철학적 작업은 공구 상자로 취급되어야 한다고 주장하는 일 등등)이 존재한다. 이 마지막 것은 다른 두 가지—설사 이것들의 중요성은 감소하지 않았을지라도 사실 이것들의 힘은 근년에 감소했다—보다 더 중요한 문제인데, (이른바) 이론의 "문화적 응용"의 영역 내에서 들뢰즈의 이름 아래에 영원히 머물고 있었던 것으로 보이는 이론적 오해와 관련하여 특히 그러하다. 전용자들이 이차적 자료와 여타의 주해들로부터 도출된 들뢰즈의 사상들을 말만 좀 바꾸어 표현하는 데 의존함으로써 너무나 자주 오해들이 멈추지 않고 계속되었다.

요약하자면, 들뢰즈를 둘러싼 정설은 적어도 세 가지 중심 고리들의 위계로 이루어진다. 바깥쪽의 가장 일반적인 고리는 들뢰즈의 저작을 무엇이든 좋다는 식의, 혹은 이론을 쇼핑하는 식의 접근법—비체계적이고 무정부적인 "개념들과의 게릴라전"—을 주창하는 것으로 간주한다.[1] 이 접근법은 들뢰즈의 개념들을 문화적 연구들과 같은 학제간적 장 내에서 단편적으로 전유하는 일을 특징으로 삼는 경향이 있는데, 문화적 연구들에서는 특정 개념들이 원본의 맥락에 대한 관심이 거의 없이, 혹은 작가의 전작과 더 폭넓게 맺는 관계에 대한 관심이 거의 없이 차용될 수 있기 때문이다. 들뢰즈의 경우 이 접근법은 보통 "리좀"이나 "노마드"와 같은 그의 후기 저작에서 도출된 개념들을 통해 매개된다. 실로 이론을 "공구 상자"로 사용하는 일, 혹은 이론을 "레코드 상의 홈집"으로 다루는 일에 대한 들뢰즈 자신의 논평들이 유감스럽게도 의미나 맥락에 대한 사전 이해가 조금도 없이 개인적 변덕에 따라 자신의 사상을 전유하거나 왜곡하거나 노골적으로 남용해도 된다는 "거장"에게서 받아낸 면허증으로 해석되어 왔다.[2] 이것은 우리가 왜 학술 대회에서, 보통 곤봉을 휘두르듯 환각제를 들이마시듯 들뢰즈의 어휘를 사용하는 논문들을 종종 마주치는지를 설명해준다. 이러한 논문들은 소환되는 개념들에 대한 이해의 결핍을 즉각적으로 증명해준다.[3]

이 정설의 가운데 고리 혹은 수준은, 두 권의 『자본주의와 분열증』의 중요성을 과대평가하여, 이 책들을 다른 모든 것이 복창, 부속물, 보조물로서 관련돼 있는 저작의 핵심, 들뢰즈 기획의 "본질" 혹은 "정점"으로 제시하는 데 있다. 실로 일부 비평가들과 논평자들은 더 나아가 종종 『안티-오이니푸스』 그 자체를 『천 개의 고원』의 초안으로 보기도 한다. 『천 개의 고원』이 『안티-오이디푸스』에 남아 있는 프로이트와 마르크스주의의 성가신 문제점에 대한 카타르시스적인 제거를 달성했다는 것이다―(성교 후의 담배를 대신하는 명백한 증거를 가지는) 일종의 성교 이전과 이후. 우리는, 이러한 특별한 믿음이 본래 들뢰즈 책들 전반의 번역 순서에서 비롯되었거나 이루어졌다고, 상대적으로 말하면 몇 권의 초기 저작들의 번역이 오랫동안 지연된 데서 비롯되었거나 이루어졌다고 언급하고 싶다. 이것은 그 결과 오늘날까지도 극복되지 않은 일부 매우 기이한 독해와 비판적 톱질 모탕이 1970년대 말과 1980년대 초 동안 전개되는 일을 초래했다. 그런 설명들을 읽는다면 우리는 『안티-오이디푸스』는 신기하게도 어떤 곳으로부터도 생겨나지 않은 고아 텍스트라고 쉽게 믿을지도 모르며, 더욱 나쁘게는 들뢰즈는 이 책이 출간되기 전 적어도 25년 동안 철학에 대해 저술해 오지 않았다고 쉽게 믿을지도 모른다. "기관들 없는 신체 개념"이 이 현상의 가장 명백한 예를 제시하는데, 이 개념은 『안티-오이디푸스』에 대한 조야하고 거의 "자유 연상적인" 독해, 즉 역사적 맥락, 내적인 개념적 발달, 그리고 『차이와 반복』, 『의미의 논리』, 혹은 과타리의 68년 이전 시론들과 같은 초기 저작들의 연속성이 제거된 독해를 기초로 하여 대부분 변조되었다. 또 다른 예는 『안티-오이디푸스』에 도입된 과도하게 축자적으로 해석되고 특권화된 기계적 욕망 개념에 관한 것이다. 마찬가지로 『천 개의 고원』에 대한 초기 대응들은 종종 핵심 개념들에 대한 즉흥적이거나 열광적인 해석, 이 책에 나오는 용어의 물신화, 그리고 이에 따르는 상향 평가를 특징으로 했다.

이 일단의 정설들 중 중심적인 마지막 고리는 들뢰즈 저작의 실제적 본체와 복잡다단함에 가장 정통하고 친숙하다는 점을 자랑하지만 그런데도 전작 전반을 회고적으로 해석할 때 종종 다른 영향들을 배제하고 니체와 스피노자의 영향에 과도한 양의 중요성을 부여하는 데—공정하게 말하면, 많은 면에서 들뢰즈 자신이 입증한 견해—에 있다. 본서에는 이 두 인물 중 누구에게도 할애된 장이 없다는 점을 감안할 때, 중요한 면에서 우리는 들뢰즈가 반드시 그 자신의 저작의 발달이나 중요성에 대한 가장 훌륭한 재판관이었다고 생각하지는 않는다는 점이 분명해져야 한다. 두 번째 접근법과 마찬가지로, 이 마지막 접근법은 전작 내의 모든 진정한 발달 개념을 강등시키거나 묵살하는 경향이 있고, 혹은 전작의 "연속성" 성격을 그릇되게 이해하여, 대신에 마치 전작이 표현하는 개념들이 항시 단순한 실현화나 동일화를 기다릴 뿐인 본질로서 "거기에" 존재해 온 것처럼, 실제 저작을 "납작하게 만들어" 탈-역사화된 면 안으로 들어가게 하는 경향이 종종 있다.

이러한 정설과 반대로, 그리고 자신의 저작에 대한 들뢰즈 자신의 간헐적인 기술과 반대로 우리는 이 책이 제시되는 데 방패가 되는 들뢰즈 철학의 다음과 같은 세 가지 특징을 제시하고자 한다.

첫째로, 들뢰즈의 사유는 다른 철학자들의 사유를 고찰할 때 그 고찰 내부에서 전개되는 사유이다. 이 방법을 구성하는 관여의 넓이와 깊이는 계속 진지한 학술 활동의 대상이며, 우리는 바로 지금 일단의 들뢰즈 자신의 투여와 관심의 층들과 씨름하기 시작하는 일이 가능하다. 달리 말해 들뢰즈의 방법은 우선적으로 읽기의 방법이다. 그의 읽기 실천은, 비록 어떠한 직접적인 방식으로도 거의 논의되지 않지만, 분명 면밀하고 주의 깊은 발굴 작업의 하나이며, 아래에 있는 잠재하거나 심지어 이제 발생하려고 하는 요소들을 찾고자 개념적 표토를 주의 깊게 체질하는 것이다. 주해자들이 종종 너무나 많은 시간을, 들뢰즈 개념들의 의미, 맥락, 계보, 그리고 이 개념들이 출현하는 방식에 충분히 시간을 쏟지 않고 이 개념들을 앵무새처럼 흉내내는 일(더욱 나쁘게는 그의 스타일을 흉내내는 일)에 소모한다는 것은 유감스러운 진실이다. 우리는 그의 읽기 스타일이 데리다의 더 잘 알려진 접근법만큼이나 현대 철학과 미래를 위해 중요하다고 믿고 있다. 그러나 후자의 접근법이 대체로 어원학적으로 정향되고 의미론적 모호성, 흔적, 아포리아를 이용하는 데 주어지는 데 반해, 들뢰즈의 전략은 개념적이고 기능적인 분화에 맞추어져 있으며, (칸트적 의미에서의) 이념들의 지평들을 탐구하고 그가 관여하는 철학들의 기계적이고 작동적인 특질들을 생산한다. 들뢰즈는 그가 연구하는 사상가들이 어쩌면 결코 의도하지 않은, 그럼에도 불구하고 유리에 난 금들처럼 그들의 사유에 홈을 내거나 자신들의 사유를 횡단하는 의미들(즉 잠세적 발달선들)을 표현하는 방식으로 텍스트를 알아내려고 애쓴다. 그러나 그렇게 할 때 들뢰즈는 결코 자기가 하고 싶은 말을 다른 사상가들이 하는 것처럼 말하지 않는다는 점을 여기서 강조하는 것이 중요하다―그는 사상가 그 자신들이 그들 자신의 사유 내에서 식별할 수 없었거나 혹은 식별하려 하지 않으려 했던 함축된 의미의 잠재하는 가닥들, 무의식적 차이들을 이끌어내어 종합할 따름이다.

이 점에서 하나의 놀라운 증거는 들뢰즈가 가장 가능할 것 같지 않은 인물들의 사유에서조차 구조를 추출해내려 나아가곤 하는 정도이다. 우리는 유명한(악명 높은) 체계성을 띠고 있는 『니체와 철학』이나 혹은 장려하지만 여전히 과소 평가된 그의 프루스트 독해에 대해 생각하기만 하면 된다. 다른 사상가들에 대한 들뢰즈의 읽기는 종종 그들의 저작의 함축적인 구조적 수준을 매우 전통적인 철학적 방식으로 발굴하는데, 그때 그들의 저작은 그 자신의 저작과 공명적이고 극적인 접촉을 이루게 된다(본서의 논문들 전반에 걸쳐서 되풀이해서 출현하는 논점). 이런 의미에서 들뢰즈의 접근법 일반에는 실로 함축적이거나 내재적인 체계성과 구조가 존재하지만, 어떠한 체계나 통일성 자체가 존재하지 않는다. 그것은 자유분방한 것도 고정된 것도 아니고, 동질적인 것도 억제적인 것도 아니다. 따라서 비록 그 작업이 내적 일관성과 연속성을 가지긴 하지만 그것은 역설적으로 또한 본성상 차이적이다.

그런 이유로, 들뢰즈 그 자신이 "철학사로 두드려 맞아 거의 죽을 지경이 되었는데도"(N 5) 불구하고, 우리가 그의 저작에서 발견하는 것은, 이 읽기 방법을 감안할 때, 철학사 그 자체와 매우 닮은 어떤 것이다—참신하고 때로 심지어 비뚤어진 방식으로 추진된 것이 사실이지만, 그럼에도 불구하고 철학사의 가장 훌륭한 예들의 저작들이 증명하는, 성실한 배려, 상세함에 대한 주의, 맥락과 관련짓는 실천을 간과하지 않는 어떤 것이다. 요컨대 우리는 들뢰즈의 철학을 그 자체로 파악하는 방법이 존재하지 않는다고 믿고 있다. 들뢰즈의 철학은 들뢰즈의 저작이 다루는 다른 다양한 사상가들이 제공하는 많은 출입구와 교차로를 통해 접근되어야만 한다.

둘째로, 본서는 들뢰즈를 철학자로서, 그의 저작을 진정으로 철학적인 기획으로서 올바르게 위치시키는 데 관심이 있다. 우리가 들뢰즈와 관련하여 첫 번째 수준의 정설이라고 칭한 것의 결과들 중의 하나는 그의 사상을 너무나 쉽게 철학 바깥에 혹은 철학 너머에 위치시켰다는 점이었다. 이와 반대로 들뢰즈가 체계적인 형이상학자라고 주장하는 것은 들뢰즈 사상이 결별하기를 원한 바로 그 인물처럼 보이는 위험을 안고 있다고 말하는 경우가 있다. 물론 이 점을 거부하는 것은 들뢰즈의 사상이 철학 체계를 넘어 영향을 미쳐 오지 않았다든가, 혹은 영향을 미치지 않아야 한다는 점을 시사하는 것이 아니다.

실로 들뢰즈 그 자신은 철학을 위한 다른 담론들과 실천들의 중요성을, 그리고 철학-외적인 관점에 "간여하는" 철학의 창조적 역량의 중요성을 갈수록 더 주장했다.

마지막으로, —들뢰즈의 저작에 따라 행동할 일부 애매한 책무 이외에는 남아 있는 것이 별로 없으며, 모든 기초작업이 끝났고 그의 저작에 대한 우리의 이해가 이제 완전하다는 듯—, 차이의 철학에 동기를 부여하는 바로 그 탐구의 정신을 배반할 수도 있는 들뢰즈의 응용적 읽기를 향해 아무 망설임 없이 신속하게 움직이는 것이 아니라 본서는 그 반대 정향에 바탕을 두고 있다. 이해되어야 할 것은 말할 나위도 없고 탐구되어야 할, 들뢰즈에 관한 아주 많은 것이 여전히 남아 있다. 텍스트 그 자체를 떠나 우리의 시각을 확장하는 것이 아니라, 우리는 안으로 향할 때이고, 들뢰즈의 철학적 기획인 동시적인 독특성과 다양체를 구성하는 때때로 모호한 길을 주의 깊게 밟을 때라고 주장하고자 한다.

그렇다면 본서의 목표는 이러한 세 가지 사안에 강조점을 두는 것이고, 들뢰즈를 독해하는 이러한 접근법을 가능한 한 강력하게 전면에 내세우는 것이다. 다음에 오는 것에서 이 목표는 들뢰즈의 스무 가지 핵심 참조점들과 관련하여 수행된다. 대략적으로 말해서 이 참조점들은 두 가지 범주에 포함된다. 한편으로, 나름대로 잘 알려져 있지만 들뢰즈의 텍스트에서 그 역할이 규정되기가 어렵거나 혹은 어려웠던 사상가들이 존재한다. 우리는 이 점에서 라이프니츠, 마르크스, 프로이트가 본보기로 삼을 수도 있겠다. 다른 한편으로, 영미 맥락에서는 그들 자체가 잘 알려지지 않은 인물들이 존재한다. 왜냐하면 그들은 역사적으로 우리와 더 "멀리 떨어져 있는" 것을 보이고,

그들의 저작은 대체로 영어로 구해 볼 수 없기 때문이다. 그러므로 들뢰즈가 그들의 저작을 사용할 때 우리에게 두 가지 수준의 어려움이 나타난다─우선은 그들 자신의 사상의 의미를 확인할 때이고, 다음은 들뢰즈가 그들을 그 자신의 철학에 관련시키는 방식을 검토하는 일과 관련해서이다. 여기서 우리는 특히 솔로몬 마이몬, 레이몽 뤼에르, 가브리엘 타르드, 질베르 시몽동을 언급할 수도 있겠다. 두 그룹의 인물들과 관련하여, 실로, 그들 양쪽 사이에 있는 혹은 그들 중 어느 한 쪽에 속하는 모든 인물들과 관련하여 이 책에서 취하는 접근법은 동일하다. 즉 그들이 들뢰즈의 형이상학에 대하여 가지는 역할과 의미를 증명하려고 시도하는 것, 그리고 독자들이 이 연관들을 더 탐구하도록 격려하는 것.

그렇다면 본서는 들뢰즈 사상의 미로로 들어가는 다양하고 분명한 진입점들을 제공하는 것을 목적으로 하지만, 그렇게 할 때 철학적인 복잡성이나 완결성을 조금도 희생하지 않는다. 더구나 본서는 사유를 위한 대체물로서 너무나 자주 역할하는, 점점 늘어나는 입문서의 홍수에 또 다른 부가물이 되는 것 이상으로 의도되어 있다. 그러므로 20편의 시론들을 담은 본서는, 이제야 빛을 보기 시작하고 있고, 이런저런 문화적 아젠다의 홍보를 위한 공구들, 슬로건들, 선전문들의 잡동사니로 들뢰즈의 철학을 전유하고 번역하고 환원하려는 잘못된 공리주의적 시도로 인해 너무나 자주 옆길로 새고 있는 차이의 철학을 수호하기 위한 무장을 갖출 것을 요청하는 책이다. "아리아드네의 실"(이 책의 대안적 제목들 중의 하나)처럼 이 논문 모음집은 모두 타당하지만 그 중 어느 한 논문도 확정적이거나 포괄적이거나 완전하다고 말할 수 없는 대안적인 탐구의 길을 이상적으로 제공할 것이다. 결과적으로 독자들은 이 시론들에서 들뢰즈에 대한 상이하고 친숙하지 않고 심지어 논쟁적이기까지 한 관점들—초-합리론자ultra-rationalist 들뢰즈, 수학적 들뢰즈, 비교적秘敎的이거나 신비적인 들뢰즈 등등, 요컨대 미분적이고 문제적인 들뢰즈—을 마주칠 것이다. 더 이상 "주체"가 존재하는 것이 아니라, 차이의 철학과 관련한 진정한 노력의 장이 존재한다. 단지 이상적 들뢰즈나 들뢰즈의 이상이 존재하는 것이 아니라, 이념으로서의 들뢰즈가 존재할 뿐이다.

주(Notes)

1. 결국 이 견해는 차후 그것이 면밀한 비판적인 독해에 의해 부정확한 것이 판명나고, 그래서 그때 그 정의가 어떤 다른, 이론의 "떠오르는 스타"에 달라붙을 때까지, 여러 다양한 대륙 사상가들―데리다, 아감벤, 바디우 등등―에 달라붙은 것으로 보인다.

2. 들뢰즈의 연구들은, 모든 분야에서 그렇듯이, 기이함을 불러일으켰다(어쩌면 심지어 대부분보다 더 높은 비율). 너무나 자주 들뢰즈는 괴짜의 물신이 되었고, 그의 철학은 존경하지만 가장 적게 이해하는 사람들에 의해 다루어지고 드높여졌다는 것은 사실이다. 그러나 이것에 대한 비난은 들뢰즈 자신에게 귀속될 수 없다. 왜냐하면 그의 저작은 결코 개념들의 분석, 전개, 종합, 증식에 있어서 엄격한 것 이외의 것이 아니기 때문이다. 우리는 그것이 한편으로는 기필코 대중적 담론의 본성 및 "의사 소통"을 위한 요구에 기인하고, 다른 한편으로 철학은 유행을 좇는 슬로건들에 의해 추동되고 이러한 슬로건들을 허세를 부리면서 간절히 원하는 "지적" 시장의 그칠 줄 모르는 갈증을 해소하기 위하여 너무나 자주 전유되고, 불순물이 섞여지고, 상품화된다는 단순한 사실에 기인하는 현상일 뿐이라고 의심하고 있다.

3. 물론 이것은 그 진정한 의미가 매춘이나 신성 모독이 두려워 무슨 일이 있어도 보존되어야 하고 수호되어야 하는 오직 한 가지 진정한 "들뢰즈"가 존재한다는 점을 시사하는 것은 아니라, 심지어 다수의 독해들조차 단순히 용어들이나 쟁점들을 인용하는 것보다 원본과 맺는 더 강력한 어떤 관계를 지녀야만 한다는 인정을 시사하는 것일 뿐이다. 우리는 들뢰즈의 개념들이나 용어들을 "응용하려는" 그 시도들이 반드시 오도되거나 무가치하다고 시사하는 것이 아니다. 분명, 그런 수행들은 자신의 장소를 가지고 있다―우리는 그런 수행들이 원본에 대한 적절한 존경을 가지고 추구되어야 한다고 단순히 주장하고 있을 따름이다.

플라톤

그레고리 플랙스먼

제1부

다른 철학자들에 대한 질 들뢰즈의 주해 배후에 있는 주도적 원리는 이렇게 한 문구로 요약될 수 있을 것이다. "친구는 가까이 두되, 적은 더 가까이 두어라." 들뢰즈는 자주 그의 철학적 친구들을, 마치 그들이 실제로 낯선 사람인 양("철학적으로 깔끔하게 면도한 마르크스…"), 예상치 못한 방식으로 또 때로는 짓궂은 방식으로 다루는 반면, 그의 적들을 마찬가지로 예상치 못한 환대로 다루되 그들을 지인이나 동료 사상가로 만들어줄 친밀감, 직접성, 심지어 내재성을 그들에게 내민다(DR xxi). 들뢰즈의 주해에 빠져드는 경험은, 마치 일종의 기이한 복화술이 고안된 것처럼, 언제나 놀라움의 순간을 자아낸다. 우리는 우리 자신에게 묻는다. 이 철학자가 스스로 한 말인데도 그가 이 말을 이전에 한 적이 없는 것처럼 들리게 되는 것이 어떻게 가능한가? 적이 진밀한 사람이 된 것이 어떻게 가능한가?

아마도 우리는, 특히 이 특별한 우정이 다름 아닌 전쟁 선포로 시작되는 것을 감안할 때, 플라톤에 대한 들뢰즈의 주해의 문맥에서 이러한 소감을 가장 깊게 느낄 것이다. 플라톤에 대한 가장 광범위한 분석을 전개하는 바로 그 텍스트들인 『차이와 반복』 및 『의미의 논리』의 첫 번째 부록에서, 들뢰즈는 현대 철학이 플라톤주의의 전복renversement 이외의 다른 목표를 결코 가진 적이 없었다고 선언한다.[1] 실로, 들뢰즈 자신의 철학은 지속적인 플라톤적 유산을 거부하는 것을 출발점으로 삼고 그 척도로 삼는다. 그는 플라톤적 유산을 실재적 차이, 차이 "그 자체"를 희생하고 사유의 포괄적 이미지를 강요한 데 대해 책임이 있다고 생각한다. 실제로, 들뢰즈는 플라톤주의가 철학에 초월성의 수단과 표상의 체제를 도입했다고 비난하며, 그럼에도 이 비난(결코 작은 비난이 아님!)은 플라톤을 그의 최악의 악습과 계책으로부터 구원하려는 독해—플라톤을 기이한 동료로 만드는 독해—의 기초를 제공한다.[2] 도대체 우리는 이 지속적인 적대 관계의 이미지와 긍정적인 우정의 이미지를 어떻게 조화시킬 수 있을까?

반反직관적이라고 할지라도, 혹은 반反직관적이기 때문에 우리 답변의 논리는, 우리가 플라톤주의가 매우 자주 일으키는 실패한 비판의 유산에 비추어 들뢰즈가 플라톤주의와 맺는 관계를 볼 때 출현하기 시작할 따름이다. 미셸 푸코가 들뢰즈에 대한 찬사적인 시론인 「철학 극장」에서 발언하듯이, "플라톤주의를 전복하라: 철학이 무엇을 시도하지 않았던가?"[3] 의심의 여지 없이 이 물음은, 플라톤주의를 전복하라는 이 제안이 "본질의 세계와 현상의 세계의 폐지를 의미하는 것으로 보이는" 한에서, 말 그대로 정당화된다. 왜냐하면 들뢰즈가 주장한 바와 같이, 그러한 이중 부정은 "헤겔이나, 아니면 칸트로 거슬러 올라가기"(LS 253) 때문이다. 어떠한 발언도 이보다 더 강력하지 않을 것이다. 왜냐하면 플라톤주의의 전복이 관념론의 영역으로 남아 있는 한, 그것은 실패할 운명에 놓이기 때문이다. 이러한 이중 부정은 전복이 아니라 플라톤주의를 극복하려는 시도이고, 또 들뢰즈가 또 다른 맥락에서 언급한 바와 같이, 초월성은 초월적인 것에 대한 대답이 아니다(NP 158). 그렇다면 우리는 "전복"이라는 용어로 무엇을 의미하는가?

우리가 이러한 비판적 방법을 이해하기를 희망하는 한, 다음의 시론은 들뢰즈의 플라톤주의를 구별하는 두 가지 기본 절차를 중심으로 조직되어 있다. 첫째, 플라톤으로의 귀환은 재현의 모든 아바타들, 플라톤주의를 규칙적이고 재현적인 체제로 만들려는 최초의 그리고 계속해서 가장 심오한 시도인, 특히 아리스토텔레스의 "보정"이라는 유령을 우회해야만 한다. 둘째, 그러나 장애물과 가려짐을 없애려는 노력은 우리를 플라톤주의 자체의 작동 방식으로 안내한다. 우리는, 플라톤주의 그 자체의 방법들을 섬망적인 결론에 이르도록 압력을 가하기 위해 그 논리 안에서 우리 자신을 구슬림으로써, 플라톤주의를 안으로부터 전복하기를 희망할 수 있을 따름이다. 이런 의미에서, 우리가 보게 될 것처럼, 들뢰즈의 절차는 플라톤의 공화국을 교묘하게 파괴하려고 시도한 소피스트들로부터 그 단서를 취한다. 즉, 들뢰즈는 그것의 논리적, 이성적, 도덕적 기계 장치의 지위에 자신을 밀어 넣으면서, "올바른" 철학자들과 효과적으로 구별할 수 없도록 자신을 만들어내는 그리스 사기꾼 중 하니처럼 플라톤주의로 미끄러든다. "소피스트는 우리가 더 이상 그를 소크라테스 그 자신—간결한 논증을 통해 사적으로 작업하는 아이러니스트—과 구별할 수 없는 지점까지 우리를 이끈다"(LS 256).⁴ 실제로 플라톤주의의 전복은, 플라톤주의 그 자체의 시뮬라크르와 더불어 시작하며, 시뮬라크르를 생산하는 기술에 놓여 있다. 들뢰즈가 쓰고 있는 바와 같이, 이러한 전복은 "사본에 대한 원본의 우위, 이미지에 대한 모델의 우위를 부인함으로써만, 시뮬라크르와 반영들의 군림을 찬미함으로써만 일어날 수 있다"(DR 66).

그러나 이 관점에서 보면, 들뢰즈의 플라톤주의 전복 절차는 그 가능성 조건이 이미 플라톤주의 그 자체 내에 존재한다는 신념에서 유래한다. 플라톤주의의 전복은 "많은 플라톤적 특징들을 보존하며"(DR 59), 그것은 우리가 씨름해야만 하는 이러한 최초의 역설이다. 한편으로, 플라톤은, 차이의 복속을 위한, 곧 이데아의 초월성을 위한 철학적 기초를 놓기 때문에, 적의 지위를 떠맡는다. 들뢰즈는 "플라톤주의의 독 묻은 선물"은 "철학에 초월성을 도입하고, 그럴듯한 철학적 의미(신의 판단의 승리)에다 초월성을 부여한 것"(ECC 137)이라고 주장한다. 하지만 다른 한편으로, 플라톤은 이러한 복속을 전적으로 전개하는 것은 아니기 때문에―혹은, 오히려, 차이의 비복속을 위한 가능성을 비밀스럽게 확립하기 때문에―가치 있는 적의 지위, 아마도 심지어 친구의 지위를 떠맡는다. 이는 세계 위에 군림할 수 있는 이데아가 애당초 내재성의 장 내에서, 즉 초월성의 횡포로부터 해방된, 길들여지지 않은 순수 차이들의 장 내에서 실행되고 처해지기 때문이다(ECC 137). 플라톤주의가 초월성에 바탕을 둔 철학 전통의 전조가 될 때조차, 초월적인 것에 의해 규정되는 것 못지않게 차이의 규정, 그것의 절차는 아직 견고한 구조(즉, 그 성숙한 형태 속에서 재현을 구성하는 일자, 유비적인 것, 유사한 것, 부정적인 것의 힘)로 석회화되지 않았다고 들뢰즈는 주장한다. "헤라클레이토스적 세계가 플라톤주의 속에서 여전히 으르렁거린다"고 들뢰즈는 사려 깊게 말한다. "그 최후의 저항적 운동들이 곧 상실될 자연을 자유의 상태 속에서 증언하는 것보다 더 잘 증언하는, 길들여지는 과정 속에 있는 동물"처럼, 플라톤주의는 차이가 아직 길들여지지 않고 동일성이 견고하게 되기 전의, 이행의 순간, 철학적 변화의 순간을 나타낸다(DR 59).

일견할 때, 그러한 철학적 변용의 제안은, 형이상학에 대립하는 바대로, 마치 들뢰즈가 우리가 매우 많은 대화편들에서 묵시적이고 명시적으로 찾는 바로 그 동의를 구축하기 위해 노력한 것처럼, 유명한 일이지만 플라톤주의 그 자체가 주장하는 비판적 절충-형성과 공명하는 것으로 보인다. 예를 들어, 우리는 『소피스트』에서 '거인과 신들' 사이에—즉, 역동적 유물론과 지속적 관념론의 경쟁적 전통들 사이에—일종의 "끝없는 전투가 벌어지고 있다"는 말을 들은 바 있다. 따라서 플라톤주의는 하늘과 보이지 않는 곳으로부터 땅으로 모든 것을 끌어내어 길들이는 그 철학자들과, 진정한 실재는 어떤 지성적이고 육체가 없는 형식들에 놓여 있다고 모든 힘을 다해 주장하면서 "보이지 않는 곳의 높은 곳에서 자신의 위치를 방어하는 데 매우 조심스러운 철학자들 사이에서 중재하는 것으로 보인다".[5] 외견상 이러한 서사적 경합은 『티마이오스』에서 제공하는 세계의 신적 신화에 의해 해결되는데, 플라톤은 이 대화편에서 "아버지이자 창조자"가 형상들(eide)의 영원한 이데아들을 고안해냈고, 이러한 형상들로부터 "움직이고 살아있는" 창조물의 형태로 사본을 만들었음을 인정한다. "이제 이념적인 존재의 본성은 영원했지만, 이 속성을 창조물에게 완전하게 수여하는 일은 불가능했다. 그래서 그는 영원성의 움직이는 이미지를 갖기로 결심했다. …." 이렇게 하여 플라톤은 이데아들을 도입함으로써 차이들의 카오스적인 생성을 영원한 진리의 확신과 조화시키는 수단을 생각해낸 것으로 보인다. 왜냐하면 이제부터 세계의 경험적인 변전들은 "통일성 안에 쉬고 있는" 영원한 본질을 입증하기 때문이다.[6] 혹은, 역으로, 우리는 결국 이 세계, 우리의 세계를 조성하는 이미지들은 신적인 루멘이 던지는 투사, 경험적으로 나중에 사유한 것에 지나지 않는 것으로 간주될 운명에 처해 있다고 말할 수 있을 것이다.

의심의 여지없이 플라톤주의의 방대한 전통은 존재의 거대한 연쇄들, 현저한 복잡성의 사다리들과 계통들을 풀어놓지만, 그러한 모든 등급화의 기저에서 우리는 이러한 카스트 체계, 고귀한 이데아와 이미지의 잡종적 차이들 사이의 분리를 발견한다. 소크라테스가 유명하게도, 또는 악명 높게도 『공화국』의 제10책에서 언급하듯이, 모든 모방들은 같은 이름에 힘입어, 우리가 복제할 수 있지만 일종의 신적 창조에 속하는 단일한 이데아 혹은 형상을 참조한다. 따라서 우리는 외관들을 만들 수 있지만 "실재와 진리"를 만들 수 있는 것은 아니며,[7] 이러한 인식은 변함없이 좋은 사본과 나쁜 사본 사이의 진부한 플라톤적 차별을 유발한다. 전통적으로 소크라테스는 공예가가 만든 사본을 이데아나 형상을 참조하여 만든다는 이유로 긍정하지만, 그는 아티스트(또는 소피스트)가 만든 사본은 이미 이데아에서 두 번 거리가 있는 사본이므로 신적인 것에서 점점 멀어지는 더 약한 마음들을 끌어당기는 사본의 사본이므로 분명하게 거부한다. 공예가가 만든 이미지의 물리적이거나 공간적 예화를 복제하는 한, 예술 작품은 특정한 방식과 어떤 현명하지 않은 사람들에 의해 간주될 때 잠재적으로 설득력을 발휘할 수 있다. 예를 들어, 소크라테스는 "좋은 화가라면, 대장장이의 그림을 먼 거리에서 전시함으로써 어린이와 어리석은 사람들을 속이고 실제 대장장이인 것처럼 믿게 할 수 있었을 것이다"고 인정한다.[8] 본질적으로 이 복제품은 "지성과 멀리 떨어진 우리의 그

부분에 호소하며, 건전한 목적이 없이 동반자이자 친구"이다.**9**

이러한 기술은 이미 플라톤주의의 주류 전통과 "들뢰즈의 플라톤주의" 간의 거리를 보여주어야 한다. 왜냐하면 전자는 들뢰즈가 확실히 인식하고 그 어떤 것 못지않게 확실히 인가를 취소하려고 하는 것을 기반으로 하여 이데아와 이미지 사이의 합의를 중개한다. 자신의 학위논문을 방어할 때의 텍스트인 「극화의 방법」에서, 들뢰즈는 우리가 이데아에 가져오는 일반적 기대를 환기하고, 플라톤주의에 가져오는 일반적인 기대를 환기한다:

> 이데아, 이데아의 발견은 어떤 유형의 물음과 분리될 수 없다. 이데아는 무엇보다 먼저 물음을 던지는 어떤 방식과, 그 자체로, 일치하는 "객관성"이다. 플라톤주의는 이데아의 형식을 "X란 무엇인가?"로 규정했다. 이 고귀한 물음은 본질과 관련이 있게 마련이며, 단지 현실적 사건의 예를 가리킬 뿐인 통속적인 물음들과는 대립된다. (DI 95)

그러나 이데아에 대한 언급이 플라톤주의의 차이에 대한 최후의 말인 것으로 보인다면, 그것은 또한 차이를 유도하고 플라톤주의를 전복하기 위한 들뢰즈의 절차에 대한 최초의 말이다. 실제로, 들뢰즈가 플라톤주의의 터전에서 찾게 될 것은 (철학자의 이데아도 마찬가지로) 이데아가 차이화에 효과적으로 참여하며 차이를 만든다는 것이다. 이것은 어떻게 일어나는 것일까? 우리는 '무엇인가?'라는 위대한 질문 이전에 플라톤주의는 다른 모든 물음들을 부수적인 것이라 하여—억견doxa의 문제들이라 하여—쫓아낸다고 말할 수 있을지도 모른다. 하지만 이러한 유형의 물음을 던질 때, 플라톤주의는 종종 우리를 본질들의 규정과 같은 어떤 것과도 더 멀리 떨어져 있는 곳으로 이끌

논리적인 우회로로 안내하여, 대신에 모든 방식의 다른 고찰들로 안내한다. 실로 들뢰즈는 때로 "아포아적"이라고 불리는 많은 플라톤의 후기 대화편들로 끌려가는데, 이 대화편들에서 본질적 쟁점이 일단 제기되긴 했지만, 여전히 해결되지 않고 남아 있다. 즉 이 저작들에서 "…란 무엇인가?"라는 바로 그 물음은 전적으로 상이한 관심이 사유 안으로 밀반입되는 가장이나 계략에 더 가까운 어떤 것에 놓여 있다. 들뢰즈는 "본질의 물음이 모순의 물음이라는 것이 가능한가? 본질의 물음이 우리를 풀릴 수 없는 모순에 이르게 하는 것이 가능한가?"라고 묻는다. "하지만 플라톤식 변증법이 진지하고 긍정적인 무언가가 될 때, 그것은 다른 형태들. 즉『공화국』에서는 누가?『필레보스』에서는 얼마만큼?『소피스트』에서는 어디서 언제?『파르메니데스』에서는 어느 경우에?"(DI 95)를 띤다.

그렇다면 이러한 대화편과 그 외의 대화편에서 본질의 물음은 경우, 정황, 사건, 사례의 물음으로 대체된다(들뢰즈가 때때로 의지하는 법적 용어로 말하면, 우리는 이데아는 단지 "권리상?"의 물음이기보다는 "사실상?"의 물음이 된다고 말할 수 있을 것이다). 이 새로운 물음들—"누가? 어떻게? 얼마만큼? 어디서 언제? 어느 경우에?"—은 절대로 본질적 이념의 보조물이나 파생물이 아니며, "이데아의 진정한 시공간 좌표의 초안"을 구성한다(DI 96). 다시 말해, 이러한 물음들은 우리를 이데아 아래에 놓여 있는 시공간 "역동성"으로 이끌며, 이데아가 출현하는 차이들의 바로 그 강도적 장을 구성한다. 이러한 물음들은 특정한 이미지 사이에서 중재할 수 있을 것이며, 곧 보게 될 것처럼, 이데아는 이 역동성들에 힘입어 이러한 역능을 획득하며, 그래서 언제나 우리는 그 자신의 "재현 이하적" 극drama을 펼쳐내는 더 심오한 역능과 비교하여 그것의 외양상의 재현을 검토해야 한다. 실로, 우리는 이데아가 단지 경험과 실험을 위한 가능성의 초월론적 조건 안에 존재할 뿐이라는 의미는 철저히 회피해야만 한다. 사실 이데아는, 우리가 여기서 상세히 서술할 터이지만, 시공간적 역동성의 현기증 나는 유희, 극화의 현기증 나는 유희에서 자신의 조건을 찾기 때문이다. 적어도 들뢰즈에 관한 한, 플라톤 이데아의 아이러니는 이 이데아의 규정하고자 하는 의지가 더 깊은 수준에서 놀라운 미장센으로 대체되어야 한다는 점이다.

제2부

이것이 들뢰즈의 플라톤주의의 가장 독특하게 놀라운 측면을 이루는 것은 당연한 일이다. 왜냐하면 그는 전통적으로 철학으로 하여금 잔인함과 황홀함을 겪게 만든 것으로 보이는 플라톤의 이데아들을 취하여, 대신에 그 속에서 디오니소스의 정신 그것을 발견하기 때문이다. 이데아는 "그것이 그 자체 내에 보존하는 그 모호한 구별의 지대, 역시 완전하게 규정된 그 미분화undifferentation"를 구성한다고 들뢰즈는 주장한다. 즉, "이것이 그것의 술 취해 있음이다"(DI 101). 의심의 여지없이 이것이 들뢰즈의 "플라톤주의로의 회귀"가 플라톤 자신의 도취의 비행을 억제하는 후대의 아리스토텔레스 비판과 보정으로부터 플라톤주의를 회복함으로써 시작하는 이유이다. "우리의 실수는 아리스토텔레스적인 요구를 기반으로 하여 플라톤의 분할을 이해하려는 데 놓여 있다", 왜냐하면 이렇게 하면 플라톤의 실험을 아리스토텔레스의 술 취하지 않은 재현 체제—인식론적 범주들 및 논리적 증명들—에 복속시키게 된다(DR 59). 『차이와 반복』에서 들뢰즈는 아리스토텔레스의 개입이 철학사에 파국적 전환을 이룬다고 주장하기까지 한다. 들뢰즈는 "여기서 우리는 차이의 철학 전체에 재앙이 되는 혼란 배후에 놓여 있는 원리를 발견한다. 독특한 차이 개념을 부여하는 일이 개념들 일반 내에 차이를 기입하는 일과 혼동된다—차이 개념을 규정하는 일이 미규정된 개념의 동일성 속에 차이를 기입하는 일과 혼동된다—"고 선언한다(DR 32).

이 원리는 우리가 차이를 종 및 종별화의 방법에 복종하도록 요구하고, 그래서 차이는 단순히 "개념의 포괄 속에 있는 술어"가 될 것이기 때문에 재앙적이다(DR 34).[11] 들뢰즈는 이렇게 쓰고 있다. "아리스토텔레스에 따르면, 그것은 유를 대립하는 종으로 나누는 문제이며", 이는 이성의 합리적인 실행, 그러고 나서 "중명사"의 논리적 개입을 요구한다. 하지만 이것은 바로 플라톤주의가 결여하는 그것으로, "매개—즉, 중명사로서 역할을 할 수 있는 개념의 동일성—"의 부재 속에서 작동하는 바대로 작동한다(DR 59). 플라톤의 분할은 "그 자체 '논거 reason'를 결여할 뿐만 아니라 우리가 어떤 것이 다른 종이 아니라 이 종에 속하는지를 결정할 수 있는 논거를 결여한다"(DR 59). 그렇지만 들뢰즈는 이 독특한 사유 방식을 위대한 철학적 천진난만함의 표식(또는 가면)으로 촉진하기를 그치지 않는다. 왜냐하면 중명사의 부재는 실제로 플라톤주의의 위대한 독창성을 이루며, 일종의 도망적 저항을 시사한다. 즉, 플라톤 그 자신은 "아직 차이를 개념 일반의 동일성에 관련시키는 일을 선택하지 않았다"(DR 59). 대신에, 우리가 플라톤주의에서 발견하는 것은, 변증법적 방법은 유에 따라 결코 방향을 취하지 않는 분할 과정에 놓여 있게 된다는 점, 그 자신을 결코 일반화의 역으로 만들지 않는다는 점, 결코 종의 규정에 해당하지 않는다는 점이다.[12] 들뢰즈가 발언하듯이, 만약 플라톤의 분할이 결코 유의 종을 규정하고자 제안하지 않는다면—혹은 만약, 오히려, 그렇게 하고자 제안한다면, 그러나 이러한 가면 아래 그것의 진정한 비밀을 더 잘 숨기기 위해 피상적으로 혹은 심지어 아이러니하게 제안한다면—, 아리스토텔레스의 이의 제기는 분명히 실패한다"(DR 59).

그러므로 플라톤의 방법에 있어서 아리스토텔레스가 비판하는 것, 아리스토텔레스가 플라톤의 방법이 미성숙하기에 충족 이유를 결여한다고 여기는 것은 실제로는 플라톤 방법의 전복적인 "비밀", 즉 플라톤의 차이의 기반 그것, 그리고 디오니소스적 충동의 최후 흔적을 이룬다. 플라톤의 이데아는 세계를 재현의 요구들에 복종시키는 대상 개념의 포괄적 의미를 아직 떠맡지 않았기 때문에, 플라톤의 이데아는 "차이 그 자체라는 순수 개념을 발견하려는 희망을 포기하지 않은" 일종의 "야생적인 현존"을 이룬다(DR 59). 여기에 그리스인들의 플라톤 이후의 시기에 있었던 철학에 대한 들뢰즈의 놀라운 진단이 있다. 즉, "종적 차이는 전적으로 상대적인 최대치, 그리스인의 눈에 적합한—특히, 평이한 것을 보며 디오니소스의 운송과 변용의 의미를 상실한 그리스인의 눈에 적합한—수용 지점을 가리킬 뿐이다"(DR 34). 이 점에 비추어 볼 때, 플라톤주의를 전복하고자 하는 과제에 대한 들뢰즈의 가장 큰 기여는 플라톤의 이데아는 이미지에 단지 대립하는 것이 아니라 실제로 이미지들을 구별하고 이미지들을 선별하는 도취시키고 심지어 현기증 나는 과정을 그것의 모티브로 삼는 통찰에 있다. 플라톤주의의 모든 곳에서 이데아는 선별의 원리로서 역할을 하는데, 이 원리는 변증법적 과정에서 유도하지만 또한 개입하며, 좋은 이미지들을 나쁜 이미지들로부터, 거짓된 이미지들로부터 참된 이미지들을 차단한다.

"X란 무엇인가?"라는 물음으로 돌아가보자. 이 물음의 중요성은 증명이나 정의라는 표면상의 약속에도 불구하고, 이 물음은 잠재적으로 전적으로 상이한 과정—우리가 지금까지 극화라고 불러 왔던 것—을 초래한다는 점이다. 하지만 이것은 무엇을 의미하는가? 들뢰즈는 "그것은 결코 규정적 유를 확정적 종들로 분할하는 문제가 아니라, 혼잡한 종을 하강의 순수한 선들로 분할하거나, 혹은 존재하지 않는 물질적 선으로부터 순수한 선을 선별해내는 문제이다"(DR 59-60)라고 설명한다. 달리 말해서, 플라톤의 분할은 "주장하는 사람들 중 한 사람을 선별해내고, 좋은 복제본과 나쁜 복제본을 구별하거나, 혹은 오히려 (언제나 잘−정초된) 복제본과 (언제나 비유사성에 빠져든) 시뮬라크르를 구별하는 일과 관계가 있다는 점"(LS 257)을 우리는 이해해야 한다. 따라서 플라톤주의의 노동은 철학자를 소송 당사자 중 하나를 결정하는 재판관의 위치에 놓는다. 즉, 『정치가』에서 철학자의 과제는 사람들의 참다운 목양자를 결정하는 것이고, 『파이드로스』에서 철학자의 과제는 진짜 구애자를 결정하는 것이고, 소피스트에서 철학자의 과제는 진짜 소피스트를 결정하는 것이다. 들뢰즈는 "플라톤의 변증법은 모순이나 반대대당의 변증법이 아니라, 경쟁의 변증법(amphisbetesis), 경쟁자들과 구혼자들의 변증법이다."라고 설명한다. 우리는 영원히 경쟁자들의 한 사람, 구혼자들 중의 한 사람을 찾도록 되어 있고, 어느 것이 진짜인가 하고 묻지 않을 수 없으므로, 플라톤주의는 "철학적 오디세이"(LS 254)에 해당한다.

분할의 변증법은 아리스토텔레스가 우리에게 하게 하듯이, 동일시하는 것이 아니라 진짜임을 증명하는 것이며, 이런 점에서 분할의 작동은 전적으로 새로운 중요성을 띤다. "가장 높은 유들에서 가장 작은 종들로 확장하는 재현이 전 영역을 관통하고 포괄하며, 분할의 방법이 전통적으로 종별화에 매료되어 있는" 아리스토텔레스의 증명과 달리, 플라톤의 변증법은 어떠한 기하학적 건축술보다는 거미집의 임시변통적 선조線條 세공과 같은 이미지들을 답파하는 분할과 분리의 실들의 생산을 가져온다(LS 259). 플라톤의 변증법적 방법은 잠재적으로 끝없는 분할들을 산출하는데, 이 과정에서 한 미묘한 사유의 가닥이 다른 한 사유의 가닥 안으로 짜여져 들어가고, 세 번째 가닥을 마주하고, 네 번째 가닥에 되접히고, 늘 더 특이하고 꾸불꾸불한 선들 속에서 풀어진다. 그것이 이성의 포괄적인 규칙을 결여한다는 바로 그 이유 때문에, 모든 변증법적-사법적 경우에서 이성의 특수한 추구는 아주 고통스러운 길을 정교하게 만들어낸다. 예를 들어 『소피스트』에서, 논의는 결국 의학의 기술과 목욕탕 일꾼bath-man의 노동 사이의 구별에 착륙한다. 왜냐하면 둘 모두 전자는 내부에서, 후자는 외부에서이기는 하지만, 몸의 정화를 다루기 때문이다. 플라톤은 이러한 구별은, 변증법은 예술에 특권을 부여하는 것이 아니라, "그것들 중의 하나를 다른 하나보다 조금도 더 우스꽝스럽게 여기지 않기 때문에" 결코 변증법에 반하지 않는다고 말한다.[13] 이러한 생각은 『정치가』에서 공명되는데, 여기에서 우리는 "희극 배우들에게 관심이 없지 않은 우리의 분할들에 의해" 또 다른 결론에 도달한다.[14]

사실, 어리석음이나 모욕은 우리가 여기서 파악하려 하고 있는 분할 그 자체의 독특한 절차를 증언할 따름이다. 변증법적 분할이 "한 독특성에서 다른 한 독특성으로 뛰어오르는 변덕스럽고 부정합한 절차"인 한, 이러한 절차의 경이는 그것이 폐쇄의 수단을 결코 우연히라도 발견하지 않는다는 점이다(DR 59). 달리 말해서, 이러한 하강의 선들은, 들뢰즈와 과타리가 한때 매우 상이한 맥락에서 발언한 바와 같이, 해결의 부담 없이 "그들 자신을 달로 파견한다"(AO 238). 따라서 선별의 절차는 언제나 어떤 형태의 데우스 엑스 마키나이며, 우리가 한번 더 이데아의 지위를 평가해야만 하는 것은 바로 이러한 점에서이다. 왜냐하면, 만약 이데아가 분할의 방법을 조건지어, 모든 방식의 상이한(혹은 "경쟁적인") 극화들이 상연될 미장센을 제공한다면, 우리는 또한 그렇게 할 때 그것은 또한 저 극화들의 판단을 위한 조건들을 제공했다는 점을 인식해야만 하기 때문이다. 달리 말해서, 이데아는 대화의 처음과 끝 둘 모두로서 파악되어야만 한다. 왜냐하면, 만약 이데아가 경쟁적 주장의 극이 실연될 대화적이고 변증법적인 공간을 이룩한다면, 그러한 주장들은 설사 "어느 것"이라는 물음이 해결될 수 있다 하더라도 역시 재결될 필요가 있기 때문이다. 이데아가 실재적인 것에 대한 변증법적 탐색을 최초에 고취하는 한, 그렇다면 우리는 또한, 이데아가 또한 이러한 탐색을 획정하기 위하여, 분할의 끝없는 계열을 해결하기 위하여 개입해야만 한다는 사실과 타협을 이루기 시작하고 있다. 이것은 어떻게 일어나는가?

진짜임을 증명하는 일의 실행은 경쟁자들을 모으고, 분할하고, 최종적으로 선별하는 노동을 추동시키지만, 그러나 우리가 본 바와 같이, 플라톤의 편력적인 하강 선들은 끝없는 실행들로 확장될 수 있을 것이라고 생각되며, 실재적인 것의 선별은 최종의 사례에서 어떤 종류의 개입이 없다면 결코 결실을 보지 못할지도 모른다. 들뢰즈가 쓰고 있듯이, 이것은 "플라톤이 사물들을 질서 속에 놓을 필요가 있다는 점, 이러한 주장들의 타당성을 판단하기 위한 권능들, 즉 철학적 개념들의 이데아들을 창조할 필요가 있다는 점"을 설명한다(WP 9). 그러나 이것이 일어나기 위해서, 이데아는 플라톤주의에 있어서, 초월적 기준들이 철학적 면에로 도입되는 데 바탕이 되는 토대의 이야기를 효과적으로 제공하는 신화적 지위에 물들어야 할 것이다. 즉, 요컨대 신화는 "여러 주장하는 자들이 판단될 수 있는 모델의 구축을 허용한다"(LS 255). 예를 들어, 『정치가』에서 진짜임을 증명하는 일의 과정은 세계를 지배했던 고대 신의 신화에 따라서 일어나며, 마찬가지로 『파이드로스』에서 진짜임을 증명하는 일은 이데아들에 대한 희미한 기억을 여전히 간직하고 있는 영혼의 윤회의 신화에 따라서 일어난다. 들뢰즈는 "분할이 선별의 현실적 과제를 착수할 때, 그것은 모두 마치 분할이 자신의 과제를 포기하는 양 일어난다"(LS 254)고 설명한다. 혹은, 이를 다른 방식으로 말하면, 우리는 매개가 부재할 때, 플라톤은 변증법을 근거짓고 이렇게 하여 탐구의 선을 최종적으로 정착시키는 궁극적 판결자로서의 신화에 의지한다고 언급할 수 있을 것이다.

이러한 근거는 전통적인 근거Grund 혹은 탈근거Abgrund로 오해되어서는 안 된다. 왜냐하면 플라톤의 토대는, 우리가 이러한 과정이 현대 관념론들을 위해 수반하는 초월론적 추상 혹은 포섭의 지점에 결코 도달하지 않는 방식으로 "차이를 일자에 관련시키기" 때문이다. 들뢰즈는 "이러한 근거의 역할은 플라톤의 참여 개념 속에서 극히 분명하게 나타난다"고 설명한다. "참여한다는 것은 ~속에서 일부를 가진다는 것 ~후에 가진다는 것, 두 번째로 가진다는 것을 의미한다. 첫 번째로 소유하는 것은 근거 그 자체", 혹은 우리가 이데아라고 부른 것을 갖지만, 그러나 이데아는 마찬가지로 다른 "지망자들", 덜 적은 정도를 갖고서 참여하는 그들 모두를 테스트하기 위한 근거를 제공하는 것이다(DR 62).**15** …… 지망자는, 말 그대로 말뚝을 박으며 "이것은 나의 것이다―나는 이것을 소유하고 있다."고 말하는 정주자나 시굴자와 같이, 근거에 대한 소유권을 단순히 주장하는 것이 아니다. 플라톤의 주장은 먼저 도착한 사람에 따라서, 그의 주장이 먼저 제기된 것에 따라서 결코 결정되지 않을 것이다. 즉, 우리가 아는 바와 같이, 법적 과정은 종종 가장 나쁜 종류의 학대자와 불법 거주자를 종종 격려한다. 왜냐하먼 토지 그 자체, 근거는 성쟁자들 중 한 사람을 판결하기 위하여 아무런 테스트를 제공하지 않고, 아무런 수단을 제공하지 않기 때문이다. 정주자와 채굴자는 그것의 가치를 위한 근거를 테스트하지만, 근거가 우리를 테스트할 때 무슨 일이 일어나는가? 플라톤이 그의 변증법과 분할의 방법을 확립할 때, 근거는, 마치 채굴자나 정주자가 오직, 땅 그 자체가 "아니다, 그대는 가치가 없다."고 대답하는 것을 듣기 위해 말뚝을 박은 것처럼, 주장의 대상과 지망자의 테스트 둘 모두로서 기능한다. 특히, 그러한 거부는, 그것이 일어날 때, 어떤 더 시원적이고 궁극적으로 나무랄 나위 없는 법으로까지 퇴행의 본성을 갖는 경향이 있다. 즉, 영화 『폴터가이스트*Poltergeist*』에서 가족의 토지-소유권 주장은 토착 부족 법과 대립한다. 『마지막 파도*The Last Wave*』에서 백인들의 주장이 토지 그 자체와 토지의 원주민—즉, 토착민의 것—의 주장에 직면하듯이. 실로, 이러한 식민지적 예들은 근거의 보다 높거나 혹은 초자연적인 힘을 증언하는데, 이러한 근거는 그들이 대지의 정신에 효과적으로 참여하지 않는 침입자들, 주장자들이라는 바로 그 근거로 자본주의적 지망자들을 거부한다. …

아무튼, 플라톤주의의 놀라움은, 모든 논거reason는 제쳐두고, 서열을 매기고 차이화하는 그것의 방법은 실제로 신화에 의거해서 확립된다는 점이다. "그것은 분할이, 마치 그것이 일단 종들을 규정하는 가면을 포기하고 그것의 진정한 목적을 드러내기만 하면, 그럼에도 불구하고 이러한 목적의 실현을 포기하고 대신에 신화의 단순한 '유희'에 의해 전달된다"(DR 60).**16** 여기서 뒤틀림은 이러한 신화의 형태는, 마치 갑자기 하늘에서 내려오는 한 목소리가 "'실재적인 것으로 내려가자' 하고 이러한 분할의 충분하다"고 선언하는 듯이, 결코 변증법적 과정과 혹은 변증법적 과정 바깥에서 비교될 수 없다는 점이다. 오히려, 우리는 신화를 변증법의 완전한 요소, 즉 선별 그 자체의 과정을 정당화하기 위하여 변증법이 내적으로 생산하는 요소을 형성한다고 이해해야 한다. 들뢰즈는 "언제나 순환적인 구조를 가지는 신화는 실로 토대의 이야기이다"라고 쓰고 있다. "그것은 여러 주장자들을 판단하는 기준이 될 수 있는 모델의 구축을 허용한다"(LS 255).

제3부

후기 플라톤의 대화편에서 신화를 기능을 시연하고 나서, 이제 우리는 플라톤주의에 관한 들뢰즈의 천착이 왜 『소피스트』를 "플라톤주의의 가장 비상한 모험"으로 독해하는 데서 절정을 이루게 되는지를 이해할 위치에 있다(LS 256). 비록 그것이 특수한 존재의 계통을 규정하는 공통 정신에서 시작될지라도, 혹은 그것이 그렇게 하기 때문에, 이러한 대화편은, 마치 어떠한 변증법적 대단원의 약속도 제지되었고, 철학자는 몰이해의 지점으로 데려와졌다는 듯이, 어떠한 근거짓는 신화의 부재 속에서 작동한다. 들뢰즈는 "이것에 대한 이유는 단순하다"라고 쓰고 있다. "『소피스트』에서 분할의 방법은 공정한 주장자들을 평가하기 위해서가 아니라, 이와 달리 거짓 주장자 그 자체를 정의하기 위해서, 역설적으로 사용된다"(LS 256). 플라톤주의 일반에서 우리가 이미 주장해 온 바와 같이, 그렇듯이 『소피스트』에서 철학자는 식별의 과제, 즉 "차이를 만드는" 과제를 떠맡고, 그렇지만 여기서 철학은 그 자신이 새로운 근거 위에 놓여 있음을 발견한다. 대화편들 중 이 가장 기이한 대화편에서, 철학자의 과제는 더 이상 진정한 주장자, 참된 계통을 선정하는 것이 아니라, 그릇된 주장자를 찾아내는 것이다. 『소피스트』는 그것의 과제가 전도되어 있음으로 인해서 왜곡되어, 진리의 선별은 비진리를 찾아내는 과정, 소피스트를 색출해내는 과정으로 대체되었다. 실로, 다른 플라톤의 대화편들에서 매우 명백하고 쉽게 찾아볼 수 있는 편력적 성향들이 새로운 임무—수색과 파괴—로 대체되었다.

하지만 이것은 불가피하지 않았던가? 이것은 은연중에 내내 철학자의 입장이 아니었던가? 차이를 길들이고 차이를 이데아 아래 포섭하는 논거reason의 포괄하는 기능이 없다면, 현상금을 노리는 사람과 같다. 즉, 그가 소유권을 주장하는 이데아들에서 유래하는 그의 권위는 보편적 매개자의 부재 속에서 작동하고, 그래서 그 자신의 특이한 선을 따르는 독립적인 변증법적 논리를 향하는 경향이 언제나 있다. 이데아가 보존되어야만 하고, 이데아의 이미지, 이데아의 왜곡이 파괴되어야만 하는 철학의 공화국에서, 철학자의 사법적인 기능은 사형 집행인을 가장하여 그 자신을 드러낸다(『소피스트』의 한 지점에서, 철학자는 "그렇다면 오라, 그것은 우리는 다시는 사냥감을 쫓는 일을 늦추지 않는다는 것을 이제 우리가 알기 위해서이다."라고 촉구한다).**17** 이런 이유 때문에, 아마도 우리는 여기서 플라톤의 내기는 게임이 시작되기 전에 지고 만다는 것을 인정해야 한다. 왜냐하면 그것의 동기 부여("소피스트란 무엇인가?" 혹은 "이미지란 무엇인가?") 이미 전통적인 플라톤의 물음을 왜곡하는 것이기 때문이다. 한편으로, 모방자 및 이미지들의 제작자로서, 소피스트는—만약 신화가 진짜가 아닌 그 자신을 정당화하기 위해 존재하지 않는다면—상관관계적인 신화와 도저히 동일시될 수 없다. 다른 한편으로, 그런 신화가 없다면 소피스트의 추구는 도저히 성공할 수 없으며, 소피스트는 철학자의 "나쁜 복제본"으로 단지 단언되는 것이 아니라 철학의 이데아를 위기 속에 놓는 그것으로 단언되어야 할 것이다.

그럼에도 불구하고, 이러한 인식 자체는 들뢰즈가 플라톤주의의 친구가 되어 주기 위해서, 플라톤주의 가장 친밀한 친구—플라톤주의의 형제(궤변술을 애호하는 이?)—가 되기 위해서 따를 궤변술의 독특한 길을 드러내는 역할을 한다. 따라서 우리 자신이 들뢰즈를 경유하여 "플라톤주의로 되돌아가는 일"은 아리스토텔레스로부터, 그리고 외적 비판의 전통으로부터 플라톤주의 구조하려는 시도일 뿐만 아니라, 그렇게 할 때 우리 자신을 소피스트들의 생성 안으로 밀어 넣으려는 노력이기도 하다. 이러한 과제의 디에게시스diegesis는 신참자가 논박의 정신과 같은, 철학적 담론에서 그리스인의 약점을 노출시키도록 명랑하게 졸라대는, 엘레아Elea로부터 온 이방인Stranger과 소크라테스의 만남을 둘러싸고 모양새를 취한다.**18** 농담은 우리는 철학자의 모습을 쉽게 식별할 수 없다는 소크라테스의 인정을 초래한다.

상층으로부터 그들 아래에 있는 삶을 탐사하면서 도시에서 도시로 갈 때, 그러한 사람들—엉터리 철학자들이 아닌, 진짜 철학자들—은 세계의 맹목 때문에, 모든 종류의 모양을 띠는 것으로 보인다. 어떤 이에게 그들은 전혀 중요하지 않으며, 또 어떤 이들에게 그들은 무엇보다 가치가 있는 것으로 보인다. 이제 그들은 정치가로 변장을 하고, 이제 소피스트로 변장을 하고, 때로 그들은 단지 미쳤다는 인상을 줄지도 모른다.**19**

실로, 만약 신화가 이러한 대화에 속해 있다면, 그리고 철학자 일반에게, 그것은 철학자가 신들의 루멘lumen 속에 휩싸여 있었다는 믿음에 있다고 밀할 수 있을 것이다. 다른 무엇 보다도, 플라톤은 매우 종종 언급한다. 철학자는 선-역사적인 회상 또는 아남네시스anamnesis를 여전히 불리낼 수 있는데, 이렇게 해서 그는 이미지들에 대해 판결을 내리는 자격을 부여받는다. 플라톤은 "신적 몫(theia moira)"에 대한 권리를 주장한다. 루이 제르네Louis Gernet가 한때 설명한 바와 같이, 특출한 위엄의 결과이자 보장인 … 그것은 철학자에 대한 일종의 신적 선택을 가리킨다. 그는 이렇게 덧붙인다. "적어도 신화적 수준에서 플라톤의 시대까지 지속된 것은 '또 다른 세계'관의 이상이었다."**20** 획책하며 모호함 속에서 사는 소피스트와 달리, 철학자는 자신이 이데아의 빛나는 윤곽들에 속한 과거의 이미지들을 볼 수 있도록 하는 것과 같은 종류의 시각을 부여받았다.

철학자들이 소피스트들과 관련하여 빠지는 혼란은 철학자 일반에 의해서, 또 우리가 발견하는 바와 같이, 이방인 개인에 의해서 다루어질 수 있을 뿐이다. 파르메니데스에게서 교육을 받았으므로, 이방인은 당면한 과제에 자신이 유일무이하게 적합하다는 기대에, 그리고 자신이 (아마도 자신만이) 그의 스승의 존재와 비-존재 간의 구별에 따라서 철학자와 소피스트 간의 이러한 막연한 구별을 분명히 밝힐 수 있다는 기대에 차 있다. 하지만 이러한 논리는 이내 소피스트의 민활한 다양성 앞에서 흩어져 사라진다. 이방인의 대화 상대자로서, 테아이테토스는 이렇게 인정한다. "이제까지 소피스트는 아주 많은 변장들 속에서 나타나 왔기 때문에, 나로서는 어떤 묘사가 그의 진정한 본성을 참되게 표현한다고 주장될 수 있는지 가늠할 수 없어 당혹스럽다."**21** 이러한 미끄러운 창조물을 포획하는 것이 어떻게 가능한가? 모든 해결책은 더 곤란한 물음들을 가져오는 것으로 보인다. 이방인은 "이러한 논쟁술의 주장들pretensions은 어떠한 주제에 관해서도 논쟁할 능력이 있는 것으로 보인다."**22**고 인정하며, 그렇지만 이러한 속성—"논쟁할 능력"—은 또한 소피스트가 분명히 붙잡히는 막판을 위한 기반으로서 그에게 타격을 가한다. 그는 하늘이든 땅이든 어떠한 주제에 관해서도 논쟁할 수 있다고 주장하기 때문에, 소피스트의 논쟁술은 (그리고 그가 그것에 대해 보수를 받는다는 사실은) 그가 모든 주제들에 관한 지식을 소유한다는 믿음에서 유래해야만 한다. 하지만 만약 그런 모든 것을 포괄하는 지식이 가능한다면, 그렇다면 "소피스트는 실재가 아니라, 모든 주제들에 관한 일종의 유명하고 분명한 지식을 소유한다".**23** 더 중요하게는, 이방인은 지식에 대한 이러한 종류의 주장은 그가 철학으로부터 궤변술을 구별해내어 궤변술의 정체성을 규정하도록 해주는 일종의 "모방"이라는 점을 덧붙인다. 사실, 철학자와 소피스트의 구별은 모방의 유형들 사이의 바로 이러한 차이에 의존한다. 왜냐하면 좋은 이미지와 나쁜 이미지 사이의 차이는 철학이 (좋은 이미지들을 예견함으로써) 떠맡는 과제, 그리고 궤변술이 (나쁜 이미지들을 증식함으로써) 모호하게 만드는 과제를 확립하기 때문이다.

실로, 이방인은 모방과 관련하여 본질적인 구별, 즉 이미지는 자신의 모델에 충실할 수 있거나, 혹은 오직 그렇게 보일 수 있을 뿐이라는 점을 제시한다. 전자는 닮음likeness이라 불리는 데 반해, 후자는 헛닮음semblance이라 불리거나 혹은, 우리가 결국에는 그렇게 부르게 되겠지만, 시뮬라크르라 불린다. 따라서 우리는 이제 들뢰즈가 시뮬라크르의 본성(혹은, 오히려, 변성, 왜곡)으로 간주하는 것을 숙고하기 시작할 수 있다. 닮음은 원본에 대한 "내적" 충실성을 유지하는 데 반해, 시뮬라크르는 오직 충실하게 보일 뿐인 "외적" 유사성similarity을 유지한다. 들뢰즈가 쓰고 있는 바와 같이,

왜냐하면 만약 복제들 또는 도상들이 좋은 이미지들이고 잘 정초된 것이라면, 이는 그것들이 유사성resemblance을 부여받았기 때문이다. 하지만 유사성은 외적 관계로 이해되어서는 안 된다. 유사성은 한 사물에서 다른 한 사물로 간다기보다는 한 사물에서 이데아로 간다. 까닭인즉 내적 본질을 구성하는 관계들과 비례들을 포함하는 것은 바로 이데아이기 때문이다. 내적이고 정신적이므로, 유사성은 모든 주장pretension의 척도이다. 복제물은 그것이 저 사물의 이데아를 닮는 한에서 어떤 것을 닮는다. … 이제 다른 종의 이미지들, 곧 시뮬라크르를 생각해보라. 시뮬라크르는 자신들이 주장하는 것(대상, 질 등)을, "아버지에 대항하여" 침략, 교묘한 주입, 전복을 행한다는 명목으로 이데아를 통과하지 않고서 은밀하게 주장한다. 내적 불균형인 비유사성을 감추고 있는, 정초되지 않은 주장이 존재한다. (LS 257)

이방인은 처음에 이미지-시뮬라크르가 그것이 복제의 복제이기 때문에, 우리를 이데아로부터 점점 더 멀리 떨어져 이끄는 타락의 연쇄의 시작이기 때문에, "나쁘다"고 언급하는 것으로 보였다. 하지만 우리는 이것을 시뮬라크르의 위협으로 이해한다면 실수를 범하는 것이리라. 타락들로서의 그런 타락들은 오직 계속하여 원본의 지위에 유의한다. 왜냐하면 타락이 표시하는 차이들은 불가피하게 모본model 그 자체의 완전함을 지속시키기 때문이다. 시뮬라크르를 단지 복제의 복제로서, 원본으로부터 제거된 두 차례(혹은 몇 차례라도)의 복제로서 간주함으로써, 사실상 플라톤주의를 전복시키는 시뮬라크르의 발생적 힘이, 이방인이 이미 직관하듯이, 그러한 모든 모본을 권좌에서 몰아대는 역량에 놓여 있는데도, 우리는 계속하여 원본에 경의를 표한다. 시뮬라크르의 진짜 위험은 모방으로서의 그것의 지위에 놓여 있지 않다. 오히려 시뮬라크르는 차이 그 자체로 출현한다—시뮬라크르의 표면상의 닮음(=유사성)은 더 면밀히 검토해보면, 혹은 상이한 관점에서 보면, 원본과 아무런 닮음도 지니지 않는, 오직 외적 나타남일 뿐이다. "시뮬라크르는 사물을 구성하는 차등성을 붙잡아 사물로부터 모본의 지위를 벗겨낸다"라고 들뢰즈는 설명하므로, 그래서 우리는 시뮬라크르를, 역설적으로, 모본 없는 복제본, 지시체 없는 이미지, 이미지 그 자체로 정의할 수 있을 것이다(DR 67).

말할 필요도 없이, 시뮬라크르는 여러 매체들을 포괄하지만, 명료성을 위해 우리는 시뮬라크르의 위협은 조각에, 특히 거대한 크기의 조각 작품들에 고유하다는 플라톤적인 제안에 의존할지도 모른다. 하지만 이러한 이미지들의 크기와 비례에 관해서 무엇이 그토록 애를 먹이는가? 대답은 특히 거대한 이미지들의 범위는 지각의 힘을 능가하여, 전혀 실존하지 않을 수도 있는 닮음에 대한 믿음을 초래한다는 사실에서 구해져야만 한다. 여기서 우리는, 자주 리얼리즘과 비례의 전형으로 제시되지만 면밀히 검토해보면 플라톤의 관심의 기초를 증명하는 미켈란젤로의 "다비드" 상의 예를 생각할지도 모른다. 왜냐하면 그 예술가가 실현한 바와 같이, 조각의 크기는 멀리서 보면 알맞게 비례를 이루는 손들의 묘사는 거의 극소적인 것으로 나타나서, 우뚝 솟은 몸과 기묘하게 불화를 이룰 정도였다. 따라서 닮음의 외적 나타남은 그 상에다 비정상적으로 큰 손들을 부여함으로써 성취될 수 있을 뿐이다. 즉 충실한 재현으로 보이는 것은 아무런 닮음, 아무런 내적 유사성 없는 이미지이다. 들뢰즈가 설명하는 바와 같이, "플라톤은 시뮬라크르는 관찰자가 장악할 수 없는 거대한 차원, 깊이, 거리를 의미한다고 명시한다". 왜냐하면 그런 이미지들은 "차이적 관점을 포함하니, 관찰자는 자신의 관점에 의해 변형되고 왜곡된 시뮬라크르

그 자체의 일부가 되기 때문이다"(LS 258).

　이 모든 것을 감안할 때, 우리는 어떻게 어느 복제본이 충실하고 어느 복제본이 충실하지 않은가 결정하기를 시작하는가? 우리는 어떻게 좋은 복제본을 나쁜 복제본으로부터, 유사성을 시뮬라크르로부터 구별해내는가? 플라톤주의를 전복하기 위하여 플라톤주의로 돌아갈 때, 들뢰즈는 이 두 종류의 이미지를 구별하는 것은 쉬운 과제가 아니라는 점을 강조한다. 결국, 나쁜 이미지들의 표면상의 비도덕성이 관찰자를 기만하는 능력에, 그리고 도덕적으로 보이는 능력에 놓여 있을 때, 우리는 나쁜 이미지들이 결여하는 것에 의해서는, 어떤 식별 가능한 타락에 의해서는 나쁜 이미지들을 획정할 수 없을 따름이다. 따라서 소피스트와 소피스트 이미지의 힘, 곧 시뮬라크르는 전통적인 구별이 행할 수 있고 도덕적 위계를 확립할 수 있는 바로 그 기반을 왜곡하는 힘에 놓여 있다고 말할 수 있을 것이다. 소피스트적 복제물 곧 시뮬라크르는 선별의 기준을 효과적으로 논박하고, 포괄적인 이데아가 무엇이 진짜임을 증명하도록 해주는 기반을 전멸시킨다. 혹은, 또 다른 방식으로 이에 대해 말하면, 시뮬라크르는 차이 그 자체이기 때문에 어떠한 전통적인 방식으로도 색출되거나 식별될 수 없다. 마침내 이것이야말로, 즉 플라톤주의와는 아무런 진정한 유사성도 지니지 않는 플라톤주의의 이미지, 플라톤주의로부터 그 지위를 영원히 빼앗는 이미지야말로 궤변술의 바로 그 정의가 아닌가? 이방인이 그 자신의 폭죽에 의해 효과적으로 들어올리는 소피스트에 대한 결론이 있는 곳에서 그러하다. 왜냐하면 이 추구는 플라톤주의가 철학을 전달하려고 노력하게 했던 혼란의 절정을 불가피하게 유도하기 때문이다. 이방인은 자신도 모르게 이렇게 촉구한다. 즉, "그때 우리는 이미지를 만드는 기술을 분할함으로써 즉시 땅을 4등분해야 한다고 동의했으며,"

만약 우리가 그 봉지enclosure로 내려가자마자 궁지에 몰린 소피스트를 만난다면, 우리는 이성의 칙령에 따라 그를 체포하고, 생포했음을 보고하고, 그를 군주에게 이양해야 한다."**24** 하지만 소피스트가 추격을 당해 그의 "은신처lurking place"로, 모방의 주거지로 숨어든 바로 그 시점에, 모방의 분할이 좋은 복제본과 나쁜 복제본을 따라 행해졌을 때, 탐구의 목표가 달성된 것으로 보일 때, 플라톤의 임무는 그 방향을 상실한다.

왜 그런가? 이방인이 설명하는 바와 같이, 만약 그가 소피스트와 환상적인 이미지들을 동일시한다면, "그 진술의 담대함은 '있지 않은 것what is not'은 존재를 가진다는 그 함의에 놓여 있으므로, 그는 이미 암묵적으로 그 이미지들의 존재를 승인한 셈이 될 것이다. 왜냐하면 어떠한 다른 방식으로도 허위가 존재를 가지게 될 수 있기 때문이다."**25** 달리 말해서, 이방인은 소피스트를 유사성들과 동일시하는 일, 또는 소피스트를 닮음과 동일시하는 일 사이에서 선택하지 않으면 안 된다. 전자는 사실이 아니며, 변증법의 과정에서 명백한 모순을 위협하고, 후자는 변증법적 모순을 해결하리라는 점을 알고 있지만 그렇게 할 때 진리 그 자체의 예감을 불리하게 만들 것이다. 결국, 소피스트를 능가하고 반대하는 철학자의 입장을 보존하는 목적은 플라톤주의를 그 자신의 사망으로 이끈다. 들뢰즈의 언어로 말하면, "시뮬라크르의 방향으로, 그것의 심연에 기대는 방향으로 추구한 결과, 플라톤은, 순간의 섬광 속에서, 시뮬라크르는 그릇된 복제본일 뿐만 아니라 복제본과 모본의 바로 그 표기법을 물음 속에 놓는다"(LS 256). 결국, 들뢰즈는 이데아의 본원적인 동기와 힘을 회복할 뿐만 아니라 이데아의 힘을 탈신비화하기 위하여 플라톤으로 돌아가고, 그렇게 하여 이데아와 이미지, 모본과 복제본이라는 위대한 플라톤의 이원론은 깊이의 식별 불가능성으로 소멸한다. 또 다른 토대에 머물러 있을 뿐인, 세계 배후의 세계를 추구하지 않고서, 우리는 재현의 규칙이 시뮬라크르의 현기증에 의해 전멸되리라 여겨지는 토대의 "토대 허물기unfounding"를 여기서 일별한다. 즉, 니체가 쓰고 들뢰즈가 인용하는 바와 같이, "각 동굴 배후에 훨씬 더 깊게 열리는 또 다른 동굴이 있고, 각 표면 배후에 훨씬 더 방대하고 기묘한 지하 세계가 있다".**26**

노스 캐롤리나 대학, 차펠 힐

주(Notes)

1. DR 59-64를 보라.

2. 실로, 그런 주해들을 매우 독창적인 것으로 만드는 것은, 들뢰즈가 설명하는 바와 같이, 그는 결코 그의 적들의 기본 개념들에 대해 논쟁하거나 그들 담론들의 용어들을 거부하려고 하지 않는다는 점이다. 즉, 주해의 과제는 철학자의 언어를 말하는 법을 배운 데에 놓여 있지만, 그 언어의 엄격하고 규칙적인 체제를 예기치 않은 만일의 사태로 우회하는 방식으로 말하는 법을 배운 데에 놓여 있다.

3. 미셸 푸코, 『미학, 방법, 그리고 인식론 1954-1984』, 권II, 로버트 헐리 옮김(New York Press, 1999), p. 344. 푸코는 「철학 극장」의 모두에서 이 물음을 제기한다. 유명한 일이지만 푸코가 들뢰즈를 20세기의 탁월한 철학자로 지명하는, 이 냉소주의에 대한 푸코의 응답은 들뢰즈의 독특한 방법론을 증언한다.

4. 들뢰즈가 『차이와 반복』에서 쓰고 있듯이, 우리가 "같은 것을 차이 나는 것에 관련시키는 전환을 따르게 해야만 하는 동안, 이와 동시에, 차이 나는 것 안의 구별되는 사물들과 존재자들은 이에 상응하는 철저한 동일성의 파괴를 겪는다"(DR 66).

5. 플라톤, 『소피스트』, 246 a-b. 내가 플라톤의 대화록들의 표준적인 페이지 표기를 언급할 때, 모든 인용들은 이디스 해밀턴 편, 『플라톤 대화편 전집』(Princeton, NJ: Princeton University Press, 1961)에서 취한 것임에 주목하라.

6. 플라톤, 『티마이오스』, 37c-d.

7. 플라톤, 『공화국』, 596e.

8. 플라톤, 『공화국』, 598b-c.

9. 플라톤, 『공화국』, 603b.

10. 그만큼 파악하기 위하여, 이념이 야기하는 드라마들을 평가하기 위하여, 우리는 에이도스eidos의 보다 엄격하게 철학적인 배치에 앞서는 세기들에서 에이도스를 특징짓는 두드러진 의미적 변화를 상기함으로써 시작할 수도 있다. 플라톤과 아리스토텔레스가 이 용어를 파악하기 오래 전에, 에이도스는, 우리의 먼 관점에서 보아, 섬뜩한 전도—"섬뜩한der Unheimliche 것"에 걸맞는 전도—와 다름없는 것을 시사하는 변형을 받았다. 소크라테스 학파 이전에, 에이도스는 일반적으로 가시적인 모양들 그리고 우리가 보는 것의 실체를 지시했으며, 이 의미는 철학의 구역들을 훨씬 너머 지배한다(『시학』에서, 아리스토텔레스는 돌론을 묘사하는 호메로스의 한 대문, "hos p e toi eido men heen kakos"를 논하는데, 여기서 "eido"는 기형 또는 추함의 나타남을 가리킨다). 이후의 사용에서 점차적으로 이 용어는 "특징" 또는 "유형"이라는 보다 일반적인 개념과 결부되었으며, 이 의미는 소크라테스가 에이도스를 윤리적 성질들을 구별하기 위해 때때로 소환할 때 그대로 잔류했다. 그러므로 플라톤이 외향적인 현존에서 지성적 장소로 에이도스를 변형하는 것을 인정하는 것으로 보일

때도, 전자의 현존이, 신비적으로긴 하지만, 그런 형식들과의 그것의 고대적 교류에 대한 영혼의 희미한 회상 속에 여전히 남아 있다. 다른 무엇보다도, 플라톤은 철학자는 여전히 선-역사적인 회상 곧 아남네시스$_{anamnesis}$를 떠올리게 할 수 있고, 이렇게 해서 아남네시스는 철학자에게 이미지들을 판결하는 작업을 담당할 자격을 부여한다고 언급한다.

11. 이 점에서, 아리스토텔레스는 플라톤이 신적 이념을 지시하기 위해 사용하곤 하는 종$_{eide}$을 지시하기 이해 같은 단어를 사용한다는 것은 언급할 만한 가치가 있으며, 이러한 수렴은 만약 우리가 플라톤주의와의 내적 관계를 어떻게든 성사시키고자 한다면 반드시 우회해야 하는 외적 장애물을 조사하기 위한 기초를 제공하는 것은 당연하다.

12. 추상도 종합도 플라톤주의의 이념을 특징짓지 못하며, 아리스토텔레스가 이것을 교정을 절박하게 필요로 하는 약함 또는 미성숙함으로 보았던 반면, 들뢰즈는 그것을 다른 철학적 가능성과 다른 철학적 세계들을 위한 좋은 기회로 환호하며 맞이한다.

13. 플라톤, 『소피스트』, 227c. 요컨대 변증법적 예술은 하제에서 오는 혜택이 스펀지에서 오는 혜택보다 큰지 적은지 결코 고려하지 않으며, 다른 하나보다 하나에 더 관심을 갖지 않는다. 그녀의 노력은 지성을 획득할 목적으로 모든 예술에 무엇이 가깝고 무엇이 가깝지 않은지를 아는 것이다. 그리고 이 점을 염두에 두며, 그녀는 그것들을 모두 똑같이 존중한다.

14. 플라톤, 『정치가』, 266c.

15. 들뢰즈가 계속해서 말하듯이, "근거는 지망자들이 더 많은 정도로 또는 더 적은 정도로 지망의 대상에 참여할 수 있도록 해주는 시금석이다. 이런 의미에서 근거는 측정하고 차이를 만든다"(DR 62).

16. 특히, 들뢰즈는 신화를 "매개의 상상적인 등가물"(DR 61)로 간주하지 말라고 조심스럽게 우리에게 주의를 준다. 신화와 변증법은 구분되어 나타나지만, "이 구분은 일단 변증법이 자신의 진정한 분할의 방법을 발견하기만 하면, 더 이상 중요하지 않다. 분할은 그런 토대를 차이를 만들 수 있는 근거로서 요구한다. 역으로, 토대는 분할을 근거지어져야만 하는 것에서의 차이의 상태로서 요구한다. 분할은 변증법과 신화의 진정한 통일, 토대로서의 신화와 logos tomeus로서의 로고스의 진정한 통일이다"(DR 62).

17. 플라톤, 『소피스트』, 235a-b.

18. 플라톤, 『소피스트』, 216b.

19. 플라톤, 『소피스트』, 216b. 또한 우리는 여기서, 『의미의 논리』에 나오는, 플라톤의 "상승적 영혼론$_{ascensional\ psychism}$"에 관한 들뢰즈의 주해를 숙고해볼 수도 있다. "상층은 정확히 플라톤적 오리엔트이다"(LS 127-8).

20. 루이 제르네, 『고대 그리스의 인류학』(Baltimore: Johns Hopkins University Press, 1981), p. 358. 아남네시스는 엔토우시아스모스$_{enthousiamos}$를 유도하거나 촉진하는 "비전"이며, 비전의 선물은 파르메니데스와 같은 철학자들이 보존하고 전달할 수 있었던, 여부없

는 유산을 가지는 저 탁월한 고대인들의 특질이다.

21. 플라톤, 『소피스트』, 231b-c.

22. 플라톤, 『소피스트』, 232e.

23. 플라톤, 『소피스트』, 233c.

24. 플라톤, 『소피스트』, 235b-c.

25. 플라톤, 『소피스트』, 237a.

26. 프리드리히 니체, 『선악의 저편』, R.J. 홀링데일 옮김(London: Penguin Books, 2003), §289. 들뢰즈는 「플라톤과 시뮬라크르」에서 플라톤즈의의 전복의 본질을 기술하기 위해 이 대문을 인용한다. 왜냐하면 이 과정은 보편적인 붕괴가 아니라 모든 토대들 foundations을 집어삼키며, 보편적인 붕괴effondrement를 보증하지만, 즐겁고 긍정적인 사건으로서, 탈근거enfondement로서 보증하기 때문이다. LS 263을 보라.

2.

존 둔스 스코투스

네이선 위더

들뢰즈의 모든 개념들 중에서 일의성univocity 혹은 일의적 존재univocal being 개념이 아마도 가장 이해하기 어렵고 현대의 해석자들을 혼란스럽게 만드는 경향이 있는 개념일 것이다.[1] 단일한 의미 혹은 단일한 목소리라는, 일의성의 문자 그대로의 의미를 감안할 때, 그리고 들뢰즈 자신이 존재의 일의성을 차이의 일의성으로 정식화하는 데에도 불구하고, 이 용어는 들뢰즈의 다양체 철학을 희석시키는 궁극적 단일체unity를 시사하도록 의도되었음이 쉽사리 가정된다. 실로, 이러한 견해는 존재의 일의성을 플라톤 철학의 일자 개념 아래 포함시키는 독해들을 뒷받침하고, 그런 다음 들뢰즈를 드러나지 않은 플라톤주의라고 하며 비난한다.[2] 만약 이것 이외에 다른 이유가 없다면, 일의성 개념의 아리스토텔레스의 기원들, 그리고 이와 더불어 플라톤-아우구스티누스 신학에서 서성거리는 문제들을 해결하려는 중세 사상에 보이는 일의성 개념의 역사적 사용과 더불어 이해하는 일이 대단히 중요하다. 존 둔스 스코투스, "현묘한 박사"로 알려진 13세기 프란치스코 스콜라 철학자는 이러한 역사에서 중심 인물이며, 놀라운 일이 아니지만, 들뢰즈가 이 개념의 철학적 계통을 형성하는 것으로 간주하는 세 주요 인물들 중의 첫 번째 사람이다(DR 29). 들뢰즈는 스피노자와 니체가 일의성이라는 용어를 사용하지는 않지만 이들을 둔스 스코투스의 계승자로 거명한다.

근본적으로, 일의성은, 차이들이 관련되어 있지만 공통적 동일성과 통일성unity이 부재하는 일차적 각양성primary diversity 내에서 확립된 관계들에 관한 것이다. 들뢰즈에게, 그런 관계들은 다양체multiplicity 혹은 배합체assemblage를 구성한다. 들뢰즈의 가장 지속적인 일의성 전개, 그리고 그가 둔스 스코투스에 가장 광범위하게 관여하는 장소는 『차이와 반복』의 「차이 그 자체」에 관한 장에서 발견된다. 여기서 들뢰즈는 차이를, 재현의 방패 아래에서, 오직 유사성과 동일성의 매개적 힘들과 관련해서만 이해한다고 하며 형이상학적 철학을 규탄한다. 형이상학은 차이 그 자체의 더 심오한 개념이 아니라, 단지 개념적인 차이만을 발견한다.

> 형이상학의 요소로서 재현은, 차이를 두 다른 항으로 상정된 것들 사이에서 비교의 중심이 되는 제3의 항과 관련시킬 때만 그것을 동일성에 복속시킨다. … 하지만 형이상학은 차이 그 자체를 사유할 수 없다. 혹은 통일하는 것의 중요성만큼 분리하는 것의 중요성을 사유할 수 없다. (DR 65)

대조적으로, 들뢰즈는, 우리는 "그것[차이] 안에서 각각의 직접성(=무매개성) 안에서 가장 보편적이고 가장 독특한 것singular을 관련시킬,

차이를 차이 나게 하는 것을 발견해야만 한다"(DR 32)고 주장한다. "동일성의 우위가 다양성에게 굴복하여, 종합이나 매개 또는 차이 안의 타협이 아니라 오히려 완강한 차이화를 남기는, 매우 중요한 차이 경험이 존재한다"(DR 50)고 들뢰즈는 주장한다. 들뢰즈의 경우 이러한 차이의 차이화는 다양체가 결합하면서 분리하는 차이의 관계들을 가로질러 일의적으로 말한다. 차이를 통일성으로 거의 환원하지 않고서, 들뢰즈의 일의성은 모든 존재자들에게 "공통되는" 차이의 과잉을 표현한다.

이러한 일의적 존재론은 분명 둔스 스코투스의 것이 아니다. 그럼에도 불구하고, 둔스 스코투스가 아리스토텔레스로부터 끌어와서 존재의 유비적 개념들에 대립시키는 일의성 개념은 들뢰즈의 일의적 차이의 철학에 영감을 불어넣는 그것이다. 따라서 비록 들뢰즈가 파르메니데스에서 하이데거에 이르기까지 철학사 전체를 통하여 "존재는 일의적이다"라는 존재론적 명제를 들을 수 있다고 주장하면서, "오직 그 한 가지 존재론적 명제만이 있어 왔다"(DR 35) 선언할지라도, 차이 개념에 대한 그의 정교한 서술은 아리스토텔레스로 시작되어 둔스 스코투스로 이어진다. 이 장은 일차적 다양성 내의 가능한 관계들을 둘러싼 고대와 중세의 논쟁들에 대한 들뢰즈와 둔스 스코투스의 천착들을 재검토하여, 플라톤-기독교 사상의 복무 속에 놓아지는 곳에서조차 일의성은 그럼에도 불구하고 차이에 대해 말한다는 점을 증명할 것이다. 이 장은 또한 들뢰즈의 관점에서 보아, 무엇이 스코투스 존재론의 근본적인 한계—즉, 들뢰즈가 둔스 스코투스에게서 취하는 또 다른 개념 곧 특개성 혹은 개체적 차이로 일의성을 확장하기를 거부한다는 점—인지 찾아낼 것이다. 들뢰즈는 이러한 한계의 제거는 일의적 존재를 플라톤주의의 전도, 즉 들뢰즈가 현대 철학의 과제로 정의하는 조치를 성취하는 데에 필요한 일종의 다양체를 표현하도록 해준다고 주장한다(DR 59). —『차이와 반복』의 대강 여섯 페이지에 제한되어 있는—둔스 스코투스에 관한 그의 간략한 논의에도 불구하고, 그것은 들뢰즈의 철학 전체의 전개에 중심적이다.

아리스토텔레스와 플라톤: 기독교의 배경

개체들의 동일성을 확보하기 위한 초월적 형상들에 대한 플라톤의 사용에 반대하면서, 아리스토텔레스는 들뢰즈가 "유기적 재현"이라고 부르는 것의 패러다임을 지속시키는 방식으로 차이를 배치하려고 노력한다. 아리스토텔레스의 도식에서, 차이는, 종적 차이의 형태로, 더 넓고 미규정적인 유들 내의 동일성들을 기술한다. 예를 들어, 종차(=종적 차이) "이성적"과 "날개 달린"은 유인 "동물" 내에서 종들인 "인간"과 "새"를 정의한다. 이러한 종차들은 글자 그대로 유를 잘라내어, 그것들 각각의 본질들을 구성함으로써 유의 여러 종들 사이에 "차이를 만든다". 들뢰즈가 말하는 바와 같이, "유들이 차이들에로 분할되는 것이 아니라, 해당하는 종들을 야기하는 차이들에 의해 분할된다"(DR 31). 더구나, 종차들은 모두 긍정적이며—"날개 달리지 않음"은 한 사물이 실제로 무엇인지 규정하지 않고 완전히 열려진 상태로 놓아두므로, "날개 달리지 않은"과 같은 부정적 술어들은 명시할 수 없다—, 그래서 그들 상호 간의 관계는 반대대당의 관계이다. 차이들을 명시하는 것으로서 기능하는 이러한 반대대당은 여러 가지 종들이 그것들의 유의 공통 동일성 내에 남아 있는 동안 취할 수 있는 극단의 형태들을 획정한다. 즉, 동물은 두 발을 가지거나, 네 발을 가지거나, 날개가 달려 있다 등등.**3** 이러한 이유 때문에, 아리스토텔레스는 반대대당을 가장 크고 가장 완전한 차이라고 선언한다(DR 30-2).**4** 들뢰즈가 언급하는 바와 같이, 이것은 완전하게 상대적인 최대한도이며, 반대대당은 아리스토텔레스가 실체적 동일성을 위해 제시하는 요건들과 관련해서만 최대한도이다(DR 31-2). 엄밀히 말하면, 모순—가령, 제2의 항이 긍정적 정식화가 주어질 수 없고, 제1항의 절대적 부정인, "실존하는"과 "실존하지 않는" 사이의 관계—은 반대대당보다 더 큰 차이이다. 하지만 반대대당 둘 모두가 같은 유 내의 종들에 대해 술어가 될 수 없으므로, 그것들은 정의와 본질에 불완전하고 외재적이다(DR 31-2).**5** 헤겔의 변증법이 한 예가 되는, 어떤 종류의 "주신제 같은" 또는 "무한한 재현"은 아리스토텔레스의 정식화를 넘어가, 모순 혹은 대립은 동일성과 양립 가능하며 그래서 가장 큰 차이라고 주장한다(DR 44-6, 49-50). 헤겔의 경우, 실로 한 사물의 동일성은 그것이 자신이 아닌 것과 부정적이거나 모순적인 관계들을 맺음으로써 구성된다. 그렇지만 유기적이고 주신제 같은 재현은 둘 모두 그것이 동일성과 양립 가능함에 의해 차이를 분석하기 때문에, 들뢰즈는 두 접근법 모두 결코 "차이 그 자체"에 도달하지 못한다는 선고를 받았다고 주장한다.

모순성의 쟁점, 그리고 무엇이 가장 큰 차이인가 하는 쟁점을 제쳐 놓는다 해도, 아리스토텔레스의 도식은 여전히 두 방향에서 유래하는 과도한 차이라는 위협들에 직면해 있다. 종적 차이가 차이의 개념으로서 불충분하다는 점은 유 내에 포개져 있는 종들 사이의 차이들 "위에" 있거나 "아래에" 있는 차이들은 다른 층위들에 속해야만 한다는 함의에 의해 지시된다. 먼저 개체의 수준을 취해보면, 한 종의 두 성원들을 궁극적으로 구별하는 것은 각 개체의 궁극적이고 환원 불가능한 "이것임thisness"을 의미하는 차이이다. 예를 들어, 소크라테스는 그 목록이 실로 끝이 없을지도 모르는 다양한 개별적인 특징들을 가지는 인간이다. 그러나 결국, 소크라테스에 대해 말해져야만 하는 것은 그는 이러한 속성들을 가진다는 점이며, 그리고 그는 여기에 서 있는 이 사람이라는 점, 혹은 그는 이러한 개별적 물질로 이루어져 있다는 점이다. 이러한 개체적 구별들individual differentiations은 한 개체의 본질을 특정하는 데 아무런 도움이 되지 않는다. 가령, 소크라테스의 본질은 그의 인간성humanity인데, 이것은 종들의 수준에서 규정되므로, 그를 이 독특한 인간으로 만드는 절대적으로 최종적인 술어화에 의해서는 말할 나위도 없고, 그의 키, 머리카락과 눈의 색깔, 코 모양 등등과 같은 어떠한 그 이상의 한정들에 의해서도 변경될 수 없다. 더구나, 이러한 최종적 술어는 소크라테스 그 자신 이외에는 더 이상 아무것도 지시하지 않으므로, 그것은 정의적 요소가 아니라 지시로서 기능한다.[6] 소크라테스에 관한 어떠한 정의도 추상적인 채로 남아 있게 되어, 결코 그의 구체적인 개체성에 도달하지 못하며, 그래서, 놀라운 일이 아니지만, 아리스토텔레스는 우리는 종들과 같은 더 일반적인 범주에 대한 지식을 가질 수 있지만, 한 종에 속하는 것으로서의 개체들에 대한 인식을 가질 수 있을 뿐이다.[7] 그러나 이는, 두 개체가 한 의미에서는 같은 종에 함께 속하는 반면, 또 다른 의미에서는 그들의 차이를 진정으로 말하는 것, 그들은 환원 불가능하게 다르다는 점을 의미한다.

다른 수준에서의 문제적 차이, 그리고 일의성 혹은 유비의 쟁점이 적절하게 위치하는 장소는 범주들 사이의 관계에 관한 것이다. "동물" 혹은 "색채"와 같은 유들 위에 실체, 양, 질, 장소, 시간 등등과 같은 범주들이 있다. 각 범주는 존재의 범주이지만, 존재도 아니고, 공통의 통일하는 동일성으로서 역할하는 "일자성oneness"과 같은 어떠한 비교 가능한 항도 아니다. 현대 수학이 모든 집합들의 집합이 존재하지 않음을 발견하듯이, 아리스토텔레스는 가장 높은 유가 존재할 수 없음을 증명한다. 들뢰즈가 언급하듯이, 그의 주장은 종적 차이들이 존재한다는 사실에 의존한다(DR 32). 유는 자신의 종들에 대해 술어가 되지만, 자신의 종차들에 대해 술어가 되지는 않는다. 가령, 우리는 "인간은 동물이다" 하고 말하지만, "날개 달린 것은 동물이다" 하고 말하지는 않는다. 그러나 존재는 이러한 모든 항들에 대해 술어가 된다. 이것은 종차들이 유를 종들로 분할하면서 동시에 그들 자신의 유들에 속하는 방식에 기인한다—각각은 한 유의 종차이면서 동시에 또 다른 유의 종이다. 그러나 다의 개념의 허위(=일어다의의 허위)는 존재 그 자체로 확장한다. 즉, 모든 존재자들에 대해 술어가 되므로, 존재는 필연적으로 동일성과 차이를 의미한다. 그래서 우리는 실로 "날개 달린 것은 존재한다"고 말한다. 아리스토텔레스가 진술하는 바와 같이,

하지만 단일성(=통일성) 혹은 존재가 실존하는 사물들의 한 유라는 것은 불가능하다. 왜냐하면 각 유의 종차들이 존재해야만 하고, 각 종차들은 일자이어야만 하기 때문이다. 하지만 한 유의 종들이 종차들에 대해 술어가 되거나, 혹은 유가 자신의 종들 없이 술어가 된다는 것은 불가능하다. 따라서 만약 단일성 혹은 존재가 하나의 유라면, 존재 혹은 단일성의 종차들이 존재하지 않을 것이다.[8]

그럼에도 불구하고, 범주들의 환원 불가능한 다양성을 지시하는 이러한 공통 동일성의 결여는 존재를 동음이의적인 술어로 만들지

않는다—즉, 다양한 의미들을 가지는 것은 동물과 별 둘 모두를 뜻하는 "dog", 혹은 강둑과 은행 둘 모두를 뜻하는 "bank"처럼 뒤죽박죽이다. 대신에, 아리스토텔레스는 "존재"는 자신의 범주들과 존재자 일반들에게, 가령 무-모순의 법칙의 보편성 속에서, 일별될 수 있는 공통 의미를 여전히 증여한다고 주장한다. 가령, 그것이 실체이든 질이든, 범주이든 개체이든, 어떠한 존재도 같은 관계 아래에서 동시에 존재하면서 존재하지 않을 수 있는 것이 아니다. 그러므로 존재는 차이들을 가로지르는 관계나 연관을 여전히 함의하지만, 동일성과는 다른 관계나 연관을 함의한다. 그럼에도 불구하고, 이러한 연관의 형태는 아리스토텔레스의 텍스트들에서는 아직 규정되지 않은 채 남아 있다.

기독교 신학은 이질적인 차이들에 다리를 놓을 필요를 포함하는 세 번째 문제, 즉 무한한 신과 그의 유한한 창조물 사이의 관계의 문제를 도입한다. 이 난문제는 이러한 신학의 플라톤 기원들을 반영한다. 플라톤의 경우 물리적 존재자들은 그것들이 모방하는 형상에 얼마나 근접하느냐에 따라서 순위가 매겨진다. 이 형상에 대한 앎은 다 알고 있다는 듯 이러한 개별자들에 순위를 매기는 조건이다. 예를 들어, 아름다움의 형상을 앎으로써, 여러 개체들의 아름다움에 진실하게 등급을 매기는 일이 가능하다. 그렇지 않다면, 모든 판단은 고작해야 단지 의견(=억견)일 따름이다. 그렇다면 물음은 형상들이 어떻게 파악되느냐 하는 것이 되는데, 여기서 플라톤은 유명한 일이지만 앎과 봄 사이에 유비를 끌어온다. 즉, 아는 것은 글자 그대로 명료하게 보는 것이다. 그러므로 형상을 파악하는 일은 빛의 근원과 유사한 어떤 것을 요구하는데, 플라톤은 이 근원을 형상들 중의 형상 혹은 선the Good이라고 명명한다. 선은 영혼을 "비추어" 영혼이 형상들을 "보도록" 해주는데, 이는 물리적 대상들이 눈에 식별될 수 있도록 햇

빛이 물리적 대상들을 비추는 방식에 비견될 수 있다. 그러나 선은 불투명한 채 남아 있다. 왜냐하면 마찬가지로 선은 비추어지지 않고는 알려질 수 없으며, 그 비춤의 근원은 그때 알려져야 할 또 다른 빛 등등 무한히 요구할 것이기 때문이다.[9] 그러나 이러한 실패는 모든 수준들에서 앎을 위태롭게 한다. 왜냐하면 아름다운 사물들의 위계는 아름다움의 형상에 대한 앎을 요구하듯이, 플라톤의 분할된 선을 구성하는 형상/복제본/이미지의 위계를 파악하는 일은 선에 대한 앎을 요구해야 하기 때문이다. 이러한 진퇴양난은 아우구스티누스의 신학에 계속되는데, 거기서 신은 비춤의 근원이지만 또한 신비하고 초월적이다. 받을 자격이 없는 영혼을 깨우치는 신의 은총을 통해서만 어떠한 앎도 가능하지만, 그러나 신은 자신의 창조물로부터 무한히 떨어져 있기에, 단지 신앙의 문제로 남아 있을 뿐이다. 유일한 가능성, 즉 신을 유한한 비례들로 환원하지 않는, 신과 세계 사이의 어떤 연관을 확립할 수 있는 부재는, 신에 대해 말해질 수 있는 것은 신이 존재하지 않는 그것이라는 부정 신학이다. 그러한 단념은 둔스 스코투스와 다른 많은 중세 신학자들에게는 용납할 수 없는 것이었기에, 그들은 대신에, 설사 궁극적 앎은 여전히 초자연적인 은총에 의존한다 하더라도, 신에 대한 약간의 이성적 앎이 본연적으로 가능하다는 점을 증명하려고 노력했다. 결국, 이러한 노력 때문에 환원 불가능하게 다른 세간적 영역과 신적 영역을 관련시키는 방식이 필요해졌다.

존재의 유비적 개념

　일의성과 유비는 아리스토텔레스의 텍스트들이 13세기 라틴계 서구에 재도입된 후에 중세 신학이 그 텍스트들로부터 도출한 범주들을 관련시키는 문제에 대한 두 가지 대답들이다. 범주들의 문제에 주어진 대답은 다른 형태의 일차적 각양성—한 종 내의 개체들 사이에 그리고 유한한 존재와 무한한 존재 사이에—에 주어진 대답들을 좌우한다. 여하튼, 유비와 일의성 둘 모두 일정한 인간적 앎을 확보하려고 노력하는 동안에도 신의 초월성에 바쳐진 기독교의 대답들로 여전히 남아 있다. 유비와 일의성은 철저히 재현의 체제 내에 남아, 사유를 차이 그 자체 개념을 향해 움직이게 하는 것이 아니라 아리스토텔레스의 유기적 재현을 지지하는 것을 목적으로 하고 있다.

　아퀴나스는 유비와 매우 밀접하게 관련돼 있는 인물이다. 존재는 유와 같이 일의적이지도 않고 순전히 다의적이지도 않다는 점을 감안하여, 그는 그것의 다양한 의미들이 서로에게 비례적이라고 주장한다. 아퀴나스는 아리스토텔레스의 『형이상학』의 다음과 같은 진술을 따른다.

　　"존재"라는 용어는 다양한 의미로 사용되지만, 단지 하나의 통칭으로서가 아니라, 한 가지 중심 관념이나 한 가지 한정 특성과 관련해서 사용된다. 따라서 "건강한"이란 용어는 언제나 건강과 관련되듯이(건강을 보존하는 것으로서든, 건강을 산출하는 것으로서든, 건강을 지시하는 것으로서든, 건강을 수용하는 것으로서든), … 그렇듯이 "존재"는 다양한 의미들로 사용되지만, 언제나 한 가지 원리와 관련해서 사용된다.**10**

같은 방식으로, 아퀴나스는, 자기-존속을 할 수 있는 유일한 범주이자 아리스토텔레스가 존재로서의 존재를 정의한다고 주장하는 범주인 실체와, 실체들에 부착함으로써만 자신들의 존재를 얻는 다른 범주들 사이에 비례가 존재한다고 주장한다. 설사 가령 실체의 존재와 질의 존재 사이에 어떠한 동일성도 존립하지 않을지라도, 파생 및 의존 관계는 여전히 남아 있다. 즉 아리스토텔레스 자신이 주장하듯이, "다른 모든 존재 양식들이 자신들의 의미를 띠는 것은 바로 실체 개념으로부터이다".**11** 아퀴나스는 이 동일한 추리를 신의 무한 속성들과 신의 창조물의 유한 속성들 사이의 관계에 적용하고, 이것을 창조물들에, 그리고 신의 실존에 우연적으로 의존하는 자신들의 속성들에 기반을 두게 한다. 이렇게 하여 지혜 같은 개념들은 신의 주요한 방식으로, 그리고 신의 창조물들의 보조적이지만 관련 있는 방식으로 말해진다. 이는 건강한 같은 단어가 (주요한 의미에서) 유기체에 적용되는 방식, 그리고 (건강을 낳는 것으로서) 다이어트나 (건강을 내비치는 것으로서의) 안색에 적용되는 방식과 유사하다.**12** 신의 지혜는 그의 창조물들의 지혜와 이떠한 동일성도 공유하지 않으며, 같은 것이 유한한 양식과 무한한 양식을 둘 다 가질 수 있는 다른 어떠한 속성에도 적용된다(예를 들어, 물질은 무한한 존재에 대해 술어가 될 수 없고, 그래서 고려에서 제외된다). 그럼에도 불구하고 속성들의 유비적 관계는 초상화는 사람을 닮을 수 있지만 사람은 자신의 초상화를 닮지 않는 방식에 비교될 만한 일종의 일방향적인 닮음을 확립한다.**13** 창조물들 및 그들의 속성들은, 신의 역능power의 산물들이므로, 이러한 역능의 특징을 지니기에 그들의 창조자를 닮지만, 신은 결코 자신의 창조물들을 닮지 않는다. 이러한 닮음을 통하여 인간 이성은, 신의 무한한 완전성이 초월적인 것으로 여전히 남아 있는 동안에도 세계 안에서 완전성의 범례들을 이해하게 됨으로써, 신적인 것에 대한 결함이 있는 앎을 획득할 수 있다. 따라서 비록 신의 무한한 지혜가 인간 이해를 회피할지라도, 유한한 것이 무한한 것과 맺는 유비적 관계는 지상에서 신적인 것에 대한 불완전한 앎을 가능하게 만든다. 이렇게 하여 유비는 일의성과 다의성이라는 극단들 사이의 중간 입장이다. "단어들은 신과 창조물들에 대해, 순전히 다의적으로 아니고 순전히 일의적으로 아닌 채, 유비적으로 사용된다."**14**

그러나 들뢰즈가 주장하는 바와 같이, 유비적 해결은 종들 내의 개체들의 각양성을 설명하지 못한다. 이러한 각양성을 확립하는 개체화하는 차이들은 비례에 의해 조직될 수 없기 때문이다. 소크라테스를 이러한 개별적인 인간으로 만드는 것은 플라톤을 다른 개별적인 인간으로 만드는 것과 어떤 식으로든 유비적이지 않으며, 또 그것은 소크라테스를 플라톤보다 더한 인간으로도, 덜한 인간으로도 만드는 것이 아니다. 결과적으로, 유비적인 이해 하에서, 구체적이고 유일무이한 실재를 구성하는 한 존재자의 개체성은 어떤 비본질적이거나 우연적인 요인—예를 들어, 아퀴나스의 경우, 물질—에 배속되지 않으면 안 된다.

그러므로 유비가 해결 불가능한 어려움에 빠지는 것은 불가피하다. 유비는 본질적으로 존재를 개별적인 실존자들에 관련시켜야 하지만, 동시에 유비는 무엇이 실존자들의 개체성을 구성하는지 말할 수 없다. 왜냐하면 유비는 개별자 속에서 오직 일반자(물질과 형상)를 따르는 것만을 보유하며, 개체화의 원리를 완전하게 구성된 개체들의 이러한 또는 저러한 요소 속에서 구하기 때문이다. (DR 38)

이와 대조적으로, 둔스 스코투스는 유비적인 존재 개념에 반대하고 실증적인 개체화의 원리를 요구했다. 합해서 말한다면, 이러한 두 관념들 덕분에 들뢰즈는 "일의적 존재는 유목적 분배이자 왕관을 쓴 무정부 상태이다"(DR 37)고 할 만큼 일의성을 유목적이고 무정부적인 다양체를 구성하는 실증적인 개체화하는 차이들 중의 하나로 이해할 수 있게 되었다. 그러나 초월성에 대한 기독교의 고찰들로 인해 둔스 스코투스는 이러한 들뢰즈의 조치를 취하지 못했다. 보게 되겠지만, 둔스 스코투스는 존재의 일의성과 개체화 이론을 엄격하게 분리해 놓았다.

둔스 스코투스의 일의성

유비는 판단에 속한다―즉 "소크라테스는 희다"와 같은 복합 명제들을 통해서 속성들을 한 주어에 배속하는 일에 속한다. 그러나 판단은 파악―즉 존재에 대한 단순 인식―을 소급해서 지시하며, 둔스 스코투스는 여기에는 유비의 중간 입장을 위한 여지가 없다고 주장한다. 심지어 소크라테스가 신이 지혜로운 방식과 유비적으로 지혜롭다는 점을 인정한다 하더라도, "신은 존재한다[한 존재자]"와 "소크라테스는 존재한다[한 존재자]"의 진술 사이에서, 일의성과 다의성은 유일한 가능성들이다. 그러나 다의성의 경우에, 신적인 것에 대한 자연적인 앎도 이성적인 앎도 가능하지 않다. 다양한 속성들의 존재와 관련하여, 유비는 정말로 행할 역할을 가질지도 모른다. 하지만 둔스 스코투스는 유비는 둘 모두 어떤 방식으로 이미 알려져 있는 존재자들 사이에서만 도출될 수 있을 뿐이어서, 속성들이 배속되는 주체들의 존재를 위하여 일의성 관계가 반드시 존재해야만 한다고 주장한다.

유비와 마찬가지로, 일의적 존재 개념은 최초에 범주들의 문제 속에 위치한다. 최초의 일의성 순간이 필수적이므로, 유비는 범주들에 의해 표현되는 다양한 의미들을 설명하기에는 불충분하다. 그러므로 둔스 스코투스는, 아리스토텔레스의 경우 존재는 존재의 의미에 다의성이 있기 때문이 아니라 자신의 종차들을 포함함으로써 어떠한 유보다 "크기" 때문에 가장 높은 유라고 주장하면서, 아리스토텔레스에게는 유가 아닌non-generic 일의성을 발견한 공이 있다고 믿었다. "따라서 대철학자Philosopher[아리스토텔레스]는 … 다의성 때문이 아니라 유의 공통성보다 더 큰 공통성과 일의성을 갖기 때문에 존재가 유가 아님을 보여주지 못한다."**15** 동일성이 아니므로, 이러한 공통성은 그것이 포괄하는 존재 의미들의 각양성을 결코 축소하지 않는다. 한편으로, 존재는 본질적인quidditative 의미를 가지며, 이렇게 하여 존재는 본질 속에서in quid 술어가 되어, 한 주어의 본질 전체를 의미하게 된다. 이러한 의미는 특히 실체들의 존재를 지시한다. 즉 대답이 결국 "그것은 존재자이다"일, "그것은 무엇인가?" 하고 물어질 수 있는 어떤 것을 지시한다. 다른 한편으로, 존재는 특수하거나 개체적이거나 우연적인 종차들의 본질(=무엇) 속에서 술어가 되지 않는다. 오히려 이러한 술어들의 의미는 특질(=어떠함) 속에in quale 있다. 그것들은 본질을 변양하거나 질화하거나 아니면 존재자들을 개체화하도록 기능하기 때문이다. 존재의 어떠한 의미도 이해 가능한 모든 것에 공통적이지 않은 반면, 둔스 스코투스는 본질적 의미는 두 가지 면에서 탁월하다고 주장한다.**16** 첫째로, 직접적 탁월primacy이 존재하며, 이렇게 하여 본질적 의미는 그 무엇도 공유할 필요가 없는 모든 실체들에 일의적으로 적용된다—따라서 "신이 존재한다"와 "소크라테스가 존재한다"는 진술들은 존재의 같은 의미를 표현한다. 둘째로, 잠재적 탁월이 존재하며, 이렇게 하여 속성들이 실체에 부착함으로써 존재의 다른 의미가 본질적 의미를 지시한다. 이러한 속성들의 존재는 속성들을 존재에게 부여하는 힘—비르투스virtus—을 가지는 실체의 존재의 우산 아래에 "잠재적으로 포함되어" 있다. 이렇게 하여 존재의 본질적 의미는 그 이질성을 제거함이 없이 모든 형태들의 존재를 횡단한다.

따라서 "존재"가 본질 속에서 일의적이지 않은 모든 것은 "존재"가 이런 방식으로 일의적인 그것들 속에 포함되어 있다. 그래서 "존재"는 주요한 이해 가능한 것들과 관련하여, 즉 유들, 종들, 개체들, 그것들의 모든 본질적인 부분들의 개념과 관련하여, 그리고 창조되지 않은 존재Uncreated Being와 관련하여 공통성의 탁월을 가진다는 것이 분명하다. 존재는 이해 가능한 요소들과 관련하여, 즉 궁극적 차이들과 적합한 속성들이라는 질화하는 개념들과 관련하여 최초의 이해 가능한 것들 속에 포함되어 있는 잠재적 탁월을 가진다.**17**

이어서 둔스 스코투스는 이러한 일의성 관념을 신과 세계 간의 관계에 적용한다. 그는 인간 지성이 이용할 수 있는 사물들에 대한 앎이 신적인 것에 대한 제한된 앎을 가능하게 할 수 있는 것은 신적인 속성들과 세간적인 속성들의 존재 간의 유비를 통해서가 아니라 그것들의 실체적 존재의 공통 의미 때문이라고 주장한다.

이 삶에서 이미, 한 인간은 신이 하나의 존재자라는 점을 그의 마음속에서 확신할 수 있으며, 또 신이 유한한 존재자인지 무한한 존재자인지, 창조된 존재자인지 창조되지 않은 존재자인지 여전히 의심할 수 있다. 따라서 신에 대해 긍정되는 바의 "존재" 개념은 다른 두 개념[무한한과 창조되지 않은]과 다르지만, 그 둘 속에 포함되어 있으며, 그러므로 일의적이다.[18]

이러한 존재의 일의성은 유적이 아니라 초월론적이다. 초월론적인 것은 그것이 유한한 존재자와 무한한 존재자에 무관심하다는 것에 의해 정의된다. 초월론적인 것은, 유한한 존재자들의 조직에만 적용되는, 종들과 관련한 유의 일의성에 대립하는 바의, 공통의 동일성을 소환하지 않고 둘 모두에 적용된다. 이러한 동일한 추리는 일의성의 원리가 존재에서 유한한/무한한 분할에 마찬가지로 무관심한 다른 술어들로 확장되도록 해준다. 이러한 술어들은 모든 사물들에 대해 말해질 필요가 없다. 그것들이 유에 의해 포섭되지 않는다고 하는 것으로 충분하다. "그것 위에 '존재' 외에는 어떠한 술어도 갖지 않는 것이 바로 그 초월론적 것이라는 개념에 속한다."[19] 초월론적 술어들은 유적 통일성을 소환하지 않고, 또 그렇게 술어가 된 존재자들 사이의 유비적인 관계를 요구하지 않고 신에 대해, 혹은 신 및 신의 피조물들의 전부 또는 일부에 대해 긍정적으로 말해질 수 있다.

그렇다면 "존재"에 속하는 것은 무엇이든 그것이 유한한 것과 무한한 것에 무관심한 채로 남아 있는 한에서, 혹은 무한한 존재Infinite Being에 고유한 한에서, 유genus로 규정되는 바의 그것에 속하는 것이 아니라, 그러한 모든 규정에 선행하며, 따라서 모든 유 바깥에서 초월론적인 것으로서 있다. 신과 피조물들에 공통적인 것[술어들]은 무엇이든 그러한 종류의 것이며, 무한한 것과 유한한 것에 무관심함 속에서 그 술어들이 그러한 바대로 존재에 속한다. 왜냐하면 신에 속하는 한에서 그 술어들은 무한한데 반해 피조물들에 속하는 한에서 그 술어들은 유한하기 때문이다. 그렇다면 그 술어들은 그 열 가지 유들로 분할되기 전에 "존재"에 속한다. 따라서 이러한 종류의 것은 무엇이든 초월론적이다.[20]

그러므로 플라톤의 추리를 따르면, 존재와 변환 가능한 선성, 일성 oneness, 진리는 일의적이다. 또한 필연적/우연적, 창조된/창조되지 않은과 같은 이접적인 개념적 쌍들도 그러하다. 이러한 쌍들은 함께 유한한/무한한 분할을 가로질러 확장되어, 존재와 동연적인 것이 된다. 예를 들어, "모든 존재자들은 필연적이거나 우연적이다"라는 진술은 공통의 동일성을 확립함이 없이 모든 유한하고 무한한 존재자들에 적용된다. 마지막으로, 양상적 구별을 행할 수 있는 자신들의 역량을 갖고서 유한/무한 분할을 가로지르는 지혜나 권능potency과 같은 "순수 완전성들"이 존재한다. 둔스 스코투스는 자신들의 무한한 양상 속에서 이러한 술어들은 신적 본질의 단순성 내의 형식적 각양성을 표현하고,[21] 자신들의 유한한 양상 속에서, 순수 완전성들은 강도의 변이하는 정도들에 따라서 창조물들에 적용된다고 주장한다. 자신들의 상이한 양상들 속에서, 순수 완전성들은 질적으로 또 심지어는 이질적으로 변이할 수 있지만, 그럼에도 불구하고 자신들이 귀속되는 상이한 존재자들에 대해 일의적으로 말해진다. 따라서 신의 지혜와 소크라테스의 지혜 사이에는 공통 의미가 존재하지만, 이것은 신과 소크라테스 사이의 어떠한 동일성도 창조하지 않는다. 더구나, 존재 그 자체는 이러한 완전성들에 대해 일의적으로 말해진다. 유한/ 무한 분할은 특수한 종차들이 유를 분할하는 방식으로 완전성의 양상들을 상이한 유형들로 분리하지 않기 때문이다. 그러므로 비록 신의 지혜가 무한하게 소크라테스의 지혜를 초월한다 할지라도, 그것은 같은 지혜이다. 들뢰즈의 경우, 일의성이 순수 완전성들로 확장되는 것은 공통 의미가 이질적인 존재자들 사이에 실존할 뿐만 아니라, 또한 개체적 변이들 사이에도 실존한다는 점을 의미하며, 그리하여 제한된 방식으로, 일의적 존재가 차이 그 자체에 대해 말해진다(DR 39-40).

일의성, 개체화, 차이

둔스 스코투스는 그의 『오르디나티오_Ordinatio_』의 여섯 가지 물음들에서 개체화의 쟁점을 다룬다.[22] 그는, 아리스토텔레스를 따라, 개체성은 실증적인 용어들로 정의되어야만 하는 매우 중요한 성질quality과 본질essence이라고 주장한다. 이것은, 어떠한 부정도 한 사물을 형식적으로나 본질적으로 다른 어떤 사물과 양립 불가능하게 만들 수 없다는 점을 근거로 하여,[24] 한 사물이 다른 어떤 사물이 아니기 때문에 또 주체적인 부분들로 분할 가능하지 않기 때문에[23] 그 사물이 개체적이라고 주장하는 이중 부정 이론과 같은 설명들을 무효화한다. 더 나아가 그것은 개체화를 양이나 장소 같은 어떤 비본질적이거나 우연적인 요인들에 묶어놓는 설명들을 차단한다. 개체는 우연적이지 않은, 실체적인 단일성이기 때문이다.[25] 물질은 개체성을 설명할 수 없다. 왜냐하면 한 개체의 본질의 형식적 조성composition의 일부로서, 물질은 단지 또 다른 일반적 범주이기 때문이며, 만약 그 개체가 개별적인 어떤 것으로서 간주된다면—즉, 소크라테스는 이 물질로 조성돼 있다—그 개체는 무엇이 이 물질을 개체화하는가 하는 질문을 하게 만들기 때문이다.[26] 마지막으로, 개체성은 존재-의-행위act-of-being에서 결과할 수 없으며, 또 본질에 부가된 실존성에서 결과할 수 없다. "이 사람"은 어떠한 현실적 실존과도 무관하게 단독적이기 때문이다.[27]

이러한 이론들에 반대하여, 둔스 스코투스는 종적 차이가 유를 종으로 "수축시키"듯이, 개체화의 원리는 종의 공통 본성을 단독적인 개체로 더 수축시키는 실증적 차이이지 않으면 안 된다고 주장한다. 이러한 차이 혹은 특개성haecceity은 물질, 형상도 아니고, 또 둘의 조합도 아니므로, 종을 정의하는 것들과 같은, 혹은 많은 개체들에게 공통된 것으로 남아 있으면서 개체를 한정하는 것들과 같은 일반적 술어들에 의해 표현될 수 없다. 나아가 이러한 차이(=특개성)는 종적 차이가 구성 부분을 이루는 전체를 구성하지 않는다는 점에서 종적 차이와 다르다. 달리 말해서, 미규정적 유는 단일성을 형성하기 위해 종으로 수축되어, 종적 차이를 이러한 단일성의 필연적이고 유기적인 측면으로 만들어야 하는 반면, 종은 이 종을 완전히 소진시키는 술어들을 가지는 이미 완전히 정의된 전체이므로,[28] 개체 그 자체로 수축되지 않으며, 따라서 이 종에 "부가되는" 무언가를 가져야만 한다. 따라서 종적 차이는 본질quiddity(=무엇임)을 구성하는 반면, 본질적인 것the quidditative을 넘어서는 특개성(=이것임)은 물질적 실재를 구성한다. 따라서 개체는 두 가지 실재, 즉 본질적인quidditative 공통 본성 혹은 본질essence, 그리고 비본질적인 단독적 실재로 이루어지는데, 이 둘은 형상적으로 구분된다.[29] 형상적 원리로서—실로, 이것은 형상의 궁극적 현실성을 구성하는 원리로서, 이 원리가 없다면 "사람"은 "이 사람"이 결코 될 수 없을 것이다—, 특개성은 이해 가능하지만, 그 단독성singularity에 있어서 그것은 실재를 오직 종의 수준에서만 파악하는comprehend 유한한 인간 지성의 능력을 초월한다. "나는 단독적인 것the singular이 어느 정도까지는 그 자체 이해 가능하다는 점을 인정한다. 하지만 … 그것은 어떤 지성에는—즉, 우리의 지성에는—, 그 자체 이해 가능하지 않다."[30]

정의 불가능하지만 개체적 존재자들에 내속하는 완전히 실재적이고 실증적인 과잉인 이러한 특개성은 분명 들뢰즈의 차이 그 자체 개념과 공명한다. 그러나 들뢰즈가 비판하는 다른 형이상학적 철학과 마찬가지로, 둔스 스코투스는 개체적 차이를 이 차이가 수축하는 공통 본성에, 또 이 차이가 내속하는 실체에 복속시킨다. 공통 본성은 개체들의 산물이며, 오직 개체들만이 이 용어의 완전한 의미에서 실존한다. 그럼에도 불구하고 둔스 스코투스는 더 높은 동일성 내에서 개체를 정의하는 일을 가능하게 만드는 공통 본성이 어떠한 개별적인 개체의 실존에도 무관심하고 따라서 선행한다고 주장한다. "어떤 유의 (부분적이든 전체적이든) 모든 본질적 존재entity는 본질적인 존재로서 그것은 그것이 '이것'인 한에서 자연히 이러한 개체적 존재에 선행하는 방식으로, 본질적인 존재로서 자연히 이 개체적 존재와 저 개체적 존재에 무관심하다."**31** 이러한 입장은 둔스 스코투스가 존재의 일의성에 두는 한계들에 의해 더 강화되며, 이렇게 하여 그것은 오직 존재의 본질적 의미에만 적용된다. 또 유한/무한 분할에 무관심하므로, 신에 대해 말해질 수 있거나 혹은 신과 신의 모든 피조물의 일부 또는 전부에 대해 말해질 수 있는 그 술어들에 적용된다. 개체화하는 특개성은 오직 유한한 존재자들에게만 적용되므로—신의 개체성은 무슨 조성이나 수축이 아니라 그의 무한성과 단순성에 기초하기에**32**—, 그것은 초월론적인 것의 하나로 간주될 수 없다. 비본질적인 실재로서, 특개성은 존재의 본질적 의미 속에 오직 잠재적으로만 포함되어 있을 뿐, 이 의미를 공유하지 않는다. 여기서 둔스 스코투스의 일의성은, 본래적으로 각양한 개체들을 그 각양성 속에서 언급할 때, 자신의 유비적인 경쟁자들과 다를 바 없는 것을 행한다. 오히려 그의 일의성은 완전히 형성된 개체들이 그 종들의 더 상위의 동일성 내에 떨어져서, 자신들을 재현에 적합하게 만든다고 단언할 따름이다. 실로 둔스 스코투스는 개체화하는 차이들은 본래적으로 각양하다는 점을 인정하지만, 이 차이들에 의해 조성된 개체들은 그렇지 않다고 주장하면서,**33** 특개성이 신적 지성에게는 궁극적으로 이해 가능하다는 점을 약속한다.

들뢰즈는 둔스 스코투스가 일의성의 범위를 무관심에 의해 기술함으로써 "일의적 존재를 오직 사유했을 뿐이다"라고 주장한다(DR 39). 게다가 들뢰즈는 "그[둔스 스코투스]가 기독교의 요구에 따라서 피하려고 했던 적, 즉 공통 존재가 중립적이 아니었다면 그가 빠졌을 범신론"을 발견한다(DR 39). 분명 만약 무관심의 규칙이 일의성을 초월적인 것들transcendentals에 제한하지 않는다면 신적 초월은 불가능할 것이다. 만약 모든 술어가 일의적인 것으로 간주된다면, 둔스 스코투스가 부정합적이라고 여기는 범신론 혹은 부정 신학을 초래하게 되어, 신에 대해 긍정될 수 있는 그 개념들과 그럴 수 없는 그 개념들을 구별하는 일은 불가능할 것이다.**34** 그러므로 존재의 일의성이 특개성으로 확장되지 못하도록 하는 것은 일의성 그 자체의 본성을 보호할 필요성이 아니라 신적 초월을 보호할 필요성이다. 들뢰즈는 일의적 존재는 개체적 차이에 직접 관련되어야만 하며, 결국 개체적 차이는 공통 본성을 수축함으로써 동일성의 요구들에 복무하는 제한된 역할로부터 해방되어야만 한다고 주장한다.

우리가 일의적 존재는 개체화하는 요인들에 직접적으로 또 본질적으로 관련된다고 말할 때, 우리는 분명 개체화하는 요인들이라는 용어로 경험 속에서 구성되는 개체들을 의미하는 것이 아니라 초월론적 원리로서, 즉 개체들을 일시적으로 구성하는 것 못지않게 개체들을 해체하고 파괴할 수 있는 개체화 과정과 동시에 일어나는, 가소적이고 무정부적이고 유목적인 원리로서, 개체들 안에서 작용하는 것을 의미한다. 한 "개체"에서 다른 한 개체로 이동하고, 질료들과 형상들 아래에서 순환하고 소통하는, 존재의 내재적 양태들. 개체화하는 것은 전일적인 개체가 아니다. 이러한 조건들 속에서, 개체화가 종의 규정과 본성상 다르다고 말하는 것으로는 충분하지 않다. 심지어 이 점을 둔스 스코투스의 방식으로 말하는 것으로도 충분하지 않다. 왜냐하면 그는 그럼에도 불구하고 개체의 요소들을 분석하는 것으로 만족하지 않고 개체화를 "형상의 궁극적 현실성"으로 이해하기까지 했기 때문이다. 우리는 개체화하는 차이가 종적 차이와 본성상 어떻게 다른가를 보여주어야 할 뿐만 아니라, 또한 우선 무엇보다도 개체화가 어떻게 질료와 형상, 종들과 부분들, 그리고 구성된 개체의 다른 모든 요소보다 적절히 선행하는가 보여주어야 한다. (DR 38)

그러므로 실체, 자기-존속적인 것self-subsistent, 또는 동일적인 것의 우위성, 그래서 또한 유한한 존재자들과 생성의 세계를 초월하고 통제하는 모든 무한한 존재자들의 우위성을 전복하는 일이 필수적이다. 개체적 동일성들을 출현하게 하고 또 해체하게 하는 다양체를 위치시키는 일이 필연적이다. 이와 더불어, 개체화(차이)는 개체(동일성)에 선행하며, 차이의 존재론이 탄생한다. 일의성은 "아무것도 공유하지 않는" 완전하게 구성된 본질들에 더 이상 한정되는 것이 아니라, 재현을 회피하며 개체들을 결합하고 분리하는 내재적 차이에 대해 말해진다. 요컨대 일의성은 차이 그 자체에 대해 말해진다.

이러한 차이의 일의성으로 가는 길은 스피노자에게서 계속 견지된다. 실체와 양태들 간의 스피노자의 일의성은 표현적이며, 중립적인 것이 아니라 "순수 긍정의 대상"이다. 그럼에도 불구하고, 스피노자는 실체의 우위성을 계속 견지한다. 실체는 "양태들과 독립적으로 나타나는 반면, 양태들은 그 자신들 이외의 어떤 것에 의존하는 양 실체에 의존적이기 때문이다"(DR 40). 이것은 더 일반적인 범주적 전복의 대가를 치를 때에만 극복될 수 있다.

이러한 전복에 따라서 존재는 생성에 대해 말해지고, 동일성은 차이 나는 것에 대해 말해지고, 일자는 다자에 대해 등등 말해진다. 동일성은 일차적인 것이 아니라는 점, 동일성은 원리로서 그러나 원리가 되어 가는 become 바의 이차적 원리로서 실존한다는 점, 동일성은 차이 나는 것the Different 주위를 맴돈다는 점, 이것이야말로 그 자신의 개념을 지니는 차이의 가능성을 열어주는 코페르니쿠스적 혁명의 본성일 것이다. (DR 40-1)

이러한 혁명은 들뢰즈가 동일한 사건들의 회귀가 아니라 차이의 회귀라고 주장하는 니체의 영원 회귀에 의해 수행된다. "따라서 회귀는 유일한 동일성이지만, 이차적 힘으로서의 동일성이 아니라 차이의 동일성, 차이 나는 것에 속하거나 혹은 차이 나는 것 주변을 맴도는 동일한 것이다. 차이에 의해 생산된 그러한 동일성은 '반복'으로서 규정된다." 영원 회귀는 힘에의 의지의 세계에 대해 말해지는데, 이러한 세계의 "순수 강도들은 … 이 개체 또는 저 개체, 이 자기Self 또는 저 자기라는 인위적 한계들 내에 포함되는 것을 내켜하지 않는 이동성의 개체화하는 요인들과 같다." "이전의 모든 동일성들이 폐기되고 해체된" 이러한 세계는 존재자들에 내재적이며 존재자들의 자기-극복을 강요하는 특개성들 중 하나이다(DR 41). 따라서 유목적 차이들이라는, 왕관을 쓴 무정부 상태의 세계이며, 여기서 영원 회귀는 오직 극단적 형태들, 즉 자기자신들을 극복하는 그 형태들이 회귀하기에 적절한 선별을 시행한다.

이 모든 면들에서, 영원 회귀는 존재의 일의성, 그 일의성의 효과적 실현이다. 영원 회귀 속에서, 일의적 존재는 사유되고 심지어 긍정될 뿐만 아니라, 효과적으로 실현된다. 존재는 한 단일하고 동일한 의미에서 말해지지만, 이러한 의미는 존재가 말해지는 그것의 회귀 혹은 반복으로서의 영원 회귀의 의미이다. 영원 회귀의 바퀴는 차이를 기초로 하는 반복의 생산이자 반복을 기초로 하는 차이의 선별이다. (DR 40-1)

둔스 스코투스에서 시작되어 니체에서 정점을 이루는 이러한 사유 방식은 만약 일의성 개념이 조금이라도 어떤 의미에서 동일성을 소환했다면 불가능했을 것이다. 존재의 일의성이 이접적 종합, 비이성적 절단, 리좀적 다양성, 미/분화different/ciation와 같은 들뢰즈 철학의 그토록 많은 차이 개념과 연관되는 것은, 그것이 환원 불가능한 각양성을 가로지르는 관계를 표현하기 때문이다. 들뢰즈 사유의 주요한 원천이었던 둔스 스코투스의 모호함은 자주 일의성을 이러한 다른 관념들을 절단하는 개념으로 해석하도록 이끌어 왔다. 그러나 아이러니하게도, 일의적 존재는 실제로 그 관념들을 뒷받침하고 따라서 들뢰즈로 하여금 진정한 차이의 철학자가 되도록 만든 그것이다.

로얄 할러웨이, 런던 대학

주(Notes)

1. 이 장은 나를 내가 이전에 「시뮬라크르의 권리들: 들뢰즈와 존재의 일의성」, *Continental Philosophy Review* 34: 4(2001), pp. 437-5와, 『차이의 계보』(Urbana and Chicago: University of Illinois Press, 2002), 제5장에서 상세하게 다루었던 둔스 스코투스와 들뢰즈의 관계에 관한 쟁점들로 돌아가게 한다.

2. 알랭 바디우의 『들뢰즈: 존재의 함성』, 루이스 버칠 옮김(Minneapolis: University of Minnesota Press, 2000)은 여전히 이 비평 방식의 가장 유명한(또는 악명 높은) 예이다.

3. 아리스토텔레스, 『형이상학』, 2권, 휴 트레데닉 옮김(Cambridge, MA: Loeb Classics, 1933-5). 1018a.

4. 또한 아리스토텔레스, 『형이상학』, 1055a를 보라.

5. 반대대당과 모순의 차이에 관한 아리스토텔레스, 『형이상학』, 1055a-b를 보라.

6. 모든 정의에 있어서 아리스토텔레스는 사물의 실재는 이 원자들을 파악하는 최후의 술어화이지만, 또한 이러한 술어들은, 비록 〈함께하는 그것들〉 모두가 더 나아가면서 〈속하지〉 않을지라도, 술어의 대상이 되는 주어보다 더 나아가면서 속해야만 한다고 주장한다(아리스토텔레스, 『분석론 후서』, 조너단 반스[Oxford: Clarendon Press, 1975], §II. 13).

7. 아리스토텔레스, 『형이상학』, 1035b-1036a.

8. 아리스토텔레스, 『형이상학』, 998b. 또한 1059b를 보라.

9. 플라톤, 『공화국』, G.M.A. 그루베(Indianapolis: Hackett Publishing Company, 1974), 506d-511.

10. 아리스토텔레스, 『형이상학』, 1003a-b.

11. 아리스토텔레스, 『형이상학』, 1045b.

12. 토마스 아퀴나스, 『신학 대전: 축약 번역』, 티모시 맥더모트 엮음(Westminster, MD: Christian Classics, 1989), p. 32.

13. 토마스 아퀴나스, 『신학 대전』, p. 18.

14. 토마스 아퀴나스, 『철학 저술 선집』, 티모시 맥더모트 옮김(Oxford University Press, 1993), p. 225.

15. R. 프렌티스의 『De Primo Principio에 보이는 둔스 스코투스의 기초 본질 형이상학』 (Rome: Antonianum, 1970), p. 54에서의 둔스 스코투스. 이전에 행해진 집합론 언급으로 돌아갈 때, 우리는 둔스 스코투스의 아리스토텔레스 독해에 있어서 존재는 모든 집합들의 집합이 아니라 고유 합집proper class─집합이 아니지만, 그래도 모든 성원들이 공유하는 어떤 고유성질property에 의해 정의될 수 있는 일군의 집합들─이라고 말할 수 있을 것이다.

16. 존 둔스 스코투스, 『철학 저술들』, 앨런 볼터 옮김(Indianapolis and Cambridge: Hackett Publishing Company, 1987), p. 4.

17. 둔스 스코투스, 『철학 저술들』, p. 4.

18. 둔스 스코투스, 『철학 저술들』, p. 20. 이러한 제한된 인간 인식을 확립하기 위한 둔스 스코투스의 특수한 전략들은 이 장에 적절하지 않다. 여기서는 자연적으로 위계적인 유비적 존재 개념을 통해 유효한 어떤 전략들은 그에게 유효하지 않다고 말하는 것으로 충분할 것이다. 유한한 것과 무한한 것 간의 비례 그리고 그것들의 속성들을 통해 신적인 것으로 가는 길을 시사하는 것이 아니라, 대신에 둔스 스코투스는 일련의 본질적으로 질서지어진 원인들의 사상에 의존한다. 이 사상에서 결과들은 언제나 보다 높은 층위의 원인들을 가리키며, 궁극적으로는 인과 계열 전체를 초월하는 제1 원인을 가리킨다. 논의에 대해서는, 위더, 『차이의계보』, pp. 128-34를 보라.

19. 둔스 스코투스, 『철학 저술들』, p. 3.

20. 둔스 스코투스, 『철학 저술들』, p. 2.

21. 둔스 스코투스와 스피노자의 연관을 공고히 하기 위해, 들뢰즈는 둔스 스코투스의 형상적 구별 개념을 스피노자가 논하는 속성들 간의 비-수적인 실재적 구별 개념의 선구자로 특징지으려고 시도한다(특히, EPS 63-6을 보라). 그 목적을 위해서, 들뢰즈는 형상적 구별은 실재적 구별이지 수적 구별이 아니며, 그것은 본질들 간의 구별이라고 주장한다. "동물적인 것과 이성적인 것 사이에는 homo와 humanitas 간의 구별과 같이, 단지 이성의 구별만이 존재하는 것이 아니다. … 형상적 구별은 분명 한 존재자를 형성하거나 구성하는 실재의 여러 층들을 표현하는 실재적 구별이다. 따라서 이 구별은 formalis a parte rei 혹은 actualis ex natrura rei라고 불린다. 하지만 이 구별은 최소적으로 실재적인 구별이다. 두 실재적으로 구분되는 본질들은 등위적이고(=동등하고), 함께 한 단일한 존재자를 만들기 때문이다. 실재적이지만 수적이지는 않은 그러한 것이 형상적 구별의 지위이다"(EPS 64; 또한 DR 39-40을 보라). 그러나 이러한 독해는 두 가지 면에서 문제점이 있다. 첫째로, 둔스 스코투스는 유명한 일이지만 형상적 구별을 실재적 존재자들 간의 실재적 구별보다 더 약한 것으로, 하지만 이성의 존재자들 간의 개념적 구별보다 더 강한 것으로 정의한다(에티엔 질송, 『중세 기독교 철학의 역사』, London: Sheed and Ward, 1955, p. 765 n. 63에 인용된 둔스 스코투스를 보라). 이런 의미에서 형상적 구별은—비록 그것이 들뢰즈의 해석을 지지하는 쪽으로 가는 들뢰즈의 잠재적 차이 개념과 비교될지라도—실재적이지도 개념적이지도 않다. 둘째로, 둔스 스코투스에게 본질적 술어는 한 사물의 본질 전체를 의미하는 그것이다. 신에게 귀속된 무한 술어들은 이런 식으로 기능할 수도 있지만, 이것은 유한 존재자들에 대해 술어가 되는 종차들에 대해서는 사실이 아니다. 즉, 둔스 스코투스라면 "이성적인"을 결코 본질적 술어로 간주하지 않을 것이다. 실로, 보게 되겠지만, 그는 또한 공통의 본성과 그것의 개체화하는 특개성 간에 구체적 개체 내의 형상적 구별이 존재한다고 주장하지만, 그는 특개성은 본질적인 것이 아니라고 주장한다.

22. 존 둔스 스코투스, 「Ordinatio의 개체화에 관한 여섯 가지 물음, II. d. 3, part 1, qq. 1-6」, 『중세 보편자 문제에 관한 다섯 텍스트』, V. 스페이드 엮고 옮김(Indianapolis: Hackett Publishers, 1994). Ordinatio는 둔스 스코투스의 주저이며, 간행을 위해 교정된 피터 롬바르드의 『명제집』에 관한 그의 옥스퍼드 강의 버전이다. 그것은 또한 들뢰즈가 EPS와 DR에서 둔스 스코투스를 언급할 때 사용하는 제명인 Opus oxioniense로 알려져 있다.

23. 즉, 소크라테스는 인간을 술어로 가질 수 있고, 인간은 동물을 술어로 가질 수 있는 바와 같이, 부분들이 분할하는 전체를 술어로 가질 수 있는 부분들.

24. 둔스 스코투스, 「여섯 가지 물음」, §50.

25. 둔스 스코투스, 「여섯 가지 물음」, §§66-128.

26. 둔스 스코투스, 「여섯 가지 물음」, §§136-41.

27. 둔스 스코투스, 「여섯 가지 물음」, §§64-5.

28. 달리 말해, 그것의 개체들의 본질을 정의하는 종은 그것의 유와 종적 차이들의 결합을 의미하고, 또 그 결합에 의해 완전하게 의미된다. 즉, 인간은 두 발로 걷는 이성적 동물이고, 두 발로 걷는 이성적 동물은 인간 이외의 다른 것일 수 없다.

29. 둔스 스코투스, 「여섯 가지 물음」, §§188.

30. 둔스 스코투스, 「여섯 가지 물음」, §§192.

31. 둔스 스코투스, 「여섯 가지 물음」, §§187.

32. 둔스 스코투스, 「여섯 가지 물음」, §§190-1.

33. 둔스 스코투스, 「여섯 가지 물음」, §§185-6.

34. 둔스 스코투스, 『철학 저술들』, pp. 15-16.

3.

G. W. F. 라이프니츠

대니얼 스미스[1]

들뢰즈는 한때 그 자신을 "고전적" 철학자로 규정한 바 있는데, 의심할 여지없이 이는 자신이 고전적 시기의 위대한 철학자들, 특히 스피노자와 라이프니츠에게 빚지고 있음(친밀감을 갖고 있음)을 암암리에 알리려는 의도를 갖고 있었다.[2] 스피노자는 들뢰즈에게 순수하게 내재적인 존재론을 위한 모델을 제공한 반면, 라이프니츠는 들뢰즈에게 개체화 문제들 및 이념 이론을 통하여 사유하는 방식을 제공했다.[3] 그러나 두 경우 모두에서, 들뢰즈는 스피노자와 라이프니츠의 사상을 그 자신의 방식으로 수용하고 변경해놓았기에, 그가 이 각 사상가들을 원용하는 법을 주의 깊게 기술하지 않고는 "스피노자주의자"인지 혹은 "라이프니츠주의자"인지 말하는 것이 불가능할 정도이다. 들뢰즈는 『주름: 라이프니츠와 바로크』(1988)라는 제명의 라이프니츠에 관한 책 한 권 길이의 연구서를 간행하긴 했지만, 그가 라이프니츠에 더 심오하게 (그리고 내가 믿기에, 아마도 더 중요하게) 간여한 내용은 이미 『차이와 반복』(1968)과 『의미의 논리』(1969)에 나타났었다.[4] 이러한 이전 저작들에서 들뢰즈는 단연코 칸트-이후의 관점에서 라이프니츠에 접근했으며, 초월론적 장의 본성을 재정의하려는 시도 속에서 라이프니츠로 되돌아갔다. 살로몬 마이몬을 따라서, 들뢰즈는 칸트의 비판철학이 그 자체의 목적들을 성취하기 위해서는 칸트의 외적 조건짓기의 원리를 내적 발생의 관점으로 대체할 필요가 있다고 주장했었다.[5] 들뢰즈는 후에 "이 일을 행하는 것은 라이프니츠로 되돌아간다는 것을 의미하지만, 라이프니츠의 철학과는 다른 기반 위에서 그렇게 하는 것을 의미한다. 칸트-이후의 철학자들이 요구하는 바의, 발생을 창출하는 모든 요소들은 사실상 라이프니츠에 나타나 있다"고 설명한다(1980년 5월 20일 세미나). 이 다른 "기반들" 중의 하나는, 사유를 (유한한 것이든, 무한한 것이든) "재현"으로부터, 또 재현에 수반되는 동일성의 원리에 대한 복속으로부터 해방시킬 수 있는 유일한 것인 순수 차이의 원리를 정식화하는 것이었다.[6] 그러므로 다음에 오는 것에서, 나는 들뢰즈가 라이프니츠를 원용하여, 라이프니츠 철학의 네 가지 근본 원리들, 즉 동일성, 충족 이유, 식별 불가능성, 연속성의 법칙을 통하여 나아감으로써 차이의 원리의 필연성을 동일성 원리(=동일률)로부터 "연역하는" 방법을 보여주고자 한다(도표 1을 보라). 들뢰즈의 라이프니츠 독해에서 도출되는 것은, 그 자신이 이에 대해 말하는 바와 같이, "현상이 아니라 사건과 관련되는, 그리고 칸트의 조건짓기를 대체하는 라이프니츠의 초월론 철학이다"(FLB 163; PLB 122).[7]

동일성의 원리

이유: ratio essendi("존재 이유": 왜 아무것도 없지 않고 무엇인가 있는가?)

일반적 정식화: 사물은 그 무엇임이다.

철학적 정식화: 모든 분석 명제는 참이다.

충족 이유의 원리

이유: ratio existendi("실존 이유": 왜 저것이 아니라 이것이 있는가?)

일반적 정식화: "모든 것은 이유를 가진다".

철학적 정식화: "모든 참인 명제는 분석적이다".

식별 불가능자들의 원리

이유: ratio cognoscendi("인식 이유")

일반적 정식화: "두 사물은 같지 않다".

철학적 정식화: "모든 개념에 대해서, 하나의 유일한 사물이 존재한다".

연속성의 법칙

이유: ratio fiendi("생성 이유")

일반적 정식화: 자연은 결코 비약하지 않는다.

철학적 정식화: "독특성은 그것이 또 다른 독특성의 근방에 도달할 때까지 한 계열의 보통점
들 너머 확장된다, 등등".

〈도표 1〉 라이프니츠의 네 가지 원리

1. 동일성의 원리

우리는 동일성 원리에 대한 가장 간단한 진술로 시작한다. 동일성 원리의 고전적인 정식은 "A는 A이다"이다. 즉, "푸른 것은 푸른 것이다", "삼각형은 삼각형이다", "신은 신이다"이다. 하지만 라이프니츠는 "그러한 정식들은 우리에게 아무것도 말해주지 않고 똑같은 것을 되풀이하는 것에 지나지 않는 것으로 보인다"고 말한다.[8] 이 정식들은 확실하지만 공허하며, 우리를 사유하도록 만들지 않는다. 동일성 원리에 대한 보다 일반적 정식화는 "사물은 그 무엇임이다what it is"일 것이다. 이 정식은 우리에게 동일성 원리가 지배하는 존재론적 영역을 보여주기 때문에, "A는 A이다"라는 정식보다 더 멀리 나아간다.

즉, 동일성은 사물과, 사물의 무엇임, 즉 고전 철학에서 사물의 "본질"이라 칭한 것 간의 동일성을 나타내는 것을 특성으로 한다. 라이프니츠의 경우, 모든 원리는 라치오ratio 곧 이유이며, 동일성 원리는 본질들의 라치오 혹은 본질들의 규칙, 즉 라치오 에센디ration essendi이라고 말할 수 있다. 이는 "왜 아무것도 없지 않고 무엇인가 있는가?" 하는 물음에 상응한다. 만약 동일성(사물과 사물의 무엇임 간의 동일성으로 이해된 동일성)이 존재하지 않는다면, 아무것도 존재하지 않게 될 것이다. 하지만 라이프니츠는 또한 우리에게 동일성 원리에 대한, 논리학에서 유래한 더 기법적인 정식화, "모든 분석 명제는 참이다"을 제공한다. 분석 명제란 무엇인가? 그것은 주어와 술어가 동일한 명제이다. "A는 A이다"는 분석 명제이다. 술어 A가 주어 A에 내포되어 있으며, 그러므로 "A는 A이다"는 참이다. 하지만 라이프니츠 공식의 세부 사항을 완성하자면, 우리는 두 유형의 동일적 명제를 구별해야 한다. 즉, 분석 명제는 호환에 의해서든, 포함에 의해서든 참이다. 호환 명제의 한 예는 "삼각형은 세 각들을 지닌다"이다. 이것은 술어("세 각들")가 주어("삼각형")와 같기 때문에, 주어와 호환되기 때문에 동일적 명제이다. 두 번째 경우인 포함 명제는 조금 더 복잡하다. "삼각형은 세 변들을 지닌다"라는 명제에는 주어와 술어 간의 동일성이 존재하지 않지만, 이른바 논리적 필연성이 존재한다. 우리는 세 변들을 지니지 않으면서 세 각들을 지니는 단일한 도형을 개념화할 수 없다. 여기에는 호환이 존재하지 않지만, 주어 속에 술어가 포함되거나 내속되는 증명 가능한 사실이 존재한다. 우리는 호환의 분석 명제는 직관의 대상인 데 반해, 포함의 분석 명제는 증명의 대상이라고 말할 수 있을 것이다. 라이프니츠가 분석이라 부르는 것은 주어로 취해진 개념 속에서 술어를 발견하는 조작이다. 만약 내가 한 주어진 술어가 한 개념 속에 내포되어 있는 것을 보여준다면, 그렇다면 나는 분석을 행한 것이다. 이 모든 것은 기본적 논리이다. 이 지점까지는 사상가로서의 라이프니츠의 위대함이 아직 드러나지 않았다.

2. 충족 이유의 원리

들뢰즈는 라이프니츠의 독창성은 더 이상 본질들의 영역을 지시하지 않고 실존들의 영역, 즉 현실적으로 실존하는 사물들의 영역을 지시하는 위대한 두 번째의 원리와 함께 처음 나타난다고 언급한다. 이와 상응하는 라치오는 더 이상 라치오 에센디가 아니고 라치오 엑시스텐디ration existendi, 즉 실존을 위한 이유이다. 이와 상응하는 물음은 더 이상 "왜 아무것도 없지 않고 무언가가 있는가?"가 아니고, "왜 저것이 아니라 이것이 있는가?"이다. 이러한 원리의 일반적인 표현은 "모든 것은 이유를 지닌다"일 것이다. 이것은 라이프니츠가 그 극한으로까지 밀어붙이고자 시도하는 합리론의 위대한 외침이다. 라이프니츠는 왜 이 두 번째 원리를 필요로 하는가? 실존하는 사물은 동일성원리 바깥에 있는 것으로 보이기 때문이다. 동일성 원리는, 설사 사물 그 자체가 실존하지 않는다 할지라도, 사물과 사물의 무엇임 간의 동일성에 관한 것이다. 나는 유니콘이 실존하지 않는다는 것을 알고 있지만, 여전히 유니콘이 무엇인지 말할 수 있다. 그래서 라이프니츠는 실존하는 존재자들을 우리가 생각하도록 하기 위해서 두 번째 원리를 필요로 한다. 그렇지만 "모든 것은 이유를 지닌다"와 같은 애매해 보이는 원리가 어떻게 실존하는 존재자들을 우리가 사유하도록 만드는가?

라이프니츠는 그의 기법적 정식화, "모든 술어화는 사물의 본성에 토대를 지닌다"고 하는 충족 이유에 의해 어떻게 해서 그렇게 되는지 설명한다. 이것이 의미하는 바는, 한 사물에 대해 참이 되어 술어가 되는 모든 것은 이 사물의 개념 속에 필연적으로 포함되거나 내포된다는 것이다. 한 사물에 대해 무엇이 말해지거나 술어가 되는가? 무엇보다도 먼저, 이 사물의 본질인데, 이 수준에서는 동일성 원리와 충족이유 원리 간에는 아무런 차이가 없다. 이 사물의 본질은 동일성 원리로 획득된 모든 것을 수용하고 추정한다. 하지만 한 사물에 대해 말해지거나 술어가 되는 것은 이 사물의 본질일 뿐만 아니라, 이 사물에 일어나거나 관련되거나 속하는 영향들과 사건들의 총체성이다. 카이사르가 루비콘강을 건넜다는 예를 생각해보자. 이것은 참인 명제이므로, 라이프니츠는 술어 "루비콘강을 건넜다"는 카이사르 개념 속에(카이사르 그 자신 속에가 아니라, 카이사르 개념 속에) 내포되어야만 한다고 말할 것이다. "모든 것은 이유를 지닌다"는 것은, 어떤 것에 일어나는 모든 것—이 어떤 것의 모든 "차이들"—이 한 사물의 개별적 개념 속에 영원히 내포되거나 포함되어야만 한다는 것을 의미한다. "만약 사물에 일어나는 것을 우리가 '사건'이라 부른다면, 사물이 사건을 따르든 떠맡든, 우리는 충족 이유는 사건을 사물의 술어들의 하나로, 즉 사물의 개념concept or its notion으로 포함하는 그것이라고 말할 것이다. '술어들 혹은 사건들'이라고 라이프니츠는 말한다."(FLB 41; PLB 55).

라이프니츠는 어떻게 이 놀라운 주장에 도달하는가? 들뢰즈는 쿠튀라Couturat를 따라서, 라이프니츠는 호환에 대해 다시 숙고함으로써 그렇게 한다고 언급한다. 동일성 원리는 우리에게 확실하고 절대적인 진리의 모델—분석 명제는 필연적으로 참인 명제이다—을 제공하지만, 우리를 어떤 것도 사유하도록 만들지는 않는다. 그래서 라이프니츠는 동일성 원리의 공식을 호환 원리를 사용하여 뒤바꾸어놓는다. 즉,

참인 명제는 필연적으로 분석 명제이다. 충족 이유 원리는 동일성 원리의 역이며, 이 덕분에 라이프니츠는 근본적으로 새로운 영역을 정복하게 된다.[9] 이 뒤바꿈에 의해서, 동일성 원리는 우리를 어떤 것에 대해 사유하도록 만든다. 동일성 원리의 형식적 공식("A는 A이다")은 술어가 주어와 호환되기 때문에 참이며, 그러므로 라이프니츠는 이 호환 원리를 동일성 원리 그 자체에 적용시킨다. 그러나 동일성 원리의 첫 번째 정식에서, "A는 A이다"의 역은 단지"A는 A이다"일 뿐이며, 이런 의미에서 형식적 정식은 동일성 원리의 뒤바꿈을 방해한다. 충족 이유 원리는 동일성 원리의 논리적 공식을 뒤바꿈으로써만 생산되지만, 이 후자의 뒤바꿈은 상이한 질서를 지니는데, 이는 더 이상 말할 필요가 없는 것이 아니다. 이러한 뒤바꿈을 정당화하는 것이 라이프니츠가 철학자로서 추구하는 과제이며, 이로 인해 그는 무한한—그리고 아마도 불가능한—기획을 착수하게 된다. 충족 이유 원리는 주어 개념이 주어에 일어나는 모든 것—즉, 주어에 대해 참이 되어 술어가 되는 모든 것—을 내포한다는 것을 뜻할 뿐만 아니라, 또한 우리는 이것이 사실이라는 점을 증명할 수 있어야 한다는 것을 뜻한다.

그러나 일단 라이프니츠가 이런 방식으로 개념 영역으로 진수하기만 하면, 중단할 수 없다. 형이상학의 한 지점에서, —라이프니츠에게 강력한 영향을 미친—아리스토텔레스는 개념 분석의 어떤 지점에서 중단되는anankstenai 것은 필연적이라는 정교한 공식을 제기한다.[10] 이는 아리스토텔레스에게 개념들은 일반적이지 개별적이지 않기 때문이다. 고전 논리학은 일반성을 지시하는 개념의 질서와, 개별성singularity(=단독성)을 지시하는 개체the individual(=개별자)의 질서를 구분한다. 본성상 개념은 다수의 개체들을 포괄하는 어떤 것으로 간주되었다. 개체 그 자체는 개념들에 의해 포괄될 수 없다는 것은 말할 필요조차 없었다.

달리 말하면, 철학자들은 항상 고유명들proper names은 개념들이 아니라고 여겨왔다. 그렇다면 어떤 지점에서 개념적 종별화의 과정은 중단되지 않으면 안 된다. 우리는 다수의 개체들을 한통치는 최종의 종infirma species에 도달한다. 그러나 라이프니츠는 아리스토텔레스의 경고에 주의를 기울이지 않는다. 대신에 그는 개념을 개체 그 자체의 수준으로까지 밀어붙인다. 라이프니츠에게서, "아담"과 "카이사르"는 개념들이지 결코 고유명들이 아니다. 충족 이유의 외침—"모든 것은 이유를 가져야만 한다"—은 라이프니츠를 거의 환각적인 개념적 창조로까지 추동해 갈 문제이다. "라이프니츠는 천재와 섬망의 길을 따라 내려가며, 그가 할 수 있는 한 고전 철학의 전제들을 밀어붙인다"(1980년 5월 20일 세미나). 들뢰즈는 라이프니츠에게 이의를 제기하고 반대 주장을 편다는 것은 별 소용없는 일이라고 말한다. 먼저 우리는 우리 자신을 앞으로 나아가도록 내버려두어, 개념들의 생산이라는 면에서 라이프니츠를 따라갈 필요가 있다. 그렇다면 라이프니츠가 뛰어드는 섬망의 깊은 틈은 무엇인가?

만약 내가 참이라고 하며 주어에 귀속시키는 모든 것이 주어 개념에 내포되어야만 한다면, 그렇다면 나는, 내가 참이라고 하며 주어에 귀속시키는 사물뿐만 아니라 또한 세계의 총체성을 주어 개념 안에 포함하지 않을 수 없다. 이것이 왜 사실인가? 충족 이유의 원리와는 매우 다른 원리, 곧 인과성의 원리에 힘입기 때문이다. 충족 이유의 원리("모든 것은 이유를 가진다")는 인과성의 원리("모든 것은 원인을 가진다")와 같지 않다. "모든 것이 원인을 가진다"는 것은 A는 B를 원인으로 해서 일어나고, B는 C를 원인으로 해서 일어난다, 등등인 것—무한대로 펼쳐지는 원인들과 결과들의 계열—을 의미한다. 이와 대조적으로, "모든 것은 이유를 가진다"는 것은 우리가 인과성 그 자체를 위해 이유를 부여해야 한다는 것, 즉 A가 B와 유지하는 관계는 개념 안에 어떤 방식으로 포함되거나 포괄되어 있어야만 한다는 것을 의미한다.[11] 이것이 충족 이유의 원리가 인과성의 원리를 넘어서는 방식이다. 즉, 인과성의 원리는 사물의 필연적 원인을 진술하는 것이지, 사물의 충족 이유를 진술하는 것은 아니다. 충족 이유는 사물이 그 자신의 개념과 맺는 관계를 표현하는 데 반해, 인과성은 단지 사물이 다른 어떤 사물과 맺는 관계를 표현할 뿐이다. 충족 이유는 다음과 같은 방식으로 진술될 수 있다. 즉, 모든 사물에게는, 사물에 대한 설명, 그리고 원인들과 결과들을 포함해서 이 사물이 다른 사물들과 맺는 관계들에 대한 설명, 이 두 설명 모두를 제공하는 개념이 존재한다. 따라서 라이프니츠가 "루비콘강을 건너다"라는 술어가 카이사르 개념 안에 포함된다고 말하고 나서 바로, 그는 중단할 수 없다. 그는 카이사르 개념 안에 세계의 총체성을 포함하지 않을 수 없다. 이는 "루비콘강을 건너다"가 가령 로마 제국의 수립, 예수의 죽음과 같은 다양한 원인들과 결과들을 가지기 때문이고, 원인들과 결과들의 이중 유희에 의해서 앞과 뒤로 무한대로 뻗어가기 때문이다. 그러므로 우리는 "루비콘강을 건너다"가, 이 사건의 원인들과 결과들이 또한 카이사르 개념에 포함된다고 말하지 않고는, 카이사르 개념에 포함된다고 말할 수 없다. 이것은 더 이상 내속이나 포함의 개념이 아니고, 표현 expression이라는 환상적인 라이프니츠의 개념이다. 즉, 주어 개념은 세계의 총체성을 표현한다. 우리들 각자는, 우리의 개념 안에서, 세계의 전체를 표현하거나 내포한다. 이것은 충족 이유의 원리로부터 따라나오는 최초의 환각적인 라이프니츠의 개념이다.

여기서 라이프니츠에게 도사리고 있는 위험이 존재하므로, 두 번째 개념이 즉각적으로 따라나온다. 만약 각 주어 개념이 세계의 총체성을 표현한다면, 그것은 한 단일한 주어만이 존재하고, 개체들은 단지 이 보편적 주어(스피노자의 경우 한 단일한 실체, 혹은 헤겔의 경우 절대 정신)의 나타남에 지나지 않는다는 것을 보여주는 것으로 보인다. 하지만 라이프니츠는 그의 철학 전체가 개체, 그리고 개념과 개체의 화해에 계속 집중되어 있으므로, 그 자신을 거부하지 않고는 그런 길을 따라가지 않는다. 이 위험을 피하기 위해서, 라이프니츠는 또다른 새로운 개념을 창조한다. 즉, 그는 각 개체적 개념은 세계의 총체성을 포괄하거나 포함하지만, 어떤 일정한 관점point of view에서 그러하다고 말한다. 이것은 니체와 같은 후대의 철학자들이 수용하게 될 "관점주의perspectivist" 철학의 시작을 나타낸다(그럼에도 불구하고 니체는 라이프니츠와는 매우 다른 방식으로 관점주의를 이해했다). 그러나 관점은 우리가 라이프니츠의 관점주의 개념을 쉽사리 사소하게 여길 위험이 있는 흔한 관념이다. 라이프니츠는 모든 것이 주어의 관점에 "상대적"이라고 말하지 않는다. 이것은 들뢰즈가 "멍청한" 혹은 "진부한" 관점주의 관념이라고 부르는 것이다. 이것은 주어가 관점에 선행한다는 것을 의미하는 데 반해, 라이프니츠에게서 주어는 정반대의 것을 의미한다. 라이프니츠의 경우, 관점이 주어에 의해 구성되는 것이 아니라, 오히려 주어가 관점에 의해 구성된다. 달리 말해서, 관점은 주어들의 충족 이유이다. 개별적 개념은 개체가 세계의 총체성을 표현하는 수단인 관점이다.

하지만 여기서 또, 라이프니츠는 중단할 수 없다. 그렇다면 이러한 관점을 결정하는 것은 무엇 때문인가? 라이프니츠는, 우리들 각자가 세계의 총체성을 표현하기는 하지만, 우리가 무한히 작은 지각들의 형식 속에서 지각하는 것은 단지 아우성, 배경의 소음이듯, 세계의 대부분을 모호하고 혼잡스러운obscure and confused 방식으로 표현한다고 말한다. 이러한 미세 지각들은 의식의 "미분들"(마이몬)인데, 이 미분들은 의식적 지각(통각)에 그 자체로서 주어지지 않는다. 그러나 내가 명료하고 판명하게clearly and distinctly 표현하는, 작고, 축소된, 유한한 부분의 세계가 존재하는데, 이것이 나의 신체를 촉발하는 세계의 바로 그 부분이다. 이러한 방식으로 라이프니츠는 관점을 점유하는 신체의 필연성을 연역하는 작업을 행한다. 나는 루비콘강을 건너감을 명료하고 판명하게 표현하지 않는다. 루비콘강을 건너감은 카이사르의 신체에 관한 것이기 때문이다. 하지만 내가 명료하게 표현하는—내가 이 논문을 작성하는 것과 같은—나의 신체에 관한 다른 사물들이 존재한다. 이에 대해 라이프니츠가 관점을 정의하는 방식은 이렇다. 즉, 관점은, 한 개체가 미세 지각들의 형식 속에서 모호하게 표현하는 세계의 총체성과 관련하여 그 개체가 명료하게 표현하는 세계의 부분 혹은 영역이다. 어떠한 것도 세계에 대한, 명료하고 판명한 동일한 표현의 지대를 갖지 않기 때문에, 어떠한 두 개별적 실체도 세계에 대한 동일한 관점을 점유하지 않는다.

따라서 충족 이유의 원리에 의해 제기되는 문제는 라이프니츠를 표현, 관점, 미세 지각들 등등 개념들의 연속적 절차 전체를 창조하도록 이끈다. 들뢰즈는 "대부분의 위대한 철학자들의 경우, 그들이 창조하는 개념들은 분리 불가능하고 진정한 연속적 절차들 속에서 취해진다. 만약 한 개념이 부분을 이루는 연속적 절차를 이해하지 않는다면, 여러분은 그 개념을 이해할 수 없다"(1980년 11월 26일 세미나)고 쓰고 있다. 하지만 관점 개념은 라이프니츠를 일단의 최종적 문제들로 이끌고 갈 것이다. 계속해서 라이프니츠는 세계는 이 세계를 표현하는 관점 바깥에 어떠한 실존도 갖지 않기 때문이라고 말한다. 세계는 모든 개별적 실체들 공통의 "표현되는" 사물이지만, 표현되는 것(세계)은 세계를 표현하는 것(개체들) 이외에 어떠한 실존도 갖지 않는다. 달리 말해서, 즉자적인 세계는 존재하지 않는다. 여기서 라이프니츠가 직면하는 어려움은 이렇다. 즉, 그럼에도 불구하고 이러한 개별적 개념들 각각은 동일한 세계를 표현하지 않으면 안 된다. 이것이 왜 문제인가? 동일성 원리는 우리로 하여금 모순적인 것, 즉 불가능한 것이 무엇인지 결정하도록 해준다. 네모난 원은 원이 아닌 원이다. 그것은 동일성 원리를 위반한다. 하지만 충족 이유의 수준에서는, 사정이 더 복잡해진다. 카이사르가 루비콘강을 건너지 않음, 아담이 죄를 짓지 않음은 모순적이지도 않고 불가능하지도 않다. 카이사르는 루비콘강을 건너지 않았을 수도 있고, 아담이 죄를 짓지 않았을 수도 있는 데 반해, 원은 네모일 수 없다. 따라서 충족 이유의 원리가 지배하는 진리들은 동일성 원리가 지배하는 진리들과 동일한 유형이 아니다. 하지만 그렇다면 라이프니츠는, 아담이 행한 모든 것은 그의 개별적 개념 안에 영원히 내포되어 있다는 것과, 그럼에도 불구하고 죄를 짓지 않은 사람인 아담이 가능하다는 것을 어떻게 동시에 주장할 수 있는가? 이 문제에 대한 라이프니츠의 유명한 대답은 이렇다. 즉, 죄를 짓지 않은 사람인 아담이 그 자체로 가능했지만, 그 외의 실현된 세계와 불공가능했다. 라이프니츠는 여기서 불공가능성incompossibility이라는 전적으로 새로운 논리적 관계, 즉 라이프니츠 철학에 특유한, 불가능성이나 모순으로 환원될 수 없는 개념을 만들어낸다. 실존하는 사물들의 수준에서, 실존하기 위해서 한 사물이 가능하다고 말하는 것으로는 충분하지 않다. 또한 사물이 무엇과 공가능한지compossible 아는 일이 필요하다. 라이프니츠가 이 개념에서 도출하는 결론은 아마도 그의 가장 유명한 학설일 텐데, 『깡디드』에서 볼테르가, 또 18세기 전반이 비웃었던 결론이다. 즉, 무한히 많은 불공가능한 세계들 중에서, 신은 계산을 해서 실존으로 들어가도록 모든 가능한 세계들 중에서 "가장 좋은 것", 즉 신에 의해 "미리 확립된" 조화가 지배하는 세계를 선택한다는 결론이다. 하지만 이 합리적 낙관주의는 가장 좋은 세계가 반드시 고통이 가장 적은 세계인 것은 아니므로, 무한한 잔혹성을 함축하는 것으로 보인다.

3. 식별 불가능자들의 동일성의 원리

이것은 우리를 세 번째 원리, 즉 식별 불가능자들의 동일성의 길에 놓는다. 충족 이유의 원리는 이렇다. 즉, 모든 사물과 관련하여, 사물에 일어날 모든 것을 포함하는 한 개념이 존재한다. 식별 불가능자들의 동일성의 원리는 이렇다. 즉, 모든 개념과 관련하여, 하나의 유일한 사물이 존재한다. 따라서 식별 불가능자들의 동일성의 원리는 충족 이유의 원리의 역이다. 호환에 관한 라이프니츠의 제1막과 달리, 이러한 호환 작용은 절대적으로 필연적이다(이와 대조적으로, 동일성의 원리에서 충족 이유의 원리로 옮겨가는 이동은 철학자로서 라이프니츠의 강권발동coup de force이었다. 그는 그렇게 할 수 있는 철학적 수단을 만들어냄으로써만 그 일을 착수할 수 있었다). 진부하게 말하면, 이것은 절대적으로 동일한 두 사물은 존재하지 않는다는 점을 의미한다. 어떠한 두 개의 물방울도 동일하지 않고, 한 나무의 어떠한 두 개의 잎도 동일하지 않고, 어떠한 두 명의 사람도 동일하지 않다. 하지만 보다 심오하게는, 그것은 또한—이것이 들뢰즈의 관심을 끄는 것인데—최종적 분석에서 모든 차이는 개념적 차이라는 점을 의미한다. 만약 여러분이 두 개의 사물들을 가진다면, 두 개의 개념들이 존재해야만 한다. 만약 그렇지 않다면, 두 개의 사물들이 존재하는 것이 아니다. 달리 말해서, 만약 여러분이 차이를 두 개의 사물들에 배당한다면, 필연적으로 그 개념들에 차이가 존재한다. 식별 불가능자들의 원리는 우리는 개념들에 의해서만 인식을 가진다고 말하는 데 있으며, 이것은 제3의 이유, 제3의 라치오, 즉 라치오 코그노센디ratio cognoscendi, 곧 인식함의 이유으로서의 이유에 해당한다고 말할 수 있다.

이 식별 불가능자들의 원리는 두 중요한 결과를 가진다. 첫째로, 우리가 보았듯이, 라이프니츠는 개념들은 고유명들이다, 즉 개념들은 개별적 관념들notions이다 하고 말한 최초의 철학자이다. 고전 논리학에서 개념들은 본성상 개별자의 독특성을 포괄할 수 없는 일반성들이다. 하지만 우리는 가령 "인간"이라는 개념이 카이사르와 아담 둘 모두를 포함하는, 모든 개별적 인간들에게 적용되는 일반성이라고 말할 수 없는가? 이에 라이프니츠는 이렇게 응수한다. 물론 그대들은 그렇게 말할 수 있지만, 그대들이 개념의 분석을 어떤 일정한 지점에서, 유한한 순간에 차단했다는 조건 하에서만 그렇게 말할 수 있다. 하지만 만약 그대들이 분석을 밀고 나아간다면, 만약 그대들이 개념의 분석을 무한대로 밀어붙인다면, 카이사르와 아담의 개념들이 더 이상 같은 것이 아닌 지점이 존재하게 될 것이다. 라이프니츠에 따르면, 이것이 엄마 양이 새끼 양을 알아볼 수 있는 이유이다. 즉, 엄마 양은 개별적인 새끼 양의 개념을 안다. 이것은 또한 라이프니츠가 보편적 마음에 의지할 수 없는 이유이다. 왜냐하면 그는 계속 개별자 그 자체에 집중하고 있기 때문이다. 이것이 라이프니츠의 위대한 독창성이며, '실체는 개별적이다'라는 계속 반복되는 후렴의 정식이다.

둘째로, 식별 불가능자들의 원리(모든 차이는 개념적이다)를 정립할 때, 라이프니츠는 우리에게 중대한 결과를 받아들이라고 요청하고 있다. 왜냐하면 개념적 차이 외에, 우리가 개별적인 사물들을 구별하도록 해줄지도 모르는 다른 유형의 차이들이 존재하기 때문이다. 예를 들면, 수적 차이이다. 즉, 나는 물 개념을 고정할 수 있고, 그런 다음 한 방울, 두 방울, 세 방울 등 개별성을 무시하고 물방울들을 수적으로 구별할 수 있다. 두 번째 유형의 차이가 있는데, 시공간적 차이이다. 나는 물 개념을 지니지만, 시공간적 위치에 의해서 상이한 물방울들을 구별할 수 있다(여기 이 물방울이 아니라 저기 저 물방울). 세 번째 유형의 차이가 있는데, 연장과 운동의 차이이다. 나는 물 개념을 보유할 수 있고, 연장과 형태(모양과 크기)에 의해서, 혹은 물방울들의 (빠르거나 느린) 운동에 의해서 물방울들을 구별할 수 있다. 우리로 하여금 동일한 개념을 지니는 두 사물을 구별하게 해주기 때문에, 이것들은 모두 비-개념적 차이이다. 그러나 다시 한 번, 라이프니츠는 돌진한다. 그는 조용히 우리에게 '아니다. 이러한 차이들은 순수 현상들이고, 또 다른 본성의 차이를 표현하는 잠정적 수단인데, 이 차이는 언제나 개념적이다'라고 말한다. 만약 두 개의 물방울들이 존재한다면, 이 물방울들은 동일한 개념을 지니지 않는다. 비-개념적 차이들은 언제나 개념적인 더 깊은 차이를 불완전한 방식으로 옮기는 구실을 할 뿐이다.

우리가 들뢰즈가 라이프니츠를 독해하는 작업의 핵심에 도달하는 것은 바로 이 지점에서이다. 충족 이유를 탐구하는 일과 관련하여 그 누구도 라이프니츠보다 더 진전하지 못하긴 했지만, 그럼에도 불구하고 라이프니츠는 충족 이유를 "재현"의 요건들에 종속시키고 말았다. 모든 차이들을 개념적 차이들로 환원시킴으로써, 라이프니츠는 충족 이유를, 차이가 개념 안에 재현되거나 매개되는 능력에 의해서 정의했다.

충족 이유의 원리에 따르면, 개별적인 사물 당 언제나 하나의 개념이 존재한다. 식별 불가능자들의 동일성의 호환 원리에 따르면, 개념 당 하나의 유일한 사물이 존재한다. 한데 합하면, 이 원리들은 개념적 차이로서의 차이 이론을 설명하거나 혹은 매개로서의 재현에 대한 설명을 전개한다.**12**

아리스토텔레스의 경우, 가장 작은 종들 너머 개념이 종별화되는 것을 "차단하는" 것은 개별자(=개체) 그 자체이다. 개념은 우리에게 형식을 제공하는데, 이 형식을 위해서 개별자는 물질을 구성한다. 칸트의 경우, 개념을 차단하는 것은 공간과 시간의 형식들일 것이다. 라이프니츠는 개념의 동일성에 무한한 포괄을 부여하는 이유만으로 개념과 개별자를 화해시킬 수 있다. 모든 개별적 실체 혹은 모나드는 세계의 상태를 구성하는 무한한 술어들을 감싸 안고 있다. 개념=1의 범위가 있는 곳에 개념=∞의 포괄이 있다. 개념이 무한대로 간다(충족 이유)고 말하는 것과 개념이 개별적이다(식별 불가능성)고 말하는 것은 동일하다. 그러나 개념을 개별자의 수준으로까지 밀어붙일 때, 라이프니츠는 여전히 차이를 개념 안의 동일성 원리에 복속시키는 것을 유지하면서, 재현(혹은 개념)을 무한한 것으로 만들었을 뿐이다.

들뢰즈에게 차이를 이렇게 동일성에 복속시키는 것은 부적법하고 근거 없는 것이다. 우리는, 라이프니츠의 경우, 충족 이유의 원리는 동일성 원리의 역이고, 식별 불가능자들의 원리는 결국 충족 이유 원리의 역이라는 점을 본 바가 있다. 하지만 역의 역은 우리를 다시 그저 동일성의 원리로 이끄는 것은 아닐까?**13** 라이프니츠의 경우에서도 그것이 그렇지 않다는 사실은 차이의 원리를 동일성의 원리로 환원할 수 없다는 점을 가리킨다. 들뢰즈의 논지는, 동일적 개념이 기능하는 작용의 뒤에 혹은 아래에 이념 내의 차이와 다양체의 운동이 놓여 있다는 것이다. 들뢰즈는 『차이와 반복』에서 "개념을 차단하는 것은 언제나 이념의 과잉인데, 이는 개념을 정지시키거나 혹은 재현의 요건들을 전복시키는 우월한 실증성positivity을 구성한다"(DR 289)고 쓰고 있다. 『차이와 반복』 그 전체는 충족 이유의 근원들을 탐색하는 것으로 독해될 수 있는데, 이러한 탐색은 비-재현적 이념들에 관한 이론으로 정식화된다. 하지만 "'재현 이하적인' 것으로 정의되는 직접적인 것(=무매개적인 것)은 재현들과 관점들을 배가함으로써 얻어지는 것이 아니다. 이와 반대로, 각 진정시키는 재현들은—주어진 것의 직접성을 드러내기 위해서가 아니라 그 자체가 주어진 것의 발생적 조건들로서 기능하는 이념의 미분적 메커니즘을 드러내기 위해서—그 중심으로부터 벗어나 왜곡되고, 다른 데로 향하고, 찢겨져야만 한다."**14** 들뢰즈의 이념들은 미분적이고, 발생적이고, 내재적인 데 반해, 칸트의 이념들은 총체화하고, 통일하고, 초월적이라는 점을 제외한다면, 들뢰즈는 "이념"이라는 용어를 대체로 칸트적 의미에서 이해한다. 들뢰즈가 『차이와 반복』에서 이념들에 관한 수정된 이론을 전개하는 것은 바로 칸트-이후의 입장을 견지하면서 라이프니츠에게 돌아가는 것을 기초로 해서이다.

4. 연속성의 법칙

이러한 고찰들은 우리를 연속성의 법칙으로 데리고 간다. 본질의 진리들(동일성의 원리)과 실존의 진리들(충족 이유의 원리와 식별 불가능성의 원리) 간의 차이는 무엇인가? 라이프니츠는, 본질의 진리들의 경우 분석은 유한한데, 술어가 주어 안에 포함되는 것이 유한한 계열의 규정적 조작들에 의해서 증명될 수 있다고 할 만큼(우리가 "Q.E.D라고 말할 수 있을 만큼) 그러하다고 말한다.**15** 이와 대조적으로, 실존의 진리들의 분석은 필연적으로 무한하다. 즉, 실존들의 영역은 무한 분석의 영역이다. 이것이 왜 사실인가? 왜냐하면, 만약 우리가 술어 "죄인"이 아담의 개념에 내포되어 있다면, 또 만약 그때 우리가 원인들을 추적하고 결과들을 색출한다면, 전 세계가 아담 개념에 내포되어야만 한다. 내가 이 분석을 수행할 때, 나는 죄인 아담에서 유혹하는 여자 이브로, 유혹하는 여자 이브에서 사악한 뱀으로, 사악한 뱀에서 금단의 열매로, 등등 이런 식으로 지나가게 된다. 앞으로 나아가면서, 나는 아담의 죄와, 그리스도의 수육과 구속救贖의 직접적 연결을 보게 된다. 시간과 공간의 차이들을 가로질러 서로 간에 들어맞기 시작할 계열들이 있다. 모든 연동하는 계열들과 더불어 신이 이 세계를 선택한다는 것을 정당화하는 것이 라이프니츠의 『변신론』의 목적이었다. 그러한 분석은, 실제로 무한한 세계를 구성하는 요소들의 전 계열을 통해서 이동해야 하기 때문에 무한하다. 그리고 그것은 술어 "죄인"이 아담의 개별적 개념 안에 포함되어 있다는 것을 증명하기 때문에 분석이다. "실존의 영역에서, 우리는 계열들은 연장될 수 있고, 연장되어야 하기 때문에, 또 포함은 국지화될 수 없기 때문에 우리 자신을 멈출 수 없다"(FLB 51). 이것이 들뢰즈에게 중요한 라이프니츠의 대책이다. 즉, 실존의 진리들의 수준에서, 주어("아담") 안에 술어("죄인")가 포함되어 있음을 증명하는 무한 분석은 동일성의 증명에 의해 진행되지 않는다. 실존의 진리들의 수준에서 중요한 것은 술어와 주어의 동일성이 아니라, 한 술어가 또 다른 술어로 이동하고, 두 번째 술어에서 세 번째 술어로, 세 번째 술어에서 네 번째 술어로 등등 이런 식으로 이동하는 것이다. 간명하게 말한다면 이렇다. 즉, 만약 본질의 진리들이 동일성에 의해 지배된다면, 실존의 진리는 연속성에 의해 지배된다. 세계란 무엇인가? 세계는 그 연속성에 의해 정의된다. 무엇이 불공가능한 세계를 분리하는가? 두 세계들 사이에 불연속성이 존재한다는 사실이다. 무엇이 모든 가능한 세계 중에서 가장 좋은 세계, 신이 실존으로 들어가도록 원인이 되는 세계를 정의하는가? 그러한 가장 좋은 세계가 최대치의 차이를 위해 최대치의 연속성을 실현한다는 사실이다.

이제 무한 분석 개념은 라이프니츠의 절대적으로 독창적인 개념이다. 즉, 그가 이 개념을 발명해냈다. 그러나 유한한 존재자들로서 우리는 무한 분석을 떠맡을 수 없다는 점은 말할 필요조차 없는 것으로 보인다. 실존의 진리들의 영역에 처하기 위하여, 우리는 경험을 기다려야 한다. 우리는 경험을 통하여 카이사르가 루비콘강을 건넜다는 것, 혹은 아담이 죄를 지었다는 것을 알고 있다. 무한 분석은 한계가 없는 신적 지성을 지니는 신에게는 가능할지 모르겠지만, 이는 별로 만족스러운 대답이 아니다. 신에 만족할지도 모르지만, 우리는 또한 왜 라이프니츠는, 그러한 분석은 유한한 존재자들로서의 우리가 접근할 수 있는 것이 아닌데도, 분석적 진리들과 무한 분석들에 관한 이 모든 이야기를 제시할 정도로 그토록 힘든 일을 했는가 하고 의아하게 여길 수도 있다. 그러나 우리가 라이프니츠에 관한 들뢰즈 해석의 독창성에 접근하는 것은 바로 이 지점에서이다. 왜냐하면 들뢰즈는, 라이프니츠는 유한한 인간인 우리들에게 신의 지성 하에서 일어나는 일에 대해서 잘 정초된 접근을 행할 수 있도록 해주는 계책을 제공하는데, 이 계책이 바로 극한 산법infinitesimal calculus 혹은 미분법differential analysis의 기법이라고 말한다. 유한한 존재자들로서, 그럼에도 불구하고 우리는 미분법의 상징 덕분에 무한 분석을 행할 수 있다. 미분법은 우리를 복잡한 영역으로 데리고 가는데, 이는 라이프니츠와 뉴턴의 관계뿐만 아니라, 19세기와 20세기 초의 코시Cauchy와 바이어슈트라스

Weierstrass의 극한-개념limit-concept이 발달하기 전까지는 해결되지 않았던 미분법의 수학적 토대에 관한 논쟁들과 관련이 있다.**16** 나는 여기서 들뢰즈 자신이 라이프니츠를 독해할 때 전면에 등장하는 미분법의 형이상학에 관한 라이프니츠 저작의 두 측면, 즉 미분 관계와 독특성 이론에 초점을 맞추고자 한다. 이 이론들은 우리가 유한자 내에 무한자가 현존하는 것을 생각하도록 해주는 이론들이다.

5. 미분 관계

먼저 미분 관계를 다루어보자. 무한 분석에서 관건이 되는 것은 세계에 현실적으로 실존하는 일단의 무한한 요소들이 존재한다는 사실이 아니다. 문제는 다른 데에 놓여 있다. 왜냐하면, 만약 두 요소들— 가령 죄인 아담과 유혹하는 여자 이브—이 존재한다면, 이 두 요소들 사이에는 여전히 차이가 존재한다. 그렇다면 이브의 유혹과 아담의 죄 사이에 (단순히 동일성이 아니라) 연속성이 있다고 말하는 것은 무엇을 의미하는가? 이는 두 요소들 사이의 관계가 무한히 작은 관계라는 점, 아니 오히려 둘 사이의 차이는 사라지는 경향이 있는 차이라는 점을 의미한다. 이것이 연속성의 정의이다. 즉, 차이가 사라지는 경향이 있는 한, 연속성은 차이의 작용으로 정의된다. 연속성은 사라지는 혹은 소멸하는 차이이다. 죄인과 아담 사이에서, 나는 결코 논리적 동일성을 증명할 수 없겠지만, 나는 연속성—즉, 하나 이상의 소멸하는 차이들—을 증명할 수 있을 것이다(그리고 여기서 증명이라는 단어는 분명 의미가 바뀐다).

무엇이 소멸하는 차이인가? 1701년에 라이프니츠는 「일반 대수학의 극한 산법에 의해 극한 산법을 정당화하기」라는 제목의 3쪽 짜리

글을 썼는데, 그는 이 글에서 미분법은 그것이 발견되기 전에 가장 일반적인 대수학의 수준에서조차 어떤 방식으로 이미 기능하고 있었다는 것을 설명하려고 노력한다.**17** 라이프니츠는 우리에게 간단한 기하학적 도형을 제시한다(도형 2). 두 직각삼각형—ZEF와 ZHI—은 꼭지점 Z에서 만난다. 이 두 삼각형 ZEF와 ZHI는 유사하므로, 비 y/x는 (Y−y)/X와 동등하다는 결론이 나온다. 이제 만약 직선 EI가 가변점 Z의 동일한 각을 항상 보존하면서 점점 더 점 F에 접근하면, 직선 x와 y의 길이는 분명 꾸준히 감소할 터이지만, 그러나 y에 대한 x의 비는 여전히 불변인 채로 있게 될 것이다. 직선 EI가 F 자체를 통과할 때 무슨 일이 일어나는가? 점 Z와 E가 F에 직접적으로 떨어진다는 것, 그리고 직선 x와 y가 소멸하리라는 것은 분명하다. 그것들은 제로와 동등하다. 그렇지만, x와 y가 제로와 동등하긴 하지만, 그것들은 여전히 Y에 대한 X의 관계로 표현되는 상호 간의 대수적 관계를 유지한다. 다시 말해서, 선 EI가 F를 통과할 때, 삼각형 ZEF가 이 말의 일반적 의미에서 "사라졌다"는 것은 사실이 아니다. 삼각형 ZEF는 여전히 "거기에" 존재하지만, 오직 "잠재적으로virtually" 거기에 존재할 뿐이다. 관계 x/y가 그 항들이 소멸했을 때에도 계속 실존하기 때문이다. 라이프니츠는, 삼각형 ZEF가 사라졌다고 말하기보다는, 비록 완전하게 규정되어 있긴 하지만, 우리는 그것이 배정될 수 없게 되었다고 말해야 한다고 말한다. 이 경우에 x=0과 y=0일지라도, x/y는 제로와 동등하지 않기 때문이고, 또 X/Y와 동등한 완전하게 규정 가능한 관계이기 때문이다. 배정 가능하지 않지만 완전하게 규정되어 있음. 이것이야말로 "소멸하는 차이"라는 용어가 의미하는 것이다. 그것은 심지어 관계의 항들이 사라졌을 때에도 관계가 계속될 때 존재한다. 관계 x/y는 Z와 E가 사라졌을 때 계속된다. 이 점이 미분 관계가 그토록 위대한 수학적 발견인 이유이다. 기적은 미분 관계 dx/dy가 제로와 동등하지 않고, 완전하게 표현 가능한 유한한 성질, 즉 Y에 대한 X의 비에서 유래하는 미분을 가진다는 점이다.

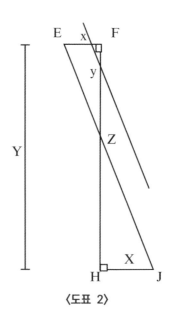

〈도표 2〉

따라서 미분 관계는 자신의 항들에 외적인 관계일 뿐만 아니라, 어떤 의미에서 자신의 항들을 구성하는 관계이다. 이것은 들뢰즈에게 "즉자적 차이difference-in-itself"(『차이와 반복』 제2장의 제목)를 사유하기 위한 모델을 제공한다. 미분 관계는 자신이 유래하는 곳과 관련하여, 즉 x와 y와 관련하여 구체적인 것을 아무것도 함의하지 않지만, 새로운 어떤 것인, 구체적인 다른 어떤 것, 즉 z을 함의하는데, 이것이 미분 관계가 극한(=한계)에 이르는 통로를 보증하는 방법이다. 따라서 여러 유명한 예들을 고려하면서, 라이프니츠는 정지를 무한하게 작은 운동으로, 합치를 무한하게 작은 거리로, 동등성을 부등성의 극한으로, 원을 변들을 무한대로 늘리는 다각형의 극한으로 이해할 수 있었다. 따라서 연속성 법칙의 "이유"는 라치오 피엔디ratio fiendi, 곧 생성(=되어 감)의 이유이다. 사물들은 연속성을 통하여 되어 간다. 즉, 운동은 정지가 되어 가고, 다각형은 변들을 늘림으로써 원이 되어 간다. 이것이 자연은 결코 도약을 하지 않는다(자연에는 결코 불연속성이 존재하지 않는다)는 라이프니츠의 유명한 연속성 법칙의 정식이다. 그렇다면 무엇이 무한 분석인가? 무한 분석은 다음과 같은 조건들을 충족시킨다. 더 이상 동일성에 의해 지배되는 영역이 아니라, 연속성과 소멸하는 차이들이 지배하는 영역 앞에 내가 처해 있을 때, 무한 분석이 존재하고, 무한 분석을 위한 자료가 존재한다.

이러한 미분 관계 이론이 구체적으로 무엇을 의미하는지 이해하기 위해서는, 이와 관련해서 라이프니츠가 전개한 상응하는 지각 이론을 고려해볼 필요가 있다.**18** 라이프니츠는 우리는 우리가 의식적으로 알아차리지 못하는 사물들을 지각할 때가 자주 있다고 말했다. 우리는 한 친숙한 장면을 떠올리고 우리가 그 당시에 주시하지 않았던 세부 사항을 알아차리게 된다. 수도꼭지에서 물이 떨어지는 배경을 이루는 소리가 밤에 돌연 우리의 의식으로 들어온다. 그러므로 라이프니츠는 의식적 지각들("통각들" 혹은 몰적 지각들)과 무의식적 지각들("미세 지각들" 혹은 분자적 지각들)을 구별하고, 우리의 의식적 지각들은 공간과 시간 속의 재인 가능한recognizable 대상들과 관련돼 있는 것이 아니라, 이 지각들을 이루는 무의식적인 미세 지각과 관련돼 있음에 틀림없다고 주장했다. 예를 들어, 나는 바다의 소음 혹은 일단의 사람들이 웅성거리는 소음을 포착하는 것이지, 개개의 파도 소리, 혹은 웅성거림을 이루는 개개의 사람의 목소리를 포착하는 것은 아니다.

이러한 무의식적인 미세 지각들은 전체의 부분들로서가 아니라 일상적으로 주시될 수 있거나 주목될 수 있는 것으로서 의식직인 몰직 지각들과 관련되어 있다. 즉, 의식적 지각은 이 "잠재적인" 미세 지각들 중 적어도 두 지각이, 독특성singularity을 규정하는 미분 관계 곧 의식적 지각에 들어갈 때 생산된다. 바다의 소음을 생각해보자. 적어도 두 파도들이 바다의 소음을 능가하여 의식적으로 되는 세 번째 것을 규정할 수 있는 미분 관계에 들어가기 위해서는, 이제 생겨나는 "잠재적인" 것으로 미세하게 지각되어야만 한다. 혹은, 녹색을 생각해보자. 황색과 청색은 지각될 수 있지만, 만약 이 두 색들 간의 차이가 제로에 접근함으로써 소멸한다면, 이 색들은 녹색을 규정하는 미분 관계 (db/dy=G)에 들어간다. 이제 황색 혹은 청색도 각각 자신의 방식으로, 우리가 감지할 수 없는 두 색들의 미분 관계에 의해 규정될 수도 있다 (dy/dx=Y). 따라서 미분은 라이프니츠의 경우 지각의 심적 메커니즘으로써, 세계에 관한 나의 유한한 명료성 지대, 곧 나의 관점을 규정하는 일종의 자동작용으로서 기능한다. 모든 의식적 지각은 문턱을 구성하고, 미세 지각들 혹은 잠재적 지각들(무한히 작은 지각들)은 세계의 모호한 먼지, 세계의 배경 소음을 구성한다. 이것들은 의식적 지각의 "부분들"이 아니라, 지각의 "이념적인 발생적 요소들", 혹은 살로몬 마이몬이 "의식의 미분들"이라 부른 것이다. 발생적 요소들의 잠재적 다양체, 그리고 발생적 요소들 사이에 확립되는 접속들 혹은 미분 관계들의 체계는 들뢰즈가 감성의 "이념"이라 칭하는 것이다. (황색과 청색 같은) 어떤 모호하고 미소한 지각들로부터 (녹색 같은) 명료한 지각을 "현실화하는" 것은, 자신들을 명료성으로 이끌고 가는 이러한 무한히 작은 지각들 간의 미분 관계들이다. "세계의 이념 혹은 바다의 이념은 각각의 모나드가 오직 부분적 해결을 현실화할 뿐인 미분방정식의 체계들이다."**19**

　그렇다면 라이프니츠의 경우, 미분은 수학적이되 심리학적인 영역, 심리-수학적인 영역을 지시한다. 곡선의 미분들이 존재하듯이, 의식의 미분들이 존재한다. 이로부터 여러 중요한 결과들이 따라 나온다. 여기서 공간과 시간은 칸트의 경우처럼 순수하게 선험적으로 주어지는 것들임을 그치고, 주체에서 이 미분 관계들의 앙상블 혹은 결합체에 의해 발생적으로 규정된다. 마찬가지로, 대상들 그 자체는 경험적으로 주어진 것들임을 그치고, 의식적 지각에서 이 미분 관계들의 산물이 된다. 더구나, 데카르트의 "명료하고 판명한" 관념들의 원리는 "자연적 빛"을 구성하기 위해 결코 재통합될 수 없는 두 환원될 수 없는 가치들로 분쇄된다. 즉, 의식적 지각들은 필연적으로 명료하지만 (판명하지 않고) 혼잡한 반면, 무의식적 지각들(이념들)은 판명하지만 (명료하지 않고) 필연적으로 모호하다.**20** 실로, 라이프니츠는 무의식에 관한 최초의 이론 중의 한 이론, 프로이트가 전개한 것과는 매우 다른 이론을 전개했다고 말할 수 있다. 그 차이는 프로이트가 무의식을 의식과 충돌 관계 혹은 대립 관계에 있는 것으로 이해했지, 미분 관계에 있는 것으로 이해하지 않았다는 점이다. 이런 의미에서 프로이트는, 무의식을 더 이상 지각의 미분 쪽이 아니라 의지의 충돌 쪽으로 명시적으로 방향을 정했던 칸트, 헤겔, 그리고 이들을 계승하는 자들에 의존했다. 들뢰즈와 과타리가 『안티-오이디푸스』에서 제안했던 무의식 이론은 미분적이고 발생적인 무의식이며, 따라서 철저하게 라이프니츠에게서 영감을 얻은 것이다.**21**

6. 독특성 이론

들뢰즈가 라이프니츠 사상에서 지적하는 마지막 문제가 있다. 외견상 식별 불가능자들의 원리와 연속성의 법칙 간에는 모순이 존재하는 것처럼 보일 것이다. 한편으로, 식별 불가능자들의 원리는 우리에게 모든 차이는 개념적이고, 어떠한 두 사물도 같은 개념을 갖지 않는다는 점을 말해준다. 모든 사물에는 그 자신의 개념에 배정될 수 있는 규정적 차이들이 상응한다. 다른 한편으로, 연속성의 원리는 우리에게 사물들은 소멸하는 차이들, 배정될 수 없는 차이들을 통해서 진행된다는 점을 말해준다. 라이프니츠는 모든 사물은 배정될 수 없는 차이에 의해서 진행된다는 점, 그리고 모든 차이는 배정될 수 있고 개념에 배정되어야만 한다는 점을 동시에 말하고 있는 것처럼 보인다. 물음은 이렇다. 식별 불가능자들의 원리와 연속성의 법칙을 화해시키는 일이 가능한가?

들뢰즈의 논지는, 이 문제에 대한 해결은 미분방정식 이론의 확장인 독특성 이론에 의해 제기되어야 한다는 것이다. 논리학에서, "독특한 것singular"이라는 개념은 오랫동안 "보편적인 것"과 관련하여 이해되어 왔다. 그러나 수학에서, 독특한 것은 일단의 매우 다른 개념들과 관련되어 있다. 즉, 독특한 것은 규칙적인 것과 구분되거나 대립된다. 독특한 것은 규칙의 규칙성regularity of the rule을 회피하는 것이다. 더욱 중요한 것은, 수학은 비범한 특이점과 평범한 보통점을 구별한다는 점이다. 예를 들어, 기하학의 도형들은 이 도형들을 규정하는 특이점들의 유형에 의해 분류될 수 있다. 사각형은 네 특이점, 네 모서리, 그리고 사각형의 네 변을 구성하는 무한한 보통점을 가진다(극점의 미분법). 원의 호 같은 단곡선은 최대치이거나 최소치 혹은 동시에 둘 다인 단일한 독특성에 의해 규정된다(최대점과 최소점의 미분법).[22] 미분법은 복곡선이라는 가장 어려운 경우를 다룬다. 복곡선의 독특성들은 초점, 안장점 매듭점 등과 같은 점들로 이 점들의 근방에서 미분 관계가 기호를 변경한다. 곡선은 증가하고, 곡선은 감소한다. 이 증가점들 혹은 감소점들이 곡선의 특이점들이다. 보통점들은 두 독특성들 사이의 계열을 구성하는 그것이다. 독특성 이론은 들뢰즈에게 연속성의 법칙에 대한 그의 더 기법적인 최종적 정의를 제공했다. 즉, 연속체는 보통점 계열 너머 독특성을, 이 독특성이 다음에 오는 독특성의 근방에 도달할 때까지 연장하는 것이며, 이 지점에서 미분 관계가 기호를 변경하고, 다음 독특성으로부터 발산하거나 혹은 다음 독특성과 함께 수렴한다. 따라서 연속체는 연장prolongation의 이론 혹은 활동과 분리 불가능하다. 즉, 연속체는 산물이기 때문에 연속체의 합성compostion이 존재한다.

이런 방식으로, 독특성 이론은 들뢰즈에게 개체화 혹은 규정의 모델을 제공했다. 우리는 모든 규정 일반(모든 "사물")에 대해 그것이 독특한 것과 평범한 것의 결합이라고 말할 수 있다. 즉, 그것은 특이점들과 보통점들에 의해 구성되는 "다양체"이다. 수학적 곡선들이 변곡점들(극점, 최소점과 최대점 등)에 의해 규정되듯이, 물리적 사태도 위상의 변화를 표현하는 독특성들(비등점, 응결점, 용해점, 응고점, 결정점)에 의해 구성된다고 말할 수 있고, 사람의 심리도 "감수적인" 점들(어떤 사람이 화가 나거나 슬퍼서 "무너지는" 점들, 또는 기쁨, 병과 건강, 피로와 활기, 희망과 불안의 상태들)에 의해 구성된다고 말할 수 있다. 하지만 들뢰즈는 그러한 독특성들은 그럼에도 불구하고 물리학적인 사태 혹은 심리적학인 인격의 경우에 현실화되는 것과는 별도로 고려될 수 있다고 주장한다(LS 52를 보라). 여기서 들뢰즈는, 후에 칸트가 초월론적 가상들 혹은 이념들이라 하여 비난하는 세 가지 영역들, 즉 자기, 세계, 신과 구분되고 논리적으로 선행하는 영역에 도달한다. 이 이념들 각각은 라이프니츠 철학에서 규정적 장소를 가진다. 즉, 신은 무한한 가능한 세계들에 직면하여 이 세계World를 선택해서 현실화하는 존재Being이다. 이 세계는 개별적 모나드들 혹은 자기들Selves 안에서만 실존하는 세계이다. 개별적 모나드들 혹은 자기들은 그들 자신의 관점에서 세계를 표현한다. 하지만 들뢰즈는 이 라이프니츠의 도식이 전제하는 것은 신, 세계, 자기에 선행하는 "초월론적 장", 즉 무-신학적이고 무-우주적이고 전-개체적인 독특성들이 거주하는 장에 대한 규정이라고 주장한다. 그것은 술어화의 형식논리학으로 환원될 수 없는 독특성들의 초월론적 논리학을 의미한다. 예를 들어, 여기에는 부정사 형으로 표현되는, 개체적 아담의 세 가지 독특성들이 존재한다. 즉, "최초의 사람임", "쾌락의 동산에서 삶", "한 여자가 자신의 갈비뼈에서 나옴"이 존재하고, 이어 네 번째 독특성 "죄를 지음"이 존재한다. 우리는 이 네 가지 특이점들 각각을 그것들이 모두 양 방향에서 공통의 가치를 지니도록 일련의 보통점들 너머로 확장할 수 있다. 연속성이 네 가지 특이점들 사이에 확립된다. 하지만 그때 다섯 번째 독특성 "유혹에 저항함"이 첨가된다. 이 다섯 번째 독특성과 첫 세 특이점 사이의 연장의 선들은 더 이상 수렴적이지 않다. 즉, 이 선들은 공통의 가치를 통과하지 않는다. 이 독특성의 계열들에는 분기가 존재하며, 불연속성이 도입된다. 따라서 죄를 짓지 않은 사람 아담은 이 세계와 공가능하지 않다. 그것은 이 세계와 더불어 발산하는 독특성을 의미하기 때문이다.

독특성 이론은 라이프니츠에 관한 들뢰즈 저작에서 이중적 역할을 행한다. 한편으로, 독특성 이론은 들뢰즈가 라이프니츠 자신의 철학 내에서 식별 불가능성과 연속성 간의 관계가 제기하는 수수께끼를 풀 수 있도록 해준다. 독특성들이 자신들에 의존하는 평범한 것들의 계열 너머로 연장되는 한, 연속성은 독특성들의 합성과 다른 것이 아니므로, 실로 "즉자적" 세계는 연속성의 법칙에 의해 지배된다. 하지만 세계는 "즉자적으로" 실존하지 않는다. 세계는 세계를 표현하는 개체들 안에서만 실존한다. 그리고 개체에 대한 진정한 정의는 이렇다. 개체는 세계의 곡선으로부터 추출된 어떤 일정한 수의 전-개체적 독특성들의 축적 혹은 합치로서, 독특성들 각각은 불연속적이고 독특하며, 그래서 식별 불가능자들의 원리에 의해 지배된다. 달리 말해서, 개체화는 "분화의 규칙에 따라서, 유에서 점점 더 작아지는 종들로 이동하지 않는다. 개체화는 개체를 이러 저러한 세계와 연결하는 수렴 혹은 연장의 규칙에 따라서, 독특성에서 독특성으로 이동한다".[23] 다른 한편으로, 들뢰즈는 단지 라이프니츠에 대한 독해를 제공하는 것만으로 만족하지 않는다. 들뢰즈는 "이 비인격적이고 전-개체적인 유목적 독특성들은 실재적인 초월론적 장을 구성하는 *그것이다*"라고 그 자신의 이름으로 말하면서 쓰고 있다(LS 109). 『차이와 반복』과 『의미의 논리』는 라이프니츠의 신학적인 전제들의 한계들로부터 벗어나서, 그 자신의 개념적 어휘(다양체, 독특성, 잠재성, 문제, 사건 등등)를 사용하며, 초월론적 장의 본성을 정의하고자 하는 들뢰즈의 시도이다. 들뢰즈의 경우, 신, 세계, 자기의 이념들은 라이프니츠의 경우와는 완전히 다른 모습을 취하고 있다. 신은 더 이상 가장 풍요로운 공가능한 세계를 선택하는 존재가 아니고, 모든 잠재성들이 발산적이고 수렴적인 계열들의 무한한 망을 형성하면서 실존으로 들어가도록 하는 순수 과정Process이 된다. 세계는 더 이상 미리 확립된 조화에 의해 정의되는 연속적인 곡선이 아니고, 폭력적인 불협화음을 일으키면서,

끝없이 길들을 분기하며 발산적 계열들이 밟아가는 카오스적 우주가 된다. 그리고 자기는 자신이 안으로부터 표현하는 공가능한 세계에 갇히지 않고, 이제 자신을 그 자신 바깥으로 끊임없이 끌어당기는 발산적 계열들과 불공가능한 양상들에 의해 찢겨져 열리게 된다.[24]

라이프니츠에 대한 들뢰즈의 독해가 끝나는 것은 이 지점에서일 것이므로, 들뢰즈 자신의 철학에 대한 독해가 시작되어야 할 것이다. 여기서 우리의 목적은, 라이프니츠 자신의 사상 내에서, 동일성 원리 라는 가장 간단한 공식(A는 A이다)으로부터 차이의 원리를 끌어내는 들뢰즈의 연역을 따라가는 것이었다. 들뢰즈 자신의 사상을 상술한다면, 이는 들뢰즈가 차이의 원리에서 시작하는 그 자신의 연역을 산출하는 방법을 보여주면서, 말하자면, 반대 방향으로 이동해야 할 것이다. 즉, 미분 관계 그리고 이 관계의 규정 가능한 요소들, 그 결과로서 따르는 독특성들, 독특성들이 (연접적, 발산적, 수렴적 종합들과 더불어) 계열들 속에서 연장되고, 이렇게 하여 그 양상적 지위가 (라이프니츠에서 그렇듯, 일단의 "가능성들"을 구성하는 것과는 대립되는 바의) 순수하게 잠재적인 다양체를 구성하는 일 등등. 거의 모든 들뢰즈의 근본적인 형이상학적 개념들(차이, 독특성, 다양체, 잠재성)은 라이프니츠의 모체로부터 유래한다고 말해도 과장이 아닐 것이다. 들뢰즈는 고전 이성은 발산, 불협화, 불공가능성의 타격 하에 붕괴되었으며, 라이프니츠 철학은 고전 이성을 재구성하려는 최후의 시도들 중의 하나였다고 말한다. 고전 이성은 발산들을 매우 많은 가능한 세계들로 격하시키고, 불공가능성들을 세계들 간의 매우 많은 경계선들로 삼고, 이 세계에 나타나는 불협화음들을 미리 확립된 조화의 선율적인 선들 안으로 해소하면서, 자신의 원리들을 증대함으로써 그렇게 했다. 하지만 라이프니츠의 바로크 재구성은 일시적일 수밖에 없었다. 고전 이성의 붕괴와 함께, 철학의 과제는 원리들 없이 사유하는 것이고, 신, 자기, 세계의 동일성으로 시작하는 것이 아니라, 경험적 자기들과 현실적 세계의 구축을 조건짓는 차이들과 독특성들의 초월론적 장으로 시작하는 것이리라. 이것이 들뢰즈가 그 자신의 것으로 채택하는 과제이다. 즉, "우리는 경험적 장들을 닮지 않은 비인격적이고 전-개체적인 초월론적 장을 규정하려고 노력한다"(LS 102). 그것은 철두철미하게 현대적인 기획이지만, 이는 들뢰즈로 하여금 그 자신의 목적을 추구하기 위해서 철학사를 돌이켜보게 하고 라이프니츠 철학과 라이프니츠 개념들을 사용하도록 해주는 기획이다.

퍼듀 대학

주(Notes)

1. 이 논문의 초기본은 「차이, 연속성, 미적분법」이라는 제명으로 간행되었는데, 『현금의 대륙 이론과 현대 철학』, 스티븐 대니얼 엮음(Evanston, IL: Northwestern University Press, 2005), 127-47에 실려 있다.

2. 장-클레 마르탱, 『변이들: 질 들뢰즈의 철학』(Paris: Payot & Rivages, 1993)에 붙인 「편지-서문」에 담긴 들뢰즈의 발언을 보라: "나는 내가 매우 고전적인 철학자라고 생각한다. 나는 체계로서의 철학의 존재를 믿고 있다. … [하지만] 나에게, 체계는 끊임없이 계속되는 이종성에 있어야 할 뿐만 아니라, 이종발생이어야 한다는 것을 의미한다. 이것은, 내가 보기에, 이전에 한 번도 시도된 적이 없는 어떤 것이다"(p. 7).

3. EPS 11을 보라. "내가 필요로 한 것은 (1) 특수한 개체들의 표현적 성격, 그리고 (2) 존재의 내재성이다. 라이프니츠는, 어떤 면에서, 첫 번째 논점에 관하여 스피노자보다 훨씬 더 멀리 나아가고 있다. 하지만 두 번째 논점에 관하여, 스피노자는 혼자 떨어져 있다. 우리는 그것을 오직 그에게서만 발견한다. 이런 이유로 나는, 비록 라이프니츠에게서 많은 덕을 보고 있긴 하지만, 내 자신이 라이프니츠주의자라기보다는 스피노자주의라고 생각한다.

4. 들뢰즈는 또한 뱅센-생-드니 대학에 있었던 그의 세미나 중 두 번의 회기를 처음에는 1980년에, 또 다음에는, 『주름』을 저술하고 있었던 1987년에 라이프니츠에게 할애했다. 여기서 행하는 내 논의는 1980년 세미나에 제시된 연역을 거의 그대로 따르고 있다.

5. 들뢰즈가 마이몬 그리고 칸트-이후의 전통과 맺는 관계에 관한 논의에 대해서는, 대니얼 W. 스미스, 「들뢰즈, 헤겔, 그리고 칸트-이후의 전통」, *Philosophy Today*, 보유 44(2001), pp. 119-31, 그리고 그레이엄 존스, 『차이와 규정: 들뢰즈의 초기 형이상학에 관한 서설』, 미간행 박사학위논문, 모나시 대학, 2002를 보라.

6. 마이몬이 보여준 바와 같이, 동일성은 사유의 가능성의 조건인 데 반해, 실재적 사유의 발생적 조건을 이루는 것은 차이이다.

7. 영역본 *The Fold* 참조 옆에 프랑스어 원본 *Le Pli: Leibniz et le baroque*(PLB) 참조가 병기될 것이다. 고트프리트 빌헤름 라이프니츠, 『철학 논문과 서한』 제2판, 르로이 렘커 편(Dordrecht: D. Reidel, 1969), 307을 보라: "모든 참된 술어화는 사물들의 본성에 어떤 기반을 가지고 있음이 확실하며, 명제가 동일성이 아닐 때, 즉 술어가 주어에 특별히 내포되어 있지 않을 때, 술어는 주어에 잠재적으로 포함되어 있음에 틀림없다"(『형이상학 담론』 8).

8. 고트프리트 빌헤름 라이프니츠, 『새로운 인간지성론』, 조나단 베넷·피터 렘넌트 옮김(Cambridge: Cambridge University Press, 1981), 361.FLB 41. 라이프니츠, 『철학 논문과 서한』, 310을 보라: "어떤 사람에게 일어나는 모든 것은, 원의 고유성질들이

원의 정의에 내포되어 있듯이, 이미 그의 본성 혹은 개념에 잠재적으로 내포되어 있다"(『형이상학 담론 13』).

9. 루이 쿠튀라, 「라이프니츠의 형이상학에 관하여」, 『라이프니츠: 비평 논문 모음집』, 해리 G. 프랑크푸르트 편(Garden City, NY: Anchor, 1972), 22를 보라: "동일성 원리는 모든 동일성 (분석) 명제는 참임을 진술한다. 이와 반대로, 이유의 원리는 모든 참인 명제는 동일성 (분석)이라는 것을 단언한다."

10. 아리스토텔레스, 「범주들」, 『아리스토텔레스의 주요 저작』, E.M.에지힐 옮김, R. 맥케온 엮음(New York: Random House, 1941), p. 14.

11. 벤슨 메이츠, 『라이프니츠 철학: 형이상학과 언어』(Oxford: Oxford University Press, 1986), 157을 보라: "'A는 B이다'라는 본질 명제의 진리에 대한 이유를 발견하는 것은 개념 B를 개념 A에 내포되어 있는 것으로서 드러낼 만큼 매우 충분히 개념 A를 분석하는 것이다." 그러나 들뢰즈는 여러 라이프니츠의 텍스트의 모호성에도 불구하고, 라이프니츠는 "'이유'라는 용어와 '원인'이라는 용어를 상호 교환적으로 사용하는 것으로 보인다"(158)는 메이트의 진술에 동의하지 않을 것이다.

12. DR 12. 고전적 개념 이론에 보이는 차이와 반복의 관계에 관해서는, DR 288을 보라: "차이는 언제나 개념 일반의 동일성 내에 기입되어 있다. 그리고 반복은 개념 없는 차이로서 정의된다. 즉, 개념의 일반성 아래 포함되어 있고, 추가적인 개념적 종별화를 차단하는, 수적으로 구분되는 예들 혹은 개체들(x^1, x^2, $\cdots$ x^n)에 의해 정의된다."

13. 5월 6일 세미나. http://www.webdeleuze.com/php/texte.php?cle=127&groupe=Leibniz&langue=1

14. DR 56. 또한 222를 보라: "차이는 잡다함이 아니다. 잡다함은 주어지지만, 차이는 주어진 것이 잡다함으로 주어지게 하는 그것이다."

15. 그러나 들뢰즈는 라이프니츠 그 자신에 반하여, 본질의 분석은, 신의 무한성과 분리 불가능하므로, 그 자체 무한할 수밖에 없다고 주장한다. FLB 42; PLB 56-7를 보라.

16. 들뢰즈가 미적분법과 맺는 관계에 대한 분석에 대해서는, 대니얼 W. 스미스, 수학과 다양체 이론: 들뢰즈와 바디우 재고, *Southern Journal of Philosophy* 41: 3(2003), pp. 411-49를 보라.

17. 고트프리트 빌헤름 라이프니츠, 『철학 논문과 서한』, 545-6. 르로이 E. 룀커(Dordredht, Holland: D. Reidel), pp. 545-6을 보라.

18. 들뢰즈는 이 이론을 FLB 85-99; PLB 113-32에 있는 「주름들 안의 지각」이라는 제명의 한 중요한 장에서 분석한다.

19. 알베르토 괄란디, 『들뢰즈』(Paris: Les Belles Lettre, 1998), 49. 괄란디의 책은 들뢰즈의 자연 철학을 강조하는, 들뢰즈의 저작에 대한 가장 훌륭한 짧은 입문서들 중의 하나이다.

20. 칸트는 마이몬이 라이프니츠에 회귀함으로써, 그렇게 하여 칸트의 비판 전체가 제거하려고 시도했던 유한 지성(의식)과 무한 지성(신적인 것) 간의 이원성을 재도입했다고 하며 이미 이의를 제기했었다. 임마뉴엘 칸트, 마르쿠스 헤르츠에게 보내는 편지,

26, May 1789, 『임마뉴엘 칸트: 철학 서신』, 1759-99, 아르눌프 츠바이히 엮음 (Chicago: University of Chicago Press, 1967), 150-6을 보라. 그러나 칸트에 반대해서, 들뢰즈는 다음과 같이 주장한다. "여기서 무한한 것은 오직 무한한 지성에서 무의식이, 유한한 사유에서 무사유가, 유한한 자기self에서 무-자기non-self가 현존한 것에 불과하다. (칸트 그 자신은 규정하는 자아와 규정 가능한 자아 간의 차이를 도려냈을 때 이러한 것의 현존을 발견하지 않을 수 없었다.) 라이프니츠의 경우와 같이 마이몬의 경우도, 미분들의 상호 규정은 신적 지성을 가리키는 것이 아니라, 유한한 자기 안에서 세계를 표상하는 것으로서의 미세 지각들을 가리킨다"(FLB 118-19; PLB 162, 번역 수정). 또한 DR 192-3을 보라. 들뢰즈가 마이몬과 맺는 관계에 대해서는, 그리고 마이몬이 들뢰즈의 라이프니츠 독해에 영향을 미치는 방식에 대해서는, 그레이엄 존스의 권위 있는 학위 논문, 『차이와 규정: 들뢰즈의 초기 형이상학에 관한 서설』을 보라. 여기서 하는 내 논의는 존스의 저작에 많이 빚지고 있다.

21. DR 106-8(또한 AO 전체)을 보라. 이는 들뢰즈가 미분적 무의식(라이프니츠, 페히너)이 갈등적 무의식(프로이트)보다 우위에 있다는 점을 가장 명시적으로 지지하는 내용을 담고 있다.

22. 「텐타멘 아나고기쿰Tentamen Anagogicum: 원인들의 탐구에 관한 영적 해석시론」, 『철학 논문과 서한』, 룀커 엮음, 477-85에 있는 라이프니츠의 단곡선에 대한 분석을 보라.

23. FLB 64; PLB 86; 번역 수정.

24. LS 174를 보라: "한 사물의 개념의 동일성에 힘입어 그 사물에 의해 배제되는 어떤 특정한 수의 술어들 대신에, 각 '사물'은 자신이 통과하는 무한한 술어들에 개방되어 있으며, 동시에 그것은 자신의 중심을, 즉 개념으로서 또 자기로서의 자신의 동일성을 상실한다".

4.

데이비드 흄

존 로페

데이비드 흄에게 할애된 질 들뢰즈의 첫 번째 책은 그의 저작 전체를 둘러볼 때 자주 무시되어 왔다. 이는 들뢰즈가 주요한 철학자들 중의 한 사람이라는 점을 감안할 때 독특한 사태인데, 왜냐하면 중요한 사상가들의 초기 저작들은 이후 저작들에 비해 자주 의미가 풍부하기 때문이다. 완화하는 요인들은 중요한 것이 아무것도 없는 반면, 무시하는 데에는 다수의 명백한 이유가 존재한다. 우선 첫째로, 들뢰즈의 철학에 흄의 사상이 중요하게 명시적으로 나타나는 일이 결여해 있음을 언급하지 않을 수 없다. 『차이와 반복』에 나오는 습관에 관한 흄의 설명(DR 70-4), 그리고 짧은 요약 논문(「흄」, 1972)을 제외한다면,[1] 들뢰즈의 전작에 흄이 명백히 나타나는 일은 전적으로 이 최초의 책에 제한되어 있다. 그의 두 번째 책 『니체와 철학』을 들뢰즈의 성숙한 철학적 노력이 진정으로 시작되는 순간으로 간주하는 것은 쉬운 일이다. 니체에 관한 책에서 언급된 주제들이 향후 저작들에서 수차례 다시 언급될 뿐만 아니라, 니체 그 자신이 끝까지 계속 핵심 참조점으로 남아 있다. 이와 상관적으로, 니체에 관한 책에 동기를 부여하는 철학적 투자들은 들뢰즈 자신의 입장이라고 인정될 수 있게 되는 철학적 입장들과 매우 더 가깝다. 다른 한편, 『경험론과 주체성』은 원숙한 들뢰즈의 저작에서는 아무 자리도 차지하지 못하는 용어들로 표현되어 있다. 즉 자연 법칙, 정념과 공감 등, 흄의 철학에서 이끌어낸 모든 것이 결코 후속 간행물에 전혀 등장하지 않는다. 다른 어느 곳에서도 우리는 문화 세계를 조직할 때 신이 하는 역할에 대해 읽지 않으며, 또 철학은 자신의 체계적이거나 형이상학적인 야망을 포기하고 "존재하는 것에 대한 이론이 … 아니라, 우리가 행하는 것에 대한 이론"(ES 133)이 되어야만 한다는 주장에 대해 읽지 않는다.

다음에 오는 것의 목표는 이 논점들 그 자체를 어느 것도 논박하는 것이 아니다. 오히려 『경험론과 주체성』의 중심 사상을 제시한 후에, 나는 이 저작이 이후에 나오는 저작, 특히 이 최초의 저작과 아마도 놀라울 정도로 많은 것을 공유하는 『차이와 반복』의 형이상학에다 암묵적인 토대를 제공하는 정도를 보여주고자 한다.

경험론과 주체성

들뢰즈 흄 독해의 가장 일반적인 특징은 그것이 첫 번째의 『비판』과 『프롤레고메나』의 칸트로 시작되는 흄의 수용사 거의 전체를 지배해 온 인식론적 강조를 피한다는 점이다.[2] 들뢰즈에게, 흄의 경험론은 근본적으로 인식론적 물음들로 향해 있지 않다. 이 문제에 관해, 들뢰즈는 극히 단도직입적이다.

칸트적 전통이 제시하는 경험론에 대한 고전적 정의는 이러하다. 즉 경험론은 인식이 경험과 더불어 시작될 뿐만 아니라 경험에서 유래한다는 이론이다. 하지만 경험론자들은 왜 그것을 말하지 않는가? 그리고 어떤 물음의 결과로서? 이 정의는 확실히 적어도 한 점의 무의미를 피하는 이점을 가진다. 만약 경험론이 단순히 인식이 경험과 더불어서만 시작되는 이론으로서 정의되어야 한다면 어떠한 철학이나, 경험론자들이 아닌—플라톤과 라이프니츠를 포함하는—어떠한 철학자들도 존재하지 않을 것이다. 그러나 사실 그 정의는 결코 만족스럽지 않다. … 요컨대 경험론을 인식은 경험에서 유래한다는 이론으로 정의하는 일은 불가능한 것으로 보인다. (ES 107-8)

이 영속적인 관심거리 대신에, 들뢰즈는 특히 흄의 주요 저작 『인간 본성에 관한 논고』(1739-40)를 철두철미하게 읽은 것을 바탕으로 정교하게 다듬은 매혹적인 논지를 제시한다.[3] 그의 주장은 흄의 사상에서 다루어진 중심 사안은 주체성 그 자체의 발생이다. 들뢰즈는 "흄을 사로잡을 물음은 이것이다. 즉, 마음이 어떻게 인간 본성이 되는가?"라고 쓰고 있다(ES 22). 인식론은 물론이고 도덕, 취미, 통상, 정부를 포함하는 상호 주관적인 사태들의 전 범위의 발생, 소유권 제도와 가족 생활 제도의 발생을 포함해서, 점점 분기되는 일련의 다른 사안들이 다루어지는 것은 오직 이 관심을 바탕으로 해서이다.[4] 따라서 우리는 왜 들뢰즈에게 흄의 경험론의 중심 주장은 인식의 지위와 기원에 대한 물음들로 환원될 수 없는지 미리 알 수 있다.[5] 이것은—인과성에 관한 우리 주장의 본성,[6] 혹은 더 일반적으로 말해 귀납의 문제와 같은—이

친숙한 물음들이 이미 주체와 대상의 구별을 전제하기 때문인데, (들뢰즈의 설명에 따르면) 흄이 설명하는 네 주로 관심을 가지는 것은 바로 이것이다.

『경험론과 주체성』은 이 물음 주위를 맴돌며, 되풀이해서 이 물음으로 돌아가고, 이 물음에 새로운 방식으로 놓으며, 흄의 대답을 새로운 관점에서 그리고 점점 정제된 방식으로 나타낸다. 즉, "무더기가 어떻게 체계가 되는가?"(ES 22), "마음이 어떻게 인간 본성이 되는가?"(ES 22), "마음이 어떻게 주체가 되는가?"(ES 23), "상상이 어떻게 능력이 되는가?"(ES 23), "상상이 어떻게 인간 본성이 되는가?"(ES 23), "어떤 요인들이 마음을 변형할 것인가?"(ES 98), "주체는 언제 인간 본성의 원리들의 산물인가?"(ES 109) 들뢰즈의 책에 그것의 정합성을 부여하는 것은 이 물음들을 통일성, 그리고 이 물음들이 소환하는 개념들이다.

들뢰즈에 따를 때, 흄에게 있어서 이 운동은 어떻게 일어나는가? 여기에서 우리는 흄에 관한 전통적 독해에서 벗어나고, 첫 번째 일탈을 뒷받침하는 두 번째 주요한 일탈에 도달한다. 귀납의 물음은 흄의 『논고』와 『인간 지성에 관한 탐구』의 서두에서 사용되는 것과 같은 용어들로, 즉 인상과 관념의 관계에 의해서 제시된다. 거기서 흄은 자주 경험론의 초석으로 간주되는 것에 관한 친숙한 설명을 제시한다. 즉 마음 안의 모든 "지각들"은 두 종류로 나뉠 수 있는데, 이것들은 생생함이나 활발함을 기초로 해서 구별될 수 있다. 한편으로 인상들은 감각 경험에서 결과하는 생생한 지각들이고, 다른 한편으로 관념들은 사유할 때나 추리할 때 일어나는, 이것들[인상들]의 희미한 이미지이다(T 1; Bk.1 §1). 흄에 관한 전통적 설명을 구조화하는 것은 적어도 인식과 신념에 관련한 이러한 구별이다.

이 강조 대신에, 들뢰즈는 우리가 능력에 의거한 흄 독해라고 부를 수도 있는 것을 제시한다.⁷ 인상–관념 관계에 초점을 두는 대신에, 들뢰즈는 마음 안에 선천적으로 실존하는 카오스 조직에 내적 규칙들을 제공하는 출현 체계—주체 그 자체—에 관심을 가진다. 이런 이유로 들뢰즈는 인상–관념 운동으로 시작하지 않고, 그가 상상의 능력에 의해 제시하는, 주체가 다듬어지기 이전의 마음의 상태로 시작한다. 즉, 마음의 심층은 실로 섬망, 혹은—또 다른 관점에서 볼 때 같은 것인—변화와 무관심이다. 그 자체만으로 상상은 본성이 아니다. 그 것은 단지 공상fancy일 뿐이다(ES 23).

이 능력에 의거한 설명은 다양한 인간 본성의 원리들이 배치되는 네 가지 계기들 혹은 측면들로 쪼개진다. 주체가 어떻게 주어진 것 내에서 구성되는가 하는 물음에 대한 간결한 대답은 인간 본성의 원리들이 연합들의 카오스에다 질서, 규칙성, 목적을 부여하고, 이 조직을 통해 주체가 조직 그 자체의 능동적 부분으로서 출현한다는 것이다. 마음을 타악기로 보는 흄의 유비에 관해 상세히 서술하면서, 들뢰즈는 "주체는 공명에, 그리고 마음의 심층 내의 원리들의 점점 커져 가는 반향에 비유되어야만 한다"(ES 112)고 쓰고 있다. 동시에, 이 운동은 수동적인 것에서 능동적인 것으로 이행하는 일을 수반하는, 더 정확히 말하면, 원리들의 영향 아래에서 능동적 주체가 출현하는 일을 수반하는 운동이다. "주체는 원리들이 남긴 각인 혹은 인상이다. … 주체는 이 인상을 사용할 수 있는 기계로 점진적으로 바뀐다"(ES 113).

들뢰즈는 이 원리들을 칸트의 원리들에 비유하지만, 주요한 차이가 있다. "흄에 따르면, 또한 칸트에 따르면, 인식의 원리들은 경험에서 유래하지 않는다. 하지만 흄의 경우, 초월론적인 것이라고는 아무것도 없다. 왜냐하면 이 원리들은 단지 우리 본성의 원리들이기 때문이다"(ES 111-12). 인간 본성의 원리들은, 우선 첫째로, 한편으로는 정념들의 원리로 이루어지고, 다른 한편으로는 유명한 연합의 원리, 즉 유사성, 인접성, 그리고 원인과 결과로 이루어지므로, 이중적이다.

연합의 원리들은, 순식간에 지나가고 통제되지 않는 마음 안의 연합들에다 항상성을 제공함으로써 주체의 기본적 구조를 제공하는 그것이다. 특히 원인과 결과의 관계는 우리가 영원성, 안정성에 대한 신념, 그리고 시간이 경과하는 동안의 지속성에 대한 신념에 의거하여 우리의 세계 이해를 조직하도록 해준다. 이 원리들의 활동을 통해, "마음은 공상이기를 그치고, 고정되며, 인간 본성이 된다"(ES 59). 무관심하게 무체계적으로 연합하는 인상들의 무더기로부터, 주체는 자기-통제적 경향들의 체계로서 출현하기 시작한다.

이 설명의 두 번째 계기는 마음 안의 이 전적으로 구축된 질서, 어떠한 지시적 내용("세계 안의 사물들")에도 의존하지 않는 질서의 불가피하지만 유해한 결과를 제시한다.

만약 연합의 원리들이 마음에다 상상의 섬망 또는 허구들을 단련하는 본성을 부과함으로써 마음을 빚는다는 것이 사실이라면, 역으로 상상은 그 자체의 허구들 또는 환상들을 수용 가능하게 만들기 위해, 또 그것들에게 그것들 스스로는 갖지 않는 보증서를 수여하기 위해 이러한 같은 원리들을 사용한다. 이런 의미에서, 그것은 이 관계들을 가장하고, 허구적 관계들을 유도하며, 우리가 우리의 어리석음을 믿게 만드는 허구에 속한다. (PI 41-2)

여기서 (전적으로 회피 불가능한) 문제는 다음과 같은 것이다. 즉 마음의 일관성과 구조가 세계와의 일치성을 기초로 해서가 아니라 원리들을 다양한 경험에 적용하는 일에 따라 생산된 허구임을 감안할 때, 그렇게 생산된 일관성과 구조는 허구적 적용들로 향하는 경향이 있다. 원리들이 한 관념에서 다른 한 관념으로 창조하는 이 "쉬운 이행"(ES 25)은 마찬가지로 적법한 연합과 부적법한 연합에 복무한다. 달리 말해, 구성된 주체는 진리의 원리를 따라 구성되는 것이 아니라, 질서의 원리에 따라 구성된다. 그리고 이 질서가 재가한 몇몇 결과늘은, 정확히 말해, 생산물들이다. 문제를 들뢰즈가 종종 사용하는 칸트의 형식에 놓고 보면, 연합의 원리들은 부적법하고 과도하다—그것들은 너무나 멀리 나아가고, 너무나 많은 사물들을 재가한다. 흄 자신의 저작에서 언급된, 아마도 가장 유명한 예는 물리 법칙으로서의 원인과 결과의 실재에 대한 신념일 것이다. 세계를 한 관념에다는 "원인"의 역할을, 다른 한 관념에다는 그것의 "결과"로 보이는 것을 부여하는 관념들 간의 연합을 기초로 해서 세계를 조직하는 것이 주체성의 본성이다. 이 관계는 연합의 원리들을 따라 마음 안에서 적법하게 창조된다. 그러나 그때 바로 이 적법성은 실재 그 자체의 복합 관념에 의거하여 전달된다. 즉 첫 번째 당구공이 두 번째 당구공을 쳤기 때문에 두 번째 당구공이 움직였다. 원리들의 적법한 적용으로부터—원리들의 바로 이 적용을 기초로 하여—, 부적법한 추리가 또한 재가된다. 같은 것이 공간과 시간(ES 90-2), 신(인식과 믿음의 대상으로서의 신의 지위가 흄의 『자연 종교에 관한 대화』에서 철저하게 검토된다), 그리고 세계와 같은, 형이상학적 사변의 모든 거대한 "대상들"에도 해당한다. 즉, "세계는 상상력의 명백한 허구이다"(ES 80). 그것은 또한 들뢰즈가 간결하지만 매력적인 구조적 설명을 제시하는 대상들 그 자체의 상정에도 해당한다(ES 81).

그러나 흄의 설명은 이러한 최초의 수준에 그대로 남아 있지 않다.

들뢰즈가 주장하듯이, 흄은 같은 원리들의 두 번째 적용이 존재한다는 점에 수목하는데, 이번에는 그 적용이 주체가 연합을 불가피할지라도 이렇게 과도하게 사용하는 것을 교정하는 적용이다. 이것은 흄의 철학에 있어서 이성의 역할이다. 이성은—원리들 그 자체가 산출한—주체를 구성하는 믿음들을 원리들에 따라 반성하고 비판하는 주체적 능력이다. 이것이 이성의 고유한 힘이자 이성의 궁극적인 무익성의 근원이다. 오직 이성만이 그런 비판을 제시하는 무관심하고 냉정한 관점을 가지며, "엄격한 확률의 산법"(PI 43), 연합의 더 일반적인 도식과 관련한 특수한 허구들의 개연성에 대한 확률론적 분석, 그리고 이 규범으로부터의 일탈에 대한 교정에 자신을 정렬시킨다. 그러나 이것은 이성이 행할 수 있는 모든 것이어서, 다른 힘이나 권한을 갖지 않는다. "어떤 것을 반성하는 이성의 능력은 오로지 교정적이다. 혼자 기능하며, [이성은] 오직 한 가지—자신의 교정들을 교정하는 일—를 무한히 행할 수 있다"(ES 84).

더욱이, 심지어 연합의 원리들의 이 이차적이고 교정적인 활동을 감안할 때조차, 들뢰즈는 가장 거대하고 가장 광범위한 가상들이 우리의 교정 능력 너머에 존재하는 위치에 우리 자신이 처해 있다는 점을 보여준다. "최종적 정제에서, 또는 제3막에서, 자기, 세계, 신에 대한 부적법한 믿음들이 모든 가능한 믿음들의 지평으로서, 혹은 가장 낮은 정도의 믿음으로서 나타난다"(PI 144).

인식의 과도한 규칙들은 공공연히 연합의 원리들과 모순된다. 그것들을 교정하는 것은 그것들의 허구를 폐기하는 것과 마찬가지이다. 상이하고 연속적인 세계는 원리들의 관점에서 볼 때, 그것들을 교정하는 것을 불가능하게 만드는 수준에 처해 있는 이러한 허구의 일반적 잔여이다. 과도한 도덕 규칙에 대해 말하자면, 그것들은 의심의 여지없이 정념들을 제약한다. 그것들은 또한 전적으로 허구적인 세계를 소묘해낸다. (ES 131; 번역 수정)

그래서 만약 이성이 믿음들이 우리의 세계 경험과 관계하는 방식들을 검토하고 비판하는 발전된 능력이라면, 이성은 그런 비판을 필요로 하는 문제적 사례들을 자신에게 제시하는 같은 과정들을 따라 발전된다. 흄에게, 마음 안에 괴물들("불을 뿜는 용, 날개 달린 말, 괴물 같은 거인"[PI 41])을 생겨나게 하는 것은 이성의 잠이 아니다—이 괴물들은 이성에 앞서 존재하며, 이성 그 자체에게 힘을 부여하는 같은 원리들에 의해 갱신된 적법성이 주어진다. 이것은 흄의 설명에 있어서 이성이 약하거나 보조적인 역량으로서 제시되는 첫 번째 의미이다. 두 번째 의미는, 우리가 이제 보게 되겠지만, 이성과 관련한 정념들의 역할에 관한 것이다.

이제, 연합의 원리들은 정념의 원리들에 의해 충족되고, 보완되고, 지원되고, 초과된다.[8] 들뢰즈는 흄의 경우 정념들은 연합의 원리들에다 의미를 부여하고 이 원리들을 지배한다는 사실을 힘주어 강조한다. 원리가 관념들, 상대적인 원인과 결과 사이의 관계를 구축하는 곳에서, 정념들에 의해 제공되는 것은 이 관계들에다 수단과 목적과 관련하여 무게를 주는 것이다. 연합의 원리들이 주체를 일관된 것으로 만드는 곳에서, 정념의 원리들은 그것을 도덕적인 것으로 만든다. 목적에 의한 원인들 사이의 구별을 위한 역량을 제공하며, 질적 구별이 양적 질서에 부가된다. 따라서 우리는 이성은 정념들의 노예이다, "이성 혼자서만은 결코 의지의 어떠한 행위에도 결코 동기가 될 수 없다"(T 41; Bk2 §3)는 흄의 유명한 주장을 이해하게 되며, 들뢰즈가 보여주는 것은 흄의 철학에 보이는 단 하나의 가장 중요한 경구이다. "내 손가락에 흠을 내는 것보다 전 세계가 파괴되는 것을 선호한다는 것은 이성에 반하지 않는다"(T 416; Bk2 §3; cf. ES 33). 왜냐하면 연합의 원리들에 의해 구성되는 원인과 결과의 관계는 어떠한 정향도 갖지 않으며(ES 123), 그 자체로 어떠한 행위 방침도 시사하지 않기 때문이다.

그러나 더 중요하게는, 정념의 원리들은 연합의 원리들의 과도한 적용의 문제에 대한 실천적이거나, 또는 같은 말이 되겠지만, 제도적인 해결을 제공한다. 우리가 본 바와 같이, 이 원리들(=연합의 원리들)의 반성적이거나 교정적인 사용은 그 역량이 제한되어 있는 반면, 정념의 원리들은 연합들의 확장된 사용이 구상되고, 평가되고, 판단될 수 있는 도덕적이고 정치적 체제를 형성한다. 이런 이유로 들뢰즈는—이 텍스트의 주요 순간에—지성의 수준에서는 풀릴 수 없는 자기 self의 문제가 오로지 문화 내에서만 도덕적이고 정치적인 해결을 발견한다고 주장한다(ES 64). 따라서 정념의 원리들은 연합의 원리들에다 필연적인 상관물을 제공하는데, 이는 연합의 원리들을 우리의 사회적 투자들에 따라 정향시키고 제한함으로써이다. 혹은 들뢰즈가 주장하듯이, "연합은 주체에게 가능한 구조를 주지만, 오직 정념들만이 주체에게 존재와 실존을 줄 수 있다. 정념들과 관련하여, 연합은 자신의 의미와 자신의 운명을 발견한다"(ES 120). 결국 이성 그 자체는, 연합의 원리들의 교정적 계기로서, 자신의 근거를 정념들에서 발견한다. 이런 이유로 이성은 언제나 행사될 수 있지만, 선재하는 세계에 행사되며, 선행하는 윤리학, 그리고 목적의 질서를 전제한다(ES 33).

그러나 또—그리고 이것은 네 번째 계기이다—정념의 원리들이 최초에 적용될 때 결핍이 발견된다. 이번에는, 너무나 멀리 확장하고 가상들illusions에 관여하는 것 대신에, 그것은 충분히 멀리 가지 않는 경우이다. 이 메커니즘은, 우선 첫째로, 공감이다. 내가 "타자의 쾌락에 대한 욕망 그리고 … 그 또는 그녀의 고통에 대한 혐오"(ES 38) 표현할 수 있는 것은 나와 같은 타인들과의 공감을 통해서(여기서 우리는 흄의 사상에서 유사성이 하는 한 가지 역할을 간취한다)이다. 그러나 타인들에게 향한 나의 공감은, 편파적이므로(ES 38), 자연적으로 제한되며, 우리에게 정의와 공정 관념들이 의미하는 보편성보다 더 적은 것을 남겨놓는다. 이런 이유로 들뢰즈는 "사회는 시초에 가족들의 합집이다"(ES 39)라고 주장한다. "비록 도덕의 모든 요소들(공감들)이 자연적으로 주어진다 할지라도, … 그것들은 도덕적 세계를 구성하기에는 그 자체만으로는 무능력하다"(ES 40).

들뢰즈에게 흄의 가장 큰 강점 중의 하나가 놓여 있는 것은 여기에서이다. 왜냐하면 그는 정념 그 자체의 원리들의 발명적 운동이 생산하는 전 네트워크의 우연적 수단에 관한 상세하게 서술된 설명을 흄에게서 발견하기 때문이다. 전 도덕적 세계, 혹은 확장된 수단의 체계는 이 원리들의 연속적인 활동을 통해 말 그대로 창조된다. 이 체계는 전적으로 제작되었고, 말 그대로 비자연적이다. 도덕적 세계의 실재는 "자연적이지 않고, 인위적이다"(ES 40). 이러한 도덕적 세계는 풍요롭고 복잡하며, 들뢰즈는 흄이 전통적으로 이해된 정치뿐만 아니라 소유권, 대화, 통상, 취미, 조세 등등에 관한 풍요로운 이론을 모두 정념의 원리들의 창조적 운동을 통한 공감의 확장을 바탕으로 해서 어떻게 제시할 수 있는지 증명한다.[9] "진정한 도덕은 … 인간 본성의 변화가 아니라 이 본성의 나쁜 [말하자면, 편파적이고 제한된] 측면들이 승리하지 않기 위해서 인위적이고 객관적인 조건들의 발명을 수반한다"(ES 50). 내가 아래에서 다시 언급할 주장을 펴기 위하여, 흄은 들뢰즈를 위해 제도의 형태로 개인적인 것과 사회적인 것의 모델 전체를

(이 원리들의 활동의 두 상호 연계된 산물들로서) 상세하게 서술한다.

제도는, 법과 달리, 제한이 아니라 행위의 모델, 진정한 기획, 긍정적인 수단의 발명된 체계, 간접적 수단의 긍정적인 발명이다. 이러한 제도 개념은 효과적으로 문제를 뒤집는다. 즉 사회적인 것 바깥에 부정적인 결핍 혹은 부족이 놓여 있다. 사회적인 것은 심오하게 창조적이고, 발명적이고, 긍정적이다. (ES 48; 번역 수정)

엄격한 심리학의 가능성과 똑같이, 도덕, 사회학, 정치학의 가능성은 그 자체가 규율이 안 잡힌 상상의 섬망적 소용돌이에다 공들여 작업하는 원리들의 창조적 활동에 의존한다. 요컨대 들뢰즈의 『경험론과 주체성』에 출현하는 흄은 내적이고 상호주관적인 사태들의 완전한 집성을 "진정한 생산"으로서 제시한다(ES 48).

들뢰즈에게 보이는 흄의 사상

들뢰즈의 저작에 보이는 흄에 관한 다음의 중요한 직접적 논의는 같은 짝과 관련하여 습관을 논하는, 『차이와 반복』에서 반복에 할애된 장의 초두에서 발견된다. 어떤 형태의 주체성의 구성이 다시 한 번 더 쟁점이 되는데, 여기서 이러한 구성은 이 주체의 작용이 아닌 종합적 계기moment에 의해 뒷받침되고 있다. 그러나 전적으로 부재하는 것은 흄의 원리들—이것들은 최종 분석에서 칸트의 이념에 대한 들뢰즈의 개편된 버전으로 대체될 것이다—에 관한 언급이며, 따라서 주체와 대상의 풍요로운 세계를 확립할 때의 원리들의 반향과 복잡화의 모델들이 응시의 주제로 대체될 것이고, 더 심오하게는, 들뢰즈가 개체-극-미/분화라고 부르게 되는 것인 전면적인 드라마로 대체될 것이다. 『차이와 반복』 몇 년 후에 들뢰즈는 질 샤틀레가 편집한 철학사를 위해 흄에 관한 약식 논문을 발표했다. 이 논문은 『경험론과 주체성』의 주 주제의 다수를 (문제의 논문이 『안티-오이디푸스』와 같은 해에 간행되었다는 사실에도 불구하고) 어떠한 독특한 것도 없이 반복한다. 그러나 이 두 언급 모두 들뢰즈 사상의 전반적 전개에 있어서 상대적으로 중요하지 않다. 이는 마치 흄의 존재가 『경험론과 주체성』에서 처음 자신을 인정받게 한 후 바로 사라지는 것과 같다.

혹자는 들뢰즈의 사상에서 흄의 중요성의 결여를 가정하는 일이 경험론에 대한 그의 끊임없는 언급들 및 경험론과의 밀접한 연관성을 무시해야 하는 것을 의미한다고 대답할지도 모른다. 하지만 이렇게 대답하면 들뢰즈의 철학에 미친 흄 사상의 진정한 영향이 감지될 수 없다. 내가 곧 주장하겠지만, 고유한 의미에서 초월론적인 경험에 대한 들뢰즈의 기획은 어떠한 통례적 의미에서도 흄 철학의 후예가 아니다.[10] 사실 우리는 『경험론과 주체성』을 들뢰즈의 원숙한 저작이 취급하는 다수의 중요한 사안들을 설정하는 저작으로 읽어야만 한다. 여기서 나는 이 사안들 중 가장 주요한 여섯 가지를, 들뢰즈 그 자신이 흄과 관련하여 제시하는 종류의 목록을 따라가며, 간결하게 목록을 만들어 보여주고자 한다. "때로 우리는 한 위대한 철학자가 창조한 새로운 개념들만을 열거하는 철학사—그의 가장 본질적이고 창조적인 기여—를 꿈꾼다"(ES ix).

부정성에 대한 비판. 특히 1960년대와 1970년대 저작들에 나타나는 들뢰즈 사상의 특징은 부정성의 어떠한 공준의 힘도, 그것이 설명적 힘이든 그 외 다른 방식의 힘이든, 무효화하려는—혹은, 더 정확히 말해, 올바르게 위치시키려는—시도이다. 『차이와 반복』에서 설명된 입장이 전형적이다. 즉 부정적인 것은 오직 현실화된 차이의 부수 현상, 불가피한 초월론적 가상일 따름이다. 부정적인 것을 근본적인 것으로 간주함으로써, 사실 우리는 세계에 대한 우리의 파악을 전도시키며, 우리에게서 차이의 사유를 빼앗는 그림자극에 생기를 불어넣는다. 이미 『경험론과 주체성』에서, 이 주제는 중심 역할을 행하곤 한다. 우리가 본 바와 같이—주체 그 자신을 포함하는—제도들의 앙상블 전체는 주어진 것에 미치는 원리들의 분기되고 강화된 활동(지성 안 관념들의 앙상블의 무관심한 연합)에서 출현한다. 그렇다면 주체에서 제도 및 사적 소유권의 유지에 이르기까지, 흄은 엄격하게 긍정적인 철학을 제시한다. 부정적인 것은—부정적인 것의 헤겔적 정식화든, 사르트르적 정식화든, 또는 정신분석적 정식화든—주체 및 상호주체적 세계의 이러한 방대한 발생에 관한 설명에서 아무런 역할도 하지 못한다.

제도의 형상figure. 부정성에 관한 이러한 논점들은 들뢰즈의 저작 전반에 걸쳐서 발견될 수 있는 또 다른 주제, 곧 자주 (충동의 만족으로 가는 자연적 길로서의) 본능이라는 관념과 반대되는 (창조적 건립으로서의) 제도라는 주제와 관계하는데, 여기서 전자는 마침내 『안티-오이디푸스』에서, 한 번 더 부정성과 결부된다.[11] 우리가 본 바와 같이, 들뢰즈에게 제도는 흄에게 있어서 문화 그 자체의 발명적 측면을 말한다("제도는 형상이다"[ES 49]). "흄이 사회에 대해 형성하는 사상은 매우 강력하다. … 주된 사상은 이것이다. 즉 사회의 본질은 법이 아니라 제도이다"(ES 45).

들뢰즈가 부정적인 것의 설명적 힘을 거부할 때 그 상관자는, 『차이와 반복』에서 말하는 문제적인 잠재적 이념들과 관련해서든, 또는

『안티-오이디푸스』에서 말하는 욕망 기계의 억압되었을지라도 선회적인 운동과 관련해서든, 실재의 실증적 구성construction(=구축)을 강조하는 일이다. 실로 들뢰즈의 철학은 아마도 완전히 구성주의적constructivist 존재론을 제시하는『천 개의 고원』에서 시작해서, 점점 더 이 점을 강조하는데, 이 과정에서 악명 높은 물음 "그대는 어떻게 그대 자신을 기관들 없는 신체로 만드는가?"를 제시한다. 이어지는 텍스트들에서, 같은 음색의 물음들이 점점 더 자주 일어난다. 즉, 베이컨은 어떻게 형상들figures을 창조하는가? 철학자는 어떻게 시네마(=영화)에 창조적으로 응·답하는가? 개념, 정동, 개념적 내재 면이 어떻게 구성될constucted (=구축될) 수 있는가? 이런 면에서 말해질 수 있는 최소의 것은 이러한 정향이『경험론과 주체성』에서 최초로 분명히 나타난다는 점이다.

관계는 그 항들에 외적이다. 이 주장은 들뢰즈가 매번 흄을 다룰 때마다 옹호된다. 이 주장은『경험론과 주체성』전반에 걸쳐서 나오며, 들뢰즈는 이 주장을 영역본 서론에서 흄의 위대한 개념적 발명들 중 하나로 간주한다(ES x). 가장 강력하고 가장 충격적인 정식화는 아마도 다음과 같은 것이리라. "우리는 어떤 식으로든 관계가 사물들의 본성에서 유래한다는 모든 이론을 비-경험론적이라고 부를 것이다"(ES 109). 그것은 들뢰즈가 이 주제를 후에, 특히『차이와 반복』에서 사용하는 방식과 비교할 때 특히 충격적이다. 왜냐하면 거기서, 이 원-경험론적arch-empiricist 주제는 자신의 최상의 사례를 미분법에 관한 형이상학적 독해에서 발견하기 때문이다. 이 독해에서 미분 관계 dy/dx는 각각의 가치들이 제로일 때에도 순수 관계로서 유지된다.[12] 이 특수한 이행은 경험론에 관한 들뢰즈의 더 일반적인 설명이, 철학사를 지배하는 명백한 블록들의 견해에 대해 아무런 관심도 갖지 않은 채, 자신의 사상 내의 전개를 따라가는 정도를 보여준다.

사유함 내의 사유에 대한 위험. 『차이와 반복』에서 들뢰즈는 데카르트와 플라톤에서 시작하는, 사유함의 오류에 관한 설명의 간결한 역사를 제시한다. 이 인물들에서, 외적이거나 경험적인 요인들은 사유가 길을 잃을 수도 있는 가능성을 설명하기 위해 소환된다. 그러나 칸트의 경우(하지만 또한, 다른 방식으로, 헤겔과 쇼펜하우어의 경우[DR150]), 매우 다른 가능성, 즉 사유함 그 자체 내에 있는 위협인 가상이 존재한다.13 그러나 들뢰즈가 그의 「흄」 논문에서 진술하듯이, "칸트는 본질적인 어떤 것을 흄에게 빚지고 있다. 즉 우리는 오류에 의해 위협받는 것이 아니라, 오히려 그리고 훨씬 더 안 좋게, 우리는 섬망에 빠져 있다"(PI 43). 우리는 이 사유가 『경험론과 주체성』에 나타나는 들뢰즈의 흄 독해에서 행하는 중요한 역할을 보아 왔다. 인간 본성의 원리들의 4중적 활동에도 불구하고, 섬망과 광기를 저지하는 것은 오직 가소적이고 환원 불가능하게 우연적인 사회–정치적이고 도덕적인 세계일 뿐이다. 왜냐하면 내적이고 상호 주체적인 세계를 지배하는 질서는 공상에 대한 순전한 무관심에 근거하는 이 원리들의 실행에 기초하기 때문이다. 따라서 들뢰즈가 라이프니츠의 경험에 대해 말하는 것은 또한 흄에 대해서도 말해질 수도 있다. 즉 경험은 아무 대상도 갖지 않기 때문에 환각적이고(FLB 93), 그러므로 내적으로 완결되지 않을 끊임없는 위험에 처해 있다.

사유를 지배하는, 사유 내에서 구성된 규칙들은 그것들이 일어나는 환경을 넘어 확장된다는 사실을 특징으로 한다. 그 규칙들은 예외를 설명하지 않으며, 우연적인 것을 곡해하여, 그것을 일반적인 것 또는 본질적인 것과 혼동한다(ES 55). 사회적 세계는 이 문제틀로 통합된다는 사실은 심지어 흄이 이 점에서, 이성이 이성에 대한 내적 비판은 아무런 받침점이나 기반을 갖지 않는 칸트보다 더 선진적이라는 점을

시사하기까지 한다.**14**

아마도 『안티-오이디푸스』("이것은 무의식 수준에서 일종의 『순수이성비판』으로 독해되어야 한다"**15**)의 존재론과 『경험론과 주체성』 간의 주목할 만한 상동 관계는 구조화되지 않는 유동성, 끊임없이 모든 규제를 동반하는 운동이 행하는, 중심적이고 제거 불가능한 역할에서 핵심 계기moment를 가진다. 따라서 우리는 아무리 범위가 제한되어 있다 할지라도, 주체를 공상, 섬망, 광기의 위협이 한복판에 있는 유동적 환경의 일부로서 구성하는 과정들에 의해서 사유함의 특수한 습관적이고 문화적인 형성물들 그리고 "고정의 중심들"(ES 124)을 설명하는 아마도 흄의 분열분석과 같은 어떤 것을 상상할 수 있다.

능력들의 발생. 들뢰즈는 그가 결정적이라고 여긴 능력 이론theory of faculties에 대한 적극적 관심을 유지한다는 점에서 아마도 20세기 말의 철학자 중에서 유일무이할 것이다. "오늘날 불신을 받게 되었다는 사실에도 불구하고, 능력 이론은 철학 체계의 전적으로 필요한 구성요소이다"(DR 143). 기술적인descriptive 관심이 아니라, 들뢰즈는 흄과 만난 이후 계속해서 능력들 그 자체는 사유에 선재하지 않으며, 주체 그 자체와 같이 주어진 것 내에서 정식화되어야만 한다고 주장한다. 그러나 『경험론과 주체성』의 과정이 흄의 설명에 의거하는 사유 능력들의 펼쳐짐을 따른다면, 이 입장이 가장 완전한 형태로 제시되는 것은 『차이와 반복』에서이다. 들뢰즈가 후에 그 저작에서 가장 중요한 것이라고 말하는 장인 「사유의 이미지」의 중심 항목은 사유 내의 능력들 혹은 역량들의 발생에 관한 설명이다. 만약 우리가 그 설명의 이유들의 순서와 같은 어떤 것에 대해 말한다면, 우리는 사유에 관한 흄 자신의 설명의 발원점과 더불어 거기서 시작한다("세계 안의 무언가는 우리에게 사유하도록 강요한다"[DR 139]). 그러나 들뢰즈는 능동적 주체의 구성을 위한 수단을 제공하기 위하여 정적이고 보편적인 규칙들로서의 본성의 원리들이 선재하는 것과 같은 것은 그 무엇도 지지하지 않으므로, 그는 대신에 칸트적 의미에서의 경험의 능력적 구조들("능력의 초월론적 형식"[DR 143])이 선천적인 것이 아니라 사유 내에서 발생하는 방식에 관한 설명을 제공한다. 이러한 설명은 역설적 경험, 즉 사유될 수는 없지만 그렇게 하여 사유 안에서 능력을 산출하는—그러나 사유하는 자를 파괴할 정도로 과도하지 않다고 가정하는—무언가에 대한 경험에 대한 굉장히 놀라운 제시와 관련하여 추구된다.

그러나 들뢰즈가 사유 안에서 능력들이 형성될 때 문화에다 부여하는 역할에 있어서 이 설명에 대한 최종적인 흄의 주석이 남아 있다. 방법의 공준은 사유함이 진리에 도달하기 위해서만 추구되어야 할 필요가 있는 자연적 과정을 갖는다고 주장하는 데 반해, 들뢰즈는 대신에 사유하는 우리의 역량이 감입되어 있는, 매번 우연적인 문화적 맥락, "비자발적 모험"(DR 165)의 중요성을 주장한다. 사유가 따르기에 외적으로 제약되어 있는 경로들, 즉 폭력적이지만 그럼에도 사유의 확장에 꼭 필요한 요소를 제공하는 것은 습관화된 규칙들의 확장된 네트워크이다.

수동적 종합. 이 마지막 논점은 아마도 모든 논점들 중에서, 우리를 늘 그렇듯 주체의 물음으로 돌아가게 하는 가장 중요한 논점일 것이다. 실로, 자기의 구성에 관한 『경험론과 주체성』 전반을 관통하는 다양한 형식들의 핵심 물음에 대한 대답은 바로 수동적 종합, 주체를 야기하는 경험의 마음 안의 종합이다. 이 책에 관한 자신의 서론에서, 콘스탄틴 보운다스는 "들뢰즈는 오직 경험론자들만이 주체성의 문제에 대한 올바른 접근을 가진다는 확신에 흔들리는 법이 없다"(ES 113)고 주장한다. 중요한 의미에서, 이것은 분명 사실이다. 왜냐하면 주체성의 본성에 대한 아주 상세하게 제시하는 그밖의 세 텍스트들(『차이와 반복』, 『의미의 논리』, 『안티-오이디푸스』) 모두 또한 주체의 구성된 본성을 주장하기 때문이다. 바뀌는 것은 이 구성의 핵심 메커니즘에 관한 들뢰즈의 고찰, 즉 수동적 종합의 고찰이다.

여기서 우리는 후속 저작에서 더 넓은 범위를 차지하게 될, 들뢰즈의 흄 독해에 도입되는 마지막 주제를 발견한다. 우선 첫째로, 변하는 것은 흄에게 귀속되는 수동적인 것과 능동적인 것 사이의 연속체이다("주체는 원리들이 남긴 각인 혹은 인상이다, 주체는 이 인상을 사용할 수 있는 기계로 점차로 전환된다"[ES 113]).[16] 대신에, 들뢰즈의 후기 저작은 수동성의 선행성을 그것의 지속적인 근본적 역할과 더불어 강조한다. 예를 들어, 반복 그 자체에 할애된 『차이와 반복』 장에서, 세 가지 시간적 양상들과 관련한 수동적 종합 개념을 철저하게 다듬을 때, (원자론을 포함하는 흄의 경험론과 관련되는 주체적 경험의 측면들을 포함하는) 능동적 종합의 역할은 이차적이고 이후 기만적 기능을 가진다.[17] 같은 논점이 수동적이고 무의식적인 연접적 종합과 이접적 종합이 수동적인 통접적 종합에 의해 완료되는 『안티-오이디푸스』에서 펼쳐지며, "주체가 생산되는 것"은 후자를 기초로 해서이다(AO 17). 들뢰즈와 과타리는 이렇게 쓰고 있다.

주체의 층위 위의 무언가가 등록하는 표면 위에서 식별될 수 있다. 그러나 이것은 기관들 없는 신체 위에서 이러저리 떠돌지만 욕망 기계들에 대해 언제나 주변적인 것으로 남아 있는, 고정된 동일성을 갖지 않는 기묘한 주체이다. … 주체는 욕망 기계들과 더불어 단지 잔여로서 생산된다. (AO 16; 17)[18]

이 언급들로부터 분명해지듯이, 1960년대와 1970년대의 저작에 보이는 수동적 종합의 주제의 또 다른 주요 전개는 이 종합의 다원화이다. 『차이와 반복』과 『안티-오이디푸스』에서 우리에게 세 가지 구분되는 종합이 제시되며, 『의미의 논리』는 어떠한 주체성보다 선행하는 정적 발생과 동적 발생 간의 근본적 구별을 제시한다. 주체성은 이 발생들을 통해 생산된 표면 위에서 생산된다. 우리가 본 바와 같이, 『경험론과 주체성』에서는 우리에게 (본성과 정념의) 두 원리들이 제시되는 동안, 결정적인 것은 이 원리들의 유사성과 상호 작용이다. 주체는 단일한 분기하는 복잡한 과정의 산물인데, 이는 들뢰즈가 두 원리들을 유비적으로 연결함으로써 때때로 강조하는 논점이다(ES 32; 84; 85; 124).

게다가 수동적 종합에 관한 들뢰즈의 후기 설명들은 모두 『경험론과 주체성』에서 발견될 수 없는 이 종합의 특수한 양식, 즉 들뢰즈의 위대한 개념들 중 하나인 이접적 종합을 강조한다. 영원 회귀, 기관들 없는 신체, 잠재적인 것과 보조를 맞추며, 이접적 종합은 관여되는 차이들이 자신들의 차이적 지위를 전적으로 보존하는 종합적 순간을 보여준다. 주장하건대, 이접적 종합은 들뢰즈의 철학을 이해할 수 있는 열쇠들 중의 하나이다.

마지막으로 가장 중요한 차이. 즉 수동적 종합의, 특정한 수준의 작동은 또한 『경험론과 주체성』과, 1960년대를 마감하는 텍스트들 사이의 흥미로운 변형을 겪는다. 『경험론과 주체성』에서, 들뢰즈는 주체를 구성하는 종합적 활동의 특히 경험적인 성격,[19] 즉 (그 자체 주체의 경험적 구성을 기초로 해서 설명되는) 단순한 심리학이나 초월론 철학과 동일시될 수 없는 성격을 주장하려고 애쓴다. "흄의 경우, 그 무엇도 초월론적이지 않다"(ES 119; 또한 ES 24를 보라; "그 무엇도 결코 초월론적이지 않다"). 그가 후에 그 책에서 쓰고 있듯이, "우리는 경험적 문제를 초월론적 연역과 반하여, 또한 심리학적 발생과 반하여 정의했다"(ES 119). 이 주장은 『차이와 반복』에서 되풀이되는데, 여기에서 들뢰즈는 습관의 (경험적) 수동적 종합에 대해 말한다.[20] 그러나 『차이와 반복』에 보이는 수동적 종합에 관한 설명의 일반적 체제, 그리고 과거와 기억에 관련되는 기억과 영원 회귀의 종합들은 본성상 초월론적이라는 특징을 나타낸다. 들뢰즈는 습관의 종합과 대조적으로, "기억 그 자체에 특유한 (초월론적인) 수동적 종합"(DR 81)에 대해 말하고, "세 번째 종합으로서 시간의 모든 차원들을 통합하여, 그것들을 순수 형식 속에서 작동되도록 만드는 영원 회귀"(DR 115)에 대해 말한다 (DR 115).

이 논점들은 주체는, 들뢰즈의 원숙한 저작에서 나타나는 바와 같이, 자신의 버팀대를 제공하는 것과 관련한 행위자로서가 결코 아니라, 결과로서 전적으로 간주된다고 말함으로써, 심지어 요약될 수도 있다. 그러나 이것 이상으로 들뢰즈의 원숙한 저작에는 수동적 종합의 절대적으로 주요한 개념에 대한 참신하고 원대한 정교한 서술이 존재한다.

결론: 초월론적 경험론

만약 혹자가 『경험론과 주체성』 이후, 들뢰즈의 유명한 휴지기 이후의 책들을 검토한다면, 흄의 그림으로부터 멀리 벗어나거나 흄의 그림을 강력하게 비판하는 일을 보는 일은 어렵지 않다. "거기에 존재하는 것에 관한 이론으로서의 철학이 아니라, … 우리고 행하고 있는 것에 관한 이론"(ES 133)으로서의 철학에 대한 강조는 베르그손 그 자신과 관련하여 그리고 힘에의 의지라는 니체의 주제와 관련하여 탐구되는, 베르그손의 형이상학과의 친연성 및 잠재적인 것의 철학에 대한 시작으로 대체되었다. 우리는 또한 베르그손뿐만 아니라 또한 어떤 지점에서 융과 플라톤에도 보조를 맞추는, 프루스트에 관한 독해, 본질Essence 개념을 근본적으로 강조하는 독해를 발견한다("기호와 의미 너머에, 본질Essence이, 다른 두 항들과 그 관계에 대한 충족 이유와 같이, 존재한다"[PS 36-7]). 『프루스트와 기호들』에서, 우리는 또한 연합에 대한 다소 모호하지만 그럼에도 결정적인 비판을 간취한다(PS 56-8; 또한 PS 36-7을 보라).[21] 들뢰즈의 니체는 초기 저작들의 예리한 심리학자도 아니고, 실제로 심지어 중기 저작들의 선견지명이 있는 문화비평가도 아니라—즉, 흄의 우월한 경험론을 거울삼아 니체의 "우월한 경험론"(NP 35)에 대해 생각한다는 어려운 일이다—, 형이상학적으로 경사된 『힘에의 의지』의 작자이다. 질들의 차이적 핵심으로서의 힘에의 의지, 그리고 무엇보다도 영원 회귀는 들뢰즈에서의 니체의 유산, 『경험론과 주체성』에서 제공된 구성주의적이고 법학적인 세계관을 가장 철저하게 떠나는 것으로 보이는 니체의 두 가지 주제이다. 마지막으로, 1960년대를 마감하는 저작들은, 그리고 이어 나오는 과타리와 함께 쓴 책들은 흄의 『논고』와는 다리를 놓을 수 없는 심연의 다른 측면에 존립한다.

요약하면, 만약 들뢰즈가 때때로 그의 기획에 명명하는 어구 "초월론적 경험론"의 "경험론"이라는 용어에 어떤 의미가 존재한다면, 그것은 흄에게서 이끌어낸 것이 아니다. 따라서 들뢰즈의 초월론적 경험론의 위대한 아이러니는 그것이 흄의 철학 그 자체로부터가 아니라 훨씬 더 그 이상으로 라이프니츠, 스피노자, 칸트에게서—합리론과 초월론적 관념론에서—유래한다는 점이다. 그렇다면 이는 들뢰즈에게는 향수의 요소가 존재한다고, 이제는 더 이상 유의미하지 않은 저작을 쓴 스승에게 충성심을 표현하려는 의도가 존재한다고 말하는 것인가?

들뢰즈에 미친 흄의 지속적인 영향은 학설의 상동 관계로 환원 불가능하다. 흄 형식의 연합의 철학은, 일관성의 형성과 교정을 위한 규칙들의 완전한 장치와 더불어, 들뢰즈의 초월론적 경험론에서는 어떠한 자리도 차지하지 않는 반면, 들뢰즈의 철학은 여전히 흄적이다. 왜냐하면 들뢰즈의 최초기 연구에서 거기에서 확인되는 위대한 문제들은 그의 저작 전반에 걸쳐서 계속 영감을 주고, 문제를 제기하기 때문이다. 혹은, 더 정확히 말하면, 초월론적 경험론은 그의 흄 독해에서 발굴되지 않은 많은 문제틀을 제기하는 철학적 입장을 위해 들뢰즈의 원숙한 저작에 주어지는 이름이다. 초월론적 경험론은 흄적인 것이 아니다—하지만 그것은 들뢰즈가 『경험론과 주체성』에서 제시되는 문제들을 천착할 때 나온 최상의 결과이다. 그러한 것이 자기 자신의 저작과 관련하여 또 다른 철학자의 저작에 통달해야 한다고 주장하는 일에 대한 더 적합한 이유이다. 발견 작업을 방해하는, 들뢰즈의 발견들 중 또 다른 하나의 발견이라는 발생적 지위를 가지는 문제들이 향후에 오는 것에서 가장 중요한 자리를 차지하는 한에서 말이다.

멜버른 대륙 철학 학교

주(Notes)

1. 프랑스어 원본은 프랑수아 샤틀레의 『철학의 역사』의 「계몽주의 시대」에 할애된 책으로 간행되었다. 그것은 또한 다비드 라푸자르가 엮은 『무인도 및 기타 텍스트들』(Paris: Minuit, 2002), pp. 226-37(DI 162-9)에 집성되어 있다. 여기서 나는 순수 내재성에 들어 있는 앤 보이먼의 번역(PI 35-52)을 참조하고 있다.

2. 임마뉴엘 칸트, 『순수이성비판』, 노먼 켐프 스미스 옮김(London: Macmillan, 1929)의 주요 대문들은 B19-20, A94-5, 그리고 A764-9, B792-7이다. 칸트가 흄에 친숙한 정도는 여전히 논쟁거리이다. 분명, 칸트는 『논고』나 『탐구』의 전체를 읽은 것으로 보이지는 않는다. 이것을 말한 후, 그가 다른 철학자들을 통해—그 중 가장 가능성이 큰 사람이 제임스 비티인데, 그의 (흄이 자주 인용하는) 『진리의 본성과 불변성에 관한 시론』이 1772년에 독일어 번역으로 간행되었다—대단히 많은 흄의 개념들에 소개되었다는 것이 그럴듯하게 (가령, 『칸트와 흄에 관한 시론들』[London: New Haven Press, 1978]의 「프러시아의 흄과 스코틀랜드의 칸트」에서 루이스 화이트 벡에 의해) 증명되어 왔다. 그러므로 칸트가 인과 관계에 대한 인간 인식과 관련된 흄의 저작의 매우 작은 부분에 계속 매여 있었다는 점을 언급하는 것은 당혹스러운 일이며, 그는 『프롤레고메나』에서 흄에 관한 자신의 독해는 그 자신의 목적들을 위해 이 측면을 "일반화했다"고 주장한다(임마뉴엘 칸트, 『학문으로 나아갈 수 있게 될 모든 미래 형이상학을 위한 프롤레고메나』, 개리 햇필드 옮김[Cambridge: Cambridge University Press, 1997], p. 209: §5). 후에, 그는 원인 개념은 흄의 문제적 개념이다(이것, 그의 난제metaphysicorum)(p. 65: §29). 그는 심지어 첫 번째 『비판』을 "흄의 문제를 가장 크게 증폭시켜서 정교하게 다룬 책", 즉 "이성의 전체" 범위로 확장하여, 오직 인과 관계의 문제만을 다루며 증폭시킨 책으로 기술한다(p. 11: 서문). 『프롤로고메나』는 칸트가 또한 적어도 1781년에 독일어 번역으로 간행된 흄의 『자연 종교에 관한 대화』를 알고 있었다는 증거(105: §57; 112: §58)를 제공한다. 그럼에도 불구하고, 이것은 오직 여기 칸트의 논의에서, 그리고 이것을 넘어 『실천이성비판』에서 작은 역할을 할 따름이다. 사실, 그는 이신론에 대한 흄의 비판이 명백한 오해였음을 증명하는데, 하지만 흄의 그 비판은 의인화된 것으로서의 이신론적 신 관념이 틀렸다는 점을 밝히려는 것을 목적으로 한 것이 아니라, 신은 인간의 이미지 속에서 필연적으로 만들어진다는 점을 보여주려는 것을 목적으로 한 것이다(특히 흄의 『종교의 자연사』[London: Penguin, 1976], p. 9]를 보라). 들뢰즈는 이렇게 쓰고 있다. "그것의 기원[종교의 기원]은 인간 삶의 사건들 속에, 우리가 그것에서 발견하는 다양성과 모순 속에, 그리고 행복과 불행의 변화 속에 존재한다"(ES 74).

3. 데이비드 흄, 『인간 본성에 관한 논고』, L.A. 셀비-비게 엮음(Oxford: Clarendon Press, 1896[1739], 여기서 T로 인용되고, 이어 페이지 수가 나오고, 다시 이어 책과 절 수들이 나온다.

4. 흄의 기본적 관여에서 나오는 이 일단의 폭넓은 이론적 결과들에 관해서는, 또한 PI 36을 보라. "연합 이론이라 불리는 것은 그 방향과 진리를 철학적 반성의 본성을 완전히 바꾸는 관계들의 결의론決疑論: casuistry에서, 법, 정치, 경제의 관행에서 발견한다."

5. 사실 들뢰즈는, 흄의 사상이 초래하는, "앎knowing"을 "믿음believing"으로 바꾸는 변형에 주목함으로써, 앎의 문제를 직접적으로, 그리고 흄의 입장을 분명 더 이 따라가는 방식으로 다룬다. 따라서—이번에는 들뢰즈의 흄 독해를 따라가는 방식으로—앎(= 인식)의 쟁점 전체가 믿음(=신념)의 물음, 믿음의 기원, 그리고 믿음의 적법성과 안정성을 보장하는 우리의 역량에 의해 다시 자리를 잡게 된다. 그가 「흄」논문에서 쓰고 있듯이, "흄의 첫 번째 치환은 대단히 중요한데, 왜냐하면 그것은 믿음을 기반에, 앎의 기원에 놓기 때문이다"(PL 40).

6. 표준적인 인식론적 설명이 흄의 철학에 관한 더 철저한 반성에 종속됨에도 불구하고, 들뢰즈는 "인과성은 다른 관계들보다 더 많은 상당한 특권을 향유한다"(ES 124)고 주장하기를 주저하지 않는다.

7. 무엇보다도 이 논점은 로빈 페렐의 「대항적 독해: 흄에 관한 들뢰즈에서 흄에 관한 전통적 독해」, *Australasian Journal of Philosophy* 73; 4(1995년 12월), pp. 585-93과 관련하여 특히 명료하게 주장된다.

8. 정념의 원리들에 대한 정의를 둘러싼 들뢰즈의 논의는 ES 116-9에서 발견될 수 있다.

9. 정념들의 최초 결과들, 그리고 그것들의 교정되거나 확장된 형식들을 도식으로 보여주는, 『경험론과 주체성』제2장 말미에 있는 도표를 보라(ES 54).

10. 여기서, 레비 브라이언트가 그의 차이와 주어짐의 서두에서 영국 경험론의 중요성과 비교하면서, 데카르트, 라이프니츠, 칸트, 마이몬의 상대적 중요성을 논급할 때, 나는 물론 그에게 동의한다(브라이언트, 『차이와 주어짐』[Illinois: Northwestern University Press, 2008], p. x). 그러나 물론 흄이 스코틀랜드인이라는 사실(그리고 영국 경험론자 중 가장 유명한 철학자인 로크가 들뢰즈와 관련되지 않는 협소한 인식론적 근거에서 오직 정당하게 경험론자로 간주된다는 사실)을 제쳐놓는다면, 나는 흄이, 일단 『경험론과 주체성』에서 논급된 더 폭넓은 문제들—데카르트, 라이프니츠, 칸트, 마이몬에 관한 들뢰즈의 독해에서 또한 쟁점이 되는 문제들—이 고려된다면 이 목록에서 배제될 필요가 없다고 생각한다. 요컨대 다시 한 번 말하지만, 들뢰즈의 흄은 전통의 흄이 아니다. 마찬가지로, 다음과 같은 주장은 『경험론과 주체성』에 관한 철저한 독해에도 불구하고 유지될 수 없다. "들뢰즈가 경험론에 진 빚을 강조함으로써, 우리는 감성적인 것 혹은 감성적인 것을 수용성을 위한 수동적 주어짐으로서 유지하는 위험을 안게 되고, 이렇게 하여 감성이 그 자체 감성의 질들을 실제로 창조하거나 생산하는 생산적 과정들의 결과라는 들뢰즈의 핵심 논점을 놓치게 된다"(브라이언트, 『차이와 주어짐』, p. 9). 결국, 흄에 관한 자신의 책에서 들뢰즈의 주요 관심은 바로, 만약 그의 원숙한 사상에서 벗어나는 용어들로 말한다면, 이 발생 그 자체를 설명하는 것이다(오히려, 이 발언은 너무 칸트적이다).

11. 또한 그의 편찬된 텍스트 모음집, 『본능과 제도』(Paris: Hachette, 1955)의 서론에 열쇠가 있다. 이 텍스트는 들뢰즈, 『무인도 및 기타 텍스트들』, pp. 24-7(DI 19-21)에 포함되어 있다. 그것을 읽으면 이렇다. "만약 경향이 제도 내에서 만족하다면, 그 제도는 경향에 의해 설명되지 않는다. 같은 성적 욕구들이 결코 다양한 가능한 형태의 결혼을 설명하지 못할 것이다. 부정적인 것은 긍정적인 것을 설명하지 못하고, 또 일반적인 것은 특수한 것을 설명하지 못한다"(p. 25). 차제에 들뢰즈는 문제가 되고 있는 대립을 생물학과 동물행동학에서의 논쟁들에 연결시킨다. 이 측면은 매우 선견지명 있게 크리스천 커슬레이크, 「곤충과 근친상간: 베르그손과 융에서 들뢰즈로」, *Multitudes* 25(2006년 여름호)에서 논의되는데, 이 논문은 http://multitudes. samizdat.net/Insects-and-Incest-From-Bergson.html?var_recherche=deleuze(2008년 5월 16일에 컴퓨터에 접속되었다)에서 온라인으로 구해볼 수 있다.

12. 이 점에 관해서는 이 책에 실린 대니얼 W. 스미스를 보라. 또 질 들뢰즈, 1981년 2월 17일 스피노자 강의를 보라. 이는 온라인으로 www.webdeleuze.com에서 구해볼 수 있다. 또 사이먼 더피, 「분열-수학」, *Angelaki* 9; 3(2004), pp. 199-215, 특히 pp. 207-8을 보라.

13. 들뢰즈는 여러 기회에 칸트에 관한 이 주장을 펴지만, 「칸트 철학을 요약할 수도 있는 네 가지 시적 공식들에 관하여」만큼 인상적은 것은 없다. 이 논문은 『비평적인 것과 진단적인 것』과 『칸트의 비판철학』의 영역본으로 재간되었다.

14. 칸트와 들뢰즈에서 보이는 이성과 비판의 목적의 문제에 관해서는, 크리스천 커슬레이크, 「들뢰즈, 칸트, 그리고 메타비판의 문제」, *The Southern Journal of Philosophy* 42(2004), pp. 481-508을 보라.

15. 질 들뢰즈, 『광기의 두 체계 및 기타 텍스트들』, 다비드 라푸자드 엮음(Paris: Minuit, 2004), p. 289.

16. 흥미롭게도, 이 대문은 사실상 이렇게 시작된다. "베르그손처럼 말한다는 것은 …" (ES 113).

17. 나는 『경험론과 주체성』 또한 시간과 관련하여 종합의 문제를 다룬다고 말하고 싶다. "습관은 주체의 구성적 뿌리이며, 주체는 근본(=뿌리)에 있어서 시간의 종합—미래에 비추어본 현재와 과거의 종합—이다"(ES 92-3). 마찬가지로 우리는 『베르그손주의』와 『차이와 반복』에서 또한 제시되는 현재에 관한 이중적 설명을 발견한다. "회상은 과거가 아니라 옛 현재이다. 우리는 과거를 존재했던 것뿐만 아니라 또한 규정하고, 행위하고, 유발하고, 어떤 무게를 실어 나르는 것이라고 불러야 한다"(ES 95). 물론 흄은, 그 이전의 로크와 버클리와 마찬가지로, 주체에 관한 그의 보다 일반적인 설명에 비추어 기억 현상에 관심이 있었지만, 우리는 들뢰즈의 설명에서 다음과 같은 것을 읽을 때 적어도 놀라움을 확실히 표현하지 않으면 안 된다.

"예기는 습관이고, 습관은 예기이다. 즉, 이 두 규정—과거의 밀어붙임과 미래를 향한 도약—은 흄 철학의 중심에서, 같은 근본적 역동성의 두 측면이다. 습관-예기에서 베르그손의 지속 durée 혹은 기억이 갖는 대부분의 특징들을 발견하기 위해 그 텍스트들을 강요하는 것은 불필요하다"(ES 72; 번역 수정).

18. 『차이와 반복』에서의 주체가 시간에 의해 분열된 응시적 복합체에서 우세한 정착물로 가는 방식과 관련하여—후에, 종합의 부적법한 사용 덕에, 욕망의 조직의 중심이 되는 뿌리 없는 결과로서—주체의 역할을 『안티-오이디푸스』에서 언급하는 것은 흥미로운 일이다. 또한 놀라운 것은 의식의 사실에 관한 주장이 두 책에 포함되어 있다는 점이다. "모든 공간-시간적 역동성은, 방향을 추적하고, 운동과 이동을 배가하고, 신체 또는 물체의 응축된 독특성들의 문턱에서 탄생하는 기본적 의식—이 의식은 신체 또는 물체의 의식이다—은 출현을 동반한다"(DR 220). 이 생각은 『안티-오이디푸스』에서 개요가 서술된 바의 통접적 종합에 의해 생산된 자기-의식과 매우 가깝다.

19. 들뢰즈의 흄 독해는 종종 명시적으로 또는 과도하게 본성상 칸트적인 것으로 언급된다. 물론, 그런 견해를 뒷받침하기 위해 『경험론과 주체성』에서 많은 증거가 발견될 수 있다. 즉, 상상력의 생산적 본성에 대한 강조, (내가 위에서 이미 언급한 바의) 가상이 제기하는 사유에 대한 위협의 내적 본성, 경험의 대상들로서가 아니라 규제적 이념성들로서의 신과 세계의 위대한 수사 어구에 대한 강조("근원적인 일치로서의 신의 이념은 어떤 것 일반에 관한 사유이다"[ES 77]; "세계는 이념이다"[ES 80]; 종합 그 자체의 근본적 역할은 말할 나위도 없고 사유의 자기-규제의 이념 그것과 시간과 공간의 현상적 성격("공간과 시간은 마음 안에 있다"[ES 91]). 그러나 흄에 관한 책에 보이는 종합의 경험적 성격은 들뢰즈가 그의 후기 저작에서 칸트의 초월론적 관념론에서 벗어나려고 계획하는 방식의 징후를 이미 제공한다.

20. 우리는 여기서 들뢰즈의 (다소 이해하기 어려움이 인정되는) 첫 번째 시간의 수동적 종합의 연합(하비투스)을 한편으로는 경험적인 것과, 다른 한편으로는 들뢰즈가 때때로 "경험적 성격"(가령, DR 83)을 가지는 것으로 보여주는, 수동적 종합에 기초하는 현재의 능동적 종합과 혼동하지 않도록 주의해야 한다. 또, 우리는 첫 번째 수동적 종합을 세 번째 수동적 종합이 축출하는 시간의 "경험적 내용"과 혼동하지 말아야 한다는 점이 추가될 수도 있겠다(DR 89).

21. 우리는 실로 연합에 대한 단순한 거부에 주의를 보내는 주장을 발견하는데("연합주의는 연합주의에 대한 비판보다 덜 시대에 뒤떨어져 있다"[PS 56]), 이는 『경험론과 주체성』(ES 105-8)과 『차이와 반복』 두 책에서 하는 유사한 발언을 되풀이하는 것이다("연합주의는 대체 불가능한 미묘함을 소유한다"[DR 71]). 그럼에도 불구하고, 연합의 철학을 향한 『프루스트와 기호들』에 분명히 나타나는 날카롭게 비판적인 태도가 여전히 존재한다.

5.

임마뉴엘 칸트

멜리사 맥마혼

그의 인기 있는 책 『현대 프랑스 철학』에서 뱅상 데꽁브는 "질 들뢰즈는 무엇보다도 후기 칸트주의자이다."[1]라는 진술과 함께 질 들뢰즈에 관한 장을 열고 있다. 이 주장을 정당화할 때 그는 들뢰즈와 "쾨니히스베르크의 위대한 도자기 상인"[2]이 공유하는 세 가지 주요한 영역의 주장을 발견하는데, 이 또한 여기서 제시되는 그 관계에 대한 검토의 주요한 가닥들을 형성할 것이다. 첫 번째 주장은 사유는 그 토대로서 역할을 하는 초월적 실체transcend entity(영혼, 세계, 신)를 요한다는 발상을 그들이 거부한다는 점이다. "단일한 실체적 자기self, 사물들의 총체성, 이 총체성의 최초 원인을 단언할 때 어떠한 경험도 우리를 정당화할 수 없다."[3] 두 번째 주장은 재현에 기초하는 사변적 이상을 일종의 규정인 사유의 실천적 이상으로 대체하며, 사유의 능동적이고 자율적인 본성을 그들이 강조한다는 점이다. "의지의 해방은 비판적 사상의 의의이다. … 들뢰즈는 낡은 칸트 이전의 형이상학에다 '존재의 철학'이라는 이름을 부여하고, 성취된 비판에서 태어난 형이상학에다 '의지의 철학'이라는 이름을 부여한다."[4] 셋째로, 그들은 "차이"의 진정한 문제를 두 개념들 혹은 동일성들 간의 차이—즉, 사유가 차이를 자신의 동일성들에로, 개별성을 자신의 일반적 재현들에로, 정밀성을 자신의 개념들에로 들여오도록 강요하는 차이—로서가 아니라 개념적 층위와 비-개념적 층위 간의 차이로서 간주한다. 진정한 차이는 개념과 직관 사이에, 지성적인 것과 감성적인 것 사이에, 논리적인 것과 미감적인 것 사이에 실존하는 그것이다.[5]

칸트가 비판이라는 용어에 부여한 특별한 의미에서, 철학을 일종의 비판으로서 간주하는 것은 1953년 간행된 최초의 저서인 흄에 관한 연구서에서부터 후기의 저서인 『비평적인 것과 진단적인 것』이라는 제목의 시론 모음집에 이르기까지 들뢰즈의 저작에 있어서 되풀이되는 모티프이다. 최후에 간행된 들뢰즈의 논문, 「내재성: 생명」은 그의 저작 전반에 걸쳐서 되풀이해서 나오는 또 다른 독특한 칸트 개념인 "초월론적 장"을 정의하는 일로 시작된다.

많은 곳에서 들뢰즈의 "칸트주의"는 진술된다기보다는 "감지된다". 즉, 들뢰즈의 영향들에 있어서 흔히 있는 일이지만, 명시적 지시에 의해서라기보다는 어구 혹은 용어의 전환에 의해 암시된다. 다른 곳에서 들뢰즈의 칸트주의는, 예를 들어, 칸트에게 할애된 1963년의 저작 『칸트의 비판철학』은 물론이고, 흄에 관한 그의 저작 『경험론과 주체성』, 『니체와 철학』(1962), 『차이와 반복』(1969)에서처럼 명시적인 주제이다. 이 장에서 제시되는 그 관계에 대한 설명은 대부분 이 자료들에 의존하지만, 이 자료들이 들뢰즈의 철학에 미친 보다 광범위한 영향이 보여지도록 하는 방식으로, 또 실천적인 곳에서 명시적으로 나타나는 방식으로, 들뢰즈가 칸트와 맺는 관계에 활기를 불어넣는 핵심 개념들과 문제들을 제시하는 일을 목적으로 할 것이다.

칸트는 의심할 바 없이 들뢰즈가 한 권의 책을 할애하는 철학자 중 가장 규범적인 인물이며, 들뢰즈가 칸트와 맺는 관계는 강력하게 양가감정의 색채를 띠고 있다. 들뢰즈는 『칸트의 비판철학』을 적에 관한 책으로 기술하며, 칸트의 통찰들에 대한 그의 많은 참조는 이 통찰들이 최초에 그릇되게 이해되거나 혹은 불충분하게 전개되었다는 한정을 나르고 있다. 들뢰즈는 비판 기획의 성공적인 실현을 위하여 흄, 니체, 그리고 끝으로 그 자신을 칸트의 경쟁자 역할을 맡게 한다. 그러나 "참인" 비판과 "거짓인" 비판 사이의 긴장은 또한 들뢰즈가 칸트 자신의 전작에 내적인 것이라고 간주하는 그것이다. 칸트의 철학은 세 가지 별개의 비판들을 갖고, 또 이 각각이 주목할 만한 분할, 세부 분할, 재분할을 가지므로, 모든 관점에서, 다원적이 아니라면 아무것도 아니다. 그리고 실로 칸트의 철학은 들뢰즈가 중요하게 여기게 될 다른 수준들(이성의 상이한 관심들, 상이한 능력들)에서 다원주의라는 특징을 지닌다. 또한 칸트의 비판은 본성상 한 단일한 사상가의 저작을 넘어서는 운명을 의미하는, 철학적인 "적절한 조치를 요하는 사태"로서 저술되었다. 현대 철학을 위한 "혁명"의 상징으로서, 칸트의 철학은 "이전"과 "이후" 사이에 명확한 균열을 표하는 사건이자, 계속되는 논쟁의 원천으로서 남아 있는 정확한 본성, 의미, 계기를 가지는 사건이다. 이러한 의미에서 들뢰즈가 칸트와 맺는 관계는, 비판의 정신으로서 이해하는 것을 더 잘 초점으로 가져오기 위하여 칸트의 역사적 인물이나 서한과 맺는 선택적 관계를 유지하는 "칸트주의자들"의 전통 전체와 양립 가능하다.

임마뉴엘 칸트(1724-1804)

고전 형이상학과 절연하는 칸트의 균열을 개시하는 첫 번째 급격한 제스처는, 위에서 제시된 바와 같이, 사유의 타당성이 초월적 동일성에 "정박하고" 있음 혹은 근거하고 있음에서 유래한다는 발상, 즉 사유의 진리는 사물들 그 자체가 신적 지성에게 나타나듯이 사물들 "그 자체"의 본성에 접근함에 의존한다는 발상을 그가 거부한다는 데에 있다. 그러한 고전적 모델에 의거하여 "권리상" 사유에 실존하거나 주어지는 것이 이러한 규정된 본성 혹은 이해이며, 사유의 과제는 이러한 암묵적 사태를 명시적인 형태로 반영하거나 재-현하는re-present 것이다. 칸트는 이 모델을 전복한다. 사물들의 본성 혹은 신적인 것의 지위는 전적으로 사물들이 우리의 이성에 의해 규정될 수 있음에 전적으로 의존하며, 철학의 과제는 이성이 자신의 대상들을 규정할 수 있도록 하는 필연적이고 보편적인 용어들과 조건들을 발견하는 것이다. 이것들은 신적인 것과 관련된 우리의 "인간" 조건의 일부로서 "사실" 속에 실존하는 바의, 혹은 가령 심리학적이거나 과학적인 관점에서 검토된 바의, 사유의 조건들이 아니라, 이성의 내재적 요구들과 관심들과 관련되어 "권리상" 명령을 받은 사유의 조건들이다. 가장 분명한 유비는 아마도 논리학 또는 수학이 경험적 변수들과 "권리상" 독립적으로 실존하는 타당성의 내적 조건들을 현시하는 방식에 있을 것이다. 그러나 이성에 속하는 "권리 면"은 논리학과 수학의 추상적 영역들에 제한되는 것이 아니라, 특히 현실적 경험의 소재를 진정한 과학과 진정한 도덕의 대상들을 형성하도록 "종합하는" 원리들과 관련되어 있다. 칸트는 이성의 내재적 원리들이 경험에 적용될 때 점유하는 이 면을 지시하기 위해 "초월론적"이라는 용어를 사용하며, "비판"은 어떤 주어진 영역을 위해 이성의 원리들의 초월론적 지위와 범위를 확립하는 작동이다.

칸트의 첫 번째 주저, 『순수이성비판』(제1판 1781년, 제2판 1787년)은 보편적이고 선험적인 조건들을 발견하려고 노력하는데, 이 조건들 아래에서 이성은 자연의 영역, 즉 이성의 이론적 실행의 장을 구성한다. 이 조건들은 첫째로 지성의 순수 개념들, 즉 네 가지 표제 하에 무리를 짓고 있는 범주들로 되어 있다. 이 범주들은 양(단일성, 복수성, 총체성), 질(실재성, 부정성, 제한성), 관계(실체/속성, 원인/결과, 공통성), 양상(가능성/불가능성, 실존/비실존, 필연성/우연성)이다. 둘째로, 이 조건들은 감성의 순수 형식, 즉 공간과 시간 안에 존재한다. 칸트의 경우 한편으로 개념들, 다른 한편으로 공간과 시간 안의 실존 간의 환원 불가능한 이원성, 그리고 이것들은 그러나 필연적인 방식으로 종합되어야만 한다는 요구는 이전 전통들에서 떠나는 칸트의 다른 주요한 출발을 나타낸다. 칸트의 경우, 개념들 및 공간과 시간 안의 실존은 서로에게 환원 불가능하다. 즉 우리는 합리론적 방식을 따를 때, 감성적 경험에 관한 어떠한 진리들에도 도달할 수 없고, 즉 개념들을 분석함으로써 실제로 실존하는 것에 도달할 수 없고, 또한 경험론적 전통을 따를 때, 우리는 경험으로부터 어떠한 필연적인 진리들도 "도출할" 수 없다. 실로 두 전통은 모두 개념들과 시공간적 실존의 통일성이 근거할 수 있는 신이나 자연과 같은 포괄적인 개념이나 존재entity에 의존하는 경향이 있다. 그러나 원리에 관한 이러한 해결을 거부한 후, 칸트는 정합적이고 필연적인 관계가 어떻게 본성상 다른 층위들 사이에 유지될 수 있는가―진리가 어떻게 선험적이면서 또 종합적일 수 있는가―를 보여주는 문제에 직면한다.

이 문제에 대한 두 주요한 접근법이 들뢰즈가 다룰 용어들이 나오는 칸트의 첫 번째 『비판』에서 도출될 수 있다. 한편으로, 칸트는 수학과 기하학에서 영감을 끌어냄으로써 개념들과 시공간적 형식들 간의 정합성을 근거짓는 문제를 다룬다. 더 아래에서 논의될 또 다른 급진적 가설에서, 칸트는 기하학적 개념과 수학적 개념은 개념적 요소와 시공간적 요소 간의 어떠한 분리도 없는, 공간과 시간의 순수한 구축들이라고 주장하며, 그는 이 모델을, 순수 개념들을 시공간적 형식들로 "번역하는translate" "도식화schematism" 개념에 의해 철학적 개념들로 확장한다. 「초월론적 판단론」에서, 칸트는 범주들이 경험에 적용되기 위하여—시간은 내적이고 외적인 모든 직관들의 순수 형식이므로—시간의 순수 규정들로 어떻게 도식화될 수 있는지 보여준다. 다른 한편으로, 「초월론적 연역」에서, 칸트는 '감성적 잡다'를 한 대상의 일반적 형식 하에 통일할 때, 또 초월론적 주체 안에서 경험을 통일할 때 개념들과 직관들 간의 대상적 필연성을 근거지으려고 시도한다. 여기서 다시, 칸트는 시간 안에서 경험의 장을 통일하는 일련의 종합들, 즉 직관에서의 포착의 종합, 상상력에서의 재생의 종합, 그리고 끝으로 개념에서의 재인의 종합을 개괄적으로 서술한다. 이 마지막 종합은 우리가 일련의 표상들을 한 단일한 대상—대상 또는 개념=x—의 현출로 간주하도록 해주는데, 이것은 모든 표상들을 한 단일한 초월론적 주체, 즉 칸트가 "통각의 초월론적 통일"이라고 부르는 것에 속하는 것으로 간주하는 내 능력의 객관적 상관자이다. 칸트의 경우, 「판단론」에서 개괄적으로 서술된 범주들의 도식화는 결국 「연역」에서 개괄적으로 서술된 경험의 통일에 의존한다.

지성의 보편적 개념들과, 공간과 시간의 보편적 형식들의 이러한 교차에서 형성된 "가능한 경험"의 영역은 협소한 영역이다. 그것은 "지각"의 조건들의 심리학적 의미에서 "경험"의 조건들을 추구하는 문제가 아니라, 물리적 과학과 수학적 과학의 실행 영역과 같은 객관적 자연을 근거짓는 문제이다. 거기에는 모든 경험에 관해 선험적으로—즉, 사전에—규정될 수 있는 것에 관한 명백한 한계들이 존재한다. 즉, 칸트가 어떠한 가능한 경험에 대해서도 말할 수 있는 모든 것은 필연적으로 공간과 시간에 존재할 터이며, 단일성, 인과성 등등을 보여줄 터이다. 이 영역 바깥에 놓이게 되는 것은, 한 방향에서, 무조건적unconditional 본성 때문에 이성의 순수 이념이고, 다른 한 방향에서, 실제적actual 경험의 특정성과 독특성이다. 이 영역들은 또한 비판적 장치를 교정하고자 하는 들뢰즈에게 중요한 것이 될 것이다.

첫 번째 경우에서, 이념들은 그 무조건적 본성 때문에 경험의 대상일 수 없으며, 따라서 이론적 관점에서 볼 때 "미규정적"인 것으로 남아 있는 개념들이다. 이것들은 위에서 언급한 바 있는 '총체적' 개념들, 즉 신, 영혼, 자연 전체를 포함하지만, 또한 "사물 그 자체", 자유, 그리고 일반적으로, 조건지어지지 않은 한계 혹은 일련의 조건들의 총체성을 나타내는 모든 개념을 포함한다. 경험은 그 본성상 부분적이고, 제한되어 있고, 조건지어져 있으며, 따라서 그러한 개념들은 정의상 가능한 경험의 대상들로서 배제된다. 칸트에게 이념들은 단지 상상력의 공상들인 것이 아니라, 이성에게 현시되는 모든 부분적인 계열들을 위하여 조건지어지지 않은 원리를 항상 확립하려고 하는 이성의 필연적이고 비자발적인 표상들이다—따라서 이성은 그런 이념들이 일종의 인식을 나타내는, 즉 실존하는 사물의 표상을 나타내는 "초월론적 가상"의 희생물이 될 경향이 있다. 이념들은 이론적 관점에서 보면 필연적으로 미규정적인 반면(이념들은 사유될 수 있고 사유되어야만 하는 것이지 인식될 수 있고 인식되어야만 하는 것이 아니다), 그것들은 어떤 실천적 기능들로서 복무하며, 어떤 방식으로 우리의 행위들을 규정하면서 또 우리의 행위들에 의해 규정된다. 첫 번째 『비판』의 맥락에서, 예를 들어 자연의 총체성 이념은 칸트가 우리의 이론적 노력을 조직하기 위한 규제적 목적이라고 부르는 것으로서 복무하면서, 자연에 대한 우리의 경험적 개념들을 조직하기 위한 지침들로서의 단일성, 다양성, 공동성의 원리들을 제공하는데, 그는 이러한 맥락에서 우리의 지성의 활동들과 관련하여 이념들의 "간접적"이고 "상호적"인 규정에 대해 말한다. 칸트의 두 번째 비판서, 『실천이성비판』(1788)에서, 신의 이념과 영혼의 이념은 또한 우리의 도덕적 노력과 관련하여 규제적 역할을 가지며, 실천적 관점에서 우리의 자유 이념은 자율적인 영역을 구성하는, 자유의 합법적인 실행의 조건들로서 완전히 규정된다.

두 번째 경우에서, 가능한 경험의 선험적 조건들이라는 관점에서 볼 때 여전히 미규정된 채 남아 있는 실제적 경험의 모든 요소들이 존재한다. 가능한 경험의 본성은 매우 "유적"이거나 일반적인 종류의 것—인과성 법칙에 구속된 물리적 물체의 뉴턴의 우주—이다. 이 모델에서 규정되지 않은 채 남아 있는 것은, 첫째로, 특정성 혹은 각양성의 자연이다. 물리학이 물질의 법칙들을 통째로 다루는 동안, 우리는 또한 유기화된organised 물질, 즉 순수하게 인과적 모델에 의거해서는 적합하게 이해될 수 없거나, 사전에 규정될 수 없는 자연과 관계들을 가지는 살아있는 물체들을 마주친다. 달리 말하면, 칸트는 경험은 필연적으로 인과적이겠지만, 코끼리들을 필연적으로 포함하는 것은 아니며, 또 뉴턴 스타일의 법칙들은 코끼리들이 이 법칙들을 받는다고 할지라도 코끼리들을 특정적으로 이해하는 데 큰 도움이 되지 않을 것이다라고 말할 수 있을지도 모른다. 둘째로, 단독성singularity의 자연이 존재한다. 즉 코끼리들이 아니라, 종의 성원임을 떠나 단독적인 본질quiddity

안에서 취해진 이 코끼리가 존재한다. 때때로 들뢰즈는 자신은 가능한 경험이 아니라 실제적 경험의 조건들에 관심이 있다고 말하는데, 그럴 때 그는 자신들이 조건짓는 것보다 결코 "더 크지" 않은 조건들이라는 의미에서, 일반성의 수준에 여전히 남아 있는 것이 아니라 특히 경험의 이 단독적인 수준에 대처하고 대응하는 원리들이라는 이러한 의미에서 말하는 것이다.

이러한 수준들의 경험은 칸트의 최후 주저인 『판단력비판』(1790)에서 다루어지는데, 이 책에서 칸트는 특정성과 단독성 안의 실제적 경험에 관한 반성에게 선험적 원리들을 부여한다. 『판단력비판』의 제목이 이렇게 지어진 것은, 칸트에게 "판단"은, "판단의 기술"이라는 비-입법적 의미에서, 실제적 경험에 부응하여 원리들을 개조하거나 발명할 수 있는 능력이기 때문이다. 이 저작의 제2부 「목적론적 판단 비판」은 종적이거나 유기적인 자연 형식들에 관한 반성에게 "목적들의 체계"로서의 자연의 원리를 부여한다. 이 책의 제1부 「미감적 판단 비판」은 경험 안에서 단독적인 것에 관한 반성에게, 아름다운 것과 숭고한 것의 판단들에게 원리들을 수여한다. 오직 미감적 판단들만이, 아무런 규정적 개념, 관념, 목적을 지시하지 않고 또 이런 의미에서 "무관심"하므로, 판단의 원리를 자신의 순수성—자신의 상위의, 초월론적 형식—속에서 표현한다. 즉 미감적 판단들은 어떠한 지적이거나 도덕적인 개념에 의해 근거지어지지 않는다. 미감적 경험 안에서 우리는 판단으로서의 판단이 우리에게 "일어나도록 만드는" 것이 아니라, 어떠한 규정적 규칙 혹은 개념에 "제약됨"이 없이 우리의 사유의 역능과 단독적인 대상 간의 필연적인 일치 혹은 조화를 경험한다. 아름다운 것 혹은 숭고한 것으로 적절하게 기술되는 것은 대상이 아니라 이러한 사건이며, 미감적 판단들이 본성상 단독적임은 물론 보편적이라고 (증명하도록 하는 것이 아니라) 우리가 "느끼도록" 하는 것은 그것의 비자발적 성격이다.

『비판』 읽기: 사유의 비판적 이미지

칸트가 초월론적인 것의 영역을 "발견한 일"을 들뢰즈는 『차이와 반복』에서 "또 다른 세계가 아니라 산 혹은 이 산의 지하"를 발견한 자라는 위대한 탐험가의 행위에 비유한다.[6] 사유의 영역에 속하는 것을 "권리상" 획정함으로써 그 영역에다 배치의 내재적 견실성과 잠재적 장을 제공하는 자율적 면이라는 개념은 들뢰즈와 과타리의 『철학이란 무엇인가?』에서 그것의 구축물들(개념들, 지각들…)이나 페르소나와 더불어 제시되는 한 학문 분야의 한정 특성들 중 하나이다. 칸트의 경우처럼 거기서 그것은, 사실이 경험적 소여들이든 "확립된 가치들"이든, "사실"의 장과 독립해 있는 사유에다 토대를 부여하는 문제이다. "사유의 이미지는 사실과 권리의 엄격한 분할을 의미한다. 즉 사유 자체에 속하는 것은 두뇌 혹은 역사적 의견들의 우연적 특질들과 분리되어야만 한다. … 사유의 이미지는 사유가 권리상 주장할 수 있는 것만을 보유한다"(WP 40/ 37). 그러나 들뢰즈와 과타리가 제시하는 바와 같이, 권리의 면을 지지하며 이 "사실"의 세계를 철학이 논박하는 데에는, 그것이 단지 이 세계 "배후의" 본질적 존재의 초월적 영역을 지지하며 "이 세계"의 변이 가능성들에 대한 전통적인 거부이냐, 또는 새로운 가치들과 형식들을 진실로 산출하는 면을 설립하는 진정으로 비판적인 충동이냐에 따라서 두 "측면"이 존재한다.

칸트의 경우 이는 경험을 넘어서는 이성의 경향을 그 자신의 역능의 긍정적인 표현으로 보는 것 대신에 이 동일한 경향을 끊임없이 초월적 근원으로 돌리고 싶어하는 유혹을 받는 이성의 "초월론적 가상"의 문제이다. 『비판』의 중요한 기능들 중의 하나는 이성의 이러한 부적법하거나 초월적인 "사용"을 진단하고 제한하는 것이다. 차이의 생산으로 향하는 생산적인 측면과, 차이를 선재하는 동일성의 기능으로 만드는 "엔트로피적" 측면을 가지는, 이 내적 "이중성"의 사상은 들뢰즈가 집요하게 견지하고 있는 사상이다. 그것은 들뢰즈가—특히 니체와 칸트에 관한 저작들에서—『비판』을 독해할 때, 주어진 사유가, 그것이 그 자신을 긍정하고 규정하느냐, 아니면 외적 대상 혹은 목적에 의해 규정되느냐에 따라서. 의지의 "높은"(초월론적이고, 우월하고, 능동적인) 형식을 표현하는가, 아니면 "낮은"(경험적이고, 열등하고, 반응적인) 형식을 표현하는가 하는 핵심 물음으로서 나타난다. 의지가 자신의 대상일 외적 표상에 의존적인 것으로 간주될 때, 우리의 의지 개념, 사유 개념은 확립된 가치들의 경기장에서 힘이나 재인을 위한 투쟁만을 나타내는 것으로 퇴락한다. 들뢰즈는 의지에 대한 이러한 비판적 개념을 니체의 "힘에의 의지"와 힘에 대한 욕망 간의 차이를 나타내기 위한 목적 그 자체로 사용한다. 이는 또한 욕망의 철학이, 욕망은 초월적 대상에 의존하는 것으로서 이해된다는 점에 달려 있으므로, 결핍의 철학이어야만 한다는 사상에 대한 들뢰즈와 과타리의 거부를 이해할 수 있는 열쇠이다.

　『비판』에 관한 들뢰즈의 초기 저술들은 사유는 "소여들"의 능동적 변형의 장소인 자율적 면을 점한다는 이러한 이해에 초점을 맞춘다. 『경험론과 주체성』에서, (칸트의) "초월론적" 비판과 (흄의) "경험적" 비판은 그 자체로 실존하는 사물들의 "실재적" 본성에 관한 사변을 말하는 것인 "자연 철학a philosophy of Nature"에 대한 논박 속에 통합되어 있는데(ES 94/ 88), 이는 오히려 사유가 그 자신에게 주어지는 것을 변형하도록 하는 원리들에 집중하기 위해서이다. 우리의 관념들 사이의 "조화" 기저에 놓여 있는 잠재적 근거로서의 "자연의 의도적 목적성intentional finality of nature"이라는 흄의 개념을 논한 후, 들뢰즈는 알아볼 수 있게 비판적인 용어로 이 개념을 묵살한다.

> 이러한 조화는 오직 사유될 수 있을 따름이며, 의심의 여지없이 가장 공허하고 빈곤한 사유이다. 철학은 모름지기 존재하는 것에 관한 이론으로서가 아니라, 우리가 행하는 것에 관한 이론으로 구성되어야 한다. 우리가 행하는 것은 원리들을 가지며, 존재Being는 우리가 행하는 것의 바로 그 원리들과 맺는 종합적 관계의 대상 이외의 것으로서는 결코 파악될 수 없다. (ES 152/ 133; 번역 수정)

들뢰즈에게 비판 철학은 무엇보다도 "사물들의 본성"은 사유의 행위를 통하여 구성되는 것이며, 따라서 어떠한 규정적 의미에서도 사유에 선행하는 것이 아니라 사유로부터 결과하는 것이다. 흄이 이 면에서 칸트보다 더 급진적인 점은 그의 경험론은 어떠한 객관적 영역에 관한 설명 못지않은, 인간 본성의 구성에 관한 설명으로 이해되며, 따라서 심지어 사유의 조건으로서의 주체마저 전제하지 않는다. "초월론적" 비판은 이미 구성된 주체의 관점에서 시작하여 어떤 조건들 아래에서 대상이 주어진 것(=소여)으로부터 구성되는가 하고 묻는 반면, 흄의 "경험론적" 비판은 정념들과 인상들의 내재적 장으로부터 시작하여 주체가 어떻게 인식할 수 있으며 도덕이 어떻게 구성되는지 묻는다(ES 91-2/ 86; 번역 수정).

『비판』의 변형적 개념은 『비판』이 다원론적 가치 철학과 동일시되는 『니체와 철학』에서 추구된다. 니체의 "계보학적" 비판은 자신의 가치와 의미를 수여하는 행위자의 관점에서 현상들에 접근하는 "능동적 학문"을 표현한다. "행위자"로서의 사상가는 실천적 의미 못지않게 극적인 의미에서 이해된다. 여기서 들뢰즈는 본질의 물음―x란 무엇인가?―을, 사물에다 의미나 가치를 부여하는 가치평가의 중심을 표하는 더 주요한 물음 '누가?'로 대신하는 "극적" 방법 개념을 철학에 도입한다. 본질의 물음에서 의미의 물음으로 향하는 변화를 들뢰즈는 칸트에 관한 자신의 세미나들에서 비판적 방법의 주요 혁신들 중의 하나로 간주한다.[7] 칸트의 "현상phenomenon" 개념은 본질을 숨김을 의미하는 "나타남(=외양)appearance"이 아니라, 나타나는 한에서 나타나는 것, 혹은 환幻; apparition이다. "현상"은 본질을 지시하는 것이 아니라 그것의 조건들 혹은 의미를 지시한다. "무언가 나타난다, '그것의 의미가 무엇인가?'를 나에게 말하라, 아니면―그리고 이는 결국 같은 말이다―'그것의 조건이 무엇인가?'를 나에게 말하라."[8] 이러한 조건들은 주어진 관점 내에서 이성의 식별 가능한 원리들을 지시할 뿐만 아니라, 또한 이성의 관심이 지적이냐, 실천적이냐, 미감적이냐에 따라서 행하는 주체적 "역할"과 객체적 "역할"의 가능한 다양한 배치들을 지시한다.

들뢰즈의 설명에 따르면, 칸트는 자신이 거부해 왔던 초월적 지위를 가지는 범주들, 관계들, 가치들을 초월론적 수준에서 재도입하는 것으로 보이는데, 즉 주체와 대상의 범주들, 능력들 간의 관계들, 진리와 도덕의 가치들이 실제로 산출되는 것이 아니라 "주어진 것들"로 다루어지는데, 이때 그는 비판철학자로서 실패한다. 들뢰즈는 형이상학적 초월적 형식의 동일성(신, 세계, 영혼)이든, 아니면 사유 관계의 근거로서의 주체와 대상의 형식적 초월론적 동일성들이든, 동일성 그 자체의 개념을 사유의 근거로서 포함하기 위하여 초월론적 가상의 범위를 넓힌다. "내재성…"에 관한 자신의 마지막 저작에서, 초월론적 장이 경험의 장과 구별되는 것은 "초월론적 장이 대상을 지시하지도 않고 주체(경험적 재현)에 속하지도 않는다"는 점이며, 그의 "초월론적 경험론"은 "주체와 대상의 세계를 구성하는 모든 것에 반하여" 정의된다.**9** 주체와 대상의 범주들은 어떤 의미에서 너무 경험적이다. 그것들은 이미 구성된 경험 세계에 속하기 때문이다. 그러나 경험 세계의 구성은 경험적 수준에서 이미 주어진 것으로서 단순히 재생산되는 것이 아니라 초월론적 수준에서 설명되어야 하는 것이다. 다른 한편으로, 주체와 대상의 범주들은, 경험을 마주치게encounter 하는 것이 아니라 재인하게recognise 하는 습관적인 형식들과 개념들에 경험을 묶어놓으므로, 충분히 경험적이지 않다—경험의 "무의식"이 통상적인 의미에서의 "경험을 넘어서는" 모든 것에 놓여 있는 만큼이나 "직접적인 소여들"에 놓여 있다.

요구되는 것은 범주적인 관점에서 보면 규정 가능하지도 "식별 가능하지"도 않은, 경험 내의 그 요소들에 직면하는 사유의 진정한 발생의 조건들이기 때문에, 이 두 가지 문제는 결합된다. 이러한 조건들은 사유의 필연성을 다그치는 어떤 것, 곧 사유의 내적 외적 요소들의 종합을 다그치는 어떤 것이다. 이때 이러한 사유의 필연성은 사유의 길을 사전에 규정하는, 기저에 놓여 있는 어떤 동일성—이 동일성이 주체나 대상의 동일성이든, 혹은 주체와 대상의 관계 기저에 놓여 있는 존재Being이든—의 형식을 취하지 않는다. 이 문제에 대한 들뢰즈의 접근법은, 전개할 때 극복되는 상대적 단계가 아니라 사유의 핵심에 있는 실증적 발생적 심급으로서의 문제" 자체의 개념에다 실체를 부여하는 칸트 철학의 부분들을 전개하는 데 있다. 문제의 타당성 혹은 문제가 함축하는 물음의 타당성을 다룸으로써 이론의 타당성을 다루는 것이 고전적인 비판적 조치이다. 들뢰즈는 글자 그대로 이 교의를 취하면서, 동일성 개념 아래와 위에 놓여 있는 칸트 자신의 사유 내의 "문제적" 차원들—도식, 이념, 그리고 미감적 경험의 체제—을 발굴함으로써 칸트의 이론적 종합의 탁월함에 도전한다. 들뢰즈에게 "문제적"은 특별한 의미를 지니지만, 그러나 이 단어의 일상적 의미에서조차 우리는 들뢰즈가 칸트의 초월론적 비판을 그 본질적인 자율성을 유지하면서 더 "경험적인" 방향으로 재정향하는 데 이 단어가 얼마나 도움을 줄지 예상할 수 있다. 문제들은 사유의 습관적인 범주들을 넘어, 바깥으로부터 사유를 다그치지만, 그러나 자신의 특별한 과업 혹은 탐구로서 사유를 친밀하게 다룬다. 문제들은, 경험 안에서 가장 우연적이고 단독적인 것(=독특한 것)과 계속 결연하고 있는 동안, 그들 자신의 필연성을 강요하고 사유의 내적 필연성을 일깨운다. 그리고 문제들은 그 실증적인 미규정성—그럼에도 불구하고 규정의 가장 높은 역능들powers에 이르도록 사유를 부추기는 미규정성—에 의해 사유를 다그치고 강요한다.

『비판』을 다시 쓰기: 문제적인 것

기하학에서 말하는 문제의 본래 의미는 옥스퍼드 사전의 정의에 가장 간명하게 제시되어 있다. 문제는 "어떤 것이 행해져야 할 명제" 이다. 문제는 기하학에서 정리와 반대된다. 정리는 "일련의 추리에 의해 증명되어야 할 명제"이다. 정리와 문제의 차이는 전자가 자신의 정의로부터 도형의 몇 가지 본질적인 고유성질들을 도출하는 연역적 과정을 수반하는 반면, 문제는 구축 혹은 변형의 물질적 과정—이 과정에서 도형의 개념으로부터는 연역될 수 없는 도형의 고유성질들이 밝혀진다—을 요구한다. 문제들의 실존은, 수학과 기하학이 공간과 시간 속에서 생성하는becoming 물질적 세계와 독립해 있는 제일 원리로부터 연역 가능하고 필연적 보편적 진리들을 제공하는, 순수하게 분석적인 앎의 이상을 오랫동안 제시해 왔기 때문에, 기하학의 논의들에서 일정 정도의 스캔들을 일으키는 원인이었다.**10** 칸트는 그가 『순수이성비판』에서 수학적 개념과 기하학적 개념은 그 필연성과 보편성을, 그 개념들이—개념적 요소와 직관적 요소 간의 분리가 없는—공간과 시간의 전적으로 종합적인 순수 구축들이라는 사실에 빚지고 있다고 주장했을 때 이 스캔들을 반복했다. 평범한 경험적 혹은 철학적 개념(가령, "개")은 한편으로는 일반적인 개념적 정의, 그리고 다른 한편으로는 개별적인 실존적 사례들로 나뉠 수 있는 데 반해, 칸트의 경우 예를 들어 삼각형에는 (설사 오직 상상 속에서라고 할지라도) 공간 안의 실제적인actual 구축을 제외하고는 어떠한 유의미한 "정의"나 개념이 존재하지 않으며, 역으로, 어떠한 주어진 삼각형도 그것의 고유성질들에 관한 직접적이고, 필연적이고, 보편적인 진리들을 산출한다. 즉 개념은 직접적으로 직관이며, 그 역도 마찬가지이다. 기하학적 앎에서 개념이 직관과 맺는 관계는 일반적 개념과 개별적 사례 간의 외적 관계가 아니라, 한 단일한 사례가 개념의 보편적 범위를 아우르는 내적 관계이다.**11**

그러나 기하학적 수학적 개념의 고향인 공간과 시간의 순수 선험적 면은 실제적actual 실존의 물질적 면으로부터 독립해 있다. 칸트는 전통적 개념들로 환원 불가능하고 물질적 내용으로부터 독립해 있는 순수 공간과 시간의 이러한 독립적 세계—이 세계의 실재는 기하학적

―수학적 개념 안의 지적인 것과 시공적인 것의 내적인 "다이어그램 적" 통일에 의해 증명된다―를 정립함으로써, 한편으로는 지적이고 영원한 영역, 다른 한편으로는 공간과 시간의 물질적 세계를 놓는 대립과 결별했다. 그러나 이러한 직접적인 통일은 조금이라도 의미를 갖기 위해서는 외적 물질적 요소와 연결되어야만 하는 "개"나 "인과 성" 같은 철학적 개념들에 의해 공유될 수 없다. 여기서 공간과 시간의 순수 형식은 개념을 물질적 실존으로부터 분리해낸다, 그리고 이 순 수 형식 아래에서만 개념들이 경험과 관련하여 조금이라도 규정될 수 있다는 역설적 지위를 갖는다. 칸트는 순수 공간과 시간의 "수학적 종합" 아래에서 개념들의 "구축"을 통해 진행되는 기하학적 앎 또는 수학적 앎과, 개념이 역동적 종합 속에서 직관의 물질적 내용과 종합 되어야 하는 "개념들에서 오는" 앎 혹은 "개념들에 따르는" 앎을 구별 한다. 그러나 칸트는 "도식" 개념을 수학적이든 아니든 공간과 시간 안의 모든 개념들을 위한 "구축의 규칙"으로 정립함으로써 기하학적 개념들의 논리를 철학적 개념들의 논리로 확장하려고 시도한다. 그는 다양한 범주들이 어떻게 시간 용어들로 "도식화될" 수 있는지 정교하 게 서술하지만―가령 인과성은 시간-순서로 도식화된다―, ―"개"와 같은―더 경험적인 개념들이 어떻게 시공간적 용어들로 도식화되는 지에 관한 자세한 서술은 다소 애매하게 남겨두고 있다. 위에 언급된 바와 같이, 그는 결국 개념과 직관을 통일하기 위한 필연적 근거로서 주체와 대상=x의 통일하는 힘에 의탁한다.

1970년대에 행해진 칸트에 관한 강의들에서, 들뢰즈는 도식을 공간 -시간의 자율적인 "블록"(그가 『차이와 반복』에서 "에레혼erewhon"[DR 3/ xx-xxi]이라고 부르는 것)을 확정하는, 종합을 지배하는 "재인의 규칙" 에 대립하는 "생산의 규칙"을 따르는 것으로서 정의한다.**12** 들뢰즈는 공간과 시간을 점하는 다이어그램적인 양식으로서의 개념에 대한 기하학적인 또는 "도식적인" 이해, 즉 사물의 본질이나 개념은 순수하게 지적인 동일성이 아니라, 영토를 표시하는 일단의 독특점들 혹은 운동들이라는 견해에 분명 영감을 받았다. 예를 들어 「극화의 방법」에서 들뢰즈는 한 사물의 독특한 성격은 개념적 정의에 놓여 있는 것이 아니라, "한 동물의 사냥터에서처럼 한 사물이 전 외적 공간을 규정하고 구분짓는" 방식으로 "비상한 점들과 영역들"에 놓여 있다고 주장한다(DI 92). 또한 그는 철학적 개념들이 선험적으로 규정될 수 없고 그것들을 규정하기 위한 본질적 조건들로서의 "시간의 순수하고 빈 형식"과 다투어야만 하는, "바깥"에서 오는 물질적 우연적 요소들을 수반하는 방식을 존중하고 또 실로 강조한다.

들뢰즈의 경우 이러한 종합의 요소들에다 궁극적 정합성을 부여하는 "우산"은 초월론적 주체와 대상의 동일성 형식이 아니라, 문제-이념의 포괄적인 지평이다. 들뢰즈가 개념의 도식적 구축을 다시 사유하기 위한 조건은, 그가 『차이와 반복』에서 시사하는 바와 같이, 그것은 개념의 도식화로서가 아니라 이념-문제의 극화로 생각되어야 한다는 것이다. "만약 칸트의 도식이 재현의 세계 안의 단순한 매개 상태로 과도하게 환원하는 범주들에 복속하지 않는다면, 그것은 달아날 것이며, 미분적 이념 개념을 향하여 그 자체를 극복할 것이다"(DR 365/ 285, 번역 수정). 이념의 "극화"는 문제의 이념적 관계들의 교차점 및 그 해결의 장에서 좌표들을 분명히 표시하는 데 그 본성이 있다. 들뢰즈는 문제-이념과 그 해결 간의 관계를 기하학적 개념에 속하는 것과 같은 용어들, 즉 독특한 사례와 보편적 범위 간의 내적 관계로서 기술한다.

문제 혹은 이념은 진정한 보편자 못지않게 구체적 독특성이다. 문제의 보편성을 구성하는 관계들에 부응하여, 문제의 조건들의 규정을 구성하는 현저하고 독특한 점들의 분배가 존재한다. (DR 211/ 163, 번역 수정)**13**

그러나 이 모델은 칸트가 첫 번째 『비판』에서 제공하는 것과는 다른 방향의 사유의 이미지는 물론이고 칸트의 이념 개념에 대한 어떤 일정한 재배치를 요구한다.

칸트의 이념은, 일별할 때, 들뢰즈의 교정된 초월론적 장치에 포함되기에는 그다지 유망한 후보는 아닌 듯하다. 위에서 개요를 서술한 바와 같이, 칸트에게 이념이란 본성상 경험을 넘어서는 이성의 순수 표상이다. 왜냐하면 이념은 모든 경험의 궁극적 조건의 표상—가장 유명한 예들은 영혼, 신, 그리고 우주의 총체성의 예들이다—이기 때문이다. 칸트는 그런 이성의 이념들을 "문제적"이라 부른다. 실존하는 사물들로서의 그것들의 지위는 지성의 관점으로부터는 긍정될 수도 부정될 수도 없기 때문이다. 물론 들뢰즈에게 이러한 이념들은, 설사 "내재적" 의미가 수용된다 하더라도, 더 이상 비판철학 안의 실재적 "문제들"이 아닌 중심 지향적인 전체론적 이상들과 정확히 같은 종류의 것이다. 하지만 만약, 경험의 한계들에 다다르려고 염원할 때, 이성에게 최고의 존재자 혹은 영혼과 같은 확대된 동일성이 수여되는 것이 아니라, 문제의 체제 혹은 사건의 무의식적 영향이 수여된다면 어떻게 될까? 만약 이념의 미규정성, 그리고 작동시키고 강요하는 이념의 특징들이, 이러한 이념이 직관이 전혀 존재하지 않는 순수 개념이라는 사실로부터가 아니라 개념이 전혀 존재하지 않는 순수 직관으로부터 유래한다면 어떻게 될까? 그렇다면 이념은, 잘 구성된 대상들과 주체들의 세계의 일부가 아니라는 의미에서 경험 "바깥에서" 남아 있으면서, 실제적으로 마주쳐질 수도 있는—마주쳐져야만 하는

—어떤 것이리라.

이념에 대한 이러한 이해는 사실 칸트의 경우에도 실존한다. 그것은 『판단력비판』에서 "미감적 이념"으로, 즉 개념들에 의해 "설명될 수 없는" 현시로서 나타나며, 직관 안에서 "증명될 수 없는" 개념들인 이성적 이념들의 구조를 전도시킨다.**14** 미감적 판단들은 칸트에게는 생기적 원리들인 "쾌와 불쾌"의 초월론적 원리들을 표현한다. 즉, 미감적 판단들은 우리의 "생명의 느낌"을 고양하거나 억제하는 데 그 본성이 있다. 미감적 경험과 판단들은 힘들의 자극의 이러한 수준에서 발생한다. 우리의 모든 능력들—이성, 지성, 상상력, 감성—은 미감적 판단들에 참여하는 반면, 그것들은 어떠한 특수한 개념을 규정하지도 않고 또 어떠한 특수한 개념에 의해서도 규정되지도 않으므로, 순수 역능들이나 경향들로서만 참여한다. 미감적인 것의 "역동성"은, 우리의 사유 역능들을 자극하지만 이 동일한 역능들에 의해 어떠한 확정적인 방식으로도 해결될 수 없는 어떤 것에 우리가 봉착하는 것이다. 같은 의미의, 뒤바꾸어 볼 수 있는 공식이 있다. 즉, 우리는 우리의 일상적인 사유의 역능들에 의해서는 해결될 수 없는, 따라서 이러한 동일한 역능들을 자극하는 어떤 것에 봉착한다. 그것은 단지 미감적 경험이 둔화되는 경우가 아니다. 오히려 우리는 우리의 사유의 역능들을 행사하도록 유발되거나 강요되지만, 그러한 현시presentation를 해결하거나 규정하려는 우리의 시도들은 그것의 도발적인 역능들을 소진시키지 못한다. 능력들faculties이, 시도된 규정들과 객관적 미규정성 사이의 이러한 변증법을 꾸준히 행사하므로, 미감적 경험에는 필연적으로 시간적인 차원들이 존재한다.

미감적 경험은 우리의 사유의 역능들과, 조화의 느낌으로서의 주어진 현시 사이의 어떤 부조화에 의해 그만큼 지속되며, 칸트는 어떠한 지속적인 쾌도 사실 쾌와 불쾌 사이의 영속적 동요에 놓여 있다고 다른 곳에서 쓰고 있다. 이 동요는 특히 칸트의 숭고한 것에 분명히 나타나는데, 숭고한 것에서 상상력은 자신의 현시의 역능들을 초과하는 어떤 것을 포착하기 위해 이성의 지휘를 받는다. 들뢰즈에 따르면, 숭고한 것에서 "능력들의 변증법적 개념"에 가까이 가는데,**15** 여기서 능력들은 진정으로 일깨워지고 동일성의 재현에 기초하지 않는 관계를 맺게 된다.

> [숭고한 것은] 레슬링 선수처럼 서로 다투는 그러한 방식으로 다양한 능력들을 작동하게 만든다. 한 능력이 다른 한 능력을 그 최대한으로까지 또는 그 한계로까지 밀어붙이면, 이에 두 번째 능력이 자신 혼자였다면 갖고 있지 못했을 자극을 향하여 첫 번째 능력을 밀어붙임으로써 반작용한다. 한 능력이 다른 한 능력을 한계로까지 밀어붙이지만, 그 능력들 각각은 하나를 다른 하나의 한계들을 넘어가게 만든다. 능력들은 가장 깊은 수준에서 관계를 맺으며, 여기에서 그 능력들은 서로에 대해 매우 이질적이다. 그 능력들은 최대 지점의 거리로부터 서로를 수용한다. (ECC 48-9/ 34, 번역 수정)

숭고한 것에 대한 이러한 해석은 폭력을 겪음이라는 개념과 이와 동시에 더 높은 자유를 실현함이라는 개념을 결합하는 사유의 사건에 대한 들뢰즈의 설명의 배경을 형성한다. 즉, 우리는 "나에게 너무나 큰" 현시present와 직면하고, 우리의 능력들은 응답하면서 확장된다. 『차이와 반복』에서 들뢰즈는 사유의 새로운 초월론적 종합으로서의 이념-문제의 규정이라는 자신의 모델 속에서 문제의 이러한 요소들을 결합한다. 이 규정은 다음과 같은 세 부분으로 이루어진 구조를 지닌다. 첫째로, "객관적인 미규정성"으로서의 이념과 마주치는 것이다. 즉 사유에게 강요하는 사유 불가능한 문제적 "심급" 혹은 기호로서의 이념과 마주치는 것이다. 둘째로, 공간과 시간의 순수 형식에 관여하는, 문제의 해결 가능성 혹은 규정 가능성의 조건들─"모든 차원들의 각종 다양체들이든, 문제를 해결 가능하게 만드는 이념적 미래나 과거 사건의 파편들이든, 문제의 최초 신체를 그 자체로 완성하는 첨부들"(DR 246/ 190)─을 탐색하는 것이다. 그리고 마지막으로, 문제의 두 부분들 혹은 "측면들"(문제의 최초 심급 및 문제의 해결 가능성의 조건들)을 "융합"하거나 "압축"하여, 문제에 대한 응답을 구성하지만 문제의 본질적 미규정성은 삭제하지 않는 새로운 존재entity 혹은 "신체body"로 만들면서, 문제의 해결의 한 사례를 규정하는 것이다. 들뢰즈는 이념의 이러한 계기들을 사유의 목표로서의 앎과 대립하는 배움의 과정을 구성하는 것으로 해석한다.

능력들 간의 관계에 대한 설명으로서, 문제-이념의 규정의 세 부분은 들뢰즈의 경우 감성, 기억/상상력, 사유 혹은 이성과 각각 특수한 연관을 맺고 있다. 문제적 심급과의 마주침이 먼저 직관의 수준에서 경험되며, 문제적 심급의 힘이, 능력들이 서로 간에 또 자신들의 대상들과 맺는 관계를 매개하는 한 형태의 동일성이 아니라 능력들의 차별화를 통하여 진행되는 전달 혹은 "중계relay" 속에서, 다른 능력들(기억, 이성)에게로 차례대로 전달된다. 하지만 이 능력들 그 자체 각각은 문제에 응답하며 산출되어야 하는데, 들뢰즈는 각 능력이 그 자신의 내적인 문제적 구조, 배움의 양식, 공간과 시간의 "도식"을 보여주기 위한 종합을 개괄한다. 즉 이러한 각 능력은 인상의 수축과 파지 속에서 지속의 "살아있는" 현재 속에서 구성되는 감성, 현재의 수축들을 봉인하고 그것들 사이의 공명을 확립하는 "순수 과거" 속에서 구성되는 기억과 상상력, 그리고 모든 선행하는 조건들의 실체를 "추방하고", 그것들의 결과 중에 예술 작품의 응집성과 같은 미감적 응집성에 기여하는 것만을 보유하는 미래의 힘으로서의 순수 과거에 봉착하는 사유이다(DR 125/ 94).

새로운 종합: 면 위의 생명

들뢰즈는 자신이 칸트를 교정하는 일은 칸트의 "aesthetic"의 두 가지 의미를 결합하려는 시도라고 때때로 언급한다. "aesthetic"의 두 가지 의미는 감성의 조건들로서의 공간과 시간의 순수 형식들을 개괄하는 첫 번째 『비판』의 "aesthetic", 그리고 원리들을 정식화하려고 시도하는 범주화에 거역하는 생기적 독특성들을 사유하기 위한 세 번째 『비판』의 "aesthetic"이다. 칸트에 관한 저술들에서, 들뢰즈는 세 번째 『비판』의 미감적 장치를 능력들 간의 관계, 사유의 내부와 외부 간의 관계에 대한 진정한 "연역"의 장소로 간주한다. 많은 방식으로 『비판』에 대한 들뢰즈의 교정은 칸트 자신의 주요한 비판적 전제들에 대한 논리적 확장으로 간주될 수 있다. 칸트가 사유의 타당성을 불가능성의 고백으로서가 아니라 원리의 문제로서 근거짓기 위해 초월적 동일성이 소환되어서는 안 된다고 선언할 때, 사유는 필연적으로 순수 미규정성—들뢰즈와 과타리의 최후 공저에서 기술되는 "카오스모스"—과의 마주침으로서 재배치된다. 그리고 사전에 어떠한 길도 규정되지 않는데 어떻게 그러한 마주침의 결과가 폭력적이고 창조적이지 않을 수 있겠는가?

들뢰즈는 이러한 동일성의 부재를 차이—"더 이상 두 규정들 간의 경험적 차이가 아니라 규정 그 자체[LA détermaination]와 그것이 규정하는 것 간의 초월론적 차이Difference로서"(DR 116/ 86, 번역 수정) 칸트가 "발견한" 차이 개념—의 현존으로서 긍정한다. 이러한 "차이"는 단순히 "간극"이 아니라, 어떠한 대상도 사유 안에서 규정될 수 있는 형식들로서의 순수 공간과 시간의 장소이다—이는 칸트의 또 다른 주요한 주장이다. 공간과 시간은 "그것들 안에서" 사유가 발생하는 무관심한 환경들이 아니라, "그것들과 더불어" 사유가 자신의 대상들을 구축하는 본질적 차원들이다. 하지만 구축의 "수단"으로서의 공간과 시간의 역할은 단지 매개하는 역할이 아니다. 공간과 시간은 일단의 독특성들, 일군의 운동들, 리듬들, 형세들과 추이들만이 거주할 수 있는 자율적인 면을 형성한다. 이것은 들뢰즈가 "내재성: 어떤 하나의 생명Immanence: A Life"에 관한 자신의 최후 작품에서 되돌아가는 지대이다. 이것은 순수 내재성의 상태로서, 본질적으로 "사이"에 존재하는 것, 한 순간에서 다른 한 순간으로 가는 "추이", 삶과 죽음 사이에서 맴도는 것—"개체의 생명이 비인격적 생명으로 바뀌지만, 내적 외적 생의 현실적 사건으로부터 해방된 순수 사건을 추출하는 독특한 것인"—, 초월론적 "규정성"이라는 특징을 가진다.**16** "어떤 하나의 생명a Life"에서 부정관사 "어떤 하나a"는 초월론적인 것의 "지표", 즉 주체나 대상, 존재Being나 행위Act라는 초월적 특성들로 귀속되지 않거나 아직 귀속되지 않는 것 혹은 그러한 특질 속에 현실화되지 않거나 아직 현실화되지 않는 것의 "지표"이다. 들뢰즈에게 고유명은 또한 독특성이며, 들뢰즈의 고독한 군중을 형성하는 역사상의 다른 모든 이름들과 관련하여, 칸트와 더불어 들뢰즈는 우연성에다 그것의 필연적인 무게를 부여하고, 필연성에다 그것의 우연적인 생명을 부여하는 그 요소들을 찾아내왔다.

주(Notes)

1. 벵상 데콩브, 『현대 프랑스 철학』, J. 하딩·L. 스코트-폭스 옮김(Cambridge University Press, 1980), p. 152.

2. 휴 톰린슨과 바바라 해버잼이 들뢰즈의 『칸트의 비판철학』(London: Athlone Press, 1983), p. xv 역자 서문에서 칸트를 기술하듯이.

3. 벵상 데콩브, 『현대 프랑스 철학』, p. 152.

4. 벵상 데콩브, 『현대 프랑스 철학』, p. 156.

5. 벵상 데콩브, 『현대 프랑스 철학』, p. 153.

6. DR 프랑스어 원본 176/ 영역본 135. 이후 들뢰즈 텍스트 인용에서는 먼저 프랑스어 원본 페이지 번호가 제시되고, 이어 영역본의 페이지 번호가 제시된다.

7. 질 들뢰즈, 제1회 칸트 수업, 1978년 3월 14일. 이 자료는 온라인으로 http://www.webdeleuze.com/php/texte.php?cle=58&groupe=Kant&langue=1에서 구해볼 수 있다.

8. 질 들뢰즈, 제1회 칸트 수업, 18절.

9. 질 들뢰즈, 「내재성: 생명 …」, *Philosophie* 47 (1995), p. 3.

10. 예를 들면 들뢰즈가 종종 언급하는, 에우클레이데스의 『원론』에 관한 플로클로스 주해에서.

11. "[직관은] … 단일한 대상이어야만 하지만, 그럼에도 불구하고 개념(보편적 표상)의 구성construction으로서, 그것은 같은 개념에 포함되는 모든 가능한 직관들을 위한 보편적 타당성을 그것의 표상으로 표현해야만 한다." 임마뉴엘 칸트, 순수이성비판, 노먼 켐프 스미스 옮김(London: Macmillan, 1990), A713/ B741.

12. 질 들뢰즈, 제4회 칸트 수업. http://www.webdeleuze.com/php/texte.php?cle=58&groupe=Kant&langue=1, 5절.

13. 또한 WP 27/ 22를 보라. 여기서 들뢰즈와 과타리는 개념의 창조―구성construction―을 전개한다. "구성주의는 상대적인 것과 절대적인 것을 통합한다."

14. 임마뉴엘 칸트, 『판단력비판』, 베르너 S. 플루하르 옮김(Indianapolis: Hackett Publishing Company, 1987[1790]), pp. 342-4.

15. 질 들뢰즈, 『칸트 미학의 발생 개념』, 대니얼 W. 스미스 옮김, *Angelaki*: Journal of the Theoretical Humantitis, 5; 3(2000), p. 63.

16. 들뢰즈, 「내재성: 생명…」, p. 5.

6.

솔로몬 마이몬

그레이엄 존스

마이몬은 누구인가?[1]

슐로모 벤 조슈아Shlomo ben joshua(1753-1800)는 누추하고 가난에 찌든 배경의 폴란드계 러시아인 랍비였다. 대학에 한 번도 다닌 적이 없고 탈무드 전통과 그 자신의 절충적인 독서를 통해 철학을 배웠으며, 그가 매우 존경하는 스페인 유대 철학자 모세스 마이모니데스Moses Maimonides에게 경의를 표하며 마이몬이라는 이름을 택했다. 그의 이단적인 견해 때문에 폴란드 공동체에서 추방되고 나서, 마이몬은 유럽을 두루 여행한 후 최후로 독일에 정착했다. 독일에서 그는 사람을 대하는 게 서툴렀고 무뚝뚝했고 화를 잘 냈으며, 그의 저작 대부분을 집필한 선술집에서, 술값 때문에 망신을 당한 일을 이야기하곤 했다고 한다. 거기서, 야망에 차서, 그는 다양한 지적 논쟁들에 몰두하며 철학의 역사를 연구해 나아갔다. 합리론과 경험론 사이의 논쟁을 해결했다고 주장하는 칸트를 읽고 난 후, 마이몬은 칸트의 『순수이성비판』에 관한 주해서 저술을 착수했는데, 이 주해서에서 그는 (그가 "연합-체계Koalition-system"라고 일컫는) 그 자신의 철학의 일반 원리를 대략적으로 논술할 작정이었다. 이는 라이프니츠, 흄, 칸트의 상이하고 양립 불가능할 것 같은 입장들을 종합하고 조화시키려는 독창적인 시도였다. 매우 두껍고 특이한 독일어로 쓰여진 "초월론 철학 시론"이라 불리는 이 문건은[2] 늙어가는 칸트에게 마침내 건네졌는데, 그는 "내 논적 가운데 그 누구도 나를 그렇게 잘 이해하지 못했지만, 몇 안 되는 사람들이 이러한 종류의 심오한 탐구에 매우 많은 통찰과 명민함을 주장할 수 있었다"고 마지못해 인정했다.[3]

칸트의 맥락

『순수이성비판』에 보이는 칸트의 코페르니쿠스적 혁명은 "세계"는 우리의 사유들에 따르지 그 역은 아니라고 주장하는 데 있었다. 무언가(대상)가 규정되기 위해서, 그것은 "사유"되지 않으면 안 된다. 대상-성object-ivity을 제공하고 따라서 대상들을 생산하는 것은 인식cognition이기 때문이다.

그러한 규정에 대한 자신의 설명을 상세하게 서술할 때, 칸트는 몇 가지 주요한 혁신들을 도입했다. 첫째로, 어떤 것이 "대상"이 되기 위해서 그것은 (요소들의 "결합" 혹은 "통합"과 같은) 어떤 종류의 종합의 결과 혹은 산물이어야 하므로, 그는 종합을 그의 설명의 중심에 두었다. 그러나 종합 개념은 칸트 철학에만 있는 것이 아니었다. 실로 이 개념은 경험론 내에서 아주 흔한 것이었다. 칸트의 혁신은 종합을 선험적인 것으로서—경험에 독립적인 것으로서, 경험 일반의 가능성의 조건으로서—, 초월론적 수준에 두는 데 있었다.

칸트의 두 번째 혁신은 상응하는 (사유가 상상력의 중재를 통해 연결되는) 감성적 요소가 없는 사유는 단지 공허하고 형식적이라고 주장하는 데 있었다. 왜냐하면 오직 감각만이 "실제적인actual" 것으로서의 어떤 것을 지시하며, 그러한 종합으로 대상의 "나타남appearing"과 관련한 실재적 사건real occurrence or event을 만들기 때문이다. 따라서 대상을 규정하는 것이 우리가 그것을 "사유해야"만 한다는 것을 의미할지라도, 우리는 경험의 가능한 대상이라는 조건에서만 대상을 "인식"할 수 있을 뿐이다(즉, 우선, 시간과 공간의 형식들에 연결되는, 수용되는 직관 혹은 감성적 기여가 존재해야만 하고, 그것은 이어 지성의 능력에 의해 제공되는 일단의 선험적 규칙들 아래에 포섭된다). 감성의 기여가 없다면, 사유의 대상은 형이상학적 사변, 우리를 오도할 가능성이 있는 허구에 불과할 뿐이다.

이것은 칸트의 세 번째 혁신, 즉 현상들(경험의 대상들)과 사물들 그 자체에 대해 행하는 그의 구별을 시사한다. 후자는 우리의 감관들을 격발하거나 자극하는 독립적 존재들entities(우리를 "촉발하는" 저 신비로운 사물들)이다. 우리는 이 실체들에 대해 직접적 혹은 무매개적 파악을 갖지 않으며, 또 그러한 파악을 가질 수도 없다—즉 우리는 그 자체로 진실로 존재하는 대로 이 실체들을 인식할 수 없다. 우리의 인식 장치가 그 자신의 형식과 본성에 따라서, 이 실체들에 대한 그 자신의 이해를 가지는 방식과 관련해서만 인식할 수 있다.

네 번째 혁신은 감성, 상상력, 지성 능력들의 노력들은 인식의 경험적 대상"에" 수렴해서, 이 능력들이 재인의 작용 속에서 대상을 함께 식별하고(그것은 내가 보고, 기억하고, 이해하는 등등 내 앞에 있는 동일한 의자이다), 이에 상응하게, 이 능력들의 노력들은 반대 방향에서 자신들의 노력들을 조정 통합하고 통일하는 중심지 혹은 중심 장소—통각의 초월론적 통일 혹은 초월론적 주체—에 수렴한다고 주장하는 데 있었다.

다섯 번째 혁신은 사유를 둘로 쪼개는 데—사유의 역능(과 개념)을 지성과 이성 두 능력으로 나누는 데—있었다. 전자는 경험의 가능한 대상들을 생산할 수 있다. 하지만 후자 이성은 순수 사유 그 자체의 능력이며, 감성과 아무런 직접적 관계를 갖지 않는다. 이성 그 자신의 개념들 곧 이념들은 자신들의 가장 일반적인 형식 안에서 문제를 제기한다. 이러한 이념들은 아무런 경험적 등가물을 갖지 않는다(경험 안에서 아무런 상응하는 요소를 갖지 않는다). 대신에 이념들은 경험의 문제적problematic 측면 혹은 당혹스럽게 하는 측면들과 관련되어 있다—경험은 궁극적으로 어디에서 생겨나는가? 경험은 궁극적으로 무엇으로 이루어지는가? 경험의 진정한 본성은 무엇인가? 경험은 도대체 왜 실존하는가? 경험은 왜 그것이 취하는 형식을 취하는가? 등등. 요컨대 이념들은 자연 일반의 통일성, 일관성, 일치성, 필연성을 제공하거나 지원하는, 기저에 놓여 있는 조건들의 문제와 관련되어 있다. 그런 이념들은 영혼, 신, 우주의 총체성, 사물들 그 자체, 자유 등등을 포함한다—이것들은 우리가 사물들의 궁극적 본성을 설명하기 위해 의탁하는 "조건지어지지 않는 조건들"(즉, 그 자체 다른 원인들에 의해 야기되지 않거나 혹은 스스로 원인이 되는 것으로 보이는 원인)이다. 칸트에 따르면, 그런 이념들은 이상들 혹은 주제들이다. 즉 우리가 경험적으로 옳다고 증명할 수도 없고 그르다고 증명할 수도 없지만, 대상적 경험이 제공하는 인식의 다양하고 이질적인 단편들을 조직하고 체계화하는 일과 관련하여 도움이 되는 초점들로 기능하는 가설적인 개념들 혹은 사변적으로 추론적인 개념들이다. 그렇다면 이러한 이념들은 "세계"에 대한 더 광범위한 통일과 정렬을 이해하거나 제공하는 필연적인 수단이다. 그러나 이런 의미에서, 그것들은 구성적 사물들이나 실재적 원인들이 아니라, 단지 더 나아간 탐구를 위한 규제적 가이드라인일 뿐이다.

마이몬은 (이어서 들뢰즈가 그러하듯이) 이러한 상호 관련된 개념들 각각을 비판하고 교정한다. 그러나 마이몬의 설명에서 주목할 만한 것은, 분명해지겠지만, 라이프니츠와 스피노자의 합리론적 유산으로 되돌아가서, 칸트가 자신의 저작에서 매우 주의 깊게 삭제한 바 있는 동일한 (혹은 수정된) 형이상학적 특징들을 몇 가지 재도입함으로써 칸트 설명의 결함을 극복했다는 점이다.

마이몬의 비판

마이몬은 처음에 칸트의 『순수이성비판』의 「초월론적 연역」의 불충분함에 주의를 기울였다. 「초월론적 연역」에서 칸트는 지성의 능력이 제공하는 (그리고 초월론적 원리들에 따라 작용하는) "범주들"이라고 불리는 초월론적인 선험적 개념들은 감성의 능력이 제공하는 감각적 인상들을 외재적으로 조건짓거나 포함한다고 주장했다. 그렇게 할 때, 범주들은 그런 인상들의 연속성, 대상성, 질서를 규정하거나 제공한다.

이에 반대하며, 마이몬은 칸트가 제시하는 종합적인 선험적 원리들 혹은 개념들이 후험적인 감각 직관들에 필연적으로 적용된다는 설득력 있는 증거가 전혀 존재하지 않는다고 주장했다—필연성과 보편성은, 경험의 대상성을 근거짓고 사유에서 유래한다고 칸트가 주장하는 두 전제 조건이다.**4** 그는 칸트는 종합적인 선험적 개념들을 적용하게 하는 정당화 가능한 기준을 찾을 수 없었다고 주장했다. 왜냐하면 경험 안에서 이 개념들이 적용되는 그 사례들과 그렇지 못한 사례들을 구별할 방법을 전혀 갖지 못하기 때문이고, 또 그와 마찬가지로 "우리 감관들의 모든 증거는, 흄이 주장한 바와 같이, 우리에게 단지 별개의 사건들 사이의 끊임없는 결합만을 보여주지, 결코 어떠한 보편적 필연적 연관들을 보여주지 않기 때문이다".**5**

이러한 회의에서 시작하여, 마이몬은 칸트의 이원론의 불충분성에 초점을 맞추면서 칸트 철학에 대한 자신의 비판을 확장한다. 그는 감성과 지성의 이 근본적으로 상이하고 이질적인—하나는 수동적 수용적이고 다른 하나는 능동적 자발적인—능력들이 어떻게 진정으로 상호 작용할 수 있는가를 묻는다.

마이몬의 해답은 초월론적 연역의 이원론을 거부하는 것이다. 그는 선험적 개념들을 감성적 직관들에 적용하는 일에 관한 이러한 어려움들은, 만약 이 둘이 공통 근원에서 생겨나거나 대립적인 경향들을 나타내는 연속체를 구성하는, 동일한 사물의 단지 상이하지만 관련된 측면들이라면—즉 만약 지성이 그 자신의 법칙들을 따라서 개념들은 물론 직관들을 창조하거나 또는 그 대신에 감성이 또한 직관들은 물론 개념들을 창조한다면—, 존재하지 않으리라는 점을 언급한다. 요컨대 "감성화된" 개념들 또는 "지성화된" 직관들.**6** 하지만 경험론자들이 제안한 바의 감성화된 지성을 택하지 않고(왜냐하면 마이몬은 지적인 어떤 것이 어떻게 지적이지 않은 것으로부터 만들어질 수 있는가 하고 묻기 때문이다), 그 대신에 그는 감각들을 지성화하는—즉 지성은 경험의 형식과 내용 둘 모두의 근원이라는 점, 감성은 그 자체 인식의 독립된 근원이 아니라 사유의 혼잡한 형식이라는 점을 가정함으로써—, 더 만족스러운 라이프니츠의 대안을 수용한다.[7] 이러한 방식으로, 마이몬이 감성과 지성의 질적 차이를 양적 차이로 전환할 때 그것들은 단지 정도상 다를 뿐이므로, 거기서 전자의 감소는 이와 비례하는 후자의 증가를 반영한다고 말할 수 있겠다.[8] 따라서 직관을 특징짓는 판명하지 않음, 혼잡함, 모호함은 개념의 명료함과 판명함에 길을 내준다—왜냐하면 우리가 진실하게 인식할수록 "그만큼 더 우리는 촉발된다".[9]

그러나 칸트의 딜레마에 대한 마이몬의 해결은 우리의 지각들의 본성과 우리가 지각들을 경험하는 방식에 관한 그 자신의 잠재적 어려움들을 일으킨다. 우리는, 그렇다면 어떻게 우리는 우리 지각들의 소여-성(=주어져-있음), 환원 불가능성, 독립성—우리의 지각들과 관련하여 우리가 가지는 의식적 선택의 결여—, 그리고 "감각들"은 지성에 의해 직접적으로나 단독적으로가 아니라 "오직" 감관들에 의해서만 지각 가능한 것으로 보인다는 사실을 적합하게 설명할 수 있는가 하고 물을 때, 정당화될 것이다. 마이몬은 이러한 어려움을 자신의 독창적인 "미분" 이론으로 극복한다.

무한소와 미분

칸트는 『순수이성비판』에서 수동적 감각 기관이 촉발되는 정도를 지시하는 강도적 크기에 의해 감각 원료raw matter of sensation를 기술한다. 이 강도적 크기는 연장 없이, (비록 강도적 크기는 영으로 환원 가능한 것으로 결코 실제로actually 경험되지 않을지라도) 무한과 영 사이의 연속체 안에 잠재적으로 실존하고, 증가와 감소의 변화들을 겪는 강도의 정도들 혹은 등급들로만 이루어져 있다.

마찬가지로 마이몬은 감각 재료matter of sensation(지각의 잡다한 내용)를 그런 연장-없는 정도들, 등급들, 혹은 구성적 미분 요소들로 이루어지는 것으로 간주한다. 더구나 그는 이것들은 의식적 문턱 아래에 놓여 있다고 주장한다. 그것들은 그 자체로는 지각 불가능한 무의식적 요소들이다. 프레더릭 바이저가 마이몬의 설명에 대해 언급하듯이,

> [이 단위들은] 모든 의식의 기본적 요소인, 가능한 한 가장 낮은 정도의 강도의 감각을 그 본성으로 한다. 이 단위들이 더해지면 의식의 정도가 증가하고, 이 단위들이 빼지면 의식의 정도가 감소한다. 우리는 감각에 대한 의식의 정도를 끊임없이 감소시킴으로써 … 그런 단위들에 접근한다. 그러나 이 단위들은 무한히 작으므로, 감각에 대한 분석은 그것들에 오직 접근할 뿐이지 그것들에 결코 도달하지는 않는다.[10]

마이몬은 이 지각 불가능한 요소들을 라이프니츠의 미분법과 적분법에 관련시킨다. 미적분법을 전개할 때 라이프니츠는 (상징 dx가 의미하는) 차이들, 혹은 그가 "무한소들"이라고 부르는 점들은—접선이 곡선과 맺는 점근선적asymptotic 관계에서와 같은—결코 영에 도달함이 없이 사라지는(즉 식별 불가능하게 되는) 것으로 보이는 무한히 더 작은 단위들로 세분될 수 있을 것이다라는 이론을 제시했다. 그러나 더욱 중요하게는, 라이프니츠는 또한 x에 대한 미분 dx 그리고 y에 대한 미분 dy의 변화율을 지시하는 가치들(즉 dx/dy)이 영(0/0)으로 줄어들 때조차 미분 관계는 그 자체 결코 영과 동등하게 되지 않는다는 점을 발견

했다.**11**

마이몬은 라이프니츠의 용어를 취하여, 강도적 크기의 분할 가능한 무차원의 요소들을 무한소들로서 언급한다. 그러나 더 중요하게는, 그는 이러한 요소들의 상호 관계를 미분 관계로 간주하는데, 이 관계 속에서, 비록 감관들에 의해 더 이상 지각 가능하지는 않지만, 그 요소들은 (비록 의식의 문턱 아래에 있긴 하지만) 여전히 지성에 의해 규정 가능하다. 이 방식은 미분방정식이 곡선의 분석을 통하여 곡선의 고유성질들을 점들의 무한 분할에 의해 정의하는 방식과 비슷하다. 그런 방식으로 마이몬은 라이프니츠의 수학적 설명을 무한소들과 미분들의 본성에 관한 직접적인 형이상학적 주장으로 확장한다(따라서 라이프니츠의 사유에 아마도 이미 암묵적으로 존재했던 것을 명시적인 것으로 만들었다고 주장할 수 있겠다).**12**

이러한 미분 요소들의 무의식적이고 지각 불가능한 본성과 관련하여, 마이몬은 또한 그 요소들을 라이프니츠의 "미세 지각" 이론과 결부시킨다. 라이프니츠는 심적 활동은 연속적 활동이며, 그 중 많은 활동은 의식의 문턱 아래에서 진행된다고 주장한 바 있으며(즉, 그는 우리가 멍하니 있을 때, 잠들어 있을 때, 심지어 혼수상태에 있을 때도 어떤 의미에서 우리는 여전히 사유하고 있다고 언급했다), 감각적 지각들은 사실 모나드들 안에서 이루어지는 심적 활동의 혼잡하거나 불명료한 형태들이라는 그의 믿음을 따라서, 후에 그는 의식적 지각들은 비록 동질적인 것으로 보이긴 하지만, 사실 우리가 의식하지 못하는 수많은 "작은 인상들" 혹은 미세-지각들로 구축되어 있다고 언급했다.**13** 어떤 수준에서 우리가 여전히 알아차리고 있는 동안, 이 모든 각각의 미세-지각들(이것들의 수는 상관없다), 그것들의 특이함, 그것들 각각의 개별적인 기여들의 독특함은 의식적 재인의 문턱 아래에 놓여 있으며, 그것들을 적어도 전역적 혹은 몰적 수준에서 "식별 불가능자들"로 만든다. 이런 면에서, 마이몬의 경우 강도적 크기로서의 감각들은 마찬가지로 식역識閾 하 심적 활동의 무한하게 작은 정도로 이루어진다—그것들은 단지 지성의 잠재의식적 작업과 법칙의 산물일 뿐이다 (감각들이 주어진 것으로 또 우연적인 것으로, 그리고 "혼잡한" 재현들로 "나타나는" 것은 오직 감각들의 실제적actual 생산이 개체적 의식의 문턱 아래에 또는 너머에 놓여 있기 때문이다).

강도적 크기로서의 감각들은 그것들의 관계들 속에서 "생산적"이기 때문에, 마이몬은 무한소들 혹은 미분들은 직관의 선험적 요소들이며, 따라서 그것들의 종합의 산물인 경험의 "주어진" 것과는 대조적으로, "의식적 지각을 이루는 잡다의 통일성의 필연적 조건"[14]이라고 주장한다. 실로 개별적이고 유한한 지각을 낳고 이 지각에게 질quality의 정도는 물론 연장extension을 수여하는 것은, 바로 이러한 무한소적 점들의 호혜적 관계나 규정적 관계의 결합, 혹은 오히려 그 점들의 차이들 혹은 "미분들"의 통합intigration(=적분)이다.

한 감각 질을 다른 한 감각 질과 구별짓는 것은 … 그것의 생산 혹은 발생을 위한 규칙, 그것의 기본 단위들의 결합 혹은 집적을 위한 규칙이다. 그렇다면 다양한 감각 고유성질들 사이의 모든 차이들은 그것들의 생산 규칙들 사이의 차이들에 의거하여 규정 가능할 것이다. 그리고 게다가 감각 고유성질들 사이의 모든 관계들은 생산의 규칙들 사이의 관계들에 의거하여 규정 가능할 것이다.[15]

더구나 현상적 대상들의 각양성diversity에 대해 원인이 되는 것은 미분들 및 미분들 간의 차이들, 미분들의 집적들 또는 종합들이며, 그래서 "무한소들의 차이 속에 다양한 지각들의 토대가 놓여 있다".[16] 왜냐하면 대상들 간의 관계들은 통합의 더 폭넓은 수준에서, 이 다양한 내재적 발생의 규칙들의 관계, 이 규칙들의 질적 미분들의 관계를 반영하기 때문이다. 엄격히 말해, 선험적 미분들 간의 관계들은 "대상들의 부분들이 아니라 대상들의 궁극적인 법칙적 관계들"이기 때문에, 미분들이 생산하는 대상들 간의 외양적인 관계들을 구성한다. [17]

결국, 그런 종합은 단순한 동질적인 기질基質과 관련해서가 아니라 내재적인 차이화하는 매체와 관련해서 발생하는데, 이 매체 안에서 그러한 무한소들 간의 미분은 감각들을 분석할 가장 작은 단위와 감각들의 결합의 규칙 둘 모두를 제공한다.[18]

이러한 면에서, "주어진 것"(아직 충분히 사유되지 않거나, 혹은 사유 그 자체 내에서 극복되는 어떤 것)은 단지 우리 사유의 능력의 한계의 표시에 불과한 데 반해, 이와 대조적으로 무한소들과 미분들은 우리가 지성을 거쳐 발견해야만 하는(즉, 사유해야만 하는) 사유 그 자체의 건축용 블록이고 연쇄상의 법칙이다. 그러므로 경험적 대상들은 그 동일한 대상들의 창조를 지배하는 선험적 규칙들 혹은 법칙들을 거쳐 사유되며, 따라서 "사유의 본질은 이미 실존하는 것으로서의 대상이 아니라, 창조의 과정" 혹은 발생에서 결과하는 것으로서의—즉, 생성으로서의—대상을 사유하는 데 있다.[19] 그렇다면 그런 방식으로, 마이몬은 범주들이 직관에 필연적으로 적용 가능함과 관련한 칸트의 난점을 해결할 수 있다. 즉 그것들의 관계들은 사유 그 자체에 내적이며, 직관의 감각적 측면은 아직 충분하게 인식되지 않은, 아직 (합법칙성으로서의) 개념인 순수 사유로 용해되지 않은 사유의 그 요소들을 포함한다고 주장함으로써 해결할 수 있다.

"내재적" 조건짓기, 혹은 더 정확히 말해, 내재적 발생에 대한 이 대안적 설명을 통해 외재적 조건짓기의 부적합성을 다룰 때, 마이몬은 또한 칸트의 설명의 다른 매우 중요한 측면들, 즉 사물들 그 자체, 그리고 시간과 공간을 수정하거나 거부하지 않을 수 없었다. 전자와 관련하여, 마이몬은 사물-그-자체와 누메논을 구별하는 칸트의 (자주 비일관적인) 용어상의 차이를 개진했다. 전자는 우리의 감관을 "촉발하는" 저 독립적이지만 신비로운 실체들을 지시한다. 우리가 그것들의 진정한 본성에 대해 아무것도 모르고, 그것들을 그 자체로 존재하는 대로 아무 매개 없이 파악할 수 없기 때문에 신비롭다. 후자 누메나는 경험적 경험empirical experience 안에 동등한 것을 갖지 않는—경험에 대한 일반적 의미를 만들기 위해 가설적이지만 유용한 표상들로 작용하는 이성의 이념들(신이나 영혼)과 같은—사유의 순수 대상들을 지시한다. 그러나 사물-그-자체 개념은 누메나로 기능할 수 있으므로—우리는 사물-그-자체를 경험적으로 "인식함"이 없이 그것을 "사유할" 수 있다(즉, 마음속에서 사물-그-자체를 이념으로 표상할 수 있다)—, 두 개념 간에는 잠재적인 중첩이 존재하는데, 마이몬이 이용하는 것은 바로 이 중첩이다.

그는 그런 누메나는 사유의 미분들과 동의어이며(비록 그것들이 사실 이성의 이념들이 아니라 지성의 이념들이긴 하지만),[20] 대상들은 누메나의 상응하는 산물들 혹은 현상들이라고 주장한다.[21] 실로 미분들은, 직접 경험에서는 지각 불가능한 규정적 관계들을 구성하고, "지성의 규칙들을 따라 작용하는 … 대상들의 발생에 관한 설명에 원리들"을 수여하므로, 누메나적이다.[22] 미분들은 인식cognition에 내재하는 가운데 그런 경험의 선험적인 발생적 조건들—주어진 것(직관들의 내용과 형식)을 부여하거나 생산하는 것—이다(즉, 우리는 미분들을 의식하지 못한다. 오직 그것들의 적분들을 의식할 뿐이다). 그러나 마이몬은, 우리가

"어떤 것"에 촉발됨 혹은 "어떤 것"을 의식함을 우리가 의식 바깥에서 혹은 의식과 독립해서 스스로 실존하는 어떤 것을 의식함을 의미하는 것으로 더 이상 오인하지 않는다는 단서 하에서, 그런 미분들은 또한 사물들 그 자체로서 기능할 수 있다고 주장한다. 내재적 발생에 대한 자신의 설명 덕분에 마이몬은 사물들 그 자체와 관련한 "독립성" 관념을 완전히 폐기할 수 있게 되었으며—이 관념은 직관과 개념 둘 모두 사유 내로부터 생겨나기 때문에 불필요하다—, "외적인" 독립적 자극 그 자체는 존재하지 않는다. 지성은 결국 경험과 인식의 모든 형식들과 내용을 제공한다. 따라서 한편으로, 누메논으로서의 미분은 의식장 내에서, 즉 다양한 요소들이 상상력 내에서 직관적 표상으로서 함께 봉합되거나 혹은 종합되는 과정 내에서 창발하거나 창조되는 어떤 것을 지시하는 반면, 다른 한편으로, 사물-그-자체로서 그것은 우리가 아직 충분히 이해하지 못하는, 경험 안의 저 불명료한 요소 혹은 "X"를 여전히 지시한다. 후자의 의미에서, 사물-그-자체는 칸트의 이념과 유사한, 유용한 이상 혹은 "한계 개념"으로서 기능한다. 왜냐하면, 사물-그-자체는 단지—경험의 생산을 위한, 기저에 놓여 있는 모든 규칙들을 파악하는—지성의 잠재적인 완전성, 온전함, 명료함을 나타낼 뿐이기 때문이다. 우리는 이러한 지성을 얻으려 계속적으로 (그리고 끊임이 없이) 분투하고, 이러한 지성이 부재할 때 우리는 오직 당혹감을 느낄 뿐이다.**23**

이제 공간과 시간으로 향하는데, 마이몬이 강도적 크기는 직관의 문제에만 관련된다는 점을 동의한다는 것을 감안할 때 우리는 그가 누메나로서의 미분에 관한 자신의 이론을, 지성의 작업들에 대한 자신의 교정된 설명과 대비하여 공간과 시간의 선험적 형식들에 관한 이에 상응하는 설명으로 보강해야만 한다는 것을 안다. 그의 설명은 칸트와 라이프니츠의 중간 지대를 추구한다. 그는 시간과 공간은 의식의 선험적 형식들이라는 점에서 칸트에 동의하지만, 그것들이 직관의 선험적 형식들이라는 점에는 동의하지 않는다. 그것들은 혼잡한 방식으로 표상된 단지 지성의 형식들일 뿐이다. 즉 공간과 시간은 (라이프니츠가 최초로 주장한 바와 같이) 우리가 그것들을 우리 자신에게 표상하는 방식으로 본성상 개념적이며, "그것들은 감각의 필연적인 조건들이 아니라, 경험의 대상성objectivity[과 대상체성objectality]의 필연적인 조건들이다. …".[24] 공간과 시간은 다양한 대상들을 사유하기 위한 최소한의 개념적 조건들인 미분 개념들이다.[25] 실로 공간이 근거하는 개념은 바로 그 차이 개념이다. 왜냐하면,

> 우리가 공간 속의 두 물체를 지각할 때 우리는 그것들이 개념적으로 서로 다르다는 사실을 마음속에 그리기 때문이다. 주어진 대상의 기저에 놓여 있는 개념적 차이는 공간과 시간 안의 상이한 점들에 있는 사건으로서, 마음속에 그려지거나 혹은 우리의 감관들에 의해 일반적으로 지각된다.[26]

따라서 직관은 개념을 "표상하거나" 예시한다illustrates(즉, 표현한다)—그리고 그렇게 할 때 그것은 공간에 대해 차이의 그림을 만들지만, 차이 그 자체와는 다른 차이의 그림을 만든다. 그렇다면 마이몬의 경우 공간과 시간은 단순히 독립적인 형식들도 아니고, 또 이상적인 허구들도 아니다. 즉 공간과 시간은 대상들이 삽입되는 선재하는 장들이 아니라 대상들, 대상들의 관계와 생산으로서 표현되고 표상되는 개념적 고유성질들이다.[27]

내재성

이제까지 나는 내재적 조건짓기 혹은 발생과 관련하여 감성 및 감성이 미분들과 맺는 관계를 검토해 왔는데, 마이몬은 이것들을 내재성이라는 일원적 개념에 근거지으려고 했다. 이제 우리가 향하는 곳은 바로 여기이다. 마이몬은 여기서―하나는 초월론적이고 다른 하나는 존재론적인―두 가지 상이한(그러나 양립 가능한) 설명을 제공했다. 전자는 비록 후에 추가된 것이지만, 나는 그것이 후자와 맺는 관계가 더 잘 이해될 수 있도록 그것을 먼저 다룰 것이다.

마이몬은 이성과 인식의 체계적 통일성은 사물들을 (칸트가 하려 했던 바의) 단지 그것들의 가능성 속에서가 아니라 그것들이 존재하는 바대로 설명할 수 있는 방식(그것들의 실재적 조건들)에 근거해야만 한다고 주장한다. 그는 그런 초월론적 근거를 추구하는 비판 철학은 그 자체의 관심을 반영하고 단일한 원리로부터 유래하는 새로운 논리학을 요구할 것이라고 주장한다. 왜냐하면 비록 지성의 이념들이라는 형태의 미분들은 대상들의 생산을 위한 규칙들이긴 하지만, 그럼에도 불구하고 그것들은 선험적인 "규정 가능성의 원리" 내에서 통일될 필요가 있기 때문이다.**28**

마이몬은 아리스토텔레스의 "(무)-모순의 원리"에 범주적으로 의존하는 형식논리학은 판단들을 실재적인 물질 세계에 적용하는 일에 관해 말할 가치를 전혀 갖지 않는다(모든 가능한 세계들에 형식적으로 적용되는 것만을 언급한다)고 주장한다. 그렇다면 이 원리(=규정 가능성의 원리)의 역할은, 마이몬에 따르면, 실재적 범주들을 연역하는 것, 실존하는 바대로의 세계와 관련한 인식에 대한 종합적인 선험적 주장들의 타당성을 평가하는 것―한편으로, 우리가 단지 주관적이거나 습관적인 지각들과는 다른, 실재에 대한 대상적 인식을 확증하는 기준을 제공하는 것, 다른 한편으로, "실재적 사유 혹은 필연적 조건"을 "형식적 혹은 자의적 사유"[29]와는 다른 것으로서 구별하는 것—이다.

더 중요하게는, 마이몬의 규정 가능성의 원리는 그가 대상들에 관한 판단들(의식적 표상들)이 규정되는 방식에 대한 어떤 통찰을 제공한다. 이 원리는 어떤 사물들 혹은 사태들에 관한 명제의 항들은, "개념적 제약" 혹은 "본질 원리inesse principle"와 다소 유사하게, (미분들 그 자체의 호혜적 관계들과 달리) 비대칭적 혹은 비-호혜적 의존 관계 속에서 실존해야만 한다는 점을 요구한다. 즉 두 항들 혹은 두 요소들과 관련하여, 한 항이 다른 한 항 없이도 생각될 수 있도록 한 항은 다른 한 항과 충분히 독립적이어야만 한다. 예를 들어 "X는 Y이다"라는 명제에서, X는 Y와 독립적이어야만 하고, 따라서 Y가 없이도 생각될 수 있는 데 반해, Y는 X 없이는 생각될 수 없는 그러한 방식으로 X 내에 존재하거나 혹은 X를 내함해야만 한다.[30] 본질적으로 규정 가능성의 원리는 칸트가 그 자신의 설명에서 제공할 수 없었던—마이몬의 주장이다—초월론적, 범주적 "필연성"을 연역하려는 마이몬의 시도이다. 이 원리는 내재적 조건짓기의 기저에 놓여 있는 원리이자, 경험(과 인식)의 모든 요소들이 내적, 초월론적 논리 혹은 토대로부터 유래할 수 있는 방식을 설명하는 원리이다.

마이몬이 도입하고, 그의 모든 저작을 횡단하는, 내재성의 더 중요한 두 번째 개념은, 우주를 그 총체성 속에서 지각하고 통각할 수 있는 라이프니츠의 신 개념에 대한 수정된 버전을 수용한다. 이 신 개념은, 자연과 구별 불가능한(즉, 자연 전체로서의 또 자기-원인적인 단일한 실체로서의) 스피노자의 일원론적 신 개념과 짝을 이루는 것이다. 마이몬이 보통 그것을 언급하는 바대로의, 이 무한한 마음 혹은

"무한 지성"은 직관과 개념의 관계, 누메나와 페노메나의 관계를 무한 자의 존재론적 개념에 근거짓는 역할을 한다. 그것은 무한한 수의 환원 불가능한 모나드들에 대한 라이프니츠의 설명을 우리 모두가 단지 그 "부분들"—분할들partitions 또는 구획들sections—을 이룰 뿐인 무한 연속체로 대체한다. 그러므로 무한한 마음 개념은 유한 지성에 (잠재의식적 원인으로서) 내재적이고 (지각 불가능하게) 초월적인 총체성이다—그것은 경험 세계의 "조건지어지지 않은 조건"이며, 따라서 우리를 보다 큰 이해로 나아가도록 박차를 가하게 하지만 바로 그 본성상 영원히 우리의 힘이 미치지 못한 채 남아 있는 칸트의 이념이다.

이와 대조적으로, 유한 지성을 정의하는 것은 이 지성의 불완전한 "의식적" 인식 곧 경험이다. 이제 지성의 능력에 점차 연관을 맺게 되는 감성의 능력은, 자신(=유한 지성)의 모든 표상들의 근원인 무한 지성의 경험 불가능한 총체성을 수용하지만 또한 전제하는 유한 지성의 당혹스러워 하고 혼란스러워 하는 제한된 인식을 특징지을 따름이다. 말하자면, 우리 자신의 제한된 관점 때문에 우리는 대체로 우리의 직관들이 우리의 지성의 이와 같은 편파성(그리고 무한한 마음 내에서 이루어지는 지성의 유한한 분할)에서 유래하는 방식을 이해할 수 없다. 우리는 대상들의 기저에 놓여 있거나 내재적인 생산 법칙들을 이해하려고 분투하면서 대상을 직관한다. 하지만 무한 지성은 (대상들을) 직관할 필요가 전혀 없다. 무한 지성은—주어진 대상들 그 자체의 총체성을 포착함으로써가 아니라 대상들의 미분들 사이에서 성행하는 관계들의 총체성을 포착함으로써—실재를 직접적으로 파악한다. 말하자면, 무한 지성은 그러한 모든 대상들을 구성하는 규정적 법칙들 혹은 내재적 공식들을 암묵적으로 알고 있다. 사실 무한 지성은, 궁극적으로 그런 필연적 대상들의 총체성이기 때문에, 그러한 필연적 대상들을 발생시키기 위한 모든 완전한 규칙들(개념들)을 함유하고 있다.

들뢰즈

이제 마이몬의 저작이 들뢰즈의 차이의 철학과 맺고 있는 관계로 향할 때, 우리는 후자가 칸트의 초월론적 체제에 대한 많은 마이몬 자신의 교정들—즉 개념과 직관의 공통 기원, 감성과 관련한 명료함/혼잡함의 구별, 미분들로서의 이념들, 규정 가능성의 원리, 무한 지성—을 채택하고 필요한 곳에다 재배치한다는 것을 발견할 것이다. 나는 여기서 행하는 내 논의를 이 다섯 가지 개념들의 의미가 특히 중시되는 들뢰즈의 『차이와 반복』의 제4장에 제한할 것이다.**31**

「차이의 이념적 종합」이라는 제목의 이 장에서, 들뢰즈는 칸트의 실패는 그가 직관과 개념의 근본적인 분할에 의존했다는 점에서 온다는 마이몬의 생각에 동의한다.

> 그러한 이원성은 우리를 구축 가능성의 외재적 기준으로 … 모든 발생적 요구의 포기로 다시 돌아가게 한다. … [왜냐하면] 차이는, 규정 가능한 직관과 규정하는 개념 "사이"의 구축 바깥에 유보된 채로, 외적인 것으로서, 그리하여 경험적이고 불순한 것으로서 남아 있기 때문이다. 마이몬의 천재성은 조건짓기의 관점이 초월론적 철학을 위해 어떻게 부적합한가 보여주는 데 있다. 차이의 두 항은 동등하게 사유되어야만 한다—달리 말해서, 규정 가능성은 그 자체 상호 규정을 향해 가리키는 것으로 이해되지 않으면 안 된다. (DR 173)

여기서 핵심 문구는 "차이의 두 항은 사유되어야만 한다"는 것이다. 우리가 앞에서 본 바와 같이, 마이몬의 해결은 감성적인 것the sensuous을 지성화하는 것이었다. 즉 개념과 직관은 오직 정도상에서만 다르다는 점, 후자는 내재적 조건짓기 혹은 내재적 발생의 과정 중의 미분들에서 유래하는, 전자의 혼잡한 버전에 불과하다는 점을 주장하는 것이었다. 마찬가지로 들뢰즈는 미분 개념을 수용하지만, 미분의 본성과 기능에 관한 어떤 일정한 수정들을 갖고서 그렇게 한다. 이러한 수정들로 인해 들뢰즈는, 미분은 미분적 무의식 내의 규정으로서 "개념과 직관을 내면화함으로써 그 둘 모두를 극복한다"고 주장할 수 있었다 (DR 174).

이념

들뢰즈는 마이몬이 미분과 칸트의 이념 사이에 도입한 연합을 확장하는 것으로 시작한다. 칸트의 경우, 이성 능력의 이념들은 세 가지 주요한 특징을 갖고 있었다. 즉, 첫째로 이념들의 사변적 문제적 본성, 둘째로 순수 사유와 "조건지어지지 않은 조건"에 대한 이념의 관계, 셋째로 이념들의 종합화하는 기능이다. 들뢰즈는 바로 이와 같은 이념의 측면들을 다루면서, 그것들의 함의를 이끌어내고 그것들을 과정 속에서 변형시킨다.

첫째로, 들뢰즈는 비록 이념들이 문제들—기저에 놓인 당혹하게 하는 조건들—과 관련되어 있긴 하지만, 이는 이념들 쪽에서의 결핍, 불충분성, 또는 절대적 미규정성을 시사하지 않는다고 주장한다. 이념들이 경험 안에서 규정 가능하지 않다는 것은 이념들이 그 자체로 규정 가능하지 않다는 것을 의미하지 않는다. 실로 (이상ideal으로서의) 문제가 "사물이 아님no-thing"이라고 말하는 것은 그저 "아무것도 아님nothing"이라고 말하는 것이 결코 아니다. 따라서—미지의unknown (혹은 경험 안에서 구해질 수 없는) 어떤 것으로서의—문제적인 것은 부재 혹은 부정성을 지시하지 않고, 오히려 재현으로서의 경험의 일부가 아닌, 혹은 재현으로서의 경험 안으로 아직 통합되지(=적분되지) integrated 않은 X를 나타낸다. 그러나 이 점은 문제적인 것을 지각의 어떠한 현실적인actual "주어진" 대상 못지않게 실재적이거나 충만한 것으로 만든다. 실로 문제 또는 문제적인 것은 들뢰즈가 그것을 제한으로서의 비-존재라는 (결핍으로 환원되는) 전통적 개념과 구별하기 위하여 ?-존재 또는 [비]-존재로 기술하는 실증적이고 다산적이고 또는 넘쳐흐르는 본성을 갖고 있다.

둘째로, 들뢰즈는 만약 "사유"가, 지성을 거쳐, 대상들을 생산한다면, 그렇다면 이성 역시 순수 사유의 능력으로서 그래야만 한다고 지적한다. 즉 이념 역시 어떤 종류의 대상을 가져야만 한다.**32** 실로 우리는 (문제로서의) 이념이 이에 상응하는 경험적 대상을 갖지 않는다고 말하는 것을, 이념은 그러므로 아무런 대상도 갖지 않는다고 주장하는 것과 혼동해서는 안 된다. 왜냐하면 (조건지어지지 않은 조건으로서의) 문제는 이념의 대상이기 때문이다. 이념은 실로 이에 상응하는 종류의 대상을 가진다. 즉 경험 안에서 주어지는 대상을 갖지 않지만, 그럼에도 불구하고 사유 안에서 어떤 식으로든 표상 가능하거나 규정 가능한 대상을 가진다(칸트의 경우, 대상들은 언제나 종합의 결과이다)(DR 169).

이러한 문제적 대상은 무엇으로 이루어지는가? 이 대상의 본성은 무엇인가? 여기서 들뢰즈는 이념을, 일단 측정되거나 현실화되기만

하면 본성이 변형되는("다른 것"이 되는) 공존하고 상호 관통하는 순수 차이들—본성상의 차이들—로만 이루어지는 질적이고 비-수적이고 잠재적인 다양체라는 베르그손의 개념에 연결시킨다.**33** 그런 다양체는 그 자신의 동일성을 갖지 않는다(즉, 비록 우리가 "부분들"의 상호 침투를 수반하는 연속성의 면에서 다양체에 대해 말할 수 있을지라도, 우리는 통일을 이루는 다양체의 요소들에 대해, 혹은 그 자체 동일성을 가지는 다양체의 요소들에 대해 어떤 것도 말할 수 없다). 다양체는 정의적이기보다는 주제적이다. 왜냐하면 "다양체로서의 이념은 주체의 혹은 대상의 동일적인 것에 대한 의존을 용인하지 않고 … [또 그것은] 본질을 '사물은 무엇인가'로서 정립하는 일을 조금도 허용하지 않기" 때문이다"(DR 191, 인용자 강조).

이념을—미분 요소들, 이 요소들의 미분 관계들, 그리고 이 관계들에 상응하는 다양한 독특성들로 이루어지는—다양체 그 자체로 만드는 것은, 이념이 종합하는 이러한 내재적이고, 잠재적인 영역의 미분적—즉, 비-동일적—요소들이다. 이념은 다양체의 요소들을 수축하거나, 혹은 아마도 더 정확히는, 이념은 그런 차이들에다 집단적으로든 개체적으로든 어떠한 통일성, 동일성, 의미를 부과함이 없이 하나를 다른 하나에 연결시키면서, 차이들(또는 미분들)을 관계 맺게 하거나 공명 속에 놓는다. 이러한 의미에서, 종합하는 실증적 다양체로서의 이념은 구조 혹은 복합 주제로서 기능한다.**34** 하지만 문제로서의 이념들과 관련하여 이 구조는 무엇인가? 그것은 규정 가능성의 미분 구조로서, 경험의 실재적 조건들과 관련하여 순수 사유를 특징짓고, "미분 관계를 자신의 대상으로서 가진다"(DR 173). 이념 자체는 "실재적 관계들과 현실적 항들 안에서 육화되는 미분 요소들 간의 "국소화 불가능한 다중적 연관들의 체계"를 이루는 이념적이고 발생적인—실재적이지만 비-경험적인―구조이다(DR 183). 이념 그 자체는 경험을 규정하는 조건들의 총체를 제공하며, 따라서 모든 경험적 대상들의 잠재적potential 생산과 상호 관계를 제공한다. 그렇다면 선행자인 칸트의 이념과는 달리, 잠재적 다양체로서의 이념은 완전히 구성적이고, 존재론적이고, 내재적이다.

규정 가능성

들뢰즈가 마이몬의 미분을 칸트의 이념에 대한 그의 교정된 설명을 연결시키는 것은 그가 규정을 설명하는 여기에서이다.[35] 미분적인 것(혹은 규정적인 것)으로서의 이념은 지금까지 논의된 모든 요소들―문제, 잠재적 다양체, 이념적 구조―을 포함하거나, 혹은 종합하며, 따라서 그 요소들의 상호 관계를 명확하게 한다.

    1) 규정 가능성(규정되지 않은 것과 관련하여)
    2) 상호적 규정(규정 가능한 것과 관련하여)
    3) 완결된 규정(규정된 것과 관련하여)

통틀어 이 계기들은 "점진적 규정" 혹은 "차이화"의 과정을 이루며, 들뢰즈의 주장에 따르면, 현실적 혹은 경험적 대상의 생산을 규정하는 내재적이고 발생적인 조건들을 제공할 것이다.[36]

앞에서 언급된 바와 같이, 마이몬은 초월론 철학을 위해 규정 가능성의 원리, 즉 가능한 경험과 구분되는 바의 실재적 경험의―미분들을 경유하는―생산을 위한 단일한 내재적 원리 또는 법칙을 추구했다.

"규정되지 않은" 것에 관한, 이 계기들 중 첫 번째 것은 들뢰즈가 이 개념을 철저하게 재작업한 것이다. 베르그손에 의탁하면서, 들뢰즈는 이 내재적인 "규정 가능성의 원리"는 잠재적인 것이고, 잠재적 요소들에 관한 것—즉, 잠재적인 것 안에 함장되어 있는, 차후에 규정적 미분들로서의 이념들에 종합되거나 연결되는 순수 차이들의 저수지 혹은 총체—이라고 주장한다. 그러나 더 이상 무한히 분할 가능한 "점들"(즉, 마이몬의 무한소들)로 그려지지 않고, "감성적 형식도 개념적 의미 signification도" 갖지 않는 이 순수 차이들은 이념적 요소들—달리 말해, 형태나 기능은 없지만, 미분 관계들(이념적인 국소화 불가능한 연관들)의 네트워크 내에서 상호적으로 규정된 요소들—이다.

잠재적 다양체 내에서 존속하고 상호 침투하는 이 차이들은 동일성 그 자체를 갖지 않는다—이 차이들은 모든 질과 양, 공간 혹은 연장에 선행해서 이질적 요소들의 단일한 강도적 연속체를 이룬다. 동일성들이 없으므로, 이 미분적 요소들은 "본질들"이라고 말할 수 없다. 즉, 그것들은 비본질적이다(DR 187). 이런 이유로 들뢰즈는 이념의 전개는 비본질적인 것으로부터 이루어지며(그리고 규정 가능한 것이 규정되지 않은 것으로부터 이루어지며), "지적인 것이 어떻게 비지적인 것으로부터 만들어질 수 있는가?"라는 대강 마이몬의 질문과 같은 대답을 제공한다고 주장한다.

이 첫 번째 계기, 곧 규정 가능성은 이어서 또 다른 계기, 즉 자신의 뿌리들을 또한 마이몬의 설명에 두는 그 이상의 계기를 의미한다. 여기서 그런 순수하고, 비본질적인 차이들의 총체 혹은 배합체가 상응하는 가치를 규정하거나 생산하는 미분 관계를 상호적으로 구성한다. 그런 다음 이 비본질적 요소들은, 비록 그 자체 규정되어 있지 않지만 그럼에도 서로에 대하여 무한히 규정 가능한 종합들을 위한 원료를 제공한다.

들뢰즈는 그 이전의 마이몬과 마찬가지로, 여기에서 라이프니츠 미적분법의 미분 관계로부터 영감을 끌어오는데, 이 영감에서 관계 dy/dx는 dx와 dy 각각의 가치들이 식별 불가능할 때조차 실행 가능한 것으로 또는 규정적인 것으로 남아 있다(즉 $0/0$). 왜냐하면, dy가 y와의 관계 속에서 완전히 미규정적이듯이 x와의 관계 속에서 dx는 완전히 미규정적이지만, 그것들은 서로 간의 관계 속에서 완전히 규정 가능하기 때문이다(DR 172). 들뢰즈는 $0/0$을 상호적 규정으로서의 미분의 상징으로서, dx를 미규정적이지만 규정 가능한, 내재적이고 잠재적인 차이 그 자체의(?-존재, 혹은 말재간을 부려본다면, "(비)-사물들 그 자체"의) 상징으로서 채택한다.

비록 미분의 상호적 규정들이 특수한 가치들을 규정하긴 하지만, 기여하는 요소들은 그 자체에 있어서 가치들을 구성하지 않는다는 점을 여기서 파악하는 일이 중요하다. 왜냐하면 기여하는 요소들은 비본질적이고 동일성이 없기 때문이다(따라서 $0/0$이 있는 것이다). 요컨대 결과로서 따르는 가치들은 관계 그 자체에서 유래하지, 관계의 요소들에서 직접적으로 유래하지 않는다—다만 전반적 관계를 조절하는 데 기여하는 것이 관계 요소들 사이의 바로 그 차이(들)이다. 그러나 이 면에서 미분 관계들의 요소들은 결핍적이지도 (어떠한 헤겔적인 의미에서도) 부정적이지도 않으며, 단지 대비적contrastive일 따름이다. 실로 들뢰즈는, 만약 우리가 규정이 어떠한 부정적인 개념도 폐기하거나 회피하는 일을 가능하게 하려면, 우리는 모든 곳에서 "뚜렷이 구분되는 대립"이나 모순 개념 대신에 미분 관계 개념을 사용해야 한다고 단호하게 주장한다. 왜냐하면 각 "항은 절대적으로 오직 다른 한 항과의 관계 속에서만 실존하기 때문이다. 즉 독립 변수를 명시하는 일은 더 이상 필연적이지도, 또는 심지어 가능하지도 않기"(DR 172) 때문이다.

잠재적 혹은 "비본질적" 요소들 사이의 이러한 미분들은 상응하는 가치들, 상호적 관계들, 이 가치들과 관계들의 분배를 지정하거나 할당하고, 그리고 초월론적인 "위상학적" 장—차후에 이 장으로부터 질들, 연장, 종들, 부분들의 형태로 물리적이거나 물질적 관계들이 유래한다—을 획정하는 변수들을 구성한다.**37** 하지만 직관과 개념 둘 모두의 근원으로서의, 그런 사유의 미분들에게 규정적 "법칙들"을 제공하는 것은 바로 잠재적 요소들의 상호적 관계들이다. 외재적 조건짓기의 불충분성을 극복하고자 하는 마이몬의 야망이 최종적으로 충족되는 것, 즉 우리가 "사유"의 내적인 관계 속에서 직관과 개념을 함께 규정해야만 하는 것, 그리고 이것이 잠재적, 미분적 이념의 비-경험적 종합 내에서 상호적 규정을 통해 달성되어야 하는 것은 아마도 여기에서일 것이다.

그러나 상호적 규정이라는 두 번째 계기는 또한 세 번째의 완결된 규정—들뢰즈가 칸트로부터 도입하는 개념, 그리고 칸트가 크리스천 볼프로부터 차용하는 개념—을 함축한다. 『순수이성비판』에서 칸트는 실존이 대상을 완전하게 하는 최종적 술어이다(즉, 대상이 실제적actual이 되기 위해서 대상은 그것의 모든 "부분들"에서 규정되어야만 한다)라는 볼프의 주장을 근본적으로 교정한다. 그는 이 완결의 원리를 개별적 대상들과 관련해서뿐만 아니라 또한 가능한 경험의 모든 대상들과 관련한 "총체성" 이념 혹은 체계적 통일성의 형식 속에서 완결을 제공하는 수단으로서의 이성의 규제적 원리에 다시 연결시킨다. 이런 의미에서, 상이한 대상들은 유비의 규정적이고 상호적인 과정을 통해서 서로 간에 비유되고 관련되며(A가 B에 비유되듯이 B는 C에 비유된다), 이렇게 하여 경험 안의 모든 현상적 대상들이 자신들의 인과 관계들의 포괄적인 망과 관련하여 말해질 수 있으며, 따라서 비록 총체성으로서 그것은 경험 가능하지 않을지라도, 대상적 통일성을 의미할 수 있게 된다.**38**

들뢰즈의 경우, 완전한 대상의 표현, 그리고 모든 현상들과 관련한 함축된 총체성, 이 두 각각의 개념은 잠재적 다양체와—(라이프니츠-마이몬의 용어를 사용한다면) 대상들을 개체화할 수 있고 또 지각적 현상들의 감싸거나 보완하는 장을 생산할 수 있는 완결된 계열의 법칙을 형성할—이에 상응하는 가치들의 분배를 통하여 다리가 놓아진다. 들뢰즈는 관계들의 이러한 총체성은 현실적actual 현상들 속에서 접근 가능하지 않고 오히려 초월론적으로 전제되어 있다는 칸트의 주장에 동의한다. 하지만 그럼에도 불구하고 들뢰즈는 미분으로서의 이념은 자신의 모든 비본질적 요소들 및 이 요소들의 미분 관계들로 이루어질 때 완결되어 있으며, 따라서 이 구조로부터 생산된 실제적actual 대상과 구분되어야만 한다고 주장한다. 이념적, 잠재적 구조로서의 문제적 대상은 이미 완결되어 있고, 완전히 규정되어 있고, 실재적이다—하지만 이는 이 대상이 "실존한다", 이 대상이 실제적이다 또는 경험적이다라고 말하는 것과는 같지 않다.

들뢰즈의 핵심 통찰은 잠재적인 것은 완전히fully 규정되어 있다는데 있다. 그러나 만약 "대상"이란 말로 우리가 이 대상이 실존을 가진다는 것을 의미한다면, 이 대상은 온전하거나whole 완전하지entire 않다—이 대상은 아직 펼쳐지지 않았으며, 연장이나 질이 없다. 따라서 들뢰즈는 그런 잠재적 종합은 "자신의 현실적 실존만을 구성하는 완전무결성integrity[적분integration]을 소유함이 없이, 혹은 소유함에도 불구하고" (구조적 항들 안에서) 완전하게 규정될 수 있다고 주장한다(DR 46-7). 구조가 실존하는 것이 아니라 잠재적으로 존속한다는 것은 이념 그 자체에 아무런 결함도 불완전함도 없다는 것을 표시한다. 사실 구조로서의 이념의 미분적 종합은 이에 상응하는 적분을 발생시키고 이어 경험적 대상을 형성하지만, 잠재적 구조 그 자체는 자신이 생산하는 것과 아무런 닮음도 지니지 않는다. 이념은 (플라톤의 형상처럼) 단순히 실현되기를 기다리는 가능한 동일성이 아니라, 변형의 원리이다.

이러한 구별을 행할 때 들뢰즈는 대상의 생산과 관련하여 두 매우 상이한 과정들을 언급하고 있는데, 하나는 오로지 (그가 미분화differen/iation라고 부르는) 잠재적이고 구조적인 규정의 측면에 있을 뿐이고, 다른 하나는 (그가 분화differenciation라고 부르는) 현실화 그 자체라는 특징을 이루고 있다.

> 미분화는 문제로서의 이념의 잠재적 내용을 규정하는 데 반해, 분화는 이 잠재적인 것의 현실화 그리고 (국소적 적분들에 의한) 해결들의 구성을 표현한다. 분화는 차이의 두 번째 부분과 같다. … [따라서] 대상의 완전무결성integrity, 불가결성integrality을 지시하기 위하여 우리는 미/분화different/ciation라는 복합 개념을 필요로 한다. (DR 209)

이 점에서 모든 "온전한" 또는 실존하는 대상은 두 보완적이지만 부등하고, 닮지 않은 성분들로 이루어진다**39**—하나는 지각 불가능하게 잠재적이고, 문제적이고, 이념적이며(그것의 누메나적 구조), 다른 하나는 현실적이고 경험적이다(그것의 페노메나적 표현)(DR 210). 이것은 들뢰즈에게 "실재"는 (플라톤이 제시하는 바의 두 상이한 세계들이 아니라) 두 상이하고 비대칭적이지만 관련돼 있는 측면들 혹은 절반들로 구성돼 있다는 사실을 반영한다.**40** 이 두 절반은 함께 경험의 완전한 대상을 구성하지만 오직 하나의 절반, 잠재적인 것, 이에 상응하는

초월론적 장만이 이 대상의 충족 이유, 이 대상의 내적 차이 혹은 미분을 제공한다.**41**

이러한 구분 덕분에 들뢰즈는 또한 마이몬이 개념과 직관을 정의할 때 제기한 명료성과 혼잡성의 문제를 마침내 다룰 수 있었다. 이 점에서 들뢰즈의 설명은, 그 관계가 더 이상 직관과 개념 간의 관계가 아니라, 완결된 규정에 관한 잠재적 이념과 경험적으로 개체화된 온전한 존재물entity로서의 현실화된 대상 간의 관계—즉, 미분화와 분화의 구분—이므로, 차이 개념에 훨씬 더 섬세하고 충실했다.

들뢰즈는 데카르트는 우리가 명료하고 판명하게clearly and distinctly 지각하는 그 지각들만이 타당하다고 믿었다고 언급한다—한 지각이 주의하는 마음에 현전하고 접근 가능하기에 명료하고, 다른 지각들과 쉽게 구별될 수 있기에 판명하다(즉, "더 명료할수록" 그만큼 더 판명하다). 이와 대조적으로, 라이프니츠의 경우, "감관들senses"은 마음mind이 더 명료하게 파악하는 형이상학적이고 지적인 실재를 단지 혼잡한 방식으로 지각할 뿐이며, "무의식적" 미세 지각들의 모호성을 겪는다(한때 충분하게 종합되거나 통합된 증가분이 문턱을 건너 의식 내에서 통합되거나 혼합된 현상으로 출현하기 때문이다).

들뢰즈는 우리가 더 이상 모나드들 및 모나드들의 지각들에 대해서가 아니라 오직 미분들 및 미분들이 발생시키는 주체들(노마드들)에 대해 말할 필요가 있도록 "미세 지각"에 대한 라이프니츠의 설명을 다시 주조한다. 그는 명료한 것은 판명한 것과 관련되는 것이 아니라 혼잡한 것과 관련되며, 역으로 판명한 것은 모호한 것과 관련된다고 주장한다.**42** 이러한 구분을 자신의 설명 안으로 통합하면서, 들뢰즈는 누메나적이고 잠재적인 이념의 완전히 규정된 본성(이념의 상호적이고 완결된 종합)은 우리가 "판명한 것"이라고 불러야 하는 것이지만,

그것은 아직 "현실적"이지 않기 때문에, 그러므로 또한 우리가 "모호한 것"이라고 부를 수도 있는 것이라고 주장한다. 따라서 "판명한 것-모호한 것"은 미분화된 것differentiated을 기술한다. 왜냐하면 순수 차이들은 서로 간에 구분되고 이념 내의 그들의 관계 속에서 실재적이고 규정적인 반면, 순수 차이들이 동일성, 국소局所; location, 이산discretion을 갖지 않는 현실적인 것의 관점에서는 여전히 식별 불가능하고 비물질적인 것이기 때문이다—왜냐하면 "이념 내에는 혼잡성이 없고, … [단지] 미규정적인 것, 규정 가능한 것, 규정이라는 내적이고 문제적이고 객관적인 통일성이 존재하기 때문이다"(DR 170). 이와 대조적으로 "명료한 것-혼잡한 것"은 분화된differenciated 현상들의 본성을 기술한다. 이 현상들은 (개념들의 도움을 받아 구별 가능하고 표상 가능한) 현실적이고 지각 가능한 존재물들이기에 명료하다. 그러나 현상들이 잠재적 이념의 암묵적이거나 기저에 놓여 있는 연속성과 맺는 관계들은 "혼잡하다" (즉, 그 자체 경험적으로 파악되거나 표상될 수 없다). 요컨대 현상들은 형식과 본성이 명료하고-혼잡하지만, 판명하고-모호한 이념은 "정확히 현실적임이 없이 실재적이며, 분화됨이 없이 미분화되어 있으며, 온전함이 없이 완결되어 있다"(DR 214).

차이와 미분적 무의식

이것은 마침내 우리를 무한 지성 및 유한한 의식에 대한 그것의 분할에 대한 마이몬의 개념을 들뢰즈가 재작업하는 곳으로 이끈다. 마이몬의 경우 (전체totality와 부분section이라는) 이 두 측면들 간의 관계는 감성과 지성이라는 두 능력들 간의 관계에 반영되어 있다. 후자의 관계는 지성의 명료성이 증가하면 감성의 혼잡이 이에 비례해서 감소하게 되는 연속성의 관계였으며(역도 마찬가지이다), 이 연속성에서 유한 지성의 명료성은 그 완결을 무한 지성에서 발견한다(인식한다는 것—명료하게 이해한다는 것—은 실재를 정확하게 파악한다는 것이므로).

명백히, 이념들, 미분들, 규정 가능성에 관한 위의 교정들에 직면하여, 감성은 혼잡한 지성에 불과하고, 직관들은 개념들의 파생태들이라는 마이몬의 독창적인 주장은 지속될 수 없다. 『차이와 반복』 도처에서 들뢰즈가 끊임없이 반복하는 말은 차이의 철학은 차이에 충실해야만 하고, 차이의 우위성 속에서 발견되어야만 한다는 것, 그러한 토대("근거 없는 근거")는 초월론적이고 존재론적이며, 발생적이고 내재적이어야만 한다는 것—하지만 가장 중요하게는, 차이의 철학은 언제나 동일성에 선행해야만 한다는 것이다(DR 40-1을 보라). 비록 마이몬의 철학이 이 방향으로 밀어붙이긴 했지만—실로 대부분의 철학자들보다는 더 나아가긴 했지만—, 그럼에도 불구하고 추방되어야만 하는 라이프니츠와 칸트 각각의 철학의 가장 보수적인 측면들의 잔여물들로 여전히 오염되어 있었다.

차이의 철학의 근본적 요소들은 어떠한 형태의 동일성에도 근거할 수 없다는 들뢰즈의 주장을 감안할 때, 개념들에 대한 마이몬의 의존은 그때 분명 난점들을 보여준다. 비-경험적인 개념들은 표상의 구축을 위한 규칙들이다(칸트의 경우 이 개념들은 보편적 형식들에 따른다). 감성적인 것이 자신의 독특성을 기저에 놓여 있는 개념인 순수성, 명료성, 지배권에다 제물로 바쳤으므로, 비-경험적인 개념들은 결국 마이몬의 미분들의 산물에다 동일성을 부과한다. 그때 개념들이 어떻게 차이를 위한 진짜 설득력 있는 토대를 제공할 수 있었는지 안다는 것은 불가능하다. 대신에 들뢰즈는 개념에 환원 가능하게 됨이 없이 개념 일반을 산출하고, 그것에 거주하고, 동기를 부여하는 차이—실증적이고 발생적이고 내재적인 차이—를 추구한다. 따라서 마이몬은 개념과 직관을 공통 근원에서 만나는 것으로 본다는 점에서는 옳았지만, 그 중 하나(혹은 그 물질 쪽에서 보자면, 다른 하나)를 근원 그 자체일 수 있다고 가정한다는 점에서는 틀렸다. 개념을 라이프니츠의 방식으로 (혹은 심지어 헤겔의 방식으로) 모든 것을 잠재적으로 포괄할 수 있게 만드는 것은 오직 위태로운 것을 드러낼 뿐이다—왜냐하면 이 둘은 모두 더 근본적인 어떤 것, 내재적인 어떤 것의 측면들 혹은 표현들에 불과하기 때문이다. 내재적인 조건짓기는, 만약 그것이 여전히 개념 그 자체에 근거한다면, 외재적인 조건짓기를 극복할 수 없다. 그런 토대를 제공할 수 있는 것은, "주어진" 것을 그것의 모든 각양성 속에서 줄 수 있는 것은 오직 순수 사유의 선-개념적이고, 재현-이하적인 이념들뿐이다. 따라서 들뢰즈는 개념과 직관은 공통 기원을 가진다는 점을 인정하지만, 그 공통 기원에서 직관들이 혼잡한 개념들로서 드러난다는 점은 인정하지 않는다—왜냐하면 두 요소들은 (그것들의 생산의 규칙들로서의) 잠재적인 것 쪽으로부터, 이념들 내로부터 발원하기 때문이며, 이는 이제 잠재적인 것과 현실적인 것, 미분화와 분화를 나타내지, 직관과 개념, 혹은 감성과 지성의 관계를 나타내지 않는 모호함과 판명함, 혼잡함과 명료함을 쟁점들로 삼고 있다.**43**

이 쟁점들은 또한 칸트의 독창적인 종합 개념에 그 기원들을 가지는 또 다른 어려움에서 유래한다. 칸트의 천재성은 종합은 일차적으로 초월론적이고 선험적이라는 점을 발견한 데 있다는 것은 맞는 말이지만, 그러나 그는 마음의 인식 및 이러한 인식이 표상들을 생산하는 일과 관련하여 일어나는—조건짓는 역능 및 통각의 초월론적 통일의 통일성에 근거하는—종합들만이 타당하다(그리고 실재적인 것과 관련된다)고 가정함으로써 이 통찰을 저버렸다. 들뢰즈는 이 가정을 정초되지 않은 것이라고 하며 거부한다. 그는 자기-반성적 의식의 능동적 종합들(그 자신을 자기-동일적인 것으로 긍정하는 코기토: 나는 생각한다, 나는 느낀다, 나는 기억한다, 나는 결정한다 등등)—이 종합들의 영업 자산은 재현적 개념들의 유적 옷감에 맞추어 재단되는 직관들이다—과, 그러한 능동적 종합들이 정초되는 "수동적"이지만 구성적인 선험적 종합들을 구별한다. 이 종합들은 수동적이다. 마음 안에서 일어나지만 마음에 의해 착수되거나 개시되지 않기 때문에 수동적이다—사실 마음(의식과 행위자)은 그런 수축적 과정들의 부산물이다(DR 70-4). 종합들은 결국 주체를 전제하거나 혹은 주체에서 유래한다는 칸트의 가정 대신에, 들뢰즈는 우리는 그 역이 사실이라는 점을 발견한다고 주장한다.**44** 차이의 철학에 충실하기 위하여, 의식(혹은 코기토)에 선행하는 것은 주체의 통일성도 동일성도 갖지 않는 종합에서 생겨나는 것으로 간주되어야만 한다—왜냐하면, 오직 하나의 수동적 종합만이, 혹은 일단의 종합들만이 그런 통일성을 생산할 수 있기 때문이다. 이러한 수동적 종합들은 그 자체 주체적이 아닌, 주체성의 조건이다—대신에 수동적 종합들은 내재적이고, 비-공간적이고, 문제적으로 객관적이고, 모든 주체들을 구성하고 횡단하는 초-주체적인 장을 특징짓는다. 근본적으로, 그런 무의식적인 수동적 종합들의 지대는 이념의, 잠재적 다양체의, 규정의 영역이다.

마이몬으로 돌아갈 때 우리는 들뢰즈가 유한한 의식과 선험적이고 초월론적 어떤 것의 구별을 수용할 준비가 되어 있음을 알지만, 우리가 후자를 통일성이나 지성이나 코기토로 이해하지 않는다는 조건 아래에서 그러하다. 그 자신이 종합과 무의식적 미분 관계를 우선시함에도 불구하고, 무한 지성에 대한 마이몬의 설명은 동일성 모델의 가장자리에서 불확실하게 흔들렸다. 그렇다, 그 설명은 미분들, 종합하는 이념들을 기술한다. 그렇다, 무한 지성은 잠재의식적이고, 내재적이고, 발생적이다. 그러나 결국 그 설명은 여전히 철학 구조물 전체의 완전무결성을 잠재적으로 위협하는 요소들—개념들과 지성—에게 특권을 부여한다. 더구나 그 설명은 어느 정도로 무한 지성이 자기-반성적이고, 어느 정도로 무한 지성이 의식과 유사한 "나"인지, 그리고 그것의 범위 안에서 단지 보편화되었을 뿐인지에 관하여 비일관적이고 불명료한 채로 남아 있다. 이러한 애매성은 그로부터 따라나오는 두 가지 상이한 길을 나타낸다. 그 중 한 길은 독일 관념론 철학자들인 피히테, 셸링, 헤겔이 택한 길이다. 그들은 무한 지성의 개념에서 초월론적 주체 혹은 역력한 코기토의 가능성을 보았다(따라서 그런 주체들의 복수성을, 모든 것을 포괄하는 단일한 "나"—이 안에서 모든 것이 궁극적으로 또는 잠재적으로 통일된다—로 대체했다). 반면에, 덜 다니는 다른 길은 들뢰즈가 택한 길이다. —『차이와 반복』 전반에 걸쳐서 암묵적이고, 이 책의 모든 단어와 개념을 통하여 잠재적으로 엮어져 있는—이 후자의 오디세이에서 무한 사유는 그 가장 중요한 의미에서 무의식적인 것으로 남아 있다. 즉 보편적 마음으로서가 아니라, 순전히 미분적이고 구조적인, 이념들의 무의식으로 남아 있다. 이러한 이념들의 무의식은 칸트가 그것에 부여한 자기-반성적인 통일성이 결여해 있고, 더 이상 마이몬의 순화되고, 완결된 이해라는 특징을 갖지 않으며, 자신의 가장 나쁜 시점들에서 프로이트가 물화한 실체적이고, 억압된 타아alter-ego와 단절되어 있다. 대신에 들뢰즈에게 무한 사유는, 중심을 구성함이 없이 이 모든 요소들을 구조화하고 체계화하는, 이념적이면서 실재적이고 미분화되어 있으면서 분화하는, 내재적이고 잠재적인 다양체—규정되지 않은 것, 규정 가능한 것, 규정된 것의 순수 발생적 사유—이다. 이념들의 이념.

내가 생각하기에, 칸트의 코페르니쿠스적 혁명을 훨씬 더 심오하고 더 원대하고 더 "때 이른" 또 다른 것으로 대체하는 것은, 우리의 이념들의 근원으로서의 미분적 무의식의 이러한 이념이다. 그리고 아마도 들뢰즈의 무수한 불후의 기여들 중에서 결국 이것이야말로 그가 철학에 남기는, 파악하기 어려운 암시적인 유산이다.

주(Notes)

1. 그의 이름과 성을 철자하는 다른 방식들이 있다(가령, Salomon Maïmon). 여기서 나는 그저 가장 흔히 쓰는 철자 중 하나를 사용했다.
2. 1790년 판 『상징적 인식과 주해에 관한 부록이 달린, 초월론 철학 시론』.
3. 프레더릭 바이저, 『이성의 운명: 칸트에서 피히테까지의 독일 철학』(Cambridge, MA: Harvard University Press, 1987), p. 285에 인용되어 있다. 오늘날 마이몬은 (주목할 만한 소수의 예들을 제외하고는) 드물게 논의되고 종종 간과되는, 대체로 잊혀진 인물이다. 그의 주요 철학 저작들 중 영어로 구해볼 수 있는 것은 한 권도 없고, 철학 사전과 철학사에서 거의 언급되지 않지만, 아이러니하게도 그의 저작은 칸트-이후의 사상은 물론 대륙 철학 일반의 전개와 미래 방향에, 비록 거의 인정되고 있지 않을지라도, 매우 심원한 영향을 미쳐 왔다. 피히테, 셸링, 헤겔의 저작들은 마이몬의 공헌이 없었다면 우리가 오늘날 그것들을 알고 있는 형태로 존재하지 않았을 것이라고 말해도 과장이 아니다. 실로, 피히테는 그에 대해 이렇게 말했다. "마이몬의 재능에 대한 나의 존경심은 한계를 모른다. 나는 그는 지금까지 모든 사람이 이해해 온 바의 칸트의 철학 전체를 완전히 전복시켰다고 굳게 믿고 있다. … 아무도 그가 행한 일을 주목하지 않았다. 즉, 그들은 높은 곳에서 아래로 그를 내려다보았다"(『살로몬 마이몬: 합리론적 독단주의자, 경험론적 회의주의자―비판적 평가』, 기드온 프리우덴탈 엮음[Dordrecht: Kluwer Academic Publishers, 2003] p. 232에 실린, 프레더릭 바이저, 「마이몬과 피히테」에서 인용)
4. 마이몬은 칸트와는 개념 선험적에 대한 정의가 다르다. 칸트에게는 감각과 지각에 논리적으로 선행하고 독립적인 개념이 인식의 선험적 양식에 속하는 데 반해, 마이몬에게는 선험적은 오직 대상 그 자체의 인식에 선행하는 인식의 그 양식일 뿐이다. … [그리고] 대상들의 인식이 그것들(=인식과 대상)이 서로 간에 맺는 관계의 인식에 선행해야만 할 때, 그것은 후험적이다(사무엘 아틀라스, 『비판적 관념론에서 사변적 관념론으로: 살로몬 마이몬의 철학』, The Hague, Nijhoff, 1964, pp. 133-4).
5. 이 쟁점들에 관한 탁월한 요약과 논의에 대해서는 바이저, 『이성의 운명』, pp. 288-90을 보라.
6. 바이저, 『이성의 운명』, p. 291.
7. 바이저, 『이성의 운명』, p. 293.
8. 바이저, 『이성의 운명』, p. 305.
9. 마이어 부자글로, 『솔로몬 마이몬: 일원론, 회의론, 그리고 수학』(Pittsburgh: University of Pittsburgh Press, 2002), p. 107.
10. 바이저, 『이성의 운명』, p. 296.
11. 이 문제에 관한 논의에 대해서는, 이 책 「라이프니츠」에 관한 대니얼 W. 스미스의

장을 보라.

12. 아틀라스, 『비판적 관념론에서 사변적 관념론으로』, p. 110.

13. 가령 라이프니츠가 『새로운 시론들』 서문에서 사용하는 유명한 예는, 바다 소리를 들을 때 우리는 점점 커지는 한 덩어리의 소리를 오직 의식적으로만 지각할 뿐인데, 여기서 파도의 운동에서 일어나는 모든 상이한 개별적인 소리들은 우리의 지각 내에서 단일한 구분되지 않는 속삭임에로 융합된다(고트프리트 빌헬름 라이프니츠, 『인간 지성에 관한 새로운 시론들』, 조녀선 베넷·피터 렘넌트 엮음[Cambridge: Cambridge University Press, 1997] p. 295).

14. 아틀라스, 『비판적 관념론에서 사변적 관념론으로』, pp. 109, 124, 129를 보라. 주어진 직관은 필연적으로, 시간이 흐르는 동안 점차적으로 일어나지만, 직관의 잡다를 통합하고, 조직하고 규정하는 규칙은 순간적으로 일어난다—즉, 경험적 시간 바깥에 일종의 초월론적인 이념적 시간이 존재한다. 또한 사무엘 베르그먼, 『솔로몬 마이몬의 철학』, 노 J. 제이콥스 옮김(Jerusalem: Magnes Press, 1967), pp. 63-4를 보라.

15. 바이저, 『이성의 운명』, p. 297. 이에 대한 논의에 대해서는, 또한 베르그먼, 『솔로몬 마이몬의 철학』을 보라.

16. 아틀라스, 『비판적 관념론에서 사변적 관념론으로』, p. 109.

17. 베르그먼, 『솔로몬 마이몬의 철학』, p. 62(인용자 강조).

18. 바이저, 『이성의 운명』, p. 297. 그러나 후기 저작에서 마이몬은 무한소가 단지 (그가 허구라고 부르는) 유용하고 창조적인 가설일 뿐인지, 아니면 진정한 형이상학적 실재인지 하는 쟁점을 두고 흔들리는 것으로 보인다는 것은 언급할 만한 가치가 있다.

19. "그러나 실제로 상상의 과정은 마음 외부에 실존하는 어떤 것을 표상하는 것 (representation; Vorstellung)이 아니라, 전에는 사실 실존하지 않았던 어떤 것을 실존하는 것으로 현시하는 것(presentation; Darstellung)이다"(아틀라스, 『비판적 관념론에서 사변적 관념론으로』, p. 111).

20. 바이저, 『이성의 운명』, p. 309.

21. 아틀라스, 『비판적 관념론에서 사변적 관념론으로』, p. 110.

22. 바이저, 『이성의 운명』, p. 298.

23. 아틀라스가 말하듯이, "무한소들은 대상에 대한 우리의 의식적 지각의 기본 요소들을 구성한다. 무한소들은 우리 지각의 규정적 요인이고 필수적 부분이다. 다른 한편으로, 사물-그-자체는 문제, X, 또는 이념, 즉 대상에 관련된 모든 문제들에 대한 최종적이고 완전한 해결이라는 이상이다"(『비판적 관념론에서 사변적 관념론으로』, p. 115).

24. 바이저, 『이성의 운명』, p. 301.

25. 마이몬은 그 자신이 칸트와 다른 차이들을 간단명료하게 요약한다. "칸트의 견해에 의하면 공간은 단지 직관의 형식일 뿐인 데 반해, 나의 견해에 의하면 공간은, 개념으로서, 모든 대상들 일반의 형식이고, 직관으로서, 이 형식의 그림이다"(부자글로, 『살로몬 마이몬』, p. 89에서 인용). 마이몬의 시간과 공간관에 관한 논의에 대해서는,

또한 프로이덴탈 엮음,『살로몬 마이몬: 합리론적 독단주의자, 경험론적 회의론자』에 실린, 피터 틸케의「직관과 다양성: 공간과 시간에 관한 칸트와 마이몬」을 보라.

26. 부자글로,『살로몬 마이몬: 합리론적 독단주의자, 경험론적 회의론자』, p. 90.

27. 바이저,『이성의 운명』, p. 303; 부자글로,『살로몬 마이몬: 합리론적 독단주의자, 경험론적 회의론자』, p. 92, 그리고 또한 얀 브랜슨,『사유의 해부: 마이몬의 회의론 및 사유와 대상의 관계』(Dordrecht et al: Kluwer Academic Publishers, 1991), pp. 65-80. 마이몬 주장의 요지는 주체-대상 이원론은 더 이상 두 상이한 종류의 존재들 사이에 실존한다고 말해질 수 없다는 것이다. 이 구분은 이제 두 상이한 종류의 사유 간의 대조(즉, 대상과 그것의 생산 규칙), 또는 두 상이한 심적 상태(각각 표상 representation과 현시presentation)를 제공한다(바이저,『이성의 운명』, p. 308). 이 점에서 현시는 마음에 의해 (그것의 관계들과 합법성과 관련하여) 충분하게 혹은 완전하게 인지되거나 규정된 어떤 것인 데 반해, 표상은 불완전하게 혹은 오직 부분적으로만 인지된 어떤 것이다. 따라서 무한한 마음에게, 완전한 인지는 단순히 대상 생산의 규칙(들)—대상의 미분들 혹은 현시—을 "안다"는 것을 의미하는 데 반해, 이와 대조적으로 대상, 물질, 시간과 공간은 모두 불완전한 이해를 지시하는, 유한한 의식 그리고 이 의식이 표상들에 의존하는 일의 특징들이다.

28. 칸트는 또한 그가 라이프니츠의 추종자인 크리스천 볼프의 저작에서 유래하는 "규정 가능성의 원리"에 대해 말한다. 전통적인 아리스토텔레스의 "모순의 원리"의 한 버전과 거의 다름없이, 규정 가능성의 원리는 가능한 대상을 규정할 때, 따라서 범주를 그 대상에 적용할 때, 종적 술어의 현존 또는 부재가 논리적으로 자신의 대립자를 배제해야 한다(그리고 뒤이어 모든 술어 또는 사물이 이전 술어의 현존 또는 부재에 의존한다)는 것을 요구한다. 에티엔 질송의『존재와 몇몇 철학자들』을 보라(Toronto: Pontifical Institute of Medieval Studies, 1952), pp. 114-15, 117.

29. 바이저가 적고 있듯이, "그래서 (무)모순의 원리가 판단의 형식과 맺는 관계는 규정 가능성의 원리가 내용과 맺는 관계와 같다"(바이저,『이성의 운명』, p. 313).

30. 바이저,『이성의 운명』, pp. 314, 316.

31. 그러나 만약 마이몬이 들뢰즈의 철학에 보다 광범위하게 영향을 미쳤다는 것에 대한 증거가 요구된다면, 우리는 단지 들뢰즈가 (놀랍게도 자인하지 않고) 되풀이하는 마이몬 사상의 다음과 같은 세 가지 측면을 언급하기만 하면 된다. 첫째로, 마이몬은 자신의 목표를 "실재적 경험의 조건들"을 찾기 위해 경험 일반의 가능한 조건들을 넘어가는 것으로 기술한다(들뢰즈 그 자신이 여러 기회에 거의 말 그대로 반복하는 주장). 둘째로, 마이몬은 대립을 지배하는 차이에다 특권을 부여하며, 대립은 차이에서 유래하며, 그 역은 아니라고 주장한다—들뢰즈가 지지하는 또 다른 주장. 그리고 마지막으로, 들뢰즈는 그 자신의 작업을 "중간"(혹은 "사이")의 철학으로 기술한다—마이몬이 그 자신의 작업에 제시하는 본질적으로 같은 정의이다.

32. 들뢰즈는 "이념들로서의 문제들은 내재적이고 초월적이다"(DR 169)라고 주장한다 —표상 혹은 개념적 인식과 관련하여 "초월적"이고, (수동적) 종합의 무의식적 운동으로서 사유하는 것과 관련하여 "내재적"이다. 그는 또한 문제적 이념들과, 수학적

문제들이 해들의 생산과 관련하여 기능하는 방식 간의 유비를 그려낸다(DR 163-4).
이 문제에 관한 논의에 대해서는 이 책 뒤에 나오는 사이먼 더피의 장을 보라.

33. 베르그손은 이 다양체를 존재론적 과거에 의해 특징짓는다—이 개념에 관한 정교한
    설명에 대해서는, 들뢰즈의 베르그손주의를 보라.

34. 들뢰즈의 구조 사상에 관한 통찰에 대해서는, 그의 논문 「우리는 어떻게 구조주의를
    인식하는가?」, 『들뢰즈와 과타리의 이중적 사유: 교차와 활기』, 멜리사 맥마흔·찰스
    스티발레 옮김(New York and London: Guilford Press, 1998)

35. 사실, 나는 심지어 들뢰즈의 모든 각각의 저작은 상이한 영역에 관련한 이 규정
    가능성의 쟁점, 즉 사회구성체, 욕망, 회화, 영화, 기호 등의 조건들을 규정하는 쟁점
    에 관한 것이라고 주장하고 싶을 정도이다.

36. 그것들은 순간들moments이라고 불린다. 왜냐하면 그것들은 현실화의 펴지는 시간(즉,
    경험적 혹은 체험적 계기succession)과 구분되는 것으로서 접혀진 또는 이념적 시간성
    (즉, 공존으로서의 잠재적인 것) 내에서 일어나거나, 혹은 계열을 구성하기 때문이다.
    DR 210-11을 보라.

37. 어떤 의미에서, 경험의 세계는 그런 초월론적 좌표들의 표현의 결과, 여러 물리적
    상징적 영역들에서 표현되는 (그리고 그에 따라서 수정되는) 존재론적 결합 혹은
    미분법의 표현의 결과이다. 수학의 미분법의 가치는 그것이 들뢰즈가 이념들에 내재
    한다고 간주하는 이 미분 관계를 특히 중시한다는 점이다. 그러나 우리는 이 주장을
    펼 때 들뢰즈는 다른 어떤 철학자들이 그러듯이, 수학과 존재론을 합체하지 않는다는
    점(DR 179)을 조심스럽게 언급해야 한다.

38. 임마뉴엘 칸트, 『순수이성비판』, 노먼 켐프 스미스 옮김(London: Macmillan, 1990),
    A572-4/ B600-2; A581-2/ B609-10.

39. 유감스럽게도, 여기서 나에게는, 분화differenciation—즉, 개체화와 극화—를 특징짓는다
    고 들뢰즈가 주장하는 『차이와 반복』의 제5장에서 개괄된 특수한particular 과정—초월
    론적 장으로부터 현실화의 과정을 산출하고, 따라서 잠재적으로 규정된 것이 질과
    연장, 종과 부분 속에서 현실화되도록 해주는 과정—을 검토할 지면이 없다. 그 과정
    은 산출된 대상과 관련한, 동반하거나 상응하는 경험적 공간과 시간(그리고 원-의
    식)의 생산을 수반한다고 말하는 것으로 충분할 것이다. DR 206-7을 보라.

40. 여기서 들뢰즈는 프루스트에 관한 그의 이전 연구에서 최초로 소개된 개념으로 돌아
    간다(PS 26). 이어서 이것은 또한 그의 논문 『베르그손의 차이 개념』(DI 32-51)과
    이후의 『베르그손주의』의 비대칭적 경향들에 관한 들뢰즈의 논의를 소환한다.

41. 그러므로 잠재적인 것은 다양한 개체화된 현상들을 상호 관계를 맺게 하는 상호 관통하
    고, 중첩하고, 유동적으로 변화하는 다양체의 확산적 장이다. 따라서 들뢰즈는 한
    경험적 대상이 다른 한 경험적 대상과 맺는 관계—가령, 한 당구공이 다른 한 당구공
    을 때리는 관계—는 단지 당구공들 사이에 실존하는 물리적으로 인과적이거나 기계
    적인 관계에 기인하는 것이 아니라 잠재적인 것 그 자체에 내적인 관계이다라고
    언급한다. 혹은, 마이몬이 말했을지도 모르지만, 그것은 한 직관의 미분이 다른 한

직관의 미분과 맺는 관계이다. 이런 의미에서 인과성은 실재적인 내재적 관계들의 그림자에 불과하다.

42. 여기서 들뢰즈는 라이프니츠의 『인식에 관한 성찰, 진리와 이념들』에서 확립된 구별들에 의존하고 있다. 라이프니츠, 『인간 지성에 관한 새로운 시론들』, pp. 219-20을 보라.

43. 이것은 들뢰즈가 왜 이념들은 (마이몬의 주장했듯이) 지성의 능력 안에서 일어나는 것이 아니라, 혹은 (최초로 칸트가 제기했듯이) 이성 안에서 일어나는 것이 아니라, ―각 인지 능력은 그 자신의 방식으로 내재적 이념의 측면들을 표현하므로―모든 능력들을 통하여 출현한다고 주장하는지를 설명해준다(DR 192).

44. 그런 수동적 종합들은 규정 가능성의 세 가지 계기들과 관계한다. 즉, 점진적 규정의 세 가지 계기들은 시간의 세 가지 수동적 종합들(그리고 덜 빈번하게 논의되지만, 공간의 세 가지 종합들)과 직접적으로 상응한다.

7.

G. W. 헤겔

브루스 보

질 들뢰즈의 영향력 있는 책 『니체와 철학*Nietzsche and Philosophy*』(1983)에 관한 통찰력 있는 서평에서, 장 발은 헤겔로 향한 들뢰즈의 원한 resentment[1]과 "악감정ill feeling(mauvaise humeur)[2]"은 때때로 헤겔에 대한 훌륭한 비판을 훼손시킨다고 언급한다. 들뢰즈가 논한 (플라톤, 루크레티우스, 라이프니츠, 스피노자, 칸트, 니체, 베르그손을 포함하는) 모든 주요한 철학자들 중에서 헤겔은 호의적인 대접을 가장 적게 받고 있다. 다른 모든 경우들에서 들뢰즈는 그 자신의 철학을 위해 유용한 무언가를 회수할 수 있는 데 반해, 헤겔에 대한 그의 비판은 거의 무자비하게 부정적이다. 차이의 긍정을 기리는 철학에서, 그런 부정성은 놀라움으로 다가올 수도 있고, 심지어 아이러니하게 보일지도 모른다.

그렇지만 헤겔에 대한 들뢰즈의 거부는, 처음부터 끝까지, 헤겔의 철학은 차이를 부정적인 어떤 것(부정, 대립, 모순)으로 만들어버림으로써 차이를 저버렸다는 굳건한 믿음에 의지하며, 들뢰즈가 그토록 지칠 줄 모르게 통렬히 비난하는 것은 이러한 헤겔의 부정에 대해서이다. 들뢰즈가 헤겔에 대한 니체의 비판을 논급한다는 것은 잘 알려져 있다. 즉 차이의 부정적 개념은 그들 자신의 힘들을 그들 자신에 반하는 쪽으로 돌리고 "반응reaction"을 그들의 "창조적 행위"로 만들기 때문에 겪는 자들의 원한ressentiment의 표현이다.**3** "차이의 긍정을, [헤겔의 변증법의] 다른 것that which differs의 부정으로 대체하고, 자기의 긍정을 타자의 부정으로 대체하며, 긍정의 긍정을 그 유명한 부정의 부정으로 대체한다"(NP 96). 시작부터 들뢰즈는 "절대 이념Absolute Idea" 안의 다수의 규정들을 경유하며 "그 자신과 모순되는" 존재Being 안의 "차이"를 지나가는 "계기"로 만드는 "동일성과 차이의 동일성"이라는 헤겔의 유명한 이론에 저항하는 존재론 및 긍정적 차이의 논리학을 구축하려고 노력했다.**4**

차이와 모순

헤겔에 대한 들뢰즈의 반대들은 그의 스승 장 이폴리트의 책, 『논리와 실존』에 관한 1954년의 서평에 이미 보일 만큼 일찍 나타난다. 들뢰즈는 "존재는 차이이다"라는 이폴리트의 주장에는 동의하지만, 차이는 타자성Otherness 혹은 순수 차이pure Difference에 남아 있을 수 없고, 절대적인 것으로까지, 곧 모순으로까지 운반되어야만 한다는 이폴리트의 "전적으로 헤겔적인" 명제에는 동의하지 않는다. 들뢰즈는 이렇게 논박한다. "우리는, 모순은 차이보다 적거나 더 많지 않은데, 그렇다면 내내 모순으로 가지 않는 차이의 존재론을 구축할 수 없는가?

모순은 차이의 현상적이고 인류학적인 측면 아닌가?"**5**

　『논리학』에서, 헤겔은 차이의 기저에 놓여 있는 부정들을 끊임없이 발견하며, 그의 변증법은 부정들을 점점 더 내적인 것으로 만드는 데 존재한다. 따라서 존재자는 또 다른 것과 다른 한에서만, 혹은 또 다른 것이 아닌 한에서만 규정적인 어떤 것이며, 따라서 다른 것이 아닌 것not-being an other은 "부정의 부정"으로서의 그 자신의 동일성의 구성적 "계기"이다.**6** 하지만 첫 번째 것 (A)에 대해 두 번째 것 (B)가 타자이듯이, 첫 번째 것 (A)는 두 번째 (B)의 타자이며, 그때 각각의 것은 그 자신이면서 타자이다.**7** 그리고 그 점에서 그것들은 구별 불가능하며 각각 자신의 타자가 되며, 이렇게 하여 각각은 자신의 타자성을 그 자신으로 데리고 가며, 자기-외의-타자other-than-self가 된다. 만약 그때 타자가 자신이 규정적인 어떤 것과 맺는 관계를 제외하고서 이해되고, "타자 그 자체to heteron"가 된다면, 그것은 순수 외면성, 즉 그 자신에 외적인 존재 속에 존립하는 외면적 관계들이 된다. 즉, 항상 바뀌어 가고 있지만(되어 가고 있지만), 그 자신과 동일한 것으로 남아 있는 공간, 시간, 물질로서의 자연이 된다.**8**

　이러한 "자연적" 진보는 사유의 원리들 혹은 논리의 형태로 가장 높은 수준에서 시작된다. 동일률(A=A)은 또한 부정적으로 표현될 수 있고(A는 not-A와 동등하지 않다), 이렇게 하여 A는 그 자신을 not-A와 구별함으로써, 혹은 자신의 부정을 부정함으로써 그 자신을 긍정한다. 하지만 자신의 부정(not-A)을 부정할 때, 그것은 그 자신을 구별해 낼 아무것도 갖지 않으며, 그래서 자기-관계적인self-related 부정성, 즉 또 다른 것과의 차이가 아니라, 절대적 차이가 된다.**9** 절대적 차이는 "그 자신과 동일한 차이" 혹은 자기 관계적인 차이이며, 따라서 그 자신이 그 자신과 맺는 관계 속에 차이와 동일성 둘 모두를 함유하지

만,**10** 차이와 동일성은 서로를 부정하므로, 절대적 차이는 상위diversity
로 "분리돼 떨어지고", 이 상위 속에서 두 항은 그것들 자신에게 동일
적이지만 서로에게는 상이하다. 그렇다면 이 차이는 두 항에 외적이
고, 이 두 항은 서로에 대해 무관심하다.**11** 하지만 외적 차이 속에서
차이는 소멸한다. 왜냐하면 각 항은 그 자신과 동등하게 같으므로,
타자와 같기 때문이고, 자신의 차이를 긍정할 수 없기 때문이다. 오히
려 외적 차이는, 두 항을 서로 간에 "더 혹은 덜" 유사하거나 유사하지
않은 것으로 연결하는 공통 요소와 관련하여 두 항의 유사성 혹은
비유사성을 평가하는 제3자가 행하는 비교에 의존한다, 차이가 제3항
에 회부함이 없이 서로 간에 (긍정적이고 부정적인 것으로서) 대립하는
"두 측면" 간의 대립이 되는 것은 오직 이 "매개하는" 공통 요소가
내면화될 때뿐이다. 대립 속에서, 차이 나는 것은 어떠한 타자에 의해
서도 대치되는 것이 아니라 자신의 타자에 의해서 대치된다.**12** 자신의
반대자와 대립할 때, 각 대립자는 "그 자신 안에 자신이 자신의 다른
계기와 맺는 관계를 가진다. 따라서 그것은, 각 반대자가 그 자신을
긍정할 때 자신의 대립자를 함유하면서 또한 배제하는, 자족적인 온
전한 대립"이다. 즉 "따라서 그것은 모순이다."**13** 그것이 그 자신을
정의하는 수단인 대립자를 부정함으로써 그 자신을 정립할 때, 그것
은 자신의 존재를 자신이 부정하는 대립자에게 의존하게 만들며, 암
묵적으로 그 대립을 그 자신에게로 가져가서, "또 다른 것에 대한
부정이 아니라 자기자신에 대한 부정"이 된다.**14** 혹은 헤겔이 『정신현
상학』에서 이에 대해 말하는 바와 같이, "대상은 하나의 같은 면에서
그 자신의 대립자이다. 그리고 그것이 그 자신에게 존재하는 한에서 그것은
또 다른 것에 대해 존재한다."**15** 따라서 모순은 자기-관계적인self-relelating
것으로서, 또한 자기-동일적인 내면화된 차이, "본질적" 차이, 즉 동

일성, 차이의 대립자이다.**16** 이 모순이 정립되어 명시적 또는 "대자적 for-itself"이 될 때, 내재적으로 자기-모순적인 것은 "해소된 모순",**17** 타자성으로부터 그 자신에게로 되돌아가는 차이, 모든 유한한 규정들의 기저에 놓여 있는 부정의 무한한 운동에 의해 지탱되는 모순적인 계기들의 통일이 된다.**18**

차이에 대한 헤겔의 설명은 차이를 부정뿐만 아니라 "동일성과 차이의 동일성"에 복속시킨다는 들뢰즈 비판의 기반을 이해한다는 것은 어려운 일이 아니다. 즉 "부정적인 것으로 환원될 때, 차이는 이미 동일성에 의해 펼쳐진 … 길 위에 놓이며"(DR 44-50), 대립이 모순 및 모순의 해소로 전개되는 일로 향하도록 이미 운명지어져 있다(NP 157). 1956년에 발표된 두 편의 논문에서,**19** 헤겔에 대한 들뢰즈 최초의 반대 조치는 "모순, 타자성, 부정성만큼 멀리 가지 않고, 또 갈 필요도 없는" "내적 차이"로서의 "지속"이라는 베르그손의 개념에 의존한다(DI 39). 차이는 한 사물이 다른 한 사물과 다른 순수하게 외적 차이(상위diversity)도 아니고, 한 사물이 그것이 아닌 모든 사물과 다른 차이도 아니며(DI 25, 42), 공통 요소를 나누어 갖는 종들의 차이도 아니다(DI 30-4). 오히려 존재는 지속으로서의 차이, "이질성, 그 자신과 다른 것", 그 자신 안에서 다른 것이다(DI 26-7). 시간은 분화되지 않은 전체도, 서로 간에 외적인 순간들의 계열도 아니라, 단일한 자기-차이화하는 과정, "이질적이면서 연속적인 내적 계기繼起"(B 37)이다. 즉 추상적인 타자성(그 자신의 외부에 있는 차이)이 아니라 지속 혹은 잠재성 안의 미분 관계들(DI 27), 현실적 사물들에 실재적 차이들을 결과로서 가져오는(28), 본성상 다른 발달적 경향들을 통하여 차이화하는(26, 34) 과정으로서의 변화alteration(25)이다. 그렇다면 시간의 지속 그리고 시간이 육화하는 경향들에 힘입어, 사물은 최초로, 직접적으로 그 자신과 다른 것이지, 헤겔에서처럼 "사물이 최초로 그것이 아닌 모든 사물과 다르기 때문에 그 자신과 다른 것이 아니다"(42).

"모순"과 "대립"은 발산적인 경향들 속에 있는 잠재적인 것의 차이적 현실화에서 결과하는 두 현실화되고 완결된 사물들의 비교에 기초하는 가상들이다(DI 142). "우리는 한 사물에서 다른 한 사물의 부정적인 것을 발견하게 될 것이다"(B 101). 왜냐하면 차이가 그 사물들을 발생하게 한 과정들과 무관한 것으로 간주되는 완결된 결과들 사이의 불모의 대립에 의해 대체되었기 때문이다(DI 142; NP 157). "다른 한 항에 의한 한 실재적 항의 부정은 두 항을 동시에 내포하는 잠재성의 실증적 현실화일 뿐이다. … 우리로 하여금 모순과 부정을 믿게 하는 것은 잠재적인 것에 대한 우리의 무지이다"(DI 42-3). 차이는, 그것이 지속, 경향들로의 차이화, 이 경향들의 현실화로 이해된 차이 그 자체가 아닌 한에서만, 현실적 사물들의 상위, 차이의 산물들을 포함하는 한에서만 부정적인 것으로 간주된다.

우리는 동일한 명제들을 『차이와 반복』에서 발견한다. 즉, "차이는 상위가 아니다. 상위는 주어진 것이지만, 차이는 주어진 것이 … 상위한 것으로", 즉 미분적 과정들의 현실적 산물들로 "주어지게 하는 것이다"(DR 222). "제한"과 "대립"은 "그것들의 생산의 원리나 실재적 운동"(DR 207)과 분리된 결과들로 현실화된 것 내에서만 생겨난다. 제한과 대립은 한 연장의 감소는 다른 한 연장의 감소를 필요하게 만드는 한에서 "연장된 것_rétendue" 안에서, 그리고 반대되는 질들(뜨거움과 차가움, 밝음과 어둠 등등)이 이미 구성된 질들과 관련해서만 생겨나는 한에서 질들 안에서 생겨난다. 연장과 질 둘 모두는 대립의 부정적 관계들을 제시하기 위해 그것들을 생겨나게 하는 미분 과정들을 감추고 상쇄한다(=취소한다)(DR 207). "모순"은 유적 공통 근거(연장, 질 등등)를 통해서만 서로를 대립시킬 수 있는 두 완결된 현실성들 간의 차이이다. 유적 공통 근거는 두 완결된 현실성들을 서로 관계 맺게 하고, 또 이 유적 공통 근거를 통해서 각 상반자는 자신의 대립자를 "내면화"한 다. 즉 필연적으로 모순을 다시 동일성으로 이끌고 가는 "상반자들의 동일성"의 함수로서의 차이(DR 263). 이것은 의견들이 대답들로 제시 되는 "문제"와 무관하게 한 관점 혹은 의견을 다른 한 관점 혹은 의견에 반하여 두는 일과 동등하다. 변증법은 "대립하고, 반대되고, 모순적인 명제들의 대치"를 볼 때, 그것은 존재론적 차이로부터 유래하는 발산 적 경향들의 발생을 잊고 말며(DR 164, 202-3), 철학적 앎을 경쟁적 의견들의 상호 작용과 혼동한다(WP 80). 그렇지만 "대립"과 "부정"은 오직 차이의 가상적 부수현상일 뿐이다(DR 52, 117).

들뢰즈는 헤겔의 유명한 "존재"와 "무"의 변증법에서 동일한 혼동 들을 발견한다. 이 변증법에 따르면 순수하고 단순한 "존재"는 어떠한 규정이나 차이화가 없는, 혹은 한정되지 않은 의미에서의 존재이다. 존재는 규정들과 질들의 부재와 관련하여 무와 같은 것이므로, 이렇 게 하여 존재와 무는 서로가 서로에게 넘어가 "생성becoming"으로 전개 된다.[20] 베르그손을 따라서, 들뢰즈는 "존재와 무의 변증법"은 나쁘게 정의된ill-defined 항들 사이의 거짓 운동으로 간주한다. 미규정적이고 일반적인 "존재"는 그 자체 단지 의사-관념(DI 35)일 뿐인 무와 대립하 는 일반성(DI 24)이며, 둘 모두 "왜 다른 어떤 것이 아니라 이것이 있는가? … 왜 지속의 이 긴장인가? 왜 다른 어떤 속도가 아니라 이 속도인가? 하는 진짜 문제가 아니라, "왜 무가 아니라 어떤 것이 존재 하는가?"(24) 하는 거짓 문제에 대한 해결이다. "비-존재 관념은, 서로 가 서로에 대해 무한정하게 대체되는 차이 나는 실재들을 파악하는 것 대신에 우리가 존재 일반의 동질성 속에서 그 실재들을 뒤섞어놓고, 그때 존재 일반이 오직 무와 대립할 수 있을 뿐일 때, 나타난다"(B 20; 46-7을 보라). 따라서 변증법은 부정확함을 통하여 주고 받는 추상적이고 비실재적인 반대자들의 "거짓 운동"이며(B 44; DR 182; WP 7; D viii), 전적으로 허구적인 방식으로 허구적인 대립들을 해소하기 위하여 허구적인 대립들을 확립한다(NP 158, 15).

부정에 대한 비판

우리는 모순이 어떻게 차이의 현상적 측면에 지나지 않는지를 보아 왔다. 이 현상이 어떻게 인간학에 근거하는지를 발견하는 일이 남아 있다.[21] "부정은 그것이 부정하는 것에 부가되는 것이 아니라, 부정하는 이가 누구인가 할 때의 그 누구의 약함을 가리킬 뿐이다"(B 19). 그렇다면 물음은 이렇다. 즉 누가 부정하는가? 혹은 누구에게 부정은 주요한 것인가?

미분적이고 계보학적 힘들이 대립, 부정, 모순이 되는 것은 오직 "반응적 힘들"과 원한의 관점에서이다(NP 56). 왜냐하면 부정적인 것으로 시작하는 노예—반응들이 행위들을 지배하는, 원한을 가진 사람—는 마침내 그 자신을 자기self로 정립하기 위하여 비-자아non-Ego를 상정하고, 이어 그 자신을 이 비-자아에 대립시킬 필요가 있기 때문이다. 그런데 이것은 차이의 진짜 긍정이 아니라 "부정의 부정"을 통하는 의사-긍정이다(NP 121; DR 268). 긍정과 부정은 우선 논리적 연산들이 아니라 생명의 긍정적 혹은 부정적 평가들 속에서 표현되는 "생성becoming의 성질들", 즉 "능동적이 되기"(긍정) 또는 "반응적 되기"(부정)이다(NP 54). 노예 혹은 반응적인 사람은 "부정적인 것"으로서의 생명의 고통을 경험하는 사람이며, 그는 그 고통을 사용하거나 긍정할 수 없고, 그래서 그 대신 이른바 "상위 가치", 즉 생명을 초월하는 가치의 이름으로 생명을 힐난하고 비난하기 때문에 구원을 필요로 하는 사람이다(NP 14-15, 17, 34, 121-2). "그러한 힘은 자신이 아닌 모든 것을 부정하고, 이 부정을 그 자신의 본질 및 자신의 실존의 원리로 만든다"(NP 9). 이와 대조적으로, 긍정적 의지, 곧 주인 유형의 의지는 그 자신의 힘이나 역능으로 시작하고, 자신의 실존을 긍정하며, 자신의 "행운", 혹은 약한 것이나 반응적인 것에 대한 우월성을 관조할 때 추가적인 쾌감을 이끌어온다. 여기서 "부정"은 이후의 사유afterthought, "긍정의 긍정"의 귀결, 차이와 우월성의 향유, 거리 및 자신이 거리를 두는 것에 대한 긍정이다(NP 8-9, 121; LS 172-3; DR 54). 헤겔의 변증법은 부정과 긍정을 대칭적인 논리적 연산들로 만듦으로써 그것들을 왜곡한다. "부정은 긍정과 대립하지만, 긍정은 부정과 차이난다." 왜냐하면 노예는 부정의 부정이라는 의사-긍정을 성취하기 위해 주인을 부정하지 않으면 안 되는 데 반해(DR 52), 긍정적 의지(주인)는 노예를 부정하는 것이 아니라, 그 자신을 긍정할 때 노예와 다른 그의 차이를 긍정하고 향유하기(NP68, 188-9) 때문이다".

주인-노예 변증법

주인과 노예는 (각각 능동적이고 반응적이어서) 본성상 차이 나기 때문에, 노예와 주인이 "인정 투쟁struggle for recognition"으로부터 출현하는 헤겔의 주인과 노예의 변증법은 둘 사이의 거짓 동등성을 확립하고 거짓 해결을 초래한다.

헤겔의 경우 인간 욕망의 본성은 그것이 그 자신의 독립적인 의식 혹은 주체성을 향유하기를 욕망하는 데 있지만, 의식은 자신의 대상을 부정하는 전적으로 유동적인 과정이므로, 그 자신에게 있어서 어떠한 안정성도 발견할 수 없거나, 혹은 그 자신을 단독으로 대상화할 수 없다.[22] 따라서 의식은 또 다른 의식의 형식 속에서 그 자신을 추구하며, 주체성으로서의, 즉 욕망으로서의 다른 의식을 욕망한다. 의식이 욕망하는 것은 타자의 욕망인 바, 그 의식은 이 욕망을 통하여 타자에 의해 의식으로서 인정된다. 그 자신을 향유하거나 소유하기를 원하므로, 의식은 타자로 하여금 자신을 인정하도록 강요한다. 이와 동일한 것을 원하는 타자는 이와 동일한 운동에 참여하고, 거기서 "인정 투쟁"이 뒤따른다.

이 투쟁의 승리자는 그의 자유의 인정을 얻기 위해 자신의 생명을 희생할 준비가 되어 있는 주인이고, 패배자는 자유보다 생명에 더 집착하는 노예이다. 그러나 결국 노동을 통해 승리를 거두는 자는 바로 노예이다. 즉 본성을 변형시킴으로써 노예는 그 자신을 자연과 생명 위로 고양시키며, 문화를 창조한다. 오직 자기와 타자가 자연적 필요 위로 올라갔을 때에만, 삶의 집착과 죽음의 공포 때문에 할 수 없이 인정하는 것이 아니라 서로를 자유롭게 인정하는 두 주체성들의 "상호 인정"이 존재할 수 있다. 인간적인 문화적 제도들(도덕, 법, 관습)을 통해 매개된 자유로운 상호 인정을 통하여, 각자는 자신이 타자에 대해 존재하듯 자신에 대해 존재하며, 따라서 각자는 타자로부터 그 자신에게로 돌아와서 자기-타자Self-Other 관계, 정신Spirit, "'우리We'인 '나' 그리고 '나'인 '우리'" 안에 함축된 진리를 깨닫는다.[23]

들뢰즈는 이 변증법 전체를 오직 노예만을 포함하는 것으로 간주한다. 즉 헤겔의 주인 이미지 아래에서, 노예는 언제나 틈을 엿보고 있다

(NP 10). 왜냐하면 인정을 받기 위한 헤겔의 주인의 욕망은 그를 처음부터 노예로 만들기 때문이다. 오직 노예만이 역능을, 새로운 가치들을 창조하는 긍정적 역량이 아니라, 확립된 가치들을 따라서 수여받거나 혹은 인정받는 어떤 것으로 간주한다(NP 81; DR 136). 진정한 주인의 견지에서 보면, 창조적 의지로서의 역능은 가치를 갖기 위하여 인정될 필요를 갖지 않을 것이다(NP 11). 인정을 받는 헤겔의 "주인"은 확립된 가치들을 따라 "이루어낸" 노예, 곧 순응주의자에 지나지 않는다. 인정된 "나"는 오직 "모든 사람이 안다" 할 때의 혹은 "모든 사람이 인정한다" 할 때의 모든 사람Everyone, 즉 현재 상황에 순응하는 사람이고, "우리"는 오직 현재의 가치를 둘러싼 사회적 합의일 뿐이다. 즉 순응주의자와 사회적 합의의 이러한 일체성은 인정을 얻기 위한 투쟁의 성과이다.

"나"와 "우리의" 보수적이고 반동적인reactionary 화해는 "우리가 우리 자신에게 부여하는 법칙에 복종하는 것이 완전한 자유"라고 하는, 칸트-헤겔의 합리적rational 자율성 이론에서 그 정치적-도덕적 표현을 받는다. 노예가 노동을 통해 자연으로부터 해방될 때, 그는 이성을 본능과 자연적 성향 위에 둠으로써 그렇게 한다. 그리고 이성에서 생겨나는 도덕 법칙에 복종할 때 주체는 마찬가지로 본능과 성향을 종속시키며, 진실로 자기-규제적이거나 자율적이고, 따라서 자유롭다. 칸트의 도덕적 자율성 이론에 관한 헤겔의 극히 중요한 추가는 보편자를 그것이 "구체적 보편", 즉 특수한 것을 갖는 보편성, 역사적으로 규정된 내용, 관습적인 윤리학이나 인륜mores(Sittlilchkeit)이 되도록 하기 위해 구체적 역사적 상황들에 근거짓는 것이다. 이것은 보편적이고 이성적인 측면에서 개인들의 자기-의식을 구성하는 국가의 형식 속에서 그것의 가장 높은 이성적 표현에 도달한다. 칸트의 경우 가장 높은 윤리적 의무는 단지 이성이 이것을 요구하기 때문에 우리의 의무를 의지意志하는 것인 데 반해, 헤겔의 경우 개체들의 가장 높은 의무들은 국가가 인정하는 의무들과 법적 권리들을 가진 시민-주체들로서 국가의 이성적 자치self-governance에 참여하는 것이다.**24**

들뢰즈는 "이성적 자율성"을 새로운 노예 상태, 즉 이성 그 자체에 예속시키고, "살아있는 존재자"를 "이성적 존재자"에 종속시키는 새로운 노예 상태를 확립하는 일로 간주한다. "지성과 이성은 오랜 역사를 가진다. 그것들은 우리가 더 이상 그 누구에게도 복종하길 원치 않을 때에도 우리를 여전히 복종하게 만드는 판례들(사례들)이다. 우리가 신, 국가, 우리의 부모에게 복종하기를 멈출 때, 이성이 불쑥 나타나서 우리를 설득한다. 즉 그대는 명령을 내리는 자이다"(NP 92). 이성은 우리를, 이성에 복종할 때 우리는 본능과 성향의 단지 자연적인 존재자들에서 이성적인 존재자들로 옮겨간다고 설득하지만, 이는 생명을 부정하고 평가 절하하는, 생명을 넘어선 가치들과 법칙들에 생명과 살아있는 존재자를 복속시키는 것이다. 그렇다면 우리는 여전히 예속되어 있다. 우리는 복종하도록, "굴복하도록, 짐들을 떠맡도록, 오직 생명의 반응적 형식들과 사유의 비난적 형식들만을 인정하도록",**25** 우리에게 명령하는 법칙들과 확립된 가치들을 내면화하도록 여전히 요구되고 있다. "주체의 자율성"은 근대 국가의 법칙들과 이성적 구조를 단지 내면화할 따름이며(NP 93), 복종을 탁월한 가치로 만든다. 즉 "이른바 근대 철학에서, 이른바 근대 국가 혹은 이성 국가에서, 모든 것은 입법자와 주체 주위를 맴돈다. … 항상 복종하라. 그대가 복종할수록 그대는 주인이 될 것이다. 왜냐하면 그대는 순수 이성에게만, 달리 말해, 그대 자신에게만 복종할 것이기 때문이다"(TP 376). 사실 이것은 있는 그대로의 실재적인 것으로 묵인하며(NP 181), 생명을 부정하는 반응적 힘들의 거짓 "긍정"을 간직하고, 가정하는 것에 불과하다 (NP 178-82; DR 120-1). 그렇다면 "이성적 자율성"은, 칸트와 헤겔이 주장하는 바와 같이, 이성 국가에서 정점을 이루는 자유의 전개가 아니라, "반응적 생명을 보존하고 조직하고 전파한다"(NP 139).

오직 진정으로 긍정적인 것만이 창조할 수 있으며, 창조는 현재의 가치들에 대한 비판, 그리고 자기 자신의 안과 바깥의 반응적 힘들의 파괴를 요구한다(NP 55, 107, 174-7). 혁명은 새로운 사회적 형식들과 가치들을 창조하는 "차이의 사회적 역능"인(DR 208) 데 반해, 모순은 프롤레타리아의 무기가 결코 아니라, 투쟁을 단지 확립된 가치들의 지분을 위한 투쟁(DR 268), "소외"에 대항하는 투쟁(NP 59)으로 남겨둠으로써 중요성이나 가치를 가지는 것을 규정하기 위해 자신의 권리를 보호하는 부르주아지의 수단이다. 보수적 가치들과 창조적 차이들 간의 차이는 낡은 것과 새로운 것 사이에 있는 것이 아니라, 질서와 창조적 무질서, "평균적인" 것과 "예외적인" 것(DR 54), 합의(나=우리)와 동조하지 않는 "사적 사유자"(DR 52, 258-61; TP 351-6, 376-7) 사이에 있다. 창조적인 것은 부정적인 것의 변증법적 노동이 아니라 차이의 유희적인 긍정이고, "인정된" 의무들과 권리들의 가정이 아니라 새로운 문제들의 발명이고, 대립자들의 화해가 아니라 차이의 차이화이다(NP 9, 16-19, 157-8, 190; DR 236).

고통, 부정성, 불행한 의식

"변증법에 소중한 발견은 불행한 의식, 불행한 의식의 심화, 불행한 의식의 해결, 불행한 의식과 그 자원들의 찬미이며", "불행한 의식은 변증법 전체의 주제이다"(NP 159, 196). 장 발을 따라서,**26** 들뢰즈는 "불행한 의식"이라는 헤겔의 인물을 부정 및 부정의 부정이라는 헤겔의 변증법 전체의 주인공이라고 간주하지만, 그는 불행한 의식conscience malheureuse과 이 의식이 겪는 고통들을 단지 죄책감과 원한에 찬 사람의 "나쁜 의식mauvaise conscience"일 뿐이라고 하며 맹렬히 비난한다.

『정신현상학』에서, "불행한 의식"은 노예가 그 자신의 안과 밖의 자연을 변형하고 부정하는 자신의 힘을 발견하는 주인-노예 변증법을 따른다. 이 부정의 힘은 의식이 그 자신을 "절대적으로 변증법적인 불안"으로서, 그 자신 및 자신의 모든 규정들을 부정하는 힘으로서—즉 그 자신을 무로서 알아차리는, 단지 소멸하는 한 개별자a particular로서 알아차리는 절대적인 부정성으로서—발견할 때 심화한다.**27** 이 소멸하는 개별성 맞은편에 변하지 않고 영원히 지속하는 것—즉 신, 무형의 전적으로 다른 것Other, 무한한 피안beyond로서의 무한한 존재Being, 무한한 동경의 대상—의 보편성이 존재한다.**28** 사실 헤겔은 이것은 분리되고 대립된 자기의 두 측면—즉, 자기의 변화 가능하고 소멸 가능하고 개별적인 측면(유한성), 또 이와 맞은편에 있는 자기의 보편적이고 영원한 측면(무한 사유)—의, 자기 내에 있는 갈등이라고 말한다. 따라서 불행한 의식은 그 자신을 초월하고 부정하는, 혹은 "자신의 손으로 폭력을 겪는"**29** 절대 정신Absolute spirit의 본질을 드러낸다. 이는 대립과 분할을 그 자신의 전개의 "계기들"로서 극복하고 포함하는 자기self의 실현에 그것들이 필요하다는 것을 보여줌으로써 모든 대립과 분할—그리고 그것들로부터 결과하는 고통—을 상쇄하는 "절대지absolute knowing" 안에서 그 자신으로 돌아가기 위해서이다. 자기가 그 자신과 화해하도록 동기를 부여하는 것은 자기의 고통이며,**30** 그 이유 때문에 고통은 모든 변증법적 진보의 배후에 있는 추동력이며, "불행

한 의식"은 『정신현상학』 전체의 주인공이다.**31**

들뢰즈의 견지에서 볼 때, 이것은 변증법이 단지 "원한의 자연적 이데올로기"임을 보여준다(NP 159). 만약 차이가 고통을 겪고 따라서 악le mal이라면, 우리는 그 고통이 인간의 것이든 아니면 신의 것이든 추가적인 고통을 통해서 속죄함으로써만 긍정할 수 있다. 긍정은 분할과 분해의 모든 불행의 긴 우회로를 통해서만 달성될 수 있다(DR 53). 하지만 들뢰즈는 고통은 악이다 혹은 생명과 "모순" 속에 있다(NP 11-16)는 전제와 더불어 "분할scission과 분해déchirement 안에서 현출되는 … 고통과 슬픔의 가치라는 관념"(NP 195)에 반대한다. 고통은 아픔을 행위에의 자극으로 만들 수 없는, 그래서 대신 그것을 기억된 고통, 곧 원한으로서 내면화하고, 이어 복수에의 충동으로서 또 다른 사람에게 향하는, 반응적인 존재자에 대해서만 "악"이다. 그리고 고통이 (행위할 수 있는 능력이 없기 때문에) 그 방식으로 아무런 만족이나 배출구를 발견하지 못할 때, 그것은 죄, 즉 자신의 고통들을 위해 자신에 대한 앙갚음으로서 투입되고, 이때 그것은 비행wrong-doing 혹은 악으로서 해석된다(NP 128-32). 이러한 고통의 콤플렉스, 그리고 고통을 속죄하기 위한 고통(죄)은 니체가 "양심의 가책"이라고 부르는 것, 모든 이율배반의 근원(NP 87-8), 헤겔의 "불행한 의식"의 진리(NP 18-19, 157-8)이다. "양심의 가책"은 기독교-헤겔의 형식 속에서 진정한 "역사의 동력", 즉 반응적이고 허무주의적인 힘들의 승리한 역사의 동력, "피안"에 의해, 무에 의해 "생명"을 평가절하한 역사의 동력이다(NP 34, 152, 161).

감각-확실성

"헤겔은 다원론을 '이것, 저것, 여기, 지금'을 ⋯ 말하는 데에 만족하는 소박한 의식과 동일시하며 이를 비웃고자 했다. 한 사물은 많은 의미들을 가진다는, 많은 사물들이 존재한다는, 그리고 '이것 그리고 이어서 저것'은 단일한 사물로 향해 간다는 다원론적 사상에서, 우리는 철학의 가장 높은 정복, 진정한 개념의 정복을 발견한다"(NP 4). 들뢰즈가 명시하는 바와 같이, "다원론은 경험론과 동일하며", "경험론"은 "감성적인 것의 구체적인 풍요로움"과 관련돼 있다(D viii, 54; DR 284-5; ES 99). 따라서 다원론에 대한 헤겔의 비판은 인식에 대한 비판이다. 왜냐하면 이것은 "여기 지금"에서 경험적으로 주어지는 감각적 포착을 통하여 획득되기 때문이다.

『정신현상학』의 「감각-확실성」 장에서,[32] 헤겔은 감각적 경험은 지성의 범주들과 같은, 주체의 어떠한 기여에도 의존함이 없이 경험적 대상에 대한 순수 수용성을 통해 대상의 실제성actualiity을 파악하고 싶어하고, 그 대상을 어떠한 규정들이나 술어들이 없이 자신의 직접성 안에서 순수 존재로서 파악하고 싶어한다고 말한다. 하지만 그렇게 할 때 의식은 오직 자신의 대상, 즉 이것, 여기, 지금을 가리킬 수 있을 뿐이다. 그러나 모든 "이것"은 다른 모든 이것만큼 "이것"이며, 그렇지만 각각의 이것도 역시 다른 이것들이 그 이것도 아니고 다른 모든 이것이 아닌 것과 같은 방식으로 다른 "이것들"이 아니다. 즉 그것의 완전한 미규정성 및 내용의 결여와 관련하여, 순수한 감각적 수용성을 통해 파악되는 바의 순수 존재는, 『논리학』에서 순수 존재가 무로 넘어가듯이, 무와 동등하다.[33] 의식은 그것이 감각작용을 통해 포착하는 것의 진리를 언어로 표현함으로써 파악하려고 노력할 때,

그것은 동일한 변증법적 역전을 겪는다. "지금", "여기", "이것"이라는 단어들은 개별적인particular "지금", "여기", "이것"을 지시하는 것이 아니라 "지금", "여기", "이것" 일반을 지시한다. 즉 의도된 개별자를 지시하는 것이 아니라 보편자를 지시한다. 우리는 우리가 의도하는 감각적 존재자를 단어들로 표현하는 것은 가능하지 않다.**34** "감각 확실성"의 진리는 감각적 존재자를 보편자들—즉 직관의 형식들로서의 시간과 공간, 지성의 범주들, 그리고 능력들의 종합 및 시간에 대한 종합으로서의 "나"의 통일성—의 매개를 통해 파악하는 지각이다.

들뢰즈는 이 운동에서 개별적인singular 여기-지금-이것은 실로 변증법의 추상적인 보편자들 안에 포획되는 것이 아니라 그것의 모든 구체적인 풍요로움과 규정들이 박탈된다고 하며 이의를 제기한다(DR 51-2). 감성적인 것은 오히려 "개념의 모든 세세한 규정들에 저항하는, 직관 안에서 실존하는 것의 완강함"이다(DR 13-14). 개별적인 감성적 존재자가 아니라, "주어진 것"(감성적 개별자)이 아니라 "주어진 것을 주어지게 하는 것"(DR 139-40), 감각sensation을 강요하는 것으로서만 감각될 수 있는 어떤 것(DR 144-5)인 "감성적인 것의 존재자"가 있다고 들뢰즈는 말한다.

"감각이란 무엇인가? 그것은 수 조의 진동들을 수용적 표면 위로 수축하는 작동이며", 공간적으로 위치하고 공간적으로 연장된 대상의 질을 감각하는 것으로서, 의식 안에서 현출한다(B 74). 감각은 "바깥으로부터" 주체의 감성에 작용하는 힘들의 산물, 그 자체 역능의 정도인 촉발될 수 있는 역량에 작용하는 힘들의 산물이다(NP 62; EPS 93-4, 217-21, 231, 245-6, 253, 261, 306-7; F 49-51). 이 상호 작용하는 힘들은 감각되는 것을 위한, 즉 감각된다는 사실과 감각되는 방식을 위한 충족 이유이다. 각 감각과 각 감성적 사물에다 개념을 회피하는 개별성singularity을 부여하는 것은 바로 이 힘들이다. "질적 다양성diversity을 위한 이유로서의 차이, 전위의 차이, 강도의 차이는 '우월한 경험론', '초월론적 경험론'을 위한 탐구 대상을 형성한다"(DR 56-7).

강도들은 미분 관계들의 체계(DR 209), 혹은 잠재적 체계들의 체계, "연락들의 체계 혹은 입자들 간의 미분 관계들의 체계, 그리고 이 관계들의 변이의 정도들에 상응하는 독특성들의 체계" 안에서 특이점들로서 존재한다(DR 165). 강도는 서수적 계열 내의 차이와 한 계열과 다른 한 계열 간의 차이 둘 모두의 기능을 "가치"로서 가지는 요소이다(DR 117). 말하자면 각 강도는 강도 장, "상이한 심층에서 분배된 강도의 차이들", 물질적 체계를 구성하면서(DR 57; NP 6-7), 각 순간에 다른 모든 강도들을 통과한다(DR 96-9). 그러나 각 강도는 또한 변이 가능한 비율들의 미분 계열의 형식 속에서 내적으로 차이화되어 있다. 모든 강도는 베르그손의 지속의 방식으로(DR 239) 본성상 그 자체에 대해 부등하거나 혹은 그 자체에 있어서 이질적이다(DI 97; DR 235). 그런 방식으로, "강도는 이미 차이이므로, 그것은 그것이 그 자신을 긍정함으로써 긍정하는 다른 차이들을 지시하고"(DR 234), 또 다른 나에 의해 인식된 "나"로서가 아니라, 차이들 장 내의 차이화된 차이로서(DR 241), 하나와 다른 하나 간의 차이에 선행해서 자기와의 차이로서(NP 188) "그 자신에게로 돌아온다." 감성적인 질적 차이들은 단지 의식상의 효과일 뿐이고, 이 지하의 차이들을 왜곡하는 표면 반사일 뿐이다(DR 236-9; DI 97). "강도는 결코 순수 경험 안에서 주어지는 것이 아니라", "그것은 우리가 경험할 때 자료가 되는 모든 질들을 부여한다"(B 92; DR 238을 보라). 그러나 질적 차이에 대한 의식적인 알아차림은 2차 효과이다. 주체의 감성은 그 자체 초월론적이고 무의식적인 강도 장에 의해 구성되며, 무의식적 수준에서 자신에게 작용을 가하는 외적 강도들의 효과를 등록하는, 촉발될 수 있는 역량 혹은 그 자체 물질적 체계인 순수 수용성이다(DR 58, 151). 강도는, 그것이 무의식적 감성을 "일깨우거나" "불러일으키는" 한에서만, 감각될 수 있는 지각 불가능한insensible 어떤 것이다(DR 152, 230, 236).

질적인 감성적 차이를 근거짓는 것은 물론, 강도는 주체와 대상 둘 모두에서 개체화하는 요인으로서 기능한다. 사물들을 특징짓는 개체화는 내재적 규정이나 강도적 양 또는 강도의 차이이지만(EPS 196-7; DR 39), 이러한 개체화는 강도적 힘들의 장 내에서 전위들이 분배되는 현실화로서 그 장 내에서 발생한다(DR 151). "개체화는 현실화되는 미분 관계들을 강도가 규정하는 작용이다"(DR 246). 결과는 일반적 범주의 반복 가능한 개별적 사례인 공허한 "이것" 혹은 "나"가 아니라, 그것을 규정하는 힘들 또는 강도들의 확정성determinateness을 지닌다. 개체화는 강도들의 다양체 곧 다중체의 현실화 혹은 차이화의 발산적 과정의 산물이다. 여기서 다양체는 "다자le multiple 그 자체에 속하는 조직체"로, 그 안에서 요소들은 그 존재가 오직 이 요소들이 서로 간에 맺는 관계를 통해서만 규정되므로 "여럿이지 않고 다른 것이다"(DR 182; B 42-3, 95). 다양체는 현실적인 것이 아니라, 미분적 요소들과 관계들의 완전히 실재적인 체계, 즉 이 체계를 표현하는 현실화에 선행해서 완전하게 규정된 (언어학적, 유전학적, 물리학적 등등의) 구조이다(DR 209-15). 심지어 현실성들 간의 유사성도, 대체로 마치 눈과 무척추동물들의 상사기관들이 빛에 어떻게 대응하느냐 하는 유기적 "문제"에 대한 "해들"로 설명될 수 있는 것처럼, 발달의 상이하고 발산적인 선들을 통해서 설명되어야만 한다. 여기에서 해들은 서로를 부정하지도, 그것들을 일으키는 문제를 부정하지도 않는다(DR 117, 212; B 97, 106). 현실화는—부정적 규정일—일반성의 종별화가 아니라(B 46-47), 규정적인 잠재적 강도 장의 미분적 전개를 통한 개체화, 차이의 실증적 차이화이다(DR 214-15).

"실재적 경험의 조건들"은 "강도 자체와 구별 불가능"하며(DR 232), "초월론적" 또는 "우월한 경험론"은 조건지어진 것the conditioned보다 더 넓거나 더 일반적이지 않은, 실재적 경험의 조건들conditions에 대한 탐구 그것이다(DR 285; B 23-30; NP 50). 실재적 경험의 조건들은 헤겔이 비웃은 "지금", "여기", "이것"의 공허한 보편자들이 아니라, 강도들의 역동적인 상호 작용에 의해 발생하며, 인식되거나 재인될 수 있는 것이 아니라 오직 감각되고 맞닥뜨려질 수 있을 뿐인 공간-시간의 지금-여기 복합체들이다(DR 285).

안티-헤겔?

들뢰즈는 안티-헤겔주의자인가? 실로 그의 전작은 헤겔 철학에 관한 몇 가지 동조하는 언급들을 포함하고 있다. 헤겔은 "함수 안의 가변성"은 가치들 혹은 미규정적 가치(a=2b)의 변화뿐만 아니라, 하나의 변수는 관계를, 각 변수는 다른 변수의 함수인 미분 관계(dx/dy)로 만드는[35] 상위의 거듭제곱(y^2/x=P)이어야 한다는 점을 보여주었다. 비록 들뢰즈가 다른 곳에서 미분법의 수학적 계열을 단지 "악" 무한 혹은 "사이비" 무한으로, 즉 단지 개념의 진짜 규정성을 결여하는 무한히 무한정적인 연속으로 간주한 데 대해 헤겔을 비판하긴 하지만 말이다(DR 43).[36] 헤겔은 사유를 의견과 혼동하고 진리를 올바른 의견이나 정설과 혼동하는 단순한 명제인 대답을 일으키는 물음을 묻는 독단적 사유를 비판한다(DR 150).[37] 비록 헤겔이 그가 대립되는 의견들이나 관점들 또는 개념의 "계기들" 사이에 차이를 만드는 한에서 바로 이 독단론을 범하긴 하지만 말이다(WP 80). 헤겔의 『정신현상학』은 문제들을 정립하고 해결하는 것을 통하는 비상한 견습 과정 혹은 자기-발달을 묘사하지만, 이것은 "절대지absolute knowledge의 형식 안에서 지knowledge의 이상에, 즉 사전에 주어지는 최종적 목적에 … 복속된 채로 남아 있다"(DR 166). 헤겔과 셸링은, 형상들Figures은 개념의 현상학적이고 역사적인 나타남들(『정신현상학』)이고, 계기들Moments은 개념의 절대적 자기-운동(『논리학』)이므로, 구성적 계기들을 가지는 자기-정립하는 형상으로서의 철학적 개념에 올바르게 초점을 맞추지만, 헤겔은 철학적 개념 안에 예술과 과학을 포함함으로써 철학을 과도하게 확장한다(WP 11-12). 들뢰즈는 자신이 한 손으로 헤겔에게 주는 것이라면 어떤 것이든 다른 손으로 회수하는 것으로 보인다.

그렇지만 들뢰즈가 헤겔과 맺는 관계에 대한 문제는 단순히 인용들을 모으고 긍정적인 발언과 부정적인 발언의 균형을 맞춘다고 해서 해결될 수는 없다. 헤겔에 대한 그의 모든 비판들에도 불구하고, 극히 헤겔적인 요소가 들뢰즈에게 남아 있다. 가령 들뢰즈의 "생기론"에서 연유하는 "소외" 개념이 그러하다. 따라서 우리는 한 기관의 형식 안의 "모든 해결"은 "문제의 조건들 곧 환경들과 관련해서는 상대적인 성공"이지만, 그럼에도 불구하고 그것을 만들어내는 운동과 관련해서는 상대적인 실패échec이다. "운동으로서의 생명은 그것이 만들어내는 물질적 형식 속에서 소외된다. 운동으로서의 생명은 그 자신을 현실화함으로써, 그 자신을 차이화함으로써 '그 자신의 나머지와의 접촉'을 상실한다"(B 104). 마찬가지로, 감각 불가능한 강도들은 자신들의 구성적 차이들을 평준화하고 균질화함으로써 "자신들을 소외시키거나 자신들과 모순되는 질에 의해 언제나 덮인다"(DR 236). 의식적으로 회상된 기억들은 표상 불가능한 존재론적이고 무의식적인 과거로부터 추출된 "이미지들"이다(B 71). 지속의 상이한 유동들로 차이화하는 것에 선행하는, 잠재적인 것의 단일한 생기적인 시간이 존재하고, 다수의 체험되는 지속들의 기저에 놓여 있는 단일한 생기적인 다양체가 존재한다(B 81-3). 들뢰즈는 현실적인 것은 제한을 통한 부정과 상반자들의 변증법에 놓이는 연장적 요소와 질적 요소를 구성함으로써 잠재적인 것을 저버릴 수 있을 뿐이다라고 주장하는 것으로 보인다(DR 188을 보라). 잠재적인 것은 "부정에 대해 아무것도 모른다"(DR 202-3, 207). 부정적인 것들은 오직 현실적인 것의 수준에서만 일어난다. 따라서—존재를 개념의 매개 없이 차이를 향해 직접 열어주는—분열증의 "균열된 나"는 "나는 생각한다"의 "나"의 동일성보다 특권을 누린다(DR 58). 따라서 디오니소스의 분할을 영원 회귀에 책정할 수 있다. 영원 회귀에서 "사물은 그 자신을 조각내는 차이로, 그 자신 안에 함축돼 있는 모든 차이들로, 그 자신이 통과하는 차이로 환원된다"(DR 67). 따라서 "기관들 없는 신체"는 강도적인 생기적 "흐름"들을 제한하고 소외시키는 기관들과 기능들로 차이화되어 있는(=분화되어 있는) 신체에 대해 특권을 누린다. 이는 마치 현실적 생명이 잠재적 생명의 타락인 듯 보이고, 잠재적 생명이 현실적 생명보다 더 높은 가치인 듯 보이고, 잠재적 생명을 통해 현실적 생명이 폄하되는 듯 보인다.

또한 여기에는 헤겔 유형의 순환성이 포함되어 있다. 애벌레, 배아적 생명, 기관들 없는 신체, 이 모든 것은 최초의 기원, 즉 동일성에 선행하는 차이를 나타낸다. 기관들 없는 신체를 만드는 일, 혹은 지속이 발산하는 경향들로 그 자신을 차이화한 이후의 잠재적 점을 탐색하는 일은 잃어버리고 소외된 생명을 탐색하는 일, 즉 잃어버린 파라 다이스를 탐색하는 일과 결국 마찬가지다. 최초의 기원을 목적으로 만들 때, 그가 맹렬히 비난하는 헤겔의 "순환적인" 회귀 운동, 즉 정신 Spirit이 자신의 완전한 전개에 필요한 그 자신으로부터의 모든 분리들을 통과한 후 그 자신과 재결합하는 운동을 실연하는 것으로 보인다. 헤겔이 때때로 단순한 것 또는 일자로 시작하는 것으로 보이지만, 들뢰즈가 차이와 다양체로 시작한다면, 시원부터 존재하는**38** 헤겔의 절대자Absolute는 시원과 차등적이다.**39** 이러한 자기-와의-차이가 없다면, 절대자는 그 자신을 차이화하고 그런 다음 이 차이들을 그 자신에게로 다시 가져가는 주체Subject가 아니라, 무기력하고 동질적인 실체일 것이다. 절대자는 일이나 다가 아니라, 사실 다양체, 즉 들뢰즈가 말하듯이, 다에 "대하여" 말해지는 "일"이다. 들뢰즈가 차이의 차이화, 통일성이 아니라 파편화, 그 자신에게로 돌아가는 차이를 통한 동일성의 해체를 추구하는 데 반해, 헤겔이 통일성, 즉 "동일성과 차이의 동일성"을 추구한다는 것은 계속 사실로 남는다. 이 점은 들뢰즈의 원환을 헤겔의 "단일중심적인" 원환과 상이한 원환으로 만든다(LS 260). 들뢰즈의 원환은 상이한 목적론, 상이한 최종성(=목적성)을 갖지만, 그것은 그 모든 것에도 불구하고 그 못지않게 순환적이고 목적론적이다. 그런 만큼, 그것은 이 가장 안티-헤겔적인 철학자에게 있어서 헤겔에 대한 집요함을 나타낸다.

톰프슨 리버스 대학

주(Notes)

1. 장 발, 「질 들뢰즈의 『니체와 철학』 서평」, *Revue de métaphysique et de morale* 68(1963), p. 353.

2. 장 발, 「질 들뢰즈의 『니체와 철학』 서평」, p. 370.

3. 프리드리히 니체, 『때 이른 성찰』, R.J. 홀링데일 옮김(Cambridge: Cambridge University Press, 1997), p. 22.

4. 장 이폴리트, 『논리와 실존』, 레너드 로울러·아미트 센(Albany: State University of New York Press, 1997), pp. 186-7.

5. 질 들뢰즈, 「장 이폴리트의 『논리와 실존』 서평」, *Revue philosophique de la France et de l'étranger* 94(1954), p. 460.

6. G.W.F 헤겔, 『헤겔의 논리학』, A.V. 밀러 옮김(Atlantic Highlands, NJ: Humanities Press, 1989), p. 115.

7. 헤겔, 『논리학』, p. 117.

8. 헤겔, 『논리학』, p. 118.

9. 헤겔, 『논리학』, p. 413.

10. 헤겔, 『논리학』, p. 417.

11. 헤겔, 『논리학』, p. 418-20.

12. G.W.F. 헤겔, 『헤겔의 논리학. 철학 백과 제1부』, 윌리엄 월리스 옮김(Oxford: Oxford University Press, 1975), p. 172.

13. 헤겔, 『논리학』, p. 431. 또, 『헤겔의 논리학』, p. 173을 보라.

14. 헤겔, 『논리학』, p. 432-4.

15. G.W.F. 헤겔, 『정신현상학』, A.V. 밀러 옮김(Oxford: Oxford University Press, 1975), p. 76.

16. 헤겔, 『헤겔의 논리학』, p. 173.

17. 헤겔, 『논리학』, p. 442.

18. 헤겔, 『논리학』, p. 442-3.

19. 베르그손, 「1859-1941」과 「베르그손의 차이 개념」—두 논문 모두 『무인도 및 기타 텍스트들』에서 찾아 볼 수 있다.

20. 헤겔, 『논리학』, pp. 82-105.

21. 질 들뢰즈, 「장 이폴리트의 『논리와 실존』 서평」, p. 460.

22. 헤겔, 『정신현상학』, pp. 109-10.

23. 헤겔, 『정신현상학』, pp. 104-19.

24. G.W.F. 헤겔,『법 철학의 요소들』, 앨런 W. 우드 엮음, H.B. 니스벳 옮김(Cambridge: Cambridge University Press, 1001), pp. 191-7, 275-81.

25. 질 들뢰즈,『니체』(Paris: PUF, 1965), pp. 21-2.

26. 장 발,『헤겔 철학에서의 의식의 불행』(Paris: Rieder, 1929).

27. 헤겔,『정신현상학』, p. 124.

28. 헤겔,『정신현상학』, p. 126-38.

29. 헤겔,『정신현상학』, p. 51-2.

30. 장 발,『헤겔 철학에서의 의식의 불행』, pp. 7, 82f, 107f.

31. 장 발,『헤겔 철학에서의 의식의 불행』, pp. 187f.

32. 헤겔,『정신현상학』, p. 58-66.

33. 헤겔,『정신현상학』, p. 81-4.

34. 헤겔,『정신현상학』, p. 60.

35. 헤겔,『논리학』, pp. 251-3을 보라.

36. 헤겔,『논리학』, pp. 246-9를 보라.

37. 헤겔,『논리학』, p. 23을 보라.

38. 헤겔,『논리학』, p. 47.

39. 헤겔,『논리학』, p. 21.

8.

카를 마르크스

유진 홀랜드

들뢰즈의 가장 유명한 철학 저작, 『차이와 반복』 첫 번째 페이지는 자본주의에 대한 그의 분석에 토대를 놓고 있다. 들뢰즈는 그가 옹호하는 차이에 두 명의 적들이 존재한다고 주장한다. 그 적들은 재현과 교환, "질적 층위의 유사성과 양적 층위의 등가성이다"(DR 1). 자본주의는 하나를 다른 하나와 경합시킨다. 즉 시장의 금전 거래 관계는 재현을 탈코드화하고, 그런 다음 욕망을 코드화의 압박으로부터 해방시킨다. 마르크스가 말하는 바와 같이, "단단한 모든 것이 흔적도 없이 사라진다".[1] 하지만 자본은 또한 욕망을 재포획하여, 상품 생산과 교환을 통해 욕망을 사적 축적의 요구들에 종속시킨다. 따라서 자본에 대한 마르크스의 분석은 들뢰즈에게 그의 학적 이력 전반에 걸쳐서 매우 중요하다. 실로 들뢰즈는 그와 과타리는 여전히 마르크스주의자로 남아 있다고 주장했을 뿐만 아니라(N 171), 그는 또한 자신의 최후의 저서가 될 책을 "위대한 마르크스"에게 헌정하려고 계획했다—비록 그가 건강 문제 때문에 그 책을 집필할 수 없었지만.² 그렇다면 『차이와 반복』의 첫 번째 페이지들로부터, 들뢰즈가 마르크스주의자들이 자본주의에 대한 "변증법적" 평가라고 부르고자 했던 것, 자본주의가 인류에게 주는 혜택과 책무를 평가하는 일을 마르크스와 공유했던 것은 분명하다. 하지만 이미 매우 중요한 차이가 출현한다. 마르크스가 자본주의에 대해 가장 찬양했던 것은 인류에게 빈곤을 극복하고 자유를 실현하는 역사적 전망을 제공하는 생산 관계들의 사회화, 그리고 이에 수반되는 인간 생산력들의 발전이었다. 들뢰즈가 자본주의에 대해 가장 찬양하는 것은 생산의 사회화, 생산력들의 발전, 시장의 확산이 능동적으로 차이를 증진시키는 방식들이다. 재현을 끊임없이 탈코드화하고 분업을 부단히 확장함으로써, 자본은 엄청나게 강력한 차이-엔진을 이룬다. 인간 존재를 이루는 다른 두 차이-엔진—생물학적 생명의 진화와 언어학적 의미의 표현—과 관련하여, 자본주의적 차이-엔진은, 노동 다각화와 전문화를 이미 지극히 적응 가능한 인간들의 생물학적 구조에 접목시킴으로써, 그리고 모든 언어적 문화적 재현들을 무엇이든 시장 탈코드화에 종속시킴으로써 생체living body와 표현 언어에 이미 활동적인 차이화의 과정들을 가속화하기 때문에, 들뢰즈에게 중요하다.

그렇지만 자본주의를 분석하는 일의 중요성에 관한 이러한 전반적인 동의는 들뢰즈와 마르크스의 더 심오한 친연성을 모호하게 할 위험을 안고 있다. 이러한 친연성은 둘 모두 경제학에다 부여하는, 혹은 더 자세히 말하면, 들뢰즈가 프랑스 마르크스주의 철학자인 루이 알튀세를 따라 "경제적 심급"이라고 부르는 것에다 부여하는 중심성을 수반하기 때문이다(DR 186).³ 비록 들뢰즈가 경제학이, 궁극적으로 규정하는 심급으로 간주되어야만 한다는 점에서 마르크스와 알튀세에 동의할지라도, 실천 철학에 대한 그 자신의 독특한 이해를 감안할 때, 그가 행하는 문제의 정식화는 그들의 것과 의미심장하게 다르다. 간단명료하게 말해, 정치 철학의 기능은 늘 변하는 상황들에 대응하여 새로운 개념들을 창조하는 것이다. 우선 첫째로, 개념-창조는—들뢰즈가 마르크스주의와 관련하여 그러하듯—이전 철학자들의 개념들 또는 개념들의 요소들을 선택적으로 차용하는 한편, 다른 개념들 또는 요소들을 거부하는 일을 수반한다. 하지만 더욱 중요한 것은 개념-창조는, 선택된 개념들과 요소들을 새로운 상황들에 적응시킴으로써, 철학 바깥에서 일어나는 문제들에 대응하는 일을 수반한다는 점이다. 실존은 문제들을 제기하며, 정치 철학의 과제는 현실 세계에서 그런 문제들을 다루는 우리의 역량을 향상시키기 위해서 그것들을 개념들로 가능한 생산적으로 정식화하는 것이다. 현재, 사회적 문제들이 인간들이 직면하는 유일한 문제들은 결코 아니지만, 들뢰즈의 주장에 따르면, 그 문제들은 언제나 경제적인 것이다.

> 비록 해결들이 법적이거나 정치적이거나 이데올로기적이라 하더라도, 또 문제들이 해결 가능성의 그 장들에서 표현되더라도, 최대한 엄격하게 말해, 오직 경제적, 사회적 문제들이 존재할 따름이다. … 요컨대 경제적인 것은 한 주어진 사회에 제기된 문제들의 총체성이다. … (DR 186)

알튀세는 경제적 심급은 다른 어느 심급이 한 주어진 사회 구성체에 지배적인지를 구조적으로 규정하며, 따라서 독자적으로는 결코 완전히 현존하지 않는다고 이미 언급한 바 있다. "최후 심급의 고독한 시간은 결코 오지 않는다".[4] 들뢰즈는 이에 동의한다.

그러므로 알튀세와 그의 협력자들은 『자본』의 진정한 구조의 현존을 보여준다는 점에서 지극히 옳다. … 그렇기 때문에 적절히 말해서, "경제적인 것"은 주어지는 것이 아니라, 해석되어야 할 미분적 잠재성을 지시하며, 자신의 현실화 형식에 의해 언제나 완전히 가려져 있다. (DR 186)

정통 마르크스주의에게 친숙한 하부–상부구조와는 매우 다른 용어들로,5 들뢰즈는 경제적 심급이 사회적 실재와 맺는 관계를 잠재적 문제들과 현실적 해들에 의해 제기한다. "이른바 '추상' 노동의 형식으로 하부구조 안에서 규정되는 바의, 사회의 문제들은 현실화 또는 분화의 과정(노동의 구체적 분화[=구체적 분업])으로부터 그 해를 얻는다"(DR 207). 경제적인 것은 다양한 사회들(혹은 다양한 시기의 한 주어진 사회)이 (새의 날개, 물고기의 지느러미, 포유류의 다리들이 이동이라는 생물학적 문제에 대한 상이한 현실적 해들을 제공하는 것과 대체로 같은 방식으로) 상이한 현실적 해들을 제시하는 문제적인 잠재적 구조이다 (DR 211을 보라).

가장 추상적인 수준에서, 그리고 출발점으로서의 다수의 차이들(성별, 나이, 능력, 숙련 등등)을 감안할 때, 근본적인 사회적 문제는 사회적 관계들을 어떻게 조직하고 이렇게 하여 사회 다양체의 실증적 잠재력을 어떻게 최대화하느냐 하는 것이다. 더 알기 쉽게 마르크스주의의 용어들로 말하면, 기본적인 사회적 문제는 사회적 관계들을 어떻게 조직해서, 부와 권력의 중대한 불평등을 조장하고, 착취, 탄압, 억압을 조장하는 정치적인 분업에서 일어나는 위험을 최소화하면서, 기술적이고 사회적인 분업에서 일어나는 생산과 소비의 증진을 어떻게 최대화하느냐 하는 것이다.6

들뢰즈와 알튀세의 마르크스주의 사이에는, 그들이 공유하는, 헤겔보다 스피노자를 더 선호한다는 점에서 오는 두 가지 더 근본적인 일치점이 존재한다. 왜냐하면 토니 네그리, 알튀세, 그리고 그의 협력자들(특히 피에르 마슈레)과 더불어,[7] 들뢰즈는 안티-헤겔적인, 스피노자풍의 마르크스주의의 한 가지 중요한 버전을 대표하기 때문이다.[8] 이는 비록, 우리가 보게 되겠지만, 들뢰즈의 반反-역사주의 양식은 알튀세의 구조주의적 양식보다 훨씬 더 복잡할지라도, 우선 첫째로, 들뢰즈의 마르크스주의가 알튀세의 그것만큼 반-역사주의자이리라는 점을 의미한다. 들뢰즈는 "알튀세와 그의 협력자들은 … 마르크스주의에 대한 역사주의적 해석들을 거부한다는 면에서 지극히 옳다. …"고 주장한다. 왜냐하면 한 사회의 잠재적 구조는 "시간 속 계기의 순서를 따라서 결코 이행적으로 작용하는 것이 아니라 … 다각적인 사회에서 이 구조의 다양성들을 육화함으로써"(DR 186), 즉 우리가 본 바와 같이, 그 사회가 제기한 잠재적 문제에 대한 아주 많은 현실적 해들을 재현하는 다양성들을 육화함으로써 작용하기 때문이다. 게다가 "이 구조는 [또한] … 사회적 총체성의 현재를 구성하는 … 모든 관계들과 항들의 동시성을 설명함으로써 … 작용한다." 이는, 둘째로, 들뢰즈의 안티-헤겔적 마르크스주의는 부정과 모순에 기초한 총체성의 "변증법적" 버전들을 피하리라는 점을 의미한다. "마르크스와 헤겔의 근본적 차이를 주장하는 마르크스 논평가들은" 알튀세 등의 『자본을 읽자』를 정확히 인용하며, "『자본』에서 분화differenciation(사회적 다양체의 한복판에서의 분화: 노동의 분화division) 범주는 헤겔의 대립, 모순, 소외 개념을 대체한다고 올바르게 지적한다"(DR 207). 실로, 이 점에서 들뢰즈는 과잉-규정된 구조적 총체성 개념 안에 모순 범주를 여전히 보존하는 알튀세보다 더 나아간다. 들뢰즈는 단정적으로 진술한다. "부정적인 것은 언제나 파생적이고 재현된 것이지, 결코 본원적

original이거나 현존적present인 것이 아니다: 차이의 과정과 분화의 과정이 부정적인 것이나 대립과 관련하여 일차적이다"(DR 207). 역사와 총체성에 관한, 알튀세에 동의하는 이 두 가지 논점들은 우리를 두 가지 마르크스의 범주들로 데리고 간다. 이 범주들은 들뢰즈가 마르크스에 지속적으로 깊이 천착하는 생산 양식과 보편사의 범주들이다.

들뢰즈가 사회적 관계들의 현실적 조직을 규정하는 잠재적 구조로서의 경제적 심급 개념에 천착하는 점을 감안할 때, 들뢰즈가 왜 마르크스의 생산 양식 개념을 채택하여 개작하고 싶어했는지 아는 일은 어렵지 않다. 들뢰즈의 전 저작 중에서 아마도 가장 완전하게 마르크스주의적 저작인 것은 들뢰즈가 과타리와 최초로 공동 집필한 작업의 초석들 중 하나인 『안티-오이디푸스』이다. 그것은 또한 보편사 개념이 가장 중심적으로 등장하는 저작이다. 그러나 들뢰즈와 과타리가 『안티-오이디푸스』의 속편을 집필할 무렵, 두 권의 『자본주의와 분열증』에서 생산 양식 범주는 대체되었다(제거되지는 않았지만). "우리는 사회 구성체를 생산 양식들(이것들은 그 반대로 과정들에 의존한다)에 의해서가 아니라 기계적 과정들에 의해서 정의한다"(TP 435). 또한 『천 개의 고원』에서 들뢰즈의 반-역사주의는 전면에 등장한다(여기서도 그들이 마지막으로 공동 집필한 책, 『철학이란 무엇인가?』에서처럼 보편사 개념은 결코 사라지지 않지만). 들뢰즈와 과타리가 그들의 최초 공동 집필서에서 마르크스의 생산 양식 개념에 관해 일구어낸 변형들은 매우 광범위해서, 우리는 두 권의 『자본주의와 분열증』에서 그 개념에 무엇이 일어나는지 더 살펴보기에 앞서, 거기에서 시작하지 않으면 안 된다.

이제 생산 양식 일반이 근본적으로 경제적인 문제들을 제기하는 잠재적 구조로서 정의된다는 점을 감안할 때, 들뢰즈와 과타리는 이 문제들에 대한 세 가지 역사적 해들을 묘사하는데, 그들은 이 해들을 야만적 생산 양식에서는 "코드화", 미개적 생산 양식에서는 "초코드화", 문명화된 혹은 자본주의적인 생산 양식에서는 "공리화"라고 부른다. 의미심장하게도 이 해들은 부채를 다루는 방식들을 포함하는데, 왜냐하면 마르크스는 생산을 일차적인 것으로 간주하는 데 반해 들뢰즈와 과타리는 (여기에서 마르크스보다는 니체에게 더 의존하며) 대신에 부채를 모든 현실적 사회 구성체에 일차적인 요소로 간주하기 때문이다. (생산에서 잉여를, 산업자본에서 금융자본을 변증법적으로 도출하는 마르크스의 기질에 반하여, 그들의 견해는 금융자본을 산업자본보다 우위에 둔다.) 사회는 어떻게 경제학의 문제들을 다루는가? 생산과 교환을 추동시키는 부채 관계의 체계를 조직함으로써이다. 즉, 야만 상태의 경우에는 유한한 일시적인 부채의 패치워크, 미개 상태의 경우에는 전제군주나 사제장이나 왕에게 진 무한한 부채, 자본주의의 경우에는 자본에게 진 마찬가지로 무한한 부채. 이 해들은 거짓일(가상적, "이데올로기적"일) 수도 있지만, 그럼에도 불구하고 그것들은 생산과 교환을 조직하는 데 있어서 효력을 발한다.

생산과 관련하여 부채에 부여된 위치보다 아마도 생산 양식 개념의 훨씬 더 중요한 변형은 들뢰즈와 과타리가 제안한 생산 그 자체의 재정의일 것이다. 왜냐하면 생산 일반은 이제 노동력은 물론 리비도를 포함하기 때문이다. 즉, 그들이 "생산"이라고 부르는 것은 심리적이든 물리적이든 둘 모두이든, 모든 활동에다가 인간 에너지를 투여(=투자)하는 것이다. 그리고 자본주의적 생산 양식 안에서 추상적 노동이 출현하고 지배하고 이에 수반하여 경제학이 하나의 현실적인 사회 분야로서 독자적으로 출현하면서, 그리고 핵가족 안에서 재생산이 분산하면서 ("심리적"이고 "경제적"인) 생산의 두 구성요소를 서로 분리해놓은 것이 자본주의의 특색을 이룬다.

두 가지 다른 생산 양식에 대한 개념화가 니체, 엥겔스, 루이스 모건에서 유래하는 한편, 들뢰즈와 과타리는 자본주의적 혹은 "문명화된" 생산 양식에 대한 그들의 분석을 위해 마르크스와 (라캉을 경유한) 프로이트에 크게 의존한다. 하지만 우위를 차지하는 자는 마르크스이다. 주로 이는 생산적 자산을 민영화할 때 자본주의는 인간적 재생산을 생산으로부터 분리하고, 재생산을 핵가족 안에서 분산하기 때문이다. 추상적 노동이 민영화된 생산 분야에서 우위를 차지하는 것과 동시에, 추상적 리비도는 재생산의 민영화된 분야에서 성행한다. 그러므로 핵가족과 그것의 오이디푸스 콤플렉스는, 들뢰즈와 과타리에 따르면, 엄격하게 자본주의적 제도들이다. 추상적 리비도 이론가로서, "프로이트는 … 정신의학의 아담 스미스이며"(AO 271), 마치 마르크스가 스미스와 부르주아 정치 경제학을 혁명적인 자가-비판의 지점으로 데려온 것과 같이, 들뢰즈와 과타리는 프로이트와 부르주아 정신의학을 그들이 분열분석이라고 부르게 되는 것 안의 혁명적인 자가-비판의 지점으로 데리고 온다.

라캉에 대해서 대체로 동일한 것이 말해질 수 있다. 라캉은 부모의 돌봄이 유아 신체의 특수한 지대들에다 "영토화"에 의해서 성애적 가치를 부여하는 과정을 기술했다. 인간 유기체의 가소성은 신체의 어떠한 주어진 영토화도, 성감대들의 어떠한 특정한 체계도 탈영토화될 수 있고, 심리적 에너지는 새로운 조직화 체계 속에서 재투여되거나 재영토화될 수 있도록 되어 있다. 이 견해에 의탁하면서(하지만 프랑스 극작가 앙토냉 아르토로부터 한 용어를 끌어오면서), 들뢰즈와 과타리는 정신-육체적인 탈영토화의 장소와 한계를 "기관들 없는 신체"라고 부른다. 그것은 심리적 에너지가 어떠한 특정한 기관, 기호, 이미지,

대상과 맺는 고정된 관계와도 분리되어, 무차별적으로 다른 대상들을 자유롭게 투여하게 되는 순간을 지시한다. 하지만 매우 중요하게도 들뢰즈와 과타리에게 그런 정신-육체적 탈영토화는 사실 그들이 일차적이라고 주장하는 사회-경제적 탈영토화의 이차적 효과이다. 리비도적 에너지가 한 대상에서 분리되어("탈-애착되어") 다른 한 대상에 집중될 수 있듯이, 또한 노동력도 한 대상(마르크스가 인용한 인클로저 조례 Enclosure Acts의 고전적 사례에서, 전답과 관할지)9에서 분리되어 다른 한 대상(발생기 방직업의 직조 기계)에 재-집중될 수 있다. 실로 자본주의는 마르크스가 말하듯이, "생산 수단을 끊임없이 혁명화하는 것"으로 유명하게 된다.10 즉, 이윤의 하락률에 대응하여 자본주의가 확장되고 강화됨에 따라서 노동력을 끊임없이 탈영토화하고 그것을 늘 더 새로운 생산과 소비 수단 위에 재영토화하는 것으로 유명하게 된다. 추상적 노동은 자본주의적 사회 조직의 바로 그 기반이 되었기 때문에, "등가물들의 양적 질서"가 "유사물들의 질적 질서"보다 우세를 점하여, 라캉이 상징적 질서Symbolic Order라고 부르는 것인 사회적 코드들에 의한 포획과 억압으로부터 욕망을 해방시킨다. 그래서 자본의 이전 중심(라캉의 용어로, "sujet-supposé-savoir", 혹은 팔루스의 소유자)인 상징적 질서를 비우게 하고, 자본주의 사회 도처에서 점점 분명하게 만나볼 수 있는 기관들 없는 신체를 정신-육체적인 탈영토화의 지표로 만드는 것은, 자본의 혁명화하고 탈영토화하는 경향이다.

『안티-오이디푸스』에서, 탈영토화와 재영토화는 들뢰즈와 과타리가 "공리화"라고 부르는, 특히 자본주의적 부채-관리 과정의 두 순간들을 지시한다. 이러한 공리화에 의해 무한한 부채를 지불하려고 잉여를 생산하기 위해 추상적("액상적") (화폐 형식의) 부와 추상적 노동(상품 형식의 노동력)의 흐름들은 결합되고 사후에 구체적 내용이 부여된다. 그리고 비록 부와 추상적 노동의 후속하는 협력 속에서 탈영토화 개념과 재영토화 개념은 훨씬 더 광범위한 의미를 띠게 될지라도, 『안티-오이디푸스』에서 이 개념들은 자본주의적 발달의 리듬들에 관한 『자본』 제3권에 들어 있는 마르크스의 분석에서 직접 유래한다.[11] 마르크스에 따르면 첫 번째 순간에서, 새롭고 더 생산적인 자본-증권의 물결은 생산과 소비의 선재하는 장치들을 변형시킨다. 즉, 자본이 "생산 수단을 끊임없이 혁명하는 것"은 선재하는 노동과 자본을 새로운 형식의 생산과 소비에 바치기 위해 자신들을 탈영토화하며, 그 과정에서 사회 도처에서 탈코드화를 낳는다. 하지만 두 번째 순간에서, 이 진보적인 운동은 돌연히 정지되고, 모든 것이 재영토화된다. 즉, 진화하는 생산과 소비의 장치들은 이제는 한물간 자본-증권인 것에 구속되어, 단지 그것에 가치를 책정하고 이전의 사적 투자에 관한 이윤을 실현하게 된다. 탈영토화의 물결은 그것이 생산력들을 혁명화하고 사회화하는 동시에 (생산에서는 물론 소비에서도) 모든 종류의 창조적 에너지들을 해방시키지만, 그러나 그때 재영토화가 잇따라 일어나면서, 생산과 소비의 관계들을 사적인 잉여-전유의 죽은 무게에 얽어맨다.[12] 마르크스가 말하는 바와 같이, "자본주의적 생산은 이 내재적 장벽들을 끊임없이 극복하려고 하지만, 이 장벽들을 자신의 길에 그리고 더 어마어마한 규모로 다시 놓는 방식으로서만 극복한다. 자본주의적 생산의 진정한 장벽은 자본 그 자체이다."[13] 들뢰즈와 과타리에게, 점차적으로 사회화되는 생산과 사적 전유 간의 이러한 긴장은 마르크스가 분석하는 (계급들 간의 투쟁, 혹은 힘들과 생산 관계 간의 긴장과 같은) 다른 역동성들을 거의 완전하게 대체하는 열쇠이다. 죽기 5년 전에, 들뢰즈는 그 자신과 과타리에게 이 분석이 중심이 된다는 점을 회상한다.

펠릭스 … 그리고 나는 우리의 두 상이한 방식으로, 아마도, 그러나 우리 모두의 방식으로 여전히 마르크스주의자로 남아 있다. 알다시피, 우리는 어떠한 정치 철학도 자본주의에 대한 분석과 자본주의가 발달한 방식들에 의존하지 않으면 안 된다고 생각한다. 우리가 마르크스에게서 발견하는 가장 흥미로운 점은 그가 자본주의를 내재적 체계로서 분석한다는 점이다. 자본주의의 근본적 한계는 자본 그 자체이기 때문에, 이 내재적 체계는 그 자신의 한계들을 끊임없이 극복하고 있고, 그때 그 한계들을 확대된 규모로 한 번 더 직면하고 있다. (N 171, 번역 수정)

이러한 역동성에 따라서 자본주의는 끊임없이 그 자신의 위기를 미루는 생산 양식으로 기술된다. 즉 더 낡은 자본은 상대적으로 덜 생산적이고 이윤율은 영에 다가가지만, 그때 더 생산적인 자본이 (한 동안) 이윤율을 회복하려고 개입하며, 이렇게 하여 그 한계를 대신한다. 이 견해에 의하면, —가령 프롤레타리아 계급의 궁핍화 혹은 천연 자원의 고갈을 거치는—역사에서 발견될 수 있는 어떠한 위안도 존재하지 않는데, 왜냐하면 "[자본주의가 늘] 봉착하는 모든 것은 그 자신의 한계들이고(실존하는 자본의 주기적인 절하), 자본주의가 격퇴하거나 대체하는 모든 것은 그 자신의 한계들이기 때문이다(높은 이윤율을 가진 새로운 산업들에 나타나는 새로운 자본의 형성)"(TP 463). 그리고 그 동안 내내, 자본주의적 탈영토화는 모든 선재하는 코드화된 의미로부터 무자비하게 "자신의 후광을 박탈하고", 들뢰즈와 과타리가 『안티-오이디푸스』에서 분열증적이라 부르고, 『천 개의 고원』에서 유목적이라 부르는, 동일성이 아니라 차이에 기초한 종류의, 자유로운 형식의 욕망 투자를 조성한다.

이러한 방식으로 차이를 조성함으로써, 자본주의는 노동과 리비도를 가상적인 객관적 규정으로부터 해방시키고, 이렇게 하여 보편사의 가능성이 개시되었음을 알린다. 하지만 동시에, 자본주의는 자유로운 생산적 에너지를 사유 재산과 민영화된 가족의 소외들에, 자본과 오이디푸스에 종속시킴으로써 보편사의 실현을 방지하고 연기한다.[14] 들뢰즈와 과타리의 보편사 개념은 매우 특별해서, 친숙한 헤겔의 역사철학에 기초하는 것이 아니라, 마르크스가 『요강Grundrisse』에서 행하는 일단의 논평들에 기초한다. "보편사는 만약 그것이 자신의 우연적인 독특한 실존의 조건들, 자신의 아이러니, 그 자신의 비판을 파악하지 않는다면, 신학과 다름없다"(AO 271)고 들뢰즈와 과타리는 주장한다. 마르크스는 무엇보다 역사적 이해에 있어서 "우연의 적법화"를 언급한다. 즉 설사 세계사가 "필연적 발전으로 나타날"지라도, 사실 "세계사는 항상 실존해 온 것은 아니다. 세계사로서의 역사는 결과이다".[15] 그러므로 보편사는 우연성의 역사이다. 실로, 다른 누구보다도 페르낭 브로델을 따라서 들뢰즈와 과타리는 근대 초기 유럽에서 자본주의가 출현한 일은 다른 곳에서도 일어났었을 수도 있거나 또는 전혀 아무 곳에서도 일어나지 않았을 수도 있는 역사적인 우연한 사건 historical accident이라고 주장한다. 이 견해에 따른다면, 자본주의의 출현은 우연적인 분기점이다. 사실, 자본주의는 "자유로운" 노동과 유동적인 부의 결합에서 출현했으며, 이 사실은 모든 것을 변하게 한다. 하지만 자본주의는 마찬가지로 잘 일어나지 않았을 수도 있거나 또는 다른 방식으로 일어날 수도 있었을 것이다. 그러나 일단 자본주의가 일어나면 역사는 보편적이 되고, 자본 축적의 역동성은 역사에다 어떤 특정한 선형성을 부여한다. 한편, 분열증적 보편사의 아이러니는 자본주의와 이전 생산 양식들 간의 "본질적 차이"에서 유래한다. 인간 해부는 원숭이 해부를 푸는 열쇠를 내포하는 것과 대체로 같은 방식으로, "부르주아 경제학은 고대 경제학을 푸는 열쇠를 제공한다"고 마르크스는 한 유명한 대문에서 주장한다.

모든 역사적인 차이들을 얼룩으로 뒤덮으며 모든 형식의 사회에서 부르주아 관계들을 보는 저 경제학자들의 방식이 결코 아니라 … 비록 부르주아 경제학들이 다른 모든 형식들의 사회에 대한 진리를 소유한다는 것이 … 사실일지라도, 이것은 액면 그대로 받아들여져서는 안 된다. 부르조아 경제학들은 발달한 형식, 또는 성장을 저해당한 형식, 또는 희화화된 형식 등등 속에서, 하지만 언제나 본질적인 차이를 가지고 그것들[이전 사회 형식들로부터의 관계들]을 내포할 수 있다. ….**16**

마침내 과거에 대한 이 회고적이고 반어적인 관계는, 일단 어떤 일정한 정도의 자기-비판이 자본주의 사회에서 작동할 때만—이 경우에는, 부르주아 정치경제학이 추상적 노동을 주체적 부의 본질로서 간주하는 자기-비판의 지점까지 도달했을 때만—가능할 뿐이라고 마르크스는 주장한다. 마르크스의 보편사와 같이, 들뢰즈와 과타리의 분열증과 기관들 없는 신체는 역사의 끝에서만 일어난다—자본주의는 욕망과 노동의 공통 본질을 드러내고, 이어 이 공통 본질을 자본과 오이디푸스를 통해 계속해서 다시 소외시키는 방식들에 관한 자기-비판을 수행할 수 있기 때문에 그러하다. 그렇지만 이 공통 본질은 그 자체 고정되어 있거나 규정되어 있지 않다. 외적 규정의 소외시키는 형식들에서 해방된 생산(탄압적인 자본주의적 명령에서 해방된, 점점 발달한 분할과 조성; 억압적인 오이디푸스 재현에서 해방된, 점점 탈코드화된 욕망)은 영구적 혁명의 동력, 영속적 변형과 차이화의 운동이다. 즉 차이-엔진으로서의 후기 자본주의적 경제학.

『천 개의 고원』의 관점에서 되돌아볼 때, 『안티-오이디푸스』에 제시된 역사관은 너무 지나치게 선적인 것으로 보인다—그 선형성의 근원인 자본주의적 생산 양식은[17] 우연히 일어났으며, 그리고 자본주의가 드러낸 보편사는 오진 결과로서만 나타나고 여전히 비판과 혁명적인 변형이 실현되기를 요구한다는 들뢰즈와 과타리의 주장에도 불구하고 그러하다. 그래서 『자본주의와 분열증』의 두 번째 책은 명백히 반-선형적인 방식으로 조직되어 있고, 식별 불가능하지 않은(분명 연대기적인 아닌) 순서로 나타나는, 그리고 실로 매우 상이한 시간-척도들에 속하는, 날짜가 적혀 있는 고원들을 갖고서 조직되어 있다. 그리고 『천 개의 고원』에서, 선형적인 마르크스주의 역사주의 혹은 "역사적 유물론"에 대한 비판은 훨씬 더 명백하다. "경제적 진화주의는 일종의 불가능성이다."(TP 430) 경성 과학(=자연 과학)들로부터 비-선형적인 발달 모델을 소환하면서, 들뢰즈와 과타리는 많은 마르크스주의 사상에 계속해서 영향을 미치는, 역사의 보다 낡은 모델들을 비판한다. 새로운 생산 양식을 도입하는 혁명들이 간간이 끼어드는 생산력의 연속적인 발전이 아니라, 들뢰즈와 과타리는 역사를 역逆의 인과성들, 분기-점들, 문턱들로 이해한다.

그들은 선형적인 역사적 유물론뿐만 아니라, 또한 정통적인 마르크스주의 변증법적 유물론도 거부한다. 이 점이 화폐의 경우보다 더 분명히 나타나는 곳은 없다. 교환, 화폐, 자본 사이의 관계들에 대한 마르크스의 설명은 화폐가 물물교환에서부터 진화하고, 이어 엄밀한 의미에서의 자본으로 발전했다는 인상을 야기할 수 있다(그리고 야기해왔다). 들뢰즈와 과타리는 역사적 기록은 다른 것을 보여준다고 주장한다. 즉 화폐는 최초에, 제국의 공물과 조세와 관련하여, 무한한 부채를 부과하고 징수하기 위한 수단으로 생겨났으며(TP 427-8, 443 곳곳에),

오직 한참 뒤에 가서야 상품 교환, 이어 임금 지급의 수단이 되었다. 그러므로 "생산 양식을 전제하는 것은 국가가 아니라", "정반대로, 생산을 '양식'으로 만드는 것이 국가이다"라고 들뢰즈와 과타리는 어떤 마르크스주의의 기질에 반대하여 단언한다(TP 429). 이는 들뢰즈와 과타리가 공유하는 경제적인 것의 우위를 소개疏開하는 것으로 보일지도 모르지만, 만약 우리가 경제적 심급이 지배적인 것이 되기 위해 정치(국가)를 규정할 수 있도록 (들뢰즈와 과타리가 그러듯이) 알튀세의 선도를 따른다면 그렇게 보이지 않을 것이다. 모든 사회적 문제들은 본질상 경제적이지만, 상이한 사회 구성체 혹은 생산 양식들에 의해 상이하게 해결되는 경우들이 주어진다. 들뢰즈와 과타리에게, 주요한 환원 불가능한 결렬은 (『안티-오이디푸스』에서 야만적 체제라고 불리는) 원시 공산제와, 마르크스가 (들뢰즈와 과타리가 『안티-오이디푸스』에서 전제군주제라고 부르고, 『천 개의 고원』에서 제국 국가 형식이라고 부르는) 아시아적 생산 양식이라고 부르는 것 사이에 존재한다(427). 제국 형식은 두 가지 포획 장치—공물이나 조세와 지대—를 수반하는데, 자본주의는 여기에다 세 번째 장치 곧 자본을 추가한다(TP 437-48). 포획은 (토지, 노동, 또는 물품의) 직접적 비교가 (지대, 이윤, 또는 공물의) 독점적 전유를 가능하게 하는 기계적 과정으로, 전자의 계기는 후자의 계기에 의해 구성되는 확립된 비축물을 전제한다. 그래서 전통적인 마르크스주의 설명들에서처럼 잉여가 생산에서 생겨나는 것이 아니라, 들뢰즈와 과타리에 따르면, 생산이 잉여에서 생겨난다.

"자유로운 행위" 유형의 활동들이 [추상] 노동이라 불리는, 공통의 동질적인 양에 비교되고, 연결되고, 복속되게 되는 것은 비축물에 의해서이다. … 이른바 필요 노동은 존재하지 않으며, 필요 노동을 넘어 잉여 노동이 존재한다. 노동과 잉여 노동은 엄격히 같은 것이다. 전자는 활동들의 질적인 비교에 적용되고, 후자는 기업가에 의한, 노동의 독점적 전유에 적용된다. 잉여 노동은 노동을 초과하는 것이 아니다. 이와는 반대로 노동이 잉여 노동에서 공제된 것이고 잉여 노동을 전제하는 것이다. (TP 442)

이 때문에 들뢰즈와 과타리는 사회적 관계들을 조직하는 데 생산보다 부채가 더 중요하다고 생각하고, 또 이 때문에 그들은 기계적 과정들에 의존하는 생산 양식들에 의해서가 아니라, 이 "기계적 과정들"에 의해서 사회 구성체들을 정의하기를 선호한다(TP 435). 즉 생산 양식들은 포획 장치들의 결합과 위계에 의해 정의된다. 그리고 마르크스에게 명백히 동의할 때(TP 447), 노동 활동의 비교와 관련된 비축물과 이윤의 전유—자본—는 이른바 "원시 축적"의 과정을 통해서 또 다른 포획 장치에서 최초로 시작되어야만 한다.[18]

들뢰즈와 과타리는 또한, 일단 자본주의가 노동과 자본의 결합을 통해 "일거에"(TP 453) 구성되고 나면 모든 것은 변한다는 데에 동의한다. 따라서 국가는 포획의 지배적인 장치로서의 자본에 복속하게 된다. 초월적인 제국적 국가는 전 세계적인 자본주의적 공리화를 위해 이제 매우 많은 상이한 "실현 모델들"—사회주의적 모델, 자유주의적 모델, 독재주의적 모델 등등—로서 역할하는 근대적 혹은 "문명화된" 국가들로 변형된다. (사회적 문제로서의) 경제적인 것은, 늘 그렇듯, 규정적이지만, 이제 그것은 국가가 아니라, 자본주의 경제 그 자체를 규정하고, 잉여 가치의 포획이 지배적이 되도록 규정한다.[19] 제국 국가는 결국 자본이 되는 비축물의 최초 "원시 축적"을 공급했다. 이제 자본주의적 공리화는 근대 국가들이 모두 실현의 모델들로서 관계를 맺어야만 하는 전 세계적인 시장에다 공급한다. 공리화는 탈영토화를 조장하지만, 또한 우리가 본 바와 같이, 마르크스가 『자본』(권3)에서 개요를 서술한 리듬에 따라서, 사적 축적에 복무하는 재영토화를 부과하기도 한다. 그리고 『안티-오이디푸스』의 초점이 자본을 위해 오이디푸스 주체들을 생산하는 가족 재영토화에 놓인 데 반해, 『천 개의 고원』에서 재영토화와 주체화의 주요 장치로서 역할하는 것은 국가 장치이다. "자본의 우세한 탈영토화를 완화하고 자본에게 보상적인 재영토화를 제공하는 것은 국가 탈영토화에 … 고유한 것이다."(TP 455) 『안티-오이디푸스』의 용어로 말하면, 자본이 국가 전제군주의 신체를 사회체 socius로 대체했다(아버지의 이름Name of Father이 되기 위해서 핵가족으로 이주하는 전제군주의 형태로). 『천 개의 고원』의 용어로 말하면, 자본주의적 이윤이 지대와 전제군주적 공물을 자본의 지배적인 장치로서 대체했으며, 이때 국가가 자본주의적 공리화의 우세한 탈영토화하는 힘 대신에 주체화와 보상적 재영토화의 지점으로서 역할을 한다.

『천 개의 고원』에서, 들뢰즈와 과타리는 전 세계적인 자본주의 시장의 탈영토화하는 힘 그리고 국가 실현 모델들의 재영토화하는 경향과 상호 관련돼 있는 두 가지 주체-형성 과정의 개요를 서술한다. 국가 재영토화는 사회적 복종 과정을 통해서 시민-주체들을 생산하고, 공리화는 기계적 노예화라고 불리는 과정을 통해서 흐름들을 관리한다. 예를 들어 상업적 또는 정치적 마케팅 캠페인을 생각해보라. 사회적 복종은 투표자들 혹은 소비자들에게 제품들 혹은 후보자들에 관한 의견을 묻는 여론조사에 의해 측정된다. 여기서 어떤 일정한 정도의 의식이 주체에서 여론조사 요원에게 가는 정보의 순환을 중재한다. 기계적 노예화는 후보자들 혹은 제품들에 대한 응답으로 행하는 전기 피부 반응galvanic skin response이나 동공 확장 테스트들에서 드러난다. 여기서, 요망되는 정보가 의식이나 주체성의 중재 없이 신체에서 여론조사 요원에게 직접 흐른다. 규모상의 분명한 차이(전 세계적 대 국가 경계선들)와 기술상의 차이(사이버네틱스를 포함하는 기계적 노예화)에도 불구하고, "우리는 두 가지 운용들을 동시적으로 겪는 특권을 가진다. … 복종과 노예화는 단계들이 아니라, 서로를 끊임없이 보강하고 서로에게 영양분을 공급하는 두 가지 공존하는 극들, 두 가지 동시적인 부분들을 이룬다"(TP 459, 458). 현대 사회에 대한 마르크스주의적 분석의 이 중요한 기여는 『천 개의 고원』에서 처음 그 윤곽이 나타나고, "통제 사회"에 대한 들뢰즈의 시론에서 더 전개된다.[20]

거기서 (『감시와 처벌』에 나오는) 푸코의 분석에 기반하여, 들뢰즈는 세 가지 형태의 권력, 즉 군주, 규율, 통제를 구분한다. 군주 권력은 전제군주적 혹은 제국적 국가에 상응하며, 세금을 부과하고 생명을 빼앗는 권리를 포함한다. 규율 권력은 푸코 그 자신이 또한 인정한 바와 같이, 자본주의의 초기 형태에 상응하며, 생산성과 재생산성을 최대화하기 위해서 이윤을 취하고 생명을 규율하는 권리를 포함한다. 그것은, 푸코가 보여주었듯이, 어떤 행동 모델들, 즉 모범 노동자, 남편, 학생 등등을 재생산하는 것을 기능으로 하는, 특정하고 상대적으로 독립적인 제도들 속에서 주체들을 규율함으로써 작동되었다. 이윤은 노동자와 소비자를 경제 체계 안의 그들 각각의 위치를 준비시키는 데 단지 지원하는 역할을 맡은 다른 제도들과 더불어 공장에서 포획되었다. 통제는 자본 그리고 자본의 점점 더 높아 가는 탈영토화와 재영토화의 속도가 사회를 완전히 포섭하는 특징을 갖는 동시대의 자본주의 형태에 상응한다. 자본은 이제 완전하게 포화된 사회적 생명을 가진다. 들뢰즈와 과타리가 『천 개의 고원』에서 설명하듯이,

자본의 유기적 조성에 있어서, 가변 자본은 사업 혹은 공장을 주요 체제

로 하는, 노동자의 주관화(인간 잉여 가치) 제도를 정의한다. 하지만 자동화와 더불어, 불변 자본의 비례가 점진적으로 증가한다. 그때 우리는 새로운 종류의 노예화[통제]를 본다. 동시에 노동 제도는 변하고, 잉여 가치는 기계적이 되고, 그 체제는 모든 사회에 확장된다. (TP 458)

모든 활동은 이제 단지 자본의 순환 안의 한 계기이며, 이윤은 공장에서뿐만 아니라, 어느 곳에서든 모든 곳에서 포획될 수 있다. 게다가 자본의 회전율(하락하는 이윤율을 미연에 방지하기 위해 점차적으로 광적이게 되는 충동 속에서)은 극적으로 증가해서, 규율적 제도들이 도저히 보조를 맞출 수 없을 만큼 급속해진다. 통제 권력은 상대적으로 고정된 규율의 모델들에 의해서가 아니라, 끊임없는 변조를 통해서 작동한다. 통화, 노동력, 패션 스타일, 브랜드, 음악 트렌드 등등의 가치는, 컴퓨터 전동의 사이버네틱스적 포획 장치가 고정 가치 없이 잉여 가치를 전유할 만큼 빠르기 때문에, 표류하게 되어 있다. 실로 탈영토화와 재영토화의 부단한 압박은 과잉 생산과 이윤율 침체를 막기 위해서 가치 기준들의 부단한 전환을 사실상 요구한다.

들뢰즈와 과타리가, 고속의 선진 자본주의의 통제 체제 속에서 "기계적 잉여 가치"라는 용어로 무엇을 의미하고 무엇을 의미하지 않는지 여기서 명확히 하는 것이 중요하다. 그들은 "통제 사회들"이라는 시론에서 그 개요가 서술된 각 권력 형태가 이에 상응하는 형태의 기계들—군주 권력에는 단순 기계, 규율 권력에는 기계적 기계, 통제 권력에는 컴퓨터—을 가진다고 언급한다(TP 457-58). 하지만 그들은 사회 구성체들과 이에 상응하는 권력 형태들을 실제로 구분하는 것은 규정적인 이러한 기술적 기계들이 아니라, 이 기계들이 일부를 이루는 사회적 기계들 혹은 배치들이라고 주장한다. 루이스 멈포드를 따라, 그들은 (『안티-오이디푸스』 이래, 일관되게) 사회 그 자체가 일종의 기계(혹은 멈포드의 용어로, "거대 기계megamachine")라고 생각해 왔다. 그래서 고전적 혹은 규율적 자본주의의 인간 잉여 가치와 대조를 이루는, 통제 자본주의를 특징짓는 기계적 잉여 가치에 대한 언급은 가치-창조를 기계들 그 자체—즉, 기술적 기계들—에 귀속시키는 것으로 오해되어서는 안 된다. 기계적 잉여 가치는, 위의 인용문이 시사하는 바와 같이, 불변 자본과 가변 자본의 비율이 임계점에 달할 때 성행한다. 마르크스는 그가 자본에 의한 노동의 (단지 형식적인 포섭이 아니라) 실재적인 포섭—즉, 기계의 도입을 통한 노동 과정 그 자체의 변형—이라고 부르는 것과 연계하여 이 점을 논한 바 있다. 그들 자신이 모든 노동을 행하는 것 대신에, 상대적인 잉여 가치 체제 안의 노동자들은 그들 대신에 노동을 "행하는" 점점 더 복잡해지는 기계들을 작동하거나 혹은 감독한다. 마르크스는 잉여 가치의 생산과 이윤율을 위한 이러한 경향이 함축하는 바에 주로 관심을 가졌다. 하지만 들뢰즈와 과타리에게 매우 중요하게 된 "기계들의 파편"으로 알려진 『요강』의 한 대문에서,[21] 마르크스는 또한 기계들과 생산 기술을 "일반 지성"으로서 논한다. 불변 자본은 경제적 가치뿐만 아니라, 또한 종의 집단적 지성을 구현한다. 그러므로 들뢰즈와 과타리에서의 기계적 잉여 가치는 단지 기계들에 의해 생산된 가치로서가 아니라, 오늘날 노동자들의 기여는 물론이고, 기계들 안에 내장돼 있는 지식-노동자들 세대의 기여를 포함하는 배치에 의해 생산된 가치로 이해되어야만 한다. 이것이 들뢰즈와 과타리가 국제적인 분업의 계속되는 확장에 매우 큰 중요성을 부여하는(그리고 그들이 노동의 분화를, 우리가 위에서 본 바와 같이, 자본주의적 생산 양식을 정의할 때의 모순보다 더 중요하게 여기는) 한 가지 이유이다. 그것은 일반 지성의 발달과 조작화에서 유래하는 생산력들의 계속되는 증진을 나타낸다. 사회적 협업은 더이상 경영자에 의해 작업 현장에서 오직 바깥에서만 부과되는 것이아니라, 생산 기술 그 자체 안에 감입돼 있다. 그래서 선진 자본주의의통제 체제에서, 컴퓨터 기술들은 부단한 조정의 고속 포획을 가능하게 할 뿐만 아니라, 또한 그리고 역으로 사회적 협업—노동자들의주체적 의식의 많은 부분이 기술적 기계들에 감입되어 있으므로, 더이상 그 의식에 전적으로 의존하지 않는 기계적 형태의 협업—을 구현한다. 이것이—생산 안의 부조 자본 그리고 잉여 가치의 사적 전유와더불어, 자본이 사회적 장 전체를 포화 상태로 만들어놓았고, 인간과기계 사이의 선이 흐릿해졌으므로—선진 자본주의가 사회적 주체화에 기계적 노예화의 요소를 부가하는 또 다른 중요한 의미이다.

자본주의적 체제에서, 잉여 노동은 노동과 "엄밀히 말해" 점점 더 구별가능하지 않게 되며, 완전하게 노동에 스며든다. … 도대체 어떻게 재생산과 "착취된" 시간을, 그것들이 더 이상 시간 안에서 분리 가능하지 않은데,구별할 수 있겠는가? 이 발언은 분명 마르크스주의의 잉여 가치 이론과모순되지 않는다. 왜냐하면 마르크스는 자본주의 체제에서 잉여 가치는국소화 가능하기를 그친다는 것을 정확히 보여주기 때문이다. 그것은 심지어그의 근본적인 기여이기까지 하다. 그것은 그에게 … 자본의 순환은 가변자본과 불변 자본의 구별에 이의를 제기한다는 한 가지 의미를 부여했다.… 이는 잉여 노동을 통한 인간 소외는 일반화된 "기계적 노예화"에 의해대체되며, 그래서 우리는 어떠한 노동도 행함이 없이(아동, 퇴직자, 실업자, 텔레비전 시청자 등등) 잉여-가치를 제공할 수도 있다. (TP 491)

따라서 현대 자본주의의 통제 체제에 대한 들뢰즈의 분석은, 상대적인 잉여 가치 체제와 자본의 순환에 의한 모든 사회의 실재적 포섭에 대한 마르크스의 분석과 여전히 일치하고, 또 실제로 기초하고 있다.

그렇지만 현대 자본주의에 대한 이러한 분석은 들뢰즈와 과타리의 정치 철학에서 출현하는 정치관에 대한 중요한 함의들을 가진다. 그리고 이데올로기에 대한 그들의 거부와 더불어, 아무것도 계급 투쟁에 대한 들뢰즈와 과타리의 평가절하보다 전통적인 마르크스주의 정치학 개념들에서 더 나아간 것으로 보이지 않는다. 그들의 견해에 의하면, 계급 투쟁은 그 자체로 혁명적이지 않다. 왜냐하면 실제로는 오직 한 계급, 즉 노동자로서든, 경영자로서든, 기술자로서든, 소유주로서든, 또는 그 누구로서든 그들이—명백히 매우 상이하고, 심지어 반대적이기까지 한—자본 및 자본의 공리들과 맺는 관계에 의해 구성된 그 모든 이들의 계급만이 존재하기 때문이다. 실재적 포섭의 체계는 어떠한 사람의 어떠한 활동도 그것이 공식화되거나 양화될 수 있는 한에서 공리화를 받지 않을 수 없다는 점을 의미한다. 이것은 자본이 통제 사회 도처에서 다양한 형태로 순환하므로, 생산자와 소비자로서 단지 자본의 육화일 뿐인 공장 노동자를 포함한다. 들뢰즈와 과타리는 가령 "포드주의Fordism"를—노동자들을 효율적으로 자본에 합체시키고 복속시키는—조립 라인의 기술과 같은 생산의 공리들은 물론이고, 단독주택, 진입로의 모터보트와 같은 소비의 공리들을 포함하는, 일단의 노동자 공리들로 이해한다. "케인스의 경제학과 뉴딜 정책은 공리 실험실들이었다. … 마샬 플랜이 그랬듯이"(TP 462). 하지만 그것은 마찬가지로 가령 힙-합 음악을 포함하는데, 이 음악은 포획되어 소비의 유행 기준이 되고 잉여 가치의 근원이 되며, 거의 완벽하게 그것의 명백한 범법 혹은 쟁론적 태도를 무효로 만든다. 같은 것이 법 체계에도 해당한다. 왜냐하면 법 체계는—예를 들어 박진한 항의 운동이 국가 그 자체가 그 운동의 성원들이 원숙한 시민들로 취급받을 "권리"를 승인하고 집행하도록 공리들을 부가해야 한다는 요구로 변질되는 것처럼—주체들을 법 앞에 형식적으로 평등한 시민들로서 취급하거나 구축하기 때문이다. 공리화는 자본주의 기업과 "문명화된" 국가가 통제 사회 전체를 통해 잉여 가치를 포획하기 위해 복속화와 노예화를 경영하는 방식이다.

그래서 소수적인 도주선을 창조하라는, 즉 포획을 피하라는 긴급한 과제가 있는 것이다. 들뢰즈와 과타리의 소수자 개념은 공리화가 운영하는 규범들 혹은 표준들과 관련하여, 통계학적으로 정의된 소수자와 다수자의 대립 속에서가 아니라, 규범과 상이한 것, 규범을 회피하는 것으로 이해되어야만 한다. 그들은 지적하는 데 결코 싫증내는 법이 없는데, 표준(가령, 백인 남자 유럽인)은 통계학적 소수자일 수 있고 또 실로 종종 통계학적 소수자이지만, 그러나 여전히 규범을 나타낸다. 역으로 통계학적 소수자는, 가령 소수 민족 집단들이 "정체성 정치학"의 형태로 국가로부터 승인과 시민권을 추구할 때처럼, 혹은 노동조합을 결성한 노동자들이 "계급 투쟁"의 형태로 국가 승인 및 자본에 대한 교섭권을 추구할 때처럼, 표준화될 수 있다. 이와 대조적으로 소수자는 비가산 집합, 공식화와 양화에 거역하는 결집력을 가지는, 즉석에서 마련된 집단이나 운동으로 정의된다.

비가산적인 것을 특징짓는 것은 집합도, 집합의 요소들도 아니다. 오히려 그것은 요소들 사이에서, 집합들 사이에서 생산되는 연결connection, "그리고"이고, 집합에도 요소에도 속하지 않은 것이며, 집합과 요소를 피하는 것이고 도주선을 구성하는 것이다. 공리적인 것은 오직 가산 집합들을 다룰 뿐이고 … 이에 반해 소수자들은 퍼지fuzzy의, 공리화 불가능한 비가산

집합들, 요컨대 도주와 유동의 집성체들, 다양체들을 구성한다. (TP 470)

선진 자본주의의 통제 체제의 포획 기능은 매우 신속하고, 유연하고, 모든 것을 포괄하는 것이어서 공리화를 피하는 일이 들뢰즈와 과타리에게 최우선 과제가 되었다. 오직 가산 집합만이 공리들에 의해 처리 가능한데, 이 공리들은 다른 어떤 가산 집합(들)과 결합하여 바깥으로부터 요소들을 균질화하고 관계들을 프로그램화함으로써 작동한다. 이와 대조적으로 소수자의 비가산 집합들은, 그것들이 공식화되지 않은 채로 있고 따라서 공리화 불가능한 채로 있는 한에서 또 그러는 동안에, 공식화될 수 없고 따라서 포획을 피하는 즉석의 연결들(이것 그리고 저것 그리고 다른 것 그리고 …)을 통해 이질적인 요소들을 한데 모은다.[22] 그리고 소수자-되기의 논점은 "소수자의 비가산 집합들이 국가-형식을 통과하지 않듯이 그렇듯이 자본주의 경제를 통과하지 않는 [사회적 관계들의] 조성을 촉진하는" 데 있다(TP 470). 이것은 "생산 시점"에서의 산업 노동자들의 조직을 전제로 하는 마르크스의 정치학과 매우 떨어져 있는 것처럼 보일지도 모르지만, 사실 고속 자본에 의해 형성된 통제 사회의 완전한 포화는, 우리가 본 바와 같이, 잉여 가치가 사회 도처에서 생산되고, 그래서 공리화에 저항하는 일이 모든 사람에게 정치적 우선 사항이 된다는 것을 의미한다. 즉 "보편적 특질로서의, 혹은 모든 사람/모든 것-되기로서의 소수자성devenir tout le monde"(TP 470). 그러나 들뢰즈와 과타리 또한—주요한 투쟁은 항시 자본주의에 대항하는 투쟁이라는—이런 의미에서 여전히 마르크스주의자로 남아 있다. 그들의 주장에 따르면 만약 소수자들이 혁명적이라면,

그것은 전 세계적인 공리적인 것에 도전하는 보다 깊은 운동을 동반하

기 때문이다. 소수자의 힘은 … 자신의 특질 혹은 보편적 의식을 프롤레타리아 안에서 발견한다. … 노동 계급이 그 자신을 획득된 지위[가령, 노동조합을 결성한 노동자들]에 의해 정의하는 한, 혹은 심지어 이론적으로 정복된 국가에 의해 정의하는 한, 그것은 오직 "자본", 자본의 일부(가변자본)로 나타날 뿐이며, 자본 면을 떠나지 못한다. … 대중이 점점 혁명적이되어 가고, 가산 집합들의 평형을 무너뜨리는 것은 자본 면을 떠남으로써이고, 자본 면을 떠나기를 결코 그치지 않음으로써이다. (TP 472)

이것은 공리들 그 자체를 두고 벌이는 투쟁이 중요하지 않다는 점을 말하는 것이 아니다. 왜냐하면 들뢰즈와 과타리는 이와 반대로 이러한 투쟁이 매우 중요하다고, 심지어 "결정적"이기까지 하다고 주장하기 때문이다(TP 471, 번역 수정). 통제 체제의 비상한 "회복"력에도 불구하고, 그들은 "자본주의 공리적인 것에 부단히 적응하는 일들은 … [합법적] 투쟁의 대상이다"라고 강조한다"(TP 463)—그리고 그들은 광범위한 예들의 목록을 제공한다. 즉 투표권, 낙태권, 직업을 얻기 위한 여자들의 투쟁, 자치권을 얻기 위한 지방들의 투쟁, 제3세계의 투쟁, 동양 또는 서양에서의 탄압 받는 소수자들의 투쟁…"(TP 471). 같은 맥락에서, 그들은 "살아있는 흐름들과 이 흐름들을 통제와 의사결정의 중심에 복속시키는 공리들 간의 근본적인 차이"를 강조하고, "살아있는 흐름들의 압력, 그리고 이 흐름들이 제기하고 부과하는 문제들의 압력은 공리적인 것 내부에서 행사되어야만 한다"고 주장한다(TP 464). 그럼에도 불구하고 공리화에 저항하고, 자본 면에서 벗어나는 생명력 있는 도주선을 창조하기 위한 가장 좋은 기회들은 비가산 집합들 혹은 다양체들의 소수자–되기에 놓여 있다. 이는 들뢰즈와 과타리가 "자본주의의 가장 깊은 법칙"이라고 부르는 것 때문이다.

이 법칙은, 우리가 내내 보아 온 바와 같이, "끊임없이 그 자신의 한계들을 설정하고 이어 이를 격퇴하지만, 그렇게 할 때 자신의 공리적인 것을 피하는 모든 방향들에서 수많은 흐름들을 일으키는" 그것이다 (TP 472). 가장 좋은 상태일 때, 자본주의적 통제에 대항하는 투쟁은 양가적(혹은 들뢰즈와 과타리가 "결정 불가능한 것"이라 부르는 것)이다(TP 471-3). "공리들을 둘러싼 투쟁은 그것이 두 유형의 명제, 즉 흐름의 명제와 공리들의 명제 사이의 간극을 현출시키고 개방할 때 가장 중요하다"(TP 471). 이 두 유형의 명제들은 또한 근본적 법칙 혹은 자본주의의 역설에서 유래한다.

> 자본주의가 그것의 실현 모델들로서 역할하는 가산 집합들 속에서 시행되는 동시에, 그것은 이 모델들에 영향을 미치고 방해하는 비가산 집합들을 필연적으로 구성한다. 자본주의가 탈영토화되고 탈코드화된 흐름들의 "결합"에 영향을 미칠 때는 이 흐름들이 앞으로 더 나아갈 때이고, 이 흐름들이 그것들을 결합하는 공리적인 것과 그것들을 재영토화하는 모델들 피할 때이고, 이 흐름들이 연결에 들어가는 경향이 있을 때이고, … [그리고] 공리적인 것의 결합들과 대립하는 혁명적인 연결들을 구축할 때이다. (TP 472-3)

자본주의적 발달의 역설적인 역동성에 대한 마르크스의 분석으로부터, 들뢰즈와 과타리는 비가산적 소수자들의 압력을—자본주의적 공리화로부터 완전히 도피하는 지점까지, 그리고 연결을 위해 연결과 결합 간의 전 세계적 힘의 균형을 궁극적으로 변경하는 지점까지—공리들에 대한 투쟁에 가하도록 하는 정치적 명법을 이끌어낸다.

오하이오 주립 대학

주(Notes)

1. 카를 마르크스·프리드리히 엥겔스, 『공산당 선언』, 『마르크스/엥겔스 전집』 권 6(London: International Publishers, 1976), p. 12.
2. 질 들뢰즈, 「질 들뢰즈의 "내가 기억하고 있다"」, *Le Nouvel Observateur* 1619(1995), pp. 50-1.
3. 알튀세르는 근대 초기의 철학자 바뤼흐 스피노자에서 개작된 견해에 찬동하며 마르크스에게 미친 헤겔의 철학적 영향을 부분적으로 거부함으로써 프랑스 구조주의와 후기 구조주의와 양립 가능한 마르크스주의 정교한 버전을 만들어냈다. 들뢰즈와 알튀세르는 그들 각각의 철학 저작에서 서로를 인용했다.
4. 루이 알튀세르, 『마르크스를 위하여』, 벤 브루스터 옮김(London: New Left Books, 1969), p. 113.
5. 마르크스주의 유물론의 어떤 버전들에서, 경제적 구조는 법, 정치 제도, 문화 등으로 이루어진 상부 구조를 일방적으로 규정하는 것으로 이해되었다.
6. 나는 "기술적"을 기획 내 과제들의 전문화와 분배를 지시하는 것으로, "사회적"을 사회 전반에 걸친 과제들의 전문화와 분배를 지시하는 것으로, "정치적"을 계급 혹은 권력 분할을 지시하는 것으로 사용한다.
7. 피에르 마슈레, 『헤겔 또는 스피노자』(Paris: Maspero, 1979)를 보라.
8. 들뢰즈의 마르크스주의에 미친 스피노자의 영향에 관해서는, 유진 W. 홀랜드, 『스피노자와 마르크스』, *Cultural Logic* 2: 1(1998), http://clogic.eserver.org/2-1/holland. html, 그리고 『들뢰즈와 과타리의 안티-오이디푸스: 분열분석 입문』(New York: Routledge, 1999), 제4장을 보라.
9. 카를 마르크스, 『자본』, 마르크스/엥겔스 전집, 권1(London: International Publishers, 1976), 제27장, 「농업 인구로부터 토지를 강제 수용하다」.
10. 마르크스·엥겔스, 『공산당 선언』, p. 13을 보라.
11. 마르크스, 『자본』, 『마르크스/엥겔스 전집』, 권1(London: International Publishers, 1976), pp. 249-50을 보라. 또한 카를 마르크스, 『요강: 정치경제학 입문』, M. 니콜라우스 옮김(New York: Vintage, 1973[1939]), pp. 618-23, 특히 다음을 보라. "한 시기에서 그 과정은 완전히 유동적인 것으로 나타난다―자본이 최대한 실현되는 시기. 첫 시기에 대한 반응인, 다른 한 시기에서, 다른 계기가 그만큼 더 강력하게 그 자신을 주장한다―. 자본 및 생산 과정의 폭주가 최대한 평가 절하되는 시기"(p. 623).
12. 홀랜드, 『분열분석 입문』, 특히 제3장을 보라.
13. 마르크스, 『자본』, 권3, p. 50을 보라.
14. 인간 삶의 주체적 본질이 자본주의 하에서 추상 노동과 추상 욕망으로 분열되는 것에 관해서는, AO 337을 보라.

15. 카를 마르크스, 『요강』, p. 109. 보편사에 관한 들뢰즈와 과타리의 견해를 설명하는 것에 대해서는, 제이슨 리드, 「우연의 보편사: 자본주의의 역사에 관한 들뢰즈와 과타리」, *Borderlands E-journal* 2: 3(2003)을 보라. 이 논문은 온라인으로 http://www.borderlandsejournal.adelaide.edu.au/vol2no3_2003/read_contingency.htm에서 찾아 볼 수 있다.

16. 카를 마르크스, 『요강』, p. 106.

17. 자본주의 산물로서의 선형적 역사에 대한 이와 유사한 견해에 대해서는, 미셸 푸코, 『사물들의 질서』(New York: Vintage, 1994), p. 255를 보라.

18. 원시 축적에 관한 마르크스의 설명과, 비선형적 역사에 관한 들뢰즈와 과타리의 견해의 양립 가능성에 관해서는 유진 홀랜드, 「비선형적 역사 유물론과 후기 근대 마르크스주의」, *Culture, Theory, Critique* 47: 2(2006), pp. 181-96을 보라. 또한 제이슨 리드, 「원시 축적」, *Rethinking Marxism* 14: 2(2000), pp. 24-49, 그리고 『자본의 미시-정치학: 마르크스와 현재의 전 단계』(Albany: State University of New York Press, 2003).

19. 사회 구성체 내의 결정과 지배의 관계에 관해서 들뢰즈와 과타리가 알튀세르에게 동의하는 것에 대해서는, AO 247-8을 보라.

20. 질 들뢰즈, 「통제 사회에 관한 추신」(N 177-82)을 보라.

21. 카를 마르크스, 『요강』, pp. 690-712. 마르크스에게서 가져온 이 대문에 관한, 그리고 들뢰즈와 마르크스 일반의 관계에 관한 유용한 정보를 주는 논의에 대해서는, 니콜라스 토번의 우수한 저작, 『들뢰즈, 마르크스, 정치학』(New York: Routledge, 2003)을 보라.

22. 『천 개의 고원』 전반에 걸쳐서 집합론은, 『안티-오이디푸스』에서 계열화된 군들에 대립하는─장-폴 사르트르에게서 직접 빌려온 대립─"융합-속의-군"들로서 언급된 것을 대체한다(AO 256-7).

9.

회에네 브론스키와 프란시스 와랭

크리스천 커슬레이크

적어도 1968년 『차이와 반복』이 간행될 때까지 들뢰즈는 정확히 "차이의 철학" 주창자로 기술될 수 있을 것이다. 악명 높게 난해한 『차이와 반복』의 제4장 「차이의 이념적 종합」에서 들뢰즈는 미분법은 "미분화"의 이론과 실천을 위한 보편적 형식적 도구로 역할할 수 있다는 생각을 자세하게 전개한다. 들뢰즈는 미분법은 헤겔의 개념의 변증법을 대체할 수 있는 가능한 "문제들의 변증법"에 대한 형식적 단서를 제공한다고 주장한다. "우리가 차이 그 자체를 부정성에 대립시키듯이, 그렇듯이 우리는 dx를 not-A에, 차이의 상징Differenzphilosophie을 모순의 상징에 대립시킨다"(DR 170). 들뢰즈의 차이의 철학은 그가 미분법에서 유래하는 모델들을 전개하는 일에 부분적으로 의존하므로, 그가 미분법에 귀속시키는 정확한 의미와 사용에 대한 물음은 중요한 물음이다. 들뢰즈는 『차이와 반복』에서 미분법을 논하는 모두에서 "많은 열정 그리고 진실로 철학적인 많은 순진함이, 상징 dx를 진지하게 받아들이기 위하여, 요구된다"고 우리 눈을 똑바로 쳐다보며 말한다. "칸트 그리고 심지어 라이프니츠조차도 그들의 입장을 고수하며 이 관념을 포기했다"(DR 170). 하지만 정확히 왜 철학자는 미분법을 차이의 철학의 도구로서 받아들이기 위해 천진난만해야만 하는가?

미분법을 논하는, 『차이와 반복』 도입부에서 들뢰즈는 살로몬 마이몬, 회에네 브론스키, 장 보르다스-데물랭이라는 세 이름이 찬란한 별들처럼 빛나는, "미분 철학의 비교적祕教的 역사"에 특히 중점을 두고 싶다고 선언한다. 마이몬(1753-1800)과 브론스키(1776-1853)는 미분법이 규정의 도구로서 중심을 이룬다고 주장하는, 후기 칸트주의 철학의 직접적인 맥락에서 두 주요 주인공이었다. 들뢰즈는 마이몬은 "역설적이게도 후기 칸트주의 철학을 미분법에 대한 라이프니츠의 재해석에 근거지으려고 노력했다"고 말한다. 반면에 브론스키는 "미분법에 대한 칸트의 해석을 함축하는 실증주의적이고 메시아적이고 신비적인 체계를 전개하는 심오한 철학자"였다고 그는 말한다(DR 170).[1] 들뢰즈는 미분법에 대한 마이몬의 접근법보다 브론스키의 정확히 칸트적인 접근법을 선호한다고 표현하고 있다. 왜냐하면 그는 마이몬의 접근법이 비판-이전의 형이상학으로 후퇴했음을 인정하고 있기 때문이다. 들뢰즈는 "비교적祕教的; esoteric"이라는 말로 단순히 "모호한"를 의미한다고 가정되어 왔고, 또 솔로몬 마이몬, 회에네 브론스키, 장 보르다스-데물랭 같은 인물들이 수학 미적분법의 표준적 역사에서 거의 언급되지 않는다는 점은 사실이다. 브론스키는 또한 거의 후기 칸트주의 철학의 표준적 역사에서 거의 언급되지 않는데, 이는 들뢰즈가 어떻게 자신의 차이화 철학을 근거짓기 위해 결국 브론스키의 사상에 호소하게 되었는가 하는 신비를 더할 뿐이다. 브론스키는 이런 의미에서 모호한 인물임이 분명 사실이다. 하지만 들뢰즈가 미분 철학의 비교적 역사를 언급할 때 그는 또한 더 특별한 어떤 것을 의미하는 것일 수 있다.

브론스키가 행하는 수학과 철학의 독특한 종합이, 근대 서양에서 더 명확한 의미에서의 "비교esotericism"에 대한 관심이 부활을 이루는 데에 중요한 역할을 행했음이 다수의 자료들에 의해 확인되고 있다. 비록 브론스키의 "비교" 문제는 그가 사망한 후 그의 추종자들에 의해 이의가 제기되긴 했지만,[2] 스스로 인정한 "오컬트적인" 비교가 19세기 중후반 프랑스에서 부활하는 데에 그의 사상이 행한 역할이 잘 문서화되어 있다. 알퐁스–루이 콩스탕(자칭 "엘리파스 레비")이 1850년대에 자신의 『고도 마술의 이론과 의식Doctrine and Ritual of High Magic』(『초월적 마술Transcenental Magic』로 영역되었다.)으로 오컬티즘의 근대적 부활을 열었다고 종종 여겨지지만, 그러나 (레비 그 자신을 포함하는) 수많은 자료들이 레비 그 자신이 브론스키에 이끌려 최초로 "오컬티즘"에 "입문했고", 브론스키와 함께 보낸 해 이전에는 유토피아 사회주의자였다는 것을 증명한다.[3] 더구나 마르티니즘Martinism 비교 운동의 지도자들 중의 한 사람인 제라르 앙코스("파푸스"로도 알려져 있다) 또한 자신의 이론적 저작들에서 브론스키에 자주 호소했다. 또한 마르티니스트들에 의해 발굴된, 19세기 비교주의 역사에서 또 다른 근본적인 저작인 요한 말파티 드 몬테레지오의 『마테시스Mathesis』(=수학)에 관한 청년 들뢰즈 자신의 초기 저작을 감안할 때,[4] 들뢰즈가 실제로 언급하는 미분법에 대한 "비교적" 사용은 "비교주의자"나 "오컬트주의자"에서처럼 비교적이라는 것이 적어도 가능하다. 오컬트가 "비교적"이라는 용어의 모호성을 제거하므로 이 상황에서는 아마도 더 바람직한 용어일 것이다. 자신의 『오컬트 철학사』에서 사라네 알렉산드리앙은 "마테시스"에 관한 말파티의 설명과 브론스키의 철학을 "산술철학 arithmosophy"의 오래된 오컬트 전통과 연결시킨다.**5** 피타고라스 학파 사람들, 카발리스트들(=헤브라이 신비철학자들), 인도의 오컬트주의자 들, 그리고 라몬 류이Ramon Llull와 조르다노 부르노Giordano Bruno와 같은 르네상스 사상가들은 모두 (종종 신적 속성들 혹은 이름들의 형태로) 형 이상학적 요소들을 포함하는 조합 기법들combinatorial techniques의 사용을 전개했다. 알렉산드리앙은 "수학자이고 발명가이고 철학자인 회에네 브론스키에 의해 19세기에 완전히 혁신된 것이 이 동일한 '수의 과학' 이었다. 그의 주목할 만한 저작은 전적으로 실천이성에 의존하고 가 장 엄격한 과학적 방법들에 의존한다."고 주장한다.**6** 그는 계속해서 "브론스키는 오컬트 철학에서 고전 철학 안의 칸트의 자리를 차지한 다"고 주장한다.**7** 비록 일부 수학자들과 역사가들이 브론스키의 중심 사상인 "창조의 법칙[Loi de création]"은 무한에 관한 수학 사상 그 자체의 난해한 정식화, 혹은 더 정확히 말해 특정한 종류의 급수 전개에 대한 정식화에 다름 아니라고 주장하긴 했지만—가령 폴란드 수학자 스테 판 바나흐는 브론스키의 이른바 창조 법칙은 결국 자신의 고유한 적 용을 위상학에서, 직교 다항식orthogonal polynomials 이론에서 발견한다고 주장한다—,**8** 브론스키의 비교주의적 해석자들은 창조 법칙의 의미 는 결코 그의 수학 저작에서 명시적으로 설명되지 않았다고 주장한 다. 그래서 우리는 들뢰즈가 『차이와 반복』에서 브론스키의 사상들에 명시적으로 호소하면서, 또 미분법에 대한 "비교적" 사용에 관심이 있다는 명백한 진술을 행하면서 마테시스 개념으로 돌아가는 것을 볼 때, 우리는 한 걸음 뒤로 물러나서, 들뢰즈의 차이의 철학에서 무엇 이 일어나고 있는지 이해하기 위해 모든 필요한 수단들을 우리 마음

대로 직접 사용할 수 있는지 여부를 물어볼 필요가 있다.

『차이와 반복』에는 미분법에 대한 비교적이고 "영지론적gnosiological"(DR 170) 사용들에 대한 언급은 물론이고, 또한 공간, 시간, 수에 관한 비교적 이론에 호소하는 여타의 대문들이 존재한다. 마틸라 기카의 『황금 수: 서양 문명사에서 피타고라스의 의식과 리듬Le nombre d'or: rites et rhythmes pythagoriciens dans le développement de la civilisation occidentale』(1931)의 논지를 요약하는 난해한 문단(DR 20-1)을 예를 들어보겠다. 거기서 우리는 이념들에 "상응하는 공간을 창조하는 순수 역동성"의 예인 별 모양의 오각형의 리듬적 고유성질들에 관해 소곤거리는 들뢰즈의 모습을 발견할 수 있다. 『리듬에 관한 연구』는 물론이고 『황금 수』에서, 그리고 이 책들의 영어 선집인 1946년 『예술과 생명의 기하학』에서 기카는 무기적 자연의 육각 형식forms과 유기적 형식의 오각 형태morphology 사이의 차이를 탐구해 왔다. 기카에 관한 대문에서 들뢰즈는 "나선 속에서, 또는 기하학적으로 진보하는 오각형적인 맥동 속에서—요컨대 살아 있고 죽음을 면할 수 없는 진화 속에서—나타나는 이 동일한 역동적 대칭"을, 피조물들이 자신들의 반복을 짜고 동시에 "삶과 죽음의 선물을 받아들이는", 자연에서 발견되는 "진화적인 원환들 혹은 나선들"의 형성에 대한 단서로서 간주한다(DR 21). 현대 철학의 언어로는 말할 때, 이와 같은 대문들에서 어떤 유형의 주장이 행해지고 있는가? 그것들은 단지 시적일 뿐인가, 아니면 철학적으로 무언가를 의도하고 있는가? 아니면—그리고 이것은 명백히 더 어두운 사유인데—『차이와 반복』의 다소 무표정하고 중립적인 제목을 간직하는 그 유명하게도 모호한 책의 사상들을 받쳐주는 어떤 은밀한 오컬트의 특징들인가…? 『황금 수』는 마지막 장들에서 그 자체 결국 수와 형태의 비교적이고 오컬트적인 사상들에 관한, 그리고 이러한 사상들이 의식적ritual 실천을 행할 때 발달하는 일에 관한 명시적인 세부 사항들로 가득 차 있다.[9] 일부 들뢰즈의 사상들은 우리가 철학으로 알고 있는, 혹은 적어도 우리가 철학으로 알고 있다고 생각하는 실천에 종사하는 누군가에 대해 우리가 기대하는 것보다 조금 더 구체적일 수 있었을까?

이러한 퍼즐의 매우 중요한 조각은 베르그손과 동시대 사람인 프란시스 와랭(1867-1940)의 저작이다. 와랭은 들뢰즈가 『차이와 반복』에서 언급하는 브론스키의 논문 모음집을 편찬했을 뿐만 아니라, 브론스키에 관한 몇 권의 연구서들을 출간했다.[10] 들뢰즈는 와랭 자신의 철학 저작을 잘 알고 있었다. 브론스키를 논하는 대목의 한 각주에서 그는 브론스키의 철학에 대한 설명을 찾고자 하는 독자들을 위해 "와랭은 셸링 철학과의 필요한 비교를 수행한다"(DR 324)고 진술하면서, 와랭의 브론스키 편찬서를 소개한다. 와랭은 실로 자신의 1933년 브론스키 편찬서에서 브론스키와 셸링 간의 비교를 행하지만, 미분법에 대한 들뢰즈의 공공연히 "비교적인" 해석을 이해하기 위해 더 중요한 것으로 판명될지도 모르는 것은 20세기 첫 10년에 간행된 와랭의 이전 저작들이라고 나는 다음에 오는 것에서 언급할 것이다. 1906년에 와랭은 『구체적 종합: 생명의 형이상학에 대한 한 연구[La synthèse coencrète: Étude métaphysique de la Vie]』을 출간했는데, 여기서 그는 브론스키의 철학은 정확한 의미에서 "생명의 수학"으로 이해되어야 한다고 주장했다.[11] 베르그손이 그 자신의 주요한 "생기론적" 저작인 『창조적 진화』를 출간하기 1년 전에, 와랭은 이 도외시된 저작에서 비-유기적non-organic 생명의 사상에 초점을 맞추는 형이상학적 생기론의 강력한 버전을 전개했었다. 와랭은, 베르그손 자신의 지속의 시간 철학이 새로운 형태의 생기론을 발생시키기 위해 동시대의 에너지학이나 생물학과 결합될 수 있었던, "생명과 의식"에 관한 1903년 시론에서 최초로 소묘된 베르그손의 제안을 수용한다. 이 새로운 형태의 생기론에 따를 때, 진화적 분화differntiation의 물결들을 통해 그 자신을 현출시키는 비물질적 "생명 일반"을 정립하는 일이 적법할 것이기 때문이다.[12] 와랭은 베르그손은 생기론의 본성을 오해했으며, 유기체는 궁극적으로 비-유기적인 분화의 맥동에 대하여 단지 껍질로서, 심지어 장애물로서 간주되어야 하는데도, 베르그손의 형이상학적 "생명" 개념이 유기체에 본을 두고 있었다고 주장했다. 그는 "생명을 특징짓는 것은 오히려 그것이 절대적으로 구체적인 종합을 나타낸다는 점이다. 이것은 절대적이고 이념적인 순수 생명이다. 어떠한 유기체도 순수 생명을 완전하게 실현할 수 없다."고 쓰고 있다.[13] 와랭은 "베르그손 씨와 더불어, 우리는 육체를 영혼의 작품, 영혼의 외적 현출, 영혼의 대상화라고 생각하지만,[14] 그러나 그가 한편으로는 유기적 신체는 단지 어떤 종류의 '생명 일반'이 이용하는 수단인 반면, 다른 한편으로는 생명을 유기체에 의해 산출되는 것으로 주장하는 한, 베르그손의 생기론 개념에는 모순이 존재한다"고 명시한다.[15] 우리가 "생명"의 진행 중인 진화를 운반하는 진정한 극화polarisations, 리듬, 진동을 지각할 수 있게 되는 것은 우리가 유기체의 형식을 넘어서 볼 때뿐이라고 와랭은 주장한다. 그리고 이것을 위해 우리는 브론스키의 "생명의 수학"을 필요로 한다. 이 매우 특수한 수학으로 무장할 때 우리는 본격적이고 상세하고 형이상학적인 생기론에 도달할 수 있다. 이러한 생기론에서 "진동은 생명의 물리적 표현"이며,[16] 그것을 통해서 우리는 신체화된 이성적 존재자들에 의해 활성화되는 "진동-사유Vibration-Thought"의 진정한 패턴들을 발견할 수 있다.

와랭의 진동과 리듬의 형이상학은 내재적으로 철학적이면서 비교적인 것으로 보이며, 철학과 비교적인 것 간의 원리들의 잠재적인 충돌

이 해소될 수도 있는 방식을 시사하는 것으로 보인다. 와랭은『구체적 종합』의, 브론스키의 창조의 법칙에 관한 장에서 브론스키 체계의 요소들을 하나하나 유대 신비주의 카발리즘의 세피라들sephiroth과 상호 관련을 맺게 하는 다이어그램으로 예시하며 설명했다.[17] (『양의 보편적 양상들』이라는 부제가 붙은) 공간에 관한 1907년 논문의 가장 선견지명이 있는 대문들 중 하나에서, 그는 어떤 조건들 아래에서는 리만과 로바체프스키의 모델들과 유사한 "상위의 공간 질서"를 포착하는 것이 가능하다고 주장한다. 이 공간 질서 안에서는 "각양한 면들 위의 실존의 상들phases"이 펼쳐지며, 비교주의자들의 논지에 대해, 그리고 "기쁨들, 낙원 같은 정원들, 천국의 동물들, 인간과 같은 신들을 알리는 신비적 비전들의 논지에 대해 설명하는 일"이 가능하게 된다.[18] 브론스키에 관한 그의 주저『회에네 브론스키의 형이상학적 골조L'Armature métaphysique de Hoëne wronski』(1925)를 포함하는, 와랭의 후기 저작들은 또한 계속해서 브론스키 철학의 비교적 중요성을 강조하며, 브론스키의 "창조의 법칙"이 "뿜는 빛"은 카발리즘의 내재성 개념을 떠오르게 한다고 주장한다.[19] 이 모든 것에도 불구하고 와랭의 저작은 수학화된 철학이라는 브론스키 자신의 브랜드가 어떻게 전적으로 현교적인 것으로도, 전적으로 "비교적인" 것으로도 궁극적으로 이해되어서는 안 되는지를 시사한다. 그의 주장은 "브론스키가 확립한 실재 도식은 가장 일반적으로 이해된 생명의 규정 이외의 것이 아니며, 그것은 구체적 종합의 공식이라는 점이다".[20] 와랭에게 브론스키의 형이상학은 생기성의 흐름들을 평가하기 위한 도구이고, 보존과 보수성의 힘들에 대항하는 창조적 힘을 측정하기 위한 도구이며 음악, 시, 기계들—이 모든 것은 인간 유기체들이 오직 제한된 지속들 동안만 참여할 수 있는 복잡한 "리듬들"과 "진동들"을 지속시킬 수 있다—

과 같은 새로운 "비-유기적인" 생명 형식들을 발생시키기 위한 도구이다.

기계와 예술 작품은 종합들의 객관적인 실재에 대한 유형의 증거이다. 왜냐하면 기계는 이념-힘에서 방사하는 행위를 물질 안에 실현하기 때문이고, 예술 작품은 물질의 잠재성들로로부터 이념의 표현을 떼어놓기 때문이다. 그리고 이러한 말아 넣고 빼내는 이중의 흐름은 우리가 생기적 종합의 구체적 성격 속에서 접근하는 그것이다.[21]

브론스키 그 자신은 자신이 더 이상 계시된 종교가 아니라 증명된 종교 곧 절대자의 종교일 미래 "세헬" 종교(세헬sehel은 히브리어로 "이성"이다)의 교리들을 소묘하고 있었다고 주장했다.[22] 실로 엘리파스 레비를 매혹시키고 그를 그가 말한 바와 같이 브론스키의 원리들에 입각한 부활된 오컬티즘을 구축하도록 추동한 것은 브론스키 철학의 이 특질이었던 것으로 보인다. 브론스키 부고 글에서 레비는, 브론스키는 "회의가 보편적이고 절대적인 이 세기에서, 지금까지 흔들릴 수 없는 과학의 기초를 인간적인 것과 신적인 것에 놓았다. 무엇보다 우선, 그는 대담하게도 신의 본질을 정의하고, 이러한 정의 그 자체에서 절대적 운동의 법칙과 보편적 창조의 법칙을 발견했다."고 말한다.[23] 이것은 자칭 "오컬티스트"가 말하는 것으로는 이상한 것으로 보인다. "비교적" 혹은 "오컬트적" 개념은, 적어도 일반 사람에게는, 보통 영적 존재자와 악마적 존재자에 대한 믿음과 결부되어 있다. 하지만 여기서 레비는 "과학"에 대한 브론스키의 기여는 "과감하게 신의 본질을 정의하는 것"이고, 이어 그 정의로부터 보편적 창조의 법칙을 발생시키는 것이라고 말하고 있다. 이는 매우 "합리론적인"

기획인 것으로 보인다. 신의 본질을 정의하고 이로부터 따라나오는 것을 보는 것은 스피노자의 합리론과 라이프니츠의 합리론의 오만한 기획이었다. 사실, 브론스키 철학의 비교적 진리를 "벗기려고" 시도하는 것이 아니라, 다른 길을 가는 것이, 그리고 우리가 근대 "비교주의"와 "오컬티즘"이라고 부르는 것의 그 지적인 뿌리가 칸트 철학에 반응하는 데에 있다는 점을 보여주는 것이 사실 더 계시적인 것일지도 모른다. 19세기 전반기에, 칸트의 영향의 결과로, 철학은 일부 비상한 변용들을 겪었으며, 브론스키와 말파티와 같은 인물들은 자신들이 후기 칸트주의 철학을 그 체계적인 형식 안에서 보편 수학mathesis universalis과 비교주의에 대한 그들의 탐구로 적법하게 확장하고 있다고 믿었다. 아마도 들뢰즈의 저작은, 부분적으로, 독일 관념론 안의 이러한 상대적으로 알려지지 않은 "사생아" 라인의 연속선 상에 있을 것이다. 이 시론의 나머지 부분은 미분법의 "진정한 문제"에 관한 보론스키와 와랭의 사상들을 재구축하는 데 할애된다. 우리는 생명의 초월론적 개념이 "자발성"과 "수동성", "창조"와 "보존", "인식[Savoir]"과 "존재[Être]"—"지속"과 "물질" 간의 베르그손의 기본적 극성을 갖는 브론스키와 와랭의 칸트식 원형—라는 맞짝 측면들에 연루해 있다는 점을 보게 될 것이다.

조제프-마리아 회에네 브론스키와 메시아주의

브론스키는 폴란드 볼슈틴에서 1776년에 태어나 마르세이유에서 살았고, 이어 파리에서 1800년에서 1853년에 죽을 때까지 살았다. 폴란드의 독립을 돕고자 일련의 군대 행각으로 성인의 삶을 시작한 후,

1797년에 브론스키는 막대한 양의 돈을 상속받았으며, 위대한 칸트와 함께 철학을 공부하기 위해 항해를 떠났지만, 그 당시 칸트는 더 이상 가르치고 있지 않았으므로, 브론스키는 결국 할레와 괴팅겐에서 공부하게 되었다. 그러나 브론스키가 독일에서 보낸 수년 동안(1797–1800) 예나에서 일어나고 있었던 철학 혁명은 그를 지나쳐 가지 않았으며, 피히테, 셸링, 헤겔과 나란히(하지만 분명 그들이 모르는 사이에), 브론스키는 이내 그 자신이 새로운, 후기 칸트주의의 철학적 절대자를 찾는 그 자신의 탐구를 착수했다. 1800년에 그는 마르세이유에 있는 폴란드 부대에 입대했으며, 천문학자 제롬 랄랑드와 함께 연구한 결과 그의 최초 과학적 출간물 『이동하는 별들의 광수차 및 그 별들의 운동 현상에서의 부등성에 관한 보고*Mémoires sur l'aberration des astres mobiles et sur l'inégalité dans l'apparence de leur mouvement*』(1801)를 내놓게 되었다. 그 당시의 미분법의 중심적 적용들 중 하나는 천체 역학에 있었으며, 그것은 브론스키에게 "이동하는 별들"(해, 달, 행성들)의 실제 운동과 가현 운동에 대한 자신의 설명을 위한 도구를 제공했다. 이 초기 저작에서 이미 브론스키는 천체의 대상들의 형성에, 그리고 결국 태양계의 기원에 관한 문제, 우주에 관한 문제, 에너지와 물질의 형이상학적 관계에 관한 문제에 사로잡혀 있었다.

1803년 8월 15일에, 나폴레옹의 생일을 기념하기 위해 그가 마르세이유의 한 무도회에 참석하고 있었을 때,[24] 브론스키는 절대자의 본성에 관한 강렬한 비전을 가졌다. 피오트르 프라그츠가 최근의 한 전기적 성격의 논문에서 말하듯이, "그가 그 점을 기술한 바와 같이, 그는 '절대자의 본질'을 발견하리라는 불안과 확실성의 느낌을 가졌다. 후에 그는 자신이 우주 초기의 신비와 그것을 지배하는 법칙들을 이해했다고 주장했다. 그 때 이후로 그는 인간의 사유를 개혁하고 보편적인 철학 체계를 창출하겠다고 결심했다."**25** 브론스키는 이러한 "직관"
은 그가 몰두해 왔던 칸트 철학의 결과들과 완전히 일치한다고 확신
할 수 있게 되었다.**26** 그 직관은 구체적으로 말해, "절대적인 것은
상대적인 것의 조건으로서, 이성의 공준이라는 착상에서 일어났다"
고 알렉산드리앙은 언급한다.**27**

비전을 얻은 해와 같은 해에 브론스키는 그의 첫 번째 철학 책『인간
인식의 궁극 원리에 근거한, 칸트가 발견한 비판 철학*Philosophie critique*
découverte par Kant, fondée sur le dernier princnipe du savoir humain』을 출간했다. 이 책은
그 당시 프랑스에서 칸트의 비판 철학에 대한 최초의 상세한 해설서
였다.**28** 셸링이나 헤겔과 마찬가지로, 이제 브론스키는 자신이 이성
에 관한 새로운 종류의 "절대적", 사변적 이론과 실천으로 이끄는 칸
트 철학에서 문호를 발견했다고 믿었다.

칸트의 코페르니쿠스적 전환은 인식은 외적 대상과 일치해야 한다
는 전통적인 기대들을 뒤집어 놓았다. 칸트에 따르면, 진정한 문제는
우리가 우리의 인식 주장을 정당화하는 방식의 근저에 다다르는 것이
었다. 즉, 무엇이 우리가 한 사건을 객관적인 것으로 판단하도록 하는
(지적이자 감성적인) 기준들인가? 우리가 우리 자신에게 우리는 어떤
것을 어떻게 아는가 하고 물을 때, 우리는 우리가 호소하는 일단의
암묵적인 기준들을 가져야만 한다. 칸트는 인식이 인과성의 "범주"와
같은, 일단의 특정한 규칙에 의해 지배된다는 점을 보여주었다. 우리
는 우리에게 본체적인 진리에의 접근을 부여하는 직접적인 지적 직관
을 갖지 않는다는 점을 감안할 때, 그리고 감성적 표상들은 그 자신들
을 통일하지 못한다는 점을 감안할 때, 인식 가능성의 조건들, 그리고
질서지어지고 정합적인 한에서의 경험 일반의 조건들은 그러한 지성
의 규칙들이어야만 한다. 이제 요구되는 것은 인식과 인지 일반의

기초에 놓여 있는 조건지어지지 않은 원리에의 접근이라고 브론스키는 피히테, 셸링, 헤겔을 따라 주장했다. 브론스키의 독특한 접근법은, 칸트가 인지의 주관적 조건들의 기초에 있다고 주장하는 자발성 spontaneity이 해방되어 이성의 알고리듬적 이론과 기법으로 재정향될 수 있는 방식으로, 칸트의 이성 이론을 수학의 알고리듬적 형식과 동일 시하는 것이었다. 이성의 "자발적 성격"은 "하이퍼로지즘hyperlogism, 달 리 말해, 모든 선행하는 조건으로부터의 독립"이라고 브론스키는 진 술했다.**29** 브론스키는 멱 급수의 발생을 통한 "수직적" 차이화를 위한 역량과 더불어, 완전한 수평적 규정(dx/dy)의 상호 규정을 위한 가능성 을 가지는 미분법이라는 방법에 호소함으로써, 이성이 자신의 고유 형식, 즉 구체적 수학의 고유 형식을 가정하는 일이 마침내 가능하다 고 주장했다. 브론스키는 테일러 급수(멱 급수)의 구축이 양에 관한 인식의 선험적 발생을 가능하게 한다고 생각했다. 그의 수학 이론에 대한 최초로 간행된 해설서, 그의 1811년 『수학 철학과 알고리듬 기법 입문Introduction à la philosophie des mathématiques et technie d'algorithmie』은 알고리듬의 이론과 실천으로 수학의 기초 명제들을 발생시키고 전개하고자 하는 시도였다. 기하학, 수학, 미분법의 지수 급수와 로가리듬 급수는 브론 스키에게 인간 인식의 지평 전체를 가로질러 정교하게 서술될 수 있 는 내적이고 자기-발생적인 이념적 질서의 예들을 제공한다고 그는 주장했다.

브론스키는 칸트는 그 자신의 이성 이론의 완전한 결과들을 도출하 지 않았다고 주장했다. 칸트의 "규제적 이념 이론은 우리에게, 말하자 면 모든 예상들을 넘어, 양에 관한 인식 그 자체를 발생시키기 위한 규칙들을 부여하는데, 이는 이론의 여지없이 우리의 인식 능력들의 가장 숭고한 사용이다".**30** 칸트의 이상Ideal의 지평은, 일단 수학에 의해 관통되기만 하면, 이성과 에너지의 최종적 화해를 위한 원리상의 공간을 가능하게 한다. 외랭이 말하듯이, 브론스키의 체계에서, "에너지와 이성은 능동적 원리의 두 얼굴이다. 에너지의 힘power은 그 자신을 행위의 전개[devenir] 속에서 보여주고, 이성의 힘은 그 자신을 원리의 불변성 속에서 보여준다".[31]

칸트의 문제는 이성의 힘을 지성에 더 적합한 절차들에 의해 모호해지게 놓아두었다는 점이었다. 하지만 만약 이성적인 예지계munus intelligibilis가 존재한다면, 그것은 적합하게 이해되지 않으면 안 된다고 브론스키는 주장했다.

> 칸트 이전의 어떠한 인간도 철학의 진정한 대상에 그토록 가깝게 접근한 적이 없었다. 하지만 불행히도, 그것은 여전히 한낱 가설일 뿐이었다. 칸트의 오류는 그의 전임자들의 오류와 같은데, 그는 자발성spontaneity 혹은 무조건성이라는 인식의 숭고한 성격을 우리로 하여금 오인하게 만드는 조건들 또는 형식들을 인식에게 귀속시킬 때 그는 여전히 존재를 본으로 삼아[il considére toujours le savoir à l'instar de l'être] 인식을 고려한다. 칸트의 그릇된 가설에도 불구하고, 필연성의 성격에 의해 보장된 그의 철학의 결과들은 대부분 적어도 이 필연성의 성격이 적용 가능한 우주의 열등한 지역, 즉 사물들의 영역에도 해당한다.[32]

칸트가 철학에서 코페르니쿠스적 혁명을 완수하여 진정으로 세계를 뒤집어 놓은 것은 유한한 존재자들의 이성적 역량들이 실현될 때 실천이성의 역할에 우위를 부여함으로써이다. 칸트의 체계에서 조건지어지지 않은 실재를 가지는 것은 결국 자기-규정하는 이성의 행위이지, 조건지어지는 나타남의 물질이 아니다. 칸트 체계의 한복판에 있는 사기-입법하는 자율성의 무조건적 행위와 디불이, 현상계는 불가 피하게 자신의 위엄의 일부를 상실하기 시작하며, 도덕적 행위를 위한 공간이 됨으로써 복구되도록 할 수 있을 뿐이다. 『칸트의 비판철학』에서 들뢰즈가 보여주듯이, 칸트의 이성은 이미 그것 자신의 일단의 내재적 목적들을 가진다. 칸트 체계의 정점에서, "실천적 목적성과 조건지어지지 않은 입법의 절대적 통일"이 존재한다. 이성의 "최고 목적"은 "이성적 존재자들을 도덕 법칙 아래에, 혹은 이성적 존재자들 안에 즉자적으로 내포되어 있는 실존의 이유로서의 자유 아래에 조직하는 일이다".[33] 브론스키의 기여는, 자신의 지위 안에서 조건지어지지 않은 것으로서 취해지는 실천이성은 그것이 종합적이기 때문에 창조적인 것이 아니라, 칸트가 실천이성에게 귀속시키는 자발성spontaneity이 실천이성을 존재론적으로 창조적인 것으로 만드는 것이라고 추론함으로써, 이성만이 (지성이 지배해야 하는 인식 주장들 안에서가 아니라) 실천적 행위 안에서 무조건적 타당성을 가진다는 칸트의 주장을 전개하는 것이었다. —브론스키에 관해 쓰여진 마지막 철학서의 저자, 필립 다시Philippe d'Arcy의 말로 하면—브론스키가 "창조의 철학"에 대한 권리를 주장하는 것은 바로 이러한 칸트의 기초 위에서이다.[34] 그것이 자유로운 행위인 한에서, 실천적 행위 안에서 이성적 이념을 실현하는 것은, 주어진 세계에 대한 진정한 차이를 만드는 것이고 이러한 세계를 이념과 관련하여 수정하고 규정하는 것이다. 그러므로 사유가 조건지어지지 않은 지위를 올바르게 가정하는 것은, 정확히 말해 오직 창조 행위 속에서뿐이다라고 브론스키는 추론했다. 사유가 자신의 고유한 "무사물적인achrematic"(크레마chrema는 "사물"이란 뜻의 그리스어이다) 지위의 결과들을 떠맡는 것은, 오직 이성이 이념들과 "잠재성들"의 빛 속에서 물질적 실재를 재구축하도록 그 자신을 허가할 때뿐이다.[35]

브론스키의 기획은 그가 절대적 이성의 "메시아주의"라고 부르는 것으로 칸트주의를 선환하는 데 놓이게 된다. 다시D'Arcy가 말하듯이, 브론스키는 "창조는 각 존재자에게 법칙 또는 의무[devoir]이다. … 각 존재자는 창조해야만 한다. … 오직 실재적 존재자들만이 결과들, 귀결들, 그리고 인간의 경우—그 자신을 성취하게 하고 산출하게 하는—행위들을 창조하고 산출할 수 있는 자들이다"라고 주장한다.**36** 유한한 이성적 존재자들에게는 오직 한 가지 권리상de jure의 목적지가 있을 뿐이다. 이성의 "창조적 잠재성"의 동화로 향하고, 절대적 창조에 복무하는 그것의 배치로 향하기 때문이다. 브론스키의 메시아주의의 궁극 목적지는 이성적 존재자들의 왕국이다. 그들 자체와 상호 간을 목적-그-자체로 여기는 그들의 역량은, 지상 위에 목적의 왕국을 가져오는 실천적 목적을 갖고서, 그들의 개체적 형성을 역진적으로 반복하는 역량, 그리고 선Good과 진True의 육화를 전진적으로 규정하는 역량 이렇게 그들의 이중적 역량에 의존한다.

우리가 창조성 그 자체에 고유한 법칙을 재발견하도록 해주는 것, 그리고 사유와 존재의 진정한 (셸링의 용어를 사용하자면) "무관심-점"을 발견하도록 해주는 것은 이성의 이러한 자가발생적autogenic 힘이라고 브론스키는 주장한다. 들뢰즈는 브론스키의 철학에 관심을 갖는 사람들을 『회에네 브론스키의 철학 저작L'Oeuvre philosophique de Hoëne Wronski』이라는 제목의, 1933년 와랭이 편찬한 논문 모음집으로 안내한다. 이 세 권의 두툼한 책들은 대부분 같은 도식에 기초하는 기이한 표들로 가득 차 있다. 가장 일반적인 형식으로, 브론스키는 이 도식을 "모든 실재 체계들의 창조 법칙의 표"라 칭한다.**37** 그는 언제나 자신의 "창조 법칙"을 한편으로는 "이론" 혹은 "자가명제Autothesis"의 표제 아래에서, 다른 한편으로는 "기술[Technie]" 혹은 "자가발생"의 표제 아래에서,

이중 형식으로 제시한다. 그는 칸트의 이론이성과 실천이성의 구별에다 새로운 정식화를 부여한다. 실재의 "이론적 구성"과 "기술적 구성"이 존재한다. 이론은 "실재의 실존에 주어진 것"과 관련되고, 존재자의 개체적 내용과 관련되며, "(내용의 본질이, 이 개체성의 확립을 위해 존재자를 수용하는 절대적 실재의 일부라는 초월론적 의미에서 취해진 수학에서) 개체적 발생"을 표현한다.**38** 다른 한편으로 실재의 실천적 혹은 "기술적" 구성은 "실재의 성취를 위해 행해져야만 하는 것"을 수반한다.**39** 우리가 가장 발달되고 자기-분화된 창조 행위들을 발견하는 것은, 즉 구성된 현상적 본성의 상대적으로 "열등한 질서"의 타성으로부터 해방된, 그 행위들의 이념적 운동을 발견하는 것은 유한한 이성적 존재자들의 고유하게 자가발생적인 규정에서이다.

브론스키는 칸트의 이성과 지성의 대립은 실로 "인식의 요소Élément Savoir"와 "존재의 요소Élément Être"라는 보다 근원적인 대립에로 사상寫像되어야 한다고 주장한다. "모든 실재 체계들의 창조 법칙 표"에서, 이 인식의 요소와 존재의 요소는 브론스키가 자신의 기본적인 초월론적 모체로서 제시하는 최초로 3원적인 관계를 발생시키는 극들이다. 제3의 요소는 브론스키가, 인식과 존재의 대립 혹은 극성을 "중화한다"는 점에서 "중화적인 것Neuter(Élément neuter)"이라 부르는 것이다. 브론스키에게, 인식의 요소와 존재의 요소 간의 기본적 대립은 그 자신의 특수한 역동성을 가진다. 인식의 요소는 "자발성" 혹은 "자가발생적 규정"을 특징으로 하는 반면, 존재의 요소는 "타성" 혹은 "자가명제적 규정"을 의미한다. 인식과 존재는 창조 대 타성, 자발적 계산 대 보존과 석화로서 대립된다. 이 맥락을 감안할 때, 우리는 창조 원리와 보존 원리가 변형 원리 속에서 결합되는 것을 상상할 수 있다. 사후의 『메시아주의의 필증성』에 수록된 한 텍스트에서 브론스키는 잇따르는 이중 극화를 다음과 같이 기술한다.

인식 내의 존재의 영향은 인식의 자발성에 일종의 타성을 도입하고, 인식에게 존재의 고정성을 부여한다. 인식은 그 자신이 존재로서 조건지 어진 것을 발견하고 고정된 규정적 법칙들에 종속된다. [역으로] 존재 안의 인식의 영향은 존재의 타성 안으로 자발성을 도입하고 존재에게 인식에 속한 변이 가능성을 수여한다. 존재는 이제 그 자신이 변양들과 규정들을 허용한다는 것을 발견한다.**40**

브론스키가 그의 일곱 가지 구성요소들 중의 네 가지 최종 구성요 소들, 즉 보편적 존재(UE), 보편적 인식(US), 이행적 존재(TE), 이행적 인식(TS)을 어떻게 전개하는지 설명할 지면이 여기에는 없다. 브론스 키는 인식 안의 존재와 존재 안의 인식이라는 이중화가 그에게 두 가지 역으로 고유하게 "강도적인" 관계들로 구성된 이중화된 계열에 의 접근을 부여한다고 말하는 것으로도 충분하다. 와랭은 그의 저작 도처에서 브론스키의 강도 이론을 상세하게 계속 전개한다. 즉 그는 "강도"는 물질을 지적인 것 안으로 침투하게 하는 양의 근원적인 상태 로 파악되어야만 한다고 주장한다.**41** "창조 법칙"은 "자발적 발생"에 내재하는 변증법을 표현하도록 의도되어 있다.**42** 그것은 존재론적 경련의 형식을 표현한다. 즉 각 창조적 전진은 석화 혹은 타성 안으로 후퇴하여 그 자신의 대립자가 된다. 하지만 이어 존재가 자발성에 의해 내적으로 변양되어 그 자신의 대립자가 되는 경향을 띤다. 모든 창조 행위는 이 근본적인 변증법에 의해 제약된다. 살아있는 존재자 들(=생명체들)로서 우리는 규정의 거대한 함축적 질서에 사로잡혀 있 고, 우리의 실존은 물리적, 유기적, 심리적 등 다양한 면들로 구성되어 있으며 이 면들 각각은 추가적인 집중화된 일곱 가지를 함유한다고 브론스키와 와랭은 주장한다. 알렉산드리앙은 브론스키는 그의 "창조 법칙"으로부터 "연장과 분기에 의해 상호 연결된 일백 팔십 가지 실재 체계들을 연역했다"고 말한다.[43] 이성적 생물체들로서 우리는 실재적인 것의 "잠재성"을 관통하고, 그것의 분화 선들을 끌어낼 수 있다. 자신의 "메시아주의적" 성찰들에서 브론스키는 이상한 종류의 생기론적 미분법에 의해 지배되는, 미래의 이성적 존재자들의 일상 생활을 상상한다. 이러한 미분법에서는 (존재 안의 인식과 인식 안의 존재로 되어 있는) 인식 그 자체가 석화되는 일이 창조적인 가능성들을 알고리듬적 사유를 통해 발생시킴으로써 저지될 수 있다.

　브론스키는 왜 급수적, 지수적 수학 형식들(전개 급수와 기하 급수 등등)의 철학적 잠재력에 그토록 매료되었는가?[44] 1810년에 그는 파리학술원에다 그의 『최상의 수학 법칙[La loi suprème des mathématiques]』을 제시했었다. 이 저작은 최상의 수학 알고리듬을 발견한 브론스키의 주장을 제시했는데, 그는 이 알고리듬을 다음과 같이 표현했다.

$$Fx = A_0\Omega_0 + A_1\Omega_1 + A_2\Omega_2 + A_3\Omega_3 + \cdots$$

　브론스키의 후기 저작들은 이 공식으로 새겨진 방사하는 태양들의 아무 멋진 판화들—한 판화에서는 이 공식이 스핑크스의 대석에 새겨져 있다—을 담고 있다. 학술원은 브론스키의 공식들이 테일러의 정리를 포함하는 그때까지 알려진 모든 급수 전개를 포괄했다는 점을 겉으로는 인정했지만, 브론스키 주장의 보편성을 승인하려 하지 않았다. 1810년과 1820년 사이에 브론스키는, 미분법에 관한 주요 저작, 『해석 함수 이론』(1797)을 막 출간한 조제프-루이 라그랑주와 같은 동시대의 주도적인 미분법 몇몇 이론가들과 기이한 논쟁에 들어갔다. 보이어가 말하듯이, 브론스키는 "라그랑수가 부과하고 싶었던, 해석학analysis에서 무한자를 금지하는 일에 대해 다소 가혹하게 항의했다. 그는 라그랑주를, 그가 무한급수를 자유롭게 조작할 때 논리적 엄격함이 부재하기 때문에 비판한 것이 아니라 … 충분히 폭넓은 견해가 결여하기 때문에 비판한 것이다".[45] 분명히, 한 변수의 함수들이 급수에로 수학적으로 확장하는 가능성이 브론스키에게 있어서 심오한 무언가를 자극했지만 그는 그것을 라그랑주와 학술원에 전달하는데 성공하지 못했다. 자신의 "최상의 알고리듬 법칙"은 "수학적으로 파생되는 것이 아니라 초월론 철학에 의해 주어진다"는 그의 주장은[46] 아마도 라그랑주와 라플라스가 그의 소논문들에 직면했을 때 느낀 대부분의 당혹감의 근원이었을 것이다. 그들은 칸트의 철학적 관념론 안의 최근에 전개되는 동향들에 정통하지 않아서가 아니라 미분법이 왜 브론스키에게 이러한 심오한 경외심을 불러일으키는 형이상학적 중요성을 갖는지 알 수 없었다.

들뢰즈가 『차이와 반복』에서 브론스키에 의거하여 명시적으로 전개하는 한 가지 논점은 "칸트의 미분법 해석"에 관한 이러한 주장이다. 이 해석에 따르면, 미분들은 지성의 대상들이 아니라 이성의 대상들이어야만 한다. "유한 양들은 우리 인식의 대상들에 관련되고, 무한소 양들은 이러한 인식의 바로 그 발생에 관련된다. 그래서 이 두 종류의 인식 각각은 [그것들에] 고유한 법칙들을 가지지 않으면 안 되며, 무한 산법의 형이상학의 주요 명제는 이 법칙들의 차이 안에서 발견되어야 한다."[47] 미분이 무한과 맺는 관계 그리고 미분이 갖는 존재론적 중요성이 명백하게 되는 것은 그것이 칸트적 의미에서 엄격하게 이념적인 것으로서 간주될 때뿐이다. 미분들은 그것들이 경험적으로 실재적인 것으로 간주되는 것이 아니라, 절대적으로 이념적인 것으로서, 독특성들로서 구성된 잠재적인 곡선들로서 간주되는 바로 그 이유 때문에 브론스키에게 존재론적 가치를 가진다.

『미적분법의 역사』에서 칼 보이어는 브론스키는 이러한 근본적인 알고리듬이 모든 경험적인 양들의 정립에 선행하여 순수 양들을 발생시킬 수 있음을 확신했다고 언급한다.

브론스키는 미분법이 이미 형성된 양들의 법칙들을 구성하는 것이 아니라, 양들의 발생을 지배하는 시원적인 알고리듬을 구성한다고 주장했다. 미분법의 명제들을 그는 절대적 진리의 표현들로 여겼고, 따라서 미분법의 원리들의 연역을 그는 수학의 영역을 넘어선 것으로 간주했다. 극한의 방법에 의한 미분법, 궁극적 비율, 소멸하는 양들, 함수 이론 등에 대한 해명을 그는 구성된 것이지만, 새로운 분석에 대한 그릇된 견해로부터 진행되는 간접적 접근법이라고 생각했다.**48**

브론스키의 대한 들뢰즈의 논평들은 보이어의 이러한 발언들을 수용한다. "만약 지성이 '불연속적 총체'를 제공하는 것이 사실이라면, 이것은 오직 양들의 발생을 위한 재료일 뿐이다. 이성의 이념들에 속하는 것은 오직 양들의 형식을 구성하는 '점진적 이행graduation' 혹은 연속성일 뿐이다." 그리고 이것은 "미분들이 분명 어떠한 산출된 양에도 상응하는 것이 아니라 양에 대한 인식을 생산하기 위한, 그리고 계열을 구축하기 위한, 즉 계열의 소재를 구성하는 불연속성을 발생시키기 위한 조건지어지지 않은 규칙을 구성하는 이유이다"(DR 175)고 그는 계속해서 말한다.

계속해서 보이어는 양들의 발생에 대한, 브론스키가 암암리에 시사하는 "직접적 접근법"은 "강도적 크기" 개념에 대한 정교한 설명을 통해서라는 사실에 대해 발언한다. 그는 "이 학설의 추종자들"은 (비록 그가 이 추종자들이 누군인지는 말하지 않지만) "외연적 양이 아니라 강도적 크기로서의 무한히 작은 것이라는 개념을 유지하려고 시도할 수 있었다"고 말한다.**49** 브론스키 학파는 "수학이 논리적으로 고정된 무한히 작은 것이라는 개념을 확립하지 못했기 때문에 그 개념을 배제했다는 점을 인정했지만", 그들은 "시원적 직관이 크기의 발생과 관련된 선험적인 형이상학적 실재를 가진다고 해석함으로써 초월론적 철학이 이 점에서 이 직관을 보존하려고 노력했다"는 사실에 주의를 기울였다.**50** 브론스키 학파는 "고정된 무한히 작은 것"에 관한 "시원적 직관"은, 특수한 "선험적인 형이상학적 실재", 즉 만약 완전한 복잡성 속에서 정교하게 서술된다면 초월론 철학자가 우리의 불연속적 사물들 경험에다 연속성을 적법하게 복구하도록 해주는 실재를 가진다고 주장한다.

　이념들과 강도적 차이 간의 관계에 관한 새로운 종합적인 선험적 설명을 산출하려는 『차이와 반복』에 나오는 들뢰즈의 기획은 이 브론스키의 궤적과 완전히 일치하는 것으로 보인다. 그러나 들뢰즈는 『차이와 반복』에 나오는, 와랭에 관한 그의 발언("와랭은 셸링 철학과의 필요한 비교를 수행한다; DR 324)에서 형이상학적 힘과 수학적 힘 간의 관계에 관한 셸링의 설명에 대한 이해가, 브론스키가 이념적인 것과 강도적인 것을 종합할 때 행하고 있는 것을 완전히 파악하기 위해서, 필요하다고 생각한다는 점을 보여준다. 셸링에 대한 들뢰즈의 주요 언급들은 1810년 『슈트트가르트 강의들』에 관한 것과 『세계의 시기들』에 관한 것이다. 이 강의들에서 셸링은 모순의 변증법에서 힘들의 변증법으로 가는, 그가 마음속에 그린 변화의 개요를 서술했다. 그는

"동일성에서 차이로 가는 이행이 종종 동일성의 취소로 이해되어 왔지만, 그것은 전혀 맞는 말이 아니라고 진술했다. … 오히려 그것은 본질의 배가이며, 따라서 통일성의 강화이다[Steigerung der Einheit]."[51] 셸링의 경우 힘들의 개념은 차이화 내내 상실되지 않고 통일성이 유지되는 방식을 정식화하는 데 도움을 줄 수 있다. 통일성은 "강화될" 수 있으며, "힘power"은 『통일성의 강화』를 푸는 열쇠이다. 개념의 단지 부정적인 관계들은 이제 힘의 수학에 대한 형이상학적 사용에 의해 뒷받침될 것이다. 힘의 개념을 사용하면서, 차이화는 더 이상 동일성의 취소를 의미하는 것이 아니라 수학적 힘 개념을 통해 형식적으로 표현되는 배가, 강화이다. 여기서 셸링은 또한 우주는 이념성이 물질 안으로 선회해 들어가고involution,[52] 이어 이념성으로 위로 다시 점진적으로 선회해 나가는 것evolution으로 이해되어야 한다는 뵈메의 사상을 다룬다. 힘을 통한 이 강도적 배가의 운동은 수직적인 점진적 위계 내의 헤겔의 지양Aufhebung을 포함할 수 있는, 새로운 모델의 변증법적 변형을 제공하는 것으로 보인다. 힘들의 수직적인(그리고 "잠재적인") 보존은 효과적인 잠재성을 전혀 갖지 않는 헤겔의 모델보다 더 크고 더 살아있는 절대자를 가능하게 한다. 브론스키 철학의 중요성은 절대자에 고유한 "창조적 잠재성[virtualité créatrice]"의 차원에 관한 그의 정교한 서술에 전적으로 달려 있다.[53] 그리고 셸링은 점점 인간 사유의 신비로운 기원들에 중점을 두게 되는 데 반해, 브론스키는 대신에 무사물적인achrematic 사유의 발견에 의해 개시된 미래 실존의 가능성들에 맞추어 그의 비전을 훈련했다.

1831년에 간행된 브론스키의 두꺼운 책, (『절대적 철학을 구성하는, 철학과 종교의 최종 통합』라는 부제가 달린[Messianisme: Union finale de la philosophie et de la religion, constituent la philosophie absolute]) 『메시아주의』는,[54] 인간 진화는

인간 존재들이 자신의 이성의 힘들을 점진적으로 의식하게 되는 일련의 획기적 시기들로 나누어져야 한다고 제안했다. 브론스키는 자신이, 인간 존재들이 자연에 대한 경험을 형성할 때 마음의 역할을 의식하기 시작하는 "비판적이고" 이행적인 시기의 한복판에서 쓰고 있었다고 믿었다. 비판적 시기는 사유의 규칙들 그 자체에 대한 알아차림이 발생할 수 있는 특수한 "초월론적" 차원을 가지는 새로운 종류의 "포괄적 의식"을 가능하게 하고 있었다. 브론스키는 이것으로부터 의식의 더 높은 미래 목적지를 연역하는 일 가능하다고 확신했다. 절대자의 시기(인간 역사 발달의 제6, 제7의 시기)에, "인간 이성은 자신의 창조성의 완전한 풍부함을 실행할 것이고, 자신의 이성 속에서 창조의 잠재성을 인식할 것이며, 그 자신 안에서 말the Word에 대한 명료하고 내재적인 의식을 획득할 것이다".**55** 그리고 제7의 단계는 "우주 창조의 성취가 재생산되는 일"의 도래를 알릴 것이다.**56** 이 최후의 단계에 절대적 의식 혹은 창조성 그 자체를 통한 의식이 존재할 것이다.

실현된 칸트주의의 관점을 수용하면서, 브론스키의 메시아주의는 우리가 "실재"를 구성하는 것의 전통적 의미와 관련하여 획기적 변화를 가져오는 소명과 공명했다. 다시가 말하듯이, "브론스키는 우리가 타성에 의해 실재를 정의하는 시기는 사유의 영역에서 어리석음과 죽음을 근본적으로 선택한 시기임을 감지했다."**57** 브론스키는 자신이 비판적 의식의 미래 변형의 가능성을 일별했다고 믿었다. 이러한 가능성 안에서 우리는 우리의 주어진 불연속적 경험을 창조적 생성의 더 크고 연속적인 자기-차이화의 파편들으로서 파악하게 되어, 우리 자신을 창조적 생성의 곡선과 관련하여 위치시키고, 수준들 또는 면들, 분기들과 분지들, 회전 나선들을 분리시키는 과정에 착수하게 될 것이다. 이 독특한 "미분법"의 진정한 "이념적인" 물질을 더 명료하게

밝히기 위해서, 우리는 마지막으로 브론스키주의에 대한 와랭의 명시
적으로 생기론적인 버전으로 향한다.

브론스키의
창조 법칙 안의 차이와 반복에 관한 프란시스 와랭

후기 칸트주의 "창조의 철학"에 관한 브론스키 사상은 내적 문제들
이 없는 것은 아니었다. 최근에 발굴된 강의 시리즈, 『근거짓기란 무
엇인가?』에서 들뢰즈 그 자신이, 후기 칸트주의 철학은 "창조의 사상"
의 모든 합리론적 이론적 버전들을 "구성적 유한성"의 요구들을 중심
으로 구축된 새로운 개념들로 대체한다고 강조적으로 언급한다.[58]
브론스키의 철학은 "창조 개념"을 실천이성의 생산성에 근거지음으
로써 후기 칸트주의 철학을 위해 오직 그 개념을 간신히 구해낼 뿐이
다(그리고 『근거짓기란 무엇인가?』에서 말하는 내용에도 불구하고, 들뢰즈
는 또한 예술적 활동과 철학적 활동을 논할 때 계속해서 창조 개념의 양화된
사용을 행할 것이다). 그럼에도 불구하고 브론스키는, 이 "법칙"은 일련
의 함축적 층위들을 통해 증대되고 다각화될 수 있고, 우리는 실재가
양화 가능한 생성 혹은 발달의 과정에 관여하는 한에서 동일적 "자발
성"과 "창조성"을 실재 그 자체에 귀속시킬 수 있으며, 그리고 문화적
형성Billdung과 같은 과정들과 더불어, 성적 재생산을 포함하는 신체적
인 "생기적" 과정들은 자연 그 자체 안의 이 동일적 "창조성"의 사례들
이라고 창조 법칙의 수많은 표들 도처에서 언급한다. 하지만 이것은
어떻게 이해되어야 하는가? 실천이성의 창조성과 유사한 유성생식의
"창조성"은 어떻게 존재하는가? 이념적인 창조적 잠재성이 유기적

과정 그 자체에 귀속될 수 있는가? 아니면 그러한 귀속의 의미가 브론스키가 그의 메시아적 이론에서 보여주듯이, 오직 사실상de facto 인간의 역사에서만 출현하는 창조 법칙의 무사물적achrematic 본질의 물질적 전조와 같은 과정의 지위에 의존하는가?

그의 1906년 저작『구체적 종합』에서 와랭은 브론스키의 "창조 철학"을 "진화"와 "생명"의 형이상학 이론으로 정교하게 서술한다(이 책의 부제는『생명의 형이상학 연구』이다).**59** 우리가 모두에서 상기했듯이, (와랭과 동시대의 저작인) 그 자신의 생기론적 저작에서 베르그손은 "생명"이란 용어는 비-생물학적 현상들이 (가령 우주 형성의 팽창기의 강도적 에너지 상태에서처럼) 창조적인 한에서 이 현상들에 적용될 수 있다는 사상을 옹호한다. 명백히 베르그손과 상반되게, 와랭은 비-유기적 생명에 관한 브론스키의 생기론을 산출하는 기획을 취택한다. 브론스키의 철학이 우리에게 보여주는 것은 실제로 "유기체들"의 생명은 오히려 진동과 리듬에 귀속될 수 있는 진정한 형이상학적 비-유기적 생명을 위한 용기라고 그는 주장한다. 이러한 비-유기적 "생명"은 그것이 근본적으로 수학 용어들로 표현될 수 있는 진동 운동들로 이루어져 있으므로 현저하게 수학화 가능하다. 만약 세계가 수학화 가능하다면, 그것은 세계가 진동하기 때문이라고 와랭은 주장한다. "운동은 생명의 수학적 표현이며 알고리듬과 기하학의 종합이다. 진동은 생명의 물리학적 표현이며 행위와 저항의 종합이다."**60** 그의 1907년『공간』에서, 와랭은 계속해서 (아인슈타인이 일반 상대성 이론을 산출하기 위해 리만 기하학을 상대성 물리학과 결합하기 20여 년 전에) 정교한 비-유클리드적 공간 이론과 우주 진화 이론을 전개한다.「비-유클리드적 공간들의 특징」이라는 제목의 전반부 장들 중 한 장에서, 와랭은 "비-유클리드 공간들에서의 곡선"의 본성의 개요를 서술한다.

우리는 리만과 로바체브스키의 두 공간은 제1원리로 취해진, 곡선 자체의 특징이라고 말할 수 있을 것이다. 곡선은 연장 속에서 전개되고 있는 대상에 대한 외재적 영향의 현존과 상응하는 그것이다. 우리가 심리적 지각을 고려하든 또는 기계적 실현을 고려하든, 선을 규정하는 조건이 이 선과 항상 같은 관계 속에 있는 것은 아닌 곡선이 존재할 뿐이다. 미분법은 그것이 곡선과 유도 변수 함수 간에 필연적으로 확립하는 일치를 통해 이 개념에 부합한다.[61]

와랭에게 브론스키는 유기체 그 자체가 아니라, 진동과 리듬의 복잡하고 함축적 구조 속에서 고려된 운동 그 자체를 대상으로 삼는 "생명의 수학"을 발견한 사람이다.

브론스키의 중심적 알고리듬의 본성에 관한, 『구체적 종합』에서 행하는 와랭의 설명은 그것이 "차이"와 "반복" 개념에 부여하는 핵심 역할 때문에 우리의 목적을 위해 특히 강한 흥미를 불러일으킨다. 그는, "존재자가 시간과 공간을 가로질러 지속하고 진보하는 힘을 얻게 하는 수단인 유기적 조직화Organization"로 이끄는 것은 "반복과 분화Differentiation[différenciation]의 결합"이라고 주장한다.[62] 계속해서 그는 살아있는 유기체들의 발달과 주기적 격변을 지배하는, 그리고 사유의 산물들, 기계들, 예술 작품들에서 절정에 달하는, 사유 그 자체를 구성하는 복잡한 "진동들"의 발달과 주기적 경련을 지배하는 기본 "리듬들"의 기하학적 형식과 수학적 형식의 구축들을 정교하게 서술한다.[63] 브론스키의 최상의 "창조 법칙"은 반복과 분화의 이러한 결합 과정을 위한 기본 도식을 제공한다고 그는 말한다. "모든 반복은 재생산의 혼합된 알고리듬의 형식으로 본원적으로 현시한다"고 와랭은 진술하며, 자신의 「생명의 수학」에서 브론스키는 모든 알고리듬을 세 가지 근본적 알고리듬들로, 즉 중화하는 알고리듬인 재생산Reproduction을 통해 재연결되는, 총합Summation(불연속적 발생)과 점진적 이행Gradation(연속적 발생)의 대립으로 거슬러 올라가 추적한다고 설명한다.**64** 그렇다면 우리는 총합, 점진적 이행, 재생산을 위한 이 세 가지 알고리듬과 더불어, 각 함수를 위해 발생한 수직적 멱 급수에 의해 가능하게 된 연관들을 최대한 이용하여 알고리듬의 전 체계를 발생시킬 수 있다. 이 알고리듬에 대한 와랭의 설명은 빠짐없이 인용할 만한 가치가 있다.

모든 반복은 이 혼합된 재생산 알고리듬의 형식 하에 본원적으로 현시한다. 현상에 있어서, 그것은 유사한 요소들의 점점 증가하는 병치이다. 실재에 있어서, 그것은 자신의 유형을 다원화하는 단일한 요소의 연속적인 성장을 통해 작동한다. 그것의 작용에 있어서, 그것은 진정한 점진적 이행이다. 그리고 만약 이 유사한 단일체들의 재통합이 총계를 제공한다면 이 동일한 유형의 다양성은 이 유형의 힘(=역능)[puissance]을 표현한다. 하지만 이 힘이 떠 이상 강도적 단일체들 안에서 명시적으로 현출하는 것이 아니라 요소적 다원성 안에서 현출한다는 사실로부터, 분할이 따른다. 여기서 우리는 세포적 재생산을 통한 단순한 발생을 발견한다. 그러므로 반복은 물질을 정의하는 저항들의 불연속성 속에서 비물질적 힘을 특징짓는 연속적 에너지의 위치 변환을 표현한다. 그리고 지수 혹은 로그는 연속성의 정도, 물질이 그 자체를 감싸 안은 척도[la mesure dans laquelle la matuère a pu s'y plier], 생명이 물질 속을 관통하는 정도, 그것의 위계적 수준[son rang hiérarchique]를 표시한다. … 그리고 유기체가 복잡해질수록, 그만큼 더 반복은 분화, 구조에 의한 증식, 관계 함수들에 의한 동화에 의해 대체된다.**65**

와랭에게 생기론적 "진화" 이론은 반복의 알고리듬적 패턴들, 혹은 이념적 연속성과 불연속적 총합 간의 근본적인 "수학적" 극화의 훨씬 더 복잡한 해결을 가져오는 재생산의 알고리듬적 패턴들을 구축해야만 한다. 그 극한에서 "그 완전한 형식의 생명은 이 정도들의 절대적 연속성에, 그리고 종합적 관계들의 층위들의 무한성에 놓여 있다".**66** 와랭의 브론스키적 건조술에 입각해서 생명은 실재의 일련의 수준들로 구성되어 있는데, 각 생명은 연속성과 불연속성 간의 리듬적이고 역동적인 화해를 갖고 있고, 각 생명은 그 자신의 보편적 문제[problème universel](대립하는 힘들을 위해 역동적인 평형을 발견하는 방식)를 갖고 있으며, 각 생명은 그 자신의 비밀스러운 조화들을 갖고 있다. 와랭에게 이러한 생명은 초월론적 미분법의 진정한 문제이다. 이것이 또한 들뢰즈 자신의 "영지론적"이고 "비교적인" 미분법 이론에도 해당하는지 여부를 알아내기 위해서, 그리고 그것이 브론스키 자신의 창조 이론의 잠재적 애매성들을 회피하는지 여부를 평가하기 위해서는, 브론스키와 와랭의 모든 독특함과 "때 이름" 속에서, 그들에 대한 추가적인 탐구에 비추어 『차이와 반복』 제4장에 대한 갱신된 독해가 요구된다.

미들섹스 대학

주(Notes)

1. 미분적법의 비교적 역사에서 세 번째 "스타"인 보르다스-데물랭은 마이몬과 브론스키보다 덜 중요한 역할을 가지는 것으로 보인다. 그의 기여에 관한 간결한 설명에 대해서는, 사이먼 더피, 「분열-수학: 미분/화의 논리 및 차이의 철학」, *Angelaki: Journal of the Theoretical Humanties* 9: 3(2004), pp. 199-215를 보라.

2. 이 논쟁에서 주된 지지자들은 니콜라스 랜더와 라자르 오제인 것으로 보인다. 이들은 브론스키 사망 이후의 시기에 그의 철학에 관한 소책자를 썼다.

3. 폴 차코르나크, 『엘리파스 레비: 프랑스의 오컬티즘 개혁자』(Paris: Chacornac, 1926), pp. 131-9; 크리스토퍼 매킨토시, 『엘리파스 레비와 프랑스 오컬트 부활』(London: Rider, 1972), pp. 96-100; 토머스 A. 윌리엄스, 『엘리파스 레비: 오컬티즘의 스승』(Alamama: University of Alabama, 1975), pp. 66-70. 그러나 브론스키에 관한 레비의 언급은, 그가 브론스키에게 빚고 있음을 보여주는 『고등 마술의 교리와 제사 의식』의 한 대문을 빼고는 별로 없고 또 애매모호하다. 엘리파스 레비, 『초월론적 마술』(London: Rider, 1896[1855]), pp. 52, 30-5를 참조하라. 레비는 그의 1860년에 나온 『마술의 역사』에서 브론스키에 대해 더 비판적이지만(Eliphas Levi, *History of Magic*, A.E. 웨이트 옮김(London: Rider, 1913[1860]), pp. 330-2), 그의 비판은 브론스키의 편집증적 행동에 중점을 두고 있다.

4. 크리스천 커슬레이크, 「몽유병자와 양성구유자: 들뢰즈, 요한 말파티 드 몬테레지오, 그리고 오컬티즘」, *Culture Machine*, 「구역간Interzone」 절(2007).

5. 사라네 알렉산드리앙, 『오컬트 철학의 역사』(Paris: Seghers, 1983), pp. 109-39.

6. 알렉산드리앙, 『오컬트 철학의 역사』, p. 133.

7. 알렉산드리앙, 『오컬트 철학의 역사』, p. 133.

8. 피오트르 프라가츠, 「유제프 마리아 회에네 브론스키의 생명과 노동에 관한 주석」, 폴란드 학술원 수학 협회. www.impan.gov.pl/~pragaca/download, p. 14에서 온라인으로 구해 볼 수 있다.

9. 마킬라 기카, 『서양 문명의 발달에 있어서 피타고라스 학파의 의식과 리듬』, 권1: 리듬; 권2: 의식儀式(Paris: Gallimard, 2000[1959]). 특히, 권2, pp. 151-86을 보라.

10. 프란시스 와랭, 『회에네 브론스키의 철학 전작』, 3권(Paris: Vega, 1933).

11. 프란시스 와랭, 『구체적 종합』(Paris: Chacornac, 1910[1906]), p. 33.

12. 앙리 베르그손, 『창조적 진화』(Paris: Felix Alcan, 1910), p. 26.

13. 프란시스 와랭, 『구체적 종합』, p. 131(인용자 강조).

14. 프란시스 와랭, 『구체적 종합』, p. 156.

15. 프란시스 와랭, 『구체적 종합』, p. 157.

16. 프란시스 와랭, 『구체적 종합』, p. 126.

17. 다이어그램의 재생, 그리고 브론스키와 와랭에 관한 더 상세한 설명에 대해서는, 크리스천 커슬레이크, 『들뢰즈와 내재성의 문제: 칸트, 칸트-이후의 철학, 그리고 차이의 철학』(Edinburgh: Edinburgh University Press, 2008)을 보라.

18. 프란시스 와랭, 『공간』(Paris: Fischbacher, 1907), p. 123을 보라.

19. 프란시스 와랭, 『회에네 브론스키의 형이상학적 기반』(Paris: Alcan, 1925), pp. 186-7. 와랭, 『구체적 종합』, pp. 182-5를 참조하라.

20. 와랭, 『공간』, p. 5.

21. 와랭, 『구체적 종합』, p. 130.

22. 유제프 마리아 회에네 브론스키, 『메시아 사상: 절대 철학을 구성하는, 철학과 종교의 최종 통합』(Paris: Depot des ouvrages de l'auteur, 1831), p. 71.

23. 매킨토시, 『엘리파스 레비』, pp. 97-8에 인용돼 있다.

24. 프라카츠, 「유제프 마리아 회에네 브론스키의 생명과 노동에 관한 주석」, p. 3.

25. 프라카츠, 「유제프 마리아 회에네 브론스키의 생명과 노동에 관한 주석」, p. 3.

26. Z. 잘레프스키, 「서론」, 와랭 (엮음), 『회에네 브론스키의 철학 전작』, p. iv, 알렉산드리앙, 『오컬트 철학의 역사』. p. 134를 참조하라.

27. 알렉산드리앙, 『오컬트 철학의 역사』. p. 134.

28. 그 이전에 샤를 빌러, 『칸트 철학』(1801)이 있었다. 브론스키의 저작은 J.E. 에르드만의 고전 관념론 철학의 역사인 『철학사』, 3권, W.S. 휴 옮김(London: George Allen & Unwin, 1890), 권II. p. 435에서 잠깐 거론된다.

29. 알렉산드리앙, 『오컬트 철학의 역사』, p. 135에 인용되어 있다.

30. 유제프 마리아 회에네 브론스키, 『무한 철학: 극한 산법의 형이상학에 관한 반대 성찰을 포함하며』(Paris: Depot des ouvrages de l'auteur, 1814), p. 35. 마이클 블레이, 『무한자를 추리하다: 폐쇄된 세계에서 수학적 우주로』(Chicago: University of Chicago, 1998), p. 159에 인용되어 있다.

31. 와랭, 『구체적 종합』, p. 143.

32. 와랭(엮음), 『회에네 브론스키의 철학 전작』, 권1, p. 60.

33. 질 들뢰즈, 『칸트의 비판철학』(Paris: PUF, 1963), p. 72.

34. 필립 다시, 『브론스키: 창조의 철학. 소개, 텍스트 선집』(Paris: Seghers. 1970).

35. 유제프 마리아 회에네 브론스키, 『메시아 사상의 필증성』(Paris: Depot des ouvrages de l'auteur, 1876), p. 4를 참조하라.

36. 필립 다시, 『브론스키: 창조의 철학』, p. 5.

37. 와랭, 『구체적 종합』, p. 186.

38. 와랭, 『구체적 종합』, p. 186을 참조하라.

39. 와랭, 『구체적 종합』, p. 186.

40. 브론스키, 『메시아 사상의 필증성』, p. 9. 와랭, 『구체적 종합』, p. 174에 인용되어 있다.

41. 와랭, 『회에네 브론스키의 형이상학적 기반』, p. 279. 다음을 참조하라. "질화된 것과 아직 질화되지 않은 것을 비교하는 일은 질이 우세한가 아니면 양이 우세한가, 활동이 우세한가 아니면 저항이 우세한가를 상대적으로 확립하는 데 존재하며, 그 비교의 최초의 분간되지 않는 시원적인 결과에 있어서, 강도를 구성하는 그것이다. 강도, 크기, 수는 양의 세 가지 양태이다. 그리고 우리는 양은 정신적 활동이 물질적 수동성과 최초로 접촉한 데서 결과하고, 양은 일-일체One-All의 분할적 다양체에 의존한다는 점을 안다"(와랭, 공간, p. 6).

42. 브론스키, 『메시아 사상의 필증성』, p. 1.

43. 알렉산드리앙, 『오컬트 철학의 역사』. pp. 134-5.

44. 들뢰즈는 멱급수는 미적분법에 본질적이라고 언급한다. "멱(=거듭제곱)은 상호적 규정의 형식으로, 이 형식에 따라서 가변적 크기들이 서로 간의 함수들로 간주된다. 그 결과, 미적분법은 적어도 하나가 다른 하나보다 우월한 힘을 가지는 그 크기만을 고려한다"(DR 174).

45. 칼 보이어, 『미적분법의 역사와 그 개념적 발달』(New York: Dover, 1949), p. 261.

46. 보이어, 『미적분법의 역사와 그 개념적 발달』, p. 261.

47. 브론스키, 『무한 철학』, p. 35. 블레이, 『무한자를 추리하다』, p. 158에 인용되어 있다.

48. 보이어, 『미적분법의 역사와 그 개념적 발달』, p. 262.

49. 보이어, 『미적분법의 역사와 그 개념적 발달』, p. 263.

50. 보이어, 『미적분법의 역사와 그 개념적 발달』, p. 263.

51. F.W.J. 셸링, 「슈트트가르트 강의들」, 『셸링, 관념론, 그리고 이론의 최종 단계』 T. 파우 옮김(Albany: SUNY, 1994[1810], p. 425.

52. 셸링, 「슈트트가르트 강의들」, pp. 440-1.

53. 들뢰즈는 『차이와 반복』의 한 매력적인 대문에서 셸링의 힘 이론을 넌지시 언급한다.

54. 그것은 『메시아 사상의 전조』(권1)과 『메시아적 메타정치학Metapolitique messianique』(권2, 1839년 간행)로 나뉜다.

55. 유제프 마리아 회에네 브론스키, 『메시아 사상 또는 인간 지식의 절대적 개혁』(Paris: Depot des ouvrages de l'auteur, 1847), 권1, p. 56. 오귀스트 비아트, 『낭만주의의 오컬트적 기원』, 2권(Paris: Honoré Champion, 1928), 권II. p. 254.

56. 유제프 마리아 회에네 브론스키, 『절대 철학과 그 발달에 관한 취지서』(Paris: Depot des ouvrages de l'auteur, 1878), p. 73.

57. 필립 다시, 『브론스키: 창조의 철학』, p. 5.

58. 칸트-이후의 체계 철학은 "신의 장소를 점유하려고 주장하지 않는다. … 헤겔이 절대지에 대해 말할 때, 그는 우리에게 이것은 우리에게 우리 자신의 세계와 다른 세계를 드러내지 않는다". 절대지는 여기 이 세계에 대한 지이다. 여기서 관련되는

것은 무한 지성 대신에 초월론적 상상력을 사용하는 것이다. 체계적 관점은 무한 지성 개념을 구성적 유한성에 속하는 초월론적 상상력으로 대체한다. 그토록 많은 관념들이 더 이상 보존될 수 없다. 예를 들어, 무한 지성과 의지의 상정에서 시작되어야만 이해될 수 있는 신학적 관념인 창조 관념. 만약 후자가 무너진다면, 그렇다면 창조 개념은 유지될 수 없다. 한 무신론자가 창조 관념과 분리 불가능한 개념들을 더 이상 사용할 수 없기 때문에 창조 관념을 보존한다면 이는 어리석은 일이다. 그 순간 이후, 철학은 신학과의 차이 속에서, 그리고 철학으로서, 창조 개념을 되찾을 수 없다. 질 들뢰즈, 「근거짓기란 무엇인가?」, 이는 http://www.webdeleuze.com/php/texte.php?cle=218&groupe=Conf%E9rences&langue=1, p. 40에서 온라인으로 구해 볼 수 있다.

59. 『구체적 종합』의 부록인 「브론스키의 실재 체계에 관한 설명」에서, 와랭은 이행적 요소들이 우리의 관점에서 보면 이 연구에서, 그가 "생명"이라고 부르는 것에 관한 연구에서 가장 중요하다고 언급한다. 이행적 존재Transitive Being(TE)에서, 존재는 인식의 기능을 하고, 반면에 이행적 인식Transitive knowledge(TS)에서 인식은 존재로서 현출한다(와랭, 『구체적 종합』, p. 182). 와랭은 이 두 이행적 요소들은 물질 안에서 생명을 구성하는 것에 상응한다고 진술한다. 우리는 그것들에서 보편적인 것에서 개별적인 것으로, 타자성에서 자기성으로 옮겨가는 변형의 지점, 정신적 에너지에서 물질적 형식과 운동으로 옮겨가는 변형, 마지막으로 질에서 양으로 옮겨가는 추이를 발견한다(와랭, 『구체적 종합』, p. 173).

60. 와랭, 『구체적 종합』, p. 126.

61. 와랭, 『공간』, pp. 37-8.

62. 와랭, 『구체적 종합』, p. 32.

63. 와랭, 『구체적 종합』, pp. 127, 153.

64. 와랭, 『구체적 종합』, p. 33.

65. 와랭, 『공간』, pp. 34-5.

66. 와랭, 『공간』, p. 131.

10.

베른하르트 리만

아르카디 플로트니츠키

들뢰즈의 사상에서 수학은, 미적분법과—들뢰즈에게 또한 큰 철학적 영향을 미쳤던—고트프리트 라이프니츠에 관한 천착을 시작으로, 큰 역할을 했다. 그러나 베른하르트 리만은, 특히 『시네마』 책과 같은 그의 후기 저작들에서, 그리고 펠릭스 과타리와의 공동 작업에서, 들뢰즈에게 가장 중요한 수학적 영향을 미쳤던 사람일지 모른다. 리만의 수학과 들뢰즈의 철학의 결합은 20세기 철학사에서 주목할 만한 사건이며, 그것은 수학과 들뢰즈의 사상 사이의, 그리고 수학과 철학 일반 사이의 관계에 대한 우리의 이해를 위한 큰 함축을 지닌다. 그러나 리만의 사상은 들뢰즈 사상의 수학적 계보일 뿐만 아니라 철학적 계보의 일부이기도 하다. 소크라테스-이전 철학자들과 함께 철학에서 태동한 이후 수학은 큰 철학적 잠재력을 갖고 있다. 비록 이러한 잠재력이 언제나 수학의 학제적 실천에서 사용되는 것은 아닐지라도 말이다. 우선 리만의 저작은 후기 칸트주의 철학으로부터 확장하는 것과 같은 종류의 철학적 관념들을 부분적으로 그의 수학적 사유와 융합함으로써 이러한 잠재력을 탐구하고 창조하는 가장 훌륭한 사례들 중 하나를 나타낸다. 나는, 들뢰즈는 그 자신의 철학 개념들을 건립할 때 리만의 수학과 철학 개념을 이용한다고 주장하고자 한다. 따라서 리만과 들뢰즈의 관계는 수학과 철학의 주목할 만한 결합을 나타낼 뿐만 아니라, 들뢰즈와 과타리가 『철학이란 무엇인가?』에서 간취하듯이, 또한 철학적 우정을 확립한다(WP 4-5, 9-10).

리만의 수학과 철학

베른하르트 리만(1826-66)은 19세기의 가장 위대한 수학자 중 한 사람이었고 지금까지 있어 왔던 가장 위대한 수학자 중의 한 사람이었다. 그의 저작은 그 이전의 아이작 뉴턴 경, 칼 프리드리히 가우스(리만의 스승), 에바리스트 갈루아, 그리고 그 이후의 (현대의 가장 위대한 수학자들로서, 리만과 함께 자주 거론되는) 앙리 푸앵카레와 데이비드 힐베르트와 같은 전설적인 인물들과 어깨를 나란히 하고, 심지어 더 뛰어나기도 하다. 더구나 리만의 사상들은 20세기와 21세기의 수학에 분명 (이 점에서 심지어 그의 주 경쟁자들인 푸앵카레와 힐베르트에 비교되기까지 하는) 가장 큰 영향을 미쳤다. 또한 리만은 아마도 강력한 철학적 영향을 미쳐 왔고 지금까지도 계속 그 영향을 행사하는 사상을 편 피타고라스와 유클리드와 같은 다른 수학자들에 필적하는 중요한 철학적 기여를 했다. 특히 우리는 들뢰즈에게 미친 리만의 비유클리드주의의 중요성을 간취할 수 있다. 리만의 철학적 기여에 관한 이러한 주장은 다소 비정통적이며 단서를 요구한다.

비록 그의 비상한 수학적 역량들이 일찍부터 분명하게 드러나긴 했지만, 리만은 루터교 목사의 집안에서 태어나서 처음에 어학과 신학 훈련을 받았다. 후에 그는 후기 칸트주의의 독일 철학에 매우 정통했다. 이러한 신학적 철학적 (이른 시기의 어학적) 관심들은 그의 수학적 사상들에 영향을 미쳤다. 그러나 리만은, 가령 대체로 철학과 수학을 별개의 탐구 분야들로 실천했던 데카르트나 라이프니츠와 달리 철학자가 아니었다. 비록 그들의 사상이 두 분야 사이의 복잡한 교류에 의해 형성되었을지라도 말이다. 리만의 철학 개념들은 주로 그의 수학적 개념들을 통하여 전개되었다. 물론 이 점은 또한 데카르트와 라이프니츠의 철학 개념에 대해서도, 혹은 위에 거론된 사람들과 같은 다른 수학자들의 철학 개념에 대해서도 말해질 수 있다. 하지만 수학의 이러한 철학적 잠재력을 계발하고 사용하기 위한 리만의 역량은 특히 주목할 만하며, 이 점에서 들뢰즈에게 그의 중요성은, 비록 라이프니츠, 갈루아, 닐스 헨릭 아벨, 칼 바이어슈트라스가 들뢰즈의 저작에 유사한 기여를 할지라도, 다른 수학자들과 비교 불가능하다.

자신의 짧은 수학적 학문 도정에서(그는 마흔의 나이에 폐병으로 죽었다), 리만은 현대 수학의 대부분의 영역들—대수학, 해석학, 기하학, 위상학, 수 이론—에 근본적인 기여를 했다. 이 시론의 더 제한적인 철학적 관점에서는 이러한 기여들을 공정하게 평가한다는 것은 심지어 불가능하기까지 할 것이다. 그러나 우리는 이 관점에서, 그리고 들뢰즈 철학에 미친 그의 중요성과 관련하여 리만의 가장 위대한 기여들은, 첫째로 그의 공간성 개념, 그리고 둘째로 외관상 단일한 분야에 속하는 문제들에 접근하는 경우에 상이한 분야들을 결합하는 그의 역량이라고 주장할 수도 있겠다. 수학이든 철학이든 내가 비유클리드주의라고 부르는 것은, 이 두 현상에 의해 정의되는 리만의 사상과 실천을 본으로 삼아 착상된 것이다.

리만의 다중성manifoldness으로서의 공간성 개념은 어떤 공간들을 국소적 공간들의 패치워크 같은 조합들로 정의하는 일을 가능하게 한다. 국소적 공간들의 이러한 조합들에는, 일반적으로, 이 국소적 하위 공간들subspaces이 소유하는 것과 같은 유형의 구조를 소유하는 포괄적 overall 공간이 없고, 그러면서 이 국소적 공간들은 또한 서로 간에 다를 수도 있다. 이러한 성질들은 리만의 공간에 이질성을 부여하지만, 그러나 이 공간은 국소적 공간들 사이의 중첩에 의해 상호 연결된다. 특히, 이 국소적 공간들은 무한소적으로 유클리드적인 것으로 간주될 수 있는 반면, 포괄적 공간은, 일반적으로, 유클리드적 공간이 아니다. 포괄적 공간은 전역적global 규정이 주어질 수도 있다. 특히, 그것은 포괄적인 계량적 구조가 주어질 수도 있는데 이러한 구조는 국소적으로 변이하는 점들 사이의 거리를 측정하기 위한 공식에 의해 규정되고, 또 유클리드 공간 안의 거리들을 측정하기 위한 공식에로, 무한소적으로(즉 문제의 두 점들이 서로 가까이에 있을 때), 전환하는 공식에 의해 규정된다. 그런 공간은 가령 일종의 리만 다중체(=다양체)인 2차원적 구면의 경우처럼 불변적 곡률을 가질 수 있거나, 혹은 구불구불한 언덕이 있는 풍경과 유사한 가변적 곡률로서의 공간일 수 있다. 우리가 일상적으로 지각하는 2차원적 면 혹은 3차원적 공간과 같은, 주어진 차원의 유클리드적 공간은 다중성의 사소한 사례들일 것이다. 이러한 다중성 안에 포함된 국소적 공간들, 그리고 전역적 공간들은 둘 모두 유클리드적이다. 현대 수학은 무한-차원의 공간들을 포함하는, 유클리드적 공간이든 리만적 공간이든, 모든 수의 차원들의 공간들을 고려하며 리만 또한 그런 공간들을 고려했다.

비유클리드주의의 두 번째 주요 구성요소들은, 단일한 분야 내에서 정의되는 대상들이나 정식화된 문제들에 접근할 때, 외관상 단일한 분야에 속하는 문제들에 접근할 때—수학적이든 철학적이든—상이한 분야들을 결합하는 이론적 실행에 의해 정의된다. 리만의 다중체 개념은 대수학, 해석학, 기하학을 결합함으로써 전개되었고, 따라서 그가 그의 저작 전반에 걸쳐서 배치하고 확장했던, 다양적인multiple 혹은 다중적인manifold—이질적이지만 상호 작용적인—이론적 실천에 의해서 전개되었다. 수학적 문제들에 대한 리만의 다-분야적 접근법은 새로운 유형의 수학적 실천이 흥기하는 예를 보여주는데, 이러한 수학적 실천은, 단일한 개념이나 문제를 다룰 때 이 다양성multiplicity을 지배하는 전체성이나 일자성이 필연적으로 존재함이 없이, 상이한 수학적 분야들—기하학, 위상학, 대수학, 해석학 등등—의 상호 작용적이지만 이질적인 다중적 작동들에 의해 정의된다. 따라서 우리는 실천의 "공간"에서, 그리고 다중성으로서의 리만의 공간성 개념에서 공유되는 특징들을 쉽게 인지할 수 있으며, 리만 사유의 어떤 측면들은 두 경우에 다 명백히 나타난다. 리만의 공간성 개념을 그의 실천에로 단순히 사상寫像하는 것은 어려울 터이지만 이 유형의 공간적 사유와 이 유형의 실천은 자주 손을 잡고 가고 다양하게 중첩되며, 따라서 리만의 그것과 같은 수학적 사유이든, 혹은 들뢰즈의 그것과 같은 철학적 사유이든, 비-유클리드적 사유 안에서 부분적으로 서로를 사상할 수 있다.

이렇게 이해될 때, 수학적인 비-유클리드주의는 "비-유클리드적"이라는 용어가 발원한 대안적인 기하학들을 가져온 사상들—1800년대 초에 이 사상들의 발견은 이 맥락에서 중요했다—너머 멀리 뻗어나간다. 리만은 그런 기하학의 한 유형—양의 곡률을 가진 기하학—을 발견했다. 또한 음의 곡률을 가진 기하학이 존재하며, 유클리드 기하학 그 자체는 곡률 영을 가진다. 즉 평면적이다. 리만의 다양체 개념은 그로 하여금 단일한 더 일반적인 개념 내에서 유클리드 기하학과 비유클리드 기하학을 포함하게 해주었으며, 또한 그 개념이 일반 상대성으로 알려진 아인슈타인의 비뉴턴적 중력 이론을 위한 수학적 기초로서 일조하는 것을 가능하게 했다. 우리는 고대 그리스 수학에서, 특히 산술학과 기하학 사이에서 비유클리드적인 다원적 실천의 어떤 구성요소들을 발견한다. 실로, 해결되지 않은 이 관계의 복잡성이 그후 수학을 계속 따라다녔으며, 대수학이 결국 산술학을 대체했다. 리만의 사상과 그의 다중체 개념은 이러한 복잡성을 반영한다. 그럼에도 불구하고 1800년대 초에, 대략 가우스(리만의 스승이자 또한 이 면에서 선구자)의 시대에 대규모의 다원적 수학이 폭발적으로 출현한 일은 수학사에서 가장 의미심장한 발전 중 하나였다. 우리는 이 수학이 19세기 내내 작동하고 있음을 발견하며, 그 후 20세기와 21세기에서 유효성이 계속 증가하고 있다.[1]

리만의 사상은, 새로운 개념들의 발명, 혹은 심지어 "언제나 새로운" 개념들의 발명이라는 들뢰즈와 과타리의 의미에서 철학 용어를 사용하면, 수학에서뿐만 아니라 또한 철학에서도 비유클리드주의의 가장 위대한 초기 현출 중 하나이다(WP 5). 이러한 의미는 또한 철학적 개념 그 자체에 대한 상이한 개념에 의해서 정의된다. 철학적 개념은 개별자들로부터 일반화하는 것에 의해서, 혹은 "어떠한 일반적이거나 추상적인 관념"에 의해서도 확립되는 존재entity가 아니라(WP 11-12, 24), 다층의 집성체적 존재이다. "단순 개념은 존재하지 않는다. 모든 개념은 구성요소들을 가지며, 구성요소들에 의해 정의된다. 그러므로 개념은 결합체[chiffre]를 가진다. 개념은 다양체[다중체(다중성)manifold (ness)?]이다. … 오직 한 구성요소만 가지는 개념은 존재하지 않는다"(WP 16). 각 개념은 통일체를 형성하거나, 혹은 들뢰즈 자신의 개념들이 자주 그러듯이, 설사 상호 작용적일지라도, 통일 불가능한 더 이질적인 건축물을 가지는, (전통적 의미의) 개념, 인물, 은유 등등의 다-구성요소적인multi-component 집성체이다. 개념에 대한 들뢰즈와 과타리의 개념의 건축물은, 철학적 개념들의 발명 그것을 공간적이고 부분적으로 리만적인 개념—내재 면—에 연계시킴으로써, 따라서 주어진 개념의 기능 공간을 리만의 공간으로 만듦으로써, 그 자체 부분적으로 다중성으로서의 리만의 공간성에 의해 정의된다. 개념에 대한 이러한 개념은 들뢰즈의 초기 텍스트들로 거슬러 올라가 확인될 수 있으며, 개념들을 창조하는 활동은 들뢰즈의 작업을 정의하는 것으로 간주될 수 있겠다. 마찬가지로 중요하게, 각 개념은 또한 들뢰즈 철학의 또 다른 특징인 문제로 간주된다. 『차이와 반복』에서 『철학이란 무엇인가?』에 이르기까지 철학적 사유는, 수학적 모델에 의거할 때, 정리적인 것(문제를 제기함으로써가 아니라, 유클리드의 『원론』의 방식으로 규정된 규칙들에 따라서 공리들로부터 명제들을 도출함으로써 진행하는 사유)이 아니라 문제적인 것(문제들을 제기함으로써 정의되는 사유)으로 간주된다. 『차이와 반복』은 아벨과 갈루아의 수학적 혹은, 또 말하지만, 전형적 예들로서의 수학적-철학적 실천에 호소하며, "이념들은 본질적으로 '문제적'이라는 점"을, 반면에 "역으로 문제들은 이념들이라는 점"을 진술한다(DR 168).

리만의 그것과 같은, 수학적 사상의 어떤 형식들은 들뢰즈와 과타리의 철학적 용어로 간주될 수도 있다. 즉 들뢰즈와 과타리가 사실상 그렇게 하듯이, 우리는 철학적 사유와 철학적 개념들 그 자체에 대한 그들의 정의를 수학적 사유로 확장할 수 있다. 비록, 내가 곧 논할 터이지만, 그들이 또한 수학과 철학 간의 학제간적 차이를 올바르게 강조힐지라도 말이다(WP117-18). 들뢰즈에 따르면,

두 종류의 학문 개념이 존재한다. 비록 그것들이 특별한 경우에 혼합되긴 하지만, 등식에 의해 정의되는, 양적인, 본성상 정밀한 개념들, 바로 그 의미가 정밀성에 놓여 있는 개념들이 존재한다. 철학자나 작가는 이 개념들을 오직 은유적으로만 사용할 수 있는데, 그것은 매우 그릇된 일이다. 왜냐하면 이 개념들은 정밀한 학문에 속하기 때문이다. 하지만 또한 본질적으로 부정밀하지만 완전히 엄밀한 개념들이 존재한다. 과학자들, 철학자들, 예술가들에게 모두 속하기 때문에 과학자들도 이 개념 없이는 지낼 수 없다. 이 개념들은 직접적으로 과학적이지 않은 방식으로 엄밀한 것으로 만들어져야 한다. 그리하여 과학자가 이것을 어떻게 해서든 행할 때 그는 또한 철학자, 예술가가 된다. 이러한 종류의 개념은 어떤 것이 실종되어서가 아니라 그 본성과 내용 때문에 특정적이지 않다. (N 29, 번역 수정)

따라서 수학적 혹은 과학적 대상과 상응하는 철학적 개념은 또한, 이제 들뢰즈와 과타리가 정의하는 철학으로서 작용하는 수학과 과학에 의해 발견될 수 있을 것이며, 따라서 그들이 주장하는 바와 같이 "대상—가령 기하학적 공간—이 함수들에 의해 과학적으로 구축될 때, 함수 안에 결코 주어지지 않는 이 대상의 철학적 개념이 여전히 발견되어야만 한다"(WP 117). 다른 한편 수학, 물리학, 철학 중에서 언제, 어떻게, 어떤 발명의 질서 속에서, 가령 유클리드적이든 리만적이든, 주어진 철학적 공간 개념이 출현했는지는 복잡한 문제이다. 특히, 비록 이전의 라이프니츠와 이후의 아인슈타인이 양 부문에서 의

미심장하게 기여했을지라도, 리만이 자신의 다양체로서의 공간 개념이 갖는 수학적인(기하학적이고 위상학적인) 많은 주요한 특질들에 대해 우선적으로 책임이 있을 뿐만 아니라, 또한 이 개념의 많은 주요한 철학적 측면들에 대해서도 책임이 있다고 간주될 수도 있다. 과학적 개념들의 수적이거나 양적인 본성에 대한 들뢰즈의 호소는 수학적 공간성 대 철학적 공간성의 물음, 리만과 베르그손을 마음속에 품고서 이루어졌을 수도 있다. 들뢰즈와 과타리는『천 개의 고원』에서 매끄러운 공간과 홈 패인 공간의 (피에르 불레즈에서 기인하는) 병치와 관련하여 거리의 (질적인) 개념과 크기의 (양적인) 개념을 병치한다(TP 483-4). 리만의 다양체 개념을 들뢰즈와 과타리가 사용하는 일과 유사하게 베르그손의 지속은 리만의 "계량적 다양체 혹은 크기의 다양체"로부터 부정밀하고 질적인 개념을 부분적으로 증류해낸 것으로 간주될 수도 있다(TP 483; 번역 수정).**2**

그러므로 들뢰즈는 철학 안에서 수학과 과학을 사용하는 일을 조심스러워 하면서도, 수학과 과학을 사용하는 일을 옹호하기도 한다. 그가 (베르그손의 철학에 의해 인도되는)『시네마 1』에서처럼—다음의 진술이 또한 가리키기도 하는—리만의 공간 관념을 사용하는『시네마 2』에서 말하는 바와 같이,

우리는 과학적 명제들을 그것들 자신의 영역 바깥에서 인용하는 위험을 깨닫고 있다. 그것은 자의적인 은유 혹은 강제된 응용의 위험이다. 하지만 아마도 이러한 위험들은, 만약 우리가 우리 자신을 과학적 연산자들로부터 그 자체 비과학적 영역들을 지시하는 특수한 개념화 가능한 문자를 취하는 데에 제한한다면, 그리고 이 문자를 응용하거나 혹은 [단순히] 은유로 만들지 않고 과학과 수렴한다면, 회피될 것이다. (TI 129)

들뢰즈와 과타리의 철학과 수학

『철학이란 무엇인가?』에서 들뢰즈와 과타리는 사유를 카오스에 마주치는 사유로서 정의한다. 그들에게 카오스는 사유의 위대한 적이자 친구, 그리고 억견 곧 독사doxa에 대한 한결 더 큰 투쟁 속에 있는 사유의 필수불가결한 동지이다(WP 201-2). 수학 또는 과학, 철학, 예술은 이러한 마주침confrontation 속에 있는, 사유의 특수한 형식들이다(WP 118). 카오스 그 자체에게 또한 특수한 개념이 주어진다.

> 카오스는 무질서에 의해서가 아니라 무한 속도에 의해서 정의된다. 이 무한 속도와 더불어 카오스 안에서 형태를 갖추는 모든 형식은 사라진다. 카오스는 무가 아니라, 모든 가능한 입자들을 담고 있고 모든 가능한 형식들을 이끌어내는 잠재적인 것인 공허이다. 이 공허 안에서 이러한 입자들과 형식들은 솟아나고 결국 견실성이나 준거 없이, 귀결 없이, 즉각적으로 사라질 뿐이다. (WP 118)

카오스와의 마주침으로서의, 철학적 사유와—수학적 사유를 포함하는—과학적 사유 사이의 차이는 각각 개념과 함수function로 자신들을 규정하는 것에 의해 정의된다. (수학적으로 함수들은 특정 규칙들에 따라 수들이나 여타의 존재들을 서로 간에 엄격하게 관련시킨다.) 들뢰즈와 과타리에 따르면,

> 과학의 대상은 개념들이 아니라 담론적 체계들 안의 명제들로서 제시되는 함수들이다. 함수들의 요소들은 함수소들functives이라고 불린다. 과학적 관념은 개념들이 아니라 함수들 혹은 명제들에 의해 정의된다. 이것은

수학과 생물학 각각에 의해 행해지는 사용으로부터 이미 간파될 수 있는 바의, 많은 측면들을 가지는 매우 복잡한 관념이다. 그럼에도 불구하고 과학이 반영하고 소통할 수 있는 것을 가능하게 하는 것은 이러한 함수 관념이다. 과학은 이러한 과제들을 위해 철학을 필요로 하지 않는다. 다른 한편으로 대상—예를 들어 기하학적 공간—이 함수들에 의해 과학적으로 구축될 때, 함수 안에서는 결코 주어지지 않는 이 대상의 철학적 개념이 여전히 발견되지 않으면 안 된다. 더욱이 개념은 모든 가능한 함수소들을 자신의 구성요소들로 간주할 수도 있는데, 이렇게 해서 이 함수소들은 최소한의 과학적 가치도 갖지 않지만 개념과 함수 사이의 본성상의 차이들을 나타내는 목적을 갖는다. … 철학은 잠재적인 것에다 그것에 특유한 견실성을 부여함으로써 견실성을 얻는 동안 무한 속도를 보존하는 법을 알기를 원한다. 철학적인 체(=여과기)는, 카오스를 절단하는 내재 면으로서, 사유의 무한 운동들을 선별하고, 사유만큼 빠르게 가는 견실한 입자들처럼 형성된 개념들로 가득 차 있다. 과학은 완전히 다른, 거의 반대 방식으로 카오스에 접근한다. 즉 과학은 잠재적인 것을 현실화할 수 있는 준거reference를 얻기 위하여 무한하고 무한한 속도를 포기한다. 무한한 것을 보존함으로써, 철학은 개념들을 통해 잠재적인 것에다 견실성을 부여한다. 무한한 것을 포기함으로써, 과학은 함수들을 통해 잠재적인 것에다, 잠재적인 것을 현실화하는 준거를 부여한다. 철학은 내재와 견실 면과 더불어 진행된다. 과학은 준거 면과 더불어 진행된다. 과학의 경우에 그것은 정지 화면freeze-frame(=스톱 모션)과 같다. 그것은 환상적인 감속slowing-down이다. (WP 117-18)

따라서 철학의 사유는 사유의 무한 속도를 가지고 내재 면을 횡단하는 개념을 고수하고 이 면에다 견실성을 부여하려고 노력한다. 내재 면은 그 자체 복합적인 다-구성요소적인 철학 개념이다(WP 35-

61). 여기서 주안점은 철학과 대조적으로 과학은 슬로 모션이나 스톱 모션으로 키오스를 "동결시킨다"—때로, 특히 물리학에서, 중시되는 물리적 과정들의 사진을 말 그대로 찍는다—는 점이다. 그렇게 함으로써 과학은 자신이 과학으로서 요구하는 준거 면 혹은 등위 면을 창조한다.

그러나 철학과 과학의 차이, 혹은 철학/과학과 예술의 차이는 환원 불가능해 보이는 반면, 그것들 사이의 상호 작용 또한 불가피해 보인다. 따라서 철학의 사유는 때로 잠재적 개념을 슬로 모션화하거나 스톱 모션화함으로써 고수할 수도 있다. 역으로 과학은, 수학적 대상이나 과학적 대상에 상응하는 철학적 개념을 창조하기 위해서 혹은 이러한 대상을 창조하기 위해서, 때로 내재 면 위에서 (그리고 내재 면을 창조함으로써) 철학적 무한 속도로 진행된다. 철학과 과학은, 들뢰즈와 과타리가 『철학이란 무엇인가?』에서 철학과 과학의 차이에 대한 논의를 마무리할 때 말하듯이 서로를 필요로 하는 것으로 보인다. 그들에 따르면,

만약 철학이 자신과 동시대의 과학을 근본적으로 필요로 한다면, 이는 과학이 개념들의 가능성과 부단히 교차하기 때문이고, 개념들은 예도 응용도 아니고 심지어 반성도 아닌, 과학에 대한 암시를 필연적으로 수반하기 때문이다. 역으로 개념들의 함수—고유하게 과학적인 함수—가 존재하는가? 이는 과학이, 우리가 믿고 있듯이, 철학을 동등하게 또 강도적으로 필요로 하는지 여부를 묻고 있는 것과 마찬가지다. 하지만 오직 과학자들만이 그 물음에 대답할 수 있다. (WP 217)

적어도 만약 우리가 훌륭한 과학자들에게 묻는다면 대답은 긍정적

이라고 나는 주장하고 싶다. 들뢰즈와 과타리는 그들의 책을 마무리할 때, "로트망은 수학이 잠재적 개념들을 현실화하는 한에서 수학에 지지를 표한다고 하는데" 그들도 과학이 적어도 "개념들의 함수들"을 창조하려고 "노력한다"고 언급함으로써 그 못지않은 것을 제안한다 (WP 217).

리만의 다양체, 그리고 들뢰즈와 과타리

리만에 따르면 다양체의 이념들과 리만 기하학을 소개하는 그의 대학교수 자격 취득 강의, 「기하학의 기초에 놓여 있는 가설들에 관하여」에서,

크기 개념들은 상이한 종별화들을 허용하는, 선행하는 일반 개념이 존재하는 곳에서 오직 가능할 따름이다. 이러한 종별화에는 하나에서 다른하나로 이르는 연속적인 길이 실존하는가 여부에 따라서, 그것들은 연속적 다양체 혹은 이산적 다양체[Mannigfaltigkeit]를 형성한다. 개체적 종별화는 첫번째 경우에서는 다양체의 점들이라 불리고, 두 번째 경우에서는 다양체의 요소들이라 불린다. 이산적 다양체를 형성하는 종별화를 가지는 개념들은 매우 흔해서, 사물들이 주어지는 적어도 세련된 언어에서는 그 사물들이 포함되는 개념을 발견하는 일이 언제나 가능하다. … 다른 한편으로 연속적 다양체를 이루는 종별화를 가지는 개념들을 형성하기 위한 기회들은 매우 드물어서, 다중적인 확장된 다양체를 형성하는 종별화를 가지는 유일한 단순 개념들은 지각된 대상들과 색깔들의 위치들이다. 이 개념들의 창조와 발달을 위한 더 빈번한 기회들은 상위의 수학에서 최초로 일어

난다.**3**

    따라서 리만은 다양체를 '존재론적으로 미리-주어진, 점들 및 점들 간의 관계들의 회집들, '집합들'에 의해서가 아니라 개념들에 의해서 정의한다. 각 개념은 이산적 다양체 대 연속적 다양체와 같은 특수한 규정 양식을 가지는데, 점들과 같은 다양체의 요소들은 이 규정을 통해 관련된다. 따라서 사유함, 특히 계산적이거나 알고리듬적 접근법에 관한 개념 안에서 사유함에다—이 경우에 강의 전체 안에 오직 하나(!)의 공식을 포함하는 지점에다—본질적 우선권을 부여하는 것을 넘어 리만의 수학적 사유함은 구조적으로 개념적이다. 이는 리만의 수학적 사유함을 들뢰즈와 과타리의 의미에서 철학적 사유함에 가까이 데리고 간다. 리만의 수학은 리만에 후속하는 집합론적 수학에 반하는 것으로서, 혹은 리만에 선행하는 공식들의 수학에 반하는 것으로서, 특수하게 규정된 개념들에 기초해 있다.**4** 연속적 다양체와 이산적 다양체는 상이한 개념적 규정들이 주어지며, 따라서 사실상 상이한 개념들이 되는데, 이는 들뢰즈와 과타리가 주목하는 논점이다 (TP 32). 리만이 연속적 다양체의 경우에만 "점들"에 대해 말하고, 가장 단순한 구성적 존재들entities조차 다양체들로 이루어지므로 이산적 다양체의 경우에는 "요소들"이라는 용어를 사용한다는 것은 의미심장하며, 두 유형의 다양체 사이에 개념적 차이를 보탠다. 이는 점으로서의 점들은 선이나 면과 같은 현존해 있거나 함축돼 있는 어떤 연속적 공간이나 환경 또는 배경과 관련해서만 그러한 것으로 현상적으로 나타나기 때문에 기민한 통찰력이 있는 것이다. 리만은 공간 개념을 연속적 다양체로서 우선적으로 추구하는데, 이를 위해 이 용어의 현대 수학적 용법이 우선적으로 또한 확보되어 있다.**5** 내가 말한 바와 같이 다양체는 국소적 공간들의 집성체로 정의되는데, 이러한 집성체는, 유클리드 공간 그 자체의 경우를 제외하고는 전역적인 유클리드 지도, 혹은 전체를 위한 단일한 좌표 체계를 허용함이 없이, 유클리드 혹은 데카르트의 (평면적) 지도에 의해 무한소적으로 사상寫像될 수 있다. 달리 말해서 모든 점은 유클리드적인 것으로 취급될 수 있는 작은 이웃을 가지는 반면, 전체 일반으로서의 다양체는 그럴 수 없다.

위에서 언급된 바와 같이 공간에 관한 리만 성찰의 출발점 중의 하나는 비유클리드 기하학의 가능성이었으며, 이는 또한 그를 새로운 유형의 특수한 비유클리드 기하학, 즉 양 곡률의 기하학으로 이끌었다. 이는 또한 가장 짧은 평행선, 즉 이른바 주어진 측지선 바깥에 있는 점을 횡단하는 측지선이 존재하지 않는다는 점을 의미한다. 측지선이 직선인 유클리드 기하학에서는 오직 하나의 그러한 평행선이 존재하지만 음 곡률의 기하학, 혹은 가우스, 야노시 보여이, 니콜라이 I. 로바쳅스키의 쌍곡 기하학—발견된 것 중 최초의 비유클리드 기하학—에서는 무한히 많은 그러한 선들이 존재한다. 리만 기하학은 이 모든 것을 특수한 사례들로 포함한다. 비유클리드 기하학의 발견은 수학사와 지성사에 의미심장한 일이었지만, 또한 이는 돌이켜보면, 헤르만 바일이 주장한 바와 같이 리만이 공간성의 본성에 대해 철저히 재고하기 위한 "다소 우연적인 출발점"이었다.[6] 리만 기하학은 (연속적) 다양체의 기하학으로, 유클리드 공간과 비유클리드 공간 둘 모두를 공간에 대한 이러한 더 일반적인 이해의 오직 특수한 사례들로 만드는 접근법이다. 바일은 리만 기하학은 "진정한 기하학"이라고 말한다. "이 이론은 … 진정한 기하학, 공간 그 자체의 이론이며, 한낱 유클리드 기하학과 같은 것이 아니라 기하학의 이름 아래 행해져 온 다른 거의 모든 것의 이론, 공간 안에서 가능한 배열들의 이론이다."[7]

들뢰즈와 과타리는 이에 동의하고 더 나아간 입장을 취하면서 또한, 리만은 새로운 철학적 개념성을 창조한 공이 있다고 여긴다. "수학자 리만이 다양적인 것the multiple[다중적인 것manifold]에서 술어적 상태를 근절하고 명사 '다양체[multiplicité]'로 만들었을 때 그것은 결정적인 사건이었다."(TP 482-3; 번역 수정). 그들은 또한 리만이 논하는 이산적 다양체의 역할을 인정하고, 수학 등에서 논하는 다공성 공간들과 같은 여타의 공간들의 중요성을 인정한다. 로트망을 인용하면서 그들은 (연속적) 다양체들로서의 리만 공간들을 다음과 같이 기술한다.

"리만의 공간들은 어떠한 종류의 동질성도 결여하고 있다. 각 공간은 두 무한히 근접한 점들 사이의 거리의 제곱을 정의하는 표현 형식이라는 특징을 가진다. … 리만 공간 안의 두 이웃하는 관찰자들은 자신들의 직접적 이웃 안에 점들을 위치시킬 수 있지만, 자신들의 공간들을 새로운 약정 없이는 서로와 관련하여 위치시킬 수 없다는 결론이 따라나온다. 그러므로 각 근방은 유클리드 공간의 단편과 유사하지만, 한 근방과 그 옆의 근방 간의 연관은 정의되지 않고 무한한 수의 방식으로 야기될 수 있다. 따라서 가장 일반적인 수준의 리만 공간은, 병치되지만 서로에게 부착되지 않는 조각들의 무정형한 합집으로 제시될 수 있다." 계량적 체계에 조회하지 않고, 일단의 이웃들의 빈도의 조건들에 의해, 더 정확히 말해 축적의 조건들에 의해 이러한 다양체를 정의하는 일이 가능하다. 이러한 조건들은 저 규정적 계량 공간들 및 이 공간들의 단절과는 완전히 상이하다(비록 두 종류의 공간 간의 관계가 필연적으로 결과할지라도). 요컨대 만약 우리가 로트망의 말끔한 정의를 따라간다면, 리만 공간은 순수 패치워크(=쪽모이)이다. 리만 공간은 연결들, 혹은 촉각적 관계들을 가진다. 리만 공간은, 비록 계량 공간으로 번역될 수 있을지라도, 다른 곳에서 발견되지 않는 리듬적 가치를 가진다.

리만 공간은, 매끄러운 공간이 무정형하고 동질적이지 않는 한에서, 이질적이고, 연속적 변이 속에 있는 매끄러운 공간이다. 따라서 우리는 매끄러운 공간 일반에 대한 두 가지 실증적인 특징을 정의할 수 있다. 즉 하나는 크기와 무관하게 봉인된 거리 혹은 정렬된 차이들이 속하는, 서로 간에 부분이 되는 규정들이 존재할 때이고, 다른 하나는 서로 간에 부분이 될 수 없지만 빈도나 축적의 과정들에 의해 연결되는 규정들이, 계량과 무관하게, 일어날 때이다. 이것들이 매끄러운 공간의 노모스의 두 측면들이다. (TP 485; 번역 수정)

들뢰즈에게 (그리고 『푸코』에서 들뢰즈가 이 관점에서 논하는 푸코에게) 매우 중요한 지도제작법적 용어와 개념은 우연한 것이 아니며, 그 자체의 역사를 갖고 있다. 가우스는 토지 측량 작업을 통하여, 리만에 의해 확장된 그의 사상에 도달했다. 여기서 그 개요가 서술된 공간적 건축술은 다양체가 아닌 공간들로까지, 즉 무한소적으로 유클리드적이 아닌 국소적 공간들의 패치워크로서 정의되는 공간들로까지 일반화될 수 있다. 이러한 국소적 공간들은 『시네마 1』의 언어로 말하자면, "불특정적 공간any spaces whatever"일 수 있을 것이다. 그러나 이러한 건축술은 그것이 부분적으로, 역사적으로 전개된 리만 다양체에 내재한다. 왜냐하면 다양체는 우선 한낱 기하학적 (계량적) 공간들이 아니라 위상학적(비-계량적)이기 때문이다. (들뢰즈와 과타리의 의미에서) 매끄러운 공간으로서의 리만 공간들의 기능은 기하학 혹은 "계량"(이 언어 또한 수학적이다)에 의해서가 아니라 위상학에 의해서, (불레즈 그리고 들뢰즈와 과타리의 언어인) '리듬적' 고유성질들에 의해서 정의된다(TP 485). 측량과 관계가 있는 기하학geometry(geo-metry)과 대조적으로 위상학은 측량과 계측을 무시하고 오직 공간으로서의 공간의 구조만을 다루고, 도형의 본질적 형태들만을 다룬다. 우리가 주어진 도형을 연속적으로 왜곡시키는 한에서(즉 이전에 연결된 점들을 분리하지 않고, 또 역으로 이전에 분리된 점들을 연결하지 않는 한에서), 그 결과로 따르는 도형은 동일한 것으로 간주된다. 따라서 어떤 크기이든 얼마나 (가령, 배와 같은 형태로) 왜곡되었든 모든 구체는 동등하다. 그러나 그것들은 원환체와는 위상학적으로 다르다. 구체와 원환체는 연결된 점들을 분리하지 않고서는, 혹은 분리된 점들을 결합하지 않고서는 서로 간에 변환될 수 없다. 원환체의 구멍이 이것을 불가능하게 만드는 것이다. 그러한 질적인 위상학적 고유성질들은 이 공간들과 연합된 어떤 대수학적이고 수적인 고유성질들과 관련될 수 있는데, 위상학은 리만의 사상들에 대한 베르그손이나 들뢰즈의 질적인 사용이 보여주는 바와 같이, 이러한 고유성질들이 필연적이지 않은 철학과는 달리 실로 수학의 한 분야로서 이러한 고유성질들을 행하지 않으면 안 된다. 라이프니츠가 예기한 대로 이 사상들은—리만 외에—가우스, 푸앵카레 등에 의해 19세기에 점점 발달되어, 20세기 무렵에는 위상학이 수학의 한 분야로서 확립되는 데 이바지했다.

위상학적 공간들은 전역적이든 국소적이든 어떠한 계량적 구조나 홈을 가질 필요가 없다. 전역적인 유클리드적/데카르트적 홈은 리만 공간에서는 (또 말하지만, 유클리드 공간의 홈과 같은 특수한 경우를 제외하고는) 발견되지 않는 반면, 국소적 공간들은 허용되지만 요구되지는 않는다. 이런 이유로 들뢰즈와 과타리는 리만 공간은 "비록 그것이 계량 공간으로 번역될 수 있을지라도, 어떤 곳에서도 발견되지 않는 리듬적 가치들을 가지며", 따라서 리만 공간에서는 "두 종류의 공간의 관계가 결과한다"고 위에서 말한 바 있다(TP 485). 『천 개의 고원』에서 행하는 공간에 관한 논의를 고려할 때, 우리는 매끄러운(유목적) 공간들은 그것들이 홈 패인 공간들로부터 동시적으로 생겨날 때에도(탈영토화) 거의 불가피하게 국소적 홈들을 일으킨다는 것(재영토화)을 알 수 있다—달리 말해 매끄러운 공간들은 다시 매끄러운 공간과 (국소적으로) 홈 패인 공간 둘 모두로서의 리만 공간들을 가져온다. (홈 패인 공간의 로고스에 반하는 것으로서의) 매끄러운 공간의 노모스는 유클리드적 홈들에 의해 정의되는 리만 공간들이 아니라 위상학적 공간들을 정의하는, 이웃들 사이의 연결성의 리듬적 상호 작용에 의해 정의된다. 따라서 "가장 일반적 수준의 리만 공간"의 기저에 놓여 있는 수학적 모델, 그리고 더 나아가 들뢰즈와 과타리의 매끄러운 공간—그러나 이 공간은 모든 리만 공간의 기저에 놓여 있다—의 모델은 일반적인 위상학적 공간인 것으로 보인다.

들뢰즈는 자신의 저작 도처에서 이 사상들을 이용한다. 두 권의 『시네마』는 리만에게 자신의 사상을 빚지고 있는 베르그손을 통하여 리만의 공간성에 부분적으로 기반을 두고 있다. 『시네마 2』는 이러한 "리만주의"의 흥미진진한 예들을 유클리드주의에 반하는 것으로서 제공하고 있다. "브레송의 리만 공간들은, … 레네의 위상학적 공간들이다"(TI 129). 『시네마 2』는 또한 리만주의의 광범위한 함축들—정치적인 함축을 포함하는, 미학적, 철학적, 문화적인 함축들—을 탐구한다.

리만 및 들뢰즈와 과타리에서의 다양체와 유물론

공간성에 대한 리만의 철저한 재고는 굽은 표면들(=곡면들)의 내적 기하학에 관한, 즉 그러한 굽은 공간들이 놓일 수 있는 주변적인 (3차원적) 유클리드 공간과 무관한 기하학에 관한 가우스 사상의 확장을 제공한다. 이러한 공간관은 또한 우리가 모든 공간성의 관계적 본성에 관한 라이프니츠의 사상을 확장하도록 해준다. 현실적 공간은 이제 더 이상 주어진 주변적ambient(평면적flat) 유클리드 공간으로, 혹은 바일의 말로, "거주하기 좋은 아파트flat"(flat은 이 경우에 딱 들어맞는 편pun이다)로 간주되지 않는다. 이러한 유클리드 공간에는 현상적으로, 기하학적인 도형들, 혹은 물리적으로, 물질적인 사물들이 놓일 뿐이다.[8] 대신에 현실적 공간은 (연속적인) 다양체로서 출현할 터인데, 곡률과 같은 그러한 다양체의 구조는 유클리드적이든 아니든 주변 공간과 관련해서가 아니라 (예를 들어 리만 수학에 기초하는 아인슈타인의 일반 상대성 이론에서처럼 중력에 의해) 내적으로, 수학적으로, 또는 물질적으로 규정될 것이다. 이 관점에서 볼 때, 빈 공간이라는 개념은 수학적으로 또는 현상적으로 영입될지도 모르지만, 그러나 라이프니츠가 파악하는 바와 같이 이 개념을 물리적 세계에 적용하기는 어렵다. 라이프니츠에 따르면, 공간은—가장 영향력 있고 또 많은 측면에서 모든 근대성 안의 유클리드주의의 형식을 정의하는—, 뉴턴이 자신의 『원리Principia』에서 논하는 절대 공간 개념의 노선을 따라서, 원초적이고 주변적인 주어진 것으로서, 물체들의 용기 및 물리적 과정의 배경 무대로서 간주될 수 없다. 아인슈타인은 이 사상에 엄격한 물리적 의미를 부여하면서 공간 혹은 시간은 주어진 것이 아니라 생겨난 것이며 자와 시계와 같은 우리 도구들의 결과라고 주장함으로써, 그리고 이 점을 추가할 수도 있겠는데, 그 도구들과 우리가 맺는 지각적 개념적 상호 작용의 결과라고 주장함으로써 이 사상을 확장했다. 따라서 공간은 두 요인들에 힘입어 현상으로서 (혹은 개념으로서) 가능하다. 첫 번째 요인은 자와 시계(혹은 이 규칙 속에서 기능하는 자연 대상들)와 같은 물질과 기술의 현존이다. 두 번째 요인은 우리의 지각적인 현상적 절차의 역할, 즉 여전히 우리 신체의 물질성에 기인하는 절차를 가지는, 우리가 시간과 더불어 공간의 가능성의 일차적 조건이라고 주장할 수도 있는 역할이다.

리만은 여기서 논의되는 그의 사상에 기초하는 아인슈타인 이론을 놀랍게도 암시하고 있다. 바일에 따르면,

> 리만은 그 자신의 시대에 이르도록 성행해 왔던 견해, 즉 공간의 계량 구조는 고정되어 있고, —이 구조가 배경으로서 역할하는—물리적 현상으로부터 고유하게 독립해 있으며, 실재적 내용이 거주에 좋은 아파트를 소유하듯 이 구조를 소유한다는 견해를 거부한다. 이와 반대로 리만은 공간 그 자체는 어떠한 형식도 결여하는 3차원 다양체 이상의 것이 아니며, 자신을 채우고 자신의 계량적 관계들을 규정하는 오직 물질적 내용을 통해서만 확정된 형식을 획득한다고 주장한다.[9]

공간은 가능한 홈들을 가진 일종의 자유로운(장애 없는, 고정되지 않은) 매끄러운 공간으로서, 기껏해야 3차원 다양체로서 현상적으로 주어질 수도 있다고 말하는 것이 더 정확할 것이다(또 리만에 더 가까울 것이다). 물리적으로, 공간은 물질과 동연적일지도 모르고, 리만과 아인슈타인 혹은 라이프니츠의 견해에 의하면, 오직 물질과 동연적일 수 있을 뿐이다. 바일은 덧붙여 말한다. "아인슈타인이 우리를 데리고 온 무대로부터 물러나 되돌아볼 때, 우리는 이제 이 사상들은 오직 시간이 4차원으로서 3차원들에 추가된 후에만 타당한 [물리적] 이론을 일으킬 수 있다는 점을 인지한다." 중력 장은 문제의 다양체, 그리고 이 다양체의 일반적으로 가변적인 곡률을 규정한다. 그러나 중력 장은 공간을 형성하되 공간을 리만 다양체로 형성한다는 역의 사실은

여전히 매우 중요하다. 상이한 공간들이, 주변적인 공간, 아니면 특출하게 중요한 공간과 관련해서가 아니라, 그 자신의 방식으로 대등하게 탐구의 대상이 된다. 이러한 견해는, 수직적인(위계적인) 공간 과학이 아니라, 들뢰즈와 과타리가 변증법의 목적과 결합하여 철학적, 미학적, 문화적, 정치적인 공간으로 확장하는, "다양체의 유형학과 위상학"으로서의 수평적인 공간 과학을 가져옴으로써 공간과 물질, 그리고 이것들의 관계에 대한 우리의 철학을 철저하게 변형시킨다(TP 483; 번역 수정).

매끄러운 것과 홈 패인 것이라는 들뢰즈와 과타리의 "물리적 모델"은 이러한 변형을 물리학과 정치경제학, 그리고 이 둘과 기하학의 원대한 개념적이고 역사적인 결합으로 전환시킨다(TP 490). 기술적 모델—특히 직물 기술의 모델, (플라톤 이래의) "짜기weaving" 모델—역시, 자본주의적 정치경제학과 노동의 기원이, 특히 플로렌스의 직물 제조업으로까지, 르네상스의 매끄럽고 홈 패인 "공간"으로까지 거슬러 올라갈 수 있다는 점을 부분적으로 감안할 때 이 점에서 파악된다. (만약 우리가 이 점을 여전히 말할 수 있다면) 르네상스는 또한 수학, 과학, 철학, 예술에 있어서 기하학의 르네상스였으며, "원근법perspective", 곧 위대한 르네상스의 홈 패임은 오직 그 측면들의 하나일 뿐이다. 전반적 상황은 갈릴레오로까지, 혹은 그리스 수학자들, 특히 아르키메데스로까지, 그리고 홈 패인 공간의(또 홈 패인 공간 안의) 국가/다수 과학, 매끄러운 공간의 (또 매끄러운 공간 안의) 유목/소수 과학으로서의 기하학과 물리학의 역할로까지, 그리고 이 과학들의 상호 작용으로서의 기하학과 물리학의 역할로까지 거슬러 올라가며 추적될 수 있다(TP 362). 갈릴레오와 아르키메데스 둘 모두 (레오나르도가 그랬듯이) 공병이었고, 뉴턴은 강력한 국가적 인물인 조폐국 총재가 되어 수학에서 화폐로 이동했다. 고대 그리스 이래로 "기하학은 물리학 문제와 국가 업무의 교차로에 놓여 있다"(TP 489). 이 문장의 용어들은 뒤바꿀 수 있다. 즉 "물리학은 기하학 문제와 국가 업무의 교차로에 놓여 있다".

『천 개의 고원』에서 국가 수학의 핵심적인 대변자인 가스파르 몽주는 18세기 후반에, 유명한 정치기술 학원Ecole Politechnique을 (두 가지 의미에서) 국가 기관으로서 설립하는 데 중요한 역할을 했는데, 이 학원에서는 가장 엄격히 순수 수학을 훈련하는 일이 응용 과학과 공학 기술을 이와 마찬가지로 엄격히 훈련하는 일과 결합돼 있었다. 이 프로그램의 주요한 역할이 기하학과 미적분학을 결합하는 미분기하학이라는 새로운 학문 분야에 주어졌다. 특히 뉴턴과 라이프니츠의 저작에서 논하는 미적분학은 이러한 관점에서 다수 과학과 소수 과학 둘 모두로 간주될 수 있다. 그러나 미분기하학은 가우스의 저작에서 소수 과학이 되었으며, 결국 리만 기하학, 이어서 아인슈타인의 물리학을 가져왔다. 19세기가 되면 물리학과 기하학은 아담 스미스 이후 계속해서, 자본주의의 정치-경제사와 사회/경제 과학 둘 모두의 혁명적인 발달 아래 새로운 결합을 이루게 된다.

리만적인 것과 유물론적인 것이 상호 작용하는, 같은 유형의 모체는 『시네마 2』에서 출현하여 『철학이란 무엇인가?』의 결말로 향하는, 뇌에서 정치학에 이르기까지의 아찔한 풍경화를 분명히 나타낸다. 『철학이란 무엇인가?』의 리만주의는 더 암시적이지만, 그러나 또 그만큼 강력하다. 리만 공간의 철학적 개념들이 수학과 철학이 개입하는 중대한 지점에서 이름을 대고 나타난다(WP 217). 그런 개입의 공간은 사유의 궁극적 동역학 안에서 카오스와의 마주침으로서 정의되고 또 현출한다. 그리고 그 공간은, 즉 심지어 철학, 예술, 과학마저 해체될지도 모르는, 아직 오지 않은 정치적 세계의 그림자는 그 마주침을 통하여 "카오스로부터 추출되지만" 카오스와의 마주침인 사유 그 자체를 위한 공간을 여전히 남겨놓는다(WP 216-18). "이렇게 [카오스 안으로 뇌가] 침몰하는 가운데, '도래할 국민'—대중-국민, 세계-국민, 뇌-국민, 카오스-국민—의 그림자가 예술은 물론 철학과 과학이 소환하는 형식 속에서 카오스로부터 추출되는 것으로 보인다"(WP 218). 같은 유형의 교차, 즉 뇌, 사유, 카오스, "도래할 국민"의 교차가 『시네마 2』의 종결 장들, 특히 제8장 「시네마, 신체와 뇌, 사유」를 정의한다 (TI 189-224).

여기서 나는 두 책의 이러한 비범한 페이지들에 실려 있는 리만의 차원들을 그저 간략하게 소묘할 수 있을 뿐이다. 대략적으로 말해 여기서 관건이 되는 것은 리만 공간의 이웃들 사이뿐만 아니라 그런 공간들 그 자체 사이의 복합적인—이질적으로 상호 관계적이고 상호 작용적으로 이질적인—관계이다. 한편으로 우리의 수학과 물리학, 다른 한편으로 신경과학은 자연과 생명을 정의하는 과정들과 우리의 뇌들(신경 네트워크들)이 사상될 수 있는 한, 그것들은 리만 공간들에 의해, 그리고 이 공간들 내의 매끄러운 공간과 홈 패인 공간의 상호 작용의 와중에서 사상될 개연성이 있다고 우리에게 말해준다. 우리가 우리의 정치와 문화에 접근할 때, 같은 사상mapping이 활용될 필요가 있다. 이는 그러한 리만의 다양체성manifoldness을 무생물계의 자연으로부터 신체로, 뇌로, 사유로, 문화로, 정치로 반영하는mirroring 문제일 뿐만 아니라, 또한 우선적으로 이러한 다양체들을 다양체적으로 maniifoldly 연결하는 인접 관계의 문제이기도 하다. 이는 새로운 종류의 "풍경 건축술", 이러한 공간들이 반드시 서로를 반영하지 않아도 공존하고 수평적으로 상호 작용하는 많은 풍경들의 건축술이다.

라이프니츠의 모나드론 또한 이 관점에서 관찰될 수 있으며, 들뢰즈와 과타리는 "모나드들"을 "유클리드 공간의 일원론적 주체"에다 병치한다(TP 574, n. 27). 그러나 이 모나드론은 낡은 라이프니츠 바로크에 대항하는, 새로운 리만-이후의 바로크에서의 유목론(=노마드론)이 되지 않으면 안 된다. 라이프니츠의 모나드들은 결국 그들의 세계와의 상호 작용을 통해서만 서로 간에 상호 작용한다. 라이프니츠 바로크에서 이러한 모나드들의 전반적인 상호 작용적인 건축술은 조화 속에 내포될 수 있고 조화에로 수렴될 수 있으며, 오직 신에 의해서만 완전히 사용 가능하고 혹은 계산 가능하다(FLB 26을 보라). 새로운 바로크의 발산적 조화들은 주름을 보유하고 많은 주름으로 이루어져 manifold 있지만, 모나드론을 포함하나 모나드론으로 환원 가능하지 않은 유목론으로 모나드론을 전환시킨다(FLB 137). 『천 개의 고원』의 「매끄러운 것과 홈 패인 것」이라는 장은 또한 매끄러운 것과 홈 패인 것의 다양한 모델 속에서—특히 음악적 모델과 미적 모델 속에서 극적으로—"리만론"과 유목론 간의 이러한 연관에 의거하여 독해될 수도 있다. 전자(=음악적 모델)는 불레즈의 작업에 의해 예시되는데, 불레즈는 "매끄러운 것과 홈 패인 것"이라는 언어를 도입했으며, 또한 『주름』에서 새로운 바로크의 핵심 인물이기도 하다. 후자(=미적 모델)는 세잔과 세잔 이후에 오는 화가들에 의해 예시된다(TP 477-8, 493-4). 이렇게 라이프니츠의 모나드론에서 리만의 유목론으로 전환하는 일은 유클리드 공간에 반하는 리만 공간과 명확히 연결되어 있다.

이 모든 논점들은 (유클리드 공간의 일원론적 주체와 대립되는) "모나드들"과 본질적 관계를 맺고 있는 리만 공간과 이미 관련되어 있다. … 비록 "모나드들"이 더 이상 그 자신에 갇혀 있지 않은 것으로 생각될지라도, 또 직접적이고 단계별로 국소적인 [리만적] 관계들을 영입하도록 상정되어 있을지라도, 순수하게 모나드적인 관점은 부적합한 것으로 판명되었으므로 "유목론"에 의해 대체되어야 한다(홈 패인 공간의 동일성 대 매끄러운 공간의 실재론). (TP 573-4)

우리는 이제 들뢰즈와 과타리가 왜 리만의 다양체 수학을 "다양체의 [비변증법적인] 유형론과 위상학"(TP 483; 번역 수정)으로서의 수직적, 위계적 공간학이 아니라 일종의 수평적 공간학을 함의하는 것으로 간주하는지를 쉽사리 인지할 수 있다. 이 견해는 수학이나 철학과 같은 주어진 학문 분야 내에서 또는 학문 분야들 사이에서, 과학 그 자체의 새로운—수평적—공간, 혹은 새로운 사유 공간 및 상이한 사유 방식을 시사한다. 우리는 사유와 문화의 공간들이나 풍경들에 대해 상호작용적으로 이질적인 방식으로, 뚜렷이 다르고 각양각색이지만 현실적으로 또 수직적으로 혹은 위계적으로가 아니라—수평적으로 정렬되고 관련되어 있는—현실적으로 또 잠재적으로 상호 작용적인 지도에 의해 생각할 수 있다. 상이한 장들—위상학, 기하학, 대수학, 해석학 등등—의 상호 작용을 통한 리만의 수학 실천이 예기한 바대로, 이러한 실천은 들뢰즈의 실천과 같은 수학적이고 철학적인 비유클리드주의를 분명히 나타낸다.

위에서 인용된 리만 공간에 대한 대문은, 그것의 상이하지만, 또 다시 상호 작용적인 모델—기술적, 음악적, 해양적, 수학적, 물리적, 미적(유목-미술) 등등—, 그리고 『천 개의 고원』 전체를 갖고서, 「매끄러운 것과 홈 패인 것」이라는 장을 기술한다는 결론을 회피하기가 어렵다. 나는 들뢰즈와 과타리가 명확히 명명한 것들만을 열거할 뿐, 이들의 분석은 많은 다른 가능한 모델들, 일천 개의 모델들을 함의한다. 부분적으로 이러한 상이한 여러 모델들은 매끄러운 것과 홈 패인 것의 (더) 추상적인 개념들의 어떤 일반적인 혹은 공유된 측면들을 확립하는 데 필요하다(TP 475). 그러나 가장 중요한 것은 이러한 모델들이 각 유형의 공간의 다양한 측면들, 이러한 측면들 사이의 관계에 대한 탐구, 그리고 그러한 공간들의 이질적으로 상호 작용적인 배치들의 공간들, 곧 다양체들의 다양체들에 대한 탐구를 가능하게 한다는 점이다(TP 475).

놀랍게도 이 유형의 개념은 이른바 (원환체와 같은) 리만 표면들의 부류를 숙고할 때 리만에 의해 도입되었다. 이른바 "모듈러스 공간"으로 알려진 이 유형의 대상은 현대 수학에서 가장 비범한 개념들 중의 하나이다. 예를 들어 그것은 앤드류 와일즈가 동시대 수학의 가장 위대한 성취들 중의 하나인 페르마의 마지막 정리를 증명할 때 중요한 역할을 했다. 그러나 이 개념은 오로지 수학적인 것일 수 없고, 혹은 오로지 수학적인 것이면서 철학적인 것일 수 없다. 그것은 둘 중의 하나 혹은 둘 모두인 것 이상의 어떤 것이다. 수학—즉 너무나 자주 그러했던 것처럼, 생명의 풍요로움, 다채로움manifoldness으로부터 추출되는 것으로 이해되는 수학—은, 사유와 생명이 수학과 유사하다는 점이 판명되는 것보다 더 사유와 (사유보다 더 복잡한) 생명과 유사하다는 점이 판명된다. 다양체들의 다양체라는 사상은 카오스와의 마주침인 사유의 산물이자 미래의 그림자의—사물들, 사유들, 도래할 국민의—일부이다.

퍼듀 대학

주 (Notes)

1. 나는 『인식 가능한 것과 인식 가능하지 않은 것: 현대 과학, 비고전적 사유, 그리고 두 문화』(Ann Arbor: University of Michigan Press, 2002), pp. 126-36, 266-8, 그리고 nn. 24-6)에서 더 상세하게 이 주제를 고찰한 바 있다.

2. 브라이언 마수미의 영역은 프랑스어 "multiciplité"의 번역어로 "multiplicity"를 사용한다. 영어 수학 용어는 manifold로, 이 또한 리만의 Mannigfaltigkeit의 "fold"(=주름)을 보존한다.

3. 베른하르트 리만, 「기하학의 기초에 놓여 있는 가설들에 관하여」, W. K. 클리포드 역, *Nature* 8(1873), 1절; 번역 수정. 1854년에 있었던 이 강의는 사후 1868년에 출간되었다. 내가 인용하는 영역은 at http://www.maths.tcd.ie/pub/HistMath/People/Riemann/Geom/WKCGeom.html에서 구해 볼 수 있다.

4. Cf. D. 라우그비츠, 『베른하르트 리만: 수학 개념의 전환점』, A. 셰니처 옮김(Boston: Birkhäuser, 1999), pp. 303-7. 그러나 이 책은 리만의 개념 수학에 대해 더 전통적인 견해를 취한다.

5. 엄밀히 말하면, 리만은 이른바 미분 다양체들을 고찰했는데, 이는 이 다양체들 상에 미분법을 정의할 수 있다는 것을 의미한다.

6. H. 바일, 『공간 시간 물질』, 헨리 L. 브로즈 옮김(New York: Dover, 1952[1918], p. 92.

7. 바일, 『공간 시간 물질』, p. 102.

8. 바일, 『공간 시간 물질』, p. 98.

9. 바일, 『공간 시간 물질』, p. 98.

10. 바일, 『공간 시간 물질』, p. 101. 이 결과로서 따르는 공간들은 베르그손과 들뢰즈의 시간성 물음 맥락에서, 특히 『의미의 논리』에서 중요하다.

11.

가브리엘 타르드

에릭 알리에

시리즈의 하나로 제대로 간주되기에는 너무나 행복한 우연의 일치 속에서, 가브리엘 타르드는 empêcheurs de penser en rond[1]이라는 각인 아래 근년에 재간되어 왔다—훼방꾼이 되기보다는 훼방꾼에 대해 말하기가 더 쉽다는 점을 인정하도록 하자. 사실 훼방꾼들empêcheurs은 우리 자신의 시대에 능동적으로 때 이른 것이 되기 위하여, 역사의 관점에서 볼 때 그들에게 맞지 않는 그들의 시대에 비추어 충분히 기이한 사람들일 것이다(그들은 어떠한 "학파"도 세우지 않을 것이다). … 지금으로서의 그때 그것은 "경향"과 "관계"의 문제이다. (역사적으로 말해) 돌아가기 위해서—정확히 말해, 되기become 위해서—나쁘게 끝을 내는 일을 필요하게 해주는 일반적 규칙을 제기하자.

따라서 타르드가 새로운 학문의 방법론적 요건들과 양립 불가능하거나 혹은 "학문적 도덕"을 정초하는 시각과 양립 불가능한 "개인주의적"이고 "심리학적인" 전통의 계승자로서 그가 맡은 역할로 인해 뒤르켐의 불행한 적이었다는 것은 사회학 분야에서 추정컨대 잘 알려져 있을 것이다. 이것은 결정코 사실이 아니라고 하며—비난받는 타르드 그 자신이 끊임없이 행한 바와 같이—반대한다는 것은 요점을 잃은 것이다. 왜냐하면 이와 반대로 그것은 통–개인적trans-individual 관계들을 기초로 하여 사회적인 것, 사회적인 것의 논리에다 "상호심리학interpsychology", 그리고 "상호–심적"(혹은 "상호–두뇌적") 심리학을 투여하는—이는 전자(=사회적인 것의 논리)가 후자(상호심리학)에게, 모든 면에서 개인을 초과하고 사회를 집단적 두뇌의 지위에 투사하는 발명의 힘을 더 잘 부여하기 위해서이다—문제이기 때문이다. 또, 연합의 욕망은 내재적 방식으로 이루어진다고 하며 반대한다는 것 … 이 모든 것은 요점을 잃은 것이리라. (타르드 그 자신은 모든 개인적 주체를, 헤아릴 수 없이 많은 수의 미분들 혹은 "개체적 변이들"의 언제나 잠정적인 통합으로서 정의하기를 결코 그치지 않았다.)**2** 사회적 표상 체계들을 개인들로부터 독립해 있는 실재로서 분석하는 일이 압도적으로 지배한다(따라서 사회적인 것을 정초하는 초월성에 관한 뒤르켐의 모토가 있는 것이다)는 바로 그 이유 때문에, 타르드 사회학의 희소한 프랑스 옹호자들은 거의 언제나 자신들을 "방법론적 개인주의"의 주창자들로 제시한다—혹은 아니면 사회학적 상호행위주의의 전통적 용어들로 급히 후퇴한다. … 그래서 그것은 모든 중요한 방식으로, 이 학문 분야의 적어도 가장자리에서라도 장면이 변화하기 위해서, 타르드를 행위 그물망 이론Actor Network Theory(ANT)의 선조 지위로 승격시키는 브뤼노 라투르의 최근 실연acting out을 기다려야 할 것이다.**3**

철학적 면에서—타르드가 콜레주 드 프랑스에서 1900년에 현대 철학 의장으로 선출된, 사회학자들 중에서 가장 "형이상학적인" 학자로 광범위하게 인정받는다[4]는 점을 감안할 때 원리상 더 호의적인—, 사회학 ("간단히 말해" 사회학) 분야에서 모든 형이상학적 개입을 차단하는 뒤르켐에 용감히 대면하여, 타르드의 신-모나드론neo-monadology은 분명히 절대적으로 결정적인 역할을 행했다. 그는 라이프니츠와 함께, 그리고 라이프니츠 너머에 존재한다.[5] 만약—"사물들의 실체적 측면"으로서, 절대적으로 보편적인 활동의 동력으로서 차이를 긍정하는 것을 출발점으로 삼는—타르드의 논증 전체가 (최초의 활동과 동의인, 팽창의 내적 힘이라는 의미에서) 각 신체에게 내적인 행위 원리를 제공하는 자발성spontaneity과 더불어, 그리고 환원 불가능한 강도적 고유성질들과 더불어, 실체-힘(살아있는 한에서 모든 실체는 힘 그 자체이다)의 형이상학적 내재성이라는 라이프니츠의 원리에 근거한다면, 그것은 모든 실재적 행위, 존재자들 사이의 모든 상호적인 물리적 영향, 그리고 집단적 구성 그 자체를—변신론의 신God of Theodicy을 위해 사물들의 완전하고 철저한 공가능성을 보존하기 위해—금지하는 미리 확립된 조화로부터 해방시킴으로써 생산적 활동의 원리 속에서 더 잘 모나드론을 철저화하기 위해서이다.

그는 멘느 드 비랑과 함께, 그리고 멘느 드 비랑 너머에 존재한다.[6] 만약 우리가 타르드가 멘느 드 비랑에서—특히 『라이프니츠 철학 이론에 관한 설명』(1819)에서—자신의 첫 번째 "스승을, 그리고 라이프니츠를 이렇게 다시 쓰겠다는 발상을 마주쳤다고 발언하지 않을 수 없다면, 이 두 관점 사이의 차이를 강조하는 것이 필수적이다. 멘느 드 비랑이 영혼을 순수 심리학의 벡터로 만들기 위해서 "의식의 진리"에 관계하고, 자기를 모든 힘의 인과적 기원으로서 표현하는 일에 관계하는 반면, 타르드는 이와 달리 라이프니츠의 요소적 애니미즘을 붙들고, "모나드들이 회집하려는 경향"을 표현하는 "분자적인 응집성 혹은 친연성"의 시원적 형식 아래에서 이루어지는, 사회적인 것의 형이상학적 설립을 모나드들의 관계직 활동 속에서 발견한다. …

그는 니체와 함께, 그리고 니체 너머에 존재한다. 타르드는 욕망과 신념의 역능들—신념-힘과 욕망-힘, 정적 힘으로서의 신념과 동적 힘으로서의 욕망…—에 정초하는 사회적 양들에 대한 정의에 의해서 가치들의 철학을 가치들의 사회학으로 이전시킨다.

마지막으로 그는 베르그손과 함께, 그리고 베르그손 너머에 존재한다. 왜냐하면 "타르드의 모나드론은 공간과 시간 간의 구별을 또한 내포하고, [그리하여] 그것은 전 우주를 둘로 분할하는, 정적인 것과 동적인 것 간의 그 커다란 차이"에 따라 베르그손의 창조적 에너지 개념—"보편적 생명의 각 중첩된 단계에서 … 언제나 이중적이다"—에 기초하기 때문이다.[7] 그러나 이러한 기초는 긍정되는데, 이는 새로운 것의 생산이라는 문제가 그 집단적인 실재라는 조건을, 이 사회적 발명의 무한소적 역동성이 발생하는 정동적 힘들 사이의 잠재적 관계들 안에서 발견하기 위해서이다. 1904년 타르드가 죽었을 때, 베르그손은 "우리에게 그토록 많은 지평들을 열어준" 사상가에게 열렬한 헌사를 바치곤 했다.

하지만 동조하지 않는 사람들은 이렇게 물을 것이다. 한편으로는 19세기 형이상학에서 기이하게 "실종된" 고리로서 제시되는 인간과 다른 한편으로는 롤스와 하버마스라는 주도적 인물들이 이끄는 "독일-앵글로-색슨"의 도덕적이고 정치적인 설득 사상이 (여전히 크게) 지배하는 오늘날의 철학적 장면 사이의 관계는 무엇인가? 예를 들어 여기서 (그의 동료들에게 말을 건네는 철학자로서) 타르드는 우리가—철학사의 면에서!—니체와 베르그손 그리고 그 외의 철학자 사이의 "관계들"의 의미의 문제를 참신하게 바라볼 수 있게 하는 이 제3의 인간

Third Man일 수 있다고 주장하는 것은 별 소용이 없다. 찬란한 그들의 "결합"은 타르드가 참신하게 또 다시 정의된 사회적인 것의 구성적 힘을 발견한 생기론적 구성주의의 철학적 (그리고 심지어 미학적이기까지 한)[8] 동시대성을 알렸다고 덧붙이는 것 … 이것은 오직 학술원의 시선 속에 있는 누군가의 입지에 손상을 입힐 수 있을 따름이다.

그리고 또한 흔히 있는 일이지만, "문화적" 논쟁이 그 상징적 집행이 결정코 종료될 수 없는 것으로 보이는 팡세 68과 카티비 마에스트리cattivi maestri의 지속적인 물음에 의해 주기적으로 지배된다—그리고 적어도 오늘날 프랑스에서 사르코지Sarkozy가 여느 때보다 더 강요한다 … 그들 가운데, 타르드 전작에 대한 가장 중요한 재발견과 부흥을 가져온 들뢰즈라는 이름의 철학자가 있다. 우리는 1968년에 있고, 그 책은 『차이와 반복』이라 불리며 들뢰즈 철학의 원뿌리로서 이해되어야만 한다. 들뢰즈가 "가브리엘 타르드의 철학"에 가장 큰 중요성을 부여하는 것은 이 책에서이다. 그 제목에 담겨 있는 공식—타르드의 이중적 구성construction을 의미하는, "차이를 차이 나게 하는 것으로서의 반복"—을 타르드에게 사실상de facto 귀속시키는 지점까지. "그러므로 반복은 차이가 … '계속해서 차이 나는' 과정이며, 차이가 '그 자신의 목표'인 과정이다".[9] 그리고 들뢰즈는 이 책 서론의 마지막 페이지들에서 "타르드는 이 차이적이고 차이 나게 하는 반복으로 모든 영역 안의 대립을 대체할 것을 제안한다"(DR 39 n.1/ 307-8 n. 15)고 강조한다. 특히 『보편적 대립』에서, 헤겔 철학에 대한 비판이 뒤르켐의 사회학에 대한 논박보다 더 근본적이기 때문이다.[10] 이 책에서 타르드는 사회적인 것의 지속적인 구성을 정동적 힘들 간의 차이적 관계의 "모방"(즉 반복)에 의존하게 만든다("발명은 모방된 발명을 의미한다"는 것을 정립하기 위해 타르드가 "발명"이라고 부르는 차이). … 들뢰즈가 재현에 의해 매개된 차이의 졸렬한 모방을 제시하는 변증법을 포기하면서, 차이의 철학을 위한 갱신된 조건들을 세시할 수 있어야 했고 제시해야 했던 것은 오직 "타르드적인 것"으로 보일 뿐이다.

이러한 갱신된 조건들은, 그가 『안티-오이디푸스』와 『천 개의 고원』에서 다양체와 생성의 생물정치학을 가장하여, 욕망의 정치학을 통해서 펠릭스 과타리와 함께 탐구하고자 했던 조건들이다. 이제 만약 타르드가 『안티-오이디푸스』에서 명목적으로 부재한다면(하지만 사실 사회적 장과 욕망의 공통-범위라는 대단히 중요한 논제에 대한 설명 때문에 도처에 잠재적으로 현존한다), 『천 개의 고원』은 "가브리엘 타르드에 대한 경의"(TP 267/ 219-19)를 담고 있을 뿐만 아니라 이 책에서 『모방의 법칙』의 사회학자는 (뒤르켐이 "설명을 필요로 하는 바로 그것을 전제하는" 재현들의 몰적 영역—뒤르켐은 그 자신을 이 영역에 제한한다—에 대립하는) 흐름들의 분자적 영역과 결부되고, 욕망과 신념의 능동적 힘들에 주의를 기울이는 미시-사회학의 발명자로서 찬양받는다[11](모방은 한 흐름을 증식하는 것이고, 발명은 모방적 흐름들을 연결하는 것이다). 『천 개의 고원』의 제목 역시, 베이트슨이 사용하는 용어("연속적인 강도의 고원")를 소급 지시하는 고원이라는 용어가 통계학 분야에서의 고원의 "승리"를 타르드가 맹비난하는 일에 실제로 의존한다는 점에서 절대적으로 타르드적이다. 통계학 분야에서 고원은 세는 과정이 무시하지 않을 수 없는 역동적 다양체들이라는 반대 이미지를—"평형" 즉 "동시에 일어나는 힘들의 상호 정지"를 의미하는 "같은 수들의 균일한 재생산"으로부터 전사되는 용어로서—번역하기 때문이다. (사실 타르드가 설명하듯이, "고원들은 언제나 불안정한 평형들이다"[12].) 베르그손 너머에서, 그 귀결이 들뢰즈와 과타리 안에서 독해될 수 있다. "다양체들의 어떤 특정한 차원에 부착된 수 체계들"(TP 32-3/ 22)[13]—이러한 수 체계들은 이 체계들을 통해 작동하는 욕망을 배치로 전환시키는 (타르드의 용어로) 언제나 "사회적 양들"이다(그리고 여기서 우리는 이 다양체 문제와 관련한 들뢰즈와 바디우 간의 차이에 대해, 즉 각각 "다이어그램적" 관점과 "공리적" 관점에서 유래하는 사유에 대해 생각하는 일을 피할 수 없을 것이다). 마지막으로, 이 모든 것은 구조주의에 대한 비판, 그리고 이 비판을 능가하는, "재현이하적 물질의 전 영역"(TP 267/ 219)과 관계하는 다양체들의 정동적 존재론은 은연중에 보편적 생물정치학의 형식으로 "보편적 사회학"과 무한소적 자연철학을 결합하는 이러한 타르드 사유의 재현실화에 의존하는 것으로 보인다. 이러한 타르드의 사유는, 우리가 들뢰즈 그 자신에게 이 사유의 구성적으로 영감적인 지위―들뢰즈 그 자신이 어떻게 탐구해야 할지 알고 있었던 가장 때이른 화제성을 가지는 그런 유형의 "선구자"를 타르드에게서 간취한 최초의 사람이라는 점을 감안하면 그만큼 더 관심을 받을 만한 어떤 것―를 평가했을 때, 들뢰즈적이라는 말이 생기기 전에 "들뢰즈적"이라고―르네 쉐러와 더불어―과감하게 가벼운 마음으로 불러볼 수 있는 사유이다.**14**

"거대한" 변증법적 구조들보다는 "작은" 복잡한 관계들에 더 주의를 기울이고, 실체적 동일성들보다는 가소적 차이들에 더 개방돼 있는**15** 사회 과학의 그 영역들에서 새로운 시대정신zeitgeist의 형식 속에서 그 화제성은, 내가 empêcheurs de penser en rond의 시리즈에서 관리 감독할 특권을 가지는 가브리엘 타르드 전작 판이 상당한 반응에 부딪 쳤다는 사실과 분명 연결되어 있지 않은 것이 아니다. 하도 많아서, 우리는 첫 네 권이 간행되었던 1999년의 『타르도마니아Tardomania』에 대해―다소의 과장, 침통, 후회를 가지고―알리는 것을 들을 수 있을 것이다. 이 해는 또한 그에게 헌정된 『인문 과학의 역사 리뷰Revue *d'Histoire des Sciences Humunanes*』(2000/3호)에서 "타르드의 해"라고 칭해졌다. 1970년에 간행된 장 밀레의 박사학위 논문,『가브리엘 타르드와 역사 철학』서두의 글로 이 대조는 더 부각되지 않을 수 없을 것이다. 1870년에 사를라Sarlat의 젊은 치안판사에 의해 간행된 「보편적 차이」라는 제목의 저 신통찮은 박사학위 논문에서 바로 유래하는 이 논문은 오늘날에도 타르드 사상의 전 전개를 (제목에도 불구하고) 제시하는 유일한 저작으로 남아 있다. 나는 밀레의 첫 문단을 빠짐없이 인용하겠다.

역사는 이상한 부정의를 저지른다. 이는 특히 가브리엘 타르드에게 엄격했다. 이 사람은 그의 시대의 가장 위대한 사상가들 중의 한 사람으로 동시대인들에 의해 환호를 받았다. 그는 남들이 가장 탐내는 영예를 수여받았다. 즉 그는 앙리 베르그손과 더불어 콜레주 드 프랑스의 교수였고, 학사원Institute의 회원이었으며, 사회학과 법의 국제 협회International Societies of Sociology and of Law의 회장이었다. 그의 전작은 총 50권 이상이며, 그것은 수많은 판들과 번역들 덕분에 멀리 러시아와 미국으로까지 그의 명성을 떨치게 했다. 죽었을 때 그는 오거스트 콩트, 텐느, 르낭, 심지어 다윈과 스펜서에 비교되기까지 했다. 그리고 베르그손은, 비록 헌사에서 다소 냉정하긴 했지만, 그를 걸출한 스승으로 여겼다. 그렇지만 같은 사람이, 그가 죽은 지 몇 년 안 돼서, 설명 불가능할 정도로 잊혀졌다. 무거운 침묵이 그의 전작에 내려앉았다. 지난 50년에 걸쳐, 오직 매우 적은 연구들과 논문들(이것들은 종종 외국에서 나온 것들이다)만이 이 위대한 사회학자이자 철학자의 존재를 상기할 따름이다.**16**

하지만 그런 망각—나는 설명되지 않는다고 아니라 설명 가능하지 않다고 말하겠다—이 이해될 수 있는가? 설명 가능하지 않다는 것은 저자 자신이 한 말이 아닌가? 그가 타르드의 지성에 관한 전기의 이러한 서론의 글들에서 뒤르켐의 이름을 설명 불가능하게 생략한 것은 저자 자신이 한 일이 아닌가? 분명 이것은 "칭송 일색의 타르드 전기"의 동시대 인물들에 대해, 그리고 이 전기의 "묵시록 예언 실현론자의 죄들"에 대해 격렬하게 공격할 때 로랑 무키엘리에게는 해당하지 않는다. 우리는 다음과 같은 것을 읽는다.

> 뒤르켐은 방법, 예, 추리의 논리, 타당화와 논증의 표준화된 절차 등, 타르드에게서 발견될 수 없는 모든 것들로 구성되는 어떤 형태의 합리성—과학적 합리성—을 구현하는 데 성공했다—타르드의 사유는 전통 철학에 더 속하고, 심지어 어떤 때에는 저널리즘에 더 가까운 한 형태의 글쓰기와 주장에 속한다—. 왜냐하면 "사회 과학"이라는 표현에는 "과학"이라는 단어가 존재하기 때문이다.**17**

그 표현이 완전히 반–철학적인 야만성을 띠고서, 이 선택된 대문은 망각의 이유들을 (1895년에 간행된 『사회학 방법의 규칙들』에서) 뒤르켐과 (1896-7년에 출범한, 『사회학 연보』 리뷰를 둘러싸고 회합한) 그의 학파의해 개요가 서술된 사회학의 탄생에 토대가 되었던 과학과 사회의 실증주의적 이데올로기에 기초하여 죽 털어놓으면서, 타르드에 대한 "망각"—그리고 『모나드론과 사회학』의 서두에서 사회학자–형이상학자에 의해 확립되어 울려퍼지는 『가설을 만들다』에 대한 억압—을 설명하기 때문에 주목할 만하다. 오늘날 우리는 뒤르켐 사회학의 "기능주의"가 "심리학주의"와 "인간학주의"에 대해 투쟁하면서, 모든 사회과학과 인문과학을 강화하는데—뒤르켐 안에서 사회과학의 갈릴레오(부르디외**18**)를 발견하고 찬양했던 구조주의와 "인식론 혁명"에 이르기까지—이바지했다는 것을 알고 있다. 『사회학 방법의 규칙들』의 저자의 희망에 따르면 그것은 과학적 합리주의를 인간 행동으로까지 확장하는 문제이다. 그리고 마지막으로, 그것은 다음과 같은 것을 설명할지도 모른다. 타르드의 직관들에 대한 재발견은, 한편으로는 푸코가, 다른 한편으로는 들뢰즈/과타리가 표명한 구조주의에 대한 비판과 동시대에 일어났다. 전자는 그것을 권력의 미시정치학으로 이끌었고(들뢰즈는 이를 타르드의 미시-사회학에 결부시킨다[F81 n,6/ 142]), 후자 둘은 사유에서의 분자 혁명이라는 그들 자신의 기획을 세웠는데, 여기서 사회적인 것과 개인적인 것의 구별은 그 의미를 완전히 상실한다. 왜냐하면 모든 사물들은 끊임없이 힘들의 관계들로부터 구성되기 때문이고, 각 힘은 그 자체 미분 요소들 간의 관계이기 때문이며, 바로 그 힘 개념은 욕망에서 유래하기 때문이다. 혹은, 뒤르켐이 그에게 부과하려고 했던 심리학적-개인주의적 감금을 사전에 피하는 심오한 니체주의를 간직하는 타르드의 용어를 다시 사용해보면, "모든 것은 사회이고, 모든 현상은—생명의 패러다임으로서의 사회체Socius, "우리를 현혹시키는 이 다양한 것들의 흐름의 근원"으로서의 사회체를 가지는 "전 우주에 대한 열쇠가 되는 무한소로까지" 그리고 무한소를 포함하는—사회적 사실이다". 그렇다면 사회학의 수준에서 이 점이 주장되어 왔다. "사회적 상태들을 이해하기 위해서, 일어나는 대로 포착되어야만 하고 아주 상세하게 검토되어야만 하는 것은 사회적 변화들이다. 그 역은 성립하지 않는다."**19** 왜냐하면 역사적 과정은 오직 파생적 방식으로만 재현들과 집단적 기의들의 몰적 영역에 관여하기 때문이다(뒤르켐은 이 점에 대해 타르드에게 이의를 제기했다).**20** 무엇보다도, 그것은 개인들을 주체화하지 않고는, 새로운 배치들의 가능성을 형성하지 않고는, 개체화의 새로운 과정을 전적으로 재개하지 않고는 개인들을 예속시키지 않는, 이러한 연합하고 견인하고 집단적으로 발명하는 힘들을 촉발하는 역능을 가지는 무한소적 수준에서, 신념들과 욕망들의 무한소적 수준에서 작동된다. 따라서 미시-사회학은 단지 사회과학의 한 분야가 아니라 (다소 도발적으로 말해) 상호심리학이라고 칭해지는 학문 분야의 일종이다—오히려 그것은 다르게 보면 진실로 유물론적인 사회적 사유의 활동의 장을 정의한다. 어느 쪽이든 과정 중에 있는 사건들의 사회학으로,[21] 이것에 따르면 "사회적 장은 언제나 '대중들'에게 영향을 미치는 모든 종류의 탈코드화와 탈영토화 운동들에 의해 활기가 불어넣어지며, 이 운동들은 흐름들을 절편들segments로 후퇴하게 하는 이항적인 조직화, 몰적 공명 등등을 가지는 "계급들"로 재영토화하는 일로부터 도주한다(혹은 도주하지 않는다)(TP 268-70/ 220-1). 분자적 측면과 몰적 측면 간의 정식으로 구성적인 차이가 있는 곳에서, 현재의 거시-역사와 미시-역사라는 정치적 차이가 수용되는 것이다. 여기서 이 점이 강조되어야만 한다. 타르드는 시카고 학파와 직접적인 친연성을 더 많이 가지거나(따라서 타르드는 유럽 현장에서는 전적으로 부재하는 동안에도 미국에서는 영향력 있는 학적 성취를 이루었다[22]), 혹은 심지어 "[자동적] 대변동의 연대기"로서의 (결정론적) 매력을 가진 레지스 드브레의 "매개론Mediology"보다 윌리엄 버로스의 『전자 혁명』에 더 친연성을 더 많이 가지기도 한다(타르드는 미디어의 "바이러스적" 힘을 "두 대뇌반구 사이"의 "자력磁力" 형식에 비교한 최초의 사상가가 아니었는가?).

"자본주의적 공리들의 자동화와 관료적 프로그래밍 둘 모두에"(TP 590/ 472) 똑같이 대립하는 차이의 정치적 존재론이 갖는 횡단-기계적 원리들을 주장하는, 속속들이 생기론적인 유물론, 이것이야말로 불가분하게 표현주의자(힘들의 생기적 표현)이자 구성주의자(흐름들의 기계적 연결)인 가브리엘 타르드의 교훈이다. 이는, 우리가 이해하기 시작하고 있는 바대로, 구성적인 협동적 힘power으로서 진적으로 생물정치학적인 사회체의 열려진 과정과 전적으로 조화를 이루는 교훈이다.[23] 그리고 이는 이러한 사회체 안에서 "모든 투쟁은 … 공리적인 것의 접합들conjugations에 대립하는 혁명적인 연결들connections을 구축하는" 교훈이다 (TP 591/ 473).

미들섹스 대학

주(Notes)

1. empêcheur de penser en rond, 즉, 확립된 사상에 대해 훙을 깨고 성가신 사람.

2. 뒤늦게 알게 되는 불가피한 결과를 갖고서, 『사회 법칙』에서 행한 타르드의 지극히 낙관적인 선언을 읽게 된다. "나에게 제기해 온 다른 반론들에 대해 말할 것 같으면, 그 반론들은 모두 내 사상에 대한 매우 불완전한 이해에서 비롯되므로, 나는 그것들에 대해 누누이 말하지 않겠다. 그것들은 내 관점을 채택하는 모든 이의 눈으로 볼 때 저절로 사라질 것이다. 그러므로 나는 여러분에게 내 저작들을 다시 읽기를 권한다." 『사회 법칙』(Paris: Les empêcheur de penser en rond/ Institut Synthélabo, 1999[1898]), p. 61.

3. 브뤼노 라투르, 「가브리엘 타르드와 사회적인 것의 종말」, 『문제의 사회적인 것: 역사과학과 사회과학의 새로운 방향』, p. 조이스 엮음(London: Roudledge, 2002), pp. 117-32. 이 논문은 2001년 프랑스어와 독일어 번역으로 앞서 간행되었다.

4. 특히 타르드의 논문 「모나드론과 사회학」(에릭 엘리에의 서문과 모리지오 라자라토의 후기가 달린 『모나드론과 사회학』)[Paris: Les empêcheur de penser en rond/ Institut Synthélabo, 1999]). 「가브리엘 타르드에 관한 담론」(1909년 9월 12일)에서 베르그손은 타르드는 우주, 우주를 구성하는 요소들, 이 요소들이 서로에 대해 행사하는 행위들의 본성에 관한 어떤 심오한 형이상학적 견해들로부터 [그의 원대한 사회적 관념들을] 이끌어냈다고 말한다. 『베르그손의 종교 이론에 관한 연구』에서 스웨덴의 신학자 얄마르 순덴은 베르그손 사상의 발달에 있어서 타르드의 중요성을 언급했다는 점이 여기서 지적되어야 한다. 얄마르 순덴, 『베르그손의 종교 이론』(Uppsala: Almqvist & Wiksell, 1940)을 보라.

5. 『모나드론과 사회학』에 달린 나의 서문, 「타르드와 구성의 문제」를 보라.

6. 멘느 드 비랑에 관해서는, 안 드바리외의 서문이 달린, 가브리엘 타르드, 『멘느 드 비랑과 심리학의 진화주의』(Paris: Les empêcheur de penser en rond/ Institut d'édition Sanofi- Synthélabo, 2000)를 참조하라.

7. 장 필립 앙투안의 서문이 달린, 가브리엘 타르드, 『모방의 법칙』(Paris: Les empêcheur de penser en rond/ Le Seuil, 2001), pp. 205-6. 타르드는 1889년에 베르그손이 출간한 『의식에 직접 주어진 것에 관한 시론』, "우리의 사유 방식과 … 그렇게 접해 있는" 시론 대한 주석에서 앞서 언급했었다.

8. 에릭 알리에와 장-클로드 본, 『마티스의 생각. 야수파 미술가의 초상』(Paris: Le Passage, 2005).

9. 질 들뢰즈, 『차이와 반복』(Paris: PUF, 1968), 원 텍스트와 그 번역에 대한 참조가, 먼저 프랑스어 페이지가 제시되며, 이후에 인용될 것이다.

10. 가브리엘 마르셀, 『보편적 대립. 반대의 이론에 관한 시론』(1897), 전작의 권III으로

재간된 책(Paris: Les empêcheur de penser en rond/ Le Seuil, 2001).

11. 가브리엘 타르드, 「신념과 욕망」, *Revue philosphique* 10(1880), pp. 150-80; 264-83을 참조하라. 가브리엘 타르드의 전작에 들어 있는 이 논문은, 타르드 자신이 말한 바와 같이, 그의 최초의 철학 출간물이다.

12. 타르드, 『모방의 법칙』, p. 175.

13. 타르드, 『모방의 법칙』, pp. 173-91, 그리고 타르드, 『모방의 법칙』, pp. 20-5에 실려 있는 장-필립 앙투안, 「통계와 은유. 타르드의 사회학적 방법에 관한 주석」을 참조하라.

14. 가브리엘 타르드, 『미래 역사의 단편』(Paris: Seguier, 1998)의 재판본 서문 p. 24에서 쉐레르는 "타르드, 들뢰즈 이전의 들뢰즈주의자"라고 쓰고 있다.

15. 다음을 참조하라. 브뤼노 라투르, 『사회적인 것을 재조립하다: 행위자 연결망 이론』 (Oxford: Oxford University Press, 2005). 크리스천 보르히, 「도시의 한계: 타르드의 사회학 재고」, *Theory, Culture, and Society* 22: 3(2005), pp. 81-100. 그리고 F. 발케의 옛 논문, 「때 이른 차이의 사회학: 가브리엘 타르드」를 빼놓지 않아야 한다. 이 논문은 p.짐머만·N.빈체크 엮음, 『본래 모든 것은 또한 다른 것일 수일지니』(Cologne: Walther König, 1998)에 실려 있다.

16. 장 밀레, 『가브리엘 타르드와 역사 철학』(Paris: Vrin, 1970), p. 9(인용자 강조). 1973 년에 밀레는 A.-M, 로셰블라프-스펜레와 함께, 『사회심리학 저술들』이란 제명으로 타르드 텍스트들의 최초 전집을 간행했다. 『형법 철학』(1972)을 필두로, 다수의 재간 행물들이 무작위적 순서(『모방의 법칙』, 『여론과 대중』, 『미래 역사의 단편』 등)로 후속할 수 있었지만, 주목할 만한 영향을 끼치지는 않았다. 타르드의 복위는 본질적 으로 레몽 부동이 옹호한 "방법론적 개인주의"에 의존했다는 점은 사실이다.

17. 로랑 무키엘리, 『타르드 매니아? 타르드의 현대적 사용에 관한 성찰』, *Revue d'Histoire des Sciences Humaines* 3(2000), p. 181.

18. 부르디외의 "뒤르켐주의"에 관해서는, 로익 바캉, 「뒤르켐과 부르디외: 공통 기반과 그 균열」, *Critique* 579/ 580(1995년 8-9월), pp. 646-60을 보라.

19. 타르드, 『모나드론과 사회학』, p. 58.

20. 「M. 타르드의 독창적 체계」, 『사회학 방법의 규칙』의 제1장(Paris: PUF, 1973[1895]), p. 12 n. 1.

21. A. 배리, 「중요한 사건들」, 가브리엘 타르드에 관한 워크숍 논문, 런던 대학, 2005년 12월 1일.

22. 『사회 법칙』 서문에서, 이삭 조셉은, 타르드는 짐멜과 뒤르켐과 더불어, 20년대에서 40년대까지의 두 세대의 미국 학생들에게 사회학 바이블이었던, 로버트 파크와 어니 스트 버지스의 유명한 사회학 안내서, 『사회학 과학 입문』(Chicago University Press, 1921)의 주요 참조 저자들의 한 사람이라고 지적한다(「가브리엘 타르드: 요정의 나 라로서의 세계」, 타르드, 『사회 법칙』, p. 12 n.2). 이삭 조셉, 「타르드와 파크, 군중은 무엇에 쓸모가 있는가?」, *Multitude* 7(2001년 12월), pp. 212-20을 참조하라.

23. 모리지오 라자라토, 『발명의 힘. 가브리엘 타르드의 경제심리학 대 정치경제학』

(Paris: Les Empecheurs de penser en rond/ Le Seuil, 2001), 특히 제8장(「다양성의 정치」).

12.

지그문트 프로이트

로널드 보그

1960년대에 프로이트에 대한 프랑스의 관심은 대부분 자크 라캉의 가르침들로 인해서 극적으로 증가했다. 프로이트와 정신분석에 관한 자크 라캉의 세미나들은 1953년에 시작된 이래로 늘어나는 일군의 지지자들을 끌어들여 왔다. 1966년 라캉의 『에크리』의 간행과 더불어 그 관심이 배가되었으며, 1960년대 말 무렵 진정한 정신분석적 문화가 프랑스에서 모습을 갖추기 시작했다.[1] 그의 많은 동시대인들과 마찬가지로 들뢰즈는 철학적 문제들의 창조적 재배치를 위한, 프로이트가 제공한 가능성들에 흥미를 가졌으며 『마조히즘: 냉담함과 잔인함』(1967), 『차이와 반복』(1968), 『의미의 논리』(1969)에서 들뢰즈는 몇 가지 프로이트의 개념들을 수용해서 이 개념들에다 자신의 사유 안의 특별한 위치를 부여했다. 그러나 1968년 5월 이후 들뢰즈는 라캉 정신분석학자이자 반-정신의학 운동 활동가인 펠릭스 과타리와 공동 작업을 시작했으며, 1972년에 이 두 사람은 프로이트 및 프로이트 정신 분석 전통에 대한 전면적인 비판서인 『안티-오이디푸스: 자본주의와 분열증』을 출간했다. 『카프카: 소수 문학을 향하여』(1975)의 한 장, 『천 개의 고원』(1980)의 한 짧은 절, 그리고 『비평적인 것과 진단적인 것』(1993)의 두서너 짧은 논문들을 제외하고, 들뢰즈는 자신의 후속 저술들에서 프로이트에 관해 거의 언급하지 않았다. 그러나 이러한 침묵에도 불구하고 프로이트의 영향은 그의 저작에 여전히 남아 있었 다. 왜냐하면 들뢰즈가 프로이트 및 프로이트 정신분석 운동에서 발 견한 단점들이 무엇이든 그것들은 그에게 욕망과 무의식은 사유의 근본적 구성요소들이라는 핵심 통찰을 제공했기 때문이다.

정신분석적 논평으로 향하는 들뢰즈의 첫 번째 주요한 모험은 레오 폴트 리터 자허-마조흐의 소설 『모피를 입은 비너스』(1870) 프랑스어 번역에 붙인 대단히 긴 서론인 그의 『마조히즘: 냉담함과 잔인함』이 다. 1886년 크라프트-에빙은 마조히즘의 도착을 가리키기 위해 레오 폴트 리터 자허-마조흐의 이름을 사용했다. 의학에서 들뢰즈는 증후 학과 병인학의 차이를 발견하고, 증후학은 "의학 못지않게 예술에" 속한다는 점, 그리고 "작가나 예술가는 가장 훌륭한 의사와 꼭 마찬가 지로 위대한 증후학자"라는 점을 주장한다(DI 132). 증후학은 기호들 을 읽는 기술이며, 들뢰즈는 위대한 증후학자들로 사드와 마조흐를 꼽는다. 그러나 사드와 달리 마조흐는 무엇보다도, 그와 그의 저작들 이 그릇된 임상적 범주—사도마조히즘이라 불리는 증상, 혹은 일군의 기호들—안으로 동화되어 왔고 그 최종 결과 마조흐는 단지 사드의 부속물로 취급되었기 때문에, 마땅히 주어져야 하는 것을 받지 못했 다고 들뢰즈는 말한다. 들뢰즈의 기본 주장은 사디즘과 마조히즘은 서로 다른 현상이며, 『마조히즘』에서 그는 사디즘과 마조히즘을 구별하고 이 두 구분되는 영역들의 형식적 일관성을 증명하려고 나선다.

사드의 세계는 어머니 그리고 모든 출산적 과정들과 전쟁을 벌이는 잔인한 아버지의 세계이다. 그는 끊임없는 창조와 파괴, 탄생과 죽음의 불순한 본성을 말소하는 순수 부정의 자연을 추구한다. 그러한 순수 본성은 망상적 이념이지만, "그러나 그것은 이성 그 자체의 망상이다"(M 27). 냉담한 무관심 속에서, 사드의 고문자들은 이 망상적 이념을 추구하고 수학적 진리를 논명하듯 고통을 가한다. 만약 그가 때때로 그 자신이 고문받도록 놓아둔다면, 그것은 마조히즘적 쾌락을 추출하기 위해서가 아니라 모든 인격적 욕망들을 포기하고, 그 자신을 순수 부정성의 비인격적 원리에 복속시키기 위해서이다. 이와 대조적으로 마조흐의 세계는 자연적 관능성과 전쟁을 벌이는 엄혹한 어머니와 작당하는 아들의 세계이다. 들뢰즈는 마조흐의 세 가지 여성 인물들을 구별한다. 첫째, 난잡한 성 생활을 통해 혼란과 무질서를 퍼뜨리는 출산적이고 자궁적인 어머니, 둘째, 고통을 가하는 사디스트적이고 오이디푸스적인 어머니, 셋째, "냉담하고-어머니답고-엄하면서 동시에 얼음 같이 차갑고-다감하고-잔인한" 구강적 어머니(M 51).² 앞의 두 인물은 남자와 여자 사이의 폭력적 투쟁의 자연에 속하지만, 구강적 어머니는 또 다른 자연, 엄격하고 불감증적인 층위의 초감수적超感受的; supersensual 영역을 나타낸다. 사드의 순수 부정성의 자연과 마찬가지로 마조흐의 초감수적 자연은 망상적 이념이지만, 그러나 이성의 망상이 아니라 상상력의 망상이다. 그것의 적용 양식은 분석적 증명이 아니라 변증법적 설득의 그것이다. 남성 희생자는 성행위를 주도하는 여성을 교육하고, 그 여성과의 계약을 체결하고, 이러한 결연을 통해 초감수적 차원에 도달하기 위해 관능성sensuality을 넘어선다. 마조히즘적 고문 장면에서, 구강적 어머니는 아들-희생자의 모습으로 아버지에게 굴욕

감을 주고, 아들의 관능적 욕망들을 절멸시키고, 아들이 "얼음 같이 차갑고-다감하고-산인한" 순수 자연 안의 구강적 어머니와 하나가 되는, 새로운 남자로 단위생식적 재탄생을 할 수 있도록 만든다.

들뢰즈는 부인, 유예, 기다림, 환상을 마조히즘의 지배적인 요소들로 간주한다.[3] 들뢰즈는 어머니 팔루스의 상징으로서, 마조히즘에서 매우 중요한 페티시에 대한 그의 분석에서 프로이트와 의견 일치를 본다. 페티시를 통하여 마조히스트는 어머니가 거세되었다는 점을 부정하면서 동시에 인정할 수 있다. 그런 모순된 신념들을 유지하기 위한 이러한 전략에 프로이트는 "부인disavowal"(Verleugnung)이라는 이름을 붙인다.[4] 들뢰즈에게 부인은 페티시뿐만 아니라 마조히즘의 모든 것에 대한 정보를 제공한다. 왜냐하면 부인을 통해 마조히스트는 "존재하는 것의 타당성"에 이의를 제기하면서 동시에 마조히스트의 환상을 위협하는 실재에 대한 "방어적인 중립화"를 제공하고, 그 환상에다 "보호적이고 이념화하는" 성질을 부여하기 때문이다(M 31-2). 이러한 불신의 유예는 마조히스트의 환상 내 문자 그대로의 유예들—꽁꽁 묶이거나 목이 매달려지거나 십자가에 못박히는 신체—에 의해, 그리고 얼어붙은 장면들과 영속적인 연기의 유예된 시간에 의해 반향된다. 마조히스트의 시간은 그것의 "순수 형식 속에서 기다리는" 시간 (M 71), 항상 연기되는 쾌락을 기다리는 동안 그 쾌락을 재촉할 고통을 기대에 차 기다리는 이중적인 시간이다. "그러므로 마조히스트의 불안은 쾌락의 무한정한 기다림과 고통의 강렬한 기대로 나뉜다"(M 71). 그리고 부인, 유예, 기다림이 자신들의 고유한 요소를 발견하는 것은 환상 속에서이다. 왜냐하면 부인은 "[실재적인 것을] 환상으로 전치시키고", 유예는 "이념적인 것과 관련하여 동일한 기능을 수행하고", 기다림은 "이념적인 것과 실재적인 것의 통일, 환상의 형식이나 시간성을 나타낸다"(M 72). 프로이트 개념의 경우 환상은 욕망을 표현하는 상상적인 장면이고,[5] 마조흐의 경우 그 장면들은 감성화되고 이념화된 "초감수성"의 얼어붙은 이미지들인 활인화活人畵; tableaux vivants을 닮았다. 그러므로 마조히즘은 "환상의 예술"(M 66)이라고 말해질 수도 있고, 이념적인 것이 보호되고 환각적인 실재로 가득 채워진, 일시적으로 유예된 환경 속에 욕망을 연출하는 상상력의 감성적 산물이라고 말해질 수도 있다.

혼히들 마조히즘을 혹평하고 처벌하는 초자아의 산물이라고 생각하지만, 들뢰즈는 마조히즘은 자아의 영역에 속하는 데 반해 사디즘은 초자아에 고유한 영역이라고 주장한다. 프로이트는 사디즘과 마조히즘은 상호 간에 변형된 것들이어서, 외적으로 향한 사디즘이 자기로-향한 폭력으로 변형된 것이 마조히즘이거나 혹은 애초의 마조히즘이 바깥으로-향한 폭력으로 변형된 것이 사디즘이라고 가정한다. 그런데 그 가정 배후에는 자아와 초자아는 사도마조히즘 안에서 서로 엉켜 있어서 단지 다양한 변형들 내에서 자신들의 위치를 바꿀 뿐이라는 신념이 존재한다.[6] 대신 들뢰즈는 도착은 신경증이나 정신적 승화와는 달리 "자아와 초자아의 함수적 상호 의존과 관련된 것이 아니라 그들 사이의 구조적 결렬과 관련된다"고 제안한다(M 117). 『초자아와 이드』(1923)에서 프로이트는 자아와 초자아가 형성될 때 일어나는 리비도의 "탈성화desexualisation"에 대해, 즉 명백히 성적인 대상으로부터 분리되어(탈성화되어) 또 다른 대상으로 향하는 과정에 대해 논급한다. 들뢰즈는 사디즘과 마조히즘의 도착들의 이러한 과정에다 신경증이나 승화와는 상이한 기능을 부여하며, 그는 그 도착들의 구성요소들로서 또한 보완적인 "재성화resexualisation"를 정립한다.[7] 사디즘에서 초자아는 대권을 장악하고 있다. 초자아는 아버지와의 동일시를 통해서 일어나며, 이렇게 하여 내적인 "자아-이상idéal du moi" 혹은 막강한 실력자가 모습을 갖추게 된다. 사디즘에서 "사디스트의 초자아는 매우 강력해서 사디스트는 초자아와 동일시하게 된다. 사디스트는 그 자신의 초자아여서 오직 외적 세계에서만 자아를 발견할 수 있다"(M 124). 사디스트의 주요 희생자들은 어머니와 외재화된 자아이다. 사디스트의 경우 모든 리비도는 명확히 성애적인 대상으로부터 분리되어(그래서 사디스트의 무관심이 있는 것이다) 부정의 중립적 에너지에 복무하는 데에 놓여졌지만, 그러나 그것은 또한 부정의 이념에 재부착되었다(그래서 부정의 이념 안에서 재성화되었다). 그렇다면 사디즘의 한가운데에 "사유 및 사변적 과정 자체의 성화sexualization가, 이것들이 초자아의 산물인 한에서, 존재한다"(M 127). 이와 대조적으로 마조히즘의 경우는 자아가 우세하며, 겉보기에 초자아가 지배하는 것은 오직 계략일 뿐이다. 자아가 아버지와의 동일시를 통해서가 아니라 "이념화의 신비적 작동"을 통해서 일어난다. "이 이념화의 신비적 작동 안에서 어머니-이미지가 "이념적 자아"를 반영하고 심지어 산출하기까지 하는 거울로서 역할한다"(M 129). "자아-이상"과 대조적으로 "이념적 자아moi idéal"는 전능한 나르시스트적 자기self이다.**8** 마조히스트의 환상에서 성 행위를 주도하는 여성은 이념적 자아의 현출, 아들과 공모하는 나르시스트적인 과대한 어머니-자기의 현출이다. 어머지-자기는 아들 자신의 벌을 통해서 초자아-아버지에 대한 유머러스한 조롱과 모욕을 연출한다. 사디스트의 경우처럼 마조히스트의 경우도 리비도는 탈성화되었고 특정한 성애적 대상으로부터 분리되었지만, 그러나 그것은 부정이 아니라 "마조히즘에 특유한 탈성화의 형식"인 부인이다(M 128). 부인은 실재를 유예하고 유예된 세계에서 이념적인 것을 확립하는 [그] 상상력의 토대와 다른 것이 아니다

(M 128). 마조히즘의 냉담함은 이러한 탈성화의 증거이지만, 그러나 환상 속에서 "구강적 어머니의 대행을 통해 자신의 이미지를 이념적 자아 안에서 관조하는 나르시스트적 자아" 안의 동시적인 재성화가 존재한다(M 128). 그렇다면 우리는 사디즘은 이성을 전형적인 초자아 기능으로서 성애화하는 데 반해, 마조히즘은 상상력을 자아에 고유한 능력으로서 성애화한다고 말할 수도 있겠다.

어떤 방식들로 들뢰즈의 『마조히즘』은 프로이트 정신분석 담론에 개입하는 책으로 간주될 수도 있다. 들뢰즈는 예술가가 정신분석적 탐구에서 가정해야 하는 역할을 분명히 하면서, 사드나 마조흐와 같은 작가들은 증후들을 보유하는 사람일 뿐만 아니라 그들 자체가 증후론자들이라고 주장한다. 그는 사도마조히즘에 관한 프로이트의 진술들을 상세히 분석하며, 이 진술들의 한계와 비일관성을 지적한다 (특히 M 103-10을 보라). 그는 프로이트 마조히즘 이론의 수정을 제안한 바 있는 프로이트 분석가들, 특히 시어도어 라이크와 에드먼드 버글러로부터 개념들을 차용한다. 그리고 자아, 초자아, 탈성화, 구강성, 오이디푸스적 어머니 등등 정신분석적 용어로 쓰여진, 사디즘과 마조히즘에 관한 그 자신의 설명을 제시한다. 그렇지만 적어도 어떤 면에서 마조히즘에 대한 들뢰즈의 접근법은 정신분석적 기획에 역행하며, 그것은 도착에 가치를 부여하는 데 있다. 들뢰즈에게 도착은 치료되는 것이라기보다 오히려 탐구되어야 하는 어떤 것이다. 들뢰즈가 『의미의 논리』에서 분명히 하듯이 그는 도착을 정통적인 사상을 넘어 생명을 위한 새로운 가능성들을 발명하는 "다르게 생각하는" 한 가지 수단으로 본다.[9]

도착에 그렇게 가치를 부여하는 것은 마침내 정신분석적 담론을 자신의 근본적인 철학적 기획으로 사용하려는 들뢰즈의 더 큰 목적의 일부를 이룬다. 특히 이것은 들뢰즈가 『마조히즘』에서 소묘하고 『차이와 반복』에서 더 개진한 프로이트의 죽음 충동에 대한 그의 해석에서 명백히 나타난다. 죽음 충동에 관한 프로이트의 주 텍스트, 『쾌락 원칙을 넘어서』는 프로이트가 "가장 직접적으로—또 매우 통찰력 있게—명확히 철학적인 성찰에 관여하는" "걸작"이라고 들뢰즈는 말한다(M 111). 들뢰즈의 독해에 따르면, 쾌락 원칙을 넘어서는 프로이트의 탐구는 원칙의 예외를 찾아내는 것이 아니라 쾌락이 원칙이 되기 위한 조건을 규정하는 것, 그 원칙의 초월론적 가능성의 조건을 발견하는 것이다. 죽음 충동은 그러한 조건이며, 들뢰즈는 마침내 그것을 본질적으로 시간적인 조건으로 간주한다. 이러한 조건을 프로이트는 단지 부분적으로 또 부적합하게 표현할 뿐이지만 들뢰즈는 시간의 일반 이론 내에서 더 충분히 전개하려고 노력한다.

『차이와 반복』에서 들뢰즈는 시간에 대한 우리의 상식적 경험의 기저에 놓여 있는 우리의 세 가지 초월론적 조건들을 식별하는데, 이를 그는 "시간의 수동적 종합들"이라고 명명한다. 첫 번째 수동적 종합은 현재에 속한다. 그것은 현재 (b)는 이전 순간 (a)의 파지이자 미래 순간 (c)로 향한 기투라는 방식으로 별개의 순간들(a, b, c, …)을 연결하는 종합이다. 이 종합은 시간 범주로서의 현재의 필요조건이다. 왜냐하면 이 종합이 없다면 각 순간은 어떠한 다른 순간과도 아무런 관계를 맺지 않게 될 것이며(그리고 현재가 과거와 미래와 맺는 관계 바깥에서 무슨 의미를 갖겠는가?), 현재는 결코 지나가지 않거나 혹은 새로운 현재가 잇따르지 않을 것이다. 그렇지만 "첫 번째 종합이 일어날 수 있는 또 다른 시간이 반드시 존재한다"고 들뢰즈는 주장하는데, 이 시간은 우리를 두 번째 종합, "잠재적 과거의 종합으로 회부한다"(DR 79). 베르그손을 따라 들뢰즈는 기억의 과거는 현재와 질적으로 다르다고 주장한다. 과거는 무한정하게 뒤를 향해 뻗고 앞을 향해 현재로 펼치는 단일한 공-존하는 영역으로서 실존한다. 과거는 실재적이지만, 현재가 그렇듯 현실적이지 않다. 오히려 그것은 잠재적이고, 그 자신의 실존 양식을 가지는 영역이다. 과거는 현재와 질적으로 다르므로, 그것은 이전에 현재적인 순간들로 이루어지지 않는다. 그것은 한번도 현재인 적이 없는 과거이다. 그렇지만 그것 내에 시간의 흐름 속에서 지나가고 있는 순간들을 포함하는 어떤 것으로서 끊임없이 구성되고 있는 과거이다. 그러므로 모든 현재 순간을 위해 잠재적 분신, "과거의 현재"가 실존함에 틀림없다. 어떤 의미에서 시간은 현재 순간 안에서, 미래를 향해 밀고 나아가는 현실적 순간, 동시적으로 출현하고 잠재적 과거의 광활한 지대의 일부를 형성하는 그 순간의 잠재적 분신을 쪼갠다. 그러나 이 두 번째 종합을 넘어, 들뢰즈는 세 번째 종합, 즉 그가 "시간의 빈 형식"(DR 88), 시간의 신비로운 무근거의 근거, 열려진 미래의 시간인 카오스적인 "탈구된 시간"(DR 88)로 간주하는 종합의 필요성을 간취한다. 이것은 죽음 충동의 시간이다.

들뢰즈의 분석에 따르면, 생물심리학적 생명은 "강도상의 차이들이 흥분의 형식으로 여기저기에 분배되어 있는 개체화의 장을 의미하며", 프로이트가 이드라고 부르는 것은 "강도적 장 내의 차이들과 국소적 해결들의 가동적 분배이다"(DR 96). 쾌락은 긴장들이 감소되는 과정이지만, 그러나 문제는 국소적으로 현출된 마구잡이의 과정이 어떻게 원리(=원칙), 정규적 규칙, 실천이 되는가 하는 것이다. 그러한 원리를 가능하게 하는 것은 설정된 순서 속에서 순간들을 연결하는 것이며, 그 연결하는 것은 첫 번째 수동적 종합을 상정한다. 첫 번째 종합은 습관들을 수축시키는 종합이며, 습관들의 형성을 통해서 우리는 "산개된 해결의 상태에서 두 번째 층의 이드 및 조직화의 시작들을 구성하는 통합의 상태로 이동한다"(DR 96). 따라서 "습관은, 수동적 묶기 종합의 형식으로, 쾌락 원칙에 선행하고 이 원칙을 가능하게 만든다"(DR 97).

이 습관들이 수축할 때 유아는 자신의 욕망을 다양한 대상들에 집중시키지만, 들뢰즈는 유아의 욕망은 현실적 대상과 잠재적 대상 둘 모두에 관여한다고 주장한다. 이 잠재적 대상들은 멜라니 클라인이 "부분 대상들"이라고 부르는 것(그리고 라캉이 "대상 a"라고 부르는 것)과 관련된다. 클라인의 부분 대상들은 "좋은 가슴", "나쁜 가슴", "좋은 남근", "나쁜 남근"과 같은 것들―유아가 생의 첫 네 달 동안 받아들이고 혼란스런 환영적 방식으로 받아들이고 물리치는 상징적 신체 부분들―이다. 들뢰즈는 그런 대상들을 "순수 과거의 조각들"(DR 101)인 잠재적 대상들로 간주한다. 그것들은 시뮬라크르, 플라톤이 환타스마 phanstasma라고 부르는 것, 모본도 사본도 아니지만, 애먹이는 은밀한 나타남들인 존재들entities로, 이 존재들은 어떠한 고정된 동일성에도 저항하고, 그것들 자체와 다른 것으로 보이며, 다른 것-되기 과정에 영원히 종사한다. 잠재적 대상은 우리가 그것을 찾지 않는 곳에서 실존하기에 포착할 수가 없으며, "그 자신과 관련하여 본질적으로 대체되며, 오직 상실된 것으로만 발견된다"(DR 103). 가령 좋은 가슴은 언제나 동시적으로 나쁜 가슴이기에, 그것은 또한 그 자신과 본질적으로 다르다. 잠재적 대상은 결코 현실적 현재에 실존하지 않는다. 왜냐하면 그것은 "언제나 하나의 '있었다'"(DR 102)이기 때문이고, 순수 과거의 파편이기 때문이다. 그리고 그것은 "순수 과거로부터 잠재적 대상들을 찢어내어, 이 대상들이 체험되기 위해서 우리에게 이 대상들을 주는" 에로스이다(DR 103). 성인의 마음 안에 있는 유아의 욕망들의 결과들을 설명하는 것은 그런 대상들의 잠재적 본성이다. 꿈들,

환상들, 증후들 등등에서 유아의 경험과 성인 경험이 결합되지만, 현재 안에 반복되는 본원적 경험으로서가 아니다. 오히려 잠재적 대상은 순수 과거의 일부로서 유아와 성인과 함께 한 단일한 영역에서 공-존하며, 이전에 실존했던 현실적 유아와 지금 실존하는 현실적 성인을 결합한다. 이 영역에 어떠한 진정한 시작도, 기원 점도 없다. 그것은 환타스마의 영역, 순수 과거의 시뮬라크르적 파편들의 영역, 시간의 두 번째 수동적 종합을 통해 출현하는 영역이다.

만약 첫 번째 수동적 종합이 "쾌락 원칙의 토대foundation"를 보장한다면, 에로스의 두 번째 종합은 "쾌락 원칙의 근거ground[fondement]로서 기능한다"(DR 108). 잠재적 대상들의 관여를 통하여, 유아는 첫 번째 종합에 의해 규제되는 다양한 만족들을 결합하며, 공-존하는 총체적인 잠재적 대상들은 나르시스트적 자아를 형성하기 위해, 즉 욕망하는 자이면서 욕망되는 대상이고 자아이면서 잠재적 대상들인 용해적인 자기를 형성하기 위해 욕망하는 자기와 합체한다. 그러나 나르시스트적 자아로서 그 자아는 또한 필연적으로 사유의 대상이 되며, 이 자기를 사유하는 유일한 수단은 "타자"로서 존재한다. 이 지점에서 "나" 안에 본질적인 분열, 곧 주체로서의 나, 그리고 대상으로서의 나가 존재한다. 데카르트의 정식 나는 생각한다, 고로 나는 존재한다cogito ergo sum에 대한 칸트의 해석을 따르면, 코기토(사유하는 주체)가 그 자신을 사유의 대상으로 간주하는 형식은 시간에 관한 형식이며, 들뢰즈의 칸트 독해에 의하면, "분열된 나"의 시간, 즉 코기토와 자아로서의 자기의 시간은 시간의 빈 형식의 시간이다. 이 시간의 빈 형식은 시간적인 것 그 자체의 분화되지 않고 조직화되지 않은 차원이며, 그 안에서 특정한 종류의 시간들—지나가는 현재(첫 번째 종합)와 잠재적 과거(두 번째 종합)—이 출현할 수도 있다. 시간의 빈 형식은 시간의 근거(두 번째 종합)와 시간의 토대(첫 번째 종합)를 낳은 "탈근거"의 차원이다. 두 번째 종합을 통해 출현하는 나르시스트적 자아가 그 자신을 사유의 대상으로 간주할 때, 이 자아는 "시간의 빈 형식에 상응하는 현상"이 된다(DR 110). 다양한 부분 대상들에 투자된(=투여된) 리비도는 이 부분 대상들로부터 추출되어 나르시스트적 자아 그 자체에 고정된다. 이 과정에서 리비도는 탈성화되어, 중립적인 치환 가능한 에너지가 된다. 이어 이 중성적 에너지는 "텅 빈 탈구된 시간"이라고 들뢰즈가 주장하는 죽음 본능에 복무한다(DR 111).

들뢰즈의 존재론에서 다자는 일자로부터 유출되지 않는다. 세계의 다양한 존재들이 유래하는 본원적인 통일체는 존재하지 않는다. 대신에, 일차적인 것은 차이의 다양체들, 즉 자기-차이화self-differentiation의 과정을 통해 추가적인 차이들을 발생시키는 스스로-달라지는self-differing 차이들이다. 통일체들은 자기-차이화하는 차이들에 의해 생산되는 이차적 효과들이다. 세 번째 종합의 시간은 그런 자기-차이화하는 차이들의 시간, 즉 들뢰즈가 니체의 영원 회귀와 동일시하는 시간이다. 영원 회귀는 같은 것의 회귀가 아니라 차이의 회귀라고 들뢰즈는 주장한다. 들뢰즈는 이 회귀를 반복이라고 부르지만, 아마도 그것은 매 순간이 자기-차이화하는 차이들의 발생적 힘의 되풀이인 "되풀이"로 간주될 때 더 쉽게 이해될 것이다. 차이의 각 되풀이는 상식적인 시간적 좌표들 혹은 안정된 동일성들을 갖지 않으며, 그 자체 각양한 존재들이 형태를 취하는 다른 종류의 시간들을 생산하는 탈근거적 매체이다. 자신의 발생적이고 창조적인 역량 속에서, 이 탈근거적 매체는 새로운 것의 시간이고, 따라서 미래의 시간이다. 프로이트가 죽음 본능을 반복 강박과 연합할 때, 들뢰즈는 프로이트가 세 번째 수동적 종합의 시간 개념에 가까이 있다는 증거를 발견한다. 들뢰즈는 죽음 본능은 무의식적이고 또 그것은 직접적으로 에로스와 공조하여, 언제나 포착하기 어려운 변장을 하고서 현출할 따름이라고 하며 프로이트에 동의한다. 하지만 그는 죽음 본능은 유기적 물질이 이전의 무기적 상태로 되돌아가려는 충동이라는 점에는 동의하지 않는다. 왜냐하면 죽음 본능은 물질적 상태가 아니라 순수 형식—시간의 빈 형식—에 상응하기 때문이다(DR 112). (프로이트 그 자신이 말하는 바와 같이) 무의식은 죽음을, 적어도 이 단어의 물질적 의미에서, 전혀 알지 못한다. 그렇기는커녕, 무의식에 고유한 "죽음"은 "자유로운 차이들의 상태들을 가리키는데, 이때 이 자유로운 차이들은 더 이상 나 혹은 자아에 의해 자신들에게 부과되는 형식을 받지 않고, 모든 종류의 동일성의 응집성과 다름없는 나 자신의 응집성을 배제하는 모습을 취한다"(DR 113). 만약 세 번째 종합에 주체가 존재한다면 그것은 "기억을 갖지 않는 익명적인 나르시스트적 자아, 위대한 기억상실증 환자"(DR 111)이며, 이러한 자아를 통해서 더 이상 에로스에 매이지 않는, 따라서 탈성화되고 중성적인 에너지가 이동한다.

분명히 『차이와 반복』에 보이는 프로이트의 죽음 본능에 관한 독해에서 들뢰즈는 정신분석에 대한 통례적인 시계를 훨씬 넘어 모험한다. 또 『의미의 논리』에서 우리는 프로이트의 개념들을 더 광범위한 철학 영역으로 이와 유사하게 확장하는 것을 발견한다. 『의미의 논리』는 언어를 구성하는 의미와 무의미의 관계에 관한 탐구이다. 들뢰즈의 출발점은 신체들과 "비물체적인 것들" 간의 스토아학파의 구별인데, 그 중 하나인 비물체적인 것은 때로 "표현 가능한" 것으로 번역되는 렉톤lekton이다. 스토아학파의 경우 신체들만이 실재적 실존을 가지는 데 반해 비물체적인 것들은 단지 의사-실존, 즉 "존속subsistence" 혹은 "내속insistence"을 가질 뿐이다. 스토아학파의 언어 분석에 따르면,

소리 신체들은 화자의 입에서 흘러나와 청자의 귀를 때리지만, (우리가 이해할 수 없는 언어를 들을 때처럼) 소리 신체들을 비응집적 소음들 이상의 것으로 만드는 것은 음향 신체들의 표면 방사와 같이 존속하거나 내속하는 비물체적 "의미sense" 혹은 "뜻meaning"인 렉톤이다. 이 스토아학파의 구별에 의거하여 들뢰즈는 "의미" 개념을 신체들과 단어들 사이의 표면 효과로서 전개하는데, 여기서 의미는 표준적인 언어학적 범주나 논리학적 범주 내에 포괄될 수 없는 단어들의 방사이자, 비인격적이고 시간적으로 분화되지 않은 생성, 순수 부정사(전장에서 상호 작용하는 다양한 신체들 위를 맴도는 표면 효과로서의 "전투함")인 "사건"의 형식을 띠는 신체들의 방사이다. 들뢰즈는 의미는 단어들과 사물들을 상호 관계를 맺게 하는 비물체적인 막으로서 역할하는 초월론적 장, 혹은 형이상학적 표면이라고 주장하며, 그의 분석의 많은 부분은 자기-차이화하는 차이로서의 무의미가 사유 내의 "정적 발생"을 통하여 이 형이상학적 표면을 발생시키는 방식에 중점을 둔다. 그러나 이 책 뒤에서 들뢰즈는 의미의 "동적 발생", 즉 유아가 소리-신체들과 단어들을 구별하게 되는 발달 과정으로 향하며, 그가 언어가 욕망과 맺는 관계에 관한 정신분석 이론을 정식화하는 것은 여기에서이다.

들뢰즈는 유아의 심리적 발달에 있어서 세 가지 국면을 구별하는데, 그는 이 국면들을 심층, 상층, 표면과 위상학적으로 연동시킨다. 본질적으로 클라인의 체제를 채택하면서, 들뢰즈는 유아의 최초기 심리적 세계를 "구강성, 입, 가슴이 최초로 한없이 깊은 심층"인 소란스럽고 카오스적인 영역으로 간주한다(LS 187).**10** 이러한 소화와 배설의 심층에서 부분 대상들(좋은-가슴, 나쁜-가슴 등등)은 섭취되고 배출되는데, 여기서 부분 대상들은 "신체들이 파열하고, 다른 신체들이 보편적 오물통 안에서 파열하는데 원인이 되는" 어머니-유아의 용해적 "입-항문 체계"를 구성하는 전체이다(LS 188). 그러나 들뢰즈는 이러한 폭력적이고 박해하는 대상들 이외에, 심층 내에 부분들이 없는 유기체, 입도 항문도 갖지 않는 기관들 없는 신체가 실존한다고 주장한다. 그렇다면 부분 대상들의 공허한 심층과 기관들 없는 신체의 충만한 심층, 이렇게 두 심층이 구별되어야만 한다. 이 두 심층은 이드와 자아 간의 갈등을 암시하는 긴장 속에 있다. 이 최초의 세계의 단어들은 부분 대상들, "단어-수동들, 쪼개진 배설물 조각들"로서든, 기관들 없는 음향적 신체들, 단어-능동들, 함께 융합된 블록들로서든, 신체들로 경험된다(LS 189).

유아 발달의 두 번째 국면에서 새로운 대상, 즉 "자신을 고양시키는 좋은 대상"이 출현하는데(LS 189), 이 대상은 완전한 대상이라는 점에서 심층의 부분 대상들과 질적으로 구분되는 대상이다. 상층의 이 완전한 대상으로부터 초자아가 생겨난다. 초자아는 유아 자아가 동일시하는 이상ideal이지만, 이 자아는 또한 초자아를 박해적인 것으로 경험한다. 왜냐하면 이 자아는 공중의 초자아가 증오를 품고서 내려다보는 최초의 심층과 자신이 맺는 연관의 정도를 계속 유지하기 때문이다. 이 두 번째 국면에서 언어는 아직 분절된 의미의 운반체가 아니라 단지 정서로 가득 차 있는 권위의 목소리(달래고, 꾸짖고, 칭찬하고, 비난하는 목소리)라는 새로운 차원을 획득한다. 이 지점에서 "소리는 더 이상 소음은 아니지만 아직 언어인 것은 아니다"(LS 194).

세 번째 국면은 표면의 국면이다. 유아가 다양한 만족들을 이끌어낼 때 성감대들erogenous zones이 출현한다. 성감대들은 심층으로부터 자신들을 구별해내는 응집성의 형태를 띠는, 쾌락의 국소적 표면들이다. 각 성감대는 "그 영토에 '투출된' 부분 대상과 분리 불가능하며"(LS

197), 유아의 성감적 신체 표면은 흥분의 이질적 부위들로 된 "할리퀸의 망토"(LS 197)와 닮았다. 그 패치워크의 성감대들은 유아가, 성감적 표면에 투출되어 있는, 상층의 이상적인 완전한 대상인 팔루스와 동일시함으로써 조직화되고 통일되게 된다. 유아의 최초의 의도는 자신의 파편화된 신체를 통일하는 것이며(이렇게 해서 아래로부터 표면에 투출되어 있는 심층의 상처 입은 어머니 신체를 치유하는 것이며), 그 자신을 철수하라고 항시 위협하는 권위에게 현존을 부여함으로써 그 자신을 초자아와 화해하는 것이다. 그러나 그러한 좋은 의도들은 이후 처벌받는다. 왜냐하면 세 번째 국면인 표면은 성적 차이들이 확립되는 오이디푸스 국면이기 때문이다. 심층의 분리된 부분 대상으로서의 남근, 그리고 (남자든 여자든) 부모 권위의 단순한 상징으로서의 남근은 아버지에 의해 소유되고 어머니에게 있어서 누락된 팔루스가 된다. 일단 이러한 성적 분할이 일어나기만 하면, 성감적 신체 표면을 가로질러 팔루스에 의해 그려진 선은 더 이상 치유하지 않고 대신 나르시스트적 상처의 거세하는 선을 그린다. 그럼에도 불구하고 "다형 도착의polymorphously perverse" 표면이 남아 있고, 유아가 언어를 획득하기 시작할 때 그 성감적 표면은 형이상학적 표면, 의미의 형이상학적 표면에 의해 이중화된다. 먼저, 유아는 여전히 소리들에 어떠한 의미도 귀속시킴이 없이, 음성의 연속적 흐름으로부터 음소들phonemes을 구별해낸다. 다음으로, 유아는 원-의미들proto-meanings을 가진 다양한 원-단어들proto-words을 형성하며, 그 원-단어들은 루이스 캐럴의 무의미 단어들처럼 기능한다. 즉 "음소들을 이질적이고 수렴적이고 연속적인 계열의 통접적 종합 안으로 통합하는" 비의어들esoteric words("Your royal synthesis"의 수축인 "y'reince"), 그리고 "이접적 종합을 실연하는" 혼성어들pormanteau words(LS 231)—"shark + snake"로서의 "snark"—. 따

라서 유아는 "음소phonemic letter[음성의 흐름으로부터 추출된 단위]에서 형태소morpheme로서의 비의어로 나아가고, 그런 다음 이것에서 의미소samaneme로서의 혼성어로 나아간다"(LS 232). 마침내 이 리비도적으로 투여된, 원-의미의 표면으로부터 완전히 분절된 의미의 언어학적 표면이 출현한다.

들뢰즈는, 만약 클라인의 용어로 말한다면 첫 번째 국면인 심층은 "편집증적-분열증적"이고, 두 번째 국면인 상층은 "우울증적"이며(LS 187), 세 번째 국면인 표면은 그것이 성적 분화와 다형 도착성의 국면이라는 점에서 "성-도착적"이라고(LS 197) 주장한다. 성애적 표면은 도착과 환상의 부위이며, 사드와 마조흐가 드러낸 세계들이 전개되는 것은 바로 이 표면에서이다. 그것은 또한 리비도가 탈성화되어 표면의 나르시스트적 자아에 고정될 때 죽음 본능과 세 번째 수동적 종합이 분명하게 나타나게 되는 영역이다(LS 208). 『마조히즘』에서 들뢰즈는 사디즘과 마조히즘의 도착들은 탈성화된 리비도를 재성화하는 데 역할하며, 끊임없는 반복의 환상 장면들 내에서 이루어지는, 탈성화에서 재성화로 향하는 즉각적 도약에 있어서, 무언의 보이지 않는 죽음 본능이, 자기-차이화하는 차이의 부단한 반복 속에서 거의 직접적으로 나타나게 된다고 말한다(M 115-20). 『의미의 논리』에서 들뢰즈는 "최초의 심층과 형이상학적 표면, 심층의 파괴적이고 야만적인 충동들과 사변적인 죽음 본능의 두 극단 사이에는" 위태로운 관계가 존재한다고 진술한다(LS 239). 가장 큰 위험은 표면이 심층과 융합되어 분열증적 카오스 속에서 소비될 것이라는 점이다. 그러나 이 관계의 가장 큰 약속은 "물리적 표면을 넘어, 심지어 삼키고-삼켜지는 심층들의 대상들조차 투출되는 넓은 범위의 형이상학적 표면을 구성한다는 점에 놓여 있다"(LS 240). 그렇다면 『의미의 논리』에서 내리는 들뢰즈의 결론은 성감적 신체와 언어적 의미의 비물체적 방사로 된 이중적 표면인, 도착과 환상의 표면 위에서만 세세의 카오스적 힘들이 포획되고 또 사유의 효과적인 구성요소들이 될 수 있다는 점이다.

들뢰즈와 과타리가 협동 작업하여 최초로 저술한 책인 『안티-오이디푸스』에서 들뢰즈는 심층으로 뛰어들기 위해 표면을 포기하는데, 이 뛰어듦에 의해 모든 프로이트식 장치는 공격을 받게 된다. 마음에 대한 들뢰즈의 지침은 더 이상 도착이 아니라 정신병, 곧 프로이트가 정신분석적 치료로는 접근 불가능하다고 판단한 심리 상태이다. 들뢰즈와 과타리는 이드-자아-초자아를 욕망 기계들, 기관들 없는 신체, 유목적 주체라는 정신병적 삼개조로 대체한다. 욕망 기계들은 클라인이 말하는 심층의 부분 대상들과 같지만, 이제 이 기계들은 분리된 신체, 박해하는 기관들, 내적 세계와 외적 세계 사이의 기묘한 연결들(개들에게서 오는 전파들, 음성들을 제어하기)에 대한 환각적 경험들을 본떠 형성된다. 욕망 기계들은 다양한 종류의 흐름들이 통과하는 연접적 종합 안에서 조합된—심적, 육체적, 물질적, 자연적, 산업적 등등—이질적 요소들이다. 기관 없는 신체는 정신분열증자의 긴장증적 신체, 정적이고 끈적거리고 달걀 같은 신체, 기적적으로 자기-충족적인 신체와 같다. 이 신체 위에서 욕망 기계들은 자신들의 길을 따라가되, 흐름들을 분화시키면서 동시에 그 흐름들을 역설적으로 상호 관련을 맺게 하는 이접적 종합 안으로 들어간다. 그리고 유목적 주체는 영속적으로 변화하는 다중인격장애의 자기와 같고, 기관들 없는 신체를 뒤덮는 욕망 기계들의 회로들을 횡단하는 탈자적 강도의 돌아다니는 장소—각 강도는 일시적인 자기를 창조하는 통접적 종합의 장소이다—와 같다.

들뢰즈와 과타리의 목적은 정신병을 낭만적으로 묘사하는 데 있는 것이 아니라—정신 요양 시설에서 근무할 때의 폭넓은 경험 덕분에 과타리는 정신 질환의 암울한 실재들을 예리하게 알아차릴 수 있었다—, 정신병자들의 보고들로부터 무의식의 작업을 지배하는 원리들을 추출하는 데 있다. 들뢰즈와 과타리에게 무의식은 무-의식적이라기보다는 무-이성적인데, 여기서 그들은 의미심장하게도 프로이트를 벗어난다. 프로이트의 무의식은 꿈 이미지이든, 증상이든, 착오 행위이든, 승화된 이념이든, 그 밖의 무엇이든 그것의 표상태들을 통하는 것 외에는 궁극적으로 접근 불가능하다. 이와 대조적으로 들뢰즈와 과타리의 무의식은 표상하는 것이 아니라 기능하는 것이기 때문에, 직접적으로 접근 가능한데, 욕망 기계들, 기관들 없는 신체들, 유목적 주체들은 "욕망-생산"의 영속적 과정 속에서 각양한 흐름들을 종합한다. 무의식의 기능은 이 욕망-생산의 과정이며, 그것은 실재적인 것 내에서 내재적이다. "무의식 그 자체는 인격적이 아닌 것과 마찬가지로 구조적인 것이 아니기 때문에, 그것은 상상하거나 표상하지 않는 것과 마찬가지로 상징하는 것이 아니다. 무의식은 제작하고, 기계적이다. 무의식은 상상적인 것도 상징적인 것도 아니며, 실재적인 것 the Real 그 자체이다"(AO 53). 무의식은 욕망의 동인이지 결핍을 채우려 하는 동인이 아니다. 오히려 무의식적 욕망은 개인들과 그 환경 간의 상호 작용적 과정일 뿐만 아니라 내적 경험에 스며드는 적극적 리비도 혹은 성적 에너지이다. "욕망은 부분 대상들, 흐름들, 신체들, 그리고 생산 단위들로서의 그 기능을 제작하는 [욕망 기계들, 기관들 없는 신체들, 유목적 주체들에 의해 수행되는] 일단의 수동적 종합들이다"(AO 26). 들뢰즈와 과타리에 따르면, "정신분석의 위대한 발견은 욕망의 생산, 무의식의 생산들에 대한 발견이다"(AO 24). 안타깝게도 정신분석은 또한 "공장으로서의 무의식"의 모델을 "오직—신화, 비극, 꿈들 안에서—그 자신을 표현할 수밖에 없는" 무의식에 의해 대체함으로써 그 발견을 배반했다(AO 24).

프로이트에게 무의식적 욕망들은 오이디푸스 콤플렉스에 의해 조직되며 아버지, 어머니, 그리고 개인적 주체를 포함하는 심적 발달의 이 보편적 패턴은 모든 인간 관계들을 푸는 열쇠이다. 들뢰즈와 과타리는 오이디푸스 콤플렉스는 보편적인 것이 아니라 근현대 자본주의적 사회들의 산물이고, 이 콤플렉스는 그런 사회들이 욕망을 훈육하고 제한하고 규제하는 주요 수단이라고 하며 논박한다. 욕망은 들뢰즈와 과타리에게 가족적인 것이 아니라 직접적으로 사회적이다. 가족은, 외적인 사회적 관계들을 구조화하는 폐쇄된 단위가 아니라 "편심적偏心的; eccentric이고 탈중심화되어" 있어서, 그 자체에 상호 작용의 확장된 회로들이 스며들어 있다.

> 아버지, 어머니, 자기는, 이 모든 삼각화를 부단히 깨뜨리고, 모든 상황이 가족적 콤플렉스로 후퇴해서 그 안에 내면화되는 것을 막는 정치적이고 역사적인 상황의 요소들—군인, 경찰, 점령군, 부역자, 급진주의자, 저항자, 두목, 두목의 아내—과 맞붙잡고 있고 또 직접적으로 결합되어 있다. (AO 97)

오이디푸스 콤플렉스의 기능은 사회적 욕망을 가족적 욕망으로 환원하는 것이고, 거세 콤플렉스를 통해 욕망하는 주체들 안에 죄책감과 결핍을 주입하는 것이다. 정신분석은 오이디푸스 콤플렉스를 발명하지 않는다. 왜냐하면 "정신분석의 대상자들은 이미 오이디푸스화되어 도착하고, 그것을 요구하고, 더 많이 원하기 때문이다"(AO 121). 오히려, 정신분석은 "무의식 전체의 이동에다 최후의 에너지 폭발을 추가하여, 단지 실존하는 경향들을 강화할 뿐이다"(AO 121).

일찍이 정신분석에 대한 비판에서, 들뢰즈와 과타리는 프로이트에 의한 세 가지 텍스트 독해를 제공하는데, 이 독해를 그들은 전체 기획의 단점들의 징후을 보여주는 것으로 간주한다. 첫 번째 텍스트 독해는 프로이트의 1911년 「편집증(편집성 치매)의 사례에 관한 자서전적 설명에 관한 정신분석적 노트들」로, 이는 다니엘 파울 슈레버의 『나의 신경 질환에 관한 회고록』(1903)에 관한 프로이트의 독해이다. 이 텍스트적 분석(프로이트는 슈레버를 한번도 만난 적이 없었다)에서, 프로이트는 정신병의 사례에 관한 한낱 확장된 주해를 제공할 뿐이다. 비록 이 텍스트에서 슈레버의 아버지에 대한 두서너 가지 언급들을 발견하는 데 그칠 뿐인데도, 프로이트는 슈레버의 장애를 푸는 열쇠는 그의 아버지로 향한 동성애적 감정들에 대한 그의 불안이라고 결론을 내린다. 프로이트는 또한 다양한 민족들, 종족들, 역사적 명사들과 은밀히 관련을 맺고 있다고 하는 슈레버의 매우 긴 발언들을 묵살한다. 프로이트에게 그런 자료는 단지 신화적, 종교적 서사들의 잔여물일 뿐이고, 또 그 못지않게 슈레버의 개인적 서사로서의 오이디푸스 콤플렉스의 징후를 보여주는 것일 뿐이다. 이와 대조적으로 들뢰즈와 과타리에게 (태양의 기적적인 광선들과 말하는 새들의 그것들과 같은) 슈레버의 역사적이고 문화적인 섬망들은, 아버지에게로 향한 동성애적 감정들을 입증하는 것이 아니라 자연 세계와 맺는 무의식의 직접적 연관을 입증하듯이, 욕망의 내재적으로 사회적인 본성을 증명하는 것이다.

두 번째 증거물은 프로이트의 1919년 논문 「"아이가 매 맞고 있다": 성 도착의 기원에 관한 연구에의 기고」이다. 여기서 프로이트는 사도마조히즘의 공통 환상을 일반화할 때 세 단계를 밝혀내는데, 이 단계들 중 가장 중요한 단계는 프로이트의 환자들에 의해 보고된 적이 한번도 없고 오직 분석 곧 "나의 아버지가 나를 때리고 있다"을 통해 드러날 뿐이다. 들뢰즈와 과타리가 언급하듯이, 아버지 주제가 결코 덜 보이는 바가 없었지만, 그러나 그 못지않은 열정과 결의로 단언된 적도 결코 없었다. "오이디푸스의 제국주의는 여기 부재 위에 정초해 있다"(AO 58). 프로이트에게 최초로 보고된 바의 환상은 일반적으로 말해 "몇몇 소년들이 작은 소녀들이 있는 데서 어떤 사람—가령 교사 —에게 매 맞는다는 점이다"(AO 59). 그렇지만 프로이트는 환상의 제도적 차원은 물론 환상의 집단적 본성을 무시한다. 그렇다면 프로이트에게, 환상은 개인적이며, 오이디푸스화하는 아버지에 중점을 둔다. 그러나 들뢰즈와 과타리는 환상은 환원 불가능하게 집단적이어서, 사회적 환경(학교, 교사, 규율, 권위)에 감입되어 있고, 소년들과 소녀들 모두에게 리비도적으로 투여되어 있다(단지 무의식적 양성애성에 대한 증거가 아니라 다성애성, 즉 사람들, 사물들, 이미지들, 관념들 등등에의 투여에 대한 증거)고 주장한다.

들뢰즈와 과타리가 검토하는 세 번째 텍스트는 「종료 가능한 분석과 종료 불가능한 분석」, 즉 프로이트의 1937년 정신분석 치료는 결코 최종적 치료를 가져오지 않고 따라서 결코 끝나지 않는 것으로 보이는 걱정스러운 깨달음에 관한 성찰이다. 분석을 완결하는 데 장애가 되는 것은, 어떤 주체들은 "그런 점성적 리비도를 갖거나 혹은 이와 달리 그런 액상적 리비도를 갖고 있어서, '붙잡는' 데 아무것도 성공하지 못한다는 점"이라고 프로이트는 마침내 결론을 내린다(AO 65). 여기서 들뢰즈와 과타리는 프로이트가 정신분석의 통제적이고 규율적인 기능을 불완전하게 일별하고 있음을 발견한다. 점성적 리비도들은 호출될 때마다 오이디푸스화에 저항하며 "아빠-엄마-나"라고 대답하려 하지 않는 데 반해, 액상적 리비도들은 어떠한 오이디푸스적 해석도 기꺼이 묵인하며, 모든 해석들에 동의하고 아무것에도 정착하지 않음으로써 분석 과정을 전복시킨다. 그렇다면 프로이트가 볼 수 없는 것은 오이디푸스 콤플렉스는 발견되는 것이 아니라 생산되는 것이며, 점성적 리비도와 액상적 리비도에 분명히 나타나는 오이디푸스화에 반하는 저항은 치료를 방해하는 것이 아니라, 진정한 욕망-생산을 향한 주체의 잠재적인 개방을 나타내는 기호이다.

『안티-오이디푸스』 이후 프로이트에 관한 들뢰즈의 논평들은 의미심장하게 감소한다. 들뢰즈와 과타리는 본질적으로 오이디푸스적인 카프카의 「아버지에게 보내는 편지」는 과장을 통해 그것을 유머러스하게 파괴하는, 실제로는 오이디푸스 콤플렉스의 패러디라고 주장하면서 『카프카』(1975)의 한 장을 카프카에 관한 정신분석적 독해들을 논박하는 데 할애하지만, 이 책의 남은 부분은 다른 문제들을 다룬다. 비록 『천 개의 고원』(1980)이 『자본주의와 분열증 II』이라는 부제를 가진 『안티-오이디푸스』의 속편이라고 자처하지만, 오직 짧은 고원 「한 마리의 늑대? 아니면 여러 마리의 늑대?」―프로이트의 늑대인간 사례에 관한 독해에 대한 비판―만이 정신분석적 문제들에 직접적으로 중점을 둔다. 그리고 『비평적인 것과 진단적인 것』(1993)은 들뢰즈가 처음 『마조히즘』―위대한 심리학적 증후학자들로서의 작가들을 연구하는 책―에서 제안한 기획을 이 제명이 지시하고 있음에도 불구하고, 정신분석적 함의가 담긴 두서 편의 시론들을 담고 있을 뿐인데, 이 시론들 중 대표적인 것은 「아이들이 말하는 것」으로, 이는 욕망의 가족적 지도제작에 의해서가 아니라 사회적 지도제작에 의해서 프로이트의 작은 한스 사례를 역으로 독해하는 시론이다.

분명히 『안티-오이디푸스』는 프로이트에 대한 들뢰즈의 접근법에 있어서 분수령을 나타낸다. 『마조히즘』, 『차이와 반복』, 『의미의 논리』에서 들뢰즈는 프로이트의 자료들을 사용하여 비교직 일관된 심리학적 모델을 건립하고, 앞으로 나아감에 따라 그 구조 안에서 어떤 사소한 수정들을 일구어낸다. 이드, 초자아, 자아의 영역들은 심층, 상층, 표면의 영역들이다. 클라인의 체제는 부분 대상들과 기관들 없는 신체들의 카오스적인 심층에서 완전한 대상과 자아-이상의 상층으로 향하는, 성감대들과 이상적 자아의 표면으로 향하는 발달 운동에 관한 정보를 제공해준다. 유아의 언어 습득은 이 발달 과정을 따른다. 시간의 세 가지 종합들은 심적 과정들 간의 관련성을 제공하는데, 첫 번째 종합은 쾌락을 하나의 원리(=원칙)에로 전환하고, 두 번째 종합은 쾌락을 에로스에 근거지으며, 세 번째 종합은 죽음 본능의 "무근거의 근거"를 제공한다.[11] 표면은 환상과 도착의 영역이다. 사디즘에서는 초자아가 지배적이고, 마조히즘에서는 나르시스트적 자아가 지배적이며, 둘 모두에서는 탈성화된 리비도의 재성화가 죽음 본능을 표면 가까이에 가져온다. 『안티-오이디푸스』와 더불어 이 프로이트적 구조물은 붕괴한다. 부분 대상들과 기관들 없는 신체들의 심층을 제외하고는 남아 있는 것이 거의 없다. 프로이트와 정신분석은 욕망의 적들로 제시되는데, 왜냐하면 그것들의 사회적 기능은 주체들을 거세, 죄책감, 결핍의 가족적 한계 내로 오이디푸스화함으로써 규율하는 것이기 때문이다.

프로이트와 정신분석에 대한 이러한 철저한 비판을 시작하고 난 후, 들뢰즈는 이 비판을 계속할 필요를 느끼지 않고, 자신의 사상에 프로이트의 용어를 더 사용하는 데 관심을 갖지 않는다. 그러나 『안티-오이디푸스』에서 행한 프로이트와의 단절을 너무 심하게 강조하는 것은 실수일 것이다. 어떤 점에서도 들뢰즈는 정통적인 프로이트인이 아니다. 만약 프로이트의 주요 초점이 신경증과 그 치료라면, 들뢰즈의 주요 초점은 처음에는 『마조히즘』, 『차이와 반복』, 『의미의 논리』에서 펴는 도착이고 나중에는 『안티-오이디푸스』에서 펴는 정신병이지만, 두 경우 어디에서도 그는 치료에 대해 걱정하지 않는다. 애당초 들뢰즈의 목표는 정신분석의 치료적 목적과 역행한다. 왜냐하면 그는 도착과 신경증을 정상화되어야 할 장애들로 간주하지 않고 새로운 사유 양식을 발명하는 긍정적 수단으로 간주하기 때문이다.

그렇지만 설사 들뢰즈가 프로이트인이라는 용어의 고유한 의미에서는 진정으로 프로이트인이 결코 아닐지라도, 넓은 의미에서는 그는 최후까지 프로이트인이라고 간주될 수도 있다. 프로이트의 위대함은 "욕망의 본질 혹은 본성을 규정한 데에 놓여 있다"고 들뢰즈와 과타리는 말하며(AO 270), 비록 프로이트가 또한 "욕망을 재-노예화하기 위해서 신화, 비극, 꿈이라는 모든 자료들"(AO 270-1)을 동원하는, "정신의학의 루터이자 아담 스미스"일지언정, 욕망과 무의식에 대한 그의 발견은 정동과 비-이성적인 것을 존재와 사유의 중심 구성요소들로 보는 들뢰즈의 이해로 가는 길을 열어주었다. 그의 저작 전반에 걸쳐서 들뢰즈는 진정한 사유의 비자발적involuntary 본성을 강조한다. 다르게 사유하는 것—들뢰즈에게 이것은 철학의 고유한 과제이다—은 사유에 가해지는 폭력, 상식과 통설에 가해지는, 동요하게 만드는 충격을 요구한다. 새로운 사유는 필연적으로 "파라-독사적para-doxical"이고, 독사doxa를 넘어서 있으며, 따라서 상식적인 합리성을 넘어서 있다. 그리고 만약 과정으로서의 진정한 사유가 패러독스적paradoxical이라면 그 사유의 대상들도 그러하다. 언제나 사유의 충격은 바깥으로부터 일상적 의식을 가격하는 패러독스이다. 사유를 부추기는 것은 결코 의식적으로 선택된 것이 아니며, 사유를 가격하는 것은 결코 일상적 의식 장의 일부가 아니다. 그렇다면 사유의 과정과 사유의 대상 둘 모두에서 진정한 사유는 무의식적이다. 그렇지만 이러한 무의식적 파열은 언제나 강도로서, 정동성 안의 감각적 변화로서 직접적으로 경험된다. 강도들의 영역은 영향을 주고 영향을 받는 신체의 역능들powers이 직접적으로 경험되고 시험되며, 그리고 진정한 사유가 개시하는 실험 과정을 통해서 아마도 확장되는 욕망-생산의 영역이다. 오직 이 한 가지 면에 제한해서 볼 때 우리가 들뢰즈를 프로이트 철학자로서 특징짓도록 해주는 것은, 무의식과 욕망을 진정한 사유의 주된 요소로서 이렇게 지속적으로 이해하는 일이다.

조지아 대학

주 (Notes)

1. 나는 "정신분석적 문화"라는 어구를 쉐리 터클에게서 가져왔다. 쉐리 터클은 그녀의 『정신분석적 정치학: 자크 라캉과 프로이트의 프랑스 혁명』, 제2판(New York: Guilford, 1992)에서 프로이트의 프랑스 수용사를 유용하게 제공한다. 이 주제에 관한 더 상세하지만 덜 사회학적인 논의에 대해서는, 엘리자베스 루디네스코, 『자크 라캉과 동반자: 프랑스의 정신분석사, 1925-1985』, 제프리 멜먼 옮김(Chicago: University of Chicago Press, 1990)을 보라.

2. 『기초 신경증: 구순적 퇴행과 정신적 마조히즘』(New York: Grune and Stratton, 1949)에서 개요가 서술된, 에드먼드 버글러의 구순애orality와 마조히즘 이론의 요소들로부터 구순적 어머니 개념을 이끌어낸다. 들뢰즈는 또한 『현대인의 마조히즘』, 마가렛 H. 바이겔·거트루드 M. 쿠르트 옮김(New York: Grove Press, 1941)에 나오는 테오도르 라이크의 마조히즘 분석을 빈번하게 사용한다.

3. 몇몇 정신분석 저자들의 관행을 따라갈 때, 나는 프로이트의 Phantasie 개념을 번역하기 위해 "fantasy"보다는 "phantasy"라는 철자법을 골라 채택했다. 들뢰즈 그 자신은 『마조히즘』 전반에 걸쳐서 "fantasme"보다는 "phantasme"라는 용어를 사용한다. 나는 『마조히즘』의 번역 전반에 걸쳐서 이 철자법을 따르면서 아무 말 없이 교정했다. 프로이트의 Phantasie를 번역하는 문제에 관해서는, 장 라플랑슈·장-바티스트 퐁탈리스의 『정신-분석의 언어』, 도널드 니콜슨-스미스 옮김(New York: Norton, 1973), pp. 314-15를 보라.

4. 부인에 관한 프로이트의 견해를 요약한 것을 읽으려면, 라플랑슈·퐁탈리스, 『정신-분석의 언어』, pp. 118-21을 보라.

5. 프로이트의 환상 이해에 관한 간결한 설명에 대해서는, 라플랑슈·퐁탈리스, 『정신분석의 언어』, pp. 314-19를 보라.

6. 사도마조히즘에 관한 프로이트의 복잡하고 때로 모순적인 사변을 명료하게 요약한 것을 읽으려면, 라플랑슈·퐁탈리스, 『정신분석의 언어』, pp. 401-4를 보라.

7. "대상-리비도를 명백히 그렇게 발생하는 나르시스적 리비도로 변형하는 일은 성적 목적의 포기, 탈성화—그러므로 일종의 승화—를 의미한다." 프로이트, 『자아와 이드』, 『지그문트 프로이트의 심리학 저작 전집 표준판』, 제임스 스트레이치 엮음(London: Hogarth, 1961), Vol. 19, p. 30. 탈성화 개념은 프로이트가 상세히 개진한 개념인 것으로 전혀 보이지 않는데, 나는 이 단어를 정신분석 용어 사전에서 전혀 발견하지 못했다.

8. "자아-이상"과 "이상적 자아"라는 용어들은 프로이트에서 나오지만, 자아 이상과 초자아, 이상적 자아와 자아를 체계적으로 동렬에 놓자고 제안한 사람은 대니얼 라가슈이다. 라플랑슈·퐁탈리스, 『정신분석의 언어』, pp. 144-5, 201-2를 보라.

9. 특히 LS 304, 320-1을 보라.

10. 멜라니 클라인은 유아 발달의 두 단계, 즉 탄생에서 네 달까지의 "편집증-분열증적 위치", 네 달에서 일 년까지의 "우울증적 위치"를 식별한다. 세 번째의 "성적-도착적" 단계에 대한 들뢰즈의 제안은 그 자신의 창안이다. 클라인의 두 위치에 과한 간명한 설명에 대해서는 『정신분석의 언어』, pp. 114-16과 298-9를 보라.

11. 『의미의 논리』에서 들뢰즈는 사디즘과 마조히즘을 그가 또한 환상의 영역과 나르시스적 자아로 특징짓는 도착의 표면 내에 위치시킨다. 『마조히즘』에서 들뢰즈는 마조히즘을 나르시스적 자아나 환상과 동일시하며, 마조히즘을 사디즘에 대립시키고, 마조히즘을 초자아와 동일시하는 것에 반대한다. 사디즘과 마조히즘을 도착의 단일한 표면 내에 놓는다면 이는 두 도착 개념의 변화를 나타내는 것으로 보일 터인데, 하지만 어디에서도 그는 그의 이전 설명이 심층, 상층, 표면이라는 이 새로운 지형학에 부응하기 위해 수정될 수도 있는 방식에 대한 명료한 증거를 제공하지 않는다.

앙리 베르그손

폴 액킨슨

앙리 베르그손(1859-1941)은 그의 프랑스어본 저작들이 출간된 직후 번역되고 그의 강연 여행이 미국으로까지 멀리 확장되었을 만큼, 아마도 20세기 첫 10년에 가장 인기 있는 서양 철학자이었을 것이다.*1* 베르그손의 저작이 받는 존중은 그의 산문의 예술성—그는 1927년에 노벨문학상을 수상했다—과 그의 사상들의 적시성에 돌려질 수 있을 것이다. 시간은 반드시 지속한다는 그의 가장 유명한 주장은 허버트 스펜서의 진화론에 대응하는 것이었지만, 더 중요하게는, 자연과학들의 기계론이 미치는 광범위한 영향에 대안을 제시하는 것이었다. 현재에는 언제나 과거의 보존이 존재한다는 점을 인정한 그의 기억 이론은 마음—몸 이원론에 대한 철저한 재작업을 가져왔고, 또 우회로에 의해, 진화는 창조적 충동(엘랑 비탈élan vital)에 의해 추동된다는 믿음을 가져왔다.

질 들뢰즈는, 인기가 최고조로 달한 지 50년밖에 되지 않은 1962년에 여러 분야에 사상되어 있던 베르그손의 철학에 대한 관심을 새롭게 하는 데 크게 이바지했다.**2** 20세기 초에 베르그손주의는 현상학적 전통,**3** 예술적 실천,**4** 그리고 심지어 사회 정책**5**을 포함하는 다양한 분야들에 영향을 미쳤다. 베르그손의 저작에 대한 관심이 수그러드는 것은 그의 주장 하나하나가 철학적 맥락에서 시험받는 점진적 과정이 아니었다. 그렇기는커녕 서양 철학 전반에 대한 돌연하고 격렬한 거부가 있었는데, 이는 일부 사상가들이 제2차 세계대전 이후 시기의 서양 철학을 반-베르그손적인 것으로 특징지을 만큼 큰 것이었다.**6** 베르그손 철학에 대한 호의에 돌연한 변화가 생긴 데에는 다수의 이유가 존재하는데, 그 중의 많은 이유는 베르그손의 과정적 낙관론 processual optimism이 부적합해 보였던 시기인 두 차례 세계대전 이후의 분위기 변화 때문일 것이고, 또한 그의 철학을 애매하고 원시적인 것으로 오독했기 때문일 것이다. 모리스 메를로-퐁티는 프랑스에서 학계 모든 영역의 많은 집단들이 베르그손의 사상을 구획화하고, 일관되지 않고 양립 불가능한 일군의 관념들로 사실상 환원했다고 주장했다.**7**

언어로도 변증법적 방법으로도 환원 불가능하기 때문에 "직관"은 가장 자주 오해되는 그의 저작의 요소였다. "정신주의나 혹은 다른 어떤 존재의 애매한 과정과 동일시되어 베르그손의 직관은 자신의 특징을 상실한다. 직관은 일반화되고 최소화된다."**8** 비판이 영어권 세계에서 유사한 길을 따랐다. 가령 베르그손주의에는 직관, 지성, 본능을 융합할 때 인식론적 후퇴가 존재하며, 그리고 베르그손주의는 보편적 법칙들을 확립하려는 어떠한 시도로부터도 후퇴하기 때문에 오직 엘랑 비탈과 같은 애매하고 신비로운 개념들을 통해 자연 세계를 기술하는 데 성공할 수 있을 뿐이라고 주장하는 조지 산타야나와 같은 중상자들이 그러하다.**9** 이와 대조적으로 들뢰즈는 보편적 법칙들을 기꺼이 정립하려 하지 않은 데 대해 베르그손을 칭찬하며, 베르그손의 직관 이론을 철저하게 재위치시킴으로써 베르그손의 철학을 애매한 "정신주의spiritualism"라는 비난으로부터 신중하게 떼어놓는다. 베르그손주의에 관한 들뢰즈의 두 편의 논문—『베르그손 연구』에 실린 「베르그손의 차이 개념」, 그리고 주요 철학자들에 관한 메를로-퐁티의 편찬서 『유명 철학자들』에 실린, 같은 해(1956)에 저술된 「베르그손 1859-1941」—, 그리고 10년 후의 『베르그손주의』라는 단행본 모두는 베르그손주의가 일관된 방법론을 결여한다는 주장을 논박한다. 이 세 가지 텍스트들은 베르그손주의에 관한 들뢰즈 저작의 핵심을 형성하지만, 이 세기말적인 철학자의 사상은 들뢰즈의 전작에 걸쳐서, 가장 두드러지게는 두 권의 『시네마』 책들과 『차이와 반복』에서 굴절된다. 이러한 굴절은 많은 형식들을 취한다. 가령, 니체와 헤라클레이토스의 "다양성multiplicity의 긍정"에서처럼 다른 철학들을 검토할 때 암묵적으로 언급하거나(NP 24), 막주름운동perplication과 같은 새로운 개념들을 전개하거나(DR 187), 혹은 백색광 안의 색깔의 내재(DR 207), 흐름들의 동시성으로서의 시간(MI 20)을 포함하는 베르그손의 예들을 더 직접적으로 사용할 때 그러하다. 베르그손의 철학은 들뢰즈의 전작에 걸쳐서 공명하지만, 이 공명의 근거로서 역할하는 것은 베르그손의 각양한 범위의 은유들, 방법들, 사유방식들을 통합하고 있는, 초기 저술들에서 창출된 예비 연구이다.

들뢰즈가 베르그손의 저작에 매료된 것은 베르그손이 철학사 내에서 주변부에 자리잡고 있다는 점과, 그리고 들뢰즈가 "일면적으로 혹은 전면적으로 철학사에서 벗어난" 그 저술가들, 가령 "루크레티우스, 스피노자, 흄, 니체, 베르그손"(N 6)을 선호한다는 점과 관련이 있다. 들뢰즈는 생성becoming에 관한 질적인 설명과 "공존적 다양체 coexistent multiplicities"(D 14-15) 이론을 포함하는, 전통적인 철학적 이원론들 내에서는 여전히 동화될 수 없는 베르그손주의의 그 특질들을 다시 끌어들여 확장한다. 「내가 인정한 것은 아무것도 없다」에서 종종 인용되는 한 대문에서 들뢰즈는 『베르그손주의』에서 자신이 베르그손과 뒤에서 교접하여 괴물 같은 아이를 낳았는데 이 아이는 베르그손의 말들을 흉내내지만 꼭두각시 놀리는 사람인 들뢰즈 본인이 고안한 방식으로 흉내낸다고 장난스럽게 주장한다(N 6). 베르그손의 저술들에 친숙한 사람들에게, 베르그손의 저작에 대한 들뢰즈의 분석을 읽는다는 것은 당혹스러운 일이다. 왜냐하면 거기에는 많은 예들을 포함하는 모든 이론적 요소들이 존재하지만, 개념들의 지위로까지 종종 상승하는 부수 은유들을 강조하는 변화가 존재하기 때문이다. "뉘앙스", "잠재적", "현실적", "가능적" 같은 용어들은 분명 베르그손이 사용하는 말들이지만, 그것들은 특정한 예들 혹은 주장들에 여전히 부착되어 있기 때문에 인식 가능한 방법론의 형태로 일관되게 무리지어 있는 것은 아니다. 베르그손은 독립형의 철학 개념들을 생산하는 데 열중할 때가 별로 없다. 가령 "가능한 것"과 같은 어떤 개념들은 일관되게 적용되고 비판 대상의 일부로 자주 사용되는 반면, 잠재성과 가능성을 기술하는 데 사용되어 온 매우 유명한 "잠재적인 것"을 포함하는 또 어떤 개념들은 맥락에 따라 변한다.**10** 더욱이 베르그손의 저작은 탈맥락화되어 있다. 들뢰즈가 보통 폭넓은 종합의 형식으로 오직 간결하게만 베르그손 저작의 생-역사적bio-historical 변화들을 인정한다는 점에서 그러하고, 또 비록 리만과 같은 주변적 인물들을 소개할지라도, 철학적 탐구를 위한 발판의 역할을 했던 베르그손의 대화 상대자들과 이론적 장들에 대한 언급을 거의 하지 않는다는 점에서 그러하다(B 39-40). 들뢰즈의 베르그손 연구에는 실어증, 특수상대성 이론, 자연도태에 관한 베르그손 저술들의 중요성에 대한 논의가 별로 없다.**11** 왜냐하면 들뢰즈는 베르그손의 저작을 꿰뚫어 그려질 수 있는 방법론적 선들과 존재론적 선들을 향해, 또 베르그손 저작의 괴물 같은 아이를 표현한다고 말해질 수 있는 방법론적 선들과 존재론적 선들을 향해 안으로 주의를 기울이기 때문이다.

만약 베르그손의 전작이 의미하는 것이 논문, 저서, 서한, 강좌로 이루어지는 닫힌집합의 저술들이라면 들뢰즈는 베르그손의 전작에 충실한 것이 아니지만, 또 다른 의미에서 그는 베르그손 철학의 열려 있고 창발적인 특질들, 그리고 예측하지 못한 방식으로 풀어내는 이 특질들의 역량에 충실하다. 베르그손에 관해 쓴다는 것은, 만약 우리가 또한 그의 방법을 수용할 수 있다면, 과거가 끊임없이 변하는 현재에 복무하게 될 때 변경되는 기억 작용과 유사하다. 조르주 무렐로스는, 베르그손과 관련하여, 한 철학자의 저작은 재평가 속에 연속적인 재정향 과정을 포함하는, 지나간 낡은 과거이자 끊임없이 갱신되는 현재라는 이중적 성격을 지닌다고 진술한다.**12** 들뢰즈에게 이러한 재정향은 마침내 자신의 존재론의 재정식화를 가져오는 직관적 방법을 통해 베르그손의 사상들을 통합하는 일을 수반한다. 직관은 각 절차가 본성상의 차이들이 접합하는 가운데 통합되고, 이어 차이화의 생기적 운동의 종들이 되는 일련의 절차들이다. 이 과정은, 자신의 철학이 물리학과 화학이 생물학의 생기적 운동에 맞추어 재정렬되는 과학들의 통합을 위한 기초를 형성해야 한다는 베르그손의 주장을 반영한다.**13** 사물 그 자체의 변화하는 형식에 주의할 수 있는 것은 오직 직관적 방법뿐이기 때문에, 철학은 통합의 다음 단계를 취해야

만 한다.**14**

　베르그손 철학의 두 요약본, 「베르그손 1859-1941」과 『베르그손주의』에서,**15** 들뢰즈는 베르그손의 직관의 방법을 검토함으로써, 또 철학 안의 거짓 문제들을 재결할 때 행하는 이 방법의 역할을 검토함으로써 시작한다. 차이 개념에 관한 논문(=「베르그손의 차이 개념」)은, 직관이 차이 이론에 의해 형성된다는 점을 제외하고는, 이와 유사한 구조를 따르고 많은 같은 예들을 사용한다. 이 점은 이 철학자의 저작에 관한 대부분의 요약본들의 구성 방식과는 대조를 이룬다.**16** 대부분의 요약본들은 과학과 철학에서 행하는 시간의 공간화에 대한 베르그손의 비판, 그리고 이 비판이 그의 대안적인 이론, 곧 지속durée으로서의 시간 이론을 초래하는 방식으로 시작하기 때문이다.**17** 직관을 자신의 출발점을 채택할 때 들뢰즈는 지속과 공간 간의 과도하게 강조된 이원론을 피해 가지만, 또한 베르그손이 직면한 핵심 문제들 중의 하나, 즉 의식을 참조하지 않거나 혹은 공간화된 시간의 부정적인 측면들을 참조하지 않고 지속의 긍정적 특질들을 기술하는 경우의 어려움을 피해 간다. 지속이 그의 철학에서 중추적 역할을 함에도 불구하고, 지속의 과정적 운동은 실사實辭; substantive를 강조하는 자연 언어와 철학 언어의 기술에 저항하기 때문에, 베르그손의 저작에는 지속에 관한 직접적인 논의들이 좀처럼 보이지 않는다. 지속에 관한 대부분의 적극적인 논의들은 심리학적 연관을 갖고 있는데, 이 점은 출간된 박사학위논문 (『시간과 자유 의지』로 영역된) 『의식에 직접 주어진 것에 관한 시론』에 가장 명백히 나타난다.

　순수 지속은 우리의 자아가 그 자신을 스스로 살도록 놓아둘 때, 우리의 자아가 자신의 현재 상태를 자신의 이전 상태들로부터 분리하는 것을 삼갈 때 우리의 의식 상태들의 계기succcesssion가 가정하는 형식이다. 이 목적을 위해서 우리의 자아는 지나가는 감각 또는 관념에 전적으로 흡수될 필요가 없다. 왜냐하면 그때, 이와 반대로, 우리의 자아는 더 이상 지속하지 않을 것이기 때문이다. 또 우리의 자아는 자신의 이전 상태들을 잊을 필요가 없다. 다음과 같은 것으로 충분하다. 즉 이 상태들을 상기할 때, 우리의 자아는 이 상태들을 다른 한 점과 나란한 한 점으로서의 자신의 현실적 상태와 나란히 놓는 것이 아니라, 말하자면, 서로 간에 녹아들어가는, 한 곡조 안의 음들을 우리가 상기할 때 일어나는 바와 같이, 과거 상태와 현재 상태 둘 모두를 유기적 전체가 되도록 형성한다.[18]

여기서 지속은 형식적 표기법에 구속받지 않고 오직 시간 안에서만 실존하는 음악 악구의 내재적 풍부함에 비교될 수 있고, 외적 규정의 모든 형식에서 벗어나 있는 의식 개념과 동렬에 놓여 있다. "그 자신을 스스로 살도록 놓아두기" 위해 자아는 단 하나의 지각, 관념, 대상에서 서성이지 않아야만 하고, 대신 이음매 없는 완전무결함에 의해 정의 되는 전체의 흐름에만 주의해야만 한다. 이러한 흐름은 "구분 없는 계기, … 상호 침투, 각각이 전체를 나타내고 또 추상적 사유에 의하지 않고는 전체와 구분되거나 분리될 수 없는 요소들의 상호 연결과 조직화"이다.[19] 비록 『시간과 자유 의지』가 초기 저작이긴 하지만, 심적 상태들의 상호 침투로서의 의식의 이미지는 여전히 지속에 대한 가장 적극적인 기술의 원천으로 남아 있다. 심지어 아인슈타인의 특수상대 성 이론에 관한 후기의 논쟁적인[20] 책 『지속과 동시성』에서도 그러한 데 이 책에서 베르그손은 시간은 "우선 우리의 내적 생의 연속성과 동일적이라고 주장한다.[21] 이는 베르그손이 그의 모든 저작에서 의식 과 지속 간의 일치를 가정한다고 말하는 것이 아니다. 왜냐하면 『창조적 마음』,『창조적 진화』의 두 서론, 그리고『물질과 기억』의 후반부에서 존재론은 심리학을 넘어서는 것이기 때문이다. 하지만 베르그손은 의식 안에서 시간을 상상함으로써 지속에 도달한다는 점을, 그리고 이러한 연관이 줄어드는 것은 오직 그가 종합적 사유 방식을 추구할 때뿐이라는 점을 잊어서는 안 된다.

그러나 의식에 주어진 것으로서의 지속의 이러한 적극적 이미지는 오직 텔로스로서만 기능할 수 있다. 베르그손은 지속은 의식 바깥의 시간 개념에 의해서 매개된다는 점을 인정하기 때문이다—지속은 복합 형식, "연장의 혼합체이다"—.**22** 지속에 관한 베르그손의 대부분의 설명에는 분할 과정을 통해 제거되어야만 하는 불순한 것으로서의 "공간"의 유령이 존재한다. 즉, 지속은 오직 공간의 건축술을 방법론적으로 그리고 현상학적으로 벗겨냄을 통해서만 파악될 수 있다. 철학의 역할은 지속을 공간적 지각 장에 관련시키는 그 모든 특질들을 우리가 우리의 마음으로부터 축출하려는 노력을 조정 통합하는 것이다.『지속과 동시성』에서, 감각적 세계는 감각적 환원 작용 속에서 배제되어야만 한다.

눈을 감고 우리가 그것에만 주의하여 듣는 멜로디는 우리의 내적 생의 바로 그 유동성인 이 시간과 거의 일치하게 된다. 하지만 그것은 여전히 너무나 많은 성질들, 너무나 많은 정의를 갖고 있어서, 우리는 먼저 소리들 간의 차이를 삭제해야만 하고, 그런 다음 소리 그 자체의 독특한 특징들을 제거하여, 마침내 토대적 시간[le temps fondamental]을 재발견하기 위하여, 그것에 대해 선행하는 것이 후속하는 것으로 연속하는 것, 그리고 중단되지 않는 이행, 분할 가능성 없는 다양성, 고립 없는 계기를 보존한다.**23**

이 예에서 베르그손은 다시 멜로디의 은유를 사용한다. 왜냐하면 그것은 소리들이 자신들의 이산성을 전체에게 양도하는 운동을 기술하기 때문이다. 하지만 이 경우 지속은 주어지는 것이 아니라 "재발견되는" 것이다. 지속의 재발견은 외적 차이가 질적 다양체의 내적 차이에 응하는 방법의 적용을 통해서만 가능하다. 사용된 예들을 따를 때, 지속은 베르그손의 방법의 근원, 즉 모든 현상들이 그 안에서 통합되는 주어진 것이거나, 혹은 분할의 소급적 과정을 통해서 불순함(연장)이 제거된 후에도 여전히 남아 있는 것이다. 들뢰즈가 채택하는 것은 이 두 접근법 중의 두 번째 것이지만, 분할 그 자체는 결국 포괄적인 통합을 가져오리라는 기대를 언제나 갖고서이다. 비록 베르그손과 달리 그는 심리학적이거나 현상학적인 주장에 의지하지 않고 그렇게 할지라도 말이다.

『베르그손주의』에서 들뢰즈는 세 가지 "베르그손 철학의 주요 단계", 곧 "지속, 기억, 엘랑 비탈"(B 13)이 존재한다고 진술하지만, 각 단계가 베르그손 존재론의 일부로서 제시되는 방식을 검토하는 것이 아니라, 대신 그는 직관이 그것들을 통합하는 기초를 형성해야 한다고 주장한다. 그래서 방법론적인 것과 현상학적인 것 사이에서 흔들리는 베르그손과 달리, 들뢰즈는 "방법으로서의 직관이 우리에게 베르그손 문제의 본성에 관한 정보를 제공할 가능성이 있기" 때문에 일차적이라고 분명하게 진술한다.[24] 들뢰즈는 "지속이나 기억에 비해서 직관은 … 이차적이지만", 그러나 만약 방법론적인 "적확성precision"이 존재할 수 있다면 직관의 우위성이 본질적이라는 점을 존재론적으로 인정한다(B 13). 방법론이 베르그손의 철학을 심리학주의, 혹은 의식이나 지각들 속에 주어짐에 기초하는 다른 모든 방법에 내재하는 문제들로부터 떼어내기 위해서 존재론에 선행한다.[25] 이러한 적확성은 베르그손의 환원이 인식에 대한 충분한 근거를 제공하지 않기 때문에 필연석이다. 왜냐하면 지속에는 미분이나 적분의 선들이 전혀 존재하지 않으며, 그러므로 "그것은 이 단어의 통상적 의미에서 순전히 직관적인 것으로 남아 있을 것이기 때문이다"(MI 14). 베르그손의 직관 이론에 대한 방법론적 적확성을 강조할 때, 또 방법론적 적확성을 "느낌", 무질서한 공감, "영감"과 대조할 때(MI 14) 들뢰즈는, 위에서 애매하고 신비적이라고 논한 바 있는 베르그손 저작의 점점 늘어나는 방치에 대응하고 있다. 그러나 베르그손이 직관은 "마음으로 마음을 직접 투시하는 것"[26]이라고 집요하게 주장하기 때문에, 또 대상에 관련 없이 모든 상황들에 적용되는 "기성의[déjà faites]" 개념들을 사용하는 지성의 역할에 반대한다고 자주 주장하기 때문에 들뢰즈의 과제는 그만큼 더 어려워진다.[27] 이런 식으로 반대하면서 베르그손은 라플라스 물리학과 같은 형태의 과학의 대공격에 대응하고, 또 어떠한 새로운 사실도 쉽사리 편입될 수 있는 정합적인 통일성을 표현하는 "실체Substance, 자아Ego, 이념Idea, 의지Will"와 같은 개념들에 근거하는 철학의 대공격에 대응한다.[28] 직관은 "방법"이다라고 진술함에도 불구하고[29] 베르그손은 그런 맥락에서는 직관이 일군의 "기성" 개념들로 오해될 수 있기 때문에 직관의 원리들을 제시하기를 꺼려한다.

베르그손의 경우 직관은 특정성 속의 대상에 주의하고, 각 대상에다 각 대상에 정확히 들어맞는, 오직 그 대상에만 들어맞는 설명을 부여하기 때문에 기성 개념들을 사용하지 않는다.[30] "들어맞음" 속에서 대상은 "적확한" 개념과 분리될 수 없다. 아니 차라리, 시간이 흐르는 동안의 대상과 합치하는 지각percept과 분리될 수 없다. 따라서 직관은 무엇보다도 의식을 의미하지만 직접적 의식, 보여진 대상과 거의 구분 불가능한 투시, 촉접(=맞닿음)contact이자 심지어 합치concidence이기도 한 인식을 의미한다.**31** 표면을 가지는 "촉접"에서 내적 운동을 가지는 "합치"로 나아가는 것은 대상에 대한 매개되지 않은 파악이며, 그렇게 할 때 신체들 사이의 경계들을 가로질러 정신적 연관 상태에 도달한다.

우리의 의식과 다른 의식들 간의 분리는 우리의 신체와 다른 신체들 간의 분리보다 덜 분명하다clear-cut. 왜냐하면 이러한 분할들을 날카롭게 만드는 것은 공간이기 때문이다. 점침divination의 그 힘을 매우 자주 가지는, 반성하지 않는unreflecting 공감과 반감은 인간 의식들에 대한 가능한 상호 침투의 증거를 제공한다. 그렇다면 심리학적 내삼투內滲透; endosmosis의 현상이 실존하는 것으로 보일 것이다.**32**

롤러는 베르그손에게 공감은 오직 "자기-공감"일 뿐이고, 이러한 공감에서 지속 안의 자기에 대한 이해는 의식의 확장이라는 형태로 모든 사물들과의 공감을 가져온다고 주장한다.**33** 이 주장에서 직관 운동은 자기로부터 바깥으로 나아가서 마침내 그것이 전체와 하나가 되고 직관이 지속의 일차성 속에서 용해되는 지점에 도달한다는 점에서 수직적이다. 메를로-퐁티가 『지각의 현상학』에서 비판하는 것은 모든 것을 포괄하는 이 상호 침투와 공감 개념이다. 이 책에서 그는 "경험의 '내적' 층을 발견할 때" 다양성에 대한 현실적 경험은 "실제로 폐기된다"고 주장한다. "운동의 국면들이 점점 서로 간에 융합될 때 운동 중인 것은 아무데도 없기" 때문에 운동의 부분들, 공간적 영역들 간의 구별, 그리고 과거, 현재, 미래 간의 질적 차이는 사실상 말소된다.**34** 메를로-퐁티는 지속이 현상적 신체에 근거하지 않기 때문에 현실적 차이의 상실이 존재한다고 주장하고, 또 그는 베르그손의 차이 개념에 대한 상세한 연구를 제공하지 못함에도 불구하고, 직관이 지속에로 이렇게 수직적으로 이동하는 것은 베르그손의 철학적 방법을 훼손한다는 점을 분명히 한다.

들뢰즈는 의식은 직관을 통해 과정적 전체로 확장되지만 그 의식, 지속, 직접적인 것을 일련의 직관적 절차들 안에 있는 자신들의 고유한 장소로 돌아가게 한다는 베르그손의 제안을 묵살하지 않는다. 이 점에서 직관은 지속을 파악하는 것이 아니라 차이의 선들을 쪼개거나 분절한다는 점에서 실용적이다. 직관의 이러한 수평적 측면을 논할 때 베르그손은 직관은 기성 개념들을 요구하는 것이 아니라 같은 직관을 통해 다른 사람들을 인도하게 되어 있거나 혹은 그들을 도정에 놓게 되어 있는 '가동 개념'을 요구하므로,[35] 직관의 역할은 지시적이 아니라 지표적이다라고 진술한다. 일련의 방법론적 "행위들"에 근거할 때, 직관 그리고 더 나아가 철학은 그것이 "매 새로운 문제에 대해 새로운 노력을 요구할 것이기" 때문에 과학과 경합한다.[36] 직관은 철학사와 과학사의 압도적인 무게와 우리의 지각적 지적 습관들이라는, 저항의 두 가지 주요 원천들에 대항하여 노력해야만 하므로 노력이 들지 않는 직접성의 문제가 아니다. 들뢰즈는 직관의 세 가지 주요 "행위들"을 제시한다. 즉 "첫 번째 행위는 문제들을 진술하고 창조하는 일에 관한 것이고, 두 번째 행위는 진정한 본성상의 차이들을 발견하는 일에 관한 것이며, 세 번째 행위는 실재적 시간을 파악하는 일에 관한 것이다"(B 13). 직관의 수직적 길과 대조적으로 들뢰즈는, 비록 지속이 베르그손의 형이상학에서 문제들의 분절을 뒷받침할지라도, "실재적 시간을 파악하는 일"을, 철학적 문제들을 재배치하는 일과 본성상의 차이에 따라 문제를 쪼개는 일 다음인, 목록의 세 번째 자리에 놓는다. 직접적으로 파악하는 일은 첫 번째로 올 수 없다. 왜냐하면 우리가 사물들 그 자체와의 직접적(=무매개적) 연관을 어떻게 상실했는지에 관한 설명이 요구되고, 이 "직관의 세 번째 특징"은 철학이 "발명하는 것이 아니라 재획득하는" 사물의 복귀 또는 복구이기 때문이다.**37** 기억의 총체성은 의식 속에서 지탱될 수 없기 때문에 모든 행위 속에는 망각의 과정이 포함되어 있다―반성의 "불면증"으로 인해 마비된 역사적 인간에 대한 니체의 주장과 많은 면에서 유사한 주장―.**38** 이러한 상실은 단지 지적이거나 심리학적인 가상이 아니라 존재론적 운동이다. 이 존재론적 운동에 의해 지속으로서의 시간 파악은 언어, 지적 행위들, 지각적 정향, 인과성 안에서 상실되고, 또 심지어 물질이 견고한 물체들로 파편화될 때 상실된다. 그리고 들뢰즈의 경우 "우리가 사물들을 상실함으로써 끝내기 위하여 사물들은 그 자신들을 상실함으로써 시작한다. 망각이 존재 안에서 발견된다는 것은 분명하다".**39** 만약 지속이 개념 이상의 어떤 것이 되어야 한다면 직관은 이러한 망각의 흐름에 대항하여 밀고 나아가야만 하고 현재의 기억함이어야만 한다.

　이 기억하는 행위는 철학의 가르침을 통해 전승되어 온, 문제 해결 problem solving이라는 철학적 전통을 피해 가는 개념 창조concept creation라는 사변적 과정을 수반한다. 실존하는 문제들을 해결하는 일은 문제가 애당초 나쁘게 진술되었고, 그 경우 해결은 문제의 구조를 재-검토함으로써 혹은 물음을 재진술함으로써 가능할 뿐이라는 사실을 종종 가린다(B 15). 베르그손의 주장을 확장할 때, 들뢰즈와 과타리는 철학은 철학자의 시대에 계발되는 부단한 내재적인 과정인, 개념들을 "창조하는 일을 수반하는 학문 분야"라고 주장한다(WP 5, 11). 운동으로서, 개념들을 창조하는 일은 엘랑 비탈(생기적 약동, 생기적 정신)에 비교될 수 있다. 엘랑 비탈은 유기체를 전진하도록 강요하여, 유기체가 자신의 운동을 계속하기 위해 극복하거나 해결해야만 하는, 물질 세계 안의 "장애물들"에 결국 끊임없이 마주치도록 만드는 것일 따름이다.[40] "거짓 문제들"을 재진술하는 행위는 직관에 핵심적인 것이며, 이러한 문제들은 "실존하지 않는 문제들"(들뢰즈는 질서와 무질서의 관계와 같은, 베르그손이 분리해내는 문제들을 언급한다)과 "본성상 다른 사물들을 임의적으로 분류하는"(감각과 강도의 융합과 같은) "나쁘게 진술된 문제들"이라는 두 유형으로 나눌 수 있다(B 18-19). 베르그손 저작의 가장 흥미로운 특질들 중의 하나는 그가 문제들에 접근하는 방식이다 ―그는 문제들 자체의 지반에서 문제들을 다루는 것이 아니라 지속과 관련하여 문제들을 재진술한다―. 순간의 상상적 형식 속에서 시간과 공간을 혼동하기 때문에 "나쁘게 진술된 문제"를 수반한다고 베르그손이 믿는 유명한 제논의 역설들을 포함하는, 수세기 동안 철학을 괴롭혀 온 아포리아들은 종종 물음들로서의 자신의 지위들을 상실한다. 순간은 화살의 구체적인 운동이나 혹은 아킬레스의 분할 불가능한 걸음들과 어떠한 유사점도 갖지 않는 운동을 대향하는 선으로부터 이끌어낸 시간이 부재하는 추상이다.[41] "나쁘게 진술된 문제들"의 "임의적인" 분류 역시 정신물리학, 즉 심리학적 상태를 외적 원인의 가치 속의 변화와 혼동하는 학문 분야에 대한 베르그손의 비판에 핵심적이다. 정신물리학은 감성적 질 혹은 심적 상태로부터 측정 가능한 양을 추출하여, 질적 변화는 사실상 양적 차이에 의해 규정된다고 그릇되게 주장한다. 하지만 이 모든 것이 우리에게 말해주는 것은 주체는 우리가 강도상의 변화라고 부르는 것을 택하는 변화를 경험했다는 점, 그리고 인습에 의해 이 변화는 외연적 크기 안의 변화와 상응한다는 점이다.[42] 그의 비판에서 베르그손은 강도의 변화들은 실제로 질적 변화들이라고 주장하며, 단순히 힘의 증가가 아니라 수

많은 근육들이 하나의 행위 안에 함축되는, 신체 상태의 변화인 근육적 노력의 예들을 사용한다.**43** 이 운동감각적kinaesthetic 변화는 많거나 적은 양으로서 기술될 수 있는 것이 아니라 전반적인 근육계 안의 질적 변화로서 기술될 수 있다.

베르그손은 또한 철학적 사유와 과학적 사유에 결정적인 영향을 미쳐 온 다수의 "실존하지 않는 문제들"의 형이상학적 상정들을 분석하는데, 그 중 가장 유명한 것은 『창조적 진화』에 나오는 질서/무질서, 존재/무에 관한 분석이다. 베르그손은 이 대립들은 "부재에서 현존으로 향하는" 거짓 운동을 수반하는 "이론적 가상들"이라고 주장한다.**44** 존재와 무의 대립은 종종 문제로서 진술된다. 가령 "무가 아니라 왜 무언가가 존재하는가?"와 같은 물음들을 포함하는 많은 파생태들을 가지는, "이 원리는 왜 무가 아니라 실존하는가(=존재하는가)?와 같은 문제로서 진술된다. 무는 무로부터ex nihilo라는 주장들에서 보듯 존재의 기원이거나, 혹은 실존의 "영원한" 근거이지만, 두 경우 모두에서 존재는 공허한 것을 채우는 것이며 공허한 것은 존재의 영원한 용기이다.**45** 문제를 진술하는 이러한 방식의 결과는 형이상학이 존재를 무의 영원성에 비교될 수 있는 영원한 것의 지위로까지 상승시킬, 존재에 관한 설명을 추구하며 그렇게 할 때 무의 관념을 극복한다는 점이다.**46** 베르그손은 무 개념을 직접적으로 논박하지 않고 이 개념이 어떻게 출현할 수 있었는지 구상한다. 즉 그는 무 개념을 발생적 주장이라는 형태로 생성의 긍정성 내에서 상상한다. 이 문제는 우선 신체와 의식을 통해서 다루어지는데 이는 베르그손이 행하는 많은 비판들 중 한 가지 비판의 특성으로, 여기서 그는 우리가 어떻게 무를 상상할 수 있는지 묻고 우리가 사물들에 대한 "외적 지각"이나 의식에 대한 "내적 지각"을 소멸시킬 수 있다고 제언한다. 두 경우 모두(=내적 지각과

외적 지각)에서 둘 모두를 동시에 정립하는 것이 불가능한 의식의 잔여
상태가 존재하며, 무를 일반화된 상태로 상상하는 유일한 방식은 무
곧 "부분적인 무nought(néant partiel)"에 대한 한 호출에서 무 곧 부분적인
무에 대한 다른 한 호출로 주의를 변경함을 통해서이다.[47] 이것은
전형적인 베르그손의 전회로, 이 전회에서 무는 현존과 부재, 존재와
비-존재가 절대적으로 분리되는 공간으로서가 아니라, 주체가 주의
를 변경하는 형식 속에서 시간으로 개념 파악된다.[48] 무는 기대와
후회의 특성이다. 왜냐하면 한 대상을 다른 한 대상의 장소에서 기대
하는 것은 주의를 현존하는 대상에서 부재하는 대상으로 전환하고,
따라서 전자를 "잠재적 부재"로 변형한다.[49] "공허한 것이라는 개념은
… 오직 존재하는 것과 존재할 수 있는 것 또는 존재해야 하는 것
간의, 충만한 것과 충만한 것 간의 비교일 따름이다."[50] 무는 철학에서
영원한 것을 상상하기 위한 조건으로서 이바지할지 모르지만, 베르그
손에게 무는 실제로 지각과 기억의 풍부함 내에서 생산된다. "잠재적
부재"는 현재에 투사된 회상에 의해 "철저한 생성radical becoming"의 지각
적 연속성으로부터 도려내진다. 이것은 "다른 회상된 대상이 아니라
왜 이 대상이 여기에 존재하는가?" 하는 물음의 형식으로 표현되며,
이 물음에 기저에 놓여 있는 것은 부재하는 대상이 자신의 자리를
차지하는 곳인 상상된 대체물이다. 만약 한 대상이 대체될 수 있다면
그 대상은 또한 그 풍부함으로부터, 부재하는 것으로서 배제될 수
있고 즉 상상될 수 있고, 그리고 이것은 이 가능한 배제를 모든 사물들
에 외삽하는 것으로서의 무의 일반적 개념을 위한 토대가 된다.[51]
대부분의 형이상학적 설명과는 달리 이 비판에서 베르그손은, 무 개념
은 회상과 지각을 결합하기 때문에, 무 개념에는 존재보다 실제로
더 많은 것이 존재한다고 주장한다. 또한 이것은 그것이 실존하지

않는다는 판단이 부가되는, 실존적 진술의 형식 속에서, 존재의 긍정으로 이루어지는 부정에도 해당한다.[52] 그러나 부정은 한 개별적 대상, 혹은 생성의 한 개별적 순간에 관한 실존적 진술이 아니라 판단의 판단이기 때문에 긍정과 질적으로 다르다.[53] 이러한 비대칭은, 현실적인 것은 지나가는 것이고 긍정되는 것—개념화되는 것이 아니라 경험 안에서 주목되거나 주시되는(noter)[54] 것—인 데 반해, 가능적인 것은 언제나 이미 추상화된 대상들에 관한 이차적 판단이라는, 현실적인 것과 가능적인 것 간의 베르그손의 구별을 위한 근거로서 역할한다.

무에 관한 베르그손의 검토는, 그것이 가능적인 것에 대한 비판을 통해 현실적인 것으로 돌아가는 일을 기술하지만 또한 두 유형의 "거짓 문제들"이 연결되는 방식을 드러낸다는 점에서, 직관의 이차적 특징에 의해 뒷받침된다. 무는 영원 개념들에서, 또 물론 뉴턴의 절대 공간과 시간 개념에서 공간과 시간을 위한 근거이므로 무의 "이론적 가상"은 본성상의 차이들을 병합하기 위한 기초로서 역할한다. 그러나 오직 공간만이 대상들의 대체 혹은 배제에 배경으로서 역할하기 때문에 "부분적 무들"의 외삽에서 유래한다.[55] 이산적 대상들을 양적인 다양체로 결합하는 것은 가능성의 변경 불가능한 근거, 존재의 일반적 용기, 빈칸이다. 이 공간 개념은 생성의 현실적 운동과의 연관이 완전히 박탈되어 있어서 이동과 변화가 오직 정도상의 차이로만 이해될 수 있다—더 많거나 더 적은 것이 선, 면, 부피에 반해서 구상될 수 있다. "모든 것을 더 많고 더 적은 것으로 이해하는 것, 더 심각하게는 본성상의 차이가 존재하는 곳에서 오직 정도상의 차이 또는 강도상의 차이만을 보는 것은 아마도 가장 일반적인 사유의 오류, 과학과 형이상학에 공통된 오류이다"라고 진술할 때 들뢰즈가 암시하는 것은 바로 두 가지 문제들의 이러한 융합에 대해서이다(B 20). 자신의 저작

도처에서 들뢰즈는 이 오류를 폭로하고, 차이 곧 본성상의 실제적 차이의 관점에서 철학을 다시 상상하려고 노력하고, 대립에 의지하지 않고 차이를 고찰하는 그 자신의 방법이 담고 있는 중요성을 강조한다. 그러나 철학은 "거짓 문제들"에 대한 비판에 국한되어 있지 않으며, 어떠한 방법도 두 번째의 직관 행위, "진정한 차이들"을 중재하는 것은 물론 명시하는 수단을 제공하는, "본성상의 진정한 차이를 발견하는 일"을 요구한다. 이 두 번째 행위가 없다면 철학은 실제적 차이들의 무한한 행렬을 열거하거나 "적시하는" 학문 분야에 불과할 것이다.

"본성상의 진정한 차이들"을 회복하는 일은 보통 모순과 대립의 형식을 갖추는 "타자성altérité"으로서의 차이에서 "변성altération"**56**—그 자신과 다르고 본성상 다른 것—**57**으로서의 차이로 향하는 철학의 재정향을 수반한다. "변성"으로서의 차이는 무한한 수의 관점들을 낳는 사물들의 외적 표면에 얽매이지 않고 대신 기억이 현재와 통합되는 일과 같은, 과정의 통일 속에서 차이가 안정화되는 "내적 차이"**58**를 표현한다. 철학의 어려움은, 도달 불가능한 사물 그 자체를 정립함이 없이, 외적이고 끝없이 병치되는 차이들에서부터 진정한 차이들로 향하는 변화를 어떻게 제정하느냐 하는 것이다. 들뢰즈에게, 더 약하게는 베르그손에게 이것은 방법론적 절차를 요구하며, 따라서 들뢰즈는 베르그손이 간헐적으로 사용하는 직관의 두 가지 특징 곧 "실재적인 것의 분절"과 "사실들의 선들"을 "진정한 차이들"을 발견하는 일 안에 삽입한다.**59**

실재적인 것의 분절들은 사물들을 그 본성의 차이들에 따라 분배한다. 즉 실재적인 것의 분절들은 분화differentiation를 이룬다. 사실들의 선들은 각각이 최후까지 지켜지는 방향 지시들, 하나의 동일한 사물에 수렴하는

방향 지시들이다. 사실의 선들은 통합을 정의하며, 그 선들 각각은 개연성의 선을 이룬다.**60**

"실재적인 것의 분절들"은 대상의 자연적 기능과 발달에 관계하며, 내적 운동 혹은 더 광범위한 진화 운동에 따라 자신의 형태를 발달시켜 온 생물체의 예에서 가장 쉽게 이해되는 차이들이다.『도덕과 종교의 두 원천』에서 베르그손은 과학은 "그것이 최초에 자신의 대상을 해부하는 방식"에 의해 판단되어야 한다고 주장한다——훌륭한 과학은 광범위하고 들어맞지 않는 범주들에 의존하지 않고 "자연적 이음매natural joints"을 발견할 것이다.**61** 언제나 그것은 직관이 대상을 이미 자연적 분할을 가지는 부분들로 가르는 메스와 같이 기능하는 분화(=차이화)의 행위이다. 정밀한 해부dissection가 그 자체로 "내적 차이"에 대한 이해를 제공하는 것이 아니라, 대상의 자연적 분절들이 해부의 운동과 방향을 이해하는 데 핵심적이다. 베르그손의 예에 의존하며 들뢰즈는 이 분절 과정을 "데쿠파주decoupage"(도려냄 또는 잘라냄)라고 부르며, 이것은 본성상의 차이가 "사실의 선들"로 확장되는**62** "레쿠파주recoupage"(다시 잘라냄 혹은 짜맞춤)**63**라는 보다 확장적 과정의 시작을 형성할 뿐이라고 주장한다.

"사실의 선들"은 베르그손의 경험론의 기초를 형성하며, 대상의 분절들에서 더 높은 개연성의 상태들로 향하는 "점진적인 상승"을 기술한다.**64** 경험은 "사실의 선들"을 위한 출발점이지만 지성은 직접적으로 주어진 것을 훨씬 넘어서는 개연성의 선을 따라 경험을 확장시킨다.**65** 이 과정의 가장 분명한 예는 주어진 것으로서의 의식에 관한 간결한 설명으로 시작하는 베르그손의 시론「생명과 의식」에 있다. 그러나 위 예들에서와 달리, 의식이 지속적 전체에로 수직적으로 확장하는 일이 존재하는 것이 아니라 다수의 핵심 특질들 혹은 "분절들"에 대한 직관이 존재한다. 의식은 결코 순간 속에서 정의될 수 없으며—의식의 스냅숏들 혹은 단면들은 존재하지 않는다—, 기억의 연속성 속에서 결합되는 과거의 보존과 미래의 준비가 존재하는 명확한 지속을 가진다.[66] 그렇다면 베르그손은 신체 바깥의 이 사실들의 선을 따르면서, 비-인간 종들은 그들의 행위들이 우리 자신의 행위들과 닮았기 때문에 어떤 형태의 의식을 가진다—"우리는 그 외적 닮음으로부터 유비에 의해 내적 유사성이 존재한다고 결론을 내린다"—고 주장한다.[67] 모든 유기체들에는 어떤 정도의 예기가 존재하고 따라서 어떤 형태의 기억이 현존한다는 점에서 그것들이 의식을 가진다는 높은 개연성이 존재한다. 그 유사성은 모든 종들은 진화 연속체의 일부라는 사실에 의해 더 지지를 받는다. 경험을 넘어 확장할 때 베르그손은 의식에서 자기-알아차림self-awareness(=자기-의식)의 조건을 제거했는데 그것은 과거와 미래 사이의 "하이픈" 곧 기억의 다리에 거의 지나지 않기 때문이다.[68] 그렇다 하더라도 사실들의 선은 다른 선들과 만나야만converge 하므로 대상을 이해하기에는 그 자체로 충분하지 않다.[69] 그는 뇌가 의식을 보관한다는 통념—뇌사와 의식의 상실 간의 관계에서 유래하는 주장—을 거부함으로써 시작하며, 대신 우리는 뇌의 고유한 기능을 신경계의 오랜 진화 안의 분절로 간주해야 한다고 주장한다. 이 맥락에서 뇌의 역할은 감각들, 물질의 운동들을 유도하여 이 운동을 신체로 이송하는 것, 즉 자극을 특정한 반응으로 전도하는 것이다.[70] 뇌는 운동을 다양한 채널들 아래로 재전송하는 역량이 있기 때문에 "선택의 기관"이다.[71] 가장 단순한 단세포적 유기체에는—더 넓은 범위의 가능한 행위들이 존재하는 더 복잡한 유기체들에서 확장되는—불확정성의 정도 혹은 "불확정성의 지대"가 존재한다. 미래에 대한 예기를 수반하는 한에서 의식은 선택이나 자발적 voluntary운동과 "동연적"이기 때문에 이곳에는 두 가지 사실의 선들이 수렴하는 일이 존재한다.[72] 베르그손은 세 번째 사실들의 선을 추가하며, 물질적 차이는 유용성에 따라 수축되며—지각 장 및 차이의 배열은 행위를 통해 축소된다—, 수축은 주체의 기억 범위에 의존하기 때문에 이 사실들의 선은 다른 사실들의 선과 연결된다고 주장한다.[73] 현재적 의식 수준, 기억의 긴장 안에서 결속되는 물질적 사건들의 범위와 수가 크면 클수록 주체가 자신의 지각 환경에 대해 행하는 장악이 그만큼 더 커진다.[74] 최종 분석에서 세 가지 사실들의 선들은 각 종들의 기억 범위가 발달함에 따라 증가하는 힘을 갖고서 "물질에 대항하여 흐르는 의식"의 일반적인 진화 운동 안으로 통합된다.[75] 결국 이러한 진화적 성격의 주장은 생명의 경향이 물질의 비탄력성에 거슬러 밀어붙이는 운동의 상위 수준에서 통합된다.

이 주장은 의식으로 시작된다는 사실에도 불구하고 베르그손의 존재론을 탈중심화하기 때문에 들뢰즈는 이 주장을 특별히 강조한다. 직관은 수학적 미분들과 같은 "사실들의 선들", 즉 의식에 접선을 이루는 운동의 선들을 분리해는데, 이 사실들의 선들은 새로운 의식 개념 안에서 더 폭넓은 경향의 일부로서 적분되거나 해결되어야만 한다. 들뢰즈가 볼 때 적분은, 공간화하는 수학 언어를 스스로 비판함에도 불구하고 베르그손이 극한 산법infinitesimal calculus(=미적분법)에 관심을 유지하는 한 가지 이유이다.[76] 철학이 경험의 일부를 취해 "넓혀야" 하는 것과 같은 방식으로, 적분은 운동을 기술하는 선의 일부를 취해 선 전체를 마음속에 그려볼 수 있도록 "확장한다". 경험의 곡선을 따라 "사실들의 선들"을 따라갈 때 경험의 현존성presentness에 대한 주의, 그리고 들뢰즈가 "경험의 조건들", 곧 철학의 진정한 대상이라고 진술하는 것을 향한 운동이 존재한다(B 27-8). 뇌는 그 자체로 분석될 수 있는 대상—의식을 위한 용기나 혹은 형태론에 의해서만 드러나는 대상—이 아니라 두 경향들의 합류 지점, 생명의 운동에 의해 물질 안에서 개방되는 공간이다. 그러나 설명은 현재에 위치하는 것이 아니라 무한정적 미래, 즉 "사실들의 선들"이 "사물의 충족 이유"로서 역할하기 위해 결합하는 "잠재적 지점"에 있다.**77** "사실들의 선들"과 이것들이 드러내는 경향들은 어떠한 하나의 장에도 국한되지 않고 생명의 전반적 운동 속에서 횡단하고 교차하는데, 베르그손이 종교의 신비로운 전통을 설명하기 위해서 본능의 자연과 생기적 약동(=엘랑 비탈)을 사용할 수 있는 것은 이러한 이유 때문이다.**78**

경험의 운동을 분리해낼 때 베르그손은 수학적 적분의 이미지가 시사하는 명료하거나 추상적이거나 매끄러운 개념을 기술하고 있는 것이 아니라 차라리 그것은, 들뢰즈가 되풀이하듯이, "지각percept"(B 28)의 운동이다. 경향의 단순성은 경험 곡선의 명료한 형태에 내재하는 것이 아니라 가장 넓은 범위의 본성상 차이들을 상호 관련시키고 통합하는 경험 곡선의 설명적 힘에 내재한다.**79** 베르그손은 공중으로 발사되어 파편들로 파열해서 각 파편들이 지상을 때릴 때까지 계속 분할되는 포탄의 예를 사용한다. 파편들의 모양과 길은 "분말의 폭발적 힘"과 금속 탄피가 상호 작용한 것의 산물이다. 목적은 단순히 개별적 대상들을 구상하는 것이 아니라 궤적의 운동을 이해하는 것이다. 유추에 의해 진화 이론은 생명의 경향은 물질의 분할을 통해 진행되는 힘으로 분명히 나타난다는 점을 인정해야만 한다. 난점은 "우리가 오직 우리에게 가장 가까이 있는 것만을, 즉 분쇄된 폭발들의 산개된 운동들만을 지각한다는 사실에 놓여 있다. 산개된 운동들로부터 우리는 원래의 운동으로 한 단계 한 단계 거슬러 가야 한다."**80** 궤적의 운동은 변화의 연속성으로서 쉽사리 이해 가능한 어떤 것이지만 이러한 변성alteration 과정은 개별적 부분들을 고찰할 때 쉽사리 산출되지 않는다. 레이몽 뤼에르는 생물학 내에 존재하는 이와 관련된 문제를 논하는데, 생물학에서는 형태론에 관한 상세한 고찰, 그리고 신체적 기능에 관한 형태론의 기계론적 설명이 유기체들의 발달을 이해하는 데 실제로 어려움을 낳을 수 있다. 한편으로는 형태발생morphogenesis의 운동 그리고 다른 한편으로는 기능과 관련하여 구조를 상세하게 고찰하는 일 사이에는 본성상의 차이가 존재한다.[81] 마찬가지로, 베르그손이 볼 때 경향의 운동은 횡단면의 분석을 통해서 이해될 수 없다. 경향은 행위의 내면성 안에 있는 통일성과 다양성의 구체적 상호 침투에서 유래하는 그 단순성으로 인해 모든 분석적 분해에 저항한다.[82] 이러한 통합의 통일성 속에서, 한 순간이 다음의 한 순간과 상호 침투하는 일은 선의 연속성을 보장한다. 요컨대 경험을 넘어 선을 직관하는 일은 그 선의 운동을 수직적으로 통합하는 일, 곡선의 길, 지각percept의 형식으로 물질 그 자체를 수평적으로 통합하는 일을 수반한다.

경향들은 세계 안의 구체적 운동들이며, 열역학의 제2법칙과는 다른 방식으로 이해된 물질의 운동과 생명의 운동을, 경향들의 가장 폭넓은 표현 속에서, 각각 "그 자체를 만들지 않는" 작용(물질적 해체)과 "그 자체를 만드는" 작용(창조)으로서 묘사한다.[83] 이것은 직접적으로 주어진 것에서 지속을 알아차리는 행위로서 이 장의 초두에서 정립된 직관 행위와 멀리 떨어져 있는 것처럼 보이는데, 하지만 베르그손은 직관은 "실재를 발생시키는 작용과 합치해야만" 하는 역동적 원리라는 점을 강조한다.[84] 우리가 "실재적 시간의 파악"으로서의 지속에 도달할 수 있는 것은 오직 본성상의 차이들—심리학적인 것을 넘어 확장하는 차이들—을 인식함으로써이기 때문에 들뢰즈는 이 방법론적 행위들을 특히 중시한다. 이것은 직관적 통합의 최종 행위를 요구하므로 들뢰즈는 한 경향이, 다른 한 경향을 통합하기 위한 기초로서 역할할 수 있으며 즉 모든 혼합체에는 지배적인 경향이 반드시 존재하며, 문제는 어떻게 "올바른 경향"을 선택하느냐 하는 것이라고 주장한다.[85] 위에서 논한 두 경향들에서, 한편으로는 에너지 소모로서의— 에너지가 분배될 때 양적인 변화만이 존재하기 때문에 모든 미래 상태들이 현재에 직접적으로 파악될 수 있는 "하강"으로서의—물질 운동이 존재하고, 다른 한편으로는 미래의 상태들이 예측 불가능한 창발, 분화, 복잡화 과정, 즉 "상승"으로서의 생명 운동이 존재한다.[86] 만약 본성상의 차이가 어떤 식으로든 공간의 양적인 분산이 시간의 질적인 복잡화와 병치되는 두 경향들 사이에 위치한다고 우리가 전제한다면 두 경향들의 차이는 극복 불가능하다. 들뢰즈는 베르그손이 매우 자주 그러하듯이 지속의 구체적 특성들을 소환함으로써가 아니라, 차이 그 자체를 원리로서 취함으로써 이 두 경향들을 화해시킨다. 이 점에서, "상승", 곧 엘랑 비탈의 운동이 가장 단순한(가장 고도로 통합된) 형식 속에서 차이를 차이화, 혹은 "그 자신과 달라지는" 운동으로서 묘사하는 한에서 지배적인 경향이 분명 존재한다.[87] 이것은 지속을 시간과 실체에 관한 설명으로서 통일하기 때문에 과거의 축적, 생명의 운동 등등을 포함하는, 베르그손 저작의 다른 모든 형식의 운동과 변화를 포괄한다. "지속, 경향은 자기가 자기와 차이 나는 것이다. 그리고 그 자신과 달라지는 것은 직접적으로(=무매개적으로) 실체와 주체의 통일이다."[88] 들뢰즈에게 다른 모든 현실적이거나 실재적이거나 가능한 차이들을 뒷받침하는 이러한 그침 없는 내재적인 차이화는 잠재적인 것이다.[89] 잠재적인 것의 단순성은 그것이 최초 원인 혹은 최종 원인과 같은 외적 설명에 의지하지 않고, 실체를 본성상 차이들의 발생으로서 필요 충분하게 설명해준다는 점이다.**90** 잠재적인 것에는—현실화의 선들을 결여하는 전체의 직접성과는 달리—현재가 과거를 닮지 않은 차이화의 창조적 작용 안에 있는, 독특하고 직접적인 현실화 운동이 존재한다(DI 101).

다음에 오는 실재적 시간의 파악은 다른 작용들을 통합하고 직관이 애매한 일원론으로 해체되는 것을 완전히 막기 때문에 직관적 방법의 세 번째 작용이다—방법론은 본성상의 진정한 차이들의 시간적 발판으로서 작용한다. 게다가 지속에 관한 심리학-이후의 이해가 도달될 수 있는 것은 직관적 방법에 의해서일 뿐이다. 왜냐하면 심리학적 파악이 차이화 과정의 한 가지 현출에 지나지 않는 이상 베르그손의 철학은 "그 자체 심리학적인 것이 아니기" 때문이다.**91** 우리는 지속에 대한 자기-의식적 직관은 실제로는 생명이 그 자신을 반성하는 그 지점을 묘사하는, 잠재적인 것의 차이화의 산물임을 이해하기 위해서 경험을 넘어서는 사실들의 선들을 따라야만 한다.**92** 들뢰즈는 "지속은 베르그손에게 심리학적 경험으로 점점 덜 환원 가능한 것으로 보였고 그 대신에 지속은 사물들의 변이 가능한 본질이 되어 복잡한 존재론의 주제를 제공할 만큼 그의 사상이 진화했다"(B 34-5)고 진술한다. 직관의 방법은, "복잡한 존재론"이 "실재적 시간"을 전체에로 통합되거나 접혀지는 일련의 이념들로서 "파악하는 작용"을 받쳐주는 식으로 베르그손의 작업의 선들을 다시 그린다.**93** 지속의 근본적 본성이 완전히 실현될 수 있는 것은 여기 잠재적인 것에서 발견되는, 전체의 개방성을 인식할 때뿐이다.

베르그손이 생명과 지속의 단순한 운동은 자신 안으로 "모든 것이 복구될 것이고 자신 안으로 모든 것이 해소될 것이기" 때문에 실재적인 것의 무한한 복잡성을 포괄한다고 주장할 때, 비록 명시적인 방법론이 없을지라도 그는 또한 이와 유사한 통합을 수행한다.[94] 하지만 들뢰즈와 달리 그는 지속의 질적인 득성들, 그리고 그가 자신의 시간 철학을 전개하기 위해 사용해 온 은유들에 여전히 매여 있기 때문에 잠재적인 것과 같은 단일한 발생적 원리를 정립하지 않는다. 베르그손은 차이화의 되풀이되는 과정이 아니라 리듬의 통합된 시간적 전체를 강조하면서, 생명의 "상승 운동"은 "본질적으로 지속하며 자신의 리듬을 물질의 하강 운동에 부과한다"고 주장한다.[95] 베르그손 저작의 매우 많은 부분의 은유적 기초는 직관의 방법론 안에서 베르그손의 관념들을 통합하는 들뢰즈의 방식과 뚜렷이 대조를 이룬다. 왜냐하면 들뢰즈는 가령 "뉘앙스"를 사물의 "본질"에 관한 충분한 설명으로서 승격시키는 베르그손의 발견적 예들로부터 개념들을 뽑아내려고 하기 때문이다.[96] 백과사전의 항목에서 언급되는 뉘앙스와 대조적으로[97] 「차이」 시론에는 색조 혹은 색깔을 지시하는 이 용어의 다른 의미, 그리고 색조가 어떻게 백색광의 더 폭넓은 스펙트럼 내에 놓여야 하는가에 관한 고찰이 존재한다.[98] 베르그손과 들뢰즈가 같은 예들을 사용하는 방식에는 뚜렷한 차이가 존재한다. 베르그손의 은유들은 개념들 또는 선들을 쉽사리 산출하지 않으며, 많은 그의 주장들은 실제로 은유들의 공간 안에서 형성된다. 실로 버트러드 러셀은 "직유들"과 "유비들"을 사용한다고 하며 베르그손을 비판하고, 그런 기법들을 사용하는 주장은 셰익스피어의 저작이 부정확하지 않은 것으로 간주될 수 없는 것과 마찬가지로 논박될 수 없다고 발언했다.[99] 「형이상학 입문」에서 베르그손은 지속을 기술하기 위해서 일련의 은유들을 부연한다. 이 은유들은 가령 "실패에서 실을 풀어내는 것과 같은 죽음을 향한 운동", 실 뭉치를 감는 것과 같은 기억의 축적, 스펙트럼과 그 색조들의 은유와 같은 본성상의 차이의 증식, "무한히 작은 고무줄 조각 안으로 수축되는 것으로서의 기억의 긴장"과 같은 것이다.**100** 베르그손은 지속은 이미지들로 표현될 수 없다고 진술하면서 각 은유의 불충분성을 인정하며, 대신 지속은 이 모든 은유들의 병합으로서 상상되어야 한다고 주장한다.**101** 은유의 불충분성을 인정하면서도, 추상화는 사실 "마음의 공리적 습관들"에 계속적으로 저항할 수 있는 직관적 성향의 계발을 장애할 것이기 때문에 베르그손은 개념들의 사용을 금한다.**102** 은유들과 지각들percepts을 비-모순적인 직관 작용에로 통합하는 이러한 역량은 베르그손 방법에 중추적이며, 『창조적 진화』에 나오는 그의 사변적 대문들 중의 하나에서 그는 오래 계속되는 직관은 "철학자가 그 자신의 사상에 동의하도록 만들 뿐만 아니라 또한 모든 철학자들가 서로 간에 동의하도록 만들 것이다"라고 상상한다.**103** 경험의 모퉁이를 넘어 직관을 이렇게 확장하는 일이 베르그손주의의 목표이며, 직관적 행위들의 통합을 통해 그것에다 방법론의 정밀성을 부여하는 사람이 바로 들뢰즈인 것이다.

베르그손의 직관 이론을 잠재적인 것의 발생적 운동 안으로 통합하는 일은 베르그손에 관한 미래의 학술 활동이 취할지도 모르는 형식에 관한 물음을 개방된 채로 두고 있다. 비록 『창조적 마음』의 두 서론, 그리고 「변화의 지각」, 「가능적인 것과 실재적인 것」, 「형이상학 입문」에 관한 논문들을 포함해서 많은 시작 단계들이 존재할지라도, 베르그손 자신이 자신의 방법에 대한 그와 유사한 재평가를 수행하지 않는다는 점은 주목할 만하다. 하지만 대부분 그의 접근법은 발견적이고 종합적이다. 베르그손은 들뢰즈가 후에 개괄하는 종류의 직관 작용들을 사용하며 새로운 탐구 분야들로 끊임없이 헤매며 들어갔다. 베르그손이 들뢰즈 스타일의 방법론적 통합에 저항하는 것은 아마도 관념을 경험적 맥락에서 멀어지게 하는 능력을 가지는 기성 개념들에 대한 의심에서 나오는 것이리라. 베르그손은 실존하는 방법들에 대한 상세한 비판을 제공하는 것보다 새로운 개념들을 전개하는 것을 신호하면서, 단일한 저자의 저작을 다루는 단 한 권의 책, 아리스토텔레스에 관한 라틴어 박사학위논문을 저술했다는 점은 주목할 만하다.[104] 들뢰즈와 마찬가지로 베르그손은 과학적 변화에 대한 관심을 유지했으며, 그의 대부분의 저작들은 분야별로 특화된 과학적 문제—『시간과 자유 의지』와 『물질과 기억』에서의 심리학,『 창조적 진화』에서의 생물학,『지속과 동시성』에서의 물리학—로 시작한다. 이는 베르그손 철학이 계속되기 위한 가능한 길을 기술하는데, 왜냐하면 물리학과 생물학의 장들 안의 최근 변화들은 미세한 입자 같은 잠재적인 것—베르그손의 생물학주의에서는 아직 출현하지 않은 "애벌레 주체들", 경험-이하의 강도적 개념들—에 관한 탐구의 비옥한 토양을 제공하기 때문이다(DI 96). 또 다른 길은, 들뢰즈가 『시네마』 책들에서 운동에 관한 논제들을 시네마적 존재론 안에 불가피하게 통합하기 전에 이 논제들을 차이화하는 가운데 그러는 것처럼, 베르그손의 철학으로 돌아가서 추가적인 본성상의 차이들을 찾아내는 것이리라. 이러한 차이화에서 그것은 철학자에 또는 말해진 것에 충실한 채로 남아 있는 문제가 아니라, 그가 자신의 저작에서 같은 선들을 따라갔다면 존재했을지도 모르는 것을 논하는 문제이다.[105] 베르그손의 유산은 그의 철학과 마찬가지로 역동적이며, 과거로 돌아가는 것은 언제나 경험의 모퉁이를 넘어 차이화의 새로운 선들의 확장을 가져온다.

모나시 대학

주(Notes)

1. 마크 앤틀리프, 『베르그손을 발견하다』(Princeton, NJ: Princeton University Press, 1992), pp. 304.

2. 이두아르 모로-시르, 「베르그손이 오늘날 우리에게 의미하는 것」, T. 한나 엮음, 『베르그손의 유산』(New York: Columbia University Press, 1962), pp. 35-8.

3. 모로-시르, 「베르그손이 오늘날 우리에게 의미하는 것」, pp. 40-1.

4. A.E. 필킹톤, 『베르그손과 그의 영향: 재평가』(Cambridge: Cambridge University Press, 1976).

5. 제1차 세계대전 동안, 베르그손은 미국 대사로 파견되었는데, 미국이 그 전쟁에 가담하는 결정에 어떤 역할을 했을지도 모른다. R.C. 그로긴, 『프랑스에서의 베르그손 논쟁 1900-1914』(Calgary: Calgary University Press, 1988), pp. 200-2를 보라.

6. 모로-시르, 「베르그손이 오늘날 우리에게 의미하는 것」, pp. 40-1.

7. 모리스 메를로-퐁티, 「소르본 대학에서」, T. 한나 엮음, 『베르그손의 유산』, pp. 133-5.

8. 메를로-퐁티, 「소르본 대학에서」, p. 134.

9. 조지 산타야나, 『학설의 바람과 플라톤주의와 정신적 생활(영적 생명)』(Gloucester: Peter Smith, 1971), pp. 66-8.

10. 베르그손은 전통 논리학에 의하면, 붉은 색과 노란 색은 언제나 오렌지 색 안에 잠재적으로(virtuellement) 존재했다고 주장한다. 『전작』, 앙드레 로비네 엮음(Paris: Presses Universitaires de France, 1959), p. 1267을 보라.

11. 이와 유사한 접근법이 『시네마』 책들에서 추적될 수 있는데, 들뢰즈는 이 책들에서 베르그손의 철학을 사용해서 시네마(영화)의 존재론적 한계를 이끌어내고, 그렇게 할 때 영화 형식의 발달에 기여하는 산업적 요인들과 관중 역할의 중요성을 최소화한다.

12. "double caractère: dêtre à la fois un passé révolu et périmé et un présent qui se renouvelle sans cesse"의 내 번역, G. 무렐로스, 『베르그손과 실재의 지위』(Paris: Presses Universitaires de France, 1964), p15.

13. 또한 그는, 생기적 운동은 그것의 파생물에서 발견되지 않는 미규정성이라는 특징을 여전히 지니기 때문에 이 형이상학적 목적은 "실현 가능하지" 않다고 진술한다. 베르그손, 『창조적 진화』, 아서 미첼 옮김(New York: Random House, 1944[1907], p. 38.

14. 무어는 학문들을 통합하고자 하는 철학의 노력에 대한, 시론 「철학적 직관」에서 행하는 베르그손의 비판은 그 자신의 『창조적 진화』에도 적용될 수 있다고 진술한다. F.C.T. 무어, 『베르그손: 거꾸로 생각하기』(Cambridge: Cambridge University Press,

1996), p. 10.

15. 이 책은 흄과 니체에 관한 책들과 함께 학부생 교재로서 저술되었고, 그래서 주요 추동력은 주해였다. p. 페리, 『들뢰즈의 니체』, *boundary* 2, 20: 1(1993), p. 176을 보라.

16. 이것은 그의 저작의 초기 요약본 대부분에 해당하는 것은 물론이고 멀라키, 『베르그손과 철학』(Edinburgh: Edinburgh University Press, 1999)과 A.R. 레이시, 『베르그손』(London: Routledge, 1989)을 포함하는, 들뢰즈-이후에 간행된 책에도 해당한다.

17. 이후 나는 영역어 "duration"을 사용할 터이지만, 보통 이 단어는 베르그손이 직시하는 시간의 구체적 운동이 아니라 측정 가능한 시간 주기를 가리키기 위해 사용된다는 것을 언급할 가치가 있다. 무어는 "지속duration"은 "시간을 뚫고 가는 사실 또는 고유성질", 시간의 지속continuance이라는 프랑스어의 근본적 의미를 생략하기에, 대신에 고풍의 영어 표현 "durance"를 선택했다고 주장한다. 무어, 『베르그손』, pp. 58-9.

18. 베르그손, 『시간과 자유의지: 의식에 직접 주어진 것에 관한 시론』, F.L.포그슨 옮김 (London: George Allen and Unwin, 1910[1889]), p. 100.

19. 베르그손, 『시간과 자유의지』, p. 101.

20. 베르그손은 "자신의 주장의 기술적이고 수학적인 부분들을 적합하게 방어할 수 없었으므로, 책이 30년대에 더 이상 간행되기를 바라지 않았다", 무어, 『베르그손』, p. 11.

21. 베르그손, 『시간과 자유의지』, p. 44.

22. 베르그손, 『시간과 자유의지』, p. 102.

23. 베르그손, 『지속과 동시성: 아인슈타인의 이론과 관련하여』, 리언 제이콥슨 옮김 (Indianapolis: Bobbs-Merrill, 1965[1922]), p. 44.

24. "elle est susceptible de nous rensegner sur la nature des problèmes bergsoniens"의 내 번역, 들뢰즈, 「베르그손 1859-1941」, *Les philosphes célèbres*, 모리스 메를로-퐁티 엮음 (Paris: Editions d'Art Lucien Mazenod, 1956), p. 292.

25. 『시네마 1』에서, 영화는 탈중심화하는 의식과 지각을 위한 모델 역할을 한다. MI 57을 보라.

26. 베르그손, 『창조적 마음』, M.L. 안디슨 옮김(New York: Philosophical Library, 1946, p. 35.

27. 베르그손, 『창조적 마음』, pp. 40-1.

28. 베르그손, 『창조적 마음』, pp. 34-5.

29. 베르그손, 『창조적 마음』, p. 33.

30. 베르그손, 『창조적 마음』, p. 35.

31. 베르그손, 『창조적 마음』, p. 36.

32. 베르그손, 『창조적 마음』, p. 36.

33. 레너드 로울러, 『베르그손주의의 도전』(London: Continuum, 2003), p. 66.

34. 모리스 메를로-퐁티, 『지각의 현상학』, 콜린 스미스 옮김(London: Routledge & Kegan Paul, 1962), p. 276 n.1.

35. "'concepts mobiles' destinés à guider les autres hommes à travers cette même intuition ou à les mettre sur la voie"의 내 번역; W.R. 보이스 깁슨에게 보내는 편지, 1911년 2월 9일: 깁슨 문건, University of Melbourne Archives, Melbourne.

36. 베르그손, 『창조적 마음』, p. 35.

37. "retrouvée plutôt qu'inventée"의 내 번역, 들뢰즈, 「베르그손 1859-1941」 p. 293.

38. 프리드리히 니체, 『때 이른 성찰』, R.J. 홀링데일 옮김(Cambridgc: Cambridge University Press, 1997), p. 74.

39. "choses commencent par se perdre pour que nous finissions par les perdre, il faut qu'un oubli soit fondé dans l'être"의 내 번역, 들뢰즈, 「베르그손 1859-1941」, p. 293.

40. 베르그손, 『창조적 마음』, p. 16.

41. 앙리 베르그손, 『물질과 기억』, W.S. 팔머·N.M. 폴(New York: Zone Books, 1991), p. 191.

42. 베르그손, 『시간과 자유의지』, pp. 63-4.

43. 베르그손, 『시간과 자유의지』, pp. 22-4.

44. 베르그손, 『창조적 진화』, p. 296.

45. 베르그손, 『창조적 진화』, p. 300.

46. 베르그손, 『창조적 진화』, p. 300-1.

47. 베르그손, 『창조적 진화』, p. 303.

48. 베르그손, 『창조적 진화』, pp. 297-8.

49. 베르그손, 『창조적 진화』, p. 299.

50. 베르그손, 『창조적 진화』, p. 307.

51. 베르그손, 『창조적 진화』, p. 310.

52. 베르그손, 『창조적 진화』, p. 311.

53. 베르그손, 『창조적 진화』, p. 316.

54. 이전 대문에서 베르그손은 현실적인 것을 기술하기 위해 형용사 "constatée(=확인된)"를 사용하는데, 이는 실존이 오직 사유된 것에 불과한 가능적인 것과 대조를 이룬다. 『전작』, p. 740을 보라.

55. 베르그손이 아리스토텔레스의 장소 개념에 관한 자신의 첫 번째 논문을 썼고, 이 텍스트에서 형상과 질료가 긴밀하게 뒤엉켜 있는 장소 개념과 자유롭게 독립적인 형상을 가진 장소 개념의 분할을 논했다는 것을 주목할 만하다. 베르그손, 『논문집』, A. 로비네 엮음(Paris: Presses Universitaires de France, 1972), p. 51.

56. 아리스토텔레스의 범주들에서 변경은, 우리가 반대자가 자신의 질 안에 정지해 있을 수 있다거나 혹은 질 안에서 자신의 상반자(가령, 검음 대 흼)를 발견할 수 있다고 진술하지 않는다면 자연적인 상반자를 갖지 않는 운동의 유일한 형식으로서 식별된

다. 아리스토텔레스, 「카테고리」, 『오르가논』, E.M. 에지힐 옮김, 『아리스토텔레스의 기본 저작들』, R. 맥케온 엮음(New York: Random House, 1941), pp. 36-7. 베르그손에게, 정지 상태가 존재하지 않고, 오직 상대적 안정 상태가 존재할 뿐이며, 실들은 결코 실로 상반적이지 않다. 즉, 절대적인 검음은 존재하지 않고 오직 검은 것이 되고 검지 않은 것이 되는 상태들이 존재할 뿐이다.

57. 들뢰즈, 「베르그손 1859-1941」, p. 295.

58. 들뢰즈, 「베르그손의 차이 개념」, 멜리사 맥마흔 옮김. J. 멀라키 엮음, 『새로운 베르그손』(Manchester: Manchester University Press, 1999), p. 43에 실려 있다.

59. 들뢰즈, 「베르그손의 차이 개념」, p. 43.

60. 들뢰즈, 「베르그손의 차이 개념」, pp. 43-4.

61. 앙리 베르그손, 『도덕과 종교의 두 원천』, R. 애슐리 오드라·클라우드슬리 브레레턴 옮김(Westport: Greenwood Press, 1963), pp. 105-6.

62. 들뢰즈, 「베르그손의 차이 개념」, p. 44.

63. 이 단어는 떼어놓다와 들러붙다(또는 달라붙다) 둘 다를 의미하는 영어 단어 "cleave" 와 유사한 이원성을 가진다. 더욱이, 들뢰즈는 『시네마 1』을 포함하는 자신의 다른 저작들에서 분할과 전체 간의 관계에 관심을 보인다. 『시네마 1』에서 그는 프레임은 이미지를 다른 프레임들에 접합함으로써 분할 작용the act of dividing(the "dividual") 속에서 통일한다고 주장한다.

64. 앙리 베르그손, 『정신적 에너지』, 강연과 논문, H. 윌던 카 옮김(London: Macmillan, 1920), pp. 3-4.

65. 베르그손, 『도덕과 종교의 두 원천』, p. 248.

66. 베르그손, 『정신적 에너지』, p. 5.

67. 베르그손, 『정신적 에너지』, pp. 6-7.

68. 베르그손, 『정신적 에너지』, p. 6.

69. 베르그손, 『도덕과 종교의 두 원천』, p. 248.

70. 베르그손, 『정신적 에너지』, pp. 8-9.

71. 베르그손, 『정신적 에너지』, p. 9.

72. 베르그손, 『정신적 에너지』, p. 13.

73. 베르그손, 『정신적 에너지』, p. 16-17.

74. 베르그손, 『정신적 에너지』, p. 15-16.

75. 베르그손, 『정신적 에너지』, p. 21.

76. 『창조적 마음』 두 번째 서론에서, 베르그손은 뉴턴의 유율(미분) 이론이 물질의 부동성과 실재적 변화를 재통합한다는 점에서 진정한 직관이라고 하며 터놓고 칭찬한다(37쪽).

77. 베르그손, 『창조적 마음』, pp. 28-9.

78. 베르그손은 조직화된 종교의 지능적 구조들에 의한 억압에도 불구하고 신비적 전통

에서 유지되어 온, 본능과 직관 간의 공통된 운동이 존재한다고 주장한다. 『도덕과 종교의 두 원천』, p. 249-50을 보라.

79. 들뢰즈, 『베르그손의 차이 개념』, p. 44.

80. 베르그손, 『창조적 마음』, p. 109.

81. 레이몽 뤼에르, 『살아있는 형태들의 기원』(Paris: Flammarion, 1958), pp. 8-9. 뤼에르는 형태와 형성 사이에는 동형성이 있을 수 없지만, 오직 형태와 형태, 또는 형성과 형성 사이에만 동형성이 있을 수 있다고 주장한다. 형태발생에서, 어려움은 한 유형의 구조가 어떻게 다른 한 유형의 구조가 되는지—신경계가 어떻게 신경계를 닮지 않은 알에서 발달하는지—설명하는 데 있다.

82. 무렐로스, 『베르그손과 실재의 수준』, p. 70.

83. 베르그손, 『창조적 진화』, p. 267. 창조적 진화에서, 베르그손은 엔트로피의 일반 원리를 수용하지만, 이 원리를 열의 소실을 전제하는 순수하게 에너지적인 원리로서가 아니라, 역으로 창조에 반하여 작용하는, 즉 질적 변화와 진화적 복잡화에 반하여 작용하는 경향이라고 간주한다(pp. 267-8).

84. "coïnvide avec l'acte générateur de la réalité"의 내 번역; 베르그손, 『논문집』, p. 773.

85. 들뢰즈, 『베르그손의 차이 개념』, p. 47.

86. 베르그손, 『창조적 진화』, p. 14.

87. 들뢰즈, 『베르그손의 차이 개념』, p. 48.

88. 들뢰즈, 『베르그손의 차이 개념』, p. 48.

89. 들뢰즈, 『베르그손의 차이 개념』, p. 51

90. 들뢰즈, 『베르그손의 차이 개념』, p. 53.

91. 들뢰즈, 『베르그손의 차이 개념』, p. 55.

92. 들뢰즈, 『베르그손의 차이 개념』, p. 51.

93. 관련 주장이 『시네마 1』에서 제시되는데, 이 책에서 단일한 영화적 프레임이 현실화된 프레임들의 공간적 무한성으로부터 자신이 분리되는 것에 비례하여 전체로서의 지속을 작동시킨다(MI 18을 보라).

94. 베르그손, 『창조적 진화』, p. 273.

95. 베르그손, 『창조적 진화』, p. 14.

96. 들뢰즈, 『베르그손의 차이 개념』, p. 46.

97. 여기서 그는 라베송에 관한 베르그손의 논문에서 논하는 스펙트럼적 맥락에 대해 언급한다. 들뢰즈, 「베르그손 1859-1941」, p. 294를 보라.

98. 이 다른 의미의 이러한 삭제는 용어 "nuance"가 "shade"가 아니라 그대로 "nuance"로 옮겨지는 번역에서 유지된다; 들뢰즈, 『베르그손의 차이 개념』, p. 46. 베르그손은 폴란드 번역자에게 보낸 편지에서 자신의 저작에 중심적인 "이미지들"을 되살리는 일이 어려운 과제임을 인정했다. 베르그손, 『논문집』, p. 960을 보라.

99. 버트런드 러셀, 『서양철학사』, 제2판(London: Counterpoint), pp. 761-93.

100. 베르그손, 『창조적 마음』, pp. 192-93.

101. 베르그손, 『창조적 마음』, p. 194.

102. 베르그손, 『창조적 마음』, p. 195.

103. 베르그손, 『창조적 진화』, pp. 260-1.

104. 최초로 간행된 강연문 중의 하나에서 베르그손은 지식의 보다 폭넓은 영역에 시선을 열지 않고 전문 지식의 매우 제한된 영역에만 관심을 기울이는 사상가들을 비판했다. 베르그손, 「전문성」, 『논문집』, pp. 257-64를 보라.

105. 베르그손이 만약 영화적 지각에 대한 비판에 매여 있지 않았다면, 『물질과 기억』에서 펴는, 운동으로서의 이미지에 관한 자신의 주장에 기초하여, 주체를 완전히 중심에서 벗어나게 하는 존재론을 전개할 수 있었을 것이다(들뢰즈, MI 57-8을 보라).

14.

에드문트 후설

알랭 보리외

들뢰즈의 극작술

들뢰즈는 세 가지 매우 다른 기능을 자신이 인용하고 연구하고 이용하는 다양한 철학자들에게 부여하고 있다. 우선, 그가 칸트는 **빼고**, 때 이른 진정한 사상의 영웅들(흄, 스피노자, 라이프니츠, 니체, 베르그손, 푸코)로 바꾸어놓는 자신의 단행본 연구서의 주체들이 존재한다. 다음으로, 그가 철학적 전투를 벌이는 진짜 적들(헤겔, 1970년대에 논의가 시작되는 프로이트, 얼마간 논의되는 칸트, 더 암묵적으로 논의되는 비트겐슈타인)이 등장한다. 현상학자들(즉 후설, 하이데거, 메를로-퐁티)는 들뢰즈의 극작술에서 영광스러운 자리를 차지한다. 그들은 영웅적이지도, 전적으로 적대적이지도 않은 세 번째 기능을 이행한다. 들뢰즈는 현상학에 대항해서 싸우지 않고 오히려 현상학과 함께 투쟁한다. 현상학을 거부한다는 것은 다른 방식의 사상으로 향한다는 것을 의미하지 않는다. 이와는 반대로 그는 현상학 그 자체의 지반 위에서 현상학과 함께 투쟁해야만 한다. 들뢰즈는 헤겔의 관념론과 정신분석에서 벗어 났지만, 어떤 해석적인 믿음에도 불구하고 그는 자신의 사유를 현상 학 "너머에" 두지 않는다. 그가 현상학을 위해 유보하는 지위는 들뢰즈의 전작에서 복잡하고 독특하다. 왜냐하면 비록 현상학적 주제들이 들뢰즈의 전개에 있어서 여전히 도처에 존재할지라도 후설의 저작들에서 유래하는 "학문"은 특정한 연구의 주제가 되지 않기 때문이다.[1]

들뢰즈에게 현상학은 신뢰하는 친구도 아니요, 증오하는 적도 아니다. 하지만 이상하게도 현상학은 들뢰즈 또한 필요로 하는 종류의 "꽤 사랑하는 적"에 상응한다. 현상학은 의미meaning와 함의signification의 이념적 세계에다 일종의 종교적인 정합성을 부여하는 의미meaning의 이해 가능성을 제시하기 때문에 적이다. 과타리와 더불어 들뢰즈는 이것을 초월적인 것이 내재성 안으로 서서히 스며들어가는 침윤으로 간주한다(WP 46). 하지만 현상학은 또한 들뢰즈의 철학적 싸움이 일어나는 영역을 획정한다는 점에서 들뢰즈에게 사랑을 받는다. 현상학은 "왕립 학문"을 설립하기 때문에 적이요, 들뢰즈의 사상에서 가장 중요한 순간들을 정의하기 위한 지반을 제공하기 때문에 사랑을 받는다. "들뢰즈는 왜 후설과 현상학에 관심을 가졌는가?"라는 물음에 우리는 들뢰즈는 자신을 끝까지 애태우게 할 수 있는 친구/적과의 초연한 관계를 유지하는 일이 필수적이었다고 대답할 것이다. 그가 현상학에 부여하는 기능은 진짜 반대자를 향한 탄복하는 태도를 채택하는 일을 시사하는 니체의 기질에서 생겨난다.[2] 그것은 실로 니체적이지만 또한 사드적이기도 하다. 왜냐하면 사드적 쾌락을 닮은 것이 이 사랑/증오 관계 속에서 간취될 수 있기 때문이다. 들뢰즈는 현상학을 중국식

물고문(=이마에 물을 떨어뜨려 정신이 돌게 하는 고문)에 처하게 하고, 이렇게 해서 현상학이 무한히 시련을 겪게 놓아둔다. 그러면서 현상학 그 자신은 무구하다고 여기는 온갖 종류의 범죄 혐의를 씌워 현상학을 끊임없이 고소한다. 들뢰즈가 궁극적으로 부과하는 형벌은 무제한적 지연과 닮았다. 그는 자신의 궁극적이고 가장 큰 고소를 드러내는 것을 지연시킬 때 사악한 쾌락을 취하면서 현상학에 선고를 내린다. "내재성 내의 초월적인 것"에 관한 뒤늦은 주장조차도 확정적인 것으로 보이지 않는다. 들뢰즈는 자신의 최후의 공격을 불확정적으로 연기한다. 왜냐하면 궁극적으로 그는 자신의 사상의 방향을 정하기 위해, 자신의 저작에 표현적 능력을 부여하기 위해, 그리고 자신의 개념들의 가치를 측정하기 위해 현상학적 랜드마크를 필요로 하기 때문이다. 요컨대 들뢰즈가 철학자들에게 부여하는 세 가지 기능은 다음과 같다. 즉 영웅주의(공표된 사랑), 적대주의(불구대천의 적들), 사디즘(게임 파트너들/반대자들). 현상학은 이 기능들 중 세 번째 기능과 연관돼 있다.

1960년대 이후로 들뢰즈는 현상학과 "현대 스콜라주의"를 비교하는 일에 관해 두 번 다시 생각하지 않으며(NP 195; 또한 F 113을 보라), 따라서 현상학의 이론적 전환에 관한 수십 년간의 극심한 논쟁에서 빠져 나왔다. 여기서 다시 니체와 몇 가지 유사한 점들이 보여 무척 흥미롭다. 들뢰즈는 현상학을 니체가 기독교를 보는 방식과 유사한 방식으로 본다. 들뢰즈에게는 현상학이, 니체에게는 기독교가 이 각 사상가의 저작 도처에서 역겨운 매력을 지닌다. 정말로 이 두 철학자는 결코 그들의 영원한 적대자 없이 지내는 법이 없다. 들뢰즈가 현상학과 벌이는 전투는 궁극적 결말을 결코 보지 못할 터이니, 그가 설사 새롭게 책들을 쓰더라도 영원히 계속되었을 것이다. 들뢰즈는 그의 영웅들을 존경하고 찬탄했고 그의 진정한 적들을 폄하했지만, 그러나 현상학을 상박적인 선수의 눈을 통해 보았다. 물론 들뢰즈는 승리하 겠다는 목표를 끝까지 유지했다. 현상학—그 시대의 가장 존중받는 철학적 흐름들 중의 하나—과 벌이는 전투는 들뢰즈에게 자신의 선진 성을 이룰 기회를 제공했다. 지배적인 사상과 전투를 벌이는 이러한 진행 중인 과제는 들뢰즈에게 자신의 힘을 건립할 가장 확실한 수단 이었다. 애당초 패배했다고 우리가 상상하는 다윗과 골리앗 간의 전 투, 뿐만 아니라 역능(puissance)을 발생시킬 공산이 매우 큰 종류의 대치. 현상학은 일련의 소수성과 혁명적 전개를 가져오기 위해서 다 수성 기준들을 필요로 하는 들뢰즈의 철학에 긴요한 경쟁자이다. 따 라서 현상학은 들뢰즈 사상의 형성에 중심적 요소를 구성한다. 현상 학과 협력함이 없이, 들뢰즈는 그럼에도 불구하고 현상학과 어울려 놀았다. 선진성을 이루기 위해서는 승리할 필요가 있다. 하지만 게임 의 강도는 강함을 유지해야만 한다. 우리는 승리에 결코 도달함이 없이 승리를 향해 나아가는 이러한 짓궂은 전투관이, 승리를 거둔 사상가-영웅들의 사회에 헌정된 연구서들에서는 여전히 작동하지 않 은 채 있다는 점을 인정해야만 한다. 그렇지만 그것은 또한 자신의 진정한 적들과 맺는 관계가 부재하는데 이는 그가 애초부터 그 관계 를 실질적으로 끝냈기 때문이다.

가장 회의적인 사람들은 현상학자들은 들뢰즈의 사상에 아무 영향 도 미치지 않았다고 말하곤 한다. 이 점에서 가장 진지하게 정립된 반대는, 20세기 철학에서 사실상 들뢰즈 사상의 진정한 기폭제가 된 것은 베르그손이지 현상학이 아니라고 말하는 것이다. 이러한 비판들 은, 동시대인들이었기에 혜택을 본 후설과 베르그손 간의 전설적인 대립에 다시 연결한다. 베르그손의 방법을 선택할 때 들뢰즈는 "사물 그 자체"를 긍정하는 것을 목표로 했기에 현상학적 접근에 대한 관심을 잃었을 것이다. 하지만 이러한 안티-후설적이고 진정으로 베르그손적인 들뢰즈의 가설은 오직 부분적으로만 참일 뿐이다. 그가 단행본 연구서를 헌정한 다른 철학자들의 경우와 마찬가지로, 베르그손을 베르그손 본인의 원래 의도와는 다른 길을 따라 데리고 가는, 달리 말해 현실적 사건happening의 과정 속에서 사물들의 존재 이유로 향해 가는, 베르그손에 관한 들뢰즈의 음모가 존재한다. 들뢰즈는 베르그손의 정신주의적 진화론을 새로운 합리주의적 원리를 제시함으로써 전복시킨다. 게다가 들뢰즈주의는, 놀랍게도 어떠한 합리적 설명의 결여도 겪지 않는 이접적 독특성들(베이컨의 형상들, 시네마의 거짓-이음매faux-raccords, 언어 안의 더듬기 등)로 흩뿌려진 비-점진적인 변화들을 가지고 실험하는 데 있어서 절정에 도달했다.

들뢰즈의 전작을 숭숭 뚫어놓는 현상학적 주제들에 대한 많은 언급들로 인해 우리는 들뢰즈를 후설 학파의 신봉자로서 간주하는 것이 아니라 들뢰즈 사상의 발달에 놓이는 현상학의 특별한 지위를 분석한다. 현상학이 들뢰즈의 아젠다에서 적극적 기능을 하지 않는다는 견해를 지지하는 것은 후설의 학문과 들뢰즈의 사상이 서로 간에 독립해 있다고 간주하는 것, 들뢰즈가 후설, 프로이트, 헤겔에게 귀속시키는 지위들 간에 적절한 균형이 존재한다고 간주하는 것, 그리고 현상학적 돌파구가 있거나 혹은 없더라도 들뢰즈가 존재했을 것이라고 간주하는 것을 의미한다. 우리는 그와는 반대로 "현상학적 기능"이 들뢰즈의 혁신 중 가장 중요한 것을 가능하게 했다고 믿는다. 들뢰즈는 거의 항상 자신의 철학적 발명을 현상학적 사유와 맺는 관계 속에 위치시키기 위해 변함없이 신경썼을 뿐만 아니라, 현상학에 항거하는 지속적인 투쟁은 들뢰즈의 사상에 일관성을 부여하는 역할을 했다.

이러한 연관의 역설적인 성격은 다음과 같이 볼 수 있다. 즉 한편으로 들뢰즈에게 현상학은 전복시킬 빛나는 사상들의 보물상자이고, 다른 한편으로 그가 현상학적 사상들에 가하는 교란은 그의 철학의 주된 결속력과 혁명성이다. 여기서 더 나아가 우리는 들뢰즈의 가장 중요한 개념적 혁신들은 현상학자들이 제기하는 문제에 대한 새로운 대답들이라고 믿는다. 이러한 대답들은 현상학 운동의 기초 자체를 상당 부분 훼손하지만 현상학이 없었다면 결코 생겨나지 않았을 것이다. "들뢰즈는 현상학자인가?"라는 질문은 "들뢰즈가 어떤 방식으로 현상학을 필요로 하는가?"로 대체되어야만 한다. 들뢰즈는 어떤 방식으로 현상학을 필요로 하는가? 대답은 이렇다. 즉 들뢰즈 사상의 가장 중요한 제안은, 개념적 창조에서부터 철학사와 맺는 가장 특수한 관계에 이르기까지, 현상학적 명제들과 벌이는 활기차고 맹렬하고 지속적인 투쟁에서 결정되었다. 게다가 들뢰즈의 철학을, 우리가 빈번히 그렇게 하듯이, (내재성, 존재론, 잠재적인 것, 사건, 생기론 등) 특정 범주와 관련시킴으로써 우리는 들뢰즈가 현상학과 벌이는 끊임없는 전투와 연결된 더 일반적인 패턴을 제한하고 있다. 다른 모든 들뢰즈의 전투들이, 들뢰즈가 일종의 사디스트적 쾌감을 누리면서 현상학적 경쟁자와 유지하는 갈등 관계에 종속된다는 점을 감안할 때 이 전투는 단지 많은 전투 중 하나인 것이 아니다.

다음에 오는 것에서 우리는 들뢰즈와 후설 간의 일대일 대결에서 가장 결정적인 몇 개의 접촉선들을 제시할 것이다. 들뢰즈는 후설을 읽었고 후설의 많은 저작을 인용하고 논평했다.[3] 그러나 들뢰즈의 극작술에서 가장 영향력 있는 역할을 행하는 것은 『데카르트적 성찰 Cartesian Meditations』이다. 그러므로 우리는 후설의 『데카르트적 성찰』을 안내자로 삼을 것이다. 우리는 들뢰즈가 구상한 본질적인 개념을 다섯 개의 성찰 각각에서 이끌어낼 것이다.

제1 성찰: 무정밀 학문

학문의 정의는 제1 성찰의 중심적 쟁점이다. 후설은 학문적 연구에 통일성이 결여해 있음을 개탄하며, 연구 노력들에 공통 시작점을 가져오고자 한다. 이제는 유명해진 과정을 따라 후설은 초월론적 환원을 이러한 절대적 기초로 향하는 첫 번째 단계로 삼는다. 명증이 외부 세계가 아니라 의식 내용을 다룬다는 점에서, 자연적 태도의 에포케épochè 또는 괄호치기는 데카르트의 코기토와 구분되는 순수 의식을 생겨나게 한다. 제1 성찰은 지향적 대상들을 "비실재적인 것"으로 제시한다. 달리 말해, 지향적 대상들은 정밀하든 부정밀하든inexact, 그것들이 나타나는 의식에 구성적이면서 동시에 상대적이다. 다른 곳에서 후설은 "초월론적 현상학의 현상은 비-실재적인 것non-real(irreal)으로 정의될 것이다. … 모든 형상적eidetical 학문으로서의 현상학의 생을 이루는 요소는 '허구'이다. … 개념들은 본질적으로 그리고 우연적이지 않게 부정밀하다"라고 진술한다.[4] 이것은, 키메라나 유니콘과 같은 상상적 존재가 "원초적 형태의 '직관' 속에서 그 자신을 현시하는 한, 인식 권위의 원천"일 수 있다는 점을, 모든 원리들의 원리에 따라,[5] 가정하도록 우리를 이끈다. 예를 들어 유니콘은 의식 바깥의 실재를 빼앗긴 채 어린이들의 지향적 의식의 살아있는 현재 속에서 "몸을 갖추고in-person" 나타나서, 현상학적 인식의 "대상"이 될 수 있다. 이러한 고찰은 실재적인 것(자연적 사물의 존재 방식에 따라 실존하는 것인 세간적 실재)과 ("허구적" 측면 때문에 자연적 사물의 실재에 대립하는 체험의 구성요소들을 특징짓는) 내실적인 것reell 또는 실제적인 것wirklich 사이에 후설이 설립한 구분으로 되돌아가게 만든다.

(과타리와 함께) 들뢰즈는 후설이 발명한 "무정밀anexact" 학문 혹은 "유랑" 학문에 매료되었다. "그것[유랑 학문]은 감성적 사물들처럼 부정밀하거나inexact 이념적 본질처럼 정밀한 것이 아니라 무정밀하다. 그렇지만 엄밀하다"(TP 367). 번역자들이 글자 그대로 "inexact"로 번역한 후설의 독일 용어 "inexakt"는 들뢰즈에게 "anexact"(TP 555 n. 32)가 되었다. 이런 식으로 들뢰즈는 우리가 도덕적이지도 않고 비도덕적이지도 않은 것을 지시하기 위해 약간은 "무도덕amorality"에 대해 말하는 방식처럼, 우리는 참과 거짓 위에 또 참과 거짓을 넘어 우리 자신을 놓는다는 점을 지적한다. 후설과 들뢰즈의 철학적 과업은 객관적인 실재-성real-ity을 캐묻지 않는 무정밀한 학문의 실천에서 만난다. 학문에 대한 이러한 재정의는 현상학적 혁명의 중심에 있으며 들뢰즈는 이로부터 배웠다. 들뢰즈가 자신의 유랑 학문을 위치시키는 것은 이와 유사한, 허구와 비실재의 영역에서이다. 이는 후설적이거나 또는 들뢰즈적일 수 있는 오직 한 가지 무정밀한 학문이 존재한다는 것을 의미하는가? 전혀 그렇지 않다. (과타리와 함께) 들뢰즈는 후설이 유랑적 본질들을 발견한 데 대해 경의를 표한다. "후설은 그가 애매하고 질료적인 본질들(달리 말해 유랑적이고 무정밀하지만 엄밀한 본질들)의 영역을 발견하여 그것들을 고정되고 측량적이고 형식적인 본질들과 구분했을 때, 사유에다 결정적으로 중요한 단계를 가져왔다"(TP 407). 하지만 들뢰즈는 또한 후설의 사상 내에 있는, 사유와 다른 학문들을 지배하는 무정밀한 학문의 헤게모니에 대한 욕망을 개탄한다. 들뢰즈가 무정밀한 학문을 전개할 때에는 다른 학문들의 자율성이 보존된다. 들뢰즈의 무정밀성은 그것이 다른 모든 학문들의 핵심에 존재한

다는 의미에서 엄밀하지 않다. 들뢰즈에게 무정밀성은 그것을 모든 정밀성들을 위한 공통 분모로 만들기 위해 무정밀성의 장을 가능하게 하는 문제가 아니다. 그러므로 들뢰즈는 한편으로는 정밀 학문들, 다른 한편으로는 승리를 구가하는 무–정밀성non-exactitude의 편에서 모든 학문들을 균일하게 만들기를 후설이 바라는 무정밀 학문 사이에는 본성상의 차이가 존재한다고 주장한다. 정밀성과 무정밀성 사이의 이행을, 그 중 하나에게 아무런 특권을 부여함이 없이, 혹은 하나를 다른 하나 위로 놓음이 없이 인가하는 이러한 들뢰즈의 학문은 "유목 학문"이라고 명명된다. 들뢰즈가 후설의 학문을 전제적despotic이라고 불렀을지도 모르는 것은 그것이 무–정밀한 것이 정밀한 것을 지배하는 그런 절대적 우위성을 부여하기 때문이다. 후설의 왕립 학문과 대조적으로, 들뢰즈의 유목 학문은 이른바 정밀 학문을 옥죄지도 억압하지도 않는다. 왜냐하면 (정밀과 무정밀) 학문 각각은 그 자신의 면을 펼치기(tracer) 때문이다.

유목 학문은 "독특성들 간의 연결들"을 따름으로써 변화에 직면하며, 그것이 우연히 마주치는 애매한 본질들, 즉 비–인격적인 독특성들(그날의 한 시간, 하늘색, 반복구 혹은 리토르넬로 등)은 "특개성들haecceities과 다른 것이 아니다"(TP 369). 유목 학문은 "개별적 본질" 혹은 "보편적 독특성"(이것들은 현상학적 학문의 긍지이다)과 같은 어떠한 유형의 일반성도 모색하지 않는다. 오히려 유목 학문은 유목 실험자들이 흐름의 모든 지점에서 강도의 정도를 측정할 수 있는 개체화의 강도적 흐름들에 의해 운반되도록 그 자신을 내맡긴다. 더 많은 변이들이 존재하면 존재할수록 유목 학문은 그만큼 더 많이 자신의 요소 안에 존재한다. 이러한 변이들은 "형상적 변경들eidetic variations"이 아니라, 어떠한 최종성(특히 구성적 최종성)도 없는 "강도적 변이들"이다. 유목 학문은 독특성들 사이의 예측하지 못한 만남들을 유발하는 존재 상태들 사이의 급격한 추이와 이행에 대한 특수한 관심을 보여준다. "독특성들이 아주 많은 '사건들'처럼 흩어지는 벡터적 장 안의 흐름을 따르는 것을 본성으로 하는, 전전하는 보행 과학들이 존재한다"(TP 372).

정밀 학문은 자연 세계를 연구하는 반면 후설의 무정밀 학문은 실재의 토대에 있는 현상적 비실재들을 연구한다. 들뢰즈의 유목 학문은 카오스적 자연 속에서 방황하며 그러는 동안 다양한 점들에서 강도의 정도들을 가지고 실험한다. 더욱이 들뢰즈는 무-정밀적인 것이라는 후설의 주제를 언어학으로 바꾸어놓는다. "어떤 것을 정밀하게 지시하기 위하여 무정밀 표현들은 전적으로 회피 불가능하다"(TP 20).

학문에 관한 후설의 견해는 하이데거의 입장과 대조를 이룬다. 하이데거의 입장에서 볼 때 학문은 그 자연적 형태와 후설적 형태 속에서 여전히 존재적 세계에 사로잡혀 있다. 즉 이러한 학문은 사유하지 않는다. 들뢰즈는 "우리는 아직 사유하고 있지 않다"(NP 108 외)는 하이데거의 언명을 채택하면서 유목 학문을 정의한다. 들뢰즈에게 초월성들은 그 자신들을 추상적 수치들로서 강요함으로써 우리가 내재성에 관하여 또 내재성과 더불어 실험하는 일을 막는 위험한 가상이다. 들뢰즈는 유목 학문 및 사유하는 학문의 가능성을 열어주는 후설과 하이데거 간의 기묘한 종합을 행한다.

제2 성찰: 초월론적 경험론

제2 성찰은 순수 자아가 그 자신의 경험의 대상이 되는 초월론적 경험에 할애된다. 현상학적 반성은 "경험의 흐름" 내에서 발견될 수 있는 다양한 사고 작용들cogitationes(상상, 기억, 감정이입, 궁극적으로는 운동감각 등)의 흐름들을 탐색한다. 따라서 초월론적 현상학은 "순수 기술"을 창출하기 위해 비실재들과 더불어 실험한다. 자아가 "그 자신에 대한 비-참여적 방관자"[6]가 되는 현상학적 경험은 초월론적 자기-경험에 상응한다. 다른 무엇보다도 "그것은 자기를 드러내는데, 이러한 자기를 통하여, 또 이러한 자기를 위하여 경험의 역사가 존재하기 때문이다"[7]라는 의미에서 그러하다.

들뢰즈의 사유에서, 모든 것은 "균열된 나(je fêlé)"가 만든 카오스모스의 경험과 더불어 시작된다. 후설의 사유에서처럼, 들뢰즈의 경험론은 초월론적 지위를 가진다. 들뢰즈가 때로 "우월한 경험론"(NP 50; B 30) 혹은 윌리엄 제임스에서 연원하는 "근본적 경험론"(NP 50; B 30)과 결부시키는 "초월론적 경험론"(DR 56, 143; TRM 384-90)이라는 표현은[8] 여전히 흄과 칸트의 관점에 비해 역설적이다. 흄의 경험론은 그것이 원인/결과 결합의 필연성을 설명하는 이론적인 기초를 갖지 않는 한, 초월론적 요소들을 갖지 않는다. 또한 칸트의 초월론은 경험이 아니라 경험의 가능성의 이론적 조건들에 초점을 맞춘다는 점에서 경험적이지 않다. 후설과 들뢰즈에게 경험 가능성의 조건들은 실험의 생성에 의해 창출된다. 『기하학의 기원』에서 후설이 "선험적인 역사성"으로서 지칭하는 것은 끊임없이 변이 상태에 있는 것에 관한 학문을 가능하게 만든다. 물론, 무정밀하게 되는—달리 말해 명증의 대상성과 결별하는—대가를 치르고서 그렇게 한다.

들뢰즈의 경우처럼 후설의 경우도 비의존적인(후설의 경우라면 비-지향적인, 들뢰즈의 경우라면 초월적인) 진리가 존재하지 않으며, "진리"는 경험의 임의성과 상관적인 것이 된다. 물론 근본적인 차이가 여전히 남아 있다. 후설의 경우 진리는 자신(=초월론적 "나")의 경험인 생활

-세계 속에 잠겨 있는 초월론적 "나"인 반면, 들뢰즈의 경우 진리는 경험의 대상들과 조건들이 되는 비인격적 힘들이다.

구체적이고 비물질적인 힘들이 설명하는explicative(=개봉하는) 원인과 경험된 결과라는 이중적 역할을 동시적으로 행함으로써 들뢰즈의 논명 내에 반복적으로 개입한다. 들뢰즈는 비판철학은 구체적 경험에 결코 접근함이 없이 경험의 가능하고 일반적인 조건들 안에 항상 남아 있다고 말한다(NP 91; B 23). 조건짓는 힘들, 독특성들에 의해 표현되는 힘들을 강화하고 따라서 비-감성적 힘들이 자력으로 감성적인 것이 되는 일을 허용하는 경험에 접근하는 목표 속에서, 들뢰즈는 가능할 뿐이었던 경험의 조건들 너머 나아가기를 원하고, 구체적인 조건들의 방향으로 움직이기를 원한다. 후설의 현상학은 칸트 비판철학의 전제들을 어떻게든 흔들어놓고, 따라서 그 자신의 역사성에 놓이는 새로운 초월론적 경험의 장을 위하여 무역사적인 선험성에 대한 언급을 파괴한다. 하지만 이것은 또한 인식의 보편적 조건들을 규정하고자 모색함으로써 일반성들에 대한 탐구를 다시 활성화한다. 초월론적 자아는 가능한 경험의 조건들의 기초에 있는 원초적 개체화의 중심이 된다. 현상학적 도식에서 초월론적 장은 예측 가능한 경험(대상의 구성, 신체적 지각 등)을 항상 가능하게 만드는 데 반해, ―예측 불가능한 독특한 강도들의 결과들을 가져오는 힘들이 항상 거주하는 ―들뢰즈의 초월론적 장은, 유목적 특개성들에 변함없이 외적인 것으로 남아서 그것들을 배치하는 예기치 않은 만남들을 조건짓는다. "익명적이고 유목적이며, 비인격적이고 전-개체적인 독특성들로 와글거리는 세계가 시작될 때만 우리는 마침내 초월론적인 것의 장을 밟는다"(LS 103)고 들뢰즈는 말한다. 그런 익명적인 독특성들은 결코 규정된 일반성들(가령, 초월론적 자아)에 의해 가능하게 되는 것이 아니라,

선행하는 모든 일반적 규정을 초과하는 만남들을 생겨나게 함으로써 성취를 조건짓는 구체적 힘들에 의해 가능하게 된다.

들뢰즈는 경험론에 반대하지 않는 후설로부터 초월론 철학 개념을 회복한다. 그러나 그들이 경험에 부여하고자 의도하는 의미를 구분하는 차이 역시 간취될 수 있다. 현상학적 경험은 언제나 내적이고 선-술어적이다. 그것은 "진실성(=참임)"이나 "허위성(=거짓임)"의 정도에 상관없이 흐름 안으로 통합된다. 들뢰즈의 경험론 역시 선-술어적인 것으로 이해될 수 있을 것이다. 그러나 그것은 결코 변경들variations로 실험하는 군주적 의식이 아니라, 비인격적 힘들로 실험하는 "균열된 나", "분열된 자기", 또는 "애벌레 주체"(또는 들뢰즈의 자연을 이루는 다른 모든 특개성들)이다. 사실상, 경험들이 주체와 대상 사이의 고전적 관계와 무관하게 되는 "무-주체적", "전-반성적", "비인격적" 의식의 흐름들에 의해 간주되는 것이야말로 들뢰즈가 "초월론적 장"이라는 용어에 부여하는 정확한 의미이다.

우리는 들뢰즈의 경험론에 어느 정도의 의식이 남아 있다는 것을 알고(TRM 384-90), 후설의 "경험의 흐름"은 실로 "익명적인 것"을 특징으로 한다는 것을 안다.**9** (우리를 제임스의 "의식의 흐름"이나 화이트헤드의 "자기초월체superject"로 더 가까이 데리고 오는) 이 들뢰즈의 최소 의식은 실험을 거리낌 없이 방해하는 지향적 부동성에 대한 모든 시도를 무력화하는 변이 가능한 속도의 끊임없는 운동에 의해 가동된다. 후설의 체험lived experience은 부분적으로 주체-외적인 흐름을 통해 잘 흐르지만, 순수 의식은 경험의 흐름을 일시적으로 차단하고 구성의 착수에 참여하기 위해 이 흐름의 요소를 지향적으로 고착시킨다. 들뢰즈의 관점에서 볼 때 후설의 실험은 너무 기초적인 반면, 지향적 관계는 전능한 의식관과 항상 너무 연관되어 있다.

분할 선을 그리는 한 가지 방식은, 한편으로는 최소 의식minimal consciousness을 가진 들뢰즈의 빈-인간주의적인 초월론적 경험론과, 다른 한편으로는 최대 의식maximal consciousness을 가진 후설의 초월론적 경험론을 구별하는 것일지 모른다. 몇 가지 예들이 들뢰즈 방법의 반-인간주의를 드러내 보인다. 즉 식물, 땅, 바위, 쥐의 응시, 대하의 탈영토화, 진드기의 세계, 새-예술가 등등(WP 184, 212-13). 어떤 의미에서 최소 의식은 인간의 의식에 현존하는 것 못지않게 식물, 동물, 광물계에 현존한다. 그리고 독특성들로 하여금 초월론적인 것을 경험하게 해주는 것은 바로 이러한 최소 의식이다. 인간의 최소 의식은 들뢰즈의 초월론적 경험론의 단지 한 특수한 양상일 뿐이며, 이것에 대한 사유는 후설과 그의 직접적 계승자들이 파악하지 못하는 정치적 이유들 때문에 제로와 동등한, 자아-문화의 정도로 향하는 경향이 있다.

경험론에 의존하는 일은, 절대적 관념론에서 구원을 찾지 않고 경험성과 초월성의 대립을 깨뜨리려고 노력한 최초의 철학자인 후설과 대치하는 일을 유발했다. 들뢰즈는 경험적-초월론적 상호-발생이라는 후설의 착상을 그 자신의 것으로 받아들였다. 하지만 이러한 부활은, 들뢰즈에게 경험의 구조는 지향적 모델을 갖지 않으므로, 오직 부분적일 뿐이다. 『의미의 논리』의 상당 부분은 『이념들 I』의 노에시스-노에마 상관관계의 불충분성을 설명하는 데 할애된다. 만약 노에시스가 들뢰즈의 경험론에 대해 오직 부분적으로만 규정적인 경향이 있다면, 노에시스적인 것이 제거될 때 노에마적인 기획의 자율성을 유지하는 일이 가능한가? 이 물음은, 현상학은 사실 자신이 추구하고 있는 표면 효과들의 엄밀 과학이 아니지 않은가 하고 들뢰즈가 스스로에게 물어보기까지 하는, 들뢰즈와 후설 간의 가장 격렬한 싸움 중의 하나를 유발한다. 하지만 결국 들뢰즈는 경험될 수 있는 것을 통해, 그리고 경험이 나타나는 조건들을 통해 사유하기 위해 스토아학파에 의지했다. 후설의 "의미를 가지는meaningful" 노에마보다 들뢰즈는 스토아학파에게서 거리낌 없이 영감을 받은 역설적인 사건을 선호했다.**10**

제3 성찰: 내재성

그 간결함에도 불구하고 제3 성찰은 모든 분석들에 매우 중요하다는 점이 확연히 드러난다. 명증은 "사태state of affair"로부터 나타나는 가능성으로 제시된다. 명증은 필연적인 사례가 아니라, 후설이 단순한 주관적인 추상 작용(인격적 신념, 의견 등)과 구별하는 바로 의식생의 가능하거나 우연적인 사례이다. 그러므로 명증은 여러 가능성 중의 한 가능성이 아니라 근본적 가능성이다. 지향적 대상들은 자연적 태도의 관점에서 볼 때 허구적인 것으로 보일 수 있지만, 현상학적 시각에서 볼 때 명증의 근본적 가능성은 후설이 "—우리를 가능한 종합들의 추가적 복합체들에로 회부하는—이념적 내재성"에 비교하는 현상학적 실재를 이룬다.**11**

제3 성찰의 개념들은 내재성, 추상, 이념성, 사태 등 들뢰즈의 사상 내에서 대부분 논의된다. 제3 성찰의 개념적 틀을 들뢰즈가 부활할 때 그것은 물론 소모적이지도 않고 독단적이지도 않다. 특히, 그것은 "진리"와 "가능성" 개념에 대해 비판적이라는 점이 확연히 드러난다. 후설은 선-술어적이란 의미에서 "진리"를 발견하는 반면, 들뢰즈는 판단이 면제될 수 있고 면제되어야만 하는 경험을 선-술어적인 것으로 인정할 따름이다. 들뢰즈에게 진리의 현대적 개념은 술어적 판단에서 나온다. 그는 자신의 체계에서 이 진리 개념을 **빼내** 버리고, (참이 거나 거짓일 수 있는) 문제들의 맥락에서 그것을 다시 위치시키려고 노력한다. 그리고 가능성의 면에서, 후설은 근본적이지 않은 것(인격 적 신념)과 근본적인 것(명증)을 구별하는 반면, 들뢰즈는 차이화 과정 이 생겨나도록 정확히 강제하는 힘들의 필연적인 행위를 인정할 수 있을 따름이다. 이것이 들뢰즈로 하여금 (동일성의 형식의 규정과 같은) 가능적인 것과 잠재적인 것을 대립하게 만드는 그것이다(DR 211-12).

들뢰즈의 잠재적인 것—"현실적이지 않고 실재적인 것, 추상적이지 않고 이념적인 것"(B 96; DR 208; WP 156)—이라는 개념은 "현실적이지 않고 실재적인" 것이면서 "추상적이지 않고 이념적인" 것으로서 존속 하는 후설의 "근본적 가능성"과 거의 일치할 수 있을 것이다. 그러나 후설의 가능성과 들뢰즈의 잠재적인 것은 각각 내재성을 정복하기 위한 상이한 방식에 전념하므로 전적으로 중첩될 수 있는 것은 아니다.

후설이 하듯이 근본적 가능성들을 비-근본적 가능성들과 구분하는 것은 들뢰즈가 결별하기를 바랐던 천 년도 넘게 오래된 판단 이론을 승인하는 것을 의미하게 된다. 만약 후설의 순수 의식이 실재를 판단 할 수 있다면 이는 순수 의식이 초월론적 가치를 부여받았기 때문이 다. 이것은 후설이 초월론적 자아를 "매우 독특한 초월성", "내재성 안의 초월성"에 비교할 때 그가 주장하는 것이다.**12** 환원의 명법 아래에서 후설은 자신의 현상학을 작동하게 하기 위해서 이 "판단 중지 불가능 한" 초월성을 필요로 한다. (과타리와 함께) 들뢰즈는 후설의 이론 안에 초월적인 것을 주입하는 일을 포기함으로써, 후설이 개진하는 것 너 머로 나아가지 않는다. "내재성이 초월론적 주체성'에' 내재적인 것이 된다. ⋯ 이것이 후설에게 일어나는 것이며, 타자Other 혹은 살Flesh 안에 서 내재성 그 자체 내의 초월적인 것이라는 두더지를 발견하는 많은 그의 계승자들에게 일어나는 것이다"(WP 46).

　루돌프 보엠은 후설의 저작에서 세 가지 유형의 내재—순수 내재, 지향적 내재, 내실적real(reelle) 내재—, 또한 두 가지 유형의 초월—순수 초월, 내실적(reelle) 초월—을 구별한다.**13** 내재와 초월 개념을 애매모호하게 사용했다는 것은 후설이 처음에는 이 개념들을 전동적 의미에서 사용하고 나중에는 새로운 의미로 사용했다는 사실에서 확인된다. 후설의 저작에 보이는 다양한 유형의 내재와 초월이 중첩하는 복잡성(그리고 심지어 혼동과 다의성)은 들뢰즈의 관심을 조금도 끌지 못했다. 들뢰즈는 후설이 내재에 부여한 새로운 의미를 알아차리지 못하고, 대신 모든 전통적 사용들을 비판하는 데 만족하는 것으로 보였다. 후설이 내재에 부여하는 새로운 기능은 내재를 초월과의 상관관계 속에서 사유하는 데에, 달리 말해 순수 내재(순수 의식에 내재적인 내용들)와 내실적 초월(지향적 대상들의 내실적 초월)의 교차 속에서 사유하는 데에 있다. 보엠은 이 중재적 영역을 "지향적 내재"라고 명명한다.

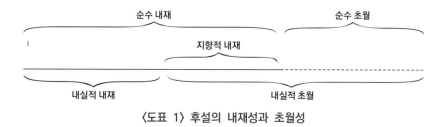

〈도표 1〉 후설의 내재성과 초월성

　들뢰즈는 현상학이 초월과 타협한다고 단언할 이유를 갖고 있었다. 하지만 그것은 상대적 타협이다. 왜냐하면 현상학은 오직 내실적 초월과 협정을 맺고 있을 뿐이며, 따라서 절대적이고 영원하고 보편적인 진리들을 사유하는 과제를 소박하게 떠맡는 전통적인 형이상학의 본질주의(후설과 들뢰즈의 공통적) 주위를 걸어가기 때문이다.

후설의 "내재 면plane of immanence"은 초월이 내실적이고 상대저이고 지향적인 초월인 한, 초월과 중첩된다. 후설의 도전은 (들뢰즈가 그러듯이) 초월과의 모든 타협을 회피하는 것이 아니라, 내재와 초월이 부분적으로 공유하는 중재적 지대를 만들어내기 위해 내재와 초월 간의 엄격한 대립을 제거하는 것이다. 이것은 내재와 초월 간의 전통적 이원론을 유지하는 들뢰즈의 입장과 대조를 이룬다. 들뢰즈는 전자를 찬양하기 위한 면plane을 펼쳐서, 후자를 현상학이 하는 것보다 더 철저하게 배제하는 것으로 보인다. 후설 쪽에서 볼 때 그 들뢰즈의 면은 순수 의식, 환원, 지향성을 고려하지 않고 건립되므로, 독사적인doxical "내실적 내재reale Immanenz"와 상응할 것이다. 이러한 독해는 들뢰즈의 철학을 자연적 태도의 현출과 같은 것으로 본다. 하지만 후설에 따르면 실제로 모든 철학자들은 이러한 자연적 태도로 이끌렸는데, 후설 그 자신은 일련의 현상학 입문서들처럼 전개되는 그의 전작 내에서 이러한 자연적 태도를 파괴하려고 분투했다. 들뢰즈의 내재에 대한 후설 식 해석은 (인격적 신념들이 아무런 결정적 역할을 하지 않는) 들뢰즈가 의식에 귀속시킨 최소의 가치를 고려하지 않는다. 들뢰즈는 추상적이거나 부재하거나 또는 아직 도래하지 않은 공동체 모델이 아니라 실질적인 공동체 모델을 제안하는 장점을 적어도 가지는 또 다른 내재의 논리로 우리를 안내한다.

들뢰즈가 현상학을 향해 증거를 들어가며 보여주고, 그로 하여금 "현상학은 이러한 표면 효과의 엄밀 학문일 수 있는가?"(LS 21) 하고 묻도록 이끄는 양면 가치는 현상학적 담론에 고유한 내재와의 긴장을 인지하는 데서 부분적으로 유래한다. 현상학은 내실적 초월의 영역에 여전히 고착되어 있으므로, 내재를 성취함이 없이 내재로 향하는 경향이 있다. 들뢰즈는, 현상학이 한 형태의 초월과 맺는 연관을 명민하게 유지하기 때문에, 현상학의 유혹에 완전히 넘어가지는 않는다. 들뢰즈가 내재와 맺는 관계는 한낱 경향적이거나 상대적인 것이 아니라, 내재에 의해 흡수된 경험의 장 전체이다. 들뢰즈의 내재 면에서는 근본석인 것과 비-근본적인 것 간의 구별이 더 이상 유지되지 않는다. 사실, 힘들의 작용과 결과에는 근본적인 것, 토대적인 것, 또는 정초적인 것은 아무것도 없다. 그 이름이 가리키는 바와 같이, 면plane(=평면)은 수직적 위계를 결여하는, 상층도 심층도 아닌, 무한하게 수평으로 뻗어 나가는 표면이다. 토대주의에는 구성주의의 여지가 남아 있다.

들뢰즈는, 우리가 그의 전형적인 연필 데생을 볼 수 있는『철학이란 무엇인가?』안의 스케치는 물론, 라이프니츠나 푸코에 관한 그의 책들 안의 스케치가 예시하듯이 그리기를 좋아했다. 그렇다면 내재에 관한 그의 사유들에다 그래픽 이미지를 제시하려고 하지 않은 것은 놀라운 일이다. 이는 그의 기술들이 이러한 종류의 예시에 꽤 적합하다는 점을 감안할 때 그만큼 더욱 놀라운 일이다.『철학이란 무엇인가?』에서 들뢰즈와 과타리는 철학의 면(견실 면), 과학의 면(준거 면), 예술의 면(조성 면)을 구분하는데, 각각의 면은 그 자신의 특정성을 유지하지만 그럼에도 불구하고 유사한 구성주의적 논리를 건립한다. 철학적 견실의 개념 면 혹은 내재 면은 초월성, 보편자, 영원한 것, 추론적인 것인 다소 증식성을 띤 가상들에 의해 꿰뚫리는 위험을 안고 있다는 점에서 "구멍이 뚫린(troué)" 것으로 언급된다. 가장 순수한 면은 가장 적게 구멍이 뚫려 있는 평면이다. 구멍이 더 뚫려 있을수록, 그만큼 더 순수 면은 가상들에 의해 분해되고 흐릿하게 되고 조금씩 잘라내어지며, 이러한 가상들은 결국 완전히 순수 면을 파괴하고, 따라서 순수하게 초월론적인 층위를 사라지게 만든다.

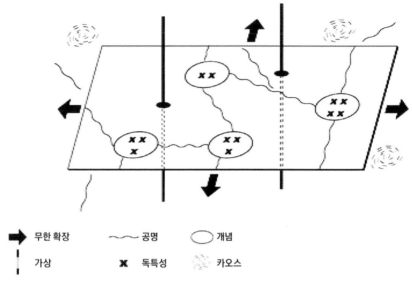

무한 확장   ～ 공명   ⬭ 개념

가상   ✖ 독특성   카오스

〈도표 2〉 철학적 견실성의 개념적 내재적 면

후설과 더불어 들뢰즈는 계속 내재와 초월 간의 구별과 관계에 관한 가장 위대한 사상가로 남아 있다. 내재 면에 대한 들뢰즈의 규정을 후설의 환원으로 가져오는 것은 분명 대담하다 할 만큼 무모한 일이겠지만,[14] 그럼에도 불구하고 후설이 철저한 내재성에 관한 사유를 위한 길을 열고 있다는 점은 사실이다. 비록 스피노자가 (들뢰즈의 다른 영웅들과 더불어) 가장 위대한 내재성의 실험자 중 한 사람이라고 불릴 수 있을지라도, 후설은 내재성에 관한 개념적 탐구의 면에서 계속 유일한 선구자로 남아 있다.

제4 성찰: 수동적 종합

제4 성찰에서 수동성에 관한 후설의 성찰은 구성의 기원들에 대한 탐구 개념 주위에서 전개된다. 본래, 구성은 초월론적 자아의 의지주의적이고 "판단하는" 행위들(발생의 능동적인 측면)과 "기성의"[15] 발견된 대상의 단순한 수용(발생의 수동적 측면) 사이에서 분배된다. 후설은 "기성의 대상들"을 구성함이라는 역설을 그 자신에게 다시 가져오는데, 왜냐하면 이러한 대상들의 나타남은 주체의 능동적 개입에 연대기적으로 선행하며 종합들의 수동성에다 구성적 가치를 수여하기 때문이다. 이것은 후설이 우리를 인도하는 첫 번째 언어의 뒤틀림이 아니다. 모순어법의 진정한 왕인 그는 이미 우리를 "무정밀 과학", "현상적 비실재", 혹은 "초월론적 경험론"과 같은 분명 모순적인 표현들에 익숙하게 만들었다. "수동적 종합" 개념은 단순한 언어적 도발이 아니다. 물론 그것은 칸트의 이론과 모순된다. 칸트의 이론에 따르면 종합은 표상들을 결합하는 상상력의 작용이지만, 수동적 종합은 선-술어적 영역에다 "활동성이 필연적으로 전제하는" 수동적으로 "미리-주어진" 생의 실존을 강조하는 견실성을 부여하는 이점을 가진다.[16]

들뢰즈는 수동성을 그의 체계 안에다 통합하지만, 그에게 그것은 한낱 활동성의 전제 조건(후설의 경우 과거)이거나 아직 오지 않은 이념적 상태의 조건(하이데거의 경우 미래)이 아니다. 들뢰즈의 저작에서 수동성은, 한편으로는 욕망의 비자발성the involuntary과 책략을 통해서 (AO 26, 324-6) "살아있는 현재"(DR 71) 속에서, 다른 한편으로는 "수동적으로 종합된 습관들의 수축"(DR 70 ff., 98 ff.)이 일어나는 세계를 응시하는 경험 속에서 자신의 시간적 공간을 발견한다.

응시 속에서 작동하는 들뢰즈의 수동적 종합은 인간에게만 국한된

것이 아니다. 들뢰즈가 극찬한 플로티노스의 『엔네아데스Enneads』의
세 번째 편은 이미 응시를 엄격히 인간적인 틀에서 벗어나서 보았다.
플로티노스는 "모든 것—단지 이성이 부여된 존재자들뿐만이 아니라
심지어 이성을 지니지 않은 동물들, 성장하는 것들을 지배하는 원리,
이것들을 생산하는 땅—은 투시Vision를 그들의 한 목적으로 간주하며,
응시를 얻고자 분투하고 있다"[17]고 말한다. 식물, 광물, 동물, 즉 모든
것은 그들이 실존할 때 응시하고 수축한다. "모든 것은 응시이다!"(DR
75) 하며 들뢰즈는 외쳤다. 그리고 그의 마지막 텍스트들에서도 들뢰
즈는 플로티노스에게 경의를 표하며 글을 썼다. "쥐라 하더라도 그것
이 '습관'을 수축하는 것은 응시를 통해서이다"(WP 213).

들뢰즈의 체계는 후설의 수동적 종합 개념을 통합하고 그것을 축원
하기까지 한다(DR 74). 하지만 현상학을 위하여 들뢰즈는 응시의 현재
순간에 수축하는 수동성을 인정하며, 수동성과 능동성 각각에다 그
자체의 중요성을 부여함으로써 그것들 사이의 위계 이론을 전개하지
않는다.

제5 성찰: 타자

제5 성찰은 동시대 사상 내의 타자 주제를 도입한다. 후설은 하나의
동일한 세계를 구성하는 … "모나드들의 공동체 안에서 모나드 구성원들
간에 상이한 관점들이 존재할 수 있다"[18]고 생각한다. 이 상이한 관점
들은 이념적으로 소통한다. "현상학적으로 나 자신의 '변양'으로서의
타자."[19] 자아와 타아는 자신들에게 "본래적 '짝지음'original 'pairing'"[20]을
맺게 해주는 유비 관계에 들어간다. 본래적 짝지음은 자아가 그 자신

을 타자성이 점유한 공간으로 이념적으로 자유롭게 이동시키고, "어떠한 거기There도 여기Here로 전환시키는"**21** 공간적 운동에 의해 표상된다. 후설의 상호주체성은 모나드적 관점들 간의 양립 불가능할 어떠한 가능성도 제거한다. 그것은 단수적이고 환원 불가능한 세계관의 현존을 거부한다. 자아와 타자의 유비 관계는 유아론과 세계관 철학에 대항하는 전투의 무기가 된다.

들뢰즈는 순수 관점주의의 옹호자 역할을 떠맡지도 않았거니와 완벽한 전체의 비정합성을 주장하지도 않았다. 그는 그러나 카오스에 대한 디오니소스식 찬사를 돌연 시작하거나 혹은 해석의 축제를 장려함이 없이 관점들 간의 차이들을 위한 여지를 남겨놓았다. 들뢰즈의 타자성 이론은 전연 현상학을 계승한 것이 아니며 분명 니체적인 것 이외의 것이 아니었다. 오히려 들뢰즈는 세계 개념과 세계 안 개별적 우주들의 다원성 간의 관계를 정교하게 재정의했다.

들뢰즈에게 타자란 무엇인가? "타자란 내 지각 장의 대상도 아니요, 나를 지각하는 주체도 아니다. 타자란 애당초 지각 장의 구조이다"(LS 307). 들뢰즈는 한 공통 세계 내의 관점들을 봉합하는 것을 목적으로 삼지 않았다. 그에게 타자란 주체인 것도 대상인 것도 아니라, 다른 무엇보다도, 매번 가능한 세계를 표현하는 구조이다. "타자는 구조로서, 가능한 세계의 표현이다"(LS 308; 또한 DR 260-1, 281을 보라). 들뢰즈의 타자라는 구조는 인류와 관련되어 있지 않다. 들뢰즈는 항상 비인격적이거나 비-인간적인 선험적 타자Autrui a priori(물체, 동물, 식물 등)를, 항상 인격적 성격을 가진 "구체적 타자cet autrui-ci, cet autrui-là"로부터 구분해냈다. 그러므로 우리는 여기서 타자는 결코 지성이 부여된 "인간적 정신"(결국 신적 정신) 이상의 것이 아니라는 현상학에 대한 암묵적 심문을 발견하지 않으면 안 된다. 들뢰즈에게 타자는 인격적 경험로부터 독립적인 실존을 가졌으며, 가능성들을 창조한다. 그것은 무엇을 가능하게 하는가? "타자는 … 또 다른 자기에게 초월성을 회복시키는 것이 아니라", 우리가 한 세계에서 또 다른 한 세계로 이동하기 위한 조건이다"(WP 48; 또한 WP 18을 보라). 현상학적 세계는 상동체 homologue를 갖지 않으며, 언제나 유일무이하다. 그것은 선험적 타자를 제거하는, 다른 가능한 세계들이 없는 세계이다.

후설에게, 여러 각도에서 보여질 수 있는 오직 하나의 세계가 존재할 뿐이다. 그가 제시하는 예—한 주사위의 여섯 면들은, 비록 우리가 일시에 두서너 면 이상을 결코 볼 수 없을지라도, 실제로 존재한다[22]—는 같은 도시에 관한 관점들의 수렴을 말하는 라이프니치의 견해와 유사하다.[23] 후설의 정육면체와 라이프니츠의 도시는 창조된 유일한 가능한 세계의 유일무이한 성격을 상징한다. 달리 말해 이것은 모든 면들이 향하는 단일한 절대적인 응집성이다. 들뢰즈의 저작에는 같은 구조를 가진 무한한 수의 지각 장들이 존재하는 것이 아니라 각각이 지각 장을 가진 무한한 수의 구조들이 존재한다. 모든 가능한 세계는 실재적이다. "각 관점은 그 자체 대상이어야만 하거나, 혹은 대상은 관점에 속해야만 한다"(DR 56). 그러므로 들뢰즈에게는 몇몇 정육면체들과 몇몇 도시들이 존재한다. "또 다른 도시가 각 관점에 상응하고, 각 관점은 또 다른 도시에 상응한다. 도시들은 거리distance에 의해서만 연결되어 있고, 계열, 집들, 거리들streets의 발산을 통해서만 공명한다. 도시 내에는 언제나 또 다른 도시가 존재한다"(LS 174). 들뢰즈는 통일된 관점 (라이프니츠, 현상학 등의) 이론에 대항하여 니체의 관점주의를 행한다. 그는 현상학에 대항하는 한 형태의 관점주의를 사유한다. 니체는 무한한 해석들을 인정하는데, 이것들 중 어느 것도 다른 것들보다 더 많은 가치를 지닌다고 주장할 수 없다. 그러므로 세계에 관한 모든 관점들을 통일하는 최고의 통일적 진리는 더 이상 존재하지 않는다. 따라서 니체는 실재적으로 무한한 세계들이라는 가설을 사유함이 없이 세계의 붕괴와 상실을 숙고했다. 그러나 들뢰즈는 니체를 발산, 이접, 그리고 창조된 다양한 세계들의 사상가로 만들고 있다. 들뢰즈는 "니체의 관섬—그의 관점수의—는 라이프니츠의 관점보다 훨씬 더 심오하다. 왜냐하면 발산은 더 이상 배제의 원리가 아니며, 이접은 더 이상 분리의 수단이 아니기 때문이다. 불공가능성imcompossibility이 이제 소통의 수단이다"(LS 174).

니체의 눈으로 볼 때 항상 단 하나의 세계만이 존재한다. 니체의 세계와, 라이프니츠나 현상학자들의 세계 간의 차이는 니체에게 유일무이한 세계 즉 "카오스 혹은 자연Chaos sive natura"은 그 응집성을 상실했다는 점이다.**24** 니체의 새로운 세계는, 무응집적 성격을 띰으로써, 또 해석적 우화가 됨으로써 여전히 일자One로 남아 있다. 따라서 들뢰즈의 철학에서, 상실한 유일무이한 세계를 대체하는 응집적 전체들의 수 "n"이 작동하는 것을 보는 것은 이미 니체의 관점에 대한 들뢰즈 해석의 결과이다. 실제로 니체의 경우 상실된 "응집적 일자"는 "무응집적 일자"에 의해 대체된다. 니체에게는 무한한 수의 해석들이 존재하지만, 이 해석들은 같은 카오스적 통일 내에서 일어난다. 그러므로 들뢰즈는 니체와 관련하여, 서로 간에 무응집적일 수 있는 다양한 세계들, 달리 말해 그 자신의 논리를 박탈당함이 없이 양립 불가능한 법칙들을 소유하는 다양한 세계들을 사유함으로써 혁신시켰다. 다양한 세계들에 관한 이러한 논지는 관점주의이지만, 수정된 관점주의이다. 니체와 달리 들뢰즈의 세계는 해석들의 총체로 간주되지 않는다. 매번 가능한 세계의 실존을 드러내는 것이야말로 오히려 이러한 해석들 각각이다. 들뢰즈에게 그것은 실재함realness의 상대성을 개탄하는 문제가 아니라, 각각의 응집성을 결코 제한하지 않는 상호-무응집성, 세계들의 상대성의 진리—"(참인 것의 상대성이 아니라) 상대성의 진리로서의 관점주의"—를 기쁘게 긍정하는 문제이다(FLB 21).

들뢰즈는 세계 개념을 자기자신의 유사체라고 결코 여겨지지 않는 타자 개념에 관련시킴으로써, 세계 개념에다 긍정적인 의미를 부여했다. 오히려 타자는 가능한 세계를 표현하는 반드시 인간적인 존재는 아닌 존재entity를 가리킨다. 그리하여 결과적으로 인간의 실존을 부적법한 것으로 만들지 않고서 가능한 세계의 법칙들이 인간에게만 적용 가능할 수 있다.

결론

들뢰즈는 후설의 단순한 추종자가 아니라 『데카르트적 성찰』의 주요 주제들을 새롭게 비트는 어떤 사유의 정향을 후설에게서 끌어낸다. 후설의 보편 학문은 수동적으로 주어진 정보가 나타나는 코기토-재판관에 바탕을 두고 있다. 이 정보 중 가장 근원적인 것은 타아들alter egos과 이념적으로 공유될 수 있다. 들뢰즈의 유목 학문은 잠재적 카오스들의 탈주체화하는 힘들에 의해 활성화되는 특개성들의 강도를 갖고서 실험한다. 들뢰즈는 현상학에 관한 한 정통적이지 않았지만 후설에게 진 어떤 빚을 보여주었다. 후설은 애매한 본질들을 발견했고, 초월론적 경험론으로 가는 길을 열었고, 내재성에 대한 이론적 실험을 개시했고, 능동성과 수동성의 대립의 경계들을 밀쳐냈고, 모나드들 간의 관계에 관한 일련의 새로운 탐구들을 시작했다. 들뢰즈가 후설에게 진 빚은 들뢰즈가 사상사와 유지하는 다소 특수한 관계라는 특징을 보여준다. 우리는 들뢰즈가 수행한 책략의 전반적 운동이 현상학적 반성들에 부재하는 니체의 힘 개념을 도입함으로써 후설 현상학을 탈-인간화하는 일에 이제 그를 더 가까이 데리고 간다고 말할 수 있을지 모른다.

환원, 구성, 위기의 분위기와 같은 후설 현상학의 많은 중심 주제들에 관한 들뢰즈의 침묵은 두 사상가의 거리를 분명히 보여준다. 다른 때에 들뢰즈의 공격은 지향성, 원原독사Urdoxa, 신체Leib에 대해 그랬던 것처럼 노골적이고 신랄하다. 후설 학설의 다른 요소들에 대해서 들뢰즈는 더 미묘한 견해를 취했는데 이는 후설은 올바른 길 위에 있었으나 올바른 결과를 가져올 수 없었다고 믿도록 우리를 이끈다. 특히 이것은 후설의 노에마(LS 계열 3, 14)와 다양체(B 122 n. 4; DR 182; TP 483-4) 이론에 들뢰즈가 느낀 매력을 보여준다. 이 마지막 논점들(=노에마와 다양체)에 관해 들뢰즈는 스토아학파와 베르그손에게 존경에 찬 동의를 보여줌으로써 마무리지었다. 마지막으로 들뢰즈는 그가 후설과 공유하는 다른 논점들을 직접적으로 다루지 않았다. 여기서 우리는 후설이 선언적 종합disjungierende Synthesen을 논리적 연결의 기본 형식으로 분석했을 때 선구적으로 논한 "이접적 종합disjunctive syntheses"이라는 위대한 들뢰즈의 주제에 대해[25], 혹은 서양 형이상학을 전복하거나 파괴하거나 넘어서거나 해체하고자 하는 욕망이 지배하는 현대 사상의 파노라마 속에서 희귀한 것으로 남아 있는[27] 그들의 공통된 형이상학적 탐구[26]에 대해 생각하고 있다.[27]

로렌천 대학

주(Notes)

1. 알랭 볼리외, 『질 들뢰즈와 현상학』(Mons/ Paris: Sils Maria/ Vrin, 2004).

2. 프리드리히 니체, 『차라투스트라는 이렇게 말했다』, 제1부, 「전쟁과 전사」, R.J. 홀링데일 옮김(Cambridge: Cambridge University Press, 1961).

3. 즉, 『산술의 철학』, 『논리 연구』, 『내적 시간-의식의 현상학』, 『이념들 I』, 『데카르트적 성찰』, 『위기』, 『경험과 판단』, 『형식논리학과 초월론적 논리학』, 『기하학의 기원』 (B 122 n. 4; DR 66, 182; LS 20-2, 96-9, 101, 113-17, 122, 212, 298, 308, 341 n. 2, 344 n. 6; F 13, 151 n. 49-50; FLB 107-9; TRM 349-51, 384-90; TP 192, 367, 407-10, 483-4, 545 n. 85, 555 n. 32; WP 46, 85, 97-8, 142, 226-7 n. 9, 228 n.6.)

4. 에드문트 후설, 『순수 현상학과 현상학적 철학의 이념들』(London/ New York: George Allen/ Macmillan, 1958), p. 44, 201, 208. *Husserliana*. 『전집』, 사무엘 아이즐링 책임 편집(The Haag, Martinus Nijhoff Verlag, 1950). 전집에 수록된 책들에 추가적인 언급들이 그 형식의 약어들일 것이다: Hua, III, p. 6.

5. Hua, III, §24.

6. 에드문트 후설, 『데카르트적 성찰』(The Hague: Martinus Nijhoff, 1960), p. 37(*Hua*, I, p. 75).

7. 루드비히 란트그레베, 「현상학적 경험 개념」, *Philosophy and Phenomenological Research*, 34: 1(1973), p. 13.

8. 다비드 라푸자드, 「초월론적 경험론에서 노동자 유목론으로: 윌리엄 제임스」, *Pli*, 9(2000), 190-9. 살로몬 마이몬은 들뢰즈의 초월론적 경험론에 대한 또 다른 참조로 간주될 수 있을 것이다. 대니얼 W. 스미스, 「들뢰즈, 헤겔, 그리고 칸트-이후의 전통」, *Philosophy Today*, vol.44(2000)(증보판), pp. 119-31.

9. 후설, 『데카르트적 성찰』, p. 47-8(*Hua*, I, pp. 84-5).

10. 알랭 볼리외, 「질 들뢰즈와 스토아학파」, 『질 들뢰즈. 철학적 유산』, A. 볼리외 엮음 (Paris: PUF, 2005), p. 45-72.

11. 후설, 『데카르트적 성찰』, p. 60(*Hua*, I, p. 95).

12. 후설, 『이념들』, pp. 173, 178(*Hua*, III, pp. 138, 143).

13. 루돌프 보엠, 「후설의 내재성과 초월성 개념의 애매성」, *Revue philosophique de la France et de l'etranger* 84(1959), pp. 481-526.

14. 르네 쉐레르, 비인격적인 것, 에릭 알리에 외, 『질 들뢰즈, 내재성과 생명』(Paris: PUF, 1998), p. 70.

15. 후설, 『데카르트적 성찰』, p. 78(*Hua*, I, p. 66).

16. 후설, 『데카르트적 성찰』, p. 78(*Hua*, I, p. 66).

17. 플로티누스, 엔네아데스(London/ New York: Penguin Books, 1991), p. 233.

18. 후설, 『데카르트적 성찰』, p. 107(*Hua*, I, p. 90).

19. 후설, 『데카르트적 성찰』, p. 115(*Hua*, I, p. 97).

20. 후설, 『데카르트적 성찰』, p. 112(*Hua*, I, p. 94).

21. 후설, 『데가르트적 성찰』, p. 116(*Hua*, I, p. 99).

22. 후설, 『데카르트적 성찰』, §17-19(*Hua*, I, §17-19).

23. 고트프리트, W. 라이프니츠, 『인간 지성에 관한 새로운 시론들』, 조너선 베넷·피터 렘넌트 엮음(Cambridge: Cambridge University Press, 1996), III, 3, §15.

24. 프리드리히 니체, 『전집』, *Kritische Studienausgabe*, G. 콜리·M. 몬티나리 엮음(München: Deutscher Taschenbuch Verlag, 1967ff), §11[197] from 1881.

25. 후설, 『이념들』, §118(*Hua*, III, §118). 또한 후설, 『논리 연구』, §67(Hua, XVIII, §67)을 보라.

26. 후설, 『데카르트적 성찰』, p. 156(*Hua*, I, p. 182). 또한 (Hua, VII, p. 188, 주); 아르노 빌라니, 『말벌과 난초』(Paris: Belin, 1999), p. 130에 실린 들뢰즈의 대답을 보라.

27. 이 논문은 로렌천 대학 연구 기금(LURF)의 지원금을 받아 작성되었다.

15.

A. N. 화이트헤드

제임스 윌리엄스

"들뢰즈의 흄", 혹은 "들뢰즈의 니체"가 존재하는 것과 같은 방식으로 "들뢰즈의 화이트헤드"는 존재하지 않는다. 그는 스피노자나 라이프니츠에 관한 책은 저술했지만 화이트헤드에 관한 전문 서적은 저술하지도 않았고, 또한 비판적이거나 동조적인 입장이 나타나도록 자주 화이트헤드를 언급하지도 않았다. 이는 들뢰즈와 화이트헤드의 연관에 관해 성찰하는 일이 어떠한 가치나 기초가 없다는 것을 의미하지 않는다. 이와 반대로 나는 들뢰즈와 화이트헤드의 철학의 면에서, 그리고 더 광범위한 철학적 문제들의 면에서 이 연관으로 돌아가는 데 대한 네 가지 이유를 제시할 것이다. 첫 번째 이유는 전기적이고 역사적이다. 들뢰즈는 그의 스승이자 동료인 장 발의 저작을 통해 화이트헤드를 읽는, 화이트 헤드의 초기 프랑스 독자라는 데에 뿌리를 두고 있다.[1] 그리고 나서 이 뿌리는 들뢰즈의 가르침을 통해 그의 곁에서 함께 연구했거나 혹은 그의 철학을 면밀하게 궁구했던 사상가들에게 확장하여, 이제는 새로운 들뢰즈의 계보를 그리고 있다. 나는 이 철학자들 중 한 사람, 곧 이사벨 스탕제에 관해 상세하게 논평하고자 하는데, 나는 또한 독자들이 에릭 알리에, 스티븐 샤피로, 장-클로드 뒤봉슬과 같은 다른 철학자들을 알아보도록 할 것이다. 모든 이들은 들뢰즈에 관해 또 화이트헤드에 관해 상세하게 저술해 왔으며, 유익한 중첩들과 긴장들을 탐구해 왔다. 그들의 텍스트는 화이트헤드에 관한 들뢰즈의 연구를 신속히 살펴볼 수 있는 풍요롭게 다채로운 철학적 일정표를 제공한다.

둘째로, 화이트헤드는 들뢰즈의 초기와 중기 작업에서 드물게 또 미미하게 나타난다(대략 『차이와 반복』과 『의미의 논리』가 간행되는 1969년까지, 이어 펠릭스 과타리와 공동 작업한 『자본주의와 분열증』이 간행되는 1969년에서 1979년까지). 그의 라이프니츠에 관한 저서 『주름: 라이프니츠와 바로크』 텍스트 전체에서, 또 이 텍스트를 준비하는 그 이전의 강좌들에서 화이트헤드는 완벽하고 중요한 역할을 떠맡는다. 이 사실은 사건 개념을 밝혀주기 때문에 흥미롭다. 사건 개념은 이 개념의 가장 이른 시기의 확장된 논의가 나타나는 『의미의 논리』로까지 거슬러 올라가는 들뢰즈 저작의 다년간에 걸친 특성이다. 『주름』의 제6장은 1987년 3월 10일 파리 제3대학 뱅센 성 데니에서 개최된 강좌를 전개한 것이다.[2] 3월 17일, 4월 4일, 5월 19일, 5월 20일에 있었던 후속하는 강좌들은 이 첫 번째 강좌를 확장하고 복잡화한 것이다.

이사벨 스탕제는 그 강좌들에 참여했던 사람들 중의 한 사람이었으며, 그녀는 그 강좌 동안에 들뢰즈와 논쟁을 벌였다. 발과 뒤몽슬의 저작들이 『주름』의 화이트헤드 장에 인용되어 있다. 이 강좌들에는 라이프니츠에 관한 책에서보다 훨씬 더 많은 자료들이 있다. 이 강좌는 들뢰즈의 마지막 강좌들 중의 하나였는데, 그는 이 강좌를 진행하는 동안 매우 감동적으로 자신의 주장을 폈다. 이는 화이트헤드에 관한 면밀한 연구가 아마도 여전히 그의 계획들에 있었다는 호소력 있는 견해를 뒷받침하는 원인이 되었다.

셋째로, 들뢰즈가 라이프니츠 강연들에서 사건을 탐구하는 동안 화이트헤드는, 다른 한 철학자를 암살한 일군의 사상가들을 비난하는 들뢰즈의 강연들과 저술들에서 보기 드문 분노의 순간을 표출하는 기폭제였다. 그 가해자들이 누구인지는 아직 말하지 않겠지만 희생자는 화이트헤드였다. 들뢰즈에 따르면 화이트헤드 철학적 유산은 50년 이상의 기간 침묵을 당한 상태에 있었다. 학술 정치academic politics에 들어가려는 이러한 시도는 지배적 독사doxa로부터 지지를 구하고 보답으로 지배적 독사를 지원하는, 지배적 독사와 나란히 가는 정치적 책동, 비열함, 어리석음이라고 들뢰즈가 이해한 그것이었다. 그 발언들은 들뢰즈 자신의 저작에 담겨 있는 어떤 침묵들을 이해하는 데에 있어서, 또 그의 사상을 다른 지배적인 20세기 사상의 가닥들과 관련하여 위치시키는 데에 있어서 중요하다. 그 발언들은 또한 화이트헤드의 영향력이 있는 베스트셀러 저작이 초기에 수용된 이래 오랜 기간에 걸치는 그의 놀랍도록 낮은 프로필의 퍼즐들을 우리가 완성하도록 도와준다. 이 추세는 이제 전복되고 있으며, 이러한 전복의 일부는 들뢰즈에 의해 형성된 사상가들이 행하는 저작에서 유래한다.

마지막으로, 들뢰즈와 화이트헤드를 같은 학파 또는 유사한 운동들에 속하는 것으로 여길 수 있는지에 관한 훨씬 더 광범위하고 덜 텍스트에 입각한 물음이 존재한다. 대답하려는 첫 번째 시도는 "과정 철학자들", "우월한 경험론자들", "헤겔-이후의 사변적 형이상학자들", 그리고 "초월론적 형이상학자들"과 같은 집합들을 고려할 수 있을 것이다. 이러한 종류의 명목론은 유용한 교육적 혹은 더 폭넓은 설명적 역할을 했었을 수도 있겠지만, 그것은 교육과 설명에 대한 들뢰즈와 화이트헤드의 접근법과는 매우 동떨어져 있어서 이러한 접근법을 취하는 것은 부적절할 것이다. 그들은 둘 모두 설명이 집합들에 올바르게 배당한다는 견해에 심히 비판적이다. 왜냐하면 이러한 견해는 설명이 할당하는 사물들을 파괴하고, 설명이 할당하는 가상적 집합들을 그릇되게 지원하는 무딘 도구이기 때문이다. 설명은 연결에 관한 것이지 상자에 관한 것이 아니다. 배움은 견고한 격자들을 확인하는 것이 아니라 새로운 고리들과 변형들을 추적하는 것에 관한 것이다. 그래서 나는 들뢰즈와 화이트헤드의 연결이 우리로 하여금 그들의 저작들로부터 진화하는 선들과 개념들을 추적하게 해주고 이렇게 하여 과정에 관해, 내재성에 관해, 그리고 이념들과 현실적 사물들을 연결하는 실재적인 상호적 조건들의 형식들에 관해 사유하는, 새로운 비판적이고 창조적인 방식들을 제공하는지 살펴볼 것이다.

사건이란 무엇인가?

『주름』의 「사건이란 무엇인가?」이라는 장은 그렇지 않아도 이미 매우 복잡한 책에서 극히 난해한 대목이다. 들뢰즈는 대개는 그의 60년대 말의 걸작 『차이와 반복』과 『의미의 논리』로 거슬러 올라가는 매우 친숙한 소재를 신속히 공들여 다루고 있다. 그 내용은 단순한 수준에서, 아직 완료되지 않은 사안으로 간주될 수 있다. 그것은 "당신이 라이프니츠에 관해 많은 언급을 한다는 점을 감안할 때, 또 라이프니츠가 당신의 개념들 및 형이상학적 구조들과 가깝다는 점을 감안할 때 당신이 라이프니츠와 맺는 온전한 관계는 무엇인가?"라는 물음에 대한 대답이다.[3] 그러나 화이트헤드와 라이프니츠 연관을 알 수 있는 이미 간행된 자료는 화이트헤드와 들뢰즈 연관보다 훨씬 빈약하므로, 이 책에 이런 식으로 접근하는 길은 화이트헤드 소재와 상호 작용하기에는 불만족스럽다. 이것은 그 연관을 그리는 데 관심이 없다는 점을 말하는 것이 아니라, 들뢰즈의 이 장에 들어가는 가장 흥미로운 입구가 아니라는 점을 말한다. 이 책은 화이트헤드와 라이프니츠 간의 몇몇 비교를 행하고, 화이트헤드 안의 형이상학적 구성요소들을 직접적으로 접촉하는 일과, 라이프니츠 안의 개별적 불공가능한 세계들에서 그것들이 고립되는 일 간의 매우 중요한 대조로 종료된다.[4] 그러나 그 비교는 그들의 관계에 관한 성찰이 아니라 더 폭넓은 문제를 둘러싼 병치이다.

이 확장된 문제는 그 장의 제목에 약간 숨겨져 있다. 일견할 때 그 장은 화이트헤드와 라이프니츠의 사건 개념의 의미를 단순히 노정하는 것일 수 있을 터이다. 이것이 사실이라면 그 대답은 단순한 정의를 내린 데서 온 비참한 실패가 될 것이다. 즉 잔뜩 긴장하고, 불분명하고, 금언적이고, 불완전한 실패가 될 것이다. 하지만 들뢰즈는 매우 상이한 물음에 응답하고 있다. 정확히 말해 이 용어를 그가 새롭게 정의할 때 상세히 서술한 바 있는 문제에 응답하고 있다.[5] 문제는, 서로를 횡단하지만 중요성의 지위나 층위에로 조직화되는 일에 저항하는 물음들 간의 일련의 복잡한 관계들이다. 그런 문제에 포함된 물음은 신체적 정서적 변형인 정동과 일관성을 추구하지만 또한 창조적이기도 한 사유인 지성의 이중적 표현이다. 이 이중적 측면은, 문제는 그것의 물음들에 의해서뿐만 아니라, 한편으로는 관념들, 정동들, 욕망들, 그리고 다른 한편으로는 역사적이고 동시대적인 현실적 상태들 속에서 그것들이 표현되는 일 간의 기저에 놓여 있는 긴장에 의해서도 규정된나는 점을 의미한다. 그러므로 이 장의 제목은 오래되었지만 대답이 나오지 않은 질문 후에 때로 마주치는 종류의, 일련의 다그치는 퍼즐과 긴장을 표현하는 일과 많이 닮았다. 문제는 다음과 같은 물음들이 한데 모인 것이다.

1. 만약 사건이 그 자체 무한하게 세분되는, 무한하게 연결된 계열들 안에서 일어난다면, 이것은 그대를 모든 의미와 질서에 저항하는 근거짓는 카오스로 보내지 않겠는가?

2. 만약 다양한 사건들이 존재한다면, 우리가 그것들을 최종적인 구성요소들로 부수고 그렇게 하여 그것들의 무한한 분할 가능성과 상호 연관들에 모순되게 하는 일이 없이, 이것들은 서로 간에 어떻게 관계를 맺겠는가?

3. 만약 단일한 연쇄의 사건들이 존재하지 않는다면, 상이한 계열의 사건들이 어떻게 서로 간에 구별되겠는가?

4. 만약 새로운 사건들이 존재한다면, 혹은 만약 각 사건에 새로움이 존재한다면, 어떤 조건들 아래에서 이것이 일어날 수 있고, 이 새로움은 어떤 것인가?

5. 만약 모든 계열의 사건들이 연결돼 있다면, 또 만약 그것들을 판단할 외적 척도가 존재하지 않는다면, 우리는 어떻게 긍정적이거나 좋은 사건들과 부정적이고 나쁜 사건들을 구별할 수 있는가?

6. 이 사건들의 철학은 그대를 존재가 없는 생성, 혹은 영원성 없는 과정에 전념하게 하는가? 만약 그렇지 않다면, 그대 구조들의 영원성은 어디에 존재하는가?

7. 만약 상이한 계열의 사건들이 존재한다면, 이것들은 관련를 맺고 있는가? 아니면 그것들은 완전히 상이한가? 만약 그것들이 관련을 맺고 있

다면, 그것들은 왜 한 계열로 환원되지 않는가? 만약 그것들이 관련을 맺고 있지 않다면, 그것들은 어떤 식으로든 접촉하고 있다거나 아니면 같은 우주에 속한다고 말할 수 있겠는가?

예를 들어, 당신이 땅에서 녹슨 못을 빼내려나가 다쳐서 파상풍에려 죽는다고 해보자. 우리는 어디에 사건을 위치시켜야 하는가? 우리는 당신이 면역 추가 접종을 이전에 거부한 일을 포함해야 하는가? 아니면 훨씬 이전에 있었던 접종이 망쳐서 당신에게 심한 바늘 공포를 주었을 때를 포함해야 하는가? 우리는 사건을 상처 자체에 놓아야 하는가, 아니면 죽음에 놓아야 하는가? 아니면 혹시 사건은 죽음이 불가피해졌다는 진단에 있어야 하는가, 아니면 거름 안의 박테리아의 성공적인 전파에 있어야 하는가? 혹시 생명은 이제 박테리아의 관점에서 쓰여져야 하는가? 사건은 이제 생명에 관한 이러한 쓰기, 의학 교재와 발견들을 포함해야 하는가? 우리는 또한 이제 죽음에 의해 단절된 사건들, 즉 일어났을지도 모르지만 이제 일어날 수 없는 사건들을 포함해야 하는가? 아니면 죽음에 의해 이제 가능하게 된 사건들을 포함해야 하는가? 아니면 실존 전체를 구성하는 하나의 사건이 존재하는가? 만약 그렇다면 우리는 어떻게 이 사건을 이해해야 하는가? 아니면 그 하나의 사건은 우리에게 닫혀져 있는가? 그 상처는 정말로 새로운 사건이었는가? 아니면 질병, 접종, 이후의 유사한 사건들의 연속성은 상처와 감염 간의 유사성의 기호인가, 상처는 상처끼리 감염은 감염끼리 같은 것끼리라는 반복의 기호인가? 사건들을 잴 수 있는 올바른 척도가 존재하는가? 혹시 사건들은 그 자체 전연 사건들이 아닌 사물들에 일어나는가? 아니면 만약 그런 영원한 사물들이 존재하지 않는다면, 그것들은 변화에 불과한데 우리는 도대체 어떻게 사건들에 대해 말할 수 있는가?

들뢰즈가 화이트헤드에게서 이끌어내는 첫 번째 대답은, 설령 우리가 모든 것은 사건들이라고 가정할지라도, 설령 우리가 분할 가능성과 발산이 사건들의 내재적 속성properties이라고 가정할지라도 사건들은 순수 카오스에서 출현하지 않는다는 것이다. 이는, 순수 카오스라는 발상은 미분 속성들differential properties을 도입하는 체sieve가 동반될 때만 카오스가 나타나는 필요 조건에서 이끌어낸 거짓 추상이기 때문이다.6 이러한 속성들은 카오스에 대한 긍정적인 정의를 가능하게 하지만, 그때 신비적인 한계로서가 아니라 그 조건의 역으로서 그렇게 한다. 즉 미분 과정은 다른 모든 잠재적potential 조건들로 구성된 카오스를 배경으로 하여 나타나지만, 카오스는 주어진 미분 과정들과 더불어 취해질 때만 나타난다.7 그것은 가장 낡은 글자들은 사라지거나 뒤섞여 있어서 판독 불가능하지만 이후의 더 선명한 새김들 덕분에 그 글자들을 더듬어 보기 시작할 수 있는 팔림프세스트palimpsest(=다른 글자를 쓰기 위하여 먼저 쓴 글자를 지운 양피지羊皮紙)의 벽을 우리가 가진 것과 같다. 선명성은 파고 들어와서 모호한 배경과 더불어 판독되어야만 하며, 모호한 배경은 오직 가장 판독 가능한 맨 위 층들 덕분에 팔림프세스트로서 의미가 통할 뿐이다.

추상에 대한 비판,8 그리고 배경이 모든 출현하는 차이에 의해 운반되는 방식은 또한 두 번째의 문제 제기적 물음에 대한 대답을 가능하게 하기 때문에 중요하다. 화이트헤드, 라이프니츠, 들뢰즈의 형이상학의 구성요소들은 이산적 요소들이 아니다. 우리는 순수 카오스를 정립할 때 만들어지는 종류의 거짓 추상에 의존하지 않는 자기-충족적인 존재가 있다고 말할 수 없다. 그렇지만 그 결과로서 생기는 상호 의존은, 모든 규정적 연결은 또한 일종의 추상이기 때문에 모든 것은 해독 불가능한 방식으로 연결돼 있다고 우리가 말해야 한다는 의미에서, 미규정적이지 않다. 이와는 반대로, 구성요소들이 다른 구성요소들에 속하는 방식이 화이트헤드와 라이프니츠에 의해 주의 깊게 작성되어 있다. 연결들은 계열들을 따라 확장하는 진동들 혹은 패턴들의 형식을 취하며, 이 패턴들은 연결들이 서로 간에 구별되도록 해주는 고유한 성질들을 가진다. 그래서 비록 우리가 적법한 독립 요소들을 갖지 않을지라도, 우리는 패턴들 간의 적법한 차이들을 가진다. 이것들은 모든 후속하는 추상들이 요소들이 되기 위한 조건들이고, 또한 이 추상을 한 땀 한 땀 풀어내고 비판하는 방식이기도 하다.**9** 예를 들어, 비록 팔림프세스트 안의 각 진술이 그것 주위의 진술들로부터 이끌어낸 추상일지라도, 이는 우리가 동시에 모든 진술들을 갖고서 작업해야 하고, 따라서 불분명한 한 덩어리의 진술들과 씨름해야 한다는 점을 의미하지 않는다. 이와 반대로, 우리는 예를 들어 감옥의 벽에 써 있는, 시간을 헤아리는 것에 관한 혹은 희망이 수그러드는 것에 관한 진술들을 통해 패턴들을 추적할 수 있다. 한 진술 안에 담겨 있는 희망은 거짓 추상이지만, 진술들의 계열들을 통한 희망의 강도의 변이는 우리가 팔림프세스트를 규정하기 시작하도록 해준다.

이것은 결국 사건들을 관류하는 패턴들의 고유한 성질들을 따라 사건들의 계열들 내에서 우리가 선택들을 하도록 해준다. 예를 들어, 비록 파상풍의 걸림이라는 사건에서 그 연쇄의 한 요소에 초점을 두는 것이 우연적이고 추상적이라 할지라도, 그 연쇄를 관류하는 강도의 변이—가치의 증가나 감소—는 구별들이 상이한 길들(가령 그 계열을 따라가는 생존이나 죽음의 상이한 효과) 사이에서 행해지는 것을 가능하게 한다. 이것은 아직 선택들을 하기 위한 온전한 기초가 아니다. 우리가 이 단계에서 가지는 것은 잘 정초된 차이이지(어떤 것이 점에서가 아니라 연쇄를 따라 일어나고 있다), 한 길 또는 다른 한 길로(가령 박테리아로 향하거나 또는 인간으로 향하여) 움직이기 위한 원리가 아니다. 이 원리는 개체 개념과 더불어 나타난다. 개체 개념은 패턴으로서의 사건의 확장을 화이트헤드의 합생concrescence, 파악prehension, 결합체nexus 개념에서 표현되는 특수한 추상 형식과 결합한다. 개체는 파악들의 합생, 즉 새로운 과정 속에서 (박테리아가 인간 신체를 장악하는take hold of(=파악하는) 방식으로, 혹은 의사가 박테리아의 분자적 구조를 장악하는 방식으로) 한 사물이 다른 한 사물을 포함하는 방식들의 합침이다. 한편으로 사건은 한계 없이 확장되지만, 다른 한편으로 사건은 사물들이 서로를 파악하는 방식에 따라 현실적이고 규정적이 된다. 이 파악은 그 자체 이중적이다. 한편으로 (박테리아가 원래의 박테리아에서 번성할지도 모르는 방식으로, 혹은 의학의 한 분야가 특별한 발견을 둘러싸고 발달할지도 모르는 방식으로) 다른 많은 파악들 안에서 그 파악으로 취해질 만큼 입수 가능하므로 파악은 공적이다. 하지만 다른 한편으로, 파악하는 사물이 자신이 새롭다고 느끼는 방식으로 파악은 또한 사적이기도 하다(감염에 대항하는 나의 투쟁). 그러므로 사건들은 그 자체 공적인 측면과 사적인 측면을 가지는 개체적 합생들(nexés)의 확장된 패턴들과 집합들이다. 사건이 한 개체에 대해 새로운 따라서 사적인 방식이 존재한다. 사건이 주어진 것과 공적인 것으로 취해질 수 있고, 따라서 상이한 새로운 방식으로 취해질 만큼 입수 가능한 것으로 취해질 수 있는 방식이 존재한다. 또한 이 제한된 두 포획을 넘어 확장된 반향들이 모든 사건들의 계열들을 통해 존재한다.

그러므로 새로움은 개체들을 규정하는 원리가 된다. 즉, 주어진 파악들에 대한 새로운 포획이 존재하는 개체가 존재한다. 새로움은 또한 사건들을 관류하는 패턴들 안의 변화들을 위한 설명이다. 패턴들은, 사물들이 상이하게 취해질 때 개체들이 출현하기 때문에 변화한다. 마지막으로 새로움은 더 좋거나 더 나쁜 선택을 규정하는 원리가 된다. 새로움을 위한 잠재력을 증가시키는 것이 감소시키는 것보다 더 좋다. 왜냐하면 새로움을 위한 잠재력은 개체들이 사회 안의 개체들의 관계에 있어서 더 많은 즐거움enjoyment과 더 적은 악의 원전이기 때문이다. 그런 다음 계속해서 들뢰즈는 화이트헤드 철학에서 "영원적 객체eternal objects"가 행하는 역할을 통해 영원성의 문제를 논한다. 이 객체들과—새로운 현실적 사건들actual occurrences에서 수용될—그것들의 잠재력 사이의 (가령, 새로운 사상 혹은 시에서 단어들을 재결합하는 방식과 유사한) 유사점이 도출된다. 이 객체는 이 현실적 사건들과 독립한 혹은—들뢰즈의 용어를 사용한다면—잠재적 잠재태들virtual potentials의 현실적 표현들과 독립한 실존을 갖지 않는다. 그 역 또한 참이다. 즉 현실적 사건은, 만약 그것이 새롭게 작동시키는 영원적 객체와 함께 고려되지 않는다면, 불완전하다partial. 영원적 객체에 관한 논의는 아마도 화이트헤드와 들뢰즈 사이의 간격이 가장 넓게 벌어져 있는 장소일 것이다. 화이트헤드에 따르면 영원적 객체는 "육화되기를 그칠" 수 있기 때문이다. 이것은 잠재적 이념들과 강도들의 다종다양한 연속성에 관한 들뢰즈의 설명과 모순되는 이 잠재적 함장含藏; reserve의 수준에서의 불연속성을 의미할 것이다.**10** 들뢰즈는 사건들을 통해 개체들이 연결을 이루는 일에 관한 최종적 물음에 대답할 때 라이프니츠와 화이트헤드 간의 구별을 행할 때를 제외하고는 이러한 비판적 차이를 추구하지 않는다. 이 최종적 물음에 대한 대답에서 그는 분기들과 부조화의 아롱다롱한 세계(화이트헤드)와, 신을 통하지 않고는 서로 간에 접촉하지 않는 불공가능한 세계들의 우주(라이프니츠)를 대조한다.**11** 이것은 과정으로서의 내재적 신과 모든 가능한 세계들 중 가장 좋은 것을 선택하는 자로서의 초월적 신 간의 구별을 가져온다.

라이프니츠-화이트헤드 강연들

구두의 발표문들이 주의 깊고 명확한 방식으로 적혀 있는『주름: 라이프니츠와 바로크』를 우리가 갖고 있다는 점을 감안할 때, 화이트 헤드와 라이프니츠에 관한 들뢰즈의 강연들은 참조할 만한 가치가 있는가? 다음과 같은 이유 때문에 대답은 "예"이다.

1. 강연들은 들뢰즈 사상의 발달을 보여주고, 따라서 후기의 저서보다 더 많은 자료와 상이한 자료를 담고 있다.**12**
2. 들뢰즈의 강연들은 권위를 갖고 선언된 독백들이 아니라, 텍스트들과 질문들을 둘러싸고 작업하는 공동 노력들이다. 그의 화이트헤드 강연 들은 화이트헤드의 다른 독자들과 벌이는, 특히 스탕제와 같은 다른 사상가들과 벌이는 논쟁들을 포함한다.
3. 들뢰즈 강연들의 녹음본은 스승으로서의 그를 보여주며, 그가 완성된 텍스트들에서 (아마도 단순화된 관념이나 예, 혹은 잠정적인 논지가 최후의 말로 여겨지는 것과 같은 종류의 그릇된 해석을 두려워하여) 위험을 무릅쓰지 않을 수 있었던 방식들로 그의 사상들을 설명하고 전달하는 기회를 가진다.
4. 강연들은 책에서는 잠깐만 나타나는 예들에 더 많은 시간을 들인다.
5. 강연들 내에서나 강연들을 가로질러 전후로 계속 조명하고 반복할 필 요 때문에, 뿐만 아니라 어려운 관념들에다 조밀하지만 다양한 단서들

을 부여하려는 노력 때문에, 강의들에서 들뢰즈는 관념들에다 많은 유사하지만 환원 불가능한 변이들을 부여한다. 이것들은 그의 독해를 『주름』을 한참 넘어 확장하게 한다.

6. 라이프니츠에 관한 책에서는 화이트헤드를 거의 인용하지 않고 거의 언급하지 않는다. 들뢰즈는 화이트헤드에 관한 연구를 별로 하지 않았다고 결론을 내릴 수 있을 것도 같다. 하지만 그런 결론은 들뢰즈가 그의 청중들이 화이트헤드의 텍스트들을 익히도록 돕는 강연들 안에서 —(그가 분명 좋아하지만 발음할 수 없는 단어, many를 발음하면서 유머러스하게) 영어의 어려움을 인정하는 동안—곧바로 반박된다.

예를 들어, 강연들에서 들뢰즈는 이 책에서는 명백히 밝히지 않은 어려운 문제를 이끌어낸다. 이것은 그가 왜 파악, 결합체, 합생, 영원적 객체eternal object라는 어휘들에 의거하여 사건들을 탐구하는 일에 초점을 맞추는지 설명해준다. 현실적 사물들이 존재하기 위해서 성립해 있어야만 하는 조건들에 의해서, 또한 더 직접적으로는 우리가 이 개체 혹은 저 개체의 발생을 추적하도록 해주는 원리들에 의해서 우리는 어떻게 현실적 계기들actual occasions의 발생을 설명하는가?[13] 이 물음의 대상과, 주어진 개체를 생겨나게 하는 원인과 결과의 관계들에 관한 철학적 설명을 제공하는 발생적 오류와 혼동하지 않는 일이 필요하다. 들뢰즈는 화이트헤드 형이상학이 사건들의 계열들과 영원적 객체들의 계열들을 인정하고자 했지만 이 계열들이 어떻게 갖가지 유의미한 현실적 계기들과 갖가지 유의미한 개체들을 생겨나게 하는가를 설명할 수 없었던 가능한 간격에 관심을 갖고 있다. 그래서 강연들은 모든 것은 사건이다라는 주장의 하위-문제를 명백히 함으로써, 또 이 문제의 많은 면들을 보여줌으로써, 『주름』에서 발견되는 설명의 배경을 추가한다.

첫 번째 문제: 우리는 접속들 곧 현실적 계기들로 시작했고, 우리는 우리 자신에게 사건들과 사건들의 세계를 부여했다. 우리는 사건의 발생을 추적할 수 있는가? 우리는 어떻게 접속들에 도달하는가? 접속들은 바로 그것처럼 주어져 있는가? 이 세계에 접속들이 존재한다는 것은 간단명료하지 않다. 접속들이 존재한다는 것을 무엇이 설명할 것인가?[14]

이 문제에 대한 대답들은 새로움을 둘러싸고 구축된다. 즉 사건 안의 새로운 것은 한 사건을 다른 사건들과 구별 가능하게 만들고 유의미하게 만든다. 이 구별은 그 새로움을 위한 장소들로서 개체들의 발생을 요구한다. 사건은 개체를 위한 새로운 어떤 것이다.

이 강연들은 사건들과 새로움에 제공하는 예들 때문에 특히 유익하다. 이 예들은 가령 "오늘밤 콘서트가 있다"는 이 책의 명제에 나오지만, 들뢰즈는 구두로 하는 설명에서 그것들을 더욱 활기 넘치게 만든다. 그는 다 비틀어 특징을 부여함으로써 이 진술을 극화한다. "여러분은 이 사람이 오늘밤 콘서트를 연다는 것을 안다."[15] 그때 우리는 콘서트를 보고자 하는 욕망, 표를 구하고자 하는 흥분을 추동시키는 새로움을 감지한다. 이 새로움은 단 한번만 있는 것이며, 만약 가지 않는다면 우리는 그것을 영원히 놓칠 것이다. 그래서 비록 이 새로움이 영원적 객체들—음향들, 관념들, 표기법들—을 결합할지라도, 그것은—악기를 타는 뮤지션, 주위의 분위기를 타는 악기, 운송된 진동들을 타는 청중, 그들 주위의 진동들의 정서를 타는 그들의 견해 등등 한없이 열거될 수 있는—파악들의 계열들을 통해 진동하는 독특한 접속으로 영원적 객체들을 데려온다. 이 콘서트는 유일무이하지만, 때로는 다른 사건들과 조화를 이루고 때로는 부조화를 이루며 세계 전체에 걸쳐서 반향을 일으키고, 이렇게 하여 들뢰즈가 화이드헤드에게서 이끌어내는 아롱다롱한 우주를 가져온다.

사건은 현실적 계기이다. 한빈 더 말하겠다. 오늘밤 콘시드가 있다. 화이트헤드에게 첫 번째 문제는 이것이었다. 즉 사건들의 창발을 위한 조건들은 무엇인가? 여러분은 그것은 매우 특별한 세계라는 점, 그것은 특별히 새로운 세계라는 점을 감지한다. 사건들은 솟아오르기를 결코 그치지 않으며, 그것들은 언제나 새로운 사건들이다. 철학의 문제는 새로움을 형성함이 될 것이다. 이것은 매우 중요하다. 자신을 영원성을 규정하는 철학으로서 제시해 온 매우 많은 철학들이 존재한다.[16]

이 과정에서 현실성 전반에 걸치는 보편적인 창조성은 과거로부터의 여건datum을 특징으로 삼는다. 그리고 이러한 창조성은 순수 잠재성의 다양체로부터 선택된 주체적 형식의 생생하게 하는 새로움에 의해—창조성의 한 특징으로 보편화된—이 죽은 여건을 맞닥뜨린다.[17]

위 대문은 들뢰즈의 것이고 아래 대문은 화이트헤드의 것이다. 그들은 영원한 것과 현실적인 것이 어떻게 새로운 것에서 필연적으로 결합하는지, 새로운 것을 위해 필요한지에 관한 문제 주위에서 만난다(화이트헤드에게 과거는 영원적 객체들에 의해 운반된다). 영원한 것을 규정하는 과제(가령, 플라톤의 형상들)와 새로운 것을 형성하는 과제(가령, 들뢰즈와 과타리의 『철학이란 무엇인가?』에서 기술된 바의 철학적 개념들의 창조) 사이에 이루어지는 대립은 라이프니츠에 관한 책과 강연들 사이의 더 중요한 대조를 초래한다. 후자에서 들뢰즈는 화이트헤드의 형이상학적 새로움이 어떻게 실재에 관한 과학적 설명에 사상寫像되는지 성찰한다. 들뢰즈의 철학이 과학과 맺는 정확한 관계에 관한 복잡하고도 다면적인 논의를 추가하기 때문에 이것은 매우 중요한 주제이다. 이것은 결국 화이트헤드의 철학이 물리학이나 수학과 맺는 관계에 의해 지지된다. 이 물음들에는 여전히 행해져야 할 많은 작업이 존재하지만, 화이트헤드와 라이프니츠에 관한 강연들은 그것들에게 중요한 자료를 제공하는 데에는 의심의 여지가 없다.

화이트헤드와 들뢰즈에 관한 스탕제

화이트헤드와 라이프니츠에 관한 들뢰즈의 저작은 화이트헤드에 관한 이사벨 스탕제의 독창적이고 포괄적인 최근 저작『화이트헤드와 더불어 사유하기: 자유롭고 야생적인 개념 창조』로 이어진다.**18** 이 책은 영국 철학에서 자유롭게 야생적인 개념 창조라는 사상이 최초로 주조되는, 들뢰즈와 과타리의『철학이란 무엇인가?』에서 따온 각명으로 시작한다. 이 사상은 화이트헤드 저작들에 관한 해석의 면에서뿐만 아니라, 또한 이 책 자체의 글쓰기 스타일과 목적들의 면에서도 스탕제 책의 중심 사상이다.**19** 이 책은 화이트헤드의 개념들과 함께 창조하고, 이보다는 덜 하기는 하지만 들뢰즈와 함께 대화—들뢰즈의 화이트헤드 강연들에 이미 나타나는 논의—를 나누며 창조한다. 안타깝게도 이 강연들에서 스탕제가 끼어들어 말하는 대목의 녹음은, 마이크가 들뢰즈 쪽으로 넘어가는 바람에 그녀의 말들을 담지 못했기 때문에, 이루어지지 않았다. 그러므로 우리는 들뢰즈가 스탕제의 발언들을 요약한 부분만 갖게 되었으며 내가 신 개념을 둘러싼,

그리고 화이트헤드의『과정과 실재』에 나오는 신 개념의 역할을 둘러싼 세 명의 사상가들 사이에서 행해지는 구별들을 대표하는『화이트헤드와 더불어 사유하기』에서 한 대목을 선택하게 되는 것은 이것들 덕분이다.

여기에, 그들의 해석틀에 관건이 되는 것에 관한, 혹은 더 정확히 말해 그들의 관심을 끄는 문제와 그들이 이러한 문제를 전개하고자 선택하는 개념과 과정 사이에 관건이 되는 것에 관한 들뢰즈의 주석이 있다.

> … 나는 접속들의 발생, 혹은 현실적 계기들의 발생, 물리적-수학적 발생은 화이트헤드가 끝까지 포기하지 않은 어떤 것이라고 생각합니다. 그 발생이 이자벨이 우리에게 상기시키는 요구, 즉 현실적 계기가 자신의 발생적 구성요소들에서 이끌려 나오거나 따라나오거나 결과로서 나오는 발생이어서는 안 된다는 요구를 충분히 존중하는 한에서 말입니다. 현실적 계기는 이 점을 고려에 넣는 발생이지 않으면 안 됩니다. 즉 현실적 계기의 유일한 법칙은 그 자신의 구성요소들과 관련하여 언제나 새로움인 것입니다.[20]

요컨대 현실적 계기는 언제나 자신의 조건들을 넘어서는 새로움이다. 현실적 계기가 유래하는 곳인 이 조건들이 현실적 계기 내에서 추적될 수 없을 만큼 그러하다. 새로운 창조는 그러한 새로움의 정도를 새로움이 흘러나오는 과정들로 가져오므로 그것들(새로움과 새로움이 흘러나오는 과정들)의 관계들은, 최초의 관계들이 끝에 오는 새로움의 구성요소들이라고 말하는 것이 무의미할 만큼, 변화한다.[21] 비록 일련의 관념들과 과거의 현실적 계기들이 새로운 것으로 인도되고,

또 그러한 것으로 기술될 수 있을지라도, 새로움은 결코 자신의 원천들에 의해서 설명될 수 없다. 따라서 만약 우리가 역사적 사건들의 예를 취한다면, 역사 안의 변화는 그것의 원인들에 의해, 혹은 그것을 낳은 조건들에 의해 충분히 설명될 수 있는 것이 아니며, 대신 우리는 또한 원인들과 조건들 너머 나아가고 그것들을 소급적으로 변화시키는 새로움을 찾아내야 한다.

들뢰즈와 스탕제는 이 문제에 대해 서로 다른 방식으로 응답하며, 『화이트헤드와 더불어 사유하기』를 면밀히 읽어보면 그들의 차이는 엄격히 말해 물리적–수학적 발생의 역할에 있는 것이 아니라, 신 개념과 관련하여 그 발생에 대한 상이한 견해에 있다는 것이 분명해진다. 이러한 차이는 들뢰즈의 강연들이 미리 보여준다. "이자벨은 [화이트헤드는] 발생을 포기했거나 혹은 발생에 덜 관심을 갖게 되었고, 대신 최종성finality의 수준에 의거하여, 또 마침내 현실적 계기들의 수준에서 작동하는 매우 특수한 신 개념에 의거하여 문제에 접근했다고 생각한다."[22] 물론 들뢰즈는 스탕제의 책을 읽을 혜택을 얻지 못했는데, 그렇다고 해서 이것이 들뢰즈와 화이트헤드 연결에 대한 관심이라는 또 다른 기호를 빼앗아서는 안 된다. 화이트헤드를 좇아서 수학적 기능들과 관련하여 신을 다르게 사유하려는 노력은 들뢰즈에 의해 최초로 매우 독창적이고 생산적인 수준에서 행해졌고, 이어 훨씬 더 스탕제에 의해 행해졌다. 그녀는 『화이트헤드와 더불어 사유하기』의 「신과 세계」라는 장에서, 그 자체 수학적 발생을 통해서라기보다는 철학적 해석과 개념 구축을 위한 수학적 방법들을 채택함으로써 설명되는 신의 이중적 기능을 설명하기 위해서 들뢰즈의 저작 『주름』[23]과 『차이와 반복』[24]을 언급한다. 화이트헤드의 신은, 영원한 이념과 현실적 계기 간의 생산적이고 환원 불가능한 양 방향 연결을 이끌어내기 위

하여, 두 가지 상이한 방식으로 배치되는 수학적 연산자가 된다.[25]

　스탕제는 파생 개념에서 유도 개념으로 향하는 전환을 사용하고, 또 수학적 창조성에 있어서 문제적 함수들을 해결하고자 할 때 행하는 이 개념들의 상이한 역할을 사용한다. 이는 조건이 계기를 낳는다고 한다면 결과가 결여한다는 독창적 직관이 어떻게 신 개념과 연관될 수 있는지를 정확히 보여주기 위해서이다. 조건은 그 이상의 상태를 유도할 수 있지만, 그 상태의 필요충분조건은 아니다(스탕제는 자신의 연구를 뒷받침하려고 최면을 통한 유도의 예를 사용한다).[26] 그래서 영원적 객체들에 관련한 변화는 현실적 계기들을 유도한다고 말할 수 있는 반면 후자는 전자에 부수하여 발생하지 않으므로, 우리는 하나에서 다른 하나로 역추적할 수 없다. 그때 이로 인해 그녀는 신 개념을 창조적인(그리고 유익한) 새로움을 위한 필요조건이라고 주장하면서 신 개념으로부터 모든 명제적이고 이론적인 측면들을 벗겨낼 수 있게 된다. 신은 인간적 투영이 없고, 신의 섭리와 판단이 없고, 창시자와 창조 사이의 신비적이거나 해석 가능한 유사점이 없는 과정이 된다. 그녀가 "세속화"라고 부르는 이러한 노력은 『과정과 실재』의 마지막 장을 화이트헤드의 저작 전체로 다시 끌고 가서 화이트헤드 철학에 새로운 길을 열어준다. 그때 이것은 단지 신 개념이 잉여적임을 보여주게 될 뿐이라고 하며 우리가 반대한다면, 신 개념은 모든 현실적 계기 안의 새로움을 영원적 객체들에 연결시키는 데에 필요하다는 대답이 다시 돌아올 것이다. 신 개념은 하나를 다른 하나에 환원함이 없이, 그렇지만 그것들(=현실적 계기와 영원적 객체)의 호혜적 관계들을 설명하기 위한 잘 규정된 원리들을 부여하면서, 영원적 객체들과 함께 용출한다.

혼성적인 물리적 느낌은 "길"의 불가사의한 기호가 아니기 때문에 신의 길들은 불가해한 것이 아니다. 그것은 신 그 자신이 최선의 것이라고 마음 속에 그리는 길을 세계가 택하리라는 희망 속에서 신이 세계에 제공하는 "선로 표시track mark"의 문제, 지시의 문제가 아니다. 신의 유도는 신이 갈구하는 대답자의 솟구침 이외의 범위를 갖지 않으며, 최종적으로 적절한 것으로 "제안된proposed" 것에다 자신의 효과적인 의미를 어떠한 방식으로든 수여할 계기occasion의 솟구침 이외의 범위를 갖지 않는다.**27**

신 개념은 영원적 객체들과 소멸하는 현실적 계기들의 호혜적 관계들의 목표이기 때문에 새로움이 왜 존재하는지, 새로움이 왜 소중한지를 설명해준다. 스탕제는 이 점을 화이트헤드가 『과정과 실재』에서 논하는 선과 악에 연결시키지만, 그녀의 독해를 따르면 새로움과 선은 어떠한 종교적 의미에도 신세를 지고 있지 않다. 그때 이로 인해 그녀는 선과 악에 관한 화이트헤드를 사건에 관한 『의미의 논리』에서의 들뢰즈의 연구에, 그의 반-현실화counter-actualisation라는 중요한 개념에 관련시키는, 일견, 매우 놀라운 조치를 취할 수 있게 된다. 들뢰즈와 화이트헤드는 사건들의 수적 구별과 사건들의 형상적 구별 사이에 행해지는 차이에 의존한다. 여기서, 사건들의 수적 구별이란 사건들을 관련시키는 확률론적 계산을 가능하게 하는 구별이고, 사건들의 형상적 구별이란 계산에 의해 철저하게 분리함으로써 각 사건을 우연의 전체를 긍정하는 것으로 만드는, 혹은 들뢰즈의 용어로 말하면, 모든 사건들events에 의해 표현되는 하나의 사건Event으로 만드는 구별이다. 사건이 모든 사건 안의 우연의 그 특수한 형식을 긍정하는 것은 사건은 비교 불가능하기 때문이다.**28**

도래할 시간을 위하여

들뢰즈는 그가 화이트헤드는 영국 분석철학에 의해 암살당했다고 혹독한 발언을 했을 때 음성 기록 장치들이 꺼져 있기를 바랐다고 말했나.[29] 음성 기록 장치들은 꺼져 있지 않았고, 그래서 한 기록이 1987년 3월 10일 강연 날짜로 존재하는데 이는 webdeleuze.com에 그대로 저장되어 있다. 그러나 우리는 그의 바람을 지니고 있으므로, 그가 입으로 한 말들을 라이프니츠에 관한 책과 같은 지위를 가지는 것으로 간주하는 것은 부정확할 것이다. 적어도 우리는 그가 왜 그 말들을 기록에서 빼기를 바랐는지에 관한 이론을 개진할 필요가 있을 것이다. 이러저러한 어떠한 추측도 공허해서, 믿을 만한 근거가 없는 것 같다. 그가 도발적인 태도를 취하고 있었는지, 아니면 책을 낸 동료들에 대한 직접적인 비판을 교묘하게 피하고 있었는지, 아니면 울분을 토하고 있었는지, 아니면 강연이 시작될 때 문제에 대한 주의를 끄는 일과 같은 어떤 수사적인 목적을 향해 작업하고 있었는지 안다는 것은 매우 어려운 일이다. 설사 우리가 그의 의도들에 대한 확고한 견해를 갖고 있다 할지라도, 이것은 그 자체 들뢰즈의 글쓰기 방법, 글쓰기 과정에 관한 들뢰즈의 견해들에 반한다고 여겨질 때 매우 의심스러울 것이다. "… 우리들 각각은 … 다수였다."[30] 대신에 나는 들뢰즈와 화이트헤드 연결이라는 더 넓은 주제 내에서 두 가닥의 물음들을 따라가며 이 책에서 강연들로 다시 넘어가 작업할 것이다. 첫째로, 우리는 하나의 철학적 운동만을 옹호하고 따라서 다른 철학적 운동들을 묵살하는 상대적인 헤게모니의 시기를 가져오는 정치적이고 철학적인 갈등들에 관한 들뢰즈의 발언들로부터 무엇을 배울 수 있는가? 둘째로, 어떤 공통 관심 영역이 새로운 철학적 개념과 접근법의 발달을 위해서 우리에게 강력한 잠재력을 제공하는가?

첫 번째 물음은 사건과 시간에 관한 들뢰즈의 작업을 감안할 때 우리가 불편함을 느끼도록 만든다. 이는 그의 사상은 어떤 주어진 시간 동안의 탁월함에 기반하는 현실적 사건들의 가치와 결과에 대해 판단을 행하는 주장과 일치하지 않기 때문이다. 이러저러한 어떠한 판단도 기껏해야 새로운 창조들 안에서 결합하는 사건들에 대한 훨씬 더 중요한 대응의 작은 부분일 것이다. 최악의 경우 그것은—긍정적이든 부정적이든 상관없이—가치-판단들에 의해 강요된 구속복 straightjacket(=광포한 정신병자나 죄수 등의 난동을 제압하기 위해 입히는 옷)을 통해, 지나간 사건들을 새로운 사건들 안에서 채택하는 일을 부적법하게 방해할 것이다. 이 논점은 영원적 객체들과 관련하여 화이트헤드의 사건 개념에 관한 들뢰즈의 설명을 내가 논할 때 강력하게 드러났다. 새로운 창조들 안에서 일어나는 영원적 객체들 간의 관계들의 변화는 현실적 사건들actual occurrences의 지나간 연합을 기초로 하여 이 관계들을 고정시키는 판단에 의해 억제될 것이다. 더욱이 시간과 공간상의 가까움은 이전 사건들의 잠재력을 나르고 드러내는 창조들을 위한 조건이 아니다. 이와 반대로 들뢰즈는 사건들은 지각 불가능하고 시간과 공간상 동떨어진 활동을 한다고 종종 주장한다.**31** 그러므로 하나의 철학이 자신의 시대time에 결과를 결여한다고 해서 그 철학에 관한 부정적 결론을 이끌어내는 것은 심각한 실수일 것이다. 어떠한 사건도 다른 모든 사건들을 배제하는 그러한 종류의 시간 속에서 일어나지 않는다. 대신에 들뢰즈의 시간 철학을 따르면, 모든 사건은 과거와 미래와 접촉하며 영원한 시간과 현실적 시간 간의, 역설에 의해 추동되는 변증법 속에서 일어난다. 그런 변증법은 예측이나 추론을 허용하는 미리 정해진 논리를 갖지 않을 것이며,

따라서 그것은 결정하고자 하는 시도들을 발생시킬 뿐만 아니라 또한 그런 모든 시도들을 무효화하는 역설들에 의존한다―이렇게 하여 두 형태의 시간 간의 관계에 관해 우리가 사유하는 일을 끊임없이 쇄신하는 일을 요구하는 역설들에 의존한다.**32**

그러므로 들뢰즈의 저작에는 철학들 및 철학들의 역사적 시기들 epochs 간의 관계에 관한 견해가 존재하지만, 그러나 그것은 역사적 시기에 의존하는 것으로서의 철학이라는 의미보다는 니체의 때 이른 것the untimely이라는 개념**33**에 훨씬 가깝다. 그 자신을 자신의 시대와 불화하는 상태에 놓음으로써, "도래할 시간"을 위하여 하나의 철학은 자신의 시대에 반하여 성숙하고 자신의 시대를 변화시키려고 노력한다. 때 이른 것을 풀기 위한 열쇠는 언제 그 시간이 올지 규정하기 위한 견고한 논리를 허용하지 않고, 또 그 시간이 무엇과 같은지를 위한 잘 규정된 표상을 허용하지 않는, "도래할 시간"이라는 표현의 열려진 본성에 놓여 있다. 들뢰즈와 과타리의 경우 철학들은 그 자신들의 내재 면과 개념적 페르소나를 작성하며, 이것들은 자신들이 형성되는 시간과 공간과 결합하지 않고, 또 그 시대로부터 온 가까운 응답에 의존하지 않는다.**34** 이념들, 강도들, 독특한 전환점들은 현실적 시간의 오랜 시기 동안 계속 잠복한 상태로 있을 수 있지만 이것은 결코 잠재력, 관심, 새로움의 결여를 의미하지 않는다. 이는 화이트헤드의 저작을 의도적으로 무시하는 일을 들뢰즈가 염려하는 것은 그것을 완전히 제거하는 일과 일차적으로 관련되어 있지 않다는 점을 의미한다. 왜냐하면, 그의 철학에 따르면, 심지어 너무 늦게 나온 미지근한 요리조차 영원성 안의 한 측면을 갖고 있고, 새롭게 도출되어야 할 이념적인 잠재력을 갖고 있기 때문이다. 대신에, 염려는 간행된 현실적 저작들에 놓여 있는 것에 아니라, 일어날 수 있었지만 그러나 학술적인 억압의 형태에 기인하지 않았던 이후의 가능한 결과들에 놓여 있다. 들뢰즈의 분노는 이후의 시기 동안 화이트헤드를 다시 발견하는 데 매우 많은 시간이 든 것에서 야기되는 것이 아니라, 화이트헤드와 더불어 창조하는 일이 허용되지 않았기 때문에 시간이 잃어버린 것에서 야기된다.

『주름』에서 들뢰즈가 비트겐슈타인의 신봉자들이 퍼트린 "안개들, 교만, 테러"[35]에 대해 한탄할 때, 그는 화이트헤드의 암살을 걱정하고 있는 것도 아니고, 비트겐슈타인을 공격하고 있는 것도 아니다. 그 강연의 무절제한 발언들은 대학과 사회 내에 헤게모니적 견해들과 방법들을 강요하는 일에 대한 다른 염려로 대체된다. 그러한 헤게모니들은 다른 창조적 표현들을 위한 기회를 필연적으로 축소하기 때문에 존재해서는 안 된다. 사실 비트겐슈타인의 헤게모니는 어떤 식으로도 결코 존재하지 않았으며, 분석철학은 자신 안에 커다란 차이들을 주장한다.[36] 들뢰즈는 사변적 형이상학을, 그리고 새로운 개념들, 방법들, 장들을 창조하는 사변적 형이상학의 힘을 더 포괄적으로 제거하는 것을 염려한다. 그때 최종적인 것을 부과하고 모든 미래 창조성을 동결하기 위해서가 아니라, 혹은 현실적 장을 지배하기 위해서가 아니라 사건들에 대한 다양한 창조적 응답과 그것들로부터 따라나오는 방식들을 긍정하기 위해서이다. 새로움과 형이상학적 발명의 이러한 다원론은 두 가지 고전적인 비판적 반응을 불러온다. 다른 진리들 위에 존재하고, 다른 진리들은 덜 진리에 가깝고 그렇게 하여 파괴적이거나 파괴를 당할 만하다는 점을 드러내는, 진리들 및 진리들을 발견하기 위한 방법들은 존재하지 않는가? 우리가 올바른 창조를 가질 때 다양한 창조들을 긍정하는 것은 자원들을 소모하는 것이 아닌가?

만약 우리가 들뢰즈와 화이트헤드의 형이상학적 창조성은, 더 근거 지워져 있는 상식적인 진리들에 등을 돌린다는 주장—그리고 탈신화화와 제휴하는 그들의 역량—에 반박하고자 한다면, 과정 철학, 우월한 경험론, 초월론적 형이상학에 관한 전반적 주장은 방어를 위한 소송을 제기하는 일이 거의 없을 것이다. 많은 면에서 이 주장은 단지 부정적 판단을 그만큼 더 급속히 무너뜨릴 뿐이다. 그러나 만약 우리가 그들 둘이 제공하는 방대한 자원의 개념들, 주장들, 예들, 연구들을 사용한다면—그리고 만약 우리가 대조를 이루지만 서로 관련돼 있는 논법들을 보여주려고, 또 신비화에 기여하는 바는 전혀 없지만 이와 반대로 다양한 비판적 주장들을 제공하는 새롭게 생겨난 유용하고 흥미로운 착상들을 보여주려고 이것들을 견고하고 정확하게 사용한다면—, 그렇다면 들뢰즈와 화이트헤드 연결은 학파를 성립시킨다는 점이 아니라 우리가 상식, 표면적 사태, 또는 공통 관념들이라고 여기는 것에 대한 비판적 평가들을 촉진시킨다는 점에서 그것 나름대로 작용하고 있을 것이다. 이렇게 하여 그런 주장들의 배후에 있는 형이상학적 전제들, 그리고 상이한 모델과 개념 속에 숨어 기다리고 있는 실재에 관한 상이한 견해들이 또한 작동하고 있는 것으로 제시될 것이다. 결국 이것은 문화, 동시대적 생활, 역사, 과학들과 관련하여—이것들 중 하나도 배제하지 않고—형이상학적 체계들의 주의 깊은 구축으로서의 철학적 창조성의 가치를 증명할 것이다. 들뢰즈는 사건 개념에 관한 우리의 성찰을 쇄신할 때 이 연결들 중의 하나를 그려냈다. 스탕제는 신의 세속화라는 구상을 통해 또 다른 연결을 그려낸다. 다른 많은 연결들이 계속 도출되어야 하며, 이 일을 행하는 것은 두 철학자를 한데 묶는 더 좋은 방법일 것이다. 왜냐하면 화이트헤드의 "암살"에 대한 들뢰즈의 분노는 사상 안의 철저한 다원론, 따라서 대

학들 안의 철저한 다원론이라는 이름으로 존재했기 때문이다. "진보
는 불화적인 느낌들에 대한 경험에 토대를 둔다. 자유의 사회적 가치
는 불화들의 생산에 놓여 있다."[37]

던디 대학

주(Notes)

1. 장 발의 『구체적인 것을 향하여: 현대 철학의 역사에 관한 연구, 윌리엄 제임스, 화이트헤드, 가브리엘 마르셀』(Paris: Vrin, 2004[1932])는 1932년에 화이트헤드를 최초로 프랑스에 소개하고 있다. 발롱 소르본 대학에서 강의했고, 들뢰즈의 동료였다.

2. http://www.webdeleuze.com/php/texte.php?cle=140&groupe=Leibniz&langue=1 (2007년 8월 27일에 컴퓨터에 접속되었다).

3. 대니얼 스미스는 그의 「새로운 것의 조건들」, *Deleuze Studies*, 1: 1(2007), pp. 1-21, 특히 pp. 8-14에서 라이프니츠와 들뢰즈 사이에 이러한 깊은 관계가 있다고 주장한 바 있다.

4. 들뢰즈, 『주름: 라이프니츠와 바로크』(Paris: Minuit, 1988), pp. 110-11.

5. LS 54를 보라.

6. 카오스와 카오스모스에 관한 이러한 논의는 문학적 언급이 『주름』(보르헤스와 곰브로비치)에도 나오는 『차이와 반복』(DR 161)으로까지, 그리고 카오스모스와 카오스 개념이 심층적으로 논의되고, 카오스와 현실적 계기들 사이의 체sieve의 필연성에 관한 들뢰즈의 논의와 직접적인 연관성을 이끌어내는 들뢰즈와 과타리의 『철학이란 무엇인가?』로까지 거슬러올라갈 수 있다.

7. 들뢰즈, 『주름』, p. 104.

8. 추상화를 필연적인 것으로서 또한 실재의 그릇되게 불완전한 표상들의 근원으로서 설명하는 것에 대해서는, A.N. 화이트헤드, 『과학과 근대 세계』(Cambridge: Cambridge University Press, 1927), 제10장을 보라. "따라서 영원적 대상들은 그 본성이 추상적이다. … 추상적인 것은 현실적 사건happening의 특수한 구체적 계기들을 초월하는 것이다. 하지만 현실적 계기를 초월한다는 것은 그것으로부터 분리된다는 것을 의미하지 않는다"(p. 197).

9. 들뢰즈, 『주름』, p. 105.

10. 들뢰즈, 『주름』, pp. 109-9.

11. 들뢰즈, 『주름』, pp. 110-11.

12. 이 무료 자료를 사용할 수 있었던 것은 리차드 핀하스 등 덕분이며, 들뢰즈 가족이 베풀어준 너그러운 허락 덕분이다. 그들의 사심 없는 행동은 들뢰즈 철학에 담긴 것과 같은 가치를 반영한다.

13. 한참 이른 시기에 나온 『의미의 논리』에 보이는 발생 및 같은 문제에 관한 유사한 작업을 보라(LS 118-27, 186-90).

14. http://www.webdeleuze.com/php/texte.php?cle=140&groupe=Leibniz&langue=1 (2007년 8월 29일에 컴퓨터에 접속되었다; 내 번역).

15. http://www.webdeleuze.com/php/texte.php?cle=140&groupe=Leibniz&langue=1

16. http://www.webdeleuze.com/php/texte.php?cle=142&groupe=Leibniz&langue=1

17. A.N. 화이트헤드, 『과정과 실재』(New York: The Free Press, 1978), p. 164.

18. 이사벨 스탕제, 『화이트헤드와 더불어 사유하기: 자유롭고 야생적인 개념 창조』 (Paris: Seuil, 2002).

19. 에릭 알리에의 『세계의 서명: 들뢰즈와 과타리의 철학이란 무엇인가?』(London: Continuum, 2004), pp. 53-9에는 새로움과 사변 형이상학과 관련한 들뢰즈와 과타리 의 저작에 관한 보다 폭넓은 논의가 있다. 알리에는 특히 유기체와 생명 철학과 생물학 철학을 둘러싼 문제들에 관한 들뢰즈와 화이트헤드 사이의 연관성을 잘 이끌 어내고 있다.

20. http://www.webdeleuze.com/php/texte.php?cle=140&groupe=Leibniz&langue=1 (2007년 8월 31일에 컴퓨터에 접속되었다).

21. 스티븐 샤비로는 그의 시론 「들뢰즈, 화이트헤드를 만나다」에서 화이트헤드와 들뢰 즈의 면에서 새로움에 관한 확장된 논의를 제공한다. 이 논문은 화이트헤드에 관한 책의 일부가 될 http://www.shaviro.com/Othertexts/DeleuzeWhitehead.pdf(2007년 9 월 3일에 컴퓨트에 접속되었다)에서 구해볼 수 있다. 샤비로 저작의 강력한 힘은 다른 사상가들, 특히 베르그손, 칸트, 제임스, 그리고 그들이 들뢰즈와 화이트헤드에 게 미친 영향과 맺는 연관성에 놓여 있다. 또한 2005년 학술대회, 「들뢰즈, 화이트헤 드, 그리고 형이상학의 변형」, 클루츠·로빈슨엮음(Brussels: Koninklijke Vlaamse Academie van Belgie voor Wetenschappen en Kunsten, 2005). 이 자료집에는 스탕제, 드베이즈, 클루츠, 헤일우드, 고피, 드 볼, 웜백, 팔린, 윌리엄스, 샤 신 웨이, 파버, 로빈슨, 메이어, 뒤몽슬의 논문이 수록되어 있다. 샤비로는 올바르게도 키스 로빈슨 의 저작을 강력하게 사용하고 있다. 또한 나의 『질 들뢰즈의 횡단적 사유: 만남과 영향』(Manchester: Clinamen, 2005), 제5장, 「들뢰즈와 화이트헤드」를 보라.

22. http://www.webdeleuze.com/php/texte.php?cle=140&groupe=Leibniz&langue=1 (2007년 8월 31일에 컴퓨터에 접속되었다).

23. 스탕제, 『화이트헤드와 더불어 사유하기』, p. 516.

24. 스탕제, 『화이트헤드와 더불어 사유하기』, p. 511.

25. 장-클로드 뒤몽슬의 저작은 수학에 중점을 두는 독해와의 대조를 제공한다. 가령, 『들뢰즈 박사의 진자: 안티-오이디푸스 입문』(Paris: Cahiers de l'Unebévue, 1999), p. 20에 있는, 자연과 기계를 들뢰즈와 화이트헤드 사이의 연관으로서 보는 그의 발언들을 보라. 또한 뒤몽슬, 『화이트헤드의 일곱 개의 용어, 혹은 존재의 모험: 창조 성, 과정, 사건, 대상, 유기체, 향유, 모험: 과정과 실재에 관한 설명』(Paris: Cahier de l'Unebévue, 1998).

26. 스탕제, 『화이트헤드와 더불어 사유하기』, p. 510.

27. 스탕제, 『화이트헤드와 더불어 사유하기』, p. 527.

28. 스탕제, 『화이트헤드와 더불어 사유하기』, pp. 542-5.

29. http://www.webdeleuze.com/php/texte.php?cle=140&groupe=Leibniz&langue=1

30. 질 들뢰즈·펠릭스 과타리, 『천 개의 고원』(Paris: Minuit, 1980), p. 8.

31. 『천 개의 고원』, pp. 318-42에 나오는 지각 불가능한 특개성과 생성에 관한 들뢰즈와 과타리의 논의를 보라.

32. 역설의 계열들을 통해 관련되는 "아이온"과 "크로노스"와 같은 시간 형식에 관한 설명에 대해서는, LS 162-7을 보라. 또한 나의 『질 들뢰즈의 의미의 논리: 비판적 입문서이자 안내서』(Edinburgh University Press, 2008), 제2장과 3장.

33. "그러나 그만큼 나는 고전학사로서의 내 직업 때문에 자인하지 않으면 안 된다. 왜냐하면 나는 고전 연구가, 만약 그것이 때 이른 것—즉, 우리 시대에 반하여 행동하고, 그리하여 우리 시대에 영향을 주는 것, 도래할 시간을 위하여 그렇게 되도록 희망하는 것—이 아니라면, 우리 시대를 위해 무슨 의미를 가질 수 있는지 모르기 때문이다." 프리드리히 니체, 『때 이른 성찰』(Cambridge: Cambridge University Press, 1983), p. 60.

34. 질 들뢰즈·펠릭스 과타리, 『철학이란 무엇인가?』(Paris: Minuit, 1991), pp. 38-81, 특히 p. 58을 보라.

35. 들뢰즈, 『주름』, p. 76.

36. 이러한 역사적이고 철학적인 학파들 그리고 대립에 관한 훌륭한 논의에 대해서는, 사이몬 글렌디닝의 『대륙 철학의 이념』(Edinburgh: Edinburgh University Press, 2006)과 사이먼 크리츨리의 『대륙 철학: 매우 짧은 입문서』(Oxford: Oxford University Press, 2001).

37. A.N. 화이트헤드, 『관념의 모험』(Harmondsworth: Penguin 1948), p. 296.

16.

레이몽 뤼에르

로널드 보그

무관심한 관찰자에게는 레이몽 뤼에르가 들뢰즈의 기획에 적게 기여한 것으로 보일지도 모른다. 들뢰즈는 뤼에르를 짧게 인용하고 그를 주석 달린 참고문헌에서 "생물학적 분화"에 관한 정보의 원천으로서 거론하면서, 『차이와 반복』(1969)에서 처음 언급한다(DR 342). 들뢰즈와 과타리는 『안티-오이디푸스』(1972), 『천 개의 고원』(1980), 『철학이란 무엇인가?』(1991)에서 뤼에르를 언급하지만, 그의 사상을 상세하게 논함이 없이 그렇게 한다. 들뢰즈가 뤼에르를 가장 폭넓게 다룬 것은 『주름』(1981)에 나타나며, 그것은 비록 대단히 난해하고 간결할지라도 이 책의 오직 두서너 페이지를 차지할 뿐이다. 그렇지만 그런 증거에도 불구하고 뤼에르를 들뢰즈의 생물학 철학에 가장 중요한 영향을 미친 사람들 중의 한 사람이고, 들뢰즈 존재론의 발달 전체에 있어서 중요한 힘이라고 주장해도 무리가 없을 것이다. 들뢰즈가 『차이와 반복』에서 주장하는 바와 같이 만약 "세계는 알이라면"(DR 251), 이 주장의 완전한 함의들을 어쩌면 가장 쉽게 파악할 수 있는 것은 뤼에르의 사상을 고찰함으로써일 것이고, 또 뤼에르의 사상에 대한 들뢰즈의 전유를 고찰함으로써일 것이다.

레이몽 뤼에르는 1902년에 태어나서, 1921년에 고등사범학교École normale supérieure에서 연구를 시작해, 1930년에 문학박사docteur ès lettres 과정을 완료했다. 대부분의 학문 역정을 그는 낭시 대학에서 강의하며 보냈다. 뤼에르의 박사 학위논문은 앙투앙 오귀스탱 쿠르노(1801-87) 철학에 관한 연구인 1930년『쿠르노에 의거한 미래의 인류』와『구조의 철학에 관한 소묘』두 권으로 출간되었다. 후자에서 뤼에르는 모든 객관적인 인지적 탐구의 길잡이가 되는 구조의 중심성에 대한 쿠르노의 통찰을 전개했다. 그러나 이러한 사유 방식을 추구하는 과정에서 뤼에르는 한편으로는 "구조", 즉 이미 기능하고 있는 구성요소들의 성향과 작동, 다른 한편으로는 "형태", 즉 우리가 생물학적 존재들에서 마주치는 것과 같은 요소들 사이의 자기-발생적self-generating이고 자기-추진적인self-sustaining 관계를 구별할 필요를 인식하게 되었다. 뤼에르의 학문 역정의 나머지는 그러한 구별에 관한, 그리고 인식론, 존재론, 가치론, 신학의 영역에서 그러한 구별이 함의하는 바에 관한 지속적인 성찰이라고 간주될 수도 있겠다. 1937년에, 뤼에르는『의식과 신체』에서 유서 깊은 몸-마음 문제로 향해서, 이 책에서 처음으로 의식에 대한 자신의 핵심 개념을 "절대 표면" 혹은 "절대 영역"을 가로지르는 "상공비행overflight(survol)"의 자기-형성적 형식으로서 표현한다. 1940년에서 1945년까지, 뤼에르는 오플락Oflag(Offizierlager) XVII-A, 즉 독일 육군 장교 포로수용소에 억류되었다. 이 주목할 만한 포로수용소에서 수용자들은, 이들 중 많은 사람은 유명한 학자들이었는데, 그들 자신의 대학을 설립했으며, 뤼에르는 그 자신의 강좌에서 강의한 것 외에도 저명한 과학자들, 특히 알렉시스 모이세와 M. 에티엔 볼프와 더불어 자신의 생물학 연구를 진전시켰다. 억류되어 있는 동안 뤼에르는 자신의 생물학 철학을 체계적으로 설명하는 텍스트의 초안을 작성했으며, 이는 1946년에『심리-생물학의 요소들』로 간행되었다. 이 철학을 더 상세하게 서술한 내용이『신-목적인론Néo-finalisme』(1952)과『살아있는 형태의 기원』(1958)에 담겨져 나타났다. 그가 살아있는 존재들을 목표-지향적인 행위자들로 고찰하는 일은 그를 일반 가치이론을 전개하도록 이끌었는데, 이러한 이론을 그는『가치들의 세계』(1948)와『가치 철학』(1952)에서 표명했다. 그리고 유기체와 기계 간의 차이들에 관한 그의 성찰은『사이버네틱스와 정보의 기원』(1954)과『의식의 역설과 자동 장치의 한계』(1960) 두 책 모두에 영감을 주었다. 후기 저작에서 뤼에르는 사회적 정치적 문제들에 대한 고찰로 향했는데, 처음에『동물, 인간, 상징적 기능』(1964)에서 인간 문화를 생물학적 세계에 위치시켰고, 나중에 그 입장의 결과들을 1969에서 1979까지의 네 권의 후속하는 책들에서 고찰했다. 아마도 뤼에르가 가장 큰 대중적 관심을 받은 순간은 1974년에『프린스턴의 그노시스: 종교를 찾는 학자들』의 간행과 함께 왔을 터인데, 이 책에서 그는 현대 과학과 양립 가능한 새로운 종교를 정식화하는 데 열중하고 있는 미국 과학자들의 기구라고 알려진 단체와 오고간 교류를 보고했다. 1987년 사망했을 때 그는『세계의 배아발생』이라는 제명의 원고를 작성하는 데 열중하고 있었으며, 이 책은 아직 출간되지 않았다.[1]

"범심론panpsychism"은 그가 피하려고 했던 낭만적이고 신비적인 내포들을 싣고 있어서, 비록 뤼에르가 자신의 입장을 특징짓기 위해 "심리-생물학"과 "신-목적인론"이란 용어들을 선호했을지라도 우리는 뤼에르의 생물학 철학을 라이츠니츠에게서 영감을 얻은 범심론이라고 기술할 수도 있겠다. 그의 심리생물학의 기본 요소들은 들뢰즈가 자신의 관심을 집중하는 네 권의 책, 즉 『의식과 신체』(1937), 『심리-생물학의 요소들』(1946), 『신-목적인론』(1952), 『살아있는 형태의 기원』(1958)에 제시되어 있다.

『의식과 신체』에서 뤼에르는 마음과 몸의 관계에 관한 다양한 정식화들을 검토하면서, 그 자신의 입장을 "부수현상론의 역"[2]으로 기술하는데, 이는 그가 생각하기에 라이프니츠가 최초로 제안하고 러셀이 『물질의 분석』(1927)과 『철학의 개요』(1927)에서 표현하는 견해들과 대략 일치하는 접근법이다. 『신-목적인론』에서 뤼에르는 『의식과 신체』의 주장들을 반복하고, 거기서 그 문제에 대한 그의 접근법의 가장 명료한 설명을 제공한다.[3] 의식에 대한 대부분의 분석에서 숨겨진—그리고 실수를 범한—가정은 의식은 이해되기 위해서 대상으로 관찰되어야만 한다는 것이다. E. A. 에버트는, 그의 인기 있고 여러 분야에서 논의된 『평지』(1884)에서, 한 장의 종이의 표면과 같은 2차원 공간에 거주하는 피조물들에게 세계가 어떻게 보일까 상상한다. 만약 그들이 표면상에 새겨진 원을 마주친다면, 그들은 그것을 관통 불가능한 벽으로 경험할 것이며, 그들은 그것을 (적어도 우리가 원들을 이해하는 바와 같이) 원으로 이해할 수 없을 것이다. 그러나 만약 평지의 거주자가 표면 위로 올라가 3차원 안으로 들어갈 수 있다면, 그 개인은 상정된 원의 벽을 극복하는 데 어떠한 어려움도 갖지 않을 것이고, 평지의 기하학적 특징들에 대한 완전한 이해를 얻을 것이다. 애버트의 목적은 3차원 세계에 거주하는 우리의 관점들에 4차원이 이와 유사한 변형된 관점을 제공하리라고 제안한 것이지만, 뤼에르가 이 우화를 사용하는 것은 의식의 분석은 의식을 이해하기 위해 4차원적 관찰자와 같은 어떤 것을 일반적으로 가정한다고 제안하는 것이다. 한 예로서, 뤼에르는 한 성인(그 자신)이 체커판 모양의 테이블 앞에 앉아 테이블 표면을 바라보는 모습을 상상한다. 일반적인 가정은 관찰자, 곧 어떤 종류의 탈신체화된 "눈"이, 이 성인의 머리 뒤에 있든 혹은 그의 머리 안에 있든, 의식을 기술하기 위해 소환되지 않으면 안 된다는 점이다. 물론 그런 추리는, 추가적인 "눈"이 그 자체 또 다른 "눈"에 의해 이런 식으로 무한히 관찰되어야만 하므로, 무한역행을 초래한다. 그러나 뤼에르는 의식은 이런 식으로 작동하지 않는다고 주장한다. 앉아 있는 성인은 자신이 지각하는 테이블 표면을 무매개적으로 소유한다—실로, 지각하는 주체와 지각되는 대상 간에, 지각을 가지는 것과 지각인 것 간에 어떠한 차이도 존재하지 않는다. 후설의 현상학적 분석들과 달리, 의식은 어떤 것에 대한 의식이 아니다. 의식은 어떤 것이다.

앉아 있는 성인의 의식은 테이블 표면에 대한 "자기-향유" 속에 있으며, 마치 표면을 가로질러 편재하는 "상공비행(survol)" 속에 있는 것처럼 테이블의 모든 지점에 현존한다.[4] 만약 테이블이 사진 찍힌다면, 카메라는 테이블과 충분한 거리를 두고 위치해야 할 것이고, 만약 카메라가 더 가까이 혹은 더 멀리 움직이거나, 혹은 측면에서 측면으로 움직인다면, 표면은 더 크게 혹은 더 작게 나타나거나, 혹은 측면들이 부등변 사각형을 형성하도록 변경될 것이다. 마찬가지로 앉아 있는 성인의 시각 기관은 만약 그가 테이블을 전체로서 보고자 한다면 어떤 일정한 거리가 유지되어야 한다고 요구하지만, 그 표면에 대한 그의 의식적 자기-향유는 어떠한 보완적인 3차원도 수반하지 않으며, 표면 모양은 의식이 표면 상공을 비행할 때 변하지 않는다. 또한 의식은 표면의 세부 사항들을 단순한 인접성에 의해 서로 관련시키지 않는다. 테이블의 체커보드의 각 사각형은 다른 사각형과 분리되어 있고, 무매개적으로 둘러싸는 사각형들의 가장자리를 따라서만 다른 사각형들과 연결되어 있다. 그러나 의식에게 모든 사각형들은 단일한 사물로 일시에 파악되지만, 그것들의 다양성이 분화되지 않은 통일성으로 환원되지 않고 그렇게 된다. "그것은 그것의 모든 세부 사항들 속에서 파악된, 3차원이 없는 표면이다. 그것은 그 자신에 외적인 관점에 상대적이지 않은, 그 자신을 관찰하지 않고 그 자신을 아는[se connaît elle-même] '절대 표면'이다".**5**

테이블의 체커보드 사각형들은, 하나의 단일한 사각형의 시점에서 고찰될 때, 단지 인접성에 의해, 혹은 뤼에르의 애호하는 어구들로 말하면 partes extra partes("부분들 바깥의 부분들"이라는 라틴어), de proche en proche(글자 그대로는 "가까이에서 가까이로"라는 뜻이고, 아마도 관용어적으로는 "점차로", "점점 더 가까이", "조금씩 조금씩", "동강동강"의 뜻과 유사할 것이다)로 상호 관련되어 있다. "가까이에서 가까이로" 고찰될 때조차, 인접한 사각형들은 서로에게 진정으로genuiely 연결되어 있는 것이 아니다. 만약 한 주어진 사각형이, 대항하는 표면을 배경으로 단순히 병치되는 것이 아니라, 인접한 사각형에 연결되고자 한다면 어떤 종류의 접착제가 그것들을 붙여놓을 필요가 있을 것이다. 하지만 이러한 접착제는 "부분들 바깥의 부분들"의 이산적인 분자들로 간주될 때 그 자체 그것의 구성요소들을 연결하는 어떤 종류의 접착제를 필요로 할 것이다. 이것이 뤼에르에게 궁극적으로 시사하는 것은 "연결들connections[liaisons]은 언제나 추리되지, 결코 관찰되지 않는다"는 점이다.**6** "구조"와 "형태" 간의 차이는 구조는 관찰될 수도 있겠지만, 그러나 오직 부분들 바깥의 부분들이라는 존재들의 합집으로만 관찰될 수 있을 뿐인 데 반해, 형태form는 연결들이 관찰될 수 없는 일단의 상호 연결된 요소들이다. 현상들에 대한 대부분의 과학적인 분석들은, 관찰에 초점을 두고 있으므로, 구조들을 다루고 형태들을 무시하는데, 그러한 분석들에는 세계를 가까이에서 가까이로 상호 작용하는 존재들의 합집으로서 파악하는 본질적으로 기계론적인 이해가 함축돼 있다.

그렇지만 연결들은 진정하게genuiely 실존하며, 비록 관찰될 수 없을지라도 그것들은 우리의 의식 경험을 통해 직접적으로, 우리가 의식을 물리적 세계 전반에 걸쳐 있는 근본적인 "연결의 힘force de liason"으로서 인식함으로써 간접적으로 알려질 수 있다.[7] 뤼에르는 이러한 견해에 대한 지지를 양자물리학의 발견들에서 찾아내는데, 양자물리학에 따르면 원자적 입자들은 사물들이라기보다 활동들, 곧 주어진 형태를 지속하고 추진하는sustaining 힘들의 지대들이다. 원자는 "구조가 아니라" "구조화하는 활동"이며, 원자들이 결합해서 분자를 형성할 때, "연결하고 상호 작용하는 전자들은 국소화 가능하지 않다".[8] 현대 화학자들은 "전자 밀도 지도"에 의해 분자 결합을 논급하는데, 이 모델에 따르면 한 주어진 분자 안에서, "전자 밀도 지도에서 이웃하는 두 영역들은 상호 작용과 공명의 에너지에 따라서 공동으로 '서로를 구조화한다[se structurent]'. 따라서 분자는 에너지들이 교환되는[s'échangent]' 영역이고, 에너지가 그 자신을 구조화하는 영역이며, 구조적 상태가, 본질적으로 다양한 가능한 상태들 중 '그 자신을 선별하는' 영역이다".[9]

요컨대 원자들은 형태shape와 힘 사이에, 무엇임과 행함 사이에 어떠한 구별도 없는 진정한genuine 형태들, 자기-추진적self-sustaining 활동들이다. 분자들은 그 구성요소들이 관찰될 수도 있으므로 구조를 갖지만, 그것들은 또한 관찰 불가능한 상호 연결하는 연결들을 가지는 자기-추진적인 활동들이라는 점에서 형태들이기도 하다. 원자에서 분자,

바이러스, 박테리아, 그리고 더 복잡한 유기체에 이르는, 모든 형태들은 연결의 힘들의 자기-추진적 배치이다. 뤼에르에 따르면 이 형태들 각각은 의식이다. 형태를 의식과 동일시하는 것은 처음에는 얼토당토 않아 보이지만, 루이어의 논점은 인간 의식의 모든 속성들이 원자들에 현존한다는 것이 아니다. 그렇기는커녕 그는 인간 의식은 물리적 세계 전반에 걸쳐서 다양한 정도들의 복잡성 속에서 현출하는 최초의 자기-형성적 활동의 단지 복잡하고, 고도로 발달한 자기-의식적 버전일 뿐이라고 주장한다. 예를 들어 아메바는 기본적 주체성의 고유 성질들을 내보이는 자기-추진적 형식이다. "아메바는 자가-행동, 조건 반사, 습관, 학습, 적응, 그리고 행동에 적합한 본능적 행동의 능력이 있으며",[10] 비록 아메바가 중추 신경계를 포함한, 인간 존재의 많은 전문화된 신체 구성요소들을 결여할지라도, 그 행동들은 의식의 최초 특징들—지각, 자기-발생적이고 목표 지향적인 행위, 기억, 학습, 적응, 발명—을 내보인다. 인간 의식이 우리가 (비록 외적 대상으로서 관찰 가능하지 않을지라도) 접근 가능하고, 따라서 인식 가능한 것으로 만드는 그것은, 진행 중인 활동을 통해 연결되는 요소들을 가지는, "자가-상공비행" 속에서 자기-향유하는 절대 표면으로서의 형태form의 근본적인 성격이다. 우리가 아메바를 메커니즘으로서가 아니라 살아있는 형태로서 이해하도록 해주는 것은 이러한, 의식에 대한 우리의 직접적(=무매개적) 경험이다.

그렇다면 형태들은 원자에서 분자로, 우리 행성 위의 모든 각양한 유형의 유기체들로 확장된다. 모든 것은 살아있으며, 모든 "의식-힘"의 현출들이다.[11] 살아있는 모든 것들은 분리된 형태들의 "집적물들", 합집물들, 그것들에게 그것들 자신의 형태를 부여했을 상공비행 속의 단일한 의식으로 채워지지 않은 그런 합집물들과 대조되어야 한다.

당구대 위 한 벌의 당구공들이 그렇듯이, 한 양동이의 모래는 집적물이고, 한 개의 구름은 집적물이다. 산, 메사, 평평한 행성은 점착, 부식 등등의 기계론적 법칙을 따라 다양한 모양을 띠는 원자들과 분자들의 부착물(=첨가물)이란 점에서, 지질학적 형성물 일반은 집적물이다. 우리의 세계 안의 많은 현상들은 집석물의 구성요소들인 분리된 물체들의 상호 작용을 수반한다. 집적물들은 진정한 형태들이 아니라 구조들이며, 따라서 관찰 가능하다. 서로 간에 상대적인 위치를 점하는 집적물들의 요소들, 그리고 집적물들의 기능들은 기술될 수도 있다. 또 집적물들의 기능의 미래 상태들은 예측될 수도 있다. 현대 과학의 대부분의 진보들은 집적물들에 관한 연구를 통해 이루어져 왔으며, 이러한 진보들은 우리에게 세계에 관한 귀중한 지식을 안겨주어 왔지만, 그것들은 또한 집적물을 지배하는 법칙인 고전 물리학의 법칙을 따라 상호 작용하는 이산적 대상들의 합집에 불과한 실재에 대한 기계론적 견해를 장려해 왔다. 뤼에르는 집적물에 관한 과학적 연구의 중요성을 인정하지만, 그런 연구에 기반한 과학은 이차적 과학인 데 반해 형태들을 연구하는 과학은 일차적 과학이라고 주장한다.

기계론적 고전 과학, 집적물들의 과학은 존재들의 구조와 기능을 인접성, 가까이에서 가까이로에 의해 상호 작용하는 부분들 바깥의 부분들에 의해 다룬다. 그래서 직접적으로 둘러싸고 있는 공동-구성요소들과의 접촉을 통해서만 상호 연결되어 있는, 기계를 닮은 구성요소들(원자들과 분자들)의 결정론적이고 이론적으로 예측 가능한 회합을 통해서만 모든 존재(가령, 개)의 전반적 형태shape와 규칙적 작동이 출현한다. 분명 그런 모델에 따르면, 전체는 단지 부분들의 총합일 따름이다. 뤼에르가 자신의 심리-생물학을 표명하고 있었던 1940년대와 1950년대에 특히 인기를 끌었던 게슈탈트 이론의 주창자들은 이러한 극단적인 입장의 어려움들을 인식하고 있었던 사람들 중 한 부류의 사람들이었다. 그들은 진체는 부분들보다 크다고 주장하고, 전제 곧 게슈탈트Gestalt("형태form"의 독일어)는 부분들의 역동적인 상호 작용 및 게슈탈트의 "평형이 유지되는 힘들의 총체성"에 의해 설명될 수도 있다고 주장한다.[12] 게슈탈트주의자들은 때로 비눗방울을 "평형이 유지되는 힘들의 총체성"으로서의 형태의 한 단순한 모델로 제시하지만, 뤼에르는 그런 존재는 진정한 형태가 아니라고 지적한다. "역동성"과 "힘들의 평형 유지"에 대해 말함에도 불구하고, 비눗방울의 구조는 집적물의 구조, 가까이에서 가까이로 인접한 부분들과 관련된 부분들의 합집물의 구조이다. 게슈탈트 이론이 행하는 것은 진정한 형태들의 실존 문제를 인정하지만, 의사-형태들(집적물들)에서 진정한 형태들로 옮겨가는 이동을 감추는 부정확하고 애매한 용어를 통해 기계론적 설명의 부적합성을 파악하기 어렵게 만든다.

뤼에르에게 게슈탈트주의자들이 직면한 어려움은 기계론적 물리학의 법칙들을 따르는 조야한 물질의 입자들의 상호 작용으로부터 살아있는, 자기-추진적인 형태를 이끌어내는 어려움이다. 그는 "창발" 이론들 일반을, 어떻게 당구공 같은 생명이 없는 원자들이 살아있는 유기체들 혹은 자기-의식을 부여받은 느끼는 존재자들을 어떤 식으로든 생겨나게 할 수 있는지를 설명하려는 노력 그 이상의 헛된 노력이라고 본다. 이러한 설명에서는 유기물화의 다양한 단계들에서 어떤 방식으로 어떤 특정한 "전체들"이 분리된 부분들의 기능과는 질적으로 다른 고유성질들을 띠는 것처럼 나타난다. 뤼에르는 무기적 물질로부터 생명이 발달해 나아가는 데에는, 혹은 의식이 출현하는 데에는 어떠한 신비도 없다고 본다. 왜냐하면 그에게 모든 진정한 존재자들은 원자들, 분자들, 유기체들은 모두 자기-추진적인 형식들이라는 의미에서 살아 있고 의식적이기 때문이다. 그러나 그는 자기-복제하는 형태들의 기원에서, 특히 형태발생morphogenesis을 겪는 형태들—태어나고, 자라고, 번식하고, 죽는 형식들—의 기원에서 신비를 본다. 그는 그런 형태들이 생겨난 방식의 신비를 풀었다고 주장하지 않지만, 의식 및 의식이 생물학과 맺는 관계에 대한 우리의 파악을 확장하는 형태발생을 이해하는 방식을 제시한다.

형태발생을 이해하기 위해서, 우리는 뤼에르의 "상공비행"과 "절대 표면" 개념에다 "수직주의" 개념을 추가해야만 한다. 유기체의 형태(론)를 파악하는 일, 곧 유기체의 각양한 구성요소들의 구조와 기능을 파악하는 일은 비교적 단순하지만, 유기체의 형태발생은 가늠하기가 훨씬 더 어렵다. 형태론적 분석은 상호 작용의 규칙적인 회로 속에서 작동하는 이미 형성된 부분들을 가지는 복잡한 기계로 유기체를 다룰지도 모른다. 그러나 유기체는 그 자신을 건립하는 기계이며, 자기-구축하는 동안 유기체는 (뇌, 심장, 폐—인간 배아는 일단 생겨나면 이것들 없이는 살아갈 수 없다—를 "건립하는" 동안 어떻게 해서든 생존하는 인간 배아와 같은) 완성된 기계의 기능에 필수적인 부분들을 결여하는 단계들에서도 어떻게 해서든 기능한다. 우리는 형태발생의 다양한 단계들을 관찰해서, 손이 점차로 나타나서 그것이 완전히 발달한 모양을 띨 때 아마도 대표적인 순간들에서 사지의 사진을 찍을 수 있을지도 모르고, 그때 우리는 순차적으로 그 사진들을 수평적인 선을 따라 정리할 수 있을지도 모른다. 하지만 만약 우리가 뤼에르가 "수직적" 차원이라 부르는 것—형태발생의 다양한 과정들을 손의 모양을 만드는 통일된 과제 속에서 조정 통합하는 연속적이고 목표-지향적인 활동을 인식하는 것—을 우리의 분석에 추가하지 않는다면, 우리는 그 성장 과정을 완전히 오해하게 될 것이다. 손은 단순히 시간 선 상의 스냅 사진과 같이 한 점 한 점, 가까이에서 가까이로, 인접하는 것들의 증대에 의해 형성되지 않는다. 그렇기는커녕 막 생겨나는 손과 완성된 손은 연속적인 발달 선의 출발점이고 종착점, 즉 음악의 멜로디와 같은 어떤 것으로 생각해야 가장 적절하게 생각되었다고 할 수 있는 그 선의 출발점이고 종착점이다. 멜로디는 시간 속에서 순간 순간 전개되지만 청자는 멜로디가 완료될 때 멜로디를 완전히 알 따름이다. 또 멜로디의 전반적인 도안이 파악될 때, 그 도안design이나 형태shape가 처음부터 끝까지 멜로디 안에 내재한다는 것이 파악될 때 멜로디를 (음들의 무작위적 계기sequence와는 반대되는) 진정한 멜로디로 인식할 따름이다. 어떤 의미에서 형태shape로서의 멜로디는, 연주할 때 순간 순간 현출하는 이념으로서, 크로노미터chronometer(=시각측정기) 시간 바깥에 실존한다. 멜로디를 악보 상에 놓여 있는 음들의 수평적 연쇄sequence로서 표상하는 것이 아니라, 우리는 멜로디를 수직적으로, 첫 음부터 마지막 음까지, 한 음 위에 한 음이 얹히면서, 모든 음이 연주의 주어진 시간 선의 출발점에 현존하는 것으로 표상할지도 모르며, 모든 음들이 수평적인 연주 시간 선 상의 각 연이은 점에서 계속해서 현존하는 것으로 표상할지도 모른다. 그렇다면 연주된 현실적 멜로디는 무시간적 멜로디-이념의 시간적 전개일 것이다. 유사한 방식으로, 뤼에르에 따르면, 수직적이고 무시간적이고 발달적인 멜로디-이념은 모든 자기-복제하는 유기체의 형태발생을 지휘한다. 따라서 만약 진정한 형태가 자기-추진적인 활동이라면 유기체는 자기-추진적이고 자기-형성적 활동이다. 그리고 만약 형태가 자가-상공비행 속의 절대 표면이라면, 그 자신을 "건립하는" 자기-형성적 형태는 발달적 멜로디로서 연대기적으로 전개하는 자가-상공비행 속의 무시간적인 절대 표면이다.

뤼에르는 전통적인 관념론을 주창하는 것이 아님에 우리는 주목해야만 한다. 왜냐하면 발달적 멜로디는 어떤 천상의 내세에 거주하는 이념이 아니기 때문이다. 그렇기는커녕 발달적 멜로디는, 비록 "그것이 공간 속에서 모든 순간에 자신이 구축할 수 있는 구조의 총체성을 현실화하기 위해 제약되어 있지 않을지라도", 시공간석 면과의 접촉을 결코 상실하지 않는다.**13** 예를 들어 배아의 개념에서, 그것의 발달적 멜로디는 오직 최소로 현실화되는 잠재적 형태로서 대부분 실존하지만, 유기체가 성장함에 따라 발달적 멜로디는 점점 시공간적 세계속에서 "신체화되어" 간다. 만약 유기체가 번식하지 않고 죽는다면발달적 멜로디-이념 또한 죽는다. 그러나 만약 유기체가 번식한다면, 발달적 멜로디는 계속되고 자기-형성하는 형성적 활동은 잇따른 유기체의 형태발생을 실연한다. 그렇지만 어떤 시점에서도 이념-형식은 시공간적 물리적 세계와 분리되지 않는다. 비록 유기체의 형태발생 동안 오직 점차로 현실화될지라도, 유기체의 이념-형식은 그것의각양한 현실화를 통해 유기체 안에 내재하며, 결코 현실적 유기체와완전히 분리되지 않는다. 이 점을 예시하기 위해 뤼에르는 유기체의두 연이은 발생의 다이어그램(〈도표 1〉을 보라)을 제시한다.

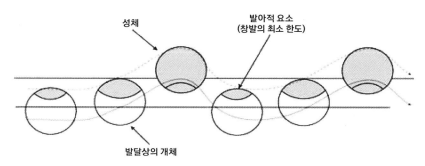

〈도표 1〉 유기체의 두 발생의 형태발생

앞의 세 개의 구체는 한 개의 유기체를 나타내고, 뒤의 세 개의 구체는 잇따른 유기체를 나타낸다. 각 원의 음영진 영역들은 현실화된 완성된 유기체의 부분을 나타낸다. 점선은 공간-시간 속에서 기능하는 구조들의 연쇄를 나타나는 데 반해(기계론적 과학의 대상), 실선은 형태-이념의 발달적 멜로디를 나타낸다.

우리는 또한 뤼에르의 발달적 멜로디에서 전성설前成說; preformationism의 버전을 보는 것을 피해야 한다. 발달적 멜로디는 현실적 유기체의 피아노의 연주를 기계적으로 발생시키는, 절취선이 나 있는 두루마리 휴지와 같은 자동 피아노를 닮지 않았다. 그렇기는커녕 발달적 멜로디는 변주되는 과정에 있는 음악적 주제로 생각할 때 가장 적합하게 생각될 수 있다.**14** 형태발생을 겪는 각 유기체, 즉 각각 자기-형성하는 형태는 발달할 때 기억과 창작을 내보인다.**15** 고양이 배아는 자신의 "고양이성catness"의 기억과 그 자신을 고양이로 만드는 방식을 소유하지만, 고양이 배아의 자기-발달은 행위, 과제, 창작의 순수 과정이어서, 완전히는 예측 가능하지 않아 방해, 적응, 즉흥에 열려져 있으며, 최종적으로 성숙한 고양이는 자신의 발달적 멜로디 안에 내재하는 "고양이성"의 새로운 변주이다. "유기체는 위태로움과 위험함을 안고 그 자신을 형성한다. 유기체는 형성되지 않는다. … 살아있는 존재자(=생물체)는 주제가 최초에 이념-이미지나 재현된 모델이 되어야 함이 없이 주제에 따라 직접적으로 그 자신을 형성한다."**16** 그리고—고양이와 같은—복잡한 유기체는 그 자체 자기-추진적이고 자기-형성적인 형태들의 위계 체계이다. 예를 들어 고양이의 각 기관은 "고양이 형태"의 지배 아래에 있는 자기-형성하는 형태이다. 고양이는, 말하자면, 동인들agents의 위계를 수반하는 조정 통합된 집단 기획이다. "기관"과 "개체" 간의 선은 언제나 쉽게 그려질 수 있는 것은 아니며, 사실 "개체임"

과 "개체의 기관임" 간의 머뭇거림은 유기적 영역 도처에서 발견된다.[17] 뤼에르가 주장하듯이 만약 모든 자기−형성하는 형태가 주체 곧 "나"라면, 그렇다면 우리는 모든 복잡한 살아있는 유기체(=생물)에 대해서와 같이 모든 인간 존재에 대해서도, "지배된 내적 생식의 일종의 세포 분할을 통해서 그런 것처럼, '나'는 내가 이미 생산한 다른 모든 나들로 만들어져 있다고 말할 수도 있겠다. 나는 심리학적이면서 생물학적인 군체이다."[18] 위계적으로 조직된, 복잡한 자기−형성하는 형태들의 "군체적" 성격을 감안하면 형태발생이 위태, 위험, 즉흥, 창작을 수반한다는 것은 놀라운 일이 아니다.

뤼에르는 "등等−잠재력equipotentiality" 현상에서 전성설에 반대하고 형태발생적 창작과 즉흥에 찬성하는 증거를 발견한다. 태생학적 연구에서 일찍이, 연구자들은 세포들을 배아의 한 부위로부터 다른 한 부위로(혹은 다른 배아들로부터, 심지어 어떤 경우들에는 상이하지만 밀접하게 관련돼 있는 종의 배아로부터) 이식하는 일은 정상적인 형태발생을 반드시 방해하는 것은 아니라는 점을 발견했다. 만약 이식이 발달의 이른 시기에 행해졌다면, 세포는 종종 단순히 배아 안의 새로운 위치에 적합한 기능을 담당했다. 그러나 만약 이식이 발달의 늦은 시기에 행해진다면, 이식된 세포는 그것이 마치 옛 위치에 있는 것처럼 발달했다. 이는 최초에 배아적인 세포들은 다수의 방식들로—폐, 발, 또는 눈으로—발달할 수 있는 "등−잠재력적"이라는 점을, 그리고 발달이 진행됨에 따라 세포들은 그 기능이 더 특정적인 것이 되어 어떤 시점에서 주어진 세포는 오직 사지만을 형성하거나 또는 심지어 더 늦게는 오직 오른손 엄지손가락만을 형성할 수도 있다는 점을 시사했다. 뤼에르는 "등−잠재력"에서 단순히 의식을 위한 또 다른 이름을, 혹은 절대 표면의 자가−상공비행 속의 자기−형성하는 형태를 발견하며,

그는 형태발생을 유기체가 형태shape를 취함에 따라 제한된 잠재력의 부위들areas이 서서히 증가하는 종별화로서 간주한다. "따라서 시원적인 배아적 등-잠재력은 점진적으로 사라진다. 그것은 그 자신을 점점 더 제한된 부위들로 분배한다. 기관들의 주제는, 더 정밀해질 때, 구조가 되기 위해서 주제이기를 그친다."**19** 상당한 정도의 배아의 등-잠재력은, 설사 그 발달이 유지, 보수, 규칙적인 세포 치환이라는 정상 상태 속에서 혹은 죽음이 다가옴에 따라 쇠퇴 상태 속에서 존재한다 할지라도, 유기체가 살아있는 동안 발달이 결코 그치지 않는다는 점에서 유기체의 각양한 구성요소들 속에서 계속 실존한다. 등-잠재력이 의식의 또 다른 이름에 불과하다는 점을 감안할 때, 뤼에르는 유기체의 다양한 구성요소들에 대해 이렇게 말할 수 있다. "각 부문은 그 자체로 등-잠재력적이며, 각 등-잠재력에는 정밀한 의식이 상응한다."**20** 하지만 뤼에르는 또한 적어도 인간들에 있어서 상당한 양의 등-잠재력이 한 개인의 삶 내내 뇌 속에 계속해서 실존한다고 주장하기도 한다. 뇌가 복잡하고 수정 가능하고 엄격히 국소화 가능하지 않은 네트워크를 가로질러 분배된 것으로 기능한다는 견해를 지지하는 수많은 연구들을 인용하며, 또 기억, 학습, 추리, 창작 등등에 있어서 뇌의 놀라운 가소성을 언급하며 뤼에르는 "성인 유기체의 뇌는 배아적인 것으로 여전히 남아 있는 부위이다"라고 결론을 내린다. 따라서 "뇌는 자신의 성장을 완료하지 않은 배아이다. 배아는 외적 세계를 조직하기 전에 그 자신을 조직하기 시작하는 뇌이다".**21**

이것들은, 인정하건대, 뤼에르의 생물학 철학의 불충분한 기초에 불과하지만, 그러나 아마도 그의 사상의 풍요로움을 시사하기에 충분할 것이다. 그렇다면 이 지점에서, 비록 마찬가지로 기초일지라도, 들뢰즈의 뤼에르 인용에 대해 간단히 비판적인 검토를 해보는 일은 뤼에르-들뢰즈 연결의 복잡성의 일부를 보여주기에 충분해야 할 것이다.

"세계 전체는 알이다"(DR 216)로 시작하는 『차이와 반복』의 문단에서, 들뢰즈는 "레이몽 뤼에르가 보여주듯이, 세포 이동이 일어날 때 그것은 상황을 규정하는 현실화될 구조적 '주제'에서 따라나오는 한에서 '역할'의 필요조건이다—상황이 이러한 주제를 규정하는 것은 아니다."(DR 216)라고 발언할 때 태생학적 등—잠재력에 대한 뤼에르의 분석을 사용한다. 들뢰즈는 "뤼에르는 베르그손 못지않게 잠재적인 것과 현실화라는 개념을 심오하게 분석했다. 그의 생물학 철학 전체는 '주제적인 것'이라는 관념과 더불어 그 개념들에 의존한다"고 언급하며 이 문장에 각주를 덧붙인다(DR 328). 비록 뤼에르가 잠재적 형태들보다는 오히려 잠재적인 것의 현실화에 대해 더 자주 언급할지라도, 이것은 실로 뤼에르의 생물학 철학에 대한 공정한 평가이다. 하지만 "잠재력적potential"이라 칭하든 "잠재적virtual"이라 칭하든, 중요한 것은 뤼에르가 자기-형성하는 형태들의 수직적 영역과 이 형태들이 현실화되는 수평적 영역을 구분한다는 점이다. 잠재적인 것과 현실적인 것은 둘 모두 실재적이고, 잠재적인 것은 현실적인 것 안에 내재한다고 들뢰즈가 주장하듯이, 뤼에르는 자기-형성하는 형태들은 실재적이고 이 형태들의 현실화 안에 내재한다고 주장한다. 『차이와 반복』에서 때로 들뢰즈는 잠재적인 것을 문제들로서의 이념들이라고 말하고, 뤼에르도 마찬가지로 자기-형성하는 형태들을 이념들이라고 언급하며 그런 이념들은 정적인 플라톤적 형상들forms이 아니라, 예기치 않은 문제들에 대한 즉석의improvised 해결들을 끊임없이 요구하는 주제적 활동들, 목표-지향적인 기획들임을 강조한다. 비록 우리가 "애벌레 주체들"(DR 78)에 관한 들뢰즈의 언급에서, 혹은 "영혼은 심장, 근육들, 신경들, 세포들에 귀속되어야만 한다"(DR 74) 식으로 습관들을 수축하는 "영혼들"에 관한 들뢰즈의 언급에서 뤼에르의 "나는 군체이다"라는 메아리를 듣지 않을 수 없을지라도, 들뢰즈는 잠재적인 것을 의식이라고 언급하지 않는다. 분명 들뢰즈는 뤼에르를 단순히 반복하고 있는 것이 아니지만—뤼에르는 결코 들뢰즈의 생물학적 과정 개념에 근본적인 차이, 반복, 다양체들 등등의 쟁점들에 관여하지 않는다—, 그러나 만약 주의 깊게 다루면, 뤼에르의 생물학적 연구들은 실로 "세계 전체는 알이다"라는 생물학 영역에서의 확장된 논명으로, 즉 잠재적인 자기-형성하는 형태들이 모든 곳에서 그 자신을 현실화하고 있다는 생물학 영역에서의 확장된 논명으로 독해될 수도 있다.[22]

들뢰즈와 과타리는 『안티-오이디푸스』에서 몰적인 것과 분자적인 것 간의 차이를 되풀이하는 중에 뤼에르를 인용한다. 이 대립에 관한 그들의 정식적 서술은 몰적 집적체/구조와 진정한 형태 간의 뤼에르의 구분을 견지하는데, 후자는 그 크기나 복잡성이 무엇이든 간에 분자적 수준에서 명백히 현출하고 모든 자기-형성하는 형태 안에서 유지된다. 들뢰즈와 과타리는 "이러한 주제들은 『신-목적인론』에서 뤼에르에 의해 자세히 개진된다"고 올바르게 언급한다(AO 286). 예를 들어 뤼에르는 이 책에서 의식의 장, 곧 주체성의 장은 연결들의 영역이며, 이 모델을 따라 우리는 물리적 개체들의 응집성을 보장하는 미시적 연결들의 영역들을 이해해야만 한다고 진술한다. 모든 유기체들은 원자들과 분자들로 이루어지므로 우리는, 말하자면, "코끼리는 거시-미시적 존재자이다"라고 말할 수도 있겠다.[23] 고려 중인 존재들의 현실적 크기가 어떠하든, 형태와 집적체 사이에는 질적 차이가 존재하는데, 전자는 심지어 개체적 원자에서도 분명히 나타나고, 후자는 형태들의 회합체들에서만 분명히 나타난다. 어떠한 주어진 크기에도 이러한 회합체들은 주어진 집적체를 구성하는 "미시적" 형태들과 관련하여 언제나 거시적이다. 따라서 뤼에르는 "코끼리는 모든 외양들에도 불구하고, 한 개의 비눗방울보다 더 '미시적'이다"라고 새치있게 말할 수 있있다.[24] 이러한 판단은 그들이 행하는 몰적인 것과 분자적인 것 간의 근본적 구별은 양적이기보다 질적이며, 규모와 아무런 관계가 없다는 들뢰즈와 과타리의 『안티-오이디푸스』도처에 보이는 반복되는 주장과 잘 일치한다.[25]

『천 개의 고원』에서, 들뢰즈와 과타리는 몰적 집적체와 분자적 형태 간의 대립을 다시 인용하지만(TP 42, 334-5), 그들은 또한 유기체의 내적인 "발달적 주제들", 그리고 외적 환경에서 유기체의 행동이 행하는 발달적 역할에 관한 뤼에르의 논의를 언급한다. "레이몽 뤼에르는 "대신에 동물은 '음악적 리듬들'과 '멜로디적이고 리듬적인 주제들'의 희생물이 되며, 이러한 '음악적 리듬들'과 '멜로디적이고 리듬적인 주제들'은 녹음된 축음기의 음반을 코드화하는 것으로도, 그것들을 실시하여 환경에 적응시키는 수행의 운동에 의해서도 설명 가능하지 않다는 점을 증명해냈다"(TP 332). 들뢰즈와 과타리는 여기서 단지 그들 주장의 부차적인 점을 뒷받침하기 위해서 뤼에르를 인용하지만, 만약 우리가 뤼에르의 『살아있는 형태들의 기원』을 참조한다면, 우리는 뤼에르와 들뢰즈/과타리가 생물학적 체계들을 논하기 위해 음악적 은유들을 이용하는, 그들 사이에 놓여 있는 많은 유사점들을 발견한다. 『기원』의 끝에서 두 번째 장에서, 뤼에르는 세 종류의 형태들을 구별한다. 즉 원자들, 분자들, 단순한 유기체들의 첫 번째 형태(형태 I), 표상적 의식, 전문화된 지각 기관들, 운동 도식화를 부여받은 유기체의 형태(형태 II), 그리고 자기-의식을 소유하는 형태들, 즉 인간들

(형태 III). 모든 형태는 형태 I이고, 형태 II는 형태 I이면서 형태 II이며, 그리고 모든 인간은 형태 I, 형태 II이면서 형태 III이다. 뤼에르는 모든 형태를 공간과 시간을 지배하는 것을 목적으로 하는 활동으로 간주한다. 형태가 단순할수록, 그것의 공간–시간 통제 영역은 그만큼 더 작다. 형태 I에서 형태 III으로 옮겨가는 이동은 공간–시간에 대한 증대하는 지배, 증대하는 유연성, 증대하는 자율성 중의 하나이다. 환경 패턴들을 웅대한 교향곡의 대위법적 멜로디들로 보는 폰 웍스퀼의 분석(들뢰즈와 과타리가 또한 리토르넬로Refrain 고원에서 이용하는 분석)을 사용하면서, 뤼에르는 다양한 유기체들의 내적인 발달적 멜로디들과 그것들의 외적인 대위법적 관계들에 의해 형식 I, II, III에 분명히 나타나는 점증적 변화들을 검토한다. 그는 공간–시간 통제의 확장이 그것과 더불어 기능의 증대된 전문화, 그리고 활동의 증대된 자유를 가져온다고 언급하면서, 아메바의 제한된 통제 영역, 거미, 두더지, 새, 영토를 보유하는 다양한 동물들의 더 넓은 영역, 그리고 인간들의 광범위한 영역을 기술한다. 그리고 이러한 논의 전반에 걸쳐서 뤼에르는 그의 분석의 틀을 잡기 위해 주제의 음악적 은유, 멜로디, 대위법을 주장한다. 만약 우리가 뤼에르의 "주제"와 "멜로디"를 "리토르넬로"로 대체한다면, 또 공간–시간 지배와 자율성의 변이하는 정도들을 탈영토화의 상대적인 정도에 의해 말한다면, 형식 I, II, III에 관한 뤼에르의 담론을 들뢰즈와 과타리가 전체적으로 다룬 자연 세계의 리토르넬로들의 선도자로 보는 일은 어렵지 않을 것이다.[26]

『주름』에서 들뢰즈는 뤼에르 철학에 대한—신중하고, 예리하며, 그리고 내가 감히 짐작하건대, 뤼에르에 친숙하지 않은 대부분의 독자들에게는 거의 이해 불가능한—개관을 훌륭하게 제시한다(FLB A102-4). (사실 이 시론의 주요한 목적들 중의 하나는 들뢰즈의 난해한 몇 페이지를 상대적으로 이해 가능하게 만드는 것이다.) 들뢰즈는 뤼에르를 "라이프니츠의 위대한 문도들 중 가장 최근의 사람"(FLB 102)이며, 비록 뤼에르가 빈번히 자신은 라이프니츠와 다르다고 표명할지라도, 그는 의심할 여지 없이 그 영예를 환영했을 것이라고 주장한다. 왜냐하면 라이프니츠 사상에 관한 들뢰즈의 독해는 라이프니츠 사상이 뤼에르 자신의 사상과 유사하다는 점을 특히 명백히 하고 있기 때문이다.**27** 들뢰즈의 뤼에르 요약을 반복할 필요는 없지만, 들뢰즈가 라이프니츠와 뤼에르의 이러한 접속에서 제공하는 이 두 사람의 상호 조명을 언급할 만한 가치가 있다. 들뢰즈는 모나드와 신체의 관계에 할애된 한 장에서 뤼에르를 인용하는데, 이 장에 보이는 뤼에르의 주요 기능은 현대 생물학에 대한 모나드론적인 접근법의 실행 가능성을 증명하는 것이다. 하지만 라이프니츠 또한 뤼에르에 대한 우리의 이해를 풍요롭게 하도록 도와준다. 라이프니츠가 다루는 문제들 중의 하나는 위계적으로 조직화된 모나드들 사이의 관계, 구체적으로 말해 (신체 전체의 모나드에 의해 지배받는 인간 신체의 기관들의 다양한 모나드들과 같은) 지배하는 모나드와 지배받는 모나드 사이의 관계이다. 들뢰즈는 이 문제를 자세히 추구하면서, 어떻게, 왜, 어떤 방식으로 모나드들은 신체들을 "가지는가" 하는 관련 쟁점은 물론이고, 무엇이 생물학적 "개체"를 구성하는가 하는 골치 아픈 쟁점에 접근하기 위한 중요한 공구들을 제공하는 라이프니츠에 관한 독창적인 독해를 제시한다. 이러한 차원의 라이프니츠 사상에 관한 들뢰즈의 분석은 뤼에르의 형태 이론을 그의 사상의 이러한 거의 검토되지 않은 영역으로 확장할 때 우리를 잘 인도할 수 있을 것이다.

뤼에르에 대한 시사는 들뢰즈와 과타리가 "개념은 자신의 구성요소들과 관련하여 탐사survey[survol=상공비행] 상태에서 나타난다"(WP 20)고 진술하는 『철학이란 무엇인가?』의 앞부분에 이미 나타나지만, 그들이 명시적으로 뤼에르에 대한 언급하는 것은 오직 이 책의 미무리 장에서이다. 그들은 뇌를 철학과 예술과 과학이라는, 철학의 "세 가지 면들의—통일이 아니라—접합junction"(WP 208)으로 특징지으며, 뇌는 뤼에르의 형태라고 주장한다. 일반적으로 뇌에 대한 과학적 기술은 두 가지 모델을 따르는데, 신경 연결들을 "미리-확립된 것"으로서 이해하거나, 혹은 "힘들의 장들에서 생산되고 와해된 것"으로서 이해하고, 그리고 통합 과정들을 "국소화된 위계적 중심들"로서 다루거나 혹은 "게슈탈트들forms(Gestalten)"로서 다룬다(WP 208). 그렇지만 "두 도식 모두 목적이나 프로그램이 아니라 장 전체의 탐사survey[survol]인 '면'을 전제한다. 이것이 기계론이 사전 조립preassembly[prémontage]을 설명하지 않듯이 게슈탈트 이론이 설명하지 않는 그것이다"(WP 209). 뇌는

> 뤼에르가 정의하듯이 일차적이고 "진정한 형태"이다. 즉 게슈탈트나 지각된 형태가 아니라, 어떠한 외적 관점도 지시하지 않는 "형태 그 자체"이다 … 어떠한 보완적인 차원들에도 의존하지 않고 그 자신을 탐사하는 절대적인 일관된 형태인바, 그것은 가까움이나 멂 없이 자신의 모든 규정들과 계속 공존한 채로 있고 … 자신이 등-잠재력을 혼동 없이 수여하는 아주 많은 분리 불가능한 변이들을 자신의 규정들로 만들어낸다. (WP 210)

뇌는 "절대적 형태의 모습을 띠고서, 철학에 고유 개념의 능력"(WP 211)으로 나타난다. 이 역할에서 뇌는 "마음mind[esprit] 그 자체", "주체—아니 차라리 화이트헤드가 말하는 '자기초월체superject'"—이다(WP211). 예술의 뇌는 "탐사[survol]의 상관자"인 수축 과정을 수반하며, 이 뇌-주체는 "영혼[âme] 혹은 힘이라 불리고" "자기초월체"가 아니라 "투입체

inject"이다(WP 212). 예술의 뇌는 감각들을 수축하는 뇌이며, 감각들의 수축은 인간에서뿐만 아니라 물리적 세계 도처에서도 일어난다. 모든 유기체가 뇌를 가지는 것은 아니고 모든 생명이 유기적인 것은 아니지만, 모든 곳에 미세뇌들microbrains을 구성하는, 혹은 사물들의 무기적 생명을 구성하는 힘들이 존재한다(WP 213). 그리고 과학의 뇌는 "형태나 힘이 아니라 기능function이며", 이 역량 속에서 "주체는 이제 '방출체eject'로 나타난다"(WP 215).

뤼에르는 인간 뇌를 등—잠재력을 유지해 온 절대적 상공비행overflight 속의 자기-형성하는 형태로 특징짓는다. 그러므로 그것은 물리적 세계에 충만한 자기 형성 과정의 한 가지 현출에 지나지 않는다. 철학, 예술, 과학의 3원 뇌라는 들뢰즈와 과타리의 개념은 인간 인지 영역에만 관계하는 것처럼 보이지만, 그들의 뇌 개념은 뤼에르의 자기-형성하는 형태 개념처럼 세계 전체로 확장된다. 들뢰즈와 과타리는, 비록 그들이 인간과 세계의 맞접음interfolding에 관한 현상학적 설명을 인간중심적인 것으로 간주할지라도, "뇌를 넘어 세계 내 존재"(WP 210)로 향하는 현상학 운동의 조건부 찬성을 표현한다. 뇌가 사유하는 것이 아니라 인간이 사유한다고 주장하는 것이 아니라, "인간이 아니라 뇌가 사유한다고 들뢰즈와 과타리는 선언한다—인간은 뇌가 결정체를 이룬 것일 뿐이다"(WP 210). 철학, 예술, 과학은 "대상화된 뇌의 심적 대상들이 아니다. 철학, 예술, 과학 이 세 측면들 아래에서 뇌는 주체, 사유-뇌Thought-brain가 된다"(WP 210). 철학의 사유-뇌는 사건들의 잠재적 영역과 관계하는데, 이 잠재적 영역을 들뢰즈와 과타리는 "모든 가능한 우주를 탐사하는[survolent] 사유-자연thought-Nature의 형태들이라고" 기술한다(WP 177-8). 내가 믿기에, "사유-자연"이라는 어구가 시사하는 것은 들뢰즈와 과타리가 인간 인지, 그리고 특히 철학의 실천은 세계 모든 곳에 현존하는 절대 평면의 자가-상공비행의 현상의 고도로 전문화된 현출이라는 뤼에르의 견해와 공유하는 그것이다. 나는 감각들이 수축되는 곳이라면 어디에나 실존하는, 편재하는 "미세뇌"(WP 213)에 관한 들뢰즈와 과타리의 언급에서, 그리고 그들이 미세뇌를 두고 "영혼 혹은 힘"(WP213)이라는 특징 부여—모든 습관의 수축에는 "영혼"이 존재하므로, "영혼은 심장에, 근육들에, 신경들과 세포들에 귀속되어야만 한다"는 『차이와 반복』에 나오는 들뢰즈의 발언을 상기하지 않을 수 없는 특징 부여—를 행할 때, 이러한 추측을 뒷받침해주는 내용을 발견한다(DR 74).**28** 이러한 가설의 최종적 확인을 나는 "모든 생명이 유기적인 것은 아니다"(WP 213)라는 논급에서 식별하는데, 이것은 뤼에르의 관점에 의거할 때 완벽한 의미를 이루는, 겉보기에 역설적인 진술이다. 왜냐하면 뤼에르에게 모든 원자들은 살아 있고, 행위하며, 자기-추진적 형태들이고, 따라서 유기적이든 무기적이든 모든 분자들은 자기-추진적 형태들로서 마찬가지로 생명의 형태들이기 때문이다.

1988년 인터뷰에서, 들뢰즈는 『철학이란 무엇인가?』에 관한 책을 저술하고 싶다고 말했고, 그리고 이어 "또한 과타리와 나는 우리의 공동 작업으로 다시 돌아가 일종의 자연 철학을 산출하기를 원한다"(N 155)고 덧붙였다. 자연 철학 기획은 전혀 결실을 보지 못했으며, 그러한 연구의 부재 속에서 뤼에르-들뢰즈 연결의 윤곽을 확실하게 확립하는 것은 어려운 일이다. 중대한 개념적 용어적 차이들이 그 둘을 갈라놓지만, 기계론과 생기론을 피하는 생물학 철학을 그들이 추구한다는 점에서 그들은 통합된다. 뤼에르는 비활성의 물질에 첨가되는 어떤 신비로운 "생명력life force"이 아니라, 살아있는 힘, "의식-힘consciousnes-force"을 물질의 구성요소로 만듦으로써 생기론을 거부한다.

하지만 그에게, 주적은 기계론이고, 따라서 기계로서의 유기체 개념에 대항하여 가차 없는 전투를 벌인다. 이와 대조적으로 들뢰즈는, 비록 그가 "기계적machinic"은 "기계론적mechanistic"이 아니다라고, 그리고 우리가 보통 기계들machines이라고 부르는 것은 단지 "과학 기술적 기계들technological machines"일 뿐이라고, 일반 범주의 부분집합이라고 빈번히 주의를 주긴 하지만, 기계 모델을 수용한다. 그와 과타리가 『안티-오이디푸스』에서 기계 모델을 최초로 도입할 때, 그들의 주요 목적은 정신분석의 인간주의를 논박하는 것이고, 정신분석이 기표들과 해석에 사로잡혀 있음을 논박하는 것이다. 하지만 기계 모델은 또한 정신과 신체, 신체와 세계의 구별을 훼손시킨다. 들뢰즈와 과타리는 "인간이냐 자연이냐 하는 것과 같은 것은 존재하지 않고, 전자를 후자 내에서 생산하고 그 기계들을 함께 결합하는 과정만이 존재한다"고 주장한다. "생산-기계들, 도처에 있는 욕망-기계들, 분열증 기계들, 모든 종의 생명"(AO 2). 이렇게 자연을 다기다양한 기계들로 보는 일은 모든 생명 형태들을 활동 연속체의 일부로서 이해하는 개념, 들뢰즈와 과타리가 『천 개의 고원』에서 전개하는 개념을 불러들인다. 기계 모델은 이 책에서 전적으로 폐기되는 것이 아니라, "욕망-기계"에 대한 이야기는 "배치assemblage"나 "리토르넬로refrain"와 같은 것에 관한 논의로 대체되는 경향이 있다. 『천 개의 고원』에서 그들은 자연을 특징지을 때 주체, 마음, 의식과 같은 용어들을 피하는데, 『철학이란 무엇인가?』에서도 또한 그 용어들은 대부분 부재한다. 그러나 뇌가 만약 "주체"(바람직하지 않은 철학적 연상들로 가득 차 있는 개념)로서 작동하는 것이 아니라 "자기초월체", "투입체", "방출체"로서 작동한다고 말해진다는 점, 그리고 그런 각 행위자는 각각 ("마음mind"이나 "정신spirit"으로 번역될 수도 있는) 마음esprit, 영혼âme(soul), 기능이라는 점은 중요하다. 우리가 물리적 뇌라고 가정하고 싶어하는 것을 자기초월제, 투입체, 방출체와 같은 겉보기에 심적인 행위자들, 그리고 정신이나 영혼과 같은 초자연적 존재들에 의해 이렇게 기술하는 것은 결국, 이 사례에서, 뇌를 포함하는 모든 물리적 존재들을 결정론적인 물리-화학적 과정들의 조합체로만 보고자 하는 경향을 좌절시킴으로써 기계론과 이원론을 피하고자 하는 단지 한 가지 더 많은 노력일 뿐이다. 결국 들뢰즈와 과타리와 뤼에르가 행하려고 노력하는 것은 물질과 생명의 새로운 개념들을 전개하는 것이다. 뤼에르에게, 진정한 존재being를 가지는 모든 존재자들entity은 물질이자 마음이고, 형태이자 힘이고, 그 자신을 능동적으로 추진하고 형성하는 의식-힘-물질-형태이다. 들뢰즈에게, 세계는 정신/자기초월체, 영혼/투입체, 기능/방출체로서 작동하는 뇌일 뿐만 아니라, 알이면서 또한 기계이다. 들뢰즈와 과타리의 경우처럼 뤼에르의 경우도, 물질은 언제나 자가-상공비행 속의 연결들liaisons의 힘들에 의해 형성되며, 생명은, 들뢰즈와 과타리의 용어로 말하면, 유기적organic 분자와 무기적inorganic 분자 모두에 현존한다는 점에서 "비유기적"이다anorganic(TP 503). 따라서 나는 비록 들뢰즈가 단지 뤼에르의 문도가 아닐지라도, 그의 근본적인 자연관과 뤼에르의 자연관은 서로 간에 대체로 일치한다고 결론을 내리고 싶다. 그리고 비록 뤼에르에 대한 들뢰즈의 명시적인 언급이 적을지라도, 뤼에르의 생물학 철학은 들뢰즈의 자연 개념의 발달에 있어서, 그리고 아마도 그의 존재론 전반의 형성에 있어서 본질적이고도 원대한 자극이었다고 말해도 무방할 것이다.

조지아 대학

주(Notes)

1. 뤼에르는 스물두 권의 저서와 일백 편 이상의 논문을 집필한 다작 작가였다. 그의 간행물들은 저명한 곳에서 출간되었고, 그의 저작은 소규모지만 특출한 학자들 집단에 의해 높게 평가되었다. 그럼에도 불구하고, 그는 결코 많은 그의 동시대인들의 찬사를 받지 못했는데, 이는 아마도 부분적으로는 낸시Nancy의 주변부적 위치 때문일 것이다. (한 번 이상, 그는 소르본 대학 교수로 와 달라는 제안을 정중하게 거절했고, 대신 파리 외곽에서 조용히 사는 것을 선호했다고 전해져 있었다.) 결과적으로, 그의 사상은 오늘날 프랑스에서도 잘 알려져 있다. 그의 책 중 몇 권만이 다른 언어들—스페인어, 독일어, 포르투갈어, 체코어, 아랍어—로 번역되었지만, 영어 번역은 단 한 권도 출간되지 않았다. 그의 저작에 대한 귀중한 안내서는 그 자신이 라디오 방송을 위해 준비했고, 이후 『오늘날의 프랑스 철학자들 그 자체』, 제라르 델라달·드니 위즈망 엮음(Paris: CDU, 1959), pp. 262-76으로 출간된 그의 철학에 대한 설명서이다. 모리스 젝스의 1959년의 간략한 논문, 「레이몽 뤼에르의 심리-생물학」, *L'age nouveau* 105, pp. 102-9, 앙드레 베르제즈·드니 위즈망의 『텍스트들로 예시된 철학사』(Paris: Fernand Nathan, 1966), pp. 423-6에 실려 있는 그의 사상에 대한 소박한 소묘, 『우파의 시각: 현대 사상에 대한 비판적 선집』(Paris: Copernic, 1977), pp. 443-6에 실린 알랭 드 베노이스트의 짧은 시론, 뤼에르의 『프린스턴의 그노시스』의 물리학에 관한 막스 모랑의 주해, 「프린스턴의 그노시스에 관한 한 물리학자의 성찰」, *Cahiers Laïques* 174(1980), pp. 123-43 외에, 뤼에르의 저작은 『레이몽 뤼에르, 과학에서 신학까지』, 루이 박스·장-장크 뷔넨뷔르거 엮음(Paris: Kimé, 1995)이라는 제명의 시론 모음집이 간행될 때까지 이렇다 할 중요한 주해가 없었다. 뤼에르에 관한 첫 번째 단행본 연구서인, 로랑 메즐레의 『정신 현상과 생명. 레이몽 뤼에르의 자연 철학』(Paris: L'Harmattan)은 2005년에 출간되었다. 뤼에르와 들뢰즈와 과타리에 관한 폴 베인즈의 우수한 시론, 「주체 없는 주체성들」『사유에의 충격: 들뢰즈와 과타리 이후의 표현』, 브라이언 마수미 엮음(London and New York: Routledge, 2002), pp. 101-16을 제외하면, 영어로 뤼에르에 관해 쓰여진 책은 별로 없다.

2. 『의식과 신체』(Paris: Alcan, 1937), p. 2. 뤼에르에 대한 모든 번역은 내 자신의 번역이다.

3. 뤼에르, 『신-목적이론』(Paris: PUF, 1952). 특히 pp. 80-117을 보라.

4. 뤼에르는 그는 (그가 한번도 프랑스어로 번역하지 않은) 용어 "자기-향유"를 사무엘 알렉산더의 1920년 책 『공간, 시간, 그리고 신성』(『신-목적론』, p. 81)에서 차용했지만, 그가 이 용어를 사용할 때 그것은 이 용어를 알렉산더로부터 전유한 화이트헤드에 대한 그의 공감적 이해를 주로 시사한다고 말한다. 들뢰즈와 과타리의 『철학이란 무엇인가?』의 번역자들이 언급하듯이, 단어 survol은 영어 번역자에게 특수한 문제들을 제기한다. 단어 survoler는 글자 그대로 "~상공을 비행하다"를 의미하고, survol은 어떤 것"의 상공을 비행함"이다. 매우 타당하게도 들뢰즈의 번역자들은 이 단어에

상당하는 영어 단어로 "survey"를 채택하지만, 나는 이 신조어가 조악하다고 여길지도 모르는 분들에게 송구스럽지만, 프랑스 용어의 글자 그대로의 의미와 같은 것을 보존하기 위해 이 단어를 "overflight"(=상공비행)로 번역하기로 결정했다.

5. 뤼에르, 『신-목적인론』, p. 98.

6. 뤼에르, 『신-목적인론』, p. 87. 『신-목적인론』에서, 뤼에르는 "리에종liaison 개념이 크게 무시되어 왔다"(p. 110)고 발언한다. 베르나르 뤼에르—레몽의 아들과 그 자신은 철학자이다—는 (박스와 뷔넨뷔르거의 『레이몽 뤼에르, 과학에서 신학으로』, pp. 45-54에 실려 있는) 그의 시론 「뤼에르 철학의 리에종 개념」에서 "리에종 개념은 뤼에르 전작 전반에 걸쳐 나타나 있다"(p. 45)고 언급하고, 뤼에르의 철학은 그 개념의 함의들에 대한 하나의 확장된 탐구로서 간주될 수도 있다고 시사한다. 단어 리에종은 흔히 "연결", "접합", "결합"으로 번역되는, 광의의 용어이다. 뤼에르의 사상에 나타나는 이 개념 및 이 개념의 특수한 의미를 강조하기 위해, 나는 (항상은 아니고) 자주 이 단어를 번역하지 않고 그대로 두기로 결정했다. 리에종 개념의 중심적 역할은, 비록 리에종이 분명 관계의 부분집합이긴 하지만, 들뢰즈의 관계 개념이 하는 매우 중요한 역할과 어떤 면에서 유사하다. 들뢰즈 철학에 나타나는 관계의 역할에 관한 훌륭한 논의에 대해서는, 폴 베인즈의 『기호 작용의 우위성: 관계의 존재론』 (Toronto: University of Toronto Press, 2006)을 보라.

7. 뤼에르, 『신-목적인론』, p. 113.

8. 뤼에르, 『살아있는 형태들의 기원』(Paris: Flammarion, 1958), p. 58.

9. 뤼에르, 『살아있는 형태들의 기원』, p. 59.

10. 뤼에르, 『심리-생물학의 요소들』(Paris: PUF, 1946), p. 22.

11. 『심리-생물학의 요소들』, p. 293.

12. 『심리-생물학의 요소들』, p. 9.

13. 『심리-생물학의 요소들』, p. 13.

14. 이전에 뤼에르는 유전학 연구에 있어서 다수의 주목할 만한 진보들이 최근에 일어났었는데, 많은 이들이 자기-형성하는 형식들에 대한 자신의 분석을 허망할 정도로 시대에 뒤떨어진 것으로 여길지도 모른다고 썼다. 그는 유전 "부호code"라는 개념에 반대했고, DNA에 대한 우리의 이해가 형태발생을 충분히 설명한다는 믿음에 반대했다. 그는 DNA가 형태발생의 중요한 구성요소라는 점을 인정했지만, DNA의 역할이 원인이 아니라 신호에 있다고 보았다. 그는 유전 부호 혹은 프로그램을 전성설의 위장된 버전으로 보았고, DNA 작동에 관한 전형적인 설명을 점진적인 발달의 기계론적 논리에 의해 정보가 주어지는 것으로 여겼다. 뤼에르의 사변이 플로지스톤에 관한 논문처럼 시대에 뒤진 것이라고 생각하지 않도록, 우리는 수잔 오야마의 『정보의 개체 발생』, 제2판(Durham: Duke University Press, 2000), 에블린 폭스 켈러의 『유전자의 세기』(Cambridge: Harvard University Press, 2000), 레니 모스의 『유전자가 할 수 없는 것』(Cambridge: MIT Press, 2003), 제이슨 스캇 로버트, 『태생학, 후성설, 그리고 진화: 발달을 심각하게 받아들이기』(Cambridge: Cambridge University Press, 2004)와

같은 최근의 저작들을 참조해야 한다. 이 저작들은 놀랍도록 (이 저자들 중 그 누구도 인용하지 않는) 뤼에르의 앞선 반대를 연상시키는, DNA와 "유전 부호"의 결정론적 모델에 대한 비판을 표하고 있다.

15. 뤼에르, 『살아있는 형태들의 기원』, p. 46.

16. 뤼에르, 『살아있는 형태들의 기원』, p. 261-2.

17. 뤼에르, 『살아있는 형태들의 기원』, p. 95. 특히 "초개체supraindividual"로서 기능하는 군집colony을 형성하는 종들에 있어서, 기관과 신체의 이 문제적 관계는 뤼에르를 인간 집단 또한 초개체, 혹은 자기-형성하는 형식으로서 기능할지도 모른다고 정립하도록 이끌었으며, 이런 이유로 그는 사회학을 군체들aggregates의 상호 작용을 연구하는 고전적인 정치학과 경제학에 반대하는, 1차 과학Primary Science으로 분류했다.

18. 뤼에르, 『살아있는 형태들의 기원』, p. 97.

19. 뤼에르, 『신-목적이론』, p. 44.

20. 뤼에르, 『신-목적이론』, p. 77.

21. 뤼에르, 『살아있는 형태들의 기원』, p. 73.

22. 들뢰즈는 또한 깊이 개념을 논할 때 뤼에르의 시론을 인용한다(DR 236). 아마도 그 자체로 흥미롭기는 할 터이지만, 내 판단에 이 대문은 두 철학자 각각의 사상에 중심적인 사안들을 다루지 않는다.

23. 뤼에르, 『신-목적이론』, p. 112.

24. 뤼에르, 『신-목적이론』, p. 227.

25. 들뢰즈와 과타리는 또한, 부분적으로 의존하는 우발적 현상 개념에 관한 유용한 설명으로서 『살아있는 형태들의 기원』(pp. 170-89)에 실려 있는 마르코프 연쇄에 관한 뤼에르의 장을 인용한다(AO 289). 들뢰즈는 후에 F86, 117에서 마르코프 연쇄 개념을 사용한다.

26. 형식 I, II, III에 관한 뤼에르의 설명과, 리토르넬로에 관한 들뢰즈와 과타리의 논의 간의 유사성을 더 확장해서 논한 것에 대해서는, 나의 『들뢰즈와 음악, 회화, 그리고 예술 일반』(New York: Routledge, 2003), pp. 62-6을 보라.

27. 뤼에르는 그의 철학이 라이프니츠에게서 영감을 얻은 것임을 자주 인정한다. 베르나르 뤼에르는, 「뤼에르 철학의 리에종 개념」에서, 비록 "많은 면에서 뤼에르의 형이상학은 모나드는 문이나 창에 불과하다라는 모나드론이다"(p. 48)라고, 모나드는 문이나 창을 갖지 않는다는 라이프니츠의 금언을 암암리에 언급하며, 논평함으로써 그 판단에 단서를 달긴 하지만, 아버지 저작에 대한 이러한 판단에 동의한다.

28. 미세뇌microbrain 개념을 제시할 때, 들뢰즈와 과타리는 "생기론은 언제나 두 가능한 해석을 가진다. 작용하지만 존재하지 않는—그러므로 외적인 뇌적 인식의 관점에서만 작용하는—이념의 해석(칸트에서 클로드 베르나르까지), 혹은 존재하지만 작용하지 않는—그러므로 순수한 내적 알아차림Awareness인—힘의 해석 (라이프니츠에서 뤼에르까지)"고 말한다. 이 진술은 뤼에르가, 지휘하는 "이념"을 물리적 힘에서 분리해 냈다고 하며 칸트, 클로드 베르나르, 기타 유기체설 주창자를 비판하는 『신-목적인

론』의 제18장(205-27)에 의존하는 것으로 보인다. 실제로 뤼에르가 존재하지만 작용하지 않는 힘을 주창하는가 여부는 "작용하다"가 무엇을 의미하는지에 달려 있는, 어려운 물음이다. 나의 의심은 뤼에르는 활동으로서의 의식–힘 개념을 강조하므로, 그런 정식적 서술에 만족하지 않았을 것이라는 점이다. 들뢰즈는 『주름』 제8장에서 "존재하지만 작용하지 않는" 라이프니츠의 힘을 기술하면서, "영혼은 작용act이 아니라 현존이기에 생명의 원리이다"라고 결론을 내린다. "힘은 현존이지 작용action인 것이 아니다"(FLB 119).

17.

마르틴 하이데거

콘스탄틴 V. 보운다스

들뢰즈의 저술들에서 우리는 낡은 사유의 이미지에 대한 하이데거의 거부의 중요성, 그리고 그의 새로운 시작의 중요성에 대한 빈번한 인정을 발견한다. 그는 "하이데거 물음은 나에게 (명백히, 명백히) '그가 얼마간 나치인가?' 하는 것이 아니라 '철학사의 이러한 새로운 주입에 있어서 그의 역할을 무엇이었는가?'이다"라고 썼다(D 12). 비록 그의 초기 저작들에는 더 전폭적인 인정, 그리고 후기 저작들에는 더 많은 미묘한 차이들과 단서들이 존재할지라도, 그것들의 관대함은 논박될 수 없다. 하이데거에 대한 들뢰즈의 언급들은 흥미로운 근접점을 드러내지만 또한 두 철학자 간의 의미심장한 발산 선들을 드러낸다. 이 언급들은 하이데거를 여러 면에서 칭송하는데, 가령 사유의 낡은 이미지들을 변형하는 데 있어서 그의 역할에 대해(DR xvi-xvii), 대답과 해답보다 물음과 문제에 부여하는 우선성에 대해(DR 200-1),

사유함을 인간 존재들의 천부적 성격으로 간주하는 낡은 철학적 노선을 따르는 것에 대한 그의 거부에 대해(DR 144, 275; F 116), 존재의 일의성을 위해 둔스 스코투스와 짝을 이루어 춤을 추는 것에 대해(DR 35), 망각으로 복귀의 불가능성을 만들고 그러면서 기억 안에서 쇄신의 필연성을 발견하는 망각이라는 망각과, 기억을 대조한 것에 대해(F 107-8), 주름을 통해 지향성을 대체한 것에 대해(F 111-13; N 112), 광기에 인접한 어원적 절차 속에서 언어를 더듬거리게 만드는 것에 대해(N 107), 그리고 차이를 부정적인 것, 동일한 것, 동등한 것과 구별하고, 차이를 재현의 양상들로부터 떼어내어 물음과 주름과의 연관 속에서 사유되도록 놓아두는 특출한 철학적 역할을 그 차이에다 부여한 것에 대해(DR 64-5) 칭송한다.

다른 한편으로, 두 사상가들 사이의 발산 선들이 결국 우위를 점한다. 들뢰즈는, 철학을 그 자신의 역사와 구별 불가능하게 만들어서, 철학을 그리스인들—존재Being의 영토의 원주민—땅에 심은 것에 대해, 같은 것the Same의 형식이 동일성과 동등성에 대항하는 싸움에 충분하다고 사유한 것에 대해(DR 94-5), 또 충격과 역설이 아니라 우정philia이 반복 과정을 지배해야 한다고 사유한 것에 대해(DR 66, 321 n. 11), 재현의 음영들이 그 자신이 옹호했던 존재의 일의성을 약화하도록 허용한 데 대해(DR 66), 주름을 결코 실제로 지향성의 용인으로부터 벗어나지 않게 함으로써, 또 이와 더불어, 주름을 가시적인 것과 발화 가능한 것의 기원으로까지 지정함으로써 그의 주름의 힘을 제한하는 데 대해(F 59, 110-13, 119, N 107, 112), 행성적인 것보다 세계를, 전략보다 "이성적인 것"을, 오류보다 존재와 진리를 우위에 두고 선택한 데 대해(DI 161), 그리고 마지막으로, 그의 정치학에서 "그릇된 국민, 토지, 혈통"을, "비굴한 재영토화"를 통해 장악하는 데 대해(WP 108-9)

하이데거를 비판한다.

이제, 참고문헌들을 모으는 일은 용어 색인을 편찬하는 데는 도움이 될 수도 있겠지만, 그것은 "차이를 둘러싼 거인들의 전투gigantomachia peri t s diaforas"를 진지하게 직면하는 일의 대체물이 될 수는 없다. 이 결함을 해소하기 위해 먼저 나는 주제 선택의 유사성들이 그들의 사유에서 중요한 차이를 가리고 드러낼 개연성이 있는, 들뢰즈와 하이데거의 저술에 보이는 그러한 쟁점들에 초점을 맞추고자 한다. 유한성/무한성, 시간성/크로노스-아이온, 같은 것의 영원한 순환/차이의 영원한 회귀, 사건Ereignis/사건event, 죽음/변용metamorphosis, 양심을 가지길 원하는 윤리/사건에 어울리는 윤리—이러한 것들이 내가 마음에 품고 있는 쟁점들이다. 오직 뒤에 가서만, 나는 하이데거에 대한 들뢰즈의 "예"와 "아니오"를, 그들의 차이 존재론을 보다 일반적으로 특징짓는 맥락 속에서, 과감하게 상정해보겠다.

죽음과 유한성

하이데거의 『존재와 시간』(제2부)에서 죽음은 전체로서의 현존재를 제한하는 것을 허용하는 입장을 찾는 탐구에 대한 응답으로서 최초에 나타난다. 현존재의 실존론적 분석은, 존재가 물음이 되는 그 존재자의 존재를 발견하기 위해 수행되는 것이지만, 현존재의 본질적인 불완전함 앞에서 큰 당혹함을 겪도록 운명지어져 있다. 현존재가 존재하는 한 죽음은 아직 존재하지 않으며, 이 "아직 아님not yet"은 현존재를 구성하고 그래서 제거될 수 없다. 그러므로 현존재의 모든 가능성들의 일람표에 의존하는 기초존재론fundamental ontology의 기획은 서명되고 양도될 수 없다. 하지만 동시에, 현존재의 유한성은 또한 현존재의 본질적 가능성이다. 현존재의 불완전성이 제기하는 수수께끼에 대한 하이데거의 해결책은, 한편으로는 "아직 아님"을 "더 이상-아님 no-more"으로 대체하는 죽음의 사건과, 다른 한편으로는 죽음의 가능성—현존재의 가장 중요한 가능성—사이의 구별이다. 현존재는 오락과 비본래성 속에서 이러한 죽음의 가능성으로부터 도피할 수 있거나, 아니면 책임을 지고자 함으로써, 또 결과적으로 자기Self로서 본래적으로 출현함으로써 죽음의 가능성을 단호하게 앞지르는 것을 배울 수 있다. 현존재가 이미 존재하는 이 가능성—하이데거가 "현재적으로 미래였던 것"으로 특징짓는 상황—을 향해 그 자신을 앞서 달려감 속에서 하이데거는 시간성의 구조를 발견한다.[1]

들뢰즈로 향하자마자 우리는 그가 죽음을 현재적 경험의 의미를 규정하는 종말로서 받아들이려 하지 않는다는 점에 놀라게 된다.[2] 들뢰즈에게 죽음—인격적인 삶의 종말—은 인간의 본질적 가능성이 아니다. 죽음은 항상 한 양태의 외연적인 부분들의 구조가 해체되는 것으로 인한, 언제나 우연적 사건이고, 외재적인 어떤 것이며, 항상 "나쁜 마주침"의 결과—즉, 신체들이 양립 불가능한 다른 신체들과 마주침의 결과—이다. 들뢰즈는 "인간의 내적 본질을 그의 나쁜 외재적 마주침들에서 찾는 것은 불명예로운 일"(SPP 72)이라고 쓰고 있다. 스토아학파는 인격적인 죽음이나 유기체의 파멸과 관련하여 옳은 견해를 가지고 있었다. 내가 살아있는 한 죽음은 아직 오지 않았으며, 죽음이 올 때 나는 더 이상 거기에 존재하지 않는다. 인격적인 죽음은 언제나 외부에서 다가오며, 악명 높은 충동을 단독으로 만들어낼 이유는 전혀 존재하지 않는다. 하지만 들뢰즈가 그 중요성을 기꺼이 인정하는 또 다른 죽음, "나"와 유기적인 것의 죽음—비인격적이고 비유기적이고 분자적인 것을 방출하는 죽음—이 존재한다.**3** 이 견지에서 본다면, 우리는 결코 죽기를 그치지 않고 이미 언제나 죽고 있다. 우리는 죽음에 대한 들뢰즈의 관점은 죽음은 언제나 이중적이라는 하이데거의 태도를 반복한다고 생각할 수도 있다. 하지만 들뢰즈의 경우 죽음의 이중성은 비-하이데거적인 의미와 기능을 획득한다. 죽음은 "내가 내 자신을 벗어나 사라지는" 순간이며, 또한 독특한 생명이 나의 생명을 대체하기 때문에 "죽음이 그 자신 속에서 그 자신을 잃어버리는 순간"이기도 하다.**4** 죽음에 관한 들뢰즈의 의미들(우연한 것과 지각 불가능하게-되는 것) 중의 어느 하나도 "죽음은 언제나 나의 것"이라는 하이데거의 금언을 정당화하지 않는다.

　하이데거의 죽음 개념은 들뢰즈의 시간 이론에서도 자리를 찾지 못한다. 생명—우리는 들뢰즈의 경우 생명은 상호 작용하는 힘들의 양과 질에 따라서 살아진다는 점을 기억해야만 한다—은, 만약 순간 속에서 최대한도의 강도로 살아진다면, 영원하다. 영원함은 죽음보다 더 오래 계속되거나 혹은 죽음 후에 오지 않는다. 영원함은 생명과 동시적이며 "직접적 경험의 대상이 될 수 있다"(EPS 314). 그러므로 브루스 보Bruce Baugh는 올바르게도, "지속은 필연적으로 시작을 포함하지만 끝은 포함하지 않으며, 출생과 죽음을 비대칭적인 것으로 만든다. … 죽음은 시간의 지평이 아니다."라고 쓰고 있다.**5** 그리고 또한 들뢰즈의 경우 "미래는 현재로 되접는 가능성이 아니라, 현재와 공존하는 잠재적인 어떤 것이다. 사실, 미래는 영원함 그 자체이다. … 차이의 반복이다."**6** 죽음과 삶(=생명)에 대한 이러한 태도를 감안할 때, 들뢰즈는 하이데거와 달리 인간의 유한성 및 그것이 존재와 맺는 관계에 관심을 갖지 않는다. 푸코에 관한 책의 부록에서 "역사-이후적인 것"과 "인간-이후적인 것"을 촉진시킬 수 있는 힘들의 재배치에 대해 이야기하면서, 들뢰즈는 독자들에게 이러한 질문을 남기고 있다.

인간 내부의 힘들이 그때 관계에 들어가는 작동하는 힘들은 무엇일까? 이는 더 이상 무한이나 유한으로 들어올림이 아니라 무제한적 유한성을 포함하며, 이렇게 하여 유한한 수의 구성요소들이 거의 무제한적으로 다양한 결합들을 산출해내는 힘의 상황을 소환한다. (F 131)

이 "무제한적 유한성"은 잠재적인 것이 현실적인 것 안에서 분화할(=차이화할)differenciate 때 잠재적인 것의 생산적이고 창조적인 작업물이다. 이는 하이데거의 현존재의 침울한 숙고와는 동떨어진 세계에 위치한 비유기적 생명의 승리이다.

다른 한편으로, 하이데거가 이해하는 바의 죽음 또한 들뢰즈의 윤리학에서는 아무런 장소를 발견하지 못한다. 존재적론적 책임을 떠맡기를 원하는 일이 사건에 어울리게 되도록 유인하는 일로 대체되었기 때문이다. 그러나 이는 변용metamorphosis 및 지각 불가능하게-되기라는 들뢰즈의 의미에서 죽음이 들뢰즈 윤리학에서 아무런 장소를 갖지 않는다는 점을 의미하는 것은 아니다. 『의미의 논리』의 부록으로 재간된, 1967년의 자신의 논문 「타자 이론」에서 들뢰즈는 구조-타자와 구조-자기가 서로를 상호적으로 함축하며, 따라서 최초로, 현상학자가 행하는 "타자"의 괄호치기는 또한 "자기"의 괄호치기를 가능하게 한다고 주장했다. 철저한 차이를 사유하는 자의 타살altruicide은 한 형태의 자살을 촉진시키고, 요소적인 것 및 다른 방식으로 다른 것autrement qu'autre의 도래를 알린다.[7] 그때에 그리고 오직 그때에만 요소적인 것 및 "다른 방식으로 다른 것the otherwise other"은 지각 불가능하게-되기(=생성)becoming—비인격적이고impersonal 선-인격적인pre-personal 애벌레 자기들의 행동학에서의 다른 모든 되기들을 완성하는 종류의 되기—를 구성하게 된다.

시간성

하이데거가 시간에 부여하는 중요성은 우리가 시간 안에서 살거나 시간이 우리의 모든 직관의 선험적 형식이라는 사실에서 오는 것이 아니라 시간이 우리의 존재를 구성한다는 사실에서 온다. 파생적이고 이차적인, "통속적" 시간 개념에 귀속되는 "시간 안에서"라는 어구와 함께 원초적 시간 혹은 존재론적인 시간은 현존재에 대한 실존론적 분석에 의해, 또 현존재의 탈자태들인 기재(과거), 도래(미래), 현재화(현재)에 의해 가장 잘 이해된다. 이것들은 파생적인 개념인 "지금", "더이상 아닌 지금", "아직 아닌 지금"과 혼동해서는 안 된다.**8** 하이데거가 이러한 점들을 명확히 밝히고자 시도하는 것은 『존재와 시간』의 제2부(BT IV, 68)에서이다. 그는 실존론적 분석의 시간과 파생적 시간 개념을 구별하고 전자를 "시간성temporality"이라고 부름으로써 시작한다. 그런 다음 계속해서 시간성이 하나의 존재an entity가 아니라는 점을 주장하고, "시간성이 시간화한다"라는 표현으로 이 점을 강조한다. 이전 절들에서 그는 현존재가 이해, 기분mood(attunement), 빠져 있음(사로잡힘), 담화 속에서 자신의 구조를 개시한다는 점을 보여주었다. 만약 하이데거가 이제 이러한 개시하고disclosing 개시되는disclosed 방식들이 구성된다는 점을 보여줄 수 있다면, 그는 시간성이 현존재의 존재를 위한 조건임을 확립할 수 있을 것이다. 그리고 이것이 실제로 그가 하는 일이다. 현존재의 전체적 구조는 시간성에 의해 구성된다. 더욱이 현존재의 시간화를 통해서 세계가 시간성 속에서 등장한다. 시간화하고 시간화된 현존재 없이는 시간적인 세계가 존재할 수 없다.

이해가 현존재가 실존하는 목적인 존재-의-가능성을 향해서 기투됨인 한, 미래(도래)가 없다면 기투됨은 아무런 의미가 없을 것이다. "시간성이 시간화한다"는 것의 의미는 세 가지 시간적 탈자태들 각각이 다른 두 가지 탈자태들을 포함한다는 사실에 달려 있다(시간성의 전체). 시간성은, 시간과 달리, 계기한다는 특징을 갖는 것이 아니라 이러한 모든 시간화의 양상들이 공존한다는 특징을 갖는다. 예를 들어 미래가 "존재함"의 이해에 필수적인 한에서, 기재(과거)와 현재화(현재)는 다음과 같은 방식으로 상호 함축된다. 이해는 나를 존재-의-가능성으로 향해 기투하게 한다. 이 기투(기대 또는 예기)에서 미래성 관념은 필수불가결하다. 하지만 또한 존재 가능성(본래적으로 또는 비본래적으로 살아지는 내 자신의 유한성)에서 이러한 가능성 관념은, 언제나 이미 나의 것이므로, 필수불가결하다. 기투는 나를 내가 내내 그러했던 사람으로 되돌아가게 한다. 기투, 그리고 그 기투를 행하는 현존재는 "미래적 회상들futurist recollections"이다. 내가 존재해 오던 대로 존재하리라는 사실은 미래와 동등한 지위에 놓여 있는 과거를 보여준다. 기재에 대해 말하자면, 그것은 예기 속에서, 회복의 양식 속에서 본래적으로 살아질 수 있거나, 혹은 기대 속에서, 기억의 말소로서가 아니라 퇴보로서 이해되는 망각의 양식 속에서 비본래적으로 살아질 수 있다. 마지막으로, 이해의 시간성 속에서 현재는 그 자신의 무게를 갖지 않는 것이 아니다. 현존재는 미래적 회상 속에서 한낱 그것 자체인 존재entity가 되기를 꿈꾸는 것이 아니라 기투와 가능성을 현재로 함께 가져오고자 한다. 그리고 또 한번 이것은 두 가지 방식으로 일어날 수도 있다. 즉, 나태하거나 혹은 분주한 "일상적 일everyday busi-ness"

(비본래성)의 한낱 "현재화making-present"를 통해서 일어나거나, 혹은 본래성의 맥락에서 우리 자신의 (존재-의-가능성을 가지는 것이 아니라) 존재-의-가능성을 통해서 일어날 수도 있다. 하이데거가 "순간the Moment"이라고 부르는 것은 바로 후자의 선택이다. 이 모든 것에서 본질적인 것은 이해가 미래의 견지에서 시간화한다는 점이다.

기분attunement(mood)에 대한 이와 유사한 실존론적인 분석적 검토도 기분이 가능하게 하는 시간화의 의미와 방향을 풀어내는 데 도움이 될 것이다(BT 312-17). 공포, 불안, 희망을 예들로 사용하며 하이데거는 기분은, 이전 장들에서 주장한 바대로, 현존재를 자신이 내던져져 있음의 그것 앞에 데려오며, 언제나 이미 존재해 왔음having-been(내던져져 있음)의 견지에서 시간화한다고 결론을 내릴 것이다. 하지만 이러한 시간화에서 과거에 우위성이 부여될지라도, 기분은 그 자신의 양상이나 스타일에서 세 가지 모든 탈자태들을 동등한 지위에 놓는다. 예를 들어 불안은, 내던져 있음의 괴이함과 고향 상실을 외면할 때, 또한 내던져 있음을 (도래의 맥락에서) 아마도 회복될 수 있는 어떤 것으로서 개시한다. 그리고 동시에 불안의 현재는 "순간Moment"을 늘 준비하고 있다.

우리는 "그들-자기they-self"의 일상성과 비본래성에 빠져 있음과 사로잡혀 있음의 시간성에 관한 하이데거의 논의에서 세 가지 탈자태의 이와 유사한 상호-착종을 발견한다(BT 317-20). 호기심을 예로 들면, 그는 빠져 있음은 가장 가까운 것에 계속 가까이 유지하거나, 혹은 가장 가까운 것을 현재적인 것으로 만들려고 분투한다는 것을 예시하려고 시도한다. 이러한 시간화의 양상은 현재이며, 이는 세 가지 모든 탈자태들을 현재, 과거, 미래의 "지금들"의 연속적인 계기로서 비본래적 방식으로 편성한다. 망각은 이러한 시간화의 비본래적인 가능성이지만, "망각"이 기억 상실의 단순한 경우가 아니라 일종의 퇴보인 한에서, "빠져 있음"과 "사로잡히게 됨"이 은닉함과 개시함 둘 모두로서 기능하는 것은 바로 "순간"이다.

시간에 대한 들뢰즈의 견해들에 대해 말하자면, 이 견해들은 베르그손에게서 영감을 받은 시간의 역설들 속에서, 자신의 반복의 이론(벌거벗은 반복이든 옷입은 반복이든) 속에서, 그리고 니체의 영원 회귀의 수수께끼를 그 자신의 목적에 적용한 창의적인 방식 속에서 주어진다. 나는 들뢰즈가 자신의 가장 중요한 철학적 텍스트를 위해 "차이와 반복"이라는 제목을 선택한 것은 하이데거의 『존재와 시간』에 대한 응답으로 의도되었다고 항상 주장해 왔다. "차이"는 "존재" 안의 마지막 동일성 흔적을 제거하고, "시간"은 무한한 미/분화different/ciation의 영원 회귀 안의 사건 그 자체eventum tantum의 반복으로 전환된다. 들뢰즈의 작품 전체가 동원되어 방어되는 생성은 "비가동적 절단들"의 연쇄를 통해 구성될 수 없다. 그러한 연쇄는 항상 존재의 신성한 정적 세계에 원인이 되어 왔다. 오히려 실제로 작동하는 중에in actu 붙잡힌 힘들이 생성으로부터 다이어그램적 사상mapping을 도출하기 위한 더 좋은 후보이다. 그러나 이러한 사상이 성공적으로 이루어지기 위해서 우리는 시간과 공간의 그럴듯한 이론을 필요로 하는데, 이는 생성 과정들을 조종하는 주체들이 없이(혹은 생성 과정에 의해 조종되는 주체들 없이), 운동 중인 "블록들" 지시하는 실명사 없이, 허용된 궤도를 표시하는 출발점이나 도착점 없이 그렇게 할 수 있을 이론이다. 변형과 변화의 어떠한 적합한 이론도 그것이 한낱 다양한 사태들의 계속sequence으로 이해되는 과정상에서 술어가 되는 한 숙고될 수 없다. 들뢰즈는 변형이 (현실적) 사태에서 (잠재적) 경향으로 이동하고 다시 (현실적) 사태로 돌아간다고 주장함으로써, 변형의 시간이 이산적인 시간 블록으로 붕괴하지 않게 만들고, 과정의 지속을 적합하게 특징 짓는 데 필요한 종류의 연속성과 상호 착종을 파괴하지 않게 만든다.

나에게 들뢰즈는 올바른 시간 이론을 위한 모든 필요한 블록들을 갖고 있다고 생각된다. 이러한 시간 이론은 베르그손의 "지속durée"를 창의적으로 재독해함을 통해 그의 과성 존재론의 요구들에 맞추어 시간의 구조를 표현하며, 다음과 같은 주장을 개진할 수 있는 이론이다. 현실적 현재들은 현재와 과거로서 동시적으로 구성되며, 모든 현재에서 과거 전체가 그 자체로 보존되며, 결코 현재이었던 적이 없는 과거, 또한 결코 현재가 되지 않을 미래가 존재한다(DR 70-128). 만약 각 현재가 동시적으로 현재와 과거로서 구성된다는 발상이 현재에-체험되는 모든 순간에 현상학적인 "파지retention"가 포함된다는 것을 떠오르게 한다면, 각 현재 내에 과거 전체가 보존된다는 것은 현상학의 필수불가결한 것—"체험되는 것lived과 의식"—의 거부를 시사하며, "주관적인 것"이나 "객관적인 것"의 한정들이 없는 시간에 대해 이야기하려는 결정을 시사한다. 결코 현재인 적이 없는 과거(태곳적부터의 과거), 또한 결코 현재로 전향하지 않을 미래라는 발상에 대해 말하자면, 그것들을 상정하는 이유는 이러하다. 즉 과거나 미래의 자원을 활용하기 위해 현재의 탈현실화을 중시하는 어떠한 철학도 (플라톤의 회상과 같이) 과거를 물화하고 또한 (계시론적 종말론의 경우와 같이) 미래를 물화하는 위험을 안게 된다는 것이다. 이러한 물화가 철저한 생성이라는 바로 그 사상과 모순되는 방식으로 일어나는 것을 막기 위해 "태곳적부터의 과거"와 "메시아적 미래"라는 개념들—들뢰즈는 순수 과거 및 차이 나는 것의 영원한 반복에 대해 이야기하는 것을 선호한다—이 과정을 뒤로부터 혹은 끝에서부터 규정하는 경향들의 무거운 무게 없이는 이해될 수 없는 과정의 사상을 보호하기 위해 도입된다.

사건

하이데거를 독해하면서 나는 그의 사건$_{Ereignis}$에 대한 두 가지 가능한 해석을 얻게 되었다. 하나는, 사건은 새로운 세계의 출현, 존재의 새로운 획기적 개시$_{disclosure}$이며**9**, 뿐만 아니라 이러한 개시에 의해 "자기 것이 되거나$_{enowned}$" 고유화되는$_{appropriated}$ 존재를 지시한다는 해석이다. 다른 하나는, 사건은 열려진 것을 개방하는 선험적 사건이라는 해석이다. 이 선험적 사건에 대해 토머스 시한$_{Thomas\ Sheehan}$은 이렇게 언급한다. 그것은 "어떤 너머"로부터 작동하고 우리를 우리 자신 이외의 장소 안으로 타율적으로 전유하게 하는 '큰 존재'도 아니고 '레테$_{Léthé}$'도 아니다. 그렇기는커녕 우리의 유한성은 열려진 것을 개방하는 부재이다."**10** 사건에 관한 첫 번째 해석은 현존재를 언제나 이미 물러나는 $_{withdraw}$ 바의 열려진 것 안으로 이끄는 "어떤 것"을 옹호하며 하이데거의 초기 저작에 현존하는 인간학주의의 마지막 흔적을 대체하는 이점을 동반한다. 이 해석의 난점은 그것이 프랑스 현상학의 최근의 전환을 준비하고 적법화한다는 점이다. 프랑스 현상학에서 현상성의 조건들에 대한 탐색은 소여와 은총의 혼성적 담론, 신 너머의 신에 관한 갱신된 사변들, 메시아들 없는 메시아성, 다의성과 초월성의 추가적 참호 구축을 가져오기 때문이다.**11** 들뢰즈의 관점에서 볼 때, 이러한 해석은 그것이 맞아들이는 해석학적 경건의 무게를 감안할 때 너무나 큰 대가를 치르게 된다. 두 번째 해석—시한의 해석—은 하이데거의 존재 담론을 탈신비화하는 이익, 하이데거가 『철학에의 기여: 고유화로부터』에서 제시하는 사건의 복잡한 어원을 주의 깊게 따르는 이점을 가지는데, 열려진 것을 개방하는 선험적 사건으로서의 유한성을 하이데거가 근본적 책임을 현존재에게 귀속시키는 일에, 그리고 우리는 책임을 지기를 원해야만 한다는 윤리적 명법에 설득력 있게 연결시킬 때 그러하다. 스티븐 왓슨Steven Watson이 시한의 해석을 앞지를 때 적절하게 말하듯이,

고유화appropriation(사건Ereignis)를 단순히 일종의 존재Being로 생각하는 일은 … 더 이상 가능하지 않을 것이다. … 대신에, 표상을 온전히 유지할 수도 있는 보증자가 없어서, 그 결과 "변형된 해석"이 생겼다. 이러한 변형된 해석에 의해 문제의 해석적인 것, 즉 "해석적 고유화"가 "펼치는explicate" "보내고 확장하는 것"은 동등하게 자기−철회self-withholding와 탈고유화expropriation(Enteignis)를 수반한다.[12]

나는 이러한 탈고유화가 하이데거주의의 인간학적 토대를 충분히 탈구축할지 의심스럽게 여기고 있다.

우리가 들뢰즈의 사건 이론으로 주의를 돌릴 때, 풍경은 180도로 바뀐다. 이제 사건은 세계 내의 특정한 사태에서 일어나는 의미−사건이다. 말과 사물(주체와 대상) 사이에 있으면서, 사건은 결코 현재가 아닌(언제나 지나간 것이고 언제나 올 것인) 시간 속에 내속한다. "그것은 시간이 지나면서 변화하는 것, 변형되는 것, 변이하는 것도 아니고, 또한 시간을 걸치면서 같은 것으로 남아 있는 정적 구조도 아니다. 그것은 반복되지만 차이를 이루며 반복되는 것이다."[13] 잠재적인 사건은 분화할(=차이화할)differenciate 때 차이 나는 사태들 속에서 그 자신을 현실화한다.

이 사건 개념을 감안하면, 들뢰즈는 하이데거의 사건을 차이의 원인을 개진하는 것으로 보는 시한의 해석을 받아들일 수 없다. 이는 사건을 낡은 의인관에 따른 개념으로부터 해방시키는 것이 아니라 오히려

사건을 현존재의 문제틀 내로 가둘 것이고, 사건을 존재Being에 미치지 못하는 유한성의 부정성에 의존하게 만들 것이다. 들뢰즈의 존재론에는 시한의 독해가 요구하는 물러남(=철회)withdrawal을 위한 어떠한 공간도 존재하지 않는다. 그렇기는커녕 과거 전체가 현재와 공-존한다 —그리고 내가 아래에서 보여주게 되듯이, 들뢰즈의 리토르넬로는 "미래적 회상futurist recollection"을 주창하는 것이 아니라 "망각하려고 기억함"을 주창하는 것이다. 결국 우리는 망각하기 때문에 반복하는 것이 아니라, 반복하기 때문에 망각한다. 과거를 기억하지 않는다면 우리는 과거를 반복하도록 운명지어져 있다고 우리는 자주 그릇되게 주장한다. 하지만 미래에 영향을 끼치는 것은 지나간 시간에 대한 기억이 아니다. 같은 것the Same의 메마른 반복을 방지하는 것은 새로운 것의 창조이다. 우리는 실로 들뢰즈의 충고에 주의를 기울이고 미래의 기억memory of future을 창조하려고 분투해야만 하지만, 그의 충고와 하이데거의 "미래적 회상" 사이에는 오직 언어상의 유사성이 존재할 뿐이다.

다른 한편으로, 사건을 존재의 획기적 개시의 지평으로 보는 지배적인 해석이 제시될 때, 들뢰즈는 하이데거와 푸코의 저술에 나타나는 빛 개념에 관해 그가 언급한 것을 반복하지 않을 수 없다. 즉, 들뢰즈는 "푸코의 빛-존재는 특정한 양식과 분리 불가능하며, 선험적이면서도 그럼에도 불구하고 현상학적이기보다 역사적이고 인식론적이다"(F 59)라고 썼다. 이 문구는, 사건을 이해하는 사안에 맞추면, 다음과 같이 읽힐 것이다. 즉 하이데거의 사건과 달리 들뢰즈가 의도하는 바의 사건은 선험적이지만, 그럼에도 불구하고 기초존재론에 배후에 어른거리는 속이 빤히 들여다보이는 현상학에 속하는 것이 아니라 생성에 속하고 즐거운 지혜에 속한다. 모든 것을 고려해 볼 때, 내가 나중에 주장하는 바와 같이, 사건Ereignis과 사건event에 관한 두 존재론자의 불일치에 동기를 부여하는 것은 니체의 영원회귀관에 대한 그들의 근본적으로 다른 평가이다.

이제, 논의를 순조롭게 진행하기 위해, 사건에 대한 지배적인 해석 외에, 그리고 시한 자신의 해석 외에 세 번째 대안, 즉 "큰 존재big Being"를 제거하고, 뿐만 아니라 동시에 사건Ereignis을 현존재의 불완전성에, 그리고 알레테이아aletheia의 왕복 운동에 감금하는 일을 제거하는 대안이 존재한다고 가정해보자. 사건Ereignis은 차이이고 미/분화이고, 하이데거의 사건Ereignis과 들뢰즈의 사건 그 자체eventum tantum의 미/분화는 하나의 같은 것이라고 가정해보자. 우리의 주장을 위하여, 후기 하이데거는 의인화된 현존재의 기초론적(=토대론적) 전제를 제거하는 데 성공했다고 가정하기까지 해보자(공식적인 기록으로 남도록 분명히 하자면, 들뢰즈는 이러한 양보를 할 준비가 되어 있지 않다). 이 모든 양보를 행한 후에도, 하이데거와 들뢰즈의 차이는 사라지지 않을 것이다. 설사 현존재가 추방된다 하더라도, 무대 뒤에서 작동하는 지향성이, 사유와 존재 사이의 일치―애호philia―를 전제함으로써, 경험적인 것의 이미지와 유사성에 따라 이해되고 표현되는, 초월론적인 것에 대한 기만적인 개념을 영속하게 하는 공통감 같은 것을 단단히 자리잡게 할 것이다.**14**

영원 회귀

들뢰즈와 하이데거 사이의 거리는 이 두 철학자가 니체를 논할 때 부딪치는 근본적으로 다른 입장의 논의 맥락에서 가장 잘 식별된다.**15**

하이데거의 눈에 니체는, 힘에의 의지, 허무주의, 같은 것의 영원한 회귀, 초인, 정의 등등과 같은 그의 철학의 핵심 개념을 고려할 때, 형이상학자—사실, 최후의 형이상학자—이다. 그리고 이러한 판단은, 특별한 힘을 가지고, 그의 영원 회귀 개념에 적용된다. 즉 "시간의 숨겨진 본질"을 구성하는 "같은 것의 영원한 회귀"는 "존재의 최후의 형이상학적 이름이다"라고 하이데거는 『형이상학이란 무엇인가?』에서 쓰고 있다. 니체는 여전히 형이상학적 전통의 수렁에 빠져, 그의 영원 회귀의 가르침으로 단 하나의 영웅적 의지 행위 내에서 "순간을 영원화하려고" 시도한다.

다른 한편으로, 하이데거는 니체의 힘에의 의지를 의지에의 의지로 바꾸었고, 그에 따라 차라투스트라의 시인을 서구 허무주의 형이상학의 원인에다 제한했는데, 니체에게 경의를 표하는 들뢰즈에게 이보다 더 부당한 일은 없을 것이다. 하이데거가 니체를 최후의 형이상학자로 여긴 데에 맞서 들뢰즈는 니체를 "사유의 새로운 이미지"의 창조자로 놓거나, 혹은 나아가 이미지 없는 사유의 창조자로 놓는다. 여기서 나에게는 이 두 사상가를 가장 큰 진폭으로 갈라놓는 이 간극을 기록할 지면이 없다. 이것은 이미 프랑수아 라뤼엘이 자신의 『니체 대 하이데거』에서 해놓았으니,**16** 관심 있는 독자는 이 텍스트를 유익하게 참조할 수 있다. 여기서 나는 니체의 영원 회귀에 관한 하이데거와 들뢰즈의 예리하게 구분되는 독해, 그리고 이러한 구분이 차이에 관한 그들의 사유에 미치는 영향에 초점을 맞출 것이다.

하이데거도 들뢰즈도 "회귀" 혹은 "반복"이란 용어로 사실적으로 factually 역사적인 것의 되풀이recurrence, 개인이나 사회의 삶에 일어나는 사건들의 재연reenactment을 의미하지 않는다. 하이데거에 대해 말하자면, 칼빈 슈락Calvin Schrag은 이 논점을 이러한 말로 표현한다. "반복은 되풀이가 아니라 재요청reclamation의 문제이며, 재요청되는 것은 사실적인 역사적 사건들이 아니라 가능성들이다. 반복은 이양handing-over과 고유화appropriation(공급 belieferung)이다—즉, 거기에 존재해 왔던 현존재의 가능성들로 되돌아감이다."**17** 그것은 반-요청counter-claim(되불러옴 Wiederruf)을 의미한다. 이 재요청과 들뢰즈의 반복 독해 사이에는 피상적인 유사성이 존재한다—하지만 우리는 오도되지 않아야 한다. 만약 들뢰즈의 텍스트에서 반복이 그의 철학의 중심 요소인 반-현실화 counter-actualisation를 지배한다면, 그것은 가능성들을 재요청하기 위해서가 아니다. 오히려 그것은 잠재적인 것을 해방하기 위해서이다. 주장하건대, 하이데거와 들뢰즈의 차이의 중심 지점은 바로 영원 회귀의 존재론적 지위, 특히 영원 회귀의 윤리적이고 선별적인 기능의 존재론적 지위에 대한 그들의 평가에 놓여 있다. 하이데거는 영원 회귀가 존재에 대한 사상이 되는 것을 결코 허용하지 않았다. 그의 저술들에서, 영원 회귀에 대한 경험은 세계를 위협하지 않는다. 그는 영원 회귀에 주의를 돌리자마자 그것을 사유할 수 있는 의식을 도입하고, 의식 그 자체에 대해 의문을 제기하지 못했다. 사실 하이데거는 영원 회귀를 결정의 순간(영원 회귀의 긍정 혹은 영원 회귀에 주의를 기울이지 못함)에 연결한다. 하지만 그때 이러한 긍정은, 현존재의 존재에 대한 존재론적 규정은커녕, 현존재의 실재가 아니라 현존재의 현상학적 경험—현존재가 자신의 가능성들과 맺는 관계—을 바꿀 뿐이다.**18** 그가 영원 회귀 이론을 의식의 무용담에 맡긴다는 사실은 "작은 사람들"의 (그에게) 불가피한 회귀에 대한 하이데거의 불안을 설명해준다. 결국, 작은 사람들은 의식을 결여하지 않는다. 그들 또한 그들 자신의 회귀를 긍정할 수 있다. 주장하건대, 하이데거가 오직 차이의 회귀만을 보증하는, 그리고 반응적 힘들을 제거하는 선별적 원리로서 기능하는 영원 회귀의 힘을 늘 평가하지 못하도록 막는 것은 영원 회귀를 의식에 연결한 데서 오는 불안이다.

들뢰즈에 관한 한, 영원 회귀가 차이의 철학과 맺는 관계는 회상이 동일성의 철학과 맺는 관계와 같다. 영원 회귀가 같은 것의 영원한 회귀라는 의미가 아니라 차이의 영원한 반복이라는 의미로 간주된다면—들뢰즈는 언제나 이 점을 주장했다—, 그것은 니체 철학의 중추 지점, 곧 미래의 진정한 기억이다. 기원들의 반복은 인식론적으로 또 윤리학적으로 원본을 사본으로부터 분리하고 선별하면서 존재Being의 존재론을 확정짓는다. 미래의 반복은 생성Becoming의 존재론을 확정짓고, 그리고 자신들을 모본과 사본의 변증법으로부터 해방시킨 시뮬라크르의 인식론적이고 윤리학적인 선별을 수행한다(DR 297-301). 들뢰즈는 애초부터 니체의 영원 회귀는 사물과 주체의 세계에 관한 것이 아니라는—연장된 크기들이나, 사물과 주체의 관계를 기술하는 자연 법칙에 관한 것이 아니라는—사실을 분명히 보여준다. 영원 회귀는, 최초의 근삿값에 의하면, 하이데거의 방식으로 세계들을 "세계화"하는 것이 아니라 카오스-코스모스—카오스모스—의 잘못을 몰고 가는 힘들 및 힘-장들에 관한 것이다. 영원 회귀는, 대니얼 콘웨이Daniel Conway가 말하듯이, 또 한 번의 이항 대립으로 전환시키지 않는, 우연과 필연의 융합이다.**19** 의식을 존재 한복판의 "불투명한 날"로 생각하는 들뢰즈에게, 언제나 다원적이고, 지배하고 지배되며, 능동적이고 반응적인 힘들은 본질적으로 무의식적이다. 들뢰즈의 더 전문적인 존재론적 어휘를 사용한다면, 영원 회귀는 현실적 사태들, 신체들, 신체들의 혼합체들에 관한 것이 아니라, 현실적인 것에 내존하여 그것이 무엇임이기 위한 필요 조건을 이루는 강도들과 잠재적 사건들에 관한 것이다. 만약 반복이 기억과 관계가 있다면, 기억은 미래의 기억

—영원 회귀의 정화하는 불들 속에서 창조되어야만 하는 그런 종류의 기억—이어야만 한다. 들뢰즈는 므네모시네mnemosyne를 플라톤의 아남네시스anamnesis로 전환하고 싶은 유혹을 알아차리고 있었다(DR 109-10)—사실, 그는 과거 전체의 보존이 오직 영원 회귀의 사상만이 촉진시킬 수 있는 탈근거ungrounding(effondement)의 도움을 받아 아직 한정되어 있지 않는 한, 이 유혹을 피하는 것은 어렵다고 생각했다(DR 297).

이제, 들뢰즈는 영원 회귀는 너의 것도 나의 것도 아닌 선별의 원리이며, 선별은 영원 회귀 그 자체에 속한다고 주장한다. "영원 회귀는 동일한 것을 차단하고 분화된 다양한 것들이 회귀하도록 해주는 선별의 원리이다—영원 회귀 그 자체는 선별한다"(NP 68-71). 반응적 힘들은 자연 법칙의 수준에서 작동하면서, 힘의 국소적 또는 특정적 배치에 따라 각양한 힘의 평균 형식들 및 일반화를 창출한다.[20] 그 자신들 자체를 선별해내는 것이야말로 반응적 힘들의 본성이다. 반응적 힘들은 그 자신들 자체를 존재Being로서 만들어내는 한 회귀하지 않는다.[21] 그러므로 들뢰즈의 경우, 영원 회귀는 존재에 실질적 영향—의식의 지향성을 요구하지 않는 영향—을 미친다는 것은 분명하다. 차이의 부정적이고 반응적인 동화는 반복되지 않으며, 오직 차이의 긍정적 방출만이 반복된다.

나는 이 지점에서 이의가 제기될 수 있다고 생각한다. 만약 하이데거에 대한 비판이, 그가 영원 회귀 이론이 갈 수 있는 데까지 가지 못하게 한 데에 기초한다면, 그리고 영원 회귀 그 자체는 현존재를 해산하는 일에, 또 다수의 강도적인 선-인격적이고 전-개체적인 힘들로 현존재를 대체하는 일에 원인이 된다는 것을 깨닫지 못한 데에 기초한다면, 마찬가지 유형의 주장이 여전히 들뢰즈에게 가해질지도 모른다. 그가 "존재는 긍정의 대상으로서의 긍정이다. 첫 번째 긍정으로서 그것은 생성이지만, 두 번째 긍정의 대상으로서 그것은 존재이다. 생성은 존재의 거듭제곱으로 상승된다"(NP 186-9)고 쓰고 있을 때 이렇게 묻는 일은 적법하다. 즉, 영원 회귀를 이중 긍정의 대상으로 만든다는 것은 무엇을 의미하는가? 긍정함을 행하는 어떤 사람 없이 긍정이 존재할 수 있는가?

이 물음에 대한 대답은 반-현실화에 대한 들뢰즈의 입장을 올바르게 이해하는 일을 요구한다고 나는 믿는다.**22** 사건에 어울리게 되는 것—들뢰즈의 윤리적 명법—은 우연이 우리의 길을 이끄는 모든 사태들을 우리가 묵인해야 한다고 요청하는 것으로 의도된 적은 결코 없었다. 반-현실화는 현실적 사태에 내존하는 잠재적 경향들이 새로운 창조를 위해 파악되는 과정으로 의도되었다. 들뢰즈와 과타리의 "68년 5월은 없었다"에서 가져온 한 페이지는 반-현실화에 대한 기록을 바로잡아 주기에 충분하다. 다음은 그 기록이다.

1789년의 혁명, 코뮌, 1917년의 혁명과 같은 역사적 현상들에는, 언제나 어떠한 사회적 결정론으로도, 혹은 인과적 연쇄들로도 환원 불가능한 사건의 한 부분이 존재한다. 역사가들은 이러한 측면을 그다지 좋아하지 않는다. 즉, 그들은 사실을 따라 인과성을 복구한다. 그렇지만 사건은 그 자체 인과성과 분리되거나 혹은 인과성과 단절하는 것이다. 사건은 분기이고, 법칙들에 대한 일탈이며, 가능한 것의 새로운 장을 열어주는 불안정한 조건이다. … 이러한 의미에서 사건은 비난받고, 억압되고, 흡수되고, 배반당할 수 있다. 하지만 거기에는 시대에 뒤처진 것일 수 없는 어떤 것이 여전히 존재한다. … 1968년 5월은 모든 정상적이거나 규범적인 인과성으로부터 해방된, 순수 사건의 질서 이상의 것이다. … 1968년에는 많은 동요, 몸짓, 슬로건, 백치 같은 언행, 착각이 있었지만 이것이 중요한 것은 아니다. 중요한 것은, 마치 한 사회가 갑자기 그 안에서 참을 수 없는 것처럼, 또한 다른 어떤 것을 위한 가능성을 본 것처럼 예지적인 현상이 된 것이다. … 가능한 것은 앞서 실존하지 않는다, 그것은 사건에 의해 창조된다. … 사건은 새로운 실존을 창조한다, 그것은 새로운 주체성(신체와의 새로운 관계, 시간, 섹슈얼리티, 직접적인 환경과의 새로운 관계, 문화, 노동과의 새로운 관계…)을 생산한다. 사회적 변화가 나타날 때, 경제적이거나 정치적인 인과성의 선들을 따라 귀결이나 결과를 이끌어내는 것으로는 충분하지 않다. 사회는 그것이 변화를 욕구하는 것을 보여주는 방식으로 새로운 주체성에 어울리는 언술의 집단적인 동인을 형성할 수 있어야만 한다. 그것이야말로 사회의 본모습, 전정한 재배치이다.**23**

이 페이지는 역사와 생성 간의 들뢰즈의 형상적 구별을 대표하는 것으로, 반−현실화를 탈영토화의 선으로서 명료하게 묘사한다. 이 탈영토화의 선은 잠재적인 것을 반복하고, 새로운 무기, 새로운 통찰력을 발견하고자, 그리고 갱신된 노력을 유인하고자 잠재적인 것을 "재잠재력화하기repotentialising" 위하여 구축되어야만 하는 그것이다. 예측prediction이 아니라, 부차모순vicediction이 여전히 새로운 프로네시스phronesis를 근거지을 수 있고, 사건에 어울리는 우리의 생성 과정을 인도할 수 있다. 부차모순/반−현실화는 만약 이중 긍정을 수반하기만 한다면, 들뢰즈가 그것을 위해 비축해놓은 윤리적이고 정치적인 함의들을 가질 수 있다. 우리는 우리가 봉착하는 현실적 사태들의 인과적으로 구성된 계열들의 "운명"을 (도망가는 것이 아니라) 긍정함으로써 시작하고, 그런 다음 현실적인 것을 탈−층화하는 과정에서 우리는 현실적인 것 안의 잠재적 경향들을 붙잡는다. 즉 우리는 그것들을 환영하고 긍정한다—우리는 잠재적인 것 안의 우연을 긍정한다—. 우리는 잠재적인 것과 일치하고, 이렇게 하여 새로운 것이 생산될 때 잠재적인 것의 공동-부모co-genitor가 된다. 존재는 현존재 없이 있을 수 없고 또 현존재는 존재 없이는 있을 수 없다는 하이데거의 직관에다 들뢰즈는 그 자신의 것을 병치한다. 즉 철저한 차이는 분명 현존재 없이 작동할 수 없지만(어떤 의미에서, 우리는 그것이 그럴 수 있기를 바란다), 자신의 유기체와 조직체를 가지는 현존재는 분명 창조의 힘들을 둔화시킬 수 있고, 도주선, 탈영토화, 변형을 블랙홀 아래로 떨어뜨릴 수 있으며, 배제적 유형의 이접들을 증대시킬 수 있다. 반-현실화하는 것은, 생성은 미래적 회상Zukunftige Erinnerung이나 역사적 아남네시스가 아니라 "반-기억anti-memory"이고 잠재적인 것의 "내존"이기 때문에만 인간을 극복하는 것이다.**24**

윤리학

나는 하이데거와 들뢰즈의 텍스트들에서 나타나는 것으로 보이는 윤리적 기획에 관한 몇 가지 논점들을 갖고서 그들의 관계에 관한 이 진단적인 탐색에 결론을 내리고자 한다. 미구엘 드 바이스테귀 Miguel de Beistegui는 이렇게 쓰고 있다.

하이데거가 한때 언급한 바와 같이, 어떤 의미에서 윤리학은 인간을 자신의 "고유한 위엄"으로 되돌아가게 하려는 이러한 시도만을 의미할 수 있다. … 인간 안에서 그리고 인간에 관해서 위대한 것은 인간이 자신보다 위대한 것, 인간이 산출하거나 회피할 수 없고 전유하거나 포함할 수 없는 것, 그렇지만 그 자신의 자유와 역능의 바로 그 조건인 것과 관계를

맺도록 되어 있다는 점이다.[25]

또 다시 말하자면, 인간이 산출하거나 전유할 수 없는 어떤 것에 관한 이러한 언급과, 윤리학은 사건에 어울리게 되는 법과 이러한 교육학에서 인간이라는 위엄을 발견하는 법을 우리에게 보여주는 교육학으로 변형되어야 한다는 들뢰즈의 제안 사이에는 최초의 유사성이 존재한다. 하지만 이 유사성은 더 이상 진전되지 않는다. 하이데거의 경우, 위엄의 윤리학은 결단에 매여 있고 양심을 가지길 원함에 매여 있다. 하이데거와 들뢰즈는 우리를 두 상이한 결정에 직면하게 한다. 들뢰즈의 경우, 우리가 사건에 어울리게 되어야 한다는 명법은 탈신비적인 자연주의와 기쁜 정동의 윤리—이 둘 모두 스피노자에서 나온 것이다(SPP 25-9)—에 의해 준비되어 있고 이 둘 안에 감입되어 있다. 다른 한편, 하이데거가 새로운 시작 속에서 인간의 위엄을 불러들이는 것은 매우 오래되고 고약한 어떤 것—그 자신의 토대가 될 수 없는 현존재의 무능함에 대한 분노에 근거하는 타고난 악의 계기—을 포함한다(그리고 극복하려고 시도한다)(BT 258-66). 그렇다면 나에게, 인간 위엄이라는 이름으로 하이데거와 들뢰즈 사이의 가까움을 논하는 어떠한 주장도 신의 판단으로부터 벗어나는 탈주라고 여겨지는 들뢰즈의 탈주를 불행한 결말을 맞게 하고, "여전히 존재할지도 모르는" 하이데거의 신이 점유하는 홈 패인 공간에 대한 폭력적인 재영토화를 가져올 위험을 안고 있는 것으로 보인다.[26]

그리고 우리는 하이데거와 들뢰즈 둘 모두에게 행동학일 수밖에 없는 윤리학의 주제를 다루고 있으므로, 사건Ereignis/사건event의 주어짐의 양상에 관한 한 가지 마지막 논점이 남아 있다. 우리가 하이데거와 들뢰즈 둘 모두의 자취를 아름다운 표현들인 "그것이 존재를 준다

gibt Sein"와 존재의 증여 속에 위치시키고 싶어질 때마다, 나는 잠시 멈추고 좀 더 생각해볼 것을 제안한다. 하이데거의 "그것이 준다es gibt"의 경건함이 들뢰즈의 선물과 절도를 특징짓는 이교 정신을 모호하게 하도록 허용되어서는 안 된다고 나는 생각한다.**27** 말소 하의 하이데거의 존재는 들뢰즈의 존재-물음 표시(존재?)가 아니다. 하이데거의 증여는 들뢰즈의 취향으로 보아 여전히 너무나 키르케고르적이다—그것은 아직 니체의 춤의 스텝들을 배우지 않았다. 신의 말/존재의 부름(그것은 우리가 주어짐을 받고 있는 신에 관한 인간의 말인가, 아니면 차라리 신의 말인가?)의 지위와 권위에 대한 기독교 신학적 물음에, 카를 바르트**28**와 마르틴 하이데거는, 비록 서로 다른 길을 갈지라도, 같은 대답을 준다. 가장 명확하게 그것은 신/존재가 발하고 인간이 전달하는 말Word이다! "그것이 존재를 준다"에 대해 들뢰즈가 자주 사용하는 말로 하면 그것은 발함과 전달함이, 자신의 속성들과 양태들에서 그 자신을 표현하는 스피노자의 실체에 다름 아닌, 다양체들 중의 다양체에서 일치한다는 점을 시사한다. 바이스테귀의 책에서 따온 한 인용문은 하이데거와 들뢰즈의 거리를 훌륭하게 요약하고 있다. "이것은 … 하이데거의 가장 문제적인 가정이 놓여 있는 곳에 존재한다. 궁극적으로 존재를 인간에 맞춰 '조율했을' 때, 존재 사건을 선물에 의해 해석했을 때, 그때 그것은 일종의 쇼크에 더 가깝다."**29** 이런 이유로 하이데거의 기초(=토대) 존재론은 차이를 수용할 수 있지만 철저한 차이를 수용할 수 있는 것은 아니다.**30** 철저한 차이의 존재론자로서 들뢰즈에게는 경쟁 상대자가 없다. 그는 사유와 실재적인 것은 실로 어떤 폭력에서 태어난다는 확신이 결코 흔들리는 법이 없다. 하지만 이러한 폭력은 필리아(=애호)의 도래에 예비적인 것에 불과한 것이 아니다. 생성의 탈영토화와 재영토화를 가능하게 하는 공명은—하이데거의 철학이 결국 굴복하고 마는—사유의 낡은 이미지에 대한 수용적인 (재인적이고 재현을 사랑하는) 필리아와는 다르다.

결론

하이데거는 때로 탄탄한 차이 존재론을 발견한 공이 있다고 여겨진다. 나는 하이데거에게 그런 공적을 부여하는 것과 관련하여 여전히 회의적일 수밖에 없는 들뢰즈의 이유들을 요약해 왔고, 이러한 회의적 태도가 설득력 있다고 생각하는 나 자신의 이유들을 설명하려고 분투해 왔다. 존재를 말의 양식 속에 놓아두는 하이데거의 견해는 (실명사에 의해 지시되는) 사물들로부터 우리의 주의를 돌리게 했고, 본질들을 "본질화essencing"로, "어떻게"라는 물음에 대한 정보적인 대답들로 대체했다는 것은 부인될 수 없다. 하이데거는 숨김과 드러냄의 철회적palinodic 운동 속에서 꽃을 떠나 꽃 핌으로, 푸른 나무를 떠나 나무의 푸르러짐으로, 세계를 떠나 "세계화"로, 진리를 떠나 "진리화"로 이동한다. 부정사의 도움으로 쓰여지는 존재론에 대한 그러한 선호는 또한 들뢰즈의 저작에서도 발견될 수 있다. 하지만 하이데거는 이렇게 이동하자마자 부정사가 차이의 사유의 운반체가 되고자 하는 과정 철학에 제공하는 기회들을 망쳐놓았다. 즉 그는 현존재를 그의 성찰에 중심에 심어놓았기 때문에 이러한 기회들을 망쳐버린 것이다. 하지만 그때, 차이 존재론에서 정의상 특권적인 순간들과 최초의 원리들을 용인할 수 없는 특권적인 순간 혹은 장소—하이데거의 경우, 또 다른 이름에 의한 인간적 장소—의 실존은 하이데거의 저명한 숲길이 드러냄(같은 것)과 숨김(같은 것)의 철회적 운동을 반복할 운명에 처하게 되고, 탈영토화와 창조적 탈주의 선들이 우리의 독사적doxic 지층들의 틸-침진화를 강도가 허용하는 한에서 수행하는 일을 반응적으로 막을 운명에 처하게 되는 결론을 초래한다.

트렌트 대학

주(Notes)

1. 브루스 보, 『들뢰즈와 데리다의 죽음과 시간성』, *Angelaki* 5: 2(200년 8월), p. 75.

2. 들뢰즈의 죽음관에 대해서는, LS 145, 152, 153, 222를 보라. 또한 AO 330-1, DR 111-15를 보라.

3. 들뢰즈의 죽음관은 자비에 비샤와 모리스 블랑쇼의 영향을 받았다. 이 영향에 관해서는, 레너드 로울러, 「생명, 형이상학의 극복에 관한 한 시론」, http://www.pucp.edu. pe/eventos/congresos/filosofia/programa_general/viernes/plenariamatutina/LawlorLeon ard.pdf(2008년 7월 1일에 컴퓨터에 접속되었다).

4. 브루스 보, 『들뢰즈와 데리다의 죽음과 시간성』, p. 79.

5. 브루스 보, 『들뢰즈와 데리다의 죽음과 시간성』, p. 79.

6. 브루스 보, 『들뢰즈와 데리다의 죽음과 시간성』, p. 81.

7. 콘스탄틴 V. 보운다스, 「타자의 압류: 사르트르에서 들뢰즈까지」, *The Journal of the British Society for Phenomenology* 24: 1(1993), pp. 32-43.

8. 마르틴 하이데거, 『존재와 시간』, 조언 스탬보 옮김(New York: State University of New York Press, 1996), pp. 308-21. 이 텍스트에서 이후 BT로 인용된다.

9. 슬라보예 지젝이 토론 「인민들 내로부터」에 관한 주석, *Criticism* 46: 4(2004년 가을), p. 665에서 쓰고 있듯이,

10. 토머스 시한, 「하이데거 연구에 보이는 패러다임 변화」, *Continental Philosophy Review* 34(2001), pp. 198, 199.

11. 다른 곳에서 나는 들뢰즈의 시간성과 데리다의 시간성의 구조를 동일시하는 경향이 있는 통합론자들의 경향들에 경고가 주어져야 한다고 주장한 바 있다. 콘스탄틴 V. 보운다스, 「들뢰즈와 데리다 사이에서: 중대 경고」, *Symposium*(2005년 봄). 내가 들뢰즈를 읽을 때 매우 도움이 된다고 여긴 (바울의) 시간성에 관한 유용한 성찰은 조르조 아감벤의 『남겨진 시간』, *Epoché* 7: 1(2002년 가을), pp. 1-14이다.

12. 스티븐 H. 왓슨, 「하이데거: 의심의 해석학과 현존재의 분산」, 미간행 원고, p. 43.

13. C. 콜웰, 「들뢰즈와 푸코: 계열, 사건, 계보학」, *Theory and Event* 1: 2(1997), p. 3.

14. 들뢰즈는, 자세히 점검할 때, 경험적 영역의 불필요한 중복처럼 보이는 초월론적 근거의 상정을 맹렬히 비난했다. 그에게 초월론적인 것은 그것이 설명하기로 되어 있는 결코 경험적인 것의 유령 같은 반영이어서는 안 된다. 가령, LS 105; DR 143을 보라.

15. 니체에 관한 하이데거의 성찰에 대해서는, 그의 『니체』(4권)를 보라. 데이비드 패럴 크렐 옮김(San Francisco: Harper Collins, 1991). 들뢰즈가 만난 니체에 대해서는, 그의 『니체와 철학』을 보라.

16. 프랑수아 라뤼엘, 『니체 대 하이데거』(Paris: Payot, 1977).

17. 캘빈 슈랙, 「반복과 역사적 이해에 관한 하이데거」, *Philosophy East and West* 20: 3(1970년 7월), p. 289.

18. 알렉산더 쿡, 「영원 회귀와 동일성 구성의 문제」, *Journal of Nietzsche Studies*(2005년 6월), p. 23.

19. 대니얼 콘웨이, 「굴러 떨어지는 주사위: 질 들뢰즈와 반복의 경제」, *Symploke* 6: 1(1998), p. 9.

20. 콘웨이, 「굴러 떨어지는 주사위」, pp. 28-9.

21. 콘웨이, 「굴러 떨어지는 주사위」, p. 28.

22. 나의 「반현실화의 윤리학」을 보라. *Concept*, 특별호 2(2003), 170-99.

23. 질 들뢰즈와 펠릭스 과타리, 「68년 5월은 일어나지 않았다」, *Les nouvelles*, 1984년 5월 9일, pp. 233-4.

24. 베로니트 버겐, 『질 들뢰즈의 존재론』(Paris: L'Harmattan, 2001), p. 411.

25. 미구엘 드 베이스테귀, 『진리와 발생: 차이 존재론으로서의 철학』(Bloomington: Indiana University Press, 2004), pp. 339-40.

26. 나는 물론 하이데거가 오늘날 종교적인 것의 회귀에 대해 말하는 사람들과는 달리 기초 존재론과 신학의 차이를 유지하고자 의도했다는 것을 알고 있다. (하이데거의 「현상학과 신학」, *Pathmarks*, W.A. 맥닐 엮고 옮김[Cambridge: Cambridge University Press, 1998], pp. 39-62를 보라.) 하지만 그의 기초 존재론에서 나는 "탈신화화된 신학"의 인상적인 그림자를 보지 않을 수 없다.

27. 교환 경제의 비사유unthought로서 논의되는 선물과 장물(=증여와 절도)에 관해서는, 들뢰즈와 과타리의 AO 185-7을 보라.

28. 존재의 언어를 인간주의적 족쇄로부터 벗어나게 하려는 하이데거의 노력, 그리고 신의 말Word of God을 의인관적 밧줄로부터 끊어내려는 칼 바르트의 노력 사이의 공명은 나에게 괴이한 느낌을 준다.

29. 드 베이스테귀, 『진리와 발생』, p. 282.

30. 라루엘, 『니체 대 하이데거』, p. 161.

18.

피에르 클로소프스키

이언 제임스

　행동과 관점으로서의 반복은 교환 불가능하고 대체 불가능한 독특성들에 관한 것이다. 반영, 반향, 분신, 화신은 유사성이나 동등성의 영역에 속하지 않는다.

―질 들뢰즈, 『차이와 반복』

들뢰즈의 참고문헌

『차이와 반복』 프랑스 원본 말미에서 들뢰즈의 참고문헌은 저자의 이름, 인용된 저작, 그리고 "저작이 인용되는 의미"를 제시하는 마지막 열, 이렇게 세 열로 나뉜다(DR 334). 열거된 123명의 저자들 중에서 35명이 반복의 모티프와 관련하여 명시적으로 인용된다. 이 35명의 저자들에는 반복이 그들 철학에서 핵심 역할을 하는 주요 사상가들, 가령 베르그손, 데리다, 푸코, 프로이트, 키르케고르, 라캉, 마르크스, 니체가 포함되어 있다. 세 명의 잘 알려진 이름들이 다수의 다른 인물들과 함께 무의식 안의 반복을 말하는 사상가들로서 인용된다. 그들은 데리다, 프로이트, 라캉이며, 페르디낭 알퀴에, 산도르 페렌치, 세르게 르클레르, 자크-알랭 밀리예와 같은 이름들이 동반된다. 마르크스는 피에르-시몽 발랑쉬, 요하힘 드 플로르, 해롤드 로젠베르크, 지오바티-바티스타 피코와 같은 저술가들과 함께 역사 안의 반복을 말하는 사상가들로서 인용된다. (특히 뷔토르, 조이스, 클로소프스키, 페기, 프루스트를 포함하는) 다수의 문학 작가들과 평론가들 또한 반복과 관련하여 인용된다.[1] 이 고유명들과 더불어, 가장 분명하게는, 이미 언급된 개념들—차이, 무의식, 역사—뿐만 아니라 기억, 습관, 자유, 카오스, 환영, 평등 등 각양한 범위의 개념들이 이 참고문헌 목록 전반에 걸쳐서 반복과 관련되어 있다.

철학적이고 정신분석적이며 문학적인 참고문헌의 이러한 모음에서 한 가지 특정한 무리의 용어들이 두드러지고, 1960년대의 차이와 반복에 대한 들뢰즈의 사유에 특별한 중요성을 가진다. 니체, 클로소프스키, 푸코의 항목 하에서는 반복이 다음과 같은 것과 관련된다. 즉 영원 회귀, 시뮬라크르, "동일성의 상실".[2] 이 세 사람의 고유명 중에서 클로소프스키가 의심의 여지없이 가장 덜 잘 알려진 것으로 보일 것이다. 그렇지만 그는, 니체 철학을 현대 프랑스에 수용한 핵심 인물로서, 특히 영원 회귀 이론의 핵심 해석가로서 1966년 이후 거듭해서 클로소프스키를 인용하는 들뢰즈에게 반복되는 준거점이다.[3] 흥미롭게도, 들뢰즈의 참고문헌에 열거된 푸코가 저술한 세 편의 논문 중 하나인 「악테온의 산문」은 그 자체 클로소프스키의 저작에 대한 비판적–철학적 독해에 전적으로 할애된다.[4] 클로소프스키의 이름은 의심의 여지없이 푸코의 이름보다 덜 잘 알려져 있지만, 그럼에도 불구하고 더 유명한 철학자의 참고문헌 항목에 말 없이 자리를 차지하고 있다. 클로소프스키 자신의 항목 하에서는 반복, 시뮬라크르, 영원 회귀, 동일성의 상실의 모티프들이 니체나 푸코나 들뢰즈의 참고문헌 목록상의 다른 어떠한 항목을 위해서도 존재하지 않는 방식으로 함께 주어져 있다.

그렇다면 클로소프스키는, 『차이와 반복』의 참고문헌에서, 하나는 명시적인 것, 다른 하나는 가려진 것이라는 흥미로운 이중 성격의 자리를 차지하고 있다. 분명하게 드러나겠지만, 그는 또한 이 텍스트 자체의 핵심 절들에서 주변적이지만 아마도 매우 중요한 자리를 차지하고 있다. 들뢰즈 그 자신은 『의미의 논리』(1969) 부록에서 클로소프스키에게 장편의 시론을 할애하는데, 시뮬라크르, 영원 회귀, 동일성의 상실과 관련하여, 결국 『차이와 반복』에 관한 그의 사유와 관련하여 클로소프스키의 중요성에 관한 단서가 발견될 수 있는 것은 바로 여기에서이다.[5] 만약 들뢰즈가 클로소프스키를 계승한다면, 그는 클로소프스키 그 자신이 니체의 영원 회귀에 관한 그의 독해에서 반복하는 반복의 사상을 반복함으로써 그렇게 한다.

클로소프스키 혹은 신체–언어

「클로소프스키 혹은 신체–언어」의 서두에서 들뢰즈는, 그 제목이 암시하듯이, "신체와 언어 사이의 놀라운 유사성"(LS 280)이 클로소프스키의 저작의 중심에 놓여 있다고 즉각적으로 단언한다. 이 저술에서 들뢰즈는 논거reason는 언어의 작동이며, 그 본질에 있어서 신학적인 것으로 이해된다고 주장한다. 클로소프스키의 경우 언어의 신학적 작동으로서 논거는 선언적 삼단논법을 자신의 일차적 형식으로 취한다. 다른 한편, 팬터마임은 신체의 작동이다. 신체 안의 언어와 언어 안의 신체에 대한 이러한 성찰은 클로소프스키의 이론적이고 허구적인 저술의 거의 모든 측면들을 다루는 들뢰즈의 후속 논의의 초점을 계속해서 형성한다.**6** 처음부터 들뢰즈의 강조는 클로소프스키의 팬터마임이 긍정하는 흉내 혹은 모조의 제스처에 놓인다. 언어가 신체에 반영되고 신체가 언어에 반영됨에 따라, 둘의 분리된 작동은 흐릿해진다고 그는 주장한다. "가장 추상적인 논증은 흉내이지만, 신체의 팬터마임은 일련의 삼단논법들이다. 우리는 추리하는 것이 팬터마임인지, 아니면 흉내내는 것이 추리인지 더 이상 알지 못한다"(LS 280).

팬터마임, 그리고 흉내와 모조가 연합한 모티프들은 『의미의 논리』에 나오는 들뢰즈의 클로소프스키 독해를 인도하는 실마리를, 적어도 최초로, 제공하는 것으로 보인다. 만약 클로소프스키의 저술의 신체-언어나 언어-신체에서 표현되는 팬터마임과 흉내의 제스처가 존재한다면, 그런 제스처는 이 저술에다 희극적이거나 풍자극적인 성격을 전연 부여하지 않는다. 오히려 클로소프스키가 보이는 팬터마임적 모조의 힘은 다소 무거운 철학적 성격을 가진다. "클로소프스키의 작품 전체는 단 하나의 목표, 즉 인격적 동일성의 상실을 보장하는 것과 자기를 해체하는 것으로 향해 움직인다. 이것은 클로소프스키의 등장인물들이 긴 여행에서 광기의 가장자리로 돌아오는 빛나는 트로피이다"(LS 283). 광기에 대한 이러한 언급은, 클로소프스키에게 귀속된 인격적 동일성의 상실과 자기의 해체가 가령 바타유가 "웃음, 현기증, 욕지기, 그리고 죽음에 이를 정도의 자기 상실"과 같은 "내적 경험"과 관련하여 사유하는 것과 같은 탈자적인 자기-탈취self-dispossession를 통해 일어난다는 점을 시사할지도 모른다.**7** 그렇지만 들뢰즈가 자신의 클로소프스키에 관한 독해에서 흉내와 모조에 두는 강조는 다른 방식으로 시사한다. 자기의 해체를 이렇게 강력하게 긍정한 후에 들뢰즈는 "자기는 애당초 그것이 해체되기 때문에만 해체에 놓이게 된다"(LS 283; 번역 수정)고 덧붙인다. 이것은, 자기 혹은 인격적 동일성이 디오니소스적인 탈자적 자기-탈취의 찢김 속에서 상실되는 것이 아니라 동일성의 원리가 클로소프스키 저술 안에서 무대에 올려지는 일련의 팬터마임적 제스처들과 마스크들을 가로질러 해체되는 방식으로 상실된다는 점을 시사한다.

그렇다면 들뢰즈에 따르면 클로소프스키가 보이는 인격적 동일성의 상실은 반복의 논리와 분리 불가능하다. 반복되는 것—즉 "분신들, 시뮬라크르, 반영들"(LS 284)—은 같음의 논리에 따라 반복되는 것이 아니라 차이의 논리에 따라 반복된다.

> 요컨대 분신, 반영, 시뮬라크르는 마음을 열고 마침내 자신의 비밀을 내준다. 즉 반복은 같은 것이나 유사한 것—이것들은 자신의 전제 조건들이 아니다—을 전제하지 않는다. 이와 반대로, 다른 것의 유일한 "같은 것"을 생산하는 것이 반복이다. (LS 289)

클로소프스키가 보이는 반복에 관한 이러한 독해는 그 자체 분명 차이와 반복이라는 이름의 들뢰즈의 초기 저작에서 정교하게 서술되는 차이와 반복의 논리의 반복이다. 반복은 언제나 차이의 반복이며, 시뮬라크르는 원본적 동일성에 대한 빈곤한 모방이 아니라 그것은 차이 그 자체를 내면화하고 반복한다. 물론 들뢰즈는 『차이와 반복』

이라는 텍스트 도처에서 아주 여러 번 이러한 주장을 편다.[8] 이 점에 비추어 보면, 들뢰즈는 클로소프스키를 그 자신의 철학적 개념들의 렌즈를 통해 매우 많이 읽고 있는 것으로 보일 것이고, 클로소프스키의 언어 자료corpus(혹은 "신체-언어")를 그 자신의 철학적 개념들의 전형적인 것 혹은 범례적인 것으로 해석하고 있는 것으로 보일 것이다.

그렇지만 처음에는 클로소프스키가 말하는 동일성의 상실, 반복, 시뮬라크르에 관한 현저하게 들뢰즈적인 독해로 보일 수도 있는 것은, 니체의 영원 회귀 이론이 들뢰즈의 시론 최종 페이지들에서 논의될 때, 어쩌면 더 복잡하게 개입하는 것으로 출현할지도 모른다. 여기서 들뢰즈는 1966년 루아요몽 니체 학술 대회에서 최초로 발표된 논문인, 클로소프스키의 시론 「같은 것의 영원한 회귀 체험에서의 망각과 아남네시스」를 언급한다. 클로소프스키의 시론을 훌륭한 니체 분석이라고 기술하면서 들뢰즈는 클로소프스키의 영원 회귀 독해에서 관건이 되는 것은 함의작용signification이나 언어 기호가 리비도적 충동들의 변동과 강도들과 맺는 관계라는 것을 보여준다. 여기서 기호는, 소쉬르가 주장하듯이, 정립적 항들이 없이 실존하는, 구조 안의 차이적 요소가 아니다.[9] 오히려 기호는 신체적 강도나 리비도적 충동의 반복과 맺는 관계 혹은 그러한 관계의 함수이다. 클로소프스키는 기호를 "변동이나 강도의 흔적으로 해석하고, '의미sense'를 강도가 다른 것을 겨냥할 때 그 자신을 겨냥하게 하고, 다른 것을 수정할 때 그 자신을 수정하게 하며, 마침내 그 자신의 흔적으로 되돌아가게 하는 운동으로" 해석한다고 들뢰즈는 언급한다(LS 298). 들뢰즈는 클로소프스키의 영원 회귀 독해에서, 언어적 함의작용, 혹은 기표와 기의의 어떠한 관계에 선행하여 의미가 독특한 신체적 강도의 반복으로 출현하는 방식에 대한 기술을 발견한다. 여기서 독특한 강도의 반복으로서 의미는 오직 차이 안에서만 출현한다. 왜냐하면 반복은, 독특한 강도가 그 자신의 의미를 만들 때, 반복된 것의 차이적 흔적으로서 반복되는 또 다른 독특한 강도의 생산을 오로지 늘 가져오게 하는 운동 속에서 일어나기 때문이다. 언어 기호는 강도로부터 한 발자국 농떨어져 "의미"의 차이적 흔적 혹은 반복으로서 실존한다.

이러한 독해에 따르면, 언어 기호는 차이 안의 반복의 이중적 운동으로서 신체적 강도들이나 리비도적 충동들에서 출현한다. 의미는 흔적, 차이 안의 반복, 또는 강도의 모조로서 실존한다. 언어 기호는 흔적, 차이 안의 반복, 또는 의미의 모조로서 실존한다. 클로소프스키의 영원 회귀 독해에서 이러한 반복의 운동은 "온전한 '현상학'", 즉 후설의 현상학으로부터 탈피하는 현상학, 그리고 "기호에서 의미로" 이동함은 물론 "강도에서 지향성으로 이동함"을 제공한다고 들뢰즈는 언급한다(LS 298). 클로소프스키의 영원 회귀 독해에 관한 이러한 최초의 설명이 시사하는 것은 클로소프스키는 니체의 이론을 의미와 함의작용이 차이 안의 반복의 함수로서 출현하는 사상으로 해석한다는 점이다. 「클로소프스키 혹은 신체-언어」에 보이는 팬터마임, 시뮬라크르, 동일성의 상실에 관한 들뢰즈의 논의는 처음에는 『차이와 반복』에서 전개된 그 개념들의 렌즈를 통해서 전적으로 클로소프스키를 독해한 것으로 보일지도 모른다. 그렇지만 영원 회귀에 관한 클로소프스키의 1966년 시론에 대해 그가 베푸는 설명은 클로소프스키 그 자신이 차이와 반복의 사유에 깊이 종사하고 있음을 시사한다. 그렇다면 차이 안의 반복은 단순히 클로소프스키의 저술에 가해지는 들뢰즈의 개념적 체계가 아니다. 그것은 그 저술 안에서 매우 명시적으로 전개된 체제이다. 이러한 맥락에서 들뢰즈는 『의미의 논리』의 자신의 부록에서 클로소프스키를 독해하기 위해서 『차이와 반복』의 논리를 반복하고 있는 것이 아닐 가능성이 생겨난다. 오히려 『차이와 반복』의 논리 그 자체가 클로소프스키의 영원 회귀 독해의 반복일지도 모른다.

「같은 것의 영원한 회귀 체험에서의 망각과 아남네시스」

「같은 것의 영원한 회귀 체험에서의 망각과 아남네시스」에서 클로소프스키는 니체의 이론을, 들뢰즈가 후에 언급하는 바와 같이, 강도적인 신체적 충동들(프랑스어에서 사용되는 용어는 독일어 "Triebe"를 번역한 "impulsions"이다), 의미, 언어 기호들 사이의 관계에 대한 기술로 읽는다. 그러나 그는 영원 회귀 그 자체는 "가장 높은 강도" 체험의 흔적으로 실존하는 기호라고 주장함으로써 그렇게 읽는다. 이 시론에서 클로소프스키는 영원 회귀를 두 가지 수준에서 정식화한다. 첫 번째 수준은 니체가 실스-마리아Sils-Maria에서 겪은 직접 경험 혹은 계시이고, 두 번째 수준은 악순환의 이론 혹은 "기호"에 대한 설명이다.

클로소프스키가 가장 높은 강도 경험에 대해 말하는 것은 첫 번째 수준의 계시와 관련해서이다. 여기서 영원 회귀의 계시는 『차라투스트라는 이렇게 말했다』에서 「구원에 관하여」와 「낡은 법전과 새로운 법전」에서 차라투스트라가 정식화하는 명법의 긍정으로서 체험된다.[10] 이 장들에서 차라투스트라는 "의지"와 "필연성"의 가능성을 결합하는데, 여기서 "필연성"은 생의 과거 순간들의 비가역성을 지시한다(그러므로 암묵리에 모든 현재와 미래 순간들의 필연성을 지시한다). 차라투스트라는 명법으로서 영원히 반복될, 체험된 생을 긍정하는 일에 대해 말한다. 즉 과거를 구원하는 일에 대해, 모든 "그것이 있었음"을

"내가 그것을 그렇게 원했음"으로 변형하는 일에 대해 말한다.**11** 그러나 중요하게도, 만약 과거가 돌이킬 수 없는 것이라면, 그렇다면 과거를 그것이 있었던 대로 의지意志하는 것은 역설적으로 필연성을 의지하는 것—의지를 넘어 있는 것에 대해 의지하는 것—이다. 이것은 계시의 순간에서 의식적 개인은 그 자신을 자율적 자기-규정 혹은 고정된 인격적 동일성의 모든 가능성을 초과하는 "우연적 경우"로서, 즉 독특한 사례로서 파악하는 것을 의미한다. 회귀의 계시에서 자기는, 회귀 사상이 계시되는 자기가 또한 우연적인 것으로서 긍정될 때까지, 우연적이고 임의적인 것으로서 긍정되는 자기의 이전 사례들 각각을 통과하는 과정을 겪는다. 여기서 영원 회귀 이론을 구성하는 역설에 마주치게 된다. 왜냐하면 이런 물음이 나오기 때문이다. 그 우연성의 사실 그 자체가 의식적 사유의 통일성integrity을 붕괴시킬 때 의식적 사유가 어떻게 그 자신의 우연성을 의식할 수 있게 되는가?

두 번째 수준에서, 클로소프스키는 영원 회귀를 의식적 자기가 고수하는 기호 혹은 이론이라고 말한다. 만약 회귀의 계시가 (자신의 우연성을 긍정함으로써) 자신의 내용에 대한 사유를 비운다면, 그렇다면 그것은 근본적으로 전달 불가능한 경험이다. 왜냐하면 클로소프스키에게 안정된 의식의 가상은 언어 내에서만 실존하고, 전자를 파괴하는 것은 마찬가지로 후자를 폐기하는 것이기 때문이다. 악순환의 기호는 어떤 방식으로 그 자신으로부터 그 자신의, 기호로서의 내용을 비우는 기호이므로 또한 환원 불가능한 역설의 심급이다.

체험과 영원 회귀 이론 혹은 기호 둘 모두의 역설적 지위를 사유하기 위하여 클로소프스키는 계시의 순간에 일어나는 것은, 필연성이 의지意志되고 모든 "그것이 있었다"가 "내가 그렇게 그것을 의지意志했고 그렇게 나는 그것을 의지할 것이다"가 될 때, 현재적인 의식적 자기는 비활동적이 되고 자기들의 이전 계열들 전체(독특한 우연적 사례들)가 통과된다(각각은 단 하나의 "그것이 있었다"이다)고 언급한다. 이러한 과정 전체는 클로소프스키가 이 후기 시론에서 영원 회귀를 구축하는 방식에 본질적인 망각함과 기억함 때문에 가능하다. 망각함은 그가 "일상 기호들의 코드"라고 부르는 것의 고정을 통해, 즉 일상 언어와 재현적 범주들의 고정을 통해 그 자체를 확립할 수 있는 응집적인 자기의 가능성에 중요하다고 그는 주장한다. 클로소프스키의 니체 해석에 따르면, 자기는 비동일적이고 우연적인 사례들의 불연속적 계열에 다름 아니기 때문에, 어떠한 하나의 사례도 그 계열 안의 다른 모든 순간들을 망각할 때만 그 자신을 응집적 의식으로 확립할 수 있고, 혹은 클로소프스키가 말하듯이, "나의 현재적 의식은 나의 다른 가능한 동일성들을 망각할 때만 확립될 것이다"(VC 58). 그러므로 영원 회귀의 체험은 현재의 자기를 망각하는 것(반현실화disactualisation)이고, 그리고 최초로 회귀의 계시를 겪은 자기로 되돌아갈 때까지 다른 자기들을 각각 차례대로 기억하는 것이다. 클로소프스키는 이 순간을 다음과 같이 표현한다.

영원 회귀는 의지意志되어야만 하는 필연성이다. 즉, 나인 자만이 이제 내 회귀의 필연성을, 그리고—의지가 여기서 주체를 전제하는 한에서—나인 것으로 이끈 모든 사건들을 의지할 수 있다. 이제 이 주체는 더 이상 그 자신을 지금까지 있어 왔던 것으로서 의지할 수 없고, 모든 선행적인 가능성들을 의지意志한다. 왜냐하면 단 한번의 일별에서 회귀의 필연성을 보편적 법칙으로서 수용함으로써, 나는 통과되어야만 하는 전 계열의 다른 모든 자기들 속에서 나 자신을 의지하기 위해서 나의 현재적 자기를 반현실화하며, 이렇게 하여 순환적circular 운동에 따라서 다시 한 번 나는 영원 회귀

법칙을 발견하는 순간에 나인 것이 된다. (VC 57-8)

각 과거의 순간이 통과될 때 각 과거의 자기는 다시 의지되지만, 필연적인 사례로서 그 자체 의식적 의지의 순간에 의해 생산된 것이 아니라, 우연적인 사례로서 독특한 "우연적 경우"로서 다시 의지된다. 이것은 원환이 닫혀지고 계시 그 자체가 일어난 계열의 그 시점으로 되돌아갈 때 근본적인 어떤 것이 일어난다는 것을 의미한다.

그렇다면 남아 있는 모든 것은 더 이상 이 선행하는 가능성들의 결과로서가 아니라, 더 이상 수천 가지 중의 한 가지 실현으로서가 아니라, 바로 그 우연성이 그 계열 전체의 완전한 회귀의 필연성을 의미하는 우연적 순간으로서 나 자신을 다시 의지하는 것이다.

하지만 자기자신을 우연적인 순간으로서 다시 의지하는 것은 자기자신임을 최종적으로 포기하는 것이다. 왜냐하면 내가 내 자신임을 포기했던 것, 내가 이 포기를 의지해야 했던 것은 최종적인 것이 아니기 때문이다. 그리고 내가 이 순간을 다시 의지해야 하는 한 나는 심지어 최종적으로 이러한 우연적인 순간조차 아니기 때문이다. … 한 번 더! (VC 58)

체험된 계시로서의 영원 회귀가 나타내는 것은 자기를 모든 별개의 순간들 속에서 일련의 "우연적인 경우들"로서 파악하는 일이다. 그것은 동일성과 차이의 비동일성을 계시하는 일이지만, 여기서 그것은 또한 반복으로서의 실존을 계시하는 일이다. 이는 1930년대 이후 클로소프스키의 사유함에 되풀이해서 나타나는 모티프이다. 회귀 통찰은 일기一期의 인간 생명이, 모든 의지와 의식적 지향성에 선행하는 무작위적인 주사위 던지기들의 반복하는 계열에 다름 아니라는 점을 계시한다. 자기는 그 자신의 해체를 의식적이고 고정된 자기로서 파악한다. 또 말하지만 우리는 의식이 그 자신의 의식의 해체를 의식적으로 파악하고 있다는 점에서 이것이 환원 불가능하게 역설적인 순간인 방식을 간취할 수 있다. 더 진지하게는, 이렇게 하여 그것은 경험 그 자체로서의 계시의 지위를—불가능하지 않다면—역설적인 것으로 만들어놓는다. 실로 회귀 경험은, 만약 정의상 그것이 경험 영역(즉 자기-알아차리는 사유하는 주체의 경험 영역) 바깥에 놓여 있다면, 도대체 어떻게 경험일 수 있는가? 그러므로 시론의 제명 「같은 것의 영원한 회귀 체험에서의 망각과 아남네시스」는 어떤 아이러니를 실어 나르고 있다. 첫째로, 경험으로서의 영원 회귀는 언제나 불가능한 경험이기 때문이고, 둘째로, 그것은 같은 것을 전복하고, 경험을 반복과 차이의 기호 아래에 두기 때문이다.

영원 회귀를 기호로서, 악순환의 기호로서 구축하는 일의 중요성이 명백해지는 것은 여기에서이다. 만약 영원 회귀가 언어와 경험의 바깥에 놓여 있다면, 그렇다면 사실 클로소프스키가 회귀의 계시로서 기술한, 방금 그 개요를 서술한 과정은 언제나 이미 회귀 이론의 정식화이다(그것은 언어로 기술되고 있기 때문이다). 회귀 이론의 패러디적이고 시뮬라크르적 측면은 이제 그 자신을 확고히 한다. 회귀 이론은 언제나 그 기술을 피하는 어떤 것을 기술하고 있기 때문에 패러디적이다. 경험의 비동일성을 드러내는 것으로서 회귀 이론은 결코 그 어떤 것과도, 심지어 그 자신의 계시와도 합치할 수 없다. 그렇지만 이러한 역설적인 순간이 클로소프스키가 악순환이 영원 회귀의 기호라고 말할 때에 여전히 존속한다. 악순환은 그것을 말하는 모든 이의 동일성을 피하는 기호이다. (응집적인 자기동일적인 동일성으로서의) "나"는 모든 동일성들을 전복하는 이 기호 안에서 무이다. 이러함에도 불구하고, 악순환의 기호에 관해 본질적인 것은 그것이 개인적 경험 전체, 의미와 언어 전체를 반복, 비동일성, 불연속성의 법칙 아래에 둔다는 점이다. 악순환의 패러디적 기호 아래 실존함으로써, 실존에 대한 우리의 파악은 변화하며, 그 가상적 자기 통일성에 관련하여 우리가 정립하는 작용의 본성은 근본적으로 변경된다. 우리의 의식적 지향성과 상관없이 회귀 기호 아래의 실존은 경험의 바로 그 실체를 변화시킨다. 그것은 또한, 중요하게도, 사유와 글쓰기의 본성을 변화시킨다. 왜냐하면 다시 또 말하지만, 비록 우리가 뜻meaning과 동일성의 관점에서 쓸지라도, 글쓰기는 악순환의 기호 아래 그 자신의 토대 결여, 자기동일성의 부재, 패러디로서의 지위를 긍정하는 그러한 방식으로 배치된다.

그렇다면 영원 회귀는 의식적 주체가 긍정하는 이론 혹은 기호로서 출현한다. 그러나 체험으로서, 영원 회귀는 역설적으로 의식적 주체를 초과해 있고, 혹은 의식적 주체를 가지지 않는다. 영원 회귀는 경험을 초과하는 경험으로서 실존한다. 들뢰즈가 『의미의 논리』 부록에 실린 클로소프스키에 관한 시론에서 말하듯이, "영원 회귀의 진정한 주체는 강도이고 독특성이다"(LS 300; 번역 수정).**12** 회귀 이론이 실존을 강도들의 무근거적이고 우연적인 유동(=흐름)에 근거짓고 자기, 뜻meaning, 함의작용signication의 모든 심급을 유동 혹은 강도의 시뮬라크르적 반복이나 차이적 흔적으로 만드는 것은 오직 회귀 이론이 주체와 그 내용의 기호를 비우는 한에서일 뿐이다.

차이와 반복

니체의 영원 회귀 이론은 1962년 저작 『니체와 철학』, 1968년 저작 『차이와 반복』에 나타나는 들뢰즈의 사상에 중심을 이루고 있다. 그렇지만 그가 이 이론을 사유하는 방식은 이 두 저작을 갈라놓는 중간 기간에서 변한다.[13] 이전 저작에서 핵심 강조는, 차이 나거나 새로운 것만이 회귀한다는 것을 단언하고 따라서 또한 반응적 힘들의 생성을 지배하는 능동적인 것의 생성을 단언하는 선별적 이론으로서의 영원 회귀에 주어진다. 『차이와 반복』에 담겨 있는 회귀 사상은 클로소프스키의 1966년 시론 「망각과 아남네시스」의 회귀 사상을 반복하고 수정하는 용어들로 전개된다. 들뢰즈는 『차이와 반복』에서 클로소프스키의 니체 독해에 대해 여러 번 명시적으로 언급한다. 312쪽 각주에서 그는 "니체의 해석을 갱신하는 두 편의 논문"을 언급하는데, 이것들은 시론 「망각과 아남네시스」와 클로소프스키의 1957년 시론 「니체, 다신론, 패러디」이다.[14] 후에 들뢰즈는 특별히 클로소프스키의 해석을 다음과 같은 용어들로 인용한다. "피에르 클로소프스키는 분명히 이 점을 언급했다. … 엄격한 의미로 취한다면, 영원 회귀는 각 사물이 오직 회귀 속에서만 실존한다는 것을, 원본이나 기원이 존속하는 일을 허용하지 않는 무한한 사본들의 사본으로 실존한다는 것을 의미한다"(DR 66-7). 후에 여전히 그는 또한 영원 회귀를 이론doctrine의 시뮬라크르로서 보는 클로소프스키의 해석을 다시 한 번 명시적으로 인용한다(DR 95).[15] 그렇다면 『차이와 반복』 텍스트에서 들뢰즈는 클로소프스키가 1960년대 프랑스의 니체 해석을 갱신한 일의 중요성을 매우 분명하게 인정하고 확언한다.

그렇지만, 비록 들뢰즈가 『차이와 반복』에서 클로소프스키를 명시적으로 언급하는 일은 비교적 적을지라도, 니체를 갱신한 클로소프스키의 혼적들이 훨씬 더 많이 이 텍스트의 어떤 절들 구석구석에 스며들어 있다. 이것은, 예를 들어 반복과 영원 회귀와 관련된 다양한 용어들, 가령 가면, 원환, 시뮬라크르에서 간취될 수 있다. 이 용어들 각각은 차이와 반복이라는 이름의 저작에서 들뢰즈의 차이와 반복 사상에 핵심 장소를 차지한다.

가면

이 논의는 『차이와 반복』 맨 앞에 나오는 들뢰즈의 단언, 즉 "행동으로서 반복과 관점으로서의 반복은 교환 불가능하고 대체 불가능한 독특성에 관한 것이다. 반영들, 반향들, 분신들, 화신들은 유사성이나 동등성의 영역에 속하지 않는다"(DR 1)를 명구로서 인용함으로써 시작되었다. 반영들, 분신들, 화신들에 대한 언급은 1930년대 말 이후 간행된 클로소프스키의 저작 도처에서 발견될 수 있다.**16** 각 경우에서 이 언급들은, 일련의 이미지들로 반영되고, 분신이 되고, 반복되면서, 우연적으로 수용되고 따라서 모든 동일성 원리를 초과하여 실존하는 가면 혹은 역할로서 긍정되는 자기self의 사상을 표현한다. 그러므로 이것은 모든 참되거나 진정한 자기를 감추는 가면이 아니라, 본원적 자기나 동일성의 모든 가능성이 전복되는 일련의 가면들로서 늘 반복되는 가면일 뿐이다. 이러한 사상은 「니체, 다신론, 패러디」라는 제명의, 영원 회귀에 관한 1957년 시론에서 클로소프스키에 의해 가장 명시적으로 표현된다. 망각과 아남네시스에 관한 후기 시론에서 클로소프스키는 니체의 회귀 이론을 자기를 우연적 사례로 보는 파악으로서 해석한다. 클로소프스키는 1957년 『니체와 악순환』에서 그랬듯이

"우연적 경우"라는 언어를 사용하는 것이 아니라, 명시적으로 가면이 리는 언어를 소환한다. 그가 긍정하는 회귀 이론은 "그것이 우연적으로 수용되는 것으로 간주되는 한에서, 따라서 담당될 수 있는 역할로 서—다른 것을 제치고 선택되었기 때문에, 역사의 일천 개의 가면들 중에서 취해진 또 다른 가면을 위해 가면으로서 또한 거부될 수 있는 한 가지 역할로서—담당되는 한에서 니체 자신의 동일성과 직접적으로 관련된 것이다"(SFD 218). 제시된 바와 같이, 이러한 니체 독해는 동일성이 역할극으로서 무대로 올려지는, 혹은 환상적 인물들이나 가면들의 연극적 증식으로서 무대에 올려지는 클로소프스키의 소설 적인 글쓰기의 핵심 측면들을 유사-이론적quasi-theoretical 설명의 방식 으로 반복한다.

『차이와 반복』서론에서 들뢰즈는 반복이 죽음 본능과 맺는 관계에 대한 물음이 제기될 때 프로이트와 관련하여 가면 비유를 언급한다. 프로이트가 논하는 죽음 본능은 직접적으로 반복의 현상과 관련하여 발견된다고 들뢰즈는 지적한다. 이 맥락에서 들뢰즈는 프로이트의 무의식적 환상의 연극적 성격을 강조한다. 즉 사례 연구의 피험자들 이 일련의 역할들을 가로질러 분배되는 그들의 무의식적 환상들 속에 서 행하는 역할을 발견하는 방식을 강조한다. 이 맥락에서, "변장들과 변이들, 가면들 또는 분장들은 '위에서나 너머에서' 오지 않는다. 이와 반대로 그것들은 반복 그 자체의 내적인 발생적 요소들, 반복의 필수 구성 부분들이다"(DR 16-17). 역할들, 변이들, 분신들로 이해되는 일 련의 이미지들 안에서 동일성이 해체되는 것은 들뢰즈가 "죽음 본능 은 그것이 가면들과 분장들과 맺는 관계 속에서 이해될 수도 있 다"(DR 17)는 점을 단언하도록 해주는 것으로 보인다. 따라서 이로 인해 그는 죽음 본능을 본원적인 긍정적 차이의 반복과 관계시킬 수

있었다. 여기서 들뢰즈는 "반복의 본질"(DR 19)과 관련되는 몇몇 더 폭넓은 결론을 내린다. 즉,

반복은 그 자신을 구성할 때 그 자신을 변장하는 바로 그것, 그 자신을 변장함으로써만 그 자신을 구성하는 바로 그것이다. 반복은 가면들 아래에 존재하는 것이 아니라, 변이들을 가지고 변이들 내에서, 한 가면에서 다른 한 가면으로, 한 특권적 순간에서 다른 한 특권적 순간으로 형성된다. 가면들은 다른 가면들을 제외하고는 아무것도 숨기지 않는다. (DR 17)

이 정식화는 니체에 관한 1957년 시론에서 자기를 가면으로 보는 클로소프스키의 유사–이론적인 설명, 그리고 그의 소설들에서 자기–동일성을 가면이나 역할극으로 꾸미는 그의 미장센을 상기시키고, 아니 차라리 어떤 방식으로 반복한다. "가면은 반복의 진정한 주체이다"(DR 18). 그렇지만 만약 가면이 반복의 주체라면, 그것은 기원이나 동일성이 없는 주체이다. 왜냐하면 가면으로서 이 주체는 오로지 늘 의미화될 수 있으며, 자신을 의미화하는 것에 의해 가면이 씌워지고 자신이 의미화하는 것에 그 자신이 가면을 씌울 수 있기 때문이다 (DR 18).

클로소프스키의 소설적 글쓰기와 이론적 글쓰기에서 줄기차게 되풀이되는 이러한 가면 비유의 반복은, 물론, 그 자체로 반복 특성의 반복, 혹은 더 정확히 말해 언제나 차이의 반복으로서의 반복이라는 반복이다. 그렇지만 클로소프스키의 반복 특성들을 반복할 때 들뢰즈는 또한 클로소프스키에서 약간 벗어난다. 예를 들어, 니체와 패러디에 관한 1957년 시론은 프로이트나 죽음 충동 개념에 관여하지 않는다. 클로소프스키는 가면 비유를 니체에 관한 그의 철학적 시론에서

영원 회귀 이론에 결부시키고, 그의 소설에서 환상을 상연함에 결부시키지만, 정신분석적 담론을 많은 방식으로 열외 취급하거나 그것에 관여하지 않는다.[17] 그렇다면 이 맥락에서 들뢰즈는 클로소프스키의 핵심 반복 특성을 반복하지만, 클로소프스키로부터 발산하며 그렇게 하고, 따라서 그를 또한 차이의 양식 속에서 반복한다. 이러한 발산 중인 반복의 논리는 또한 『차이와 반복』에서 영원 회귀를 원환으로 보는 들뢰즈의 사상에 대해 정보를 제공하는 것으로 간주될 수 있다.

원환

『니체와 철학』에서 들뢰즈는 영원 회귀의 운동을 기술하기 위해 미로 또는 결혼 반지와 같은 니체의 이미지에 의존한다.[18] 원환 운동의 이미지가 헤라클레이토스와 관련하여 사용되지만(NP 33), 물론 들뢰즈는 니체는 같은 사건들이 영원히 되풀이되는(즉, 같은 것의 반복으로서, 그리고 반응적 힘들의 생성으로서 되돌아오는) 순환적 시간으로서의 영원 회귀 개념에 대해 언제나 비판적이었다고 주장한다(NP 55). 힘들의 능동적 생성을 존재Being로서 긍정하는 윤리적 선별적 이론으로 (선별적 존재론으로) 간주될 때(NP 81), 『니체와 철학』에서 영원 회귀 이론은 (어쩌면 영원 회귀 이론이 같은 것의 순환에 의한 원환 운동 사상과 결부되기 때문에) 어떠한 지속적인 방식으로도 원환의 비유와 결부되지 않는다.

그러나 들뢰즈는 『차이와 반복』에서 영원 회귀 이론과 관련하여 원환 비유를 지속적으로 사용한다. 그렇지만 그가 그렇게 할지라도, 같은 것의 반복을 의미하는 모든 원환적 또는 순환적 운동으로부터 회귀의 원환성을 구별해내려고 애쓴다. "왜냐하면, 만약 영원 회귀가 원환이라면 차이가 중심에 있고 같은 것은 오직 주변에 있을 뿐이기 때문이다"(DR 55). 여기서 원환의 이미지는, "망각함과 아남네시스"에 관한 클로소프스키의 시론에서와 같이, 반복의 원환 또는 순환 운동을 비유로 나타내기 위해 사용된다. 그렇지만 이러한 운동 속에서, 원환적 연속에다 고정된 동일성을 부여하는 기원이나 혹은 정박된 중심 점 개념은 전복된다. 클로소프스키에게 기원이나 중심의 이러한 전복은, 주체가 원환 그 자체를 사유하게 되는(일련의 우연적인 사례들로서 기억되는 자기들의 원환, 기억하는 자기로 막을 내리는 원환으로 사유되는) 바로 그 순간에 주체를 배제하는 원환의 역설적인 악함 속에서 긍정된다. 들뢰즈는 클로소프스키의 악한 원환(=악순환)Vicious Circle 사상의 이러한 측면을 영원 회귀와 관련하여 명시적으로 인용한다. "클로소프스키가 말하듯이, 그것은 나 자신의 응집성, 나 자신의 동일성, 자기의 동일성을 배제함으로써만 그 자체를 확립하는 비밀스러운 응집성이다"(DR 91). 이 맥락에서 그는 다시 한 번 영원 회귀와 관련하여 원환의 비유를 반복하고, 다시 한 번 명시적으로 영원 회귀를 같음의 원환의 순환성과 구별한다. 그러나 그는 클로소프스키보다 다소 다른 용어들로 이 일을 행한다. 같은 것이 그 자신을 반복하는 원환과 대조적으로, 회귀의 원환은 "덜 단순하고 훨씬 더 비밀스럽고, 훨씬 더 구불구불하고, 더 흐릿한 원환, 영원히 원심적인 원환, 차이의 탈중심화된 원환이다"(DR 91). 『차이와 반복』 전반에 걸쳐서 들뢰즈의 회귀 원환은 악하지 않고 오히려 구불구불하다. 그것은 "오직 부등한 것 주위를 맴도는 끊임없이 탈중심화되고 부단히 구불구불한 원환이며"(DR 55), 혹은 들뢰즈가 또한 말하듯이 "영원 회귀의 원환, 차이와 반복의 원환은 … 같음이 다른 것에 대해서만 말해지는 구불구불한 원환이다"(DR57).

니체의 영원 회귀를 악한 원환의 기호 아래에서 보는 클로소프스키의 해식에 뒤이어, 원환은 1960년대 말『차이와 반복』에 관한 들뢰즈의 사상에서 원리 비유가 된다.『차이와 반복』그 자체와『의미의 논리』에서 들뢰즈는 회귀의 시간성, 그리고 이와 더불어 의미의 생성 becoming, 계열 안 요소들의 차이적 반복, 사유와 존재의 비동일성을 기술하기 위해 되풀이해서 원환 비유를 소환한다. 이 모든 요소들은 다음과 같은 것을 단언할 때,『의미의 논리』의 부록에 실린 클로소프스키에 관한 그의 주해에서 함께 나타난다.

존재Being의 환영(영원 회귀)은 오직 시뮬라크르(모조로서의 힘에의 의지)의 회귀만을 가져온다. 나의 것이 존속하도록 허용하지 않는 응집성이므로, 영원 회귀는 탈중심적인 원환의 원주 전체를 넘어 발산적 계열 안으로 의미를 분배하는 무-의미이다. (LS 301)

그렇지만 가면, 역할극, 연극성 등 클로소프스키의 언어에 대한 들뢰즈의 반복에서처럼, 이러한 원환 언어에 대한 반복은 클로소프스키가 사용한 바로 그 용어들로서가 아니라, 반복의 바로 그 순간에 클로소프스키로부터 발산하는 방식으로 다시 한 번 반복된다. 클로소프스키의 악한 원환은 들뢰즈의 구불구불한 원환으로서 반복된다. 이는 들뢰즈가 클로소프스키의 원환 비유를 이전의『니체와 철학』에서 니체로부터 이끌어내는 미로의 이미지로 배가한 것 같다. 다시 한 번 말하면, 들뢰즈는 클로소프스키의 반복 비유들을 반복하지만 차이를 표시하거나 긍정할 때만 그렇게 하는 것으로 보인다.

시뮬라크르

이 점에 비추어볼 때, 들뢰즈의 클로소프스키 반복을 그 자체 시뮬라크르로, 즉 차이, 반영, 또는 연극의 이중역을 내면화하는 반복으로 읽고 싶은 마음이 생길지도 모르겠다. 모조 개념과 "시뮬라크르" 용어는 1950년대와 1960년대 전반에 걸쳐 클로소프스키 저작에서 지배적인 역할을 행한다.[19] 들뢰즈의 가장 기민한 현대 독자들 중의 한 사람인 제임스 윌리엄스에 따르면, 『차이와 반복』에 보이는 시뮬라크르는 "들뢰즈 주장의 모든 측면들을 결집한다".[20] 물론 시뮬라크르 용어는 고대로까지 거슬러 올라가는 긴 역사를 가지는데, 들뢰즈는 자주 이에 대해 언급하고 『의미의 논리』의 부록을 이 점에 할애한다(LS 252-79). 그렇지만 현대적 시뮬라크르에 대한 그의 해석은 클로소프스키의 이 용어 사용법을 긴밀히 상기시킨다. "대자적" 반복에 관한 장 끝 무렵에서 들뢰즈는 시뮬라크르를 다음과 같은 용어들로 기술한다. "시뮬라크르는 정확히 유사성이 박탈된 악마적 이미지들이다"(DR 167). 여기서 시뮬라크르는 그것들이 나쁜 유사성이거나 복제본이기 때문이 아니라 유사성을 결여한 환영적 이미지들이기 때문에 악마적이다. 이것은 거인들과 곱사등이들의 환상적 이미지들이, 작품명과 동일한 이름의 여주인공이 왜곡된 신학적 스콜라 철학적 담론을 통렬히 규탄하는 동안 그 여주인공을 성적으로 폭행하는 것으로 보이는, 클로소프스키의 『오늘밤 로베르트』의 용어들을 매우 긴밀히 상기시킨다. 다른 곳에서 들뢰즈는 시뮬라크르와 영원 회귀와 관련하여 클로소프스키의 1957년 시론 「니체, 다신론, 패러디」를 인용한다.

영원 회귀는 … 분신 또는 시뮬라크르를 분리해놓았다. 영원 회귀는 분신 또는 시뮬라크르를 초인적인 것의 요소로 만들기 위해 희극적인 것을 해방시켜놓았다. 이런 이유 때문에—다시 또 클로소프스키가 말하는 바와 같이—영원 회귀는 이론doctrine이 아니라 모든 이론의 시뮬라크르이다(가장 높은 아이러니). (DR 95)

사실 다소 기이한 인용이다. 더 정확히 말하면, 클로소프스키를 잘못 인용한 것으로 보인다. 패러디에 관한 1957년 시론에서 클로소프스키의 정확한 정식화는 단순히 회귀 이론이 ("모든 이론의 시뮬라크르"가 아니라) "한 이론의 시뮬라크르"(SFD 226)임을 단언하는 것이다. 그는 니체가 영원 회귀를 파악할 때 "시뮬라크르를 인식knowledge 안에 놓고 인식을 시뮬라크르 안에 놓으려고"(SFD 190) 했다는 점을 보여줄 따름이다. 그가 사용하는 단어들은 들뢰즈가 사용하는 단어들과 다소 다르다. 클로소프스키와 들뢰즈 둘 모두에게 시뮬라크르는 악한 원환 또는 구불구불한 원환으로 형상화되는 니체의 영원 회귀 사상을 표현하고, 이와 더불어 우연적 사례, 가면, 역할로서 이해되는, 자기의 동일성의 상실을 표현하는 핵심 용어로서 작동한다. 들뢰즈의 클로소프스키 인용은 장난스럽게 제멋대로 하거나 혹은 무의식적으로 부정확한 것일 수도 있다. 어떠하든, 그것은 다시 들뢰즈의 클로소프스키 반복은 결코 단순하거나 단도직입적인 방식으로 일어나지 않은 방식을 나타내지만, 원래의 클로소프스키 언어 자료corpus나 텍스트로부터 벗어나는 발산 또는 차이를 어떤 수준에서 포함하는 것으로 늘 보인다.

반복으로서의 계승

그러나 이 두 작가의 관계에 관련하여 가장 중요하게 보이는 것은 기원 개념이나 혹은 고유명, 언어 자료, 텍스트에 속하는 동일성 개념이 전복되는 방식이다. 만약 우리가 들뢰즈는 1960년대 후반에 클로소프스키의 영원 회귀 사상으로부터 니체 사상의 핵심 측면들을 "계승한다"고 단도직입적인 방식으로 말한다면, 그렇다면 이 두 사람의 관계는 같음의 논리로 동화될 것이다. 이 두 사람은 프랑스 전후 니체주의의 공통 근거를 공유할 것이며, 들뢰즈가 클로소프스키에게 빚지고 있음은 그의 명시적인 감사의 말에서, 그리고 그가 차이와 반복을 사유하기 위해서 클로소프스키의 언어(가면, 원환, 시뮬라크르, 이뿐만 아니라 반영, 변장, 모조, 이중 역, 화신)를 암묵적으로 그러나 지속적으로 활용하는 방식에서 분명히 나타날 것이다. 한 수준에서, 들뢰즈-클로소프스키 관계가 공통성과 같음을 의미하는 논리 안으로 동화되는 것은 불가피하고 또 필연적이다. 그것은 우리가 프랑스 니체주의의 특별한 궤적을 역사적으로 추적하고 비판적으로 이해하도록 해준다.

그렇지만 또 다른 수준에서, 그러한 공통성이나 같음의 논리로 동화될 수 없는 이러한 관계의 차원이 거의 틀림없이 존재할 것이다. 두 경우에서 클로소프스키와 들뢰즈는 니체에 관한 불가능한 독해를 시도하고 있다. 니체 철학은 기원적인 것이든, 본원적인 것이든, 그리고 기원적 사유의 정당성과 권한을 인증하는 고유명(가령, "니체")의 동일성이든 이것들의 모든 가능성을 전복하는 사유를 위한 기원적 순간으로서 존립한다. 서로 다른 방식으로 클로소프스키와 들뢰즈 둘 모두의 사유함과 글쓰기는 사유의 이러한 역설을 타개하는 일을 목표로 한다. 둘 모두 차이를 내면화하고 긍정하는 반복의 양식으로서의 시뮬라크르에 호소한다. 사상, 비유, 기호, 철학 이론으로서의 시뮬라크르는 "니체"라고 서명된 일군의 텍스트의 동일성을 반복하는 것이 아니라, 오히려 그것은 니체의 텍스트 내에서 그 자체 사유의 불가능한 대상인 것, 재현에 또는 개념 작업에 동화될 수 없는 차이의 사유인 것을 반복하는 것을 목표로 한다. 이런 의미에서 클로소프스키와 들뢰즈 둘 모두는 니체의 텍스트 내에서 차이로서, 연극, 가면, 시뮬라크르로서 이미 반복된 것을 반복하는 것을 목표로 한다.

들뢰즈의 클로소프스키 반복이 그 자체 반복의 반복이라는 것은 이러한 의미에서이다. 이러한 이중적 반복은 같음이나 동일성의 반복이 지배하는 계승의 논리에 전적으로 동화될 수 있는 것이 아니다. 이 점에 비추어볼 때, 클로소프스키의 원본에서 벗어나거나 그것과 다른 방식으로 행해지는 들뢰즈의 클로소프스키 반복은 단지 문체적이거나 장난기가 섞인 윤색으로서가 아니라 철학적-수사적 전략으로서 출현한다. 이 전략은 반복되는 것을 언제나 (이미) 행해지는 반복, 가면, 또는 그 자신과의 내면적인 차이로서 긍정한다. 그렇다면 반복되는 것은 언제나 시뮬라크르이다.

캠브릿지 대학교, 다우닝 대학

주(Notes)

1. 흥미롭게도, 반복이 핵심 역할을 하는, 적어도 두 명의 주요 사상가가 이 모티프와 관련하여 전혀 언급되지 않고 있다.

2. 니체와 클로소프스키를 제외하고, 참고문헌에서 유일하게 언급된 영원 회귀 사상가는 고대 그리스 사상에 나타나는 반복을 사유한 머글러*Mugler*이다.

3. 질 들뢰즈, 「결론: 힘의 의지와 영원 회귀에 관하여」, *Nietzsche*, 마샬 게루 엮음(Les Cahiers de Royaumont Philosophie IV, 1967), pp. 275-86. 또한 『차이와 반복』, 특히, DR 312 n. 19, 66-7, 95를 보라.

4. 미셸 푸코, 「악타이온의 산문」, *La Nouvelle Revue Francaise*, 1964년 3월.

5. 「클로소프스키 혹은 신체-언어」(LS 280-301).

6. 특히 들뢰즈는 『오늘밤 로베르트』(Paris: Minuit, 1954), 『낭트의 칙령』(Paris: Minuit 1959), 『프롬프터』(Paris: Pauvert, 1960)(『환대의 법칙』, Paris: Gallimard, 1965에 수록돼 있다), 『바포메』(Paris: Mercure de France, 1965), 그리고 니체에 관한 클로소프스키의 1966년 시론, 「같은 것의 영원한 회귀 체험에서의 망각과 아남네시스」, *Nietzsche et le cerle vicieux*(Paris: Mercure de France, 1969), pp. 93-103; 『니체와 악순환』, 대니얼 스미스 옮김(New York: Athlone, 1997), pp. 56-66을 논한다. 이 시론에 대한 이어지는 모든 언급은 이 영역본에서 인용한 것이고, 뒤에 약호 VC가 표기된다.

7. 조르주 바타유, 『내적 경험』, 『전집』 권5(Paris: Gallimard, 1973), p. 49.

8. 가령 DR 1, 69, 127, 277, 299를 보라.

9. 페르디낭 드 소쉬르, 『일반언어학 강의』, 로이 해리스 옮김(London: Duckworth, 1983), p. 118.

10. 프리드리히 니체, 『차라투스트라는 이렇게 말했다』, R.J. 홀링데일 옮김(Harmondsworth: Penguin, 1961).

11. 니체, 『차라투스트라는 이렇게 말했다』, p. 161.

12. 흥미롭게도 『니체와 악순환』에서 하는 클로소프스키의 말은 이렇다. "강도는 영원 회귀의 영혼이다"(VC 217).

13. 클로소프스키와 들뢰즈에 관해 논할 때 더글라스 스미스가 이런 주장을 폈다. 더글라스 스미스, 『재평가: 프랑스에서의 니체 1872-1972』(Oxford: Clarendon Press, 1996), pp. 140-84.

14. 피에르 클로소프스키, 「니체, 다신론과 패러디」, 『이토록 치명적인 욕망』(Paris: Gallimard, 1963), pp. 187-228. 이 시론에 대한 모든 언급은 프랑스어 원본에서 인용한 것이고, 뒤에 약호 SFD가 표기된다.

15. SFD 226을 보라.

16. 특히 『내 이웃 사드』(Paris: Seuil, 1947; 개정판, 1967), 『유예된 소명』(Paris: Gallimard, 1950), 『목욕하는 다이아나』(Paris: Pauvert, 1956)를 보라. 이 저작들 및 그 밖의 클로소프스키의 소설 작품과 이론 저작에 관한 광범위한 논의에 대해서는, 이언 제임스, 『피에르 클로소프스키: 이름의 지속성』(Oxford: Lenenda, 2000)을 보라. 또한 레즐리 힐, 『한계에서의 글쓰기: 바타유, 블랑쇼, 클로소프스키』(Oxford: Oxford University Press, 2001)를 보라.

17. 클로소프스키는 자신의 학문 도정을 파리의 저명한 정신분석 전문의 비서로 시작했지만, 드 사드의 저술에 관한 자신의 첫 번째 논문을 간행한 후 해고당했다. 클로소프스키의 전기적 궤적에 관해서는, 알랭 아르노, 『피에르 클로소프스키』(Paris: Seuil, 199), pp. 181-91을 보라.

18. 『니체와 철학』(Paris: Presses Universitaires de France, 1962), p. 215를 보라.

19. 클로소프스키는 용어 시뮬라크르를 사용하는 법을 여러 번 정교하게 다듬었다. 가령, 그의 짧은 연구서, 『로마 여인들의 어떤 행동에 대한 문화적 신화적 기원』(Montpellier: Fata Morgana, 1968, 1986)[『목욕하는 다이아나』에 수록되어 있음]의 말미에서, 바타유에 관한 그의 시론, 「조르주 바타유의 의사소통에서의 시뮬라크르에 관하여」, *Critique*(1963년 8-9월), pp. 742-50 등에서. 이 용어는 또한 그의 소설 작품에서도 사용된다. 가령, 『환대의 법칙』, p. 19를 보라.

20. 제임스 윌리엄스, 『후기구조주의 이해하기』(Cheshunt: Acumen, 2005), p. 72. 그러나 윌리엄스는 이 용어가 클로소프스키의 저술이나 또는 들뢰즈가 클로소프스키와 맺는 밀접한 관계에서 행하는 핵심 역할을 언급하지 않는다.

19.

알베르 로트망

사이몬 더피

　알베르 로트망(1908-44)은 20세기 전반기에 일어난 두 차례의 세계 대전 사이 수십 년에 걸쳐 연구에 종사한 수학 철학자이다. 그는 힐베르트적 의미에서 형식주의적이자 구조주의적인 수학 개념을 상정했다. 로트망은 근본적으로 힐베르트의 공리적 구조주의를 참조했는데, 바로 이 때문에 수학적 실재와 수학 철학에 관한 그의 견해는 그의 시대에 지배적인 경향이었던 수학적 인식론과 결별하게 되었다. 로트망은 철학의 역할과 철학자의 역할을 매우 특유한 수학과 관련하여 숙고했다. 그는 "수학의 발달에 있어서, 수학 철학이 자신의 함수로서 인식해야 하고 기술해야 하는 실재가 확인된다"고 쓰고 있다.[1] 그는 계속해서 이러한 실재를 수학의 발달을 "통제하는" "이념적 실재"로 특징짓는다. 그는 "철학자의 희망을 위해 수학이 남겨두는 그것은 수학의 구조물들의 조화 속에서 나타나는 진리이며, 다른 모든 분야들에서처럼 이 분야에서도 시원적 개념들에 대한 탐색은 전체에 관한 종합적 연구에 자리를 내주어야만 한다"고 주장한다.[2]

로트망 그 자신이 설정했지만 그의 이른 비극적 죽음—그는 1944년 나치에게 체포되어 저항의 적극적 일원이라는 이유로 총살당했다—때문에 완수하지 못했던 과제들, 실로 도전들 중의 하나는 그의 수학 철학을 다른 영역들에서 활용하는 과제이다. 이러한 도전을 수용하면서, 로트망을 연구하는 데 가장 많은 근면함을 보여주는 주해자는 질 들뢰즈이다. 들뢰즈의 철학적 기획이 의탁하고 이 기획에서 중요한 역할을 하는 수학적 저작은 로트망의 저작이다. 실로, 들뢰즈가 차이의 철학을 구축하는 기획의 일부로서 구축하는 사변적 논리는 로트망적 의미에서 변증법적이다. 이 장의 목적은 이 로트망의 변증법에 대해, 이 변증법이 로트망의 저작에서 어떻게 작동하는지에 대해 설명을 베푸는 것이고, 이 변증법이 차이의 철학을 구축하는 들뢰즈의 기획에 편입될 때 들뢰즈가 그 자신의 쪽에서 이 기획에다 행하는 것을 규정하는 것이다.

로트망의 공리적 구조주의

로트망의 저작에 매우 분명하게 나타나는 것은 수학의 기원이든, 수학이 논리학과 맺는 관계이든, 토대들의 문제이든 수학의 특정한 토대적 물음들에 관심을 갖지 않았다는 점이다. 그렇기는커녕 그가 관심을 가지는 것은, 수학적 문제틀 일반의 본성에 대해 설명을 제시함으로써 바로 이 문제틀의 근거를 변화시키는 것이다.

로트망은 종종 협소하게 전문 교육을 받은 대부분의 그의 세대 수학자들보다 1920-30년대의 프랑스와 독일 수학 둘 모두에 대해 더 폭넓고 더 정확한 학교 교육을 받았다.[3] 카바이유와 더불어 로트망은 독일 공리론을 그 당시 푸앵카레, 보렐, 베르, 르베그의 "직관주의"가 지배하는 프랑스 맥락 안으로 들여온 사람들 중의 한 사람이었다.[4] 수학 철학에서의 그의 일자적 명제들에서 특히 중시되고,[5] 그의 후속 저작의 발달을 지배하는 두 가지 주요한 관념은 수학적 구조 개념, 그리고 갖가지 수학적 분야들의 현상적 다양성의 기저에 놓여 있는 본질적 통일성 관념이다.[6] "1935년에" 수학에서의 "구조 개념은 아직 완전히 명백하게 밝혀지지 않았다"는 점이 주목되어야 한다.[7] 그러므로 로트망의 기획은 참신하다. 로트망은 수학에서의 공리적 구조주의에 관한 잠재력을 활용하는 수학의 공리적 개념에 관한 힐베르트의 저작에 영감을 받았다. 이러한 조치에 동기를 부여한 본질적 논점은 "수학 이론은 그 대상들의 본성에 전념한다기보다는 그것이 고찰하는 대상들 사이의 관계에 주로 전념한다"는 로트망의 확신이었다.[8]

로트망은 "수학적 대상들을 정의하는 19세기의 해석학analysis과 기하학에 푹 빠져 있는 이론들에 필적하는, 수학적 대상들의 독립성이 존재한다"는 사상을 고찰했다.[9] 대조적으로 그는 현대 대수학을 옹호했으며, "만약 고전 수학이 구성주의적contructivist이라면 … 현대 대수학은 이와 달리 공리적이다"라고 주장했다.[10] 공리적인 방법을 수학에 도입한다는 것은[11] "수학적 대상의 고유성질들과 이 대상이 속하는 공리적 장 사이에는 본질적 의존"[12]이 존재한다는 점을 의미한다. 집짓기 불록들로 기능하는 "요소적인 수학적 사실들"의 고립은 배제된다. 그러므로 로트망은 "수학적 실재의 문제는 사실들의 수준에서나 대상들의 수준에서 생겨나는 것이 아니라 이론들의 수준에서 생겨난다"고 주장할 수 있었다.[13] 물론 이것은 수학적 대상 그 자체에 의문을 제기하는 것이 아니다. 로트망은 수학이 물리학처럼 구성된다고 생각했다. "설명되어야 할 사실들은 역사 전반에 걸쳐서 반성의 진보가 본질적 개념들의 의미를 끊임없이 갱신함으로써 이해 가능하게 된 역설들이었다."[14] 고립될 수 있는 요소적 대상들이 아니라 "무리수, 도함수가 없는 무한히 작은 연속함수, ε의 초월과 ϖ의 초월, 초한수"와 같은 수학적 사실들은 "그것들의 연역적 이론이 존재하기 전에 사실의 이해 불가능한 필연성에 의해 인정되었다".[15] 그는 따라서 수학적 사실과 물리적 사실은 "그것들을 요약하는 개념의 통일성 아래에서 조직된다"고 주장한다.[16]

로트망의 "공리적 구조주의"는 이후 몇 십 년 동안 수학에, 특히, 로트망의 전집에 서문을 쓴 장 디외도네라는 인물에[17] 영향을 미친 부르바키 기획에[18] 영감을 준 새로운 수학이었다. 구조주의적 관점은 1940년 이래 수학 발달에 매우 큰 영향을 미쳐 와서 지금은 다소 진부한 것이 되었다.[19] 그러나 로트망이 저술하고 있을 당시에는 사정이 아직 그렇지 않았다.[20]

로트망이 수학에 대한 그의 구조적 개념을 전개하기 위해 행하는 첫 번째 조치는 비엔나 서클의 논리학자들의 논리적 실증주의에 반대하는 것이었다. 로트망은 적은 수의 개념들로 시작하고, 원초적인 논리적 명제들로 시작하는 수학적 개념들을 건립하고자 하는 그들의 노력이 헛되다고 생각했다. 왜냐하면 그 노력은 그가 구성된 이론들의 질적이고 통합적인 성격이라고 언급하는 것을 더 이상 "보지 못하기" 때문이다.[21] 그는 "수학적 전체들을, 요소들이 통합되는 전체의 구조에 대한 전반적인 고찰과 전혀 무관하게 정의되는 이 요소들의 병치로 간주하는 것은 불가능하다"고 주장한다.[22] 로트망에게, 논리적 실증주의의 이러한 빈곤함은 명제 용어들로 된 수학을 "그것이

표현하는 내용에 무관심한 언어 이상의 것이 아닌 것"으로 이해한 결과이다.[23]

로트망은 또한 비엔나 서클이 원용하는 힐베르트에 대해서도 이의를 제기한다. 힐베르트의 프로그램을 지지하는 그들의 주장에도 불구하고[24] 로트망은 "형식주의"라는 용어에 대한 논리주의자들의 해석을 비판한다. 그는 이러한 해석이 힐베르트의 사상을 대변하지 못한다고 생각했기 때문이다.[25] 논리주의자들은 정리들이 형식적 체계를 발생시키거나 구성하는 식으로 형식적 체계들 안에서 정리들을 도출하는 반면, 로트망이 보기에 힐베르트는 오히려 정합성 혹은 무–모순성, 완전성, 결정 가능성 등과 같은, 형식적 체계들에 관한 정리들을 찾고 있다.[26] 수학 철학을 여러 논리적 형식주의들에 관한 연구와 혼동하는 것이 아니라, 로트망은 수학적 실재를 "그 자체의 구조의 관점"에서 특징짓고자 노력하는 일이 필요하다고 생각했다.[27] 로트망은 이것이 힐베르트의 메타–수학적 프로그램에 대한 더 정확한 규정이라고 생각했다. 그는 이 프로그램이 "토대들의 인식론적 문제를 순전히 수학적인 문제로 변형함으로써 그 문제를 내면화했다"고 주장했다.[28]

힐베르트의 저작에 대한 논리주의자들의 해석에 반대하며 로트망은 "힐베르트가 발생적 정의의 방법을 공리적 정의의 방법으로 대체하여, 논리에서 시작하는 수학 전체를 재건립하고자 하지 않고 이와 달리 논리에서 산수로, 산수에서 분석으로 이동하면서, 매번 결과의 영역을 넓혀주는 새로운 변수들과 새로운 공리들을 도입했다"고 주장한다.[29] 로트망이 그의 저작에 동원하는 (힐베르트의) 공리적인 구조적 수학 개념은 비구성주의적인 공리주의적인 것이며, 그는 "따라서 수학은 매 단계가 전 단계로 환원 불가능한 계기적 종합들로서 생겨난다"고 주장한다.[30] 그는 이어 "따라서 형식화된 이론은 내적 정합성의 증기를 동반할 수 없다"는, 다시 힐베르트로부터 끌어온 중요한 주장을 편다. 이 주장에서 그는 "형식화된 수학을 대상으로서 취하여 비모순성과 완전성이라는 이중적 관점에서 연구하는 메타–수학이 이 형식화된 수학 위에 겹쳐놓아져야 한다"고 말한다.[31] 이러한 이중적 관점으로 인해 로트만의 수학 개념은, 수학적 실재에 관한 연구는 오로지 수학적 실재를 정의하는 공리들의 무–모순성의 증명에만 존재한다고 생각한 논리주의자들의 형식주의와 구별된다. 힐베르트가 "형식화된 수학과 이 형식주의"에 관한 메타–수학적 연구를 확립하는 이러한 "구도의 이중성"의 결과는, 형식주의가 "무–모순성과 완전성의 개념들"에 의해 통제되는 반면 이 개념들은 그 자체 이러한 형식주의에 정의되지 않는다는 점이다. 힐베르트는 형식화된 수학에 대한 메타–수학적 개념들의 이러한 통제하는 역할을 표현하고자 이렇게 쓰고 있다.

증명 가능한 공리들과 명제들, 즉 이러한 상호적 행위들(다시 말해 형식적 연역 그리고 새로운 공리들의 추가)의 유희에서 태어난 공식들은 지금까지 전개되어 온 수학의 통상적인 과정을 구성하는 사유들의 이미지들이지 절대적 의미에서의 진리들이 아니다. 절대적 의미에서의 진리들은 오히려 해결 가능성과 이러한 공식들의 체계들의 무–무순성과 관련하여 증명에게 부여하는 ⋯ 관점들이다.[32]

그래서 로트망에 따르면, 수학 이론의 가치는 "수학 이론의 구조가 육화하는 메타–수학적 고유성질들"에 의해 규정된다.[33]

로트망은 비엔나 서클이 제안한 논리주의와 형식주의의 견해에 반대하는 입장을 취한 반면, 그는 또한 레옹 브룅슈비크Léon Brunschvicg와 같은 프랑스 수학자들의 경험-심리학화하는empirico-psychologising 관점으로부터도 거리를 두었다. 브룅슈비크는 "수학의 대상성은, 지성이 공들여 작업하는 자료가 그 지성에 거역하는 저항에 대해 승리하고자 노력하는 지성의 작업물이라는 사상"을 전개했다.**34** 브룅슈비크는 "선험적 연역의 모든 노력은 수학적 발견에 보이는 마음의 자연적 질서를 뒤집는 … 경향이 있다"고 주장하기까지 한다.**35** 로트망이 "수학을 논리학으로 환원하는 일"을 포함하는, "적은 수의 최초의 원리들에서 시작하여 수학의 통일성을 연역하려는" 모든 시도들을 불신할 때 브룅슈비크를 따르는 반면,**36** 그는 "창조적 발명의 순수 심리학으로서의" 브룅슈비크의 수학 철학 개념을 지지하지 않는다.**37** 로트망의 경우 수학적 실재를 특징짓는 과제는 오히려 이 두 극단적 입장들 "사이를 중재함"으로써 수행되지 않으면 안 된다. 각각의 최소한의 요소들, 즉 전자의 "논리적 엄격함"과 후자의 "지성의 운동"을 추출함으로써, 로트망은 논리적 개념들의 고정성 혹은 시간적 독립성과 수학 이론의 시간적 전개의 역동성이 결합되는, 공리적-구조적이자 역동적인 수학적인 실재적인 것에 대한 세 번째 대안적 정의를 제안한다.

논리학의 형이상학: 수학적 발생의 철학

이 일을 하기 위하여 로트망은 수학적 논리의 두 시기를 구별한다. 첫 번째 시기를 그는 "소박한 시기"로 특징짓는데, 이 시기는 러셀의 첫 저작에서 1929년까지에 걸치는, "에르브랑Herbrand과 괴델Gödel의 메타-수학적 저작의 시기"이다. 두 번째 시기는 로트망이 "비판적 시기"

라고 부르는 것의 시작을 나타낸다. 그는 첫 번째 시기를 "칸토어가 제기한 논의의 언속선 상에 있는 논의를 두고 형식주의와 직관주의가 대립하는 시기"로 특징짓는다.**38** 이 논의들은 고전적 해석학analysis에 대한 비판을 포함하고, 또 대체로 현실 무한의 적법성에 대한 논쟁을 특징으로 하는 토대적 논쟁들을 포함했다. 형식주의자들은 현실 무한의 신봉자들로서, 수학적 대상을 "무-모순적 공리들의 체계에 의해 그것을 암묵적으로 정의한 결과로서" 간주하는 권리를 주장하는 반면, 이와 반대로 직관주의자들은 가령 그 구축이 "무한한 수의 단계들을 요구하는 대상과 관련하여, 혹은 비술어적 정의들에 의존하기 때문에 점검하는 것이 불가능한 정리와 관련하여", "실현 불가능한 조작의 가능성을 긍정하는 것"**39**은 "의미를 박탈당하거나 그릇되거나 혹은 적어도 증명 불가능한 어떤 것을 긍정하는 것이라고" 주장한다.**40**

수학의 통일성에 대한 로트망의 해석은 그를 (브라우어르Brouwer를 포함하는) 그의 프랑스 직관주의적 동시대인들의 구성주의적 관점과 구별하게 해준다. 왜냐하면 로트망은 현실 무한은 대수적-공리적으로 설명될 때 적법하다고 생각했기 때문이다. 그리고 직관주의자들이나 구성주의자들과 달리, 그는 수학적 논리에다 그것이 받을 만한 모든 고려를 수여한다. 즉 그는 논리적 배중률을 받아들인다.**41** 그러나 그는 "논리학은 수학에 비해 선험적인 것이 아니라, 논리학을 위해 우리는 수학이 실존하는 것을 필요로 한다고 주장한다".**42** 그는 "소박한 시기"의 논리주의자들이 논리학은 수학에 비해 절대적이고 보편적인 선행성을 지닌다고 보는 단순한 사상이 "시대에 뒤떨어진" 것이라고 생각했다.**43**

로트망에게 수학 철학은 문제적인 논리적 토대들에 대한 이차적인 인식론적 주해에로 환원 가능하지 않고, 혹은 역사적이거나 더 강력히는 심리-사회적인 탐구, 혹은 직관주의와 같은 주변적 운동들에 관한 성찰들에로 환원 가능하지 않다.**44** 그러나 로트망이 수학적인 실재에 관한 새로운 이론이 긍정적으로 인정되었다고 생각하는 것은 바로 산수의 무-모순성에 관계하는 비판적 시기의 탐구에 있어서이다. "직관주의자의 구성주의와 다른 만큼 형식주의자의 논리주의와 다른 것".**45** 로트망은 소박한 시기와 비판적 시기 사이에 "논리학의 내적 진화"가 존재한다고 주장하고 그는 "이러한 새로운 수학적 실재로부터, 그 범위가 논리학의 장을 훨씬 넘어가는 수학적 발생의 철학"을 분리해내는 과제를 그 자신에게 설정한다.**46**

힐베르트의 메타-수학은 무-모순성과 완전성의 논리적 개념들의 관점에서 수학 이론을 검토하기를 제안하는 반면, 로트망은 "이것은 오직 탐구가 향하는 이상일 뿐이며, 우리는 어떤 지점에서 이러한 이상을 달성하기가 실제로 어려워 보인다는 점을 알고 있다"고 언급한다.**47** 이것은 모든 무-모순적인 형식적 체계는 그 자신의 공리들에 의해 자신의 완전성을 증명할 수 없다는 괴델의 두 번째 불완전성 정리에 대한 암묵적 언급이다. 로트망은 이로부터 "따라서 메타-수학은 아마도 효과적인 수학 이론들에 의해 실현 가능한, 어떤 완전한 구조들의 사상을 고찰할 수 있고, 나아가 문제의in question 고유성질들을 향유하는 이론들이 존재하는지 여부를 안다는 사실과 상관없이 이러한 사상을 고찰할 수 있다"고 결론을 내린다.**48** 우리가 수학적 실재에 대한 비판적 개념과 더불어 가지는 것은 "해결할 수학적 수단을 전혀 갖지 않는 논리학적 문제의 진술"이다.**49** 로트망에게 이것이 의미하는 바는 비판적 시기는 결과들의 수준에서뿐만 아니라, 또한 문제적인 것의 수준에서도, 수학에서의 혁신의 현상을 나타낸다는 점이다.**50** 로트망은 그가 "논리학의 형이상학"이라고 부르는 것의

"폭로"**51**에 의해서 "논리학적 문제의 입장과 그것의 수학적 해결 사이의 문제적 구별"**52**을 특징지어야 한다고 제안한다. 이것은 비판적인 공리적-구조적 개념에 관한 "구조적 고찰"과, 특수한 동적 개념의 "실존의 긍정"을 "통합하는 연결의 일반 이론 서설"의 형태를 취한다.**53**

로트망이 활용하는 특수한 역동적 수학 개념은 그가 수학적 진리의 본질적 성격 개념을 다음과 같이 한정할 때 더 잘 정의된다. "수학의 발달을 이렇게 선험적으로 지배한다고 주장하고자 하는 모든 논리적 시도는 수학적 진리의 본질적 성격을 무시한다. 왜냐하면 수학적 진리는 마음의 창조적 활동과 관계하고 이러한 활동의 시간적 본성에 참여하기 때문이다."**54** 여기서 로트망은 수학적 진리는 수학자의 마음의 창조적 활동에 오직 부분적으로만 관계한다고 조심스럽게 지적한다. 역동성에 관한 자신의 설명을 브룅쉬비크의 설명과 구별하기 위하여 로트망은 "발견의 시간적 환경을 넘어 수학적 경험에 단지 의미와 가치를 부여할 수 있는 이념적 실재를 파악하는 일이 필요하다"고 생각한다.**55** 이 구별의 관건은 로트망이 "이 이념적 실재를 마음의 활동과 독립해 있는 것"으로 이해한다는 점이다. 로트망에게 수학자의 마음의 활동은 "그것이 효과적 수학 즉 효과적 수학 이론을 창조하는 문제일 때만 … 개입한다."**56** 이러한 이념적 실재는 그가 "추상적 이념들"이라고 언급하는 것에 의해서 구성된다. 로트망은 수학자의 마음의 독립적 활동과 이 이념적 실재의 이념들의 관계를 변증법이라고 부르기를 제안하고, 그는 이 이념들을 "변증법적 이념들"이라고 언급한다.**57** 로트망의 주요 논지는 수학은 자신을 추상적 방식으로 지배하는governs(domines) 변증법에 참여한다는 점이다. 그는 "어떤 수학적 이론들의 운동을 지배하는 것으로 보이고 수학과 독립적인 것으로 이해될 수 있는" 이념들은 "그러나 직접적으로 연구될 수 있는 것이 아니다"라고 주장한다.**58** 계속해서 그는 "수학에게 두드러진 철학적 가치를 수여하는" 것은 이 변증법적 이념들이라고 주장한다.**59** 이런 이유로 로트망은 수학이, 특히 "현대 수학"이 (그리고 여기서 로트망은 비판적 시기 이후의, 대수학, 군 이론, 위상학의 발달을 언급하고 있다) 수학자가 관심을 갖는 구성들constructions 외에도, "철학자를 위해 만들어진 또 다른 더 숨겨진 이야기"를 말해준다고 생각한다.**60** 이 이야기의 요지는 "배후에서 끊임없이 작동하는 변증법적 행위"가 존재한다는 점이며, 로트망은 그 점을 명료히 밝히기 위하여 자신의 연구를 진행한다.**61** 로트망은 이 변증법적 행위를 다음과 같이 특징짓는다. "부분적 결과들, 중간에 멈춘 비교들, 더듬음과 여전히 닮은 시도들은 같은 주제의 통일성 아래 조직되며 이러한 것들은 자신들의 운동 속에서, 우리가 변증법적이라고 부르자고 제안하는, 어떤 추상적 이념들 사이에서 형태를 갖추는 연결이 보여질 수 있도록 해준다."**62** 로트망은, "수학적 실재의 본성, 그리고 실로 물리적 실재의 본성, 이러한 실재의 구조 및 발생의 조건들은 오직 이념들로 돌아감으로써만 인식 가능하다"라고 주장한다.**63**

로트망의 사변적 논리학

이념들에 관한 이러한 설명을 보면 로트망이 플라톤주의의 이념 버전에 관여하고 있음을 알 수 있다. 그러나 그것은 수학에서 보통 "플라톤주의"라고 불리는 것과 매우 다른 플라톤주의이며, 오히려 수학적 대상의 실존이 확실한 것으로 여겨지는 모든 수학 철학을 "플라톤주의"라는 이름으로 간략하게 지시하는 관행을 본성으로 하는 플라톤주의이다. 로트망은 이것이 "플라톤주의에 대한 오로지 하나의 피상적인 이해"일 뿐이라고 생각한다.[64] 또한 그는 "이념들을, 수학적 대상을 사본으로 하는 모본으로 이해하지" 않는다.[65] 여기서 로트망은 수학적 대상을 사본, 재생, 번역으로 해석하거나, 혹은 영원한 이념적 모본 또는 형상의 단순한 전위轉位로 해석하는, 전통적으로 어떤 이념들의 영역에 토대를 두는 플라톤주의에 반대한다. 대신에 그는 "이론 안에 육화되는 이념들의 생산적 힘을 긍정하기 위하여 '에이도스'와 그것의 재현 사이의 환원 불가능한 거리라는 사상을 제거하기"를 원한다.[66] 로트망이 행하고자 하는 것은 그가 "이념이란 용어의 진정한 플라톤적 의미"라고 간주하는 것, 즉 이 추상적인 변증법적 이념들을 "효과적 이론들이 조직되는 구조적 도식들"로 이해하는 것을 이념들에다 복구하는 것이다.[67]

로트망은 이 구조적 도식들을 국소적-전역적, 내재적-외재적, 본질-실존, 연속적-불연속적, 유한한-무한한과 같은 상반되는 개념들 사이의 특정한 연결들을 확립하는 것으로 특징짓는다. 로트망은 해석학을 산술학 안으로 도입하는 것, 위상학을 함수 이론 안으로 도입하는 것, 대수학의 구조적이고 유한론적 방법들을 해석학의 분야 및 연속체에 관한 논쟁 안으로 침투시키는 효과를 포함하는, 이 상반되는 개념들의 많은 예들을 제공한다.[68]

그러므로 로트망에게 수학적 실재의 본성은 "수학 이론들은 … 변증법적 이념ideal을 육화하는 그러한 것이다".[69] 이 변증법은 "여러 쌍의 상반자들에 의해" 구성되며, 이 변증법의 이념들 혹은 구조적 도식들은 각 경우에 "상반되는 개념들 사이의 연결들을 확립하는 문제로서" 제시된다.[70] 로트망은 개념들과 변증법적 이념들 사이에 확고한 구분을 행한다. 이념들은 "변증법적 개념들 사이의,[71] 혹은 개념적 쌍들[72] 사이의 가능한 관계들을 고려하며", "이 연결들은 오직 변증법이 육화되는 장들 내에서만 규정된다".[73] 로트망이 제안하고 있는 것은 그가 힐베르트로부터 채택하는 메타-수학의 장과 범위를 상당히 넓히는 사변적 논리학이다. 메타-수학은 무-모순성과 완전성 개념들의 관점에서 수학 이론을 검토하는 반면, "로트망은 수학 이론 내에서 또한 서로 간에 결국 연결될 가능성이 있는 다른 논리적 개념들이 존재한다"고 주장한다.[74] 이 다른 논리적 개념들은 구조적 도식들의 개념적 쌍들이며,[75] 로트망은 "각각 이가적인bivalent (무-모순성과 완전성의) 선행하는 경우와 달리, 이 개념적 쌍들이 제기하는 문제들에 대한 수학적 해결들은 무한한 정도들로 이루어질 수 있다"고 주장한다.[76]

그래서 로트망에게 이념들은 수학적 사실들, 대상들, 이론들과 더불어 수학적 실재의 네 번째 관점을 구성한다. "이 네 가지 개념들은 상반되지 않고 서로 간에 자연스럽게 통합된다. 사실들은 새로운 대상들의 발견하는 데 존재하고, 이 대상들은 이론들에서 자신들을 조직하며, 이 이론들의 운동은 어떤 이념들의 연결들의 도식을 육화한다."[77] 이런 이유 때문에 수학적 실재는 수학적 사실들의 사실적인 기초에 의존할 뿐만 아니라 또한 수학 이론들을 지배하고 현실화하는 변증법적 이념들에도 의존한다. 따라서 로트망은 형이상학적 용어들로 메타-수학을 재고하고, 수학의 형이상학적 규제를 상정한다. 그러나 그는 형이상학을 수학에 적용하는 일을 시사하고 있는 것은 아니다. 로트망이 구상하는 바의 수학 철학은 "수학적 이론 내에서 전통적 형이상학의 논리적 문제를 발견하는 데 … 존재하지 않는다".[78] 오히려 수학 이론을 지배하는 이념들을 설명하기 위하여 형이상학적인 것 즉 변증법적인 것으로 향할 필요가 있는 것은 문제들을 수학적으

로 구성하는 데에서 연유한다. 로트망은 수학적 사상의 철학적 의미
는 수학을 필연적 귀결로서 가지는 형이상학(혹은 변증법)을 설립할
때 나타난다고 주장한다. 그는 "우리는 형이상학과 수학의 이러한
결합은 우연적이 아니라 필연적임을 보여주고 싶었다"고 주장한다.[79]
로트망은 형이상학이 "수학을 축소하는 것이 아니라 이와 반대로 수
학에게 범례적인 역할을 수여한다고 생각한다.[80] 그러므로 로트망의
저작은 형이상학적인 것이라는 특징이 부여될 수 있는데, 이 점은
현대 인식론 역사에서 "독창적인 것이자 독자적인 것"이다.81

문제적 이념들 및 발생 개념

로트망에게 핵심 논점은 변증법적 이념들은 "[그것들이] 수학적으로
육화되는 한에서만 실존한다"는 것이다.[82] 로트망은 이 논점을 고집
한다. 그는 수학 이론들에 내재하는 실재는, 수학을 지배하고 있지만
"그 이론적 실재를 통해서만 인식 가능한" 이념적 실재에 참여한다는
사실로부터 확인된다고 주장한다.[83] 이것이 로트망의 개념이 "소박한
주관적 관념론"과 구별되는 점이다.[84]

그러므로 로트망은 변증법적 이념들을 문제틀을 구성하는 것으로
특징짓는다.[85] 그는 "수학적 관계들은 상이한 수학적 대상들 사이에
서 사실상 실존하는 연결들을 기술하는 반면, 변증법적 관계들의 이
념들은 어떠한 개념들이든 개념들 사이의 실존하는 연결을 확정하지
않는다"고 주장한다.[86] 그것들은 오히려 문제틀을 구성한다. "그것들
은 어떤 변증법적 개념들에 의해 [오직] 지원될 가능성이 있는 연결들
과 관련하여 … 제기된 문제들이다". 그러므로 로트망은 그것들을 "수

학과 관련하여 (이 용어의 일상적 의미로) 초월적인 것"으로 특징짓는다.[87] 효과적인 수학 이론들은 이 연결들이 제기한 문제에 대답하려는 노력 속에서 구성되며, 로트망은 "필요한 해결에 내재하는 논리적 도식에 의해 이 이론들의 전반적 구조"를 해석한다.[88] 논리적 도식의 개념 쌍들은 "이론 내의 그것들의 실현에 선행하지 않는다". 그것들은 로트망이 "논리적 문제의 긴급성에 대한 수학 외적 직관"이라고 부르는 것을 결여한다. 근본적인 귀결은 새로운 논리적 도식들과 문제적 이념들의 구성은 "수학 그 자체의 진행에 의존한다"는 점이다.[89] 로트망이 구상하는 바의 수학 철학은 "이 이론 바로 그 실존에 의해 정의되고 해결되는 논리적 문제를 추출하기 위하여 [수학] 이론의 구조를 전역적으로 파악하는" 데 존재한다.[90] 로트망의 경우 "따라서 이념들의 초월성과, 수학 내의 변증법적 문제의 해결의 논리적 구조의 내재성 사이에는 긴밀한 연관이 존재한다." 로트망이 그가 변증법과 수학 사이의 관계 속에서 작동적이라고 생각하는 "발생 개념"[91]을 특징짓는 것은 이러한 연관에 대한 직접적 관계 속에서이다. 그러나 "발생 개념이 의미하는 질서는" 논리주의자들이 기도하는 "수학의 논리적 재구축의 질서가 아니다". 후자에게 "이론에 대한 발생적 정의들은 이론의 모든 명제들을 낳는" 데 반해, 로트망에게, 비록 변증법이 수학에 선행할지라도 그것은 "수학의 일부를 형성하지 않으며, 그것의 개념들은 이론의 시원적 개념들과 아무 관계를 갖지 않는다".[92] 또한 그 발생은 플라톤적 의미에서 "이념에서 시작하는, 구체적인 것의 물질적 창조"로서 이해되는 것이 아니라, 로트망이 "이념의 분석의 중심에 있는 구체적인 것과 관련한 개념들의" 발생으로 기술하는 것으로 이해된다.[93] 로트망은 변증법의 선행성을 "응답"과 관련한 물음의 선행성으로 정의한다. "설사 물음의 이념이 대답을 보고 난 후에만

마음에 떠오른다 할지라도 … 이미 제기된 물음에 대한 대답인 것이 대답의 본성이다".**94**

그러므로 변증법은 수학 이론들에서 논리적 문제들을 추출함으로써 기능한다. 개념 쌍의 파악은, 즉 문제적 이념들의 논리적 도식들은 수학 이론에서 오직 논리적 문제를 추출한 후에만 일어난다. 이것이 변증법에서 작동하고 있는 구체적인 것에서 나오는 개념들의 발생에 대한 로트망의 이해를 위한 기초이다. 그리고 수학의 발달을 직접적으로 추동하는 것은, 문제적 이념이 아니라 논리적 문제이다. 문제적 이념은 새로운 수학적 이론들의 추가적 발달 속에서 논리적 문제를 배치하는 추출 과정을 지배한다. 그래서 로트망의 경우 "철학자는 법칙들을 추출하거나 미래 진화를 상상해서도 안 된다. 그의 역할은 이론들 내에서 실연되는 논리적 드라마를 알아차리게 되는 데에 존재한다".**95** "변증법적 이념들을 적합하게 이해하려는" 철학자 쪽에서의 이러한 노력은 그 자체로 "개념들 간의 연결들이 정의되는 더 구체적인 개념들의 체계를 창조한다".**96** 이해될 수 있는 유일한 "선험적인 요소"는 문제들의 해결들을 발견하는 일뿐만 아니라 또한 검토 중인 수학적 이론으로부터 논리적 문제를 추출하는 일을 진행시키는 "문제들의 긴급성에 대한 경험 속에 주어진다".**97**

로트망의 잠재적인 것

로트망이 그의 수학 철학에서 사용하는 방법은 "기술적 분석descriptive analysis"이다. 그의 저작 전반에 걸쳐서 그가 활용하는 특수한 수학 이론들은 그의 경우 그가 "이러한 자료material가 참여하는 이념적 실재를 추출하려고" 노력하는 "주어진 것"을 구성한다.**98** 즉 로트망은 이미 순환 속에 있는 수학 이론으로 시작한다. 예를 들어 그는 독일 수학자들인 알렉산드로프, 호프, 바일의 대수 위상학 안의 모든 새로운 작업을 통합하고, 그것을 복소해석학의 엘리 카르탕의 작업, 그 당시 출현한 분야인 대수 기하학의 앙드레 베유의 작업에 연결시킨다.**99** 그는 또한 그 당시 성숙한 수학의 한 분야인 대수 위상학에 대한 철학적 관심을 예상한 최초의 사람들 중 한 사람이다. 이 수학 이론들과 관련하여 로트망은 이렇게 주장한다.

수학이 변증법의 이념적 구조들이 실현될 수 있는 한 예로 존재하는 일이 필요한 반면, 특수한 변증법적 구조와 상응하는 예들이 특수한 종류를 가지는 일은 필요하지 않다. 이와 반대로, 일반적으로 일어나는 것은 같은 구조의 조직하는 힘이 다른 이론들에서 긍정된다는 점이다. 다른 이론들은 그것들이 참여하는 변증법적 공통 구조를 입증하는 수학적 구조의 친연성들을 제시한다.**100**

로트망이 개진한 예들 중 하나는 함수들의 근사 표현 이론에서 국소적–전역적인 개념 쌍이 작동하는 것이다.**101** 같은 개념 쌍이 기하학에서 예시된다.**102** 그러므로 서로 다른 수학 이론이 같은 개념 쌍에 의해 구조화된다.**103** 로트망은 국소적–전역적 개념 쌍에서, 새로운 이론들을 생산하는 수학에 담겨 있는 변증법적 운동의 원천을 발견한다. 그는 "우리는 이념들의 분석이 효과적인 창조 속에서 생산되는, 잠재적인 것이 실재에로 변형되는 이러한 작동의 메커니즘을 면밀히 파악할 수 있다"고 주장한다.**104** 국소적–전역적 개념 쌍의 예의 경우에, 효과적으로 창조된 새로운 수학 이론은 푸앵카레의 미분방정식

질적 이론, 혹은 보형함수 이론이다.**105**

로트망에 따르면, 개념 쌍들 간의 연결들의 문제적 본성은 "어떠한 수학과도 무관하게 일어날 수 있지만, 이 연결들의 발효는 직접적으로 수학 이론이다".**106** 결과적으로 그는 "따라서 수학은 물리적 실재, 사회적 실재, 인간적 실재와 같은 다른 육화의 영역과 관련하여, 사물들이 생겨나는 방식이 관찰되는 모델의 역할과 관련하여 작동한다"고 주장한다.**107** 이것은 들뢰즈에게 중요한 논점으로, 그의 저작 전반에 걸치는 다양한 담론들에 관여하는 그의 전략을 형성한다. 수학적 논리에 관한 로트망의 최종적 발언은 "수학적 논리는 이 점에서 어떠한 특별한 특권도 누리지 않고, 수학적 논리는 다른 모든 것들 중의 한 이론일 뿐이며, 수학적 논리가 제거하거나 혹은 그것이 해결하는 문제들은 거의 동일하게 다른 곳에서도 발견된다는 점이다".**108** 로트망은 "수학자에게, 진정한 발명이 존재할 때는 독창적인 정의와 사려 깊은 공리를 선택할 때이다. 수학이 지금까지 진보해 왔거나 앞으로 진보하는 것은 상징을 변형함으로써 혹은 알고리듬을 맹목적으로 처리함으로써가 아니라 훨씬 더 그 이상으로 새로운 개념을 도입함으로써이다."라고 주장한다.**109**

들뢰즈 그리고 문제들의 미적분법

그 당시에 수학자들과 철학자들의 견해는 로트망에게 대체로 호의적이 아니었다. 수학자들은 로트망의 이해 불가능한 "철학적 사변" 및 이러한 사변의 "오묘한 것들"을 편안하게 받아들일 수 없었다.**110** 한편 철학자들은 로트망이 "변증법적"이라는 용어를 사용할 때 어떤 부정확함이 있다고 간주하며 그를 비난했다.**111** 그것은 소크라테스의 변증술인가, 칸트의 변증론인가, 아니면 헤겔의 변증법인가?**112** 30년이 또 한 번 지나고 나서야 로트망이 제안한 변증법에 대한 적합한 설명이 주어질 수 있었다. 들뢰즈는 자신의 주저『차이와 반복』에서 이 점을 보여주었다. 들뢰즈의 저작에도 불구하고, 로트망이 사용하는 변증법의 성격에 대한 혼동이 거의 그대로 남아 있다가, 장 프티토와 같은 매우 최근의 주해자—로트망의 동료들과는 달리, 로트망을 가장 영감을 불러 일으키는 20세기 철학자들 중의 한 사람이라고 여기는 프랑스 수학자이자 수학철학자**113**—가 로트망이 제안한 변증법은 헤겔의 변증법이라는 점을 시사하게 되었다.**114** 들뢰즈 철학의 발달에 미친 로트망의 중요성, 그리고 로트망의 저작의 최근 수용에 미친 들뢰즈의 중요성이 인식되고 있는 것은 들뢰즈의 수학 천착에 관한 최근의 작업에서일 뿐이다.**115** 프티토조차 "페르디난트 곤제트 그리고 최근에 장 라르고와 더불어 질 들뢰즈는 로트망의 중요성을 인식했던 (너무나) 드문 철학자들 중의 한 사람이다"라고 선언한다.**116** 장-미셸 살란스키는 자신을 로트망의 저작을 읽도록 이끌어 수학의 후속 발달에, 특히 부르바키 기획에 미친 로트망의 저작의 중요성을 제대로 인식하게 해준 것은『차이와 반복』이었음을 인정한다.**117** 그리고 프티토와 살란스키 둘 모두는『차이와 반복』에 나오는 "구조적 다양체 개념에 관한 들뢰즈 설명의 예지력 있고 심오한 성격"**118**에 주목한다(DR 182-4).

들뢰즈가 로트망의 저작에 기초한 "문제들의 미적분법"(TP 570 n. 61)**119**을 전개하기 위해 수학을 동원하는 것은「차이의 이념적 종합」이라는 제명의『차이와 반복』의 장에서이다.

로트망의 일반 정립들을 따라서 문제는 세 가지 측면을 가진다. 첫째로 문제는 해들과 본성상 다르다는 점, 둘째로 문제는 자신이 그 자신의 규정적 조건들을 기초로 하여 산출하는 해들과 관련하여 초월해 있다는 점, 셋째로 문제는 문제를 가리는 해들 안에 내재한다는 점, 문제는 더 잘 해결될수록 더 많이 규정된다는 점. 따라서 문제적(변증법적) 이념을 구성하는 이념적 연결들은, 수학 이론들에 의해 구성되고 해들 형식 안의 문제들에로 이어지는 실재적 해들 안에서 육화된다. (DR 178-9)

들뢰즈는 현대 수학의 장에서 어떤 개념 쌍들이 작동하는 일에 대해 언급함으로써 이 과정을 해명한다. 이러한 개념 쌍들에는 가장 주목할 만한 것으로 연속적인 것과 불연속적인 것, 무한한 것과 유한한 것, 전역적인 것과 국소적인 것이 있다. 이 목적을 위해 들뢰즈가 의존하는 이 두 가지 수학 이론은 미분법과 동역학 체계 이론, 그리고 갈루아의 다항 방정식 이론이다. 이 장의 목적을 위해 나는 이 중 첫 번째 이론만 다룰 터인데,[120] 이 이론은 벡터 장들의 독특성들이 해 곡선들의 국소적 궤적들이나, 혹은 해 곡선들의 "위상학적 행동"을 규정하는 사상에 기초한다.[121] 이 독특성들은 주어진 수학적 문제를 —예를 들어 같은 장 안의 두 발산 계열을 해결하는 방식—에 의해, 그리고 문제에 대한 해 곡선들의 궤적들로서, 해들에 의해 기술될 수 있다. 실제로 문제에 대한 해로서 간주되는 것은 문제 그 자체의 특유한 특징들에 의해, 일반적으로 이 문제의 독특성들 및 독특성들이 체계 안에서 분배되는 방식에 의해 규정된다.[122] 들뢰즈는 미분법 differential calculus을 본질적으로 "문제들의 극한 산법calculus"으로, 동역학 체계 이론을 질적이고 위상학적인 문제 이론으로 이해하는데, 이 두 이론이 함께 연결될 때 미/분화different/ciation의 복합 논리를 규정한다

(DR 209).**123** 들뢰즈는 미분법으로부터 문제적 이념 개념을 전개하고, 로트망을 따라 수학의 발생 개념을 "다른 모든 육화 영역들과 관련하여 … 모델 역할을 하는" 것으로 간주한다.**124** 로트망이 수학의 체제 내에서 이념들이 현실화하는 철학적 논리를 해명한 반면, 들뢰즈는 (과타리와 더불어) 로트망의 제안을 따르며 『철학이란 무엇인가?』의 가령 철학, 과학, 예술을 포함하는 다양한 영역들의 체제 내에서, 그리고 『천 개의 고원』의 고원들을 특징짓는 다양한 영역들의 체제 내에서 이 논리가 작동하는 것을 해명한다. 로트망의 경우 수학적 문제는 새로운 수학 이론의 전개에 의해 해결되는 반면, 들뢰즈의 경우 철학적 문제에 해결을 제공하는 것은 개념 구축이다. 설사 이 새롭게 구축된 개념이 새로운 수학 이론의 특징을 보여주거나 혹은 새로운 수학 이론을 본떠서 만들어진다 해도 그러하다.

로트망과 들뢰즈의 차이 중의 하나는 로트망이 이념들을 특히 플라톤적이고 관념론적인 관점에 위치시키는 반면, 들뢰즈가 언급하는 이념들은 플라톤적이라기보다는 오히려 더 칸트적이며,**125** 로트망의 관념론은 로트망의 이념이 "순수하게" 문제적인 것으로 이해됨으로써 들뢰즈의 저작에서는 추방된다. 들뢰즈의 경우 이념들과 관련된 이념적 실재가 존재하는 것이 아니라, 이념들은 개념 쌍들 간의 순수하게 문제적인 관계에 의해 구성된다. 들뢰즈는 "이념"을 구조로서 정의한다. "구조 혹은 이념은 … 실재적 관계들과 현실적 항들 속에서 육화되는, 미분 요소들 간의 다중적이고 국소화 불가능한 연결들의 체계이다"(DR 183). 들뢰즈의 경우 문제적 이념들을 육화하고 이러한 이념들에게 제공될 수 있는 종류의 해결을 지배하는 것은 개념 쌍들 간의 관계들의 문제적 본성이다.

들뢰즈가 특히 로트망에게서 이끌어내는 것은 생산 또는 발생 과정을 지시하는 관계 논리로, 이 관계 논리는 미분법에 대한 구조적 고찰을 "양들의 발생" 개념에 통합시키는 관계의 일반 이론을 도입하는 가치를 가진다(DR 175). 수학적 문제에 대한 해로 제시되는 수학 이론의 발생 과정은 철학적 문제에 대한 해로서의 개념 구축에 관한 들뢰즈의 설명에 상응한다.

들뢰즈가 로트망이 선도하는 대로 수학사에서 추출하는 수학적 문제틀은 철학사와 관련된 철학적 문제틀로서 들뢰즈에 의해 직접 재배치된다. 이것은 수학사 안의 대안적 계통들을 이에 상응하는 철학사 안의 대안적 계통들에로 사상寫像함으로써, 즉 수학과 철학 각각의 역사에서 추출된 수학적 문제틀과 철학적 문제틀의 그 수렴점들을 분리함으로써 성취된다. 수학적 문제틀을 철학적 문제틀로 재배치하는 일은 들뢰즈가 철학사를 궁구할 때 사용하는 전략들 중의 하나이다. 들뢰즈는 실제로 철학사에서 철학적 문제틀을 추출하고, 이어 들뢰즈와 과타리가 철학의 과제라고 여기는 새로운 개념들을 창조하기 위하여 이 철학적 문제틀들을 서로 간의 관계 속에서, 혹은 수학적 문제들과의 관계 속에서, 혹은 다른 담론들에서 추출된 문제틀과의 관계 속에서 재배치한다(WP 5).

그러므로 들뢰즈는 수학사에서 추출될 수 있는 특수한 종류의 수학적 문제틀들에, 또 이 문제틀들이 철학의 담론과 맺는 관계에 매우 큰 관심을 기울인다. 그러므로 그는 철학사와 관련하여 수학사에서 추출된 실제적인 수학적 문제틀을 재배치한 것으로 이해될 수 있다. 뿐만 아니라 그는 그때 차이의 철학을 구축하는 기획 속에서 재배치되는 철학적 문제틀을 발생시키기 위하여 철학사와 관련한, 수학적 문제틀의 발생의 논리, 즉 문제들의 극한 산법을 재배치한다. 그때 들뢰즈가 철학적 문제틀의 발생의 논리를, 차이의 철학을 특징으로

하는 사변적 논리로서 규정하는 것은 철학사와 관련해서이다.

차이의 철학을 특징짓는 사변적 논리

이 사변적 논리, 문제들의 극한 산법의 논리는 수학이라는 학문 분야, 그리고 이 분야에서 추출된 수학적 문제틀과 관련하여 규정된다. 그것은 단순히 수학사와 이와 관련된 수학적 문제틀 간의 관계, 공리론과 문제론 간의 관계,**126** 혹은 들뢰즈와 과타리가 정의하는 왕립 학문과 유목 학문 간의 관계를 특징으로 하는 논리가 아니다. 오히려 그것은 각 수학적 문제틀 그 자체, 혹은 유목 학문 그 자체의 발생의 논리이다. 들뢰즈는 이렇게 쓰고 있다.

> 발생은, 아무리 작은 현실적 항이더라도 한 현실적 항에서 다른 한 현실적 항 사이에서가 아니라 잠재적인 것과 그것의 현실화 사이에서 시간 속에서 일어난다는 점—달리 말해 발생은 구조에서 그것의 육화로, 문제의 조건들에서 해의 사례들로, 미분 요소들과 그것들의 이념적 연결들에서 매 순간 시간의 현실성을 구성하는 현실적 항들 및 각양한 실재적 관계들로 이행한다는 점—을 이해하는 것으로 충분하다. 이것은 역동성이 없는 발생이다. (DR 183)

들뢰즈가 차이의 철학을 구축하기 위해 사용하는 철학적 문제틀을 발생시키기 위해서 철학사와 관련하여 미/분화different/ciation의 논리로서 재배치하는 것은 바로 이러한 논리이다.

로트망은 이 전 과정을 "논리의 형이상학"으로 언급하는데,**127** 『차이와 반복』에서 들뢰즈는 미분법의 국소적 관점에 상응하는 "논리의 형이상학"을 정식화한다. 들뢰즈가 "우리는 형이상학이 아니라 미분법의 변증법에 대해 말해야 한다"(DR 178)고 주장할 때 로트망의 더 폭넓은 기획을 지지하는 것이다. 왜냐하면 그는 계속해서 "이 또는 저 층위의 변증법적 이념들이 육화되는 각 산출된 영역은 그 자신의 미적분법을 소유하기 때문이다. … 다른 영역들에 적용되는 것은 수학이 아니라, 고려 중인 영역에 상응하거나 적합한 직접적인 미분법을 … 확립하는 변증법이다"(DR 181)라고 말하기 때문이다. 미분법의 특수한 방법이 자신의 전개를 지원하기 위해 변증법적 논리에 적용되는 것이 아니라, 변증법적 논리가 그 자체의 전개에 상응하거나 적합한 직접적인 미분법을 규정하는 것이다.

그러므로 미분법의 국소적 관점의 논리와, 들뢰즈의 차이의 철학을 특징짓는 관계 이론 사이에는 수렴이 존재한다. 이념이 자신을 규정하는 수학 이론 안에 함축되는 방식은 철학적 개념이 자신을 규정하는 철학적 문제틀 안에 함축되는 방식과 수렴하거나 혹은 이 방식의 함수나 수학적 모델로서 역할한다. 두 방식이 같은 사변적 논리를 따라, 즉 미/분화의 논리를 따라 규정되는 한 이 두 방식 사이에는 "유사성이 없는 상응"(DR 184)이 존재한다. 이러한 수렴의 철학적 함의들을 들뢰즈는 『윤리학』에 나오는 스피노자의 관계 이론에 관한 그의 독해와 관련하여 『스피노자와 표현의 문제』에서,**128** 그리고 "다양체들의 과학적 취급이 요구하는 형이상학을 다양체들에다 부여하려는"(B 112) 베르그손의 의도에 관한 그의 독해와 관련하여 『시네마 1』과 『시네마 2』에서 전개한다.

"수학 이론들 내에서 되찾는 것이 가능하고, 이 이론들의 같은 운동 안에 육화되는"**129** 문제적 이념들은 개념 쌍 사이의 관계를 특징으로 한다. 들뢰즈가 철학적 개념들로 재주조하는 이 이념들은 차이의 철학을 특징짓는 관계 이론의 논리적 도식을 전개하기 위해 사용된다. 들뢰즈가 『차이와 반복』에서 미분법의 역사와 관련하여 미/분화로서 규정되고, 『스피노자와 표현의 문제』에서 스피노자의 관계 이론과 관련하여 표현의 논리로서 규정되고, 『시네마』 책들에서 베르그손의 저작과 관련하여 다양체의 논리로 규정되는 사변적 논리를 활용하기 위해 특히 로트망의 저작에 의존하는 것은 이러한 기획을 전개할 때이다.

로트망은 고전적 해석학analysis의 비판에 몰두하는 이전의 토대적 논의를 대신하려고 의도한, 수학 안의 "비판적" 프로그램의 개요를 서술했다. 수학의 발달은 논리학에 의해 선험적으로 지배된다는 논리주의자들의 주장에 반대하며, 로트망은 "논리의 형이상학"을 제안하고, "수학적 발생의 철학"의 전개를 요청한다. 들뢰즈는 이 요청에 응답한다. 수학에 대한 그의 로트망식 전념은 주로 로트망이 "논리적 이념들"로서 특징짓는 것에 위치시키는 것에 중점을 두고 있다. 이러한 논리적 이념들을 들뢰즈는 차이의 철학을 특징짓는 관계 이론의 논리적 도식을 전개하기 위해 철학적 개념들로서 재주조한다. 수학에 관한 로트망의 저작은 들뢰즈가 수학에 관여하는 것의 성격뿐만 아니라, 또한 들뢰즈의 형이상학, 즉 그의 사변적 논리의 형이상학의 성격을 적합하게 규정하기 위한 청사진을 제공한다.

시드니 대학

주 (Notes)

1. 알베르 로트망, 『수학과 다양한 저술의 통일에 관한 시론』(Paris: Union générale d'éditions, 1977), p. 23.
2. 로트망, 『통일에 관한 시론』, p. 24.
3. 로트망, 『통일에 관한 시론』, p. 15의 장 디외도네를 보라.
4. 장 프티토, 「알베르 로트망의 수학 합리론에서의 객관적 진리와 역사적 가치의 변증법」, 『두 전쟁 사이의 프랑스와 이탈리아에서의 과학과 철학』, J. 프티토·L. 스카란티노 옮김(Napoli: Vivarium, 2001), p. 83.
5. 알베르 로트망, 『수학의 구조와 실존 개념에 관한 시론. I. 구조의 도식. II. 발생의 도식』(Paris: Hermann, 1938); 알베르 로트망, 『현실적 발달에서의 수학 과학들의 통일에 관한 시론』(Paris: Hermann, 1938).
6. 로트망, 『통일에 관한 시론』, p. 16의 장 디외도네.
7. 로트망, 『통일에 관한 시론』, p. 16의 장 디외도네.
8. 로트망, 『통일에 관한 시론』, p. 16의 장 디외도네.
9. 로트망, 『통일에 관한 시론』, p. 145.
10. 모리스 루아, 「서문」, 로트망, 『통일에 관한 시론』, p. 13.
11. 공리적 방법은 어떤 시원적인 가정들이나 공리들을 이론의 기초로서 상정함으로써 수학 이론을 전개하는 방식인데, 이 이론의 남은 명제들은 이 공리들의 논리적 결과로서 획득된다.
12. 로트망, 『통일에 관한 시론』, p. 146.
13. 로트망, 『통일에 관한 시론』, p. 147.
14. 로트망, 『통일에 관한 시론』, p. 25.
15. 로트망, 『통일에 관한 시론』, p. 25.
16. 로트망, 『통일에 관한 시론』, p. 136.
17. 로트망, 『통일에 관한 시론』, p. 15-20의 장 디외도네.
18. 부르바키의 기획은 집합론적 버전의 수학 구조주의를 지지했다.
19. 수학 구조주의에 따르면, 수학적 대상들은 수학적 구조에서 이 대상들이 점하는 위치에 의해 정의되며, 수학이 관심을 갖는 주제는 관련된 대상들의 내재적 본성에서 추출된 구조적 관계이다. 제프리 헬먼, 「구조주의」, 『옥스퍼드 수학 철학과 논리학 핸드북』, 스튜어트 샤피로 엮음(Oxford: Oxford University Press, 2005), p. 256을 보라.
20. 로트망, 『통일에 관한 시론』, p. 16의 장 디외도네.
21. 로트망, 『통일에 관한 시론』, p. 24.
22. 로트망, 『통일에 관한 시론』, p. 38.

23. 로트망, 『통일에 관한 시론』, p. 23. 논리주의자의 테제는 수학의 기초 개념들은 논리학의 개념들에 의해 정의 가능하고, 수학의 핵심 공리들은 오직 논리학의 원리들로부터만 연역 가능하다는 것이었다.

24. 1922년에 최초로 명료하게 정식화된 힐베르트 기획의 주된 목표는, 각 수학 이론을 유한하고 완전한 일단의 공리들에로 정식함으로써 현대 수학의 원리와 추론 방식에 대한 논리적 수용 가능성을 확립하는 것이었고, 이 공리들이 일관된다는 증거를 제공하는 것이었다. 힐베르트의 접근법의 논점은, 이론의 속성들에 관한 정확한 결과들을 획득하는 일이 가능하도록 수학 이론을 완전히 정확한 것으로 만드는 것이었다. 1931년에 괴델은 그 상태 그대로의 기획은 가능하지 않다는 점을 보여주었다. 그 후 모든 수학들이 아니라 특정한 이론들과 관련하여 상대적 결과들에 집중하는 수정된 노력들이 이 기획에 연속되는 것으로서 출현해 왔다. 호세 페레이로스, 「수학 토대의 위기」, 『프린스턴 수학 지침서』, 티머시 가워스·준 배로-그린·임레 리더 엮음(Princeton: Princeton University Press, 2008), Ch.2.6.3.2를 보라.

25. 로트망, 『통일에 관한 시론』, p. 282.

26. 장 라르고, 『수학 논리학. 텍스트들』(Paris: Armand Colin, 1972), pp. 215, 264를 보라.

27. 로트망, 『통일에 관한 시론』, p. 9.

28. 장 프티토, 「알베르 로트망의 수학 합리론에서의 객관적 진리와 역사적 가치의 변증법」, p. 98. 메타-수학이라는 용어는 「무한자에 관하여」, *Mathematische Annalen* 95(1926), pp. 161-90에서 힐베르트에 의해 도입되었다.

29. 로트망, 『통일에 관한 시론』, p. 26.

30. 로트망, 『통일에 관한 시론』, p. 26.

31. 로트망, 『통일에 관한 시론』, p. 26.

32. 다비드 힐베르트, 논문 모음집(New York: Chelsea Pub. Co., 1965), p. 180. 로트망, 『통일에 관한 시론』, p. 30에 인용되어 있다.

33. 로트망, 『통일에 관한 시론』, p. 27.

34. 로트망, 『통일에 관한 시론』, p. 25.

35. 로트망, 『통일에 관한 시론』, p. 25. 레옹 브룅슈비크, 『수학 철학의 여정』(Paris: A. Blanchard, 1993)을 보라

36. 로트망, 『통일에 관한 시론』, p. 25.

37. 로트망, 『통일에 관한 시론』, p. 25.

38. 로트망, 『통일에 관한 시론』, p. 87.

39. 수학적 정의는, 만약 이 정의가 어떤 일정한 집합 N에 의존한다면, N 그 자체를 포함하는 집합들의 총체성에 호소함에 의해 정의되고 도입되므로 비술어적이다. 즉, 이 정의는 자기-지시적이다.

40. 로트망, 『통일에 관한 시론』, p. 88.

41. 배중의 법칙은 모든 명제는 참이거나 거짓임을 진술한다. 명제 논리학에서, 이 법칙

은 "P ∨ ¬P"("P or not-P")로 표기된다.

42. 로트망, 『통일에 관한 시론』, p. 48.

43. 로트망, 『통일에 관한 시론』, p. 13의 루아.

44. 장 프티토, 「알베르 로트망의 수학 합리론에서의 객관적 진리와 역사적 가치의 변증법」, p. 81.

45. 로트망, 『통일에 관한 시론』, p. 89.

46. 로트망, 『통일에 관한 시론』, p. 89.

47. 로트망, 『통일에 관한 시론』, p. 27.

48. 로트망, 『통일에 관한 시론』, p. 28.

49. 로트망, 『통일에 관한 시론』, p. 28.

50. 로트망, 『통일에 관한 시론』, p. 211.

51. 로트망, 『통일에 관한 시론』, p. 28.

52. 로트망, 『통일에 관한 시론』, p. 87.

53. 로트망, 『통일에 관한 시론』, p. 87.

54. 로트망, 『통일에 관한 시론』, p. 140.

55. 알베르 로트망, 『수학의 변증법적 구조에 관한 새로운 연구』(Actualités scientifiques et industrielles. Paris: Hemmann, 1939), p. 630.

56. 로트망, 『수학의 변증법적 구조에 관한 새로운 연구』, p. 630.

57. 로트망, 『통일에 관한 시론』, p. 28.

58. 로트망, 『통일에 관한 시론』, p. 29.

59. 로트망, 『통일에 관한 시론』, p. 29.

60. 로트망, 『통일에 관한 시론』, p. 28.

61. 로트망, 『통일에 관한 시론』, p. 28.

62. 로트망, 『통일에 관한 시론』, p. 28.

63. 로트망, 『통일에 관한 시론』, p. 147.

64. 로트망, 『통일에 관한 시론』, p. 143.

65. 로트망, 『통일에 관한 시론』, p. 204.

66. 캐서린 슈발레, 『알베르 로트망과 관심 논리학』, *Revue d'Histoire de Sciences* 40: 1(1987), p. 61을 보라.

67. 로트망, 『통일에 관한 시론』, p. 204. 또한 pp. 143-4, 302-4; 엠마누엘 바로, 『알베르 로트망에 의거한 수학적 대상성: 변증법적 이념들과 물리적 실재성 사이에서』, *Cahiers François Viète* 6(2003), p. 7 n. 2를 보라.

68. 슈발레, 『알베르 로트망과 관심 논리학』, p. 60.

69. 로트망, 『통일에 관한 시론』, p. 253.

70. 로트망, 『통일에 관한 시론』, p. 253.

71. 로트망, 『통일에 관한 시론』, p. 210.

72. 그것은 또한 "이중성"으로 언급되고 자동한다. 찰스 알루니, 『유럽 대륙 철학의 계보: 알베르 로트망과 가스통 바슐라르의 수학적 대립』, *Virtual Mathematics: The Logic of Difference*, S. 더피 엮음(Manchester: Clinamen Press, 2006), p. 78.

73. 로트망, 『통일에 관한 시론』, p. 252.

74. 로트망, 『통일에 관한 시론』, p. 28.

75. 그는 또한 이것을 "논리적 도식"으로 언급한다. 로트망, 『통일에 관한 시론』, p. 142를 보라.

76. 로트망, 『통일에 관한 시론』, p. 28.

77. 로트망, 『통일에 관한 시론』, p. 135.

78. 로트망, 『통일에 관한 시론』, p. 142.

79. 로트망, 『통일에 관한 시론』, p. 203.

80. 로트망, 『통일에 관한 시론』, p. 10. 1939년 2월 1일 로트망이 프레셰에게 보낸 서신에서.

81. 슈발레, 『알베르 로트망과 관심 논리학』, p. 50을 보라.

82. 로트망, 『통일에 관한 시론』, p. 203.

83. 로트망, 『통일에 관한 시론』, p. 290.

84. 프티토, 「객관적 진리와 역사적 가치의 변증법」, p. 86.

85. 로트망, 『통일에 관한 시론』, p. 211.

86. 로트망, 『통일에 관한 시론』, p. 210.

87. 로트망, 『통일에 관한 시론』, p. 212.

88. 로트망, 『통일에 관한 시론』, p. 212.

89. 로트망, 『통일에 관한 시론』, p. 142.

90. 로트망, 『통일에 관한 시론』, p. 143.

91. 로트망, 『통일에 관한 시론』, p. 212.

92. 로트망, 『통일에 관한 시론』, p. 210.

93. 로트망, 『통일에 관한 시론』, p. 205.

94. 로트망, 『통일에 관한 시론』, p. 210.

95. 로트망, 『통일에 관한 시론』, p. 142.

96. 로트망, 『통일에 관한 시론』, p. 205.

97. 로트망, 『통일에 관한 시론』, p. 142.

98. 로트망, 『통일에 관한 시론』, p. 40.

99. 바로, 『알베르 로트망에 의거한 수학적 대상성』, p. 22.

100. 로트망, 『통일에 관한 시론』, p. 213.

101. 로트망, 『통일에 관한 시론』, p. 32, 45-7. "우리가 코시와 리만에게서 발견하는

해석함수의 전역 개념"(p. 32)은, 일련의 국소적 작동에 의해 이 점 주위로 수렴하는 멱급수 전개에 의해 복소 점의 근방에서 해석 함수를 규정하는 국소적 방법인 바이어 슈트라스의 근사 정리와 관련하여 개념 쌍으로 제기된다(pp. 45-7).

102. 호프의 저작에서 기하학의 정식화(로트망, 『통일에 관한 시론』, pp. 40-3)에서 그리고 바일과 카르탕의 폐쇄 군 이론에서의 "위상학적 정식화에서"(pp, 40-3) 같은 개념적 쌍이 위상학적 표면 성질과 그것들의 국소적 미분적 성질 간의 연관에 의해, 즉 전자의 곡률과 후자의 2차 파생물의 규정 간의 연관에 의해 기하학에서 예시된다.

103. 바로 『알베르 로트망에 의거한 수학적 대상성』, p. 10; 슈발레, 『알베르 로트망과 관심 논리학』, pp. 63-4.

104. 로트망, 『통일에 관한 시론』, p. 209.

105. 국소적-전역적 개념 쌍이 들뢰즈에게 있어서 하는 역할에 관한 설명에 대해서는, 사이먼 더피, 『들뢰즈의 미분 논리의 수학과 형이상학』, 그리고 더피 엮음, 『잠재적 수학: 차이의 논리』를 보라.

106. 로트망, 『통일에 관한 시론』, p. 288.

107. 로트망, 『통일에 관한 시론』, p. 209.

108. 로트망, 『통일에 관한 시론』, p. 288.

109. 로트망, 『통일에 관한 시론』, p. 12의 루아.

110. 프티토, 「객관적 진리와 역사적 가치의 변증법」, p. 99.

111. 로트망, 『통일에 관한 시론』, p. 22.

112. 프티토, 「객관적 진리와 역사적 가치의 변증법」, p. 113.

113. 프티토, 「객관적 진리와 역사적 가치의 변증법」, p. 80.

114. 프티토, 「객관적 진리와 역사적 가치의 변증법」, p. 113. 또한 바로, 『알베르 로트망에 의거한 수학적 대상성』, pp. 6, 16 n.1.를 보라. 헤겔의 변증법적 논리학의 대안인 사변 논리학에 관한, 로트망의 저작을 포함하는 들뢰즈의 설명에 대해서는, 사이먼 더피, 『표현의 논리: 스피노자, 헤겔, 들뢰즈가 논하는 질, 양, 강도』(Aldershot: Ashgate, 2006), pp. 74-91, 254-60을 보라.

115. 장-미셸, 살란스키, 「이념과 목적지」, 『들뢰즈: 비평적 읽기』, p. 패튼 엮음(Cambridge: Blackwell, 1996); 살란스키, 「읽기의 인식론을 위하여」, *Alliage* 35-6(1998)〈http://www.tribunes.com/tribune/alliage/accueil.htm〉; 대니얼 W. 스미스, 「수학과 다양체 이론: 들뢰즈와 바디우 재고」, *Southern Journal of Philosophy* 41: 3(2003), pp. 411-49; 더피, 「들뢰즈의 미분 논리의 수학과 형이상학」.

116. 프티토, 「객관적 진리와 역사적 가치의 변증법」, p. 87 n. 14.

117. 살란스키, 「읽기의 인식론을 위하여」(특히 「반-증언Contre-temoinage」이라는 제명의 절)를 보라.

118. 살란스키, 「이념과 목적지」, p. 64.

119. 들뢰즈와 과타리가 "직관주의" 학파(브라우어르, 헤이팅, 그리스, 불리강 등)를 논평

할 때, 그들은 "그것이 직관의 환원 불가능한 권리를 주장했기 때문이 아니라, 혹은 심지어 매우 참신한 구성주의를 정교하게 서술했기 때문이 아니라, 문제 개념을 전개했기 때문에, 그리고 본질적으로 공리론에 대항하고 (특히 배중률과 관련한) 다른 규칙들에 의해 진행하는 문제들의 미적분법 개념을 전개했기 때문에, 수학에서 매우 중요하다"고 주장한다(TP 570 n. 61). 들뢰즈는 문제들의 미적분 그 자체라는, 수학적 문제틀로서의 이 개념을 직관주의가 공리론에 반대했던 수학사의 에피소드로부터 끌어낸다. 그때 그가 그를 직관주의의 원리들에 결코 매이게 하지 않는 수학사의 다양한 에피소드와 관련하여 재배치하는 것은 이 문제들의 미적분의 논리이다. 더피, 「들뢰즈와 수학」, 더피 엮음, 『잠재적 수학: 차이의 논리』, pp. 2-6을 보라.

120. 들뢰즈가 갈루아와 맺는 관계에 대해서는, 질 샤틀레, 「독특성, 다이어그램, 은유를 엮다」(S. 더피 옮김), 『잠재적 수학: 차이의 논리』(더피 엮음), p. 41; 살란스키, 「수학, 형이상학, 철학, 잠재적 수학」 pp. 52-3; 살란스키, 「읽기의 인식론을 위하여」; 대니얼 W. 스미스 「공식화의 두 양식으로서의 공리론과 문제론」, 『잠재적 수학: 차이의 논리』(더피 엮음), pp. 159-63을 보라.

121. 살란스키, 「읽기의 인식론을 위하여」를 보라.

122. 살란스키, 「읽기의 인식론을 위하여」를 보라.

123. 더피, 『표현의 논리』를 보라. 이 책에서 미/ 분화의 논리라는 복잡한 개념이 들뢰즈의 "차이의 철학"을 특징짓는 것으로 제시된다.

124. 로트망, 『통일에 관한 시론』, p. 209.

125. 로트망이 칸트와 맺는 관계에 관한 비평적 설명에 대해서는, 프티토, 「객관적 진리와 역사적 가치의 변증법」을 보라. 또한 들뢰즈가 로트망과 맺는 관계에 보이는 칸트의 중요성에 관한 설명에 대해서는, 살란스키, 「이념과 목적지」를 보라. 들뢰즈의 플라톤주의 전복 및 플라톤주의에 내포된 관념론에 관한 설명에 대해서는, 네이션 위더, 「시뮬라크르의 권리: 들뢰즈와 존재의 일의성」, *Continental Philosophy Review* 34(2001), pp. 437-53을 보라.

126. 들뢰즈의 저작에 나타나는 왕립 학문과 유목 학문의 관계, 공리론과 문제론의 관계의 작동에 관한 설명에 대해서는 스미스, 「공리론과 문제론」을 보라.

127. 로트망, 『통일에 관한 시론』, p. 87.

128. 더피, 「분열-수학」, *Angelaki* 9: 3, 2004, pp. 199-215와 「들뢰즈의 미분 논리의 수학과 형이상학」을 보라.

129. 로트망, 『통일에 관한 시론』, p. 195.

20.

질베르 시몽동

알베르토 토스카노

들뢰즈의 소란스러운 "철학적 견습 과정"[1]을 감독하는 스피노자, 니체, 베르그손이라는 형이상학적 삼인방[2]이—베르그손화된 스피노자가 스피노자적인 니체와 니체적인 베르그손을 동반하는—일종의 철학적 반–전통이라는, 논쟁적이긴 하지만, 강력한 이미지를 제시하는 반면, 그의 책들(그리고 강의들)에 거주하는 종종 "모호한" 기라성 같은 작가들과 들뢰즈가 맺는 관계를 추정한다는 것은 어렵고 아마도 결론에 이르지 못할 과제이다. 우선, 참조나 인용 같은 들뢰즈의 관행은 몇몇 아주 흥미로운 문제들을 제기한다. 통상적인 학술적 생산의 이념적이고 절차적인 요건들과 조금 거리를 두고, 그의 참조문헌들은 권위의 징표로서, 기소나 변호를 입증할 수 있는 철학적 규범에 의거할 때 존경받을 만한 시민들의 징표로서 제공되지 않는다. 고의적으로 왜곡한, 언제나 설득력 있는 것은 아닌 경향이, 때로 부랑자나 오컬트적 지위를 가진 작가들을 찾아내고자 하는 경향이 들뢰즈에게 존재한다. 하지만 또한, 더 중요하게는, "몰적"이거나 "왕립적인" 지적 학술적 합의라는 기행들이 열외로 취급해 온 체계적인 사변적 노력들을 빚어낸 저 "소수" 사상가들을 구제하고자 하는 윤리적 명법이 존재한다. 레이몽 뤼에르와 가브리엘 타르드가 떠오른다. 예를 들어 후자의 "르네상스"는 『차이와 반복』에 실린 긴 각주, 그리고 『천 개의 고원』에 담긴 그의 저작에 대한 한 페이지의 경의로부터 많은 추동력을 얻어냈다.[3] 타르드의 경우는 들뢰즈가 사상가들의 해석 전체를 몇 줄로 교묘하게 돌려서 압축할("함축할"이라고 그가 말할지도 모르겠다) 수 있는 방식의 전형적인 예이다.

　—논문, 논문 모음집, 총서가 급증하고 아주 최근에는 『들뢰즈 연구 *Deleuze Studies*』라는 학술지가 창간될 정도로 뚜렷하게 나타나는—들뢰즈 자신의 동시대적 권위가, 그가 다루지 않았다면 잠자고 있을지도 모를 저작이 있는 작가들에 대해 우리가 갖는 관심에 유용한 역할을 했다는 것 또한 부인할 수 없다. 하지만 들뢰즈가 그토록 교묘하게 돌려서, 설사 종종 아주 잠깐이라 할지라도, 인용하는 이러한 사상가들에 대하여 우리는 어떤 태도를 취해야 하는가? 내 견해로는, 이러한 인물들 중 어떤 인물이든 들뢰즈를 여는 "열쇠"로 간주하는 것은, 혹은 심지어 들뢰즈 체계의 중대한 재구축을 위한 기초로 간주하는 것은 대단히 심각한 실책일 것이다. 하지만 들뢰즈가 인용하는 작가들을 단순히 그 자체로 탐색하는, 많은 이가 해 온 대안 이외의 어떤 대안이 있는가? 결국 들뢰즈 그 자신은, 다른 사상가와 철학자의 진술과 명제를 병합하여 그 자신의 사유 안으로 밀어 넣는 한에서, 유용한 접근법을 명시적으로 취하는 것으로 보인다. 『차이와 반복』의 (다이어그램적 배열이 불행히도 영역에서는 상실되어 있는) 참고문헌 성격의 도

표를 동반하는 각주에서, 들뢰즈 그 자신은 "주어진 설명들은, 오직 우리의 탐구의 필요에만 도움이 되도록 의도되었으므로, 철학사의 관점에서 볼 때 여전히 전적으로 부적합하다"라고 도발적으로 진술한 다(DR 334).[4] 이는, 원천과 영향을 위한 탐색이 그 자체를 위해 지적으로 풍부하더라도 들뢰즈의 텍스트들에다 (들뢰즈가 『아베세데르』에서 움베르토 에코를 참조할 때 노골적으로 경멸하는 특성인) 문헌학과 박식에 의해 전달되는, 어떤 종류의 비의적인 정합성을 부여하지 않을 것이라는 점을 시사한다. 내 견해로는 이러한 해석학적 난관을 벗어나는 어떤 길을 제공할 수도 있는 적어도 네 가지 접근법이 존재한다.

첫 번째 접근법은 들뢰즈와 그의 철학적 동지 둘 모두를 초과하는 문제를 묘사할 때 이 둘을 병합하는 일을 수반한다. 이것은 그 자신의 경향들, 난관들, 좌표들을 가지는 문제적 장의 거의 자율적인 재구축을 요구한다. 다른 곳에서 이것은, 내가 "변칙적 개체화의 존재론"이라고 칭한 것의 발달을 위한 적합한 원천들을 (퍼스 등과 나란히 가는) 시몽동과 들뢰즈 안에서 식별해낼 때, 개체화 문제의 계보학적 변천에 대하여 내가 취한 접근법이다.[5]

둘째로, 어떤 개념들은 개념-창조의 새로운 영역으로 위치를 바꾸고 다른 어떤 개념들은 사라지는, 들뢰즈 자신의 철학적 발달의 지표로서 들뢰즈가 어떤 사상가를 원용하는 일을 추적하는 것이 가능하다. 이것의 예들은 라캉을 의사-원인의 매우 중요한 사상가에서 주체를 오이디푸스화하는 주요 장본인으로 철저히 강등시키는 일, 스피노자를 존재론적 일의성에서 행동학적인 내재성으로 미묘하게 이동시키는 일, 혹은 헤겔을 『철학이란 무엇인가?』의 초두에서 조심스럽게 복권시키는 일이리라.

셋째로, 들뢰즈 자신이 한 사상가의 두드러지거나 결정적이거나 혹은 방편으로서 유용한 측면들을 확인하는 일은 모든 철학적 수용을 불가피하게 동반하는 해석의 갈등들에 개입하기 위한 플랫폼 역할을 할 수 있다. 물론 들뢰즈의 권위에 대한 승인을 대리로 전하는 일을 넘어서기 위하여 이러한 접근법은 또한 들뢰즈의 작업이 개입할 수 있는 철학적 문제에 대한 자율적인 재정의를 요구한다.

네 번째 접근법은 들뢰즈가 그 자신의 사상을 전개할 때 핵심 순간에 어떤 차용되고 개편된 개념들을 전술적으로 사용하는 일에 대한 예리한 눈을 수반한다. 이러한 면에서 철학에서의 "중재자" 기능에 대한 들뢰즈 자신의 정의를 상기하는 것은 흥미로운 일이다. "실재적인 것이든 상상적인 것이든, 생명이 있는 것이든 생명이 없는 것이든 그대는 그대의 중재자들을 형성해야 한다. 그것은 계열이다. 만약 그대가 어떤 계열 안에 있지 않다면 그대는 길을 잃은 것이다. 나는 나 자신을 표현하기 위해 나의 중재자들을 필요로 하며, 그것들은 나 없이는 자신들을 결코 표현하지 못할 것이다. 그대는 그대가 혼자 있는 것으로 보일 때조차도 언제나 한 집단 안에서 일하고 있다."**6** 이러한 잠재적 공모자들의 중재들은 종종 매우 중요한 시점에서 일어난다. 시몽동에 관한 한, 그의 세 가지 아주 중요한 중재들은 (그의 개체화 이론이 잠재적 미분화differentiation와 현실적 분화differenciation 사이의 필수불가결한 중계를 제공하는[DR 244-54])『차이와 반복』에서, ("최초의 용의주도한, 비인격적이고 전-개체적인 독특성 이론"을 구축하기 위해 시몽동이 찬미되는[LS 344)『의미의 논리』, 그리고 (시몽동이 들뢰즈와 과타리에게 기계적 문machinic phylum으로서의 물질 개념을 구축한다고 여겨지는 질료형상론과 요소들에 대한 중대한 비판을 제공하는[TP 408-10]**7**)『천 개의 고원』에서 발견될 수 있다.

다음에 오는 것에서, 불가피하게 길이를 줄이고 의심할 바 없이 지나치게 인상주의적인 방식으로, 다음과 같은 네 가지 접근법을 순차적으로 통과해 이동하고자 한다. 첫째로, 들뢰즈 사상에 보이는 시몽동의 존재에 대한 관심 덕분에 우리는 "프랑스 사상"과 사이버네틱스에 관한 최근의 논쟁이 제시하는 그릇된 대안들을 넘어 이동할 수 있다는 점을 제안한다. 둘째로, 들뢰즈의 복잡한 (후기-)사이버네틱스적 유산에 대한 이러한 논의에 비추어서, 나는 시몽동이 『차이와 반복』, 『천 개의 고원』에서 중재하는 방식이 들뢰즈 사상이 절실히 필요로 하는 것의 중요한 변화를 가리킨다는 점을 보여준다. 셋째로, 나는 들뢰즈가 차등적인 것the disparate이라는 개념을 사용하는 일이 시몽동이 전-개체적인 것의 역능을 이해하는 일에 대한 정치적 해석과 어떻게 비교되는가 논함으로써 최후의 두 접근법을 결합한다. 마지막으로, 나는 들뢰즈가 자본주의 사회에서 윤리학이 하는 역할에 대한 두 사상가의 평가에 비추어서 "결론을 내릴 때만 [시몽동과] 결별한다"는 들뢰즈의 진술을 재고함으로써 마친다.

사이버네틱스와 반-인본주의

2005년에, 학술지『다양체*multitudes*』의 지면에서, 탁월한 지성사『프랑스 이론』의 저자 프랑수아 퀴세는 캐나다의 사회학자 셀린 라퐁텐이 "프랑스 이론의 미국적 뿌리"라고 도발적으로 언급하며 제시한 논지들에 대해 공격을 개시했다.[8] 라퐁텐은 지리학적, 방법론적, 문체적 차이에도 불구하고 미국 학계의 "프랑스 이론"의 자산은 그것이 본질적으로 그것의 발신자로 되돌아가는 메시지라는 사실로부터 유래한다고 주장했다. 즉, 전후 미국에서 구축된 기술-과학적이고 반-

정치적인 지적 패러다임은, 프랑스 학계의 변두리에서 진수되어 인문학의 이단적 접근법을 가장하여 미국으로 다시 밀수입되었다고 주장했다. 구조주의와 이른바 후기-구조주의는 대단히 많은 사이버네틱스적 개념들(기계, 엔트로피, 정보, 고원들, 구조, 체계, 자기-조직화 등)—자율적이고 책임감 있는 인간 주체에 대한 관심의 바로 그 토대를 부식시키는 근본적으로 반-인본주의 기획의 담지자로서 역할을 하는 개념들—을 통합했다고 간주된다. 구조주의와 후기-구조주의 둘 모두 "하나의 동일한 탈주체화"의 논리에 참여한다.[9] 그리고 결과적으로 후기구조주의는 사이버네틱스의 뒤를 좇아 "사회의 순수하게 의사소통적인 재현"을 가져온다.[10]

올바르게도 퀴세는 라퐁텐의 비판이 지나치게 단순화된 지적 인과성의 모델을 수반한다는 점에서 그의 비판에 의문을 제기하고, 중요하게도, 라퐁텐의 설명에 일차 사이버네틱스와 이차 사이버네틱스 사이의 차이가 생략되어 있는 점을 논박했다. 퀴세는 들뢰즈, 데리다 등등이 공유하는 비-변증법적 차이 이론의 문제 대 통제와 의사소통의 학문으로서의 사이버네틱스의 전체론으로 향하는 경향을 유용하게 병치했음에도 불구하고, 미국의 사이버네틱스와 후기구조주의적 프랑스 사상가들은 "거의 정반대로 대립하는" 접근법을 가진다는 그의 주장은, 또 고작해야 그들의 "국소적 유사성들"과 "차용들"은 완전히 공약 불가능한 "정치적 프로그램들과 이데올로기적 입장들"에 의해 훼손되어 있다는 주장은 불만족스러운 채로 남아 있다. 퀴세는 사이버네틱스적 계기를 비판하는, 라퐁텐을 포함하는 많은 비평가들과 더불어, 사이버네틱스를 근본적으로 기술관료제적인 미국 현상으로 보는 다소 빈곤하고 국가적으로 단일체적인 시각을 공유할 뿐만 아니라, 또한 그는 사이버네틱스적 계기에 관한 들뢰즈의 (그리고 과타리의)

천착의 진지함을 과소평가한다.

지적 영향이라는 라퐁텐의 모델이 불만족스러운 것처럼, 같은 개념들의 상이한 정치적 사용들에 관한 퀴세의 발상은 불충분한 것으로 보인다. 그가 올바르게도 주체적 자율성의 해방적 인본주의와, 새로운 기술을 열광하는 반-인본주의의 라퐁텐의 병치가 궁극적으로 비생산적이라는 점을 지적하는 만큼, 그렇듯이 그는 들뢰즈와 과타리가 공리적 자본주의에 대한 대안들의 내재적 구축에 너무나도 전념하기에 공리적 자본주의를 외재적인 이데올로기적 정치적 플래폼에 의거하여 단순히 비판하지 않는다는 점을 인지해야 한다. 물론 상품화된 (의사)소통과 유기체론적 유토피아에 대한 그들의 비난은 도처에 있지만, 그것은 차이의 정치철학에다 강력한 사이버네틱스적인 내력이 부여된—코드, 시그널, 장과 같은—개념들의 무기를 접목함으로써 기능한다. 가령 『천 개의 고원』에 보이는 화용론으로의 전환은 해석학의 의미화하고signifying 주체화하는 내면성에 대항하는 후기-사이버네틱스적 접근법의 사용으로서, 또 유기체가 사이버네틱스에 가하는 족쇄에 대한 내재적이고 구축적인 비판으로서 이해될 수 있다. 마찬가지로, 들뢰즈와 과타리가 『안티-오이디푸스』에서 형태form(형성함 formation)와 기능function(기능함 functioning)의 동일성으로 간주하는 것, 또 유기체론적 유형의 생기론에 대한 그들의 비판[11]은 또한 사이버네틱스의 개념들에 대한 단지 외적 사용으로서가 아니라 사이버네틱스 내의 전개나 사이버네틱스에 대항하는 전개로 이해될 수 있다. 특히 "제어, 명령, 의사소통, 이동, 작용과 반작용"의 언어를 도입하는 것[12]은, 그리고 들뢰즈와 과타리가 자본 안에서나 자본에 대항하여 사유하기 위해 개념적 어휘들을 찾았을 때 그들을 매혹시킨 이론과 실천의 구분을 뒤섞어놓은 것은 사이버네틱스가 작동operations의 사유의 가능성에 길을 열어놓은 방식이다.

하지만 들뢰즈가 (그리고 과타리가)—가령 자가생성autopoiesis과 같은 다양한 물결들과 파생들 속에서—사이버네틱스와 맺는 관계의 복잡성은 라퐁텐과 퀴세 둘 모두의 경우 1950년대에 있었던 사이버네틱스의 프랑스 수용과 비판에 충분히 주의를 기울이지 않음으로써 가려져 있다. 예를 들어 들뢰즈가 사이버네틱스적 패러다임에 대한 신-라이프니츠적 비평가인 레이몽 뤼에르를 "구조하는 일"은 만약 우리가 메이시 회의에서 나오는 종류의 지적 기획이 전후 시기의 "새로운 초월론적 철학"의 전개를 위한 (한낱 예에 불과하거나 혹은 결정적인 영향이 아니라) 중요한 지평으로 어느 정도 간주될 수 있다는 생각을 파악하지 못한다면 가늠하기가 어렵다. 시몽동의 경우는 아마도 훨씬 더 독특할 것이다. 장-피에르 뒤퓌이가 지적하는 바와 같이, 시몽동은 메이시 회의의 드문 초기 프랑스 독자일 뿐만 아니라—인문 과학들을 공리화하려는 시도의 맥락 속에서 기술적 대상에 관한 성찰을 개체화의 존재론(혹은 개체발생론)에 연계시키는—그의 지적 기획은 이를 사이버네틱스적 패러다임 안에서 또 이에 대항하여 작업하는 것으로 보지 않고는 전적으로 이해 불가능하다.[13] 개체성의 지위, 궁극성finality의 물음, 그리고 존재론/심리학/사회학과 자연 과학 사이의 인본주의적 노동 분화에서 탈피할 가능성에 관한 시몽동이 묘사하는(그리고 들뢰즈가 부분적으로 계승하는) 바로 그 문제들은 사이버네틱스의 도움을 받을 때 도입될 수 있는 문제들이다. 이 점을 말하고 나서, 비록 시몽동은 사이버네틱스에 고유한 문제화에 의해 지극히 영향을 받을지라도, 그는 "변칙적인 개체화의 존재론"을 구축할 때 사이버네틱스의 정식화와 해결로부터 거리를 두게 된다.[14] 특히 시몽동은 노버트 위너Norbert Wiener와 같은 사이버네틱스주의자들이 생명체와 자기-

규제하는 기술적 대상들의 동일성에 대한 과도한 믿음을 품고 있다고 하며 그들을 비난하게 된다.[15]

시몽동이 사이버네틱스를 1950년대 말의 자신의 저작 안에 매우 독창적이고 중대하게 포함하는 일 배후에 있는 주도적 사상들 중의 하나는 정보 개념을 의사소통, 소음, 엔트로피와 맺는 연관들로부터 인출하는 일을 수반하고, 또 개체발생을 사유할 때 전-개체적인 독특성들—동일성, 재현, 배중의 원리들에 의해 아직 포획되지 않은 규정들—의 아직 종합되지 않은 장으로부터 새로운 존재가 출현하거나 새로운 존재를 발명하는 매우 중요한 요소로서 정보 개념을 재주조하는 일을 수반한다.[16] 독특한 상호작용으로서의 정보에 이렇게 주목하는 것은 또한 모든 것을 포괄하는 과학 혹은 정보의 "공리론"이라는 사이버네틱스적 이상에 강력하게 영향을 받은 시몽동이 왜 정보를 코드화된 메시지 내에 단지 내포될 뿐인 (이미 개체화된) 측정 가능한 양으로 환원하는 일을 받아들일 수 없었는지를 설명해준다.[17] 왜냐하면 최악의 경우에 정보 과학이라는 개념은 시몽동의 지속적인 공격을 받는, 개체화의 세 가지 주요한 원리들을 종합하기 때문이다. 첫째로, 원자론적으로 조직을 구성하고 질서의 정도들을 양화하는 단위-척도로서 그 원리는 원자론을 모방하기 때문이다. 둘째로, 모본과 복제본 사이의 일방적 관계의 표현으로서 그 원리는 플라톤의 원형archetype을 복위시키기 때문이다. 마지막으로, 물질 또는 "독립 기체substrate-independent"와 분리되어 있는 조직의 근원으로서 그 원리는 아리스토텔레스의 질료형상론의 최신 계승자이기 때문이다. 이제, 작동의 일반 과학, 혹은 "변환역학allagmatics"[18]을 만드는 그의 전반적 기획 내에서, 개체화가 일어나는 "어두운 지대"를 전면에 내세우면서, 시몽동은 개체성의 출현을 개체화된 용어들—이것들이 물질과 형상이든, 발신자와 수신자든—의 선재 속에 기초를 놓는 어떠한 존재론도 포기하지 않을 수 없다. 내신에 형상을-넣음(=정보)in-formation 과징은 시몽동이 "변환 transduction"으로 정의하는 혁신적인 방산diffusion 혹은 파급contagion의 모델에 의해 재주조된다. 이 점에서 우리는 시몽동은 사이버네틱스로부터 가져온, 작동성operationality에 두는 초점을 계속 보존하지만, 사이버네틱스가 항들—이 항들 사이에서 명령과 소통의 관계가 존립한다—로서의, 사전에 구성된 개체들에 의존하는 점을 논박함으로써 작동성을 철저화한다고 말할 수 있을 것이다.

개체화는, 어떤 영역에서든, 전-개체적 장, 즉 차등적disparate 잠재성들로 이루어진 "준안정적metastable" 영역(그가 또한 "근거ground, fond"라고 부르는 것)에 의존함으로써 일어날 수 있을 뿐이라고 확신하면서, 시몽동은 결정화crystallisation에 대한 과학적 연구에 의존하며, 개체화 과정을, 여지껏 여전히 전-개체적 수준에 남아 있었던 일부 잠재성들의 현실화와 호혜적 상호작용을 촉매화하는 구조적 "발아"로 변장한 "형상form"을 도입한 결과로서 재고한다. 따라서 철학적 전통이 형상으로 확인하는 것은 돌연한 부과로서 간주되는 것이 아니라 구조를 증폭시키는 증식으로서 간주되는데, 이때 구조화되거나 개체화된 존재 영역이 개체화의 원리로서, 즉 다른 아직-구조화되지 않은 준안정적인 영역들을 위한 모델 혹은 형상으로서 역할을 한다(이 점에서 개체화하는 것과 개체화되는 것 간의 구별은 언제나 상대적이다). 따라서 변환은 "한 활동이 한 영역 내에서 점진적으로 증식하도록 해주는 물리적, 생물학적, 심적, 사회적 작동"이며, "형상 개념은 그 자신을 개체화할 수 있는, 준안정적 평형 상태 속에 있는 체계의 실존을 전제하는 정보 개념으로 대체되지 않으면 안 된다. 정보는 형상과 달리 결코 단일한 항이 아니라, 차등화disparation로부터 출현하는 의미화signification이다."[19] 따라서 시몽동은 정보는 "형상의 변이들 안의 예측 불가능성"이므로 이단적인 우연성 관념을 의미의 원천으로서 전진시킨다.[20]

극화의 방법

차등적인 것이라는 개념은 시몽동의 상호작용의 철학을 이해하기 위해, 그리고 들뢰즈 자신의 사상의 전개 내에서 그것의 역할 변화를 이해하기 위해 특히 중요하다. 겹쳐 놓을 수 없는 망막 이미지들을 통일된 시지각으로 통합하기 위한 생리학적 용어로부터 도출해서, 시몽동은 개체화가 어떻게 여태껏 공약 불가능한 층위들 혹은 전위들 사이의 한 형태의 의사소통이 출현하는 일이나 발명되는 일을 함축하는가를 성찰하기 위해 "차등화" 관념을 사용한다. 들뢰즈가 1966년 시몽동에 관한 서평에서 언급한 바와 같이, "준안정적 체계를 본질적으로 정의하는 것은, 아직 어떠한 상호작용적 소통이 존재하지 않는, '차등화'의 실존, 적어도 두 상이한 차원의 실존, 두 이질적 수준의 실재이다"(DI 87).[21] 『차이와 반복』 제5장에서 가장 중요한 자리에 있는, 이 차등화 개념은 또한, 새로운 존재자들의 창조(혹은 현실화)만이 해결할 수 있는 미해결된 차이의 실재적–잠재적 복합체들로서의 문제들의 인식론적 성격이 아니라 존재론적 성격을 주장하는 또 다른 방식을 들뢰즈에게 제공할 때 매우 중요하다.[22] 따라서 진정한 상호작용은 사건으로 간주되는데, 여기서는 개체화와 의사소통이 분리 불가능하다. 이 의사소통 개념이 어떻게 사이버네틱스의 일부 근본적 학설들을 전개하는 방식을 이단적 방향으로 제공하는가를, 반면에 이와 동시에, 개념들이 아니라 "합의"를 창조하기 위해 억견들의 지배 하에서만 작동하는 것과 같은 의사소통을 붕괴시키는 데 필요한 이론적 무기를 제공하는가를 주목할 만한 가치가 있다(WP 6). 다시 한 번 우리는 왜, 들뢰즈의 반-인본주의를 미국의 기술관료제적인 제국주의를 위한 일종의 사이버네틱스적 제5열(=적과 내통하는 집단)로 보는 라퐁텐의 친프랑스 모델도, 후기구조주의와 사이버네틱스 사이의 정치적 분쟁에 대한 퀴세의 보다 미묘한 이해도 들뢰즈가 사이버네틱스와 맺는 관계에서 작동하는 일종의 비-수목형 계통을 정당하게 평가하지 못하지를 알 수 있다.

차등화 개념은 또한, 다양한 양상의 자기-규제를 특징으로 하는 목적인론적 총체성으로서의 인간, 기계, 동물, 사회 사이의 유비와 동형성에 관한 성찰에 종사하는 사이버네틱스주의자들의 경향을 복잡하게 하려는 시몽동의 시도 한복판에 있다.[23] 산물보다는 과정을, 개체성보다는 발생을 우위에 두는 것이 시몽동의 설명을 지배한다. 시몽동이 개체화individuation와 개별화individualization를 구별하는 것은— 강도적이고 역동적인 차이의—차등화의 문제에 대한 갱신된 해결로서 이해되는, 지속적인 창조적 상호작용의 가능성을 둘러싸고서이다. 생명적 존재와 기술적 존재 둘 모두는 준안정적 전위들의 부분적 해결을 재현하지만 그러나 결코 그 준안정적 전위들을 완전히 소진하지 않는 한에서, 개체화하는 과정들에 휘말려 있다. 실로 시몽동이 기술적 대상들의 실존 양식에 관한 자신의 책에서 제시하는 바와 같이, 개체적 자율성을 한정하는 되풀이되는 인과성은 개체의 형태가 자신의 생기성을 이끌어내는 관련된 주변 환경milieu(혹은 "무의식적인" 심리적 근거)과의 결합coupling에 달려 있다.[24] 더구나 생명적 존재와 기술적 대상 둘 모두는 자신들의 불가피하게 "문제적인" 본성과 "주변 환경"에의 개방성 때문에—우리가 기술적 앙상블의 형성, 혹은 심리적 개체화의 한계를 보완하는 초개인적 과정들의 실존을 생각하고 있든 그렇지 않든—필연적으로 "집단적인collective" 차원을 수반하는 것으로 이해된다. 따라서 개별화는 전-개체적 존재 차원과 초개체적인(혹은 집단적인) 존재 차원의 경계면에서 일어난다. 무리엘 콩브Muriel Combes가 언급하듯이 "초개체적인 것은 개체와 사회를 통일하는 것으로서가 아니라 개체에 내적인 관계(개체의 심리성psychism을 정의하는 것)와 개체에 외적인 관계(집단적인 것을 정의하는 것)를 통일하는 것으로서 나타난다. 따라서 이러한 두 관계의 초개체적인 통일성은 관계들의 관계이다".**25** 따라서 시몽동의 철학은 관계 존재론으로 정의될 수 있으며, 많은 측면에서 "상호작용론interactionism"으로 향하는 현대의 경향들과 공명한다.**26** 더 구체적으로 말해 개체발생과 "변환역학allagmatics"에 대한 시몽동의 전반적 천착, 그리고 기술과 "기계론"에 대한 그의 작업은 한편으로는, 인간과 기술적 앙상블 사이의 상호작용을, 다른 한편으로는 (마르크스의 표현을 사용하면) 인간과 자연 사이의 "신진대사(=물질대사)"를 주도할 "기술적 문화"를 구축하는 윤리적 기획 속에서 결합되어 있다. 나는 아래에서 시몽동과 들뢰즈의 윤리-정치적 체제의 쟁점으로 돌아갈 터이지만, 먼저 나는 시몽동이 구축한 개념들과 문제들의 이러한 복합체가 어떻게 들뢰즈 사상의 전개 안으로 엮여 들어가는 것으로 간주될 수 있는지를 탐구하고자 한다.

개체화의 숨겨진 거처를 캐 들어가고, 확정적이고 초월적인 형상에 의해 수동적이고 분화되지 않은 물질을 규정하는 시각(질료형상론)과 결별하는 개념적 공구들을 제공하는 사상가로서 시몽동은, 들뢰즈가 구조주의를 창조적으로 재구축할 때 스스로 "새로운 유물론"과 "새로운 초월론적 철학"이라고 불렀던 것을 구축하려는 들뢰즈의 1960년대 말의 시도에 있어서 매우 중요한 역할을 한다고 말할 수 있다(DI

174).**27** 들뢰즈는 (『자아의 초월성』의 사르트르와 더불어) 시몽동으로부터, 전-개체적 독특성들이 거주하고, 이렇게 해서 다양체의 비-주체적 영역을 구성하는, 주체의 형상적 감시로부터 풀려난 초월론적 영역을 구성하는 초월론적 장이라는 착상을 명시적으로 도입한다. 그가 『의미의 논리』의 한 주석에서 쓰고 있는 바와 같이 "우리는 다섯 가지 특징들을 통해서 초월론적 장을 정의하려고 노력해 왔는데, 그 다섯 가지 특징들—장의 전위적 에너지, 계열의 내적 공명, 막의 위상학적 표면, 의미의 조직화, 문제적인 것의 지위—은 모두 시몽동에 의해 분석되어 있다"(LS 344).**28** 그리고 들뢰즈가 초월론적인 것을 더 이상 범주적인 가능성의 조건들에 의해서가 아니라 실현화(=실재화)realisation의 존재론적 조건들을 통해서, 즉 전-개체적 독특성들의 수준에서 작동들이 추구될 수 있는 "생명 있는 개체와 인식하는 주체의 발생"의 조건들을 통해서 재고하기 위해 의존하는 것은 바로 시몽동의 책—1964년에 출간되었지만, 원래는『형태와 정보 개념에 비추어 본 개체화』의 제1부로 의도된 『개체와 그 물리-생물학적 발생』—이다.

더 정확히 말해 시몽동과 그의 개체화 이론의 역할은 들뢰즈가, 잠재적으로 미분된differentiated 이념들로부터 현실적으로 분화된differenciated 존재자들로 옮겨가는 이행을 허용하는 종류의 작동들을 통해 사유함으로써 구조주의와 초월론적인 것을 개체발생적으로 재사유하는 데 있어서 다른 무엇보다 중요하다. 시몽동 덕분에 들뢰즈는 구조들을 비물질적인 본질들이나 형식적 불변자로서가 아니라, 개체화의 전-개체적 근거들로 재고려할 수 있었다. 따라서 개체발생은 내적 차이의 담지자인 한 종류의 다양체로부터 현실적 존재자들의 가산적이고 분류 가능한 다른 한 종류의 다양체로 옮겨가는 이행으로 정의된다. 들뢰즈는 이 발생을 정적이라고 부른다. 왜냐하면 구조 그 자체는, 현실성의 충족 이유를 제공하는 있는 동안, 그 자체 이산적으로 개체화되지(혹은 현실화되지) 않는다는 바로 그 이유 때문에 인과적 역할을 갖지 않기 때문이다. 따라서 시몽동으로부터 도출된 개체화 개념은 원인과 발생의 이러한 괴리 안에, 구조와 그 육화 사이, 잠재적인 것과 현실적인 것 사이의 이러한 중대한 불균형 안에, 말하자면, 그 자신을 끼워넣게 된다.

이러한 새로운 철학에서, 구조는 "무엇?"이라는 물음, 즉 본질, 실체, 보편성의 물음에 대답할 수 없다. 초월론적인 것은 개체발생을 예기할 수 없다. 초월론적인 것은 개체발생을 추수하거나 동반하거나 반복해야만 한다. 이것은 들뢰즈가 "극화의 방법"이라고 부르는 그것이다.**29** 시몽동에 따르면 개체화는 우리에게 "어떻게?"라는 매우 중요한 물음에 대한 작동적 대답들을 제공한다. 우리는 어떻게 함축적 implicate 차이들에서 이러한 차이들의 전개explication로 이동하는가? 이념들에서 존재자들로 이동하는가? 이념들만이 발생의 근원인 것은 아니다. 그렇기는커녕 새로운 유물론은 시-공간적인 역동성들을 직면할 필요가 있는데, 이러한 역동성들이 없다면 구조주의는 단지 능동적 형상에 의해 수동적 물질이 규정되는 사상으로 남게 될 것이다. 들뢰즈는 생산의 각 영역 혹은 "개체-미/분화indi-different/ciation" 속에 함축된 잠재적 이념들의 특정성specificity을 강조하는 데 그치지 않고, 또한 이러한 역동성들이 자신들의 미분적 조성에 미치는 영향을 강조한다. 달리 말해서 시몽동으로부터 도출된 개체화 이론 덕분에 우리는 잠재적인 것과 현실적인 것의 바로 그 구별을 단지 일방적인 구별이 아니라, 절차적이거나 미분적인 구별로 사유할 수 있게 되었다. 실로 선험적인 것과 후험적인 것 간의 바로 그 구별은 그것들의 조건의 산물이 아니라 개체화하는 과정의 산물이라는 시몽동의 제안을 따를 때, 우리는 잠재적인 것과 현실적인 것은 개체화 과정의 역투영들retrojections을 구성한다고 주장할 수 있을 것이다.

그러나 시몽동의 기여는 들뢰즈에게 있어서 극화로서의 이러한 개체화 사상에 여전히 관련되어 있는 동안, 그것은 또한 들뢰즈가 구조주의에 대한 충성을 전적으로 점점 외면함으로써 영향을 받는다. 이러한 동향은 (에릭 알리에가 "존재-행동학"으로 향한 들뢰즈의 전환으로서 유용하게 특징지은 바 있는 것과 관련이 있는)**30** 내재 면 혹은 조성 면을 조직 면에 병치하는 일에서 독해될 수 있다. 후자는 구조 개념에 대한 거의 명시적인 비판으로 기능한다. 들뢰즈와 과타리가 『천 개의 고원』에서 쓰고 있듯이 "여기에는 더 이상 어떠한 형태들 혹은 형태들의 발달도 존재하지 않고, 주체들 혹은 주체들의 형성도 존재하지 않는다. 발생이 존재하지 않는 것과 같이 구조도 존재하지 않는다"(TP 266). 발생의 문제와 이러한 결렬에도 불구하고, 전-개체적 독특성들에 대한 시몽동의 이론화는 들뢰즈와 과타리가 구조를 대체하는 매우 중요한 개념, 곧 특개성haecceity 속에서, 말하자면, 여전히 형성 중이다. 어떤 의미에서 『천 개의 고원』은 잠재적인 것과 현실적인 것 사이의 불균형적 관계를 중재하거나 도식화하는 것으로 보였던 시-공간적 역동성들과 독특성들의 바로 그 차원을 "절대시한다"고 주장될 수 있을 것이다. 시-공간적 역동성들은 "공간의 교란, 시간의 발굴, 속도와 방향과 리듬의 순수 종합"(DI 96; 번역 수정)으로 정의되었다. 결국 특개성은 "위도와 경도에 의해서만 정의된다. 달리 말해서 운동과 정지, 빠른 속도와 느린 속도의 주어진 관계들(경도) 아래에서 특개성에 속하는 물질적 요소들의 총합과, 주어진 역능 혹은 잠재력의 정도(위도)에 있어서 특개성이 행사할 역량이 있는 강도적 정동들의 총합에 의해 정의된다"(TP 260).

시몽동이 하는 역할의 이러한 변화는 그가 후설과 더불어 『천 개의 고원』에서 등장하는 방식으로 보아 분명하다. 여기서 그들은 잠재적 이념들 그 자체의 사상가가 아니라 "이해 가능한 형상적 본질성이나 혹은 감각 가능한 형성되고 지각된 사물성"과 구별되는 "형체성 corporeality"을 특징으로 하는 "애매한 물질적 본질들"의 사상가이다. 들뢰즈에 따르면 시몽동의 반-질료형상적 사유를 특징짓는 것은 '사건-정동들'에 의해 극화된, 비-개체화된 물질적-이념성에 대한 이러한 사유이지 더 이상 "사물과 개념 사이의 일종의 중재자"가 아니다. 가장 중요하게는, 운동 속의 물질, 유동 속의 물질, 변이 속의 물질로서의, 또 독특성들 및 표현의 특성들을 운반하는 물질로서의 자연적-인공적인 "기계적 문machinic phylum" 개념은 어떤 정도 『차이와 반복』에서 내적 차이의 "수준들"로 나타났던 것들(잠재성/시-공간적 역동성들에 의한 개체화/현실성)을 한 단일한 면plane을 향해 붕괴시키는 것으로 보인다. 물론 이것은 들뢰즈가 또한 "자연적"이고 "인공적"인 개체발생의 과정에 대한 시몽동의 꾸준하고 세심한 기술(가령 『개체화』에 나오는 벽돌-만들기의 "극화")로부터 도출해내는 사유의 이미지를 강화하는 데 이바지한다. 이 견해에 따르면, "물질-흐름"은 우리가 연역하거나 예기할 수 있는 것이 아니라 오직 뒤따라갈 수 있을 뿐이다. 이 점에서 사상가는 "행위 안의 직관"에 종사하는 장인의 개념적 페르소나에 비유되고, 그의 실천은 야금술의 실천에 비유된다. 이러한 야금술의 실천에서 "작동들은 언제나 문턱 양쪽에 걸쳐 있어서, 에너지적인 물질성이 미리 준비된 물질을 넘어 흐르고, 질적 왜곡이나 변형이 형태를 넘어 흐른다"(TP 407-10). 이념들의 극화에서 물질의 변조에 이르기까지, 개체화를 극화로 보는 시몽동의 사상은 들뢰즈의 생성철학에 계속 강력한 중재자로 존재하지만, 그 중재가 변조되는 방식들은 들뢰즈 자신의 사상의 불연속성들에 대한 중요한 단서들이다.

부등한 것

우리가 들뢰즈의 철학적 궤적을 시몽동이 굴절시키는 일에서 시몽동의 유산에 대한 논쟁들을 들뢰즈 자신이 중재하는 일로 향할 때 무엇이 일어나는가? 시몽동의 저작에 대한 보다 흥미로운 최근의 이해의 많은 부분—다른 누구보다도 파올로 비르노, 뮈리엘 콩브, 베르나르 아스프, 이사벨 스탕제—[31]은 그의 저작에 나오는 정치적 공명들에 초점을 맞추어 왔다. 특히 1989년에 간행된 「물리적이고 집단적인 개체화」(『형태와 정보 개념에 비추어 본 개체화』의 제2부)에서 유래하는 정치적 공명들에 초점을 맞추어 왔다. 정치적인 것의 체재를 갖추는 데 쓰일 수 있는 일단의 개념들을 얻기 위해 시몽동을 단지 캐내는 것이 아니라, 이 점에서 그의 사상의 가장 흥미로운 영향들은 그것이 정치적인 것에 대한 상이한 접근법들을 위한 시험장과 발산점 둘 모두가 되는 방식에서 발견될 수 있다. 시몽동과 정치에 관한 어떠한 논의의 핵심에도 그의 전-개체적 존재 개념에 부여된 지위의 물음이 놓여 있다. 여기에 (적어도) 세 가지 가능한 독해가 있다.

첫 번째 독해는 전-개체적인 것을 미해결의 전하로 해석한다. 전위로서의 개체는 이 미해결의 전하를 운반하고, 전-개체적인 것을 인간 본성과 살아있는 노동에 연결한다. 따라서 전-개체적인 것은 비-반성적이고 자연화 가능한 능력, 즉 새로운 진술들을 생산할 수 있는 언어적 능력일 것이다. 현대 자본주의의 정황과 그 밑에 놓여 있는 주체성의 정황은 이 전-개체적인 전위적 표면을 만들기 위한 것이며,

따라서 정치는 자본 및 자본의 제어 메커니즘이 부과하는 지배의 척도들에 대항하는 이러한 능력의 반란으로 간주될 수 있을 것이다. 이러한 종류의 입장은 시몽동에 대한 파올로 비르노Paolo Virno의 매우 고무직인 사용에서 만날 수 있다.**32**

　두 번째 독해는 전-개체적인 것을 이중의 초개체적(혹은 사회적) 관계에 휘말려 있는 것으로 본다. 전-개체적인 것은 한편으로는 한 개체, 그리고 이 한 개체 내의 그 자신 이상인 것과 관련되어 있고, 다른 한편으로 재현 이하적인 정서적이거나 정동적인 거동comportment —달리 말해, 미해결의 전하—에 의해서 한 개체와 다른 한 개체와 관련되어 있다. 뮈리엘 콩브Muriel Combes는 이 관계에다 공통적인 것의 친밀성이라는 적절한 이름을 부여한다. 우리가 각각 자연주의적과 관계적이라고 부를 수 있는, 시몽동에 대해 정치적 독해를 행할 때의 이러한 두 가지 정향은 시몽동에 대한 들뢰즈의 독해와 흥미롭게도 대조되는, 정치적인 것(혹은 정치)의 잠복이라는 어떤 견해를 공유한다.

　들뢰즈는 『차이와 반복』의 핵심 순간들 중 하나에서, 제5장의 초두에서 시몽동에 의존한다. 그럼에도 불구하고 순수 형이상학의 이 텍스트는 정치적 존재론을 위한 암시들로 풍부하다. 이 텍스트는 차이와 각양성diversity을 구별함으로써 시작된다. 각양한 것the diverse은 주어진 것, 현상이지만 모든 "현상은 자신을 조건짓는 부등성"을, "자신의 충족이유인 차이"를 소급 지시한다. 이 "환원 불가능한 부등성", 이 초월론적 불공평성injustice을 들뢰즈는 신호-기호signal-sign 체계 개념에 연결한다. 이러한 신호-기호 체계에서 현상은, 차등적이고 공약 불가능한 계열들 사이에서 "번갯불처럼 번쩍이는" 기호로서 정의되고, 현상이 출현하는 유래인 이질성을 종합하는 동시에 감추는 소통의 사건을 일으키는 기호로서 정의된다. 들뢰즈는 다음과 같이 결론을 내린다. "감성적인 것의 이유, 나타나는 것의 조건은 공간과 시간이 아니라 부등한 것 그 자체이다. 즉 강도 안의 차이에 의해, 차이로서의 강도 안에서 포착되고 규정되는 바의 차등화disparation이다"(DR 222-3). 단지 여러 특수한 것들의 결합으로서 이해될 수 없었던, 말하자면 각양한 것의 정치로서 이해될 수 없었던 차이의 정치는 여기에서부터 시작될 필요가 있을 것이다. 가능적인 것potential과 잠재적인 것virtual 사이에 경계선을 그음으로써, 들뢰즈는 전-개체적인 것을, 주어진 정치적 기회에 스스로를 표현할 수 있는 창조성의 보류지로서가 아니라 차등적인 독특성들과 계열들이 거처하는 초월론적 장으로서 제시한다. 물론 이것은 들뢰즈가 그 자신의 철학을 기호와 사건의 생기론에 의해 기술할 때 우리가 들뢰즈의 기술을 이해할 수 있는 방식 중의 하나이다.

들뢰즈의 경우 전-개체적인 것은 (유형성숙幼形成熟; neotenic이나 선천성 의미의) 인간 본성과도 "공유지common"와도 동일시되지도 않는다. 부등한 것을 선제적으로 "동등화하는 것"을 수반하는 두 경우 모두에서 전-개체적인 것은 그것을—그것의 바로 그 "비인간적인inhuman"이고 무의식적이고 고유하게 살아갈 수 없는 측면에 의해 우리를 정치로 이끄는 어떤 것으로서 보는 것이 결코 아니라—인간성의 전-개체적인 것으로서, 언제나 이미 가능한 집단적인 생명이 잠복해 있는 것으로 보는 사변적인 낙관론을 주창하는 것을 의미할 것이다. 이것은 들뢰즈가 『비평적인 것과 진단적인 것』에서 "어떠한 살아갈 수 있거나 살아진 것도 넘쳐흐르는 것 … 살아갈 수 있거나 살아진 것을 횡단하는 생명의 추이"로 일컫는 것이다(ECC 1). 우리가 위에서 다룬 바 있는 준안정성 개념이 전면에 등장하는 것은 바로 여기에서이다. 들뢰즈가 말하듯이 "본질적으로 준안정적 체계를 정의하는 것은 '차등'의 실존, 즉 어떠한 상호작용적 소통도 아직 존재하지 않는, 적어도 두 층위의 크기의 실존, 적어도 두 차등적 수준의 실재의 실존이다". 우리는 과연 이러한 차등적 준안정성을, 안토니오 네그리와 같은 이들을 따라 "공유지"로서 한정해도 되는 걸까? 따라서 들뢰즈가 『차이와 반복』에서 제공하는 암시들을 따라갈 때, 우리는 정치란 당초 불공가능한 계열들 사이의 소통을 발명하는 것이라고, 또 사전에 주어지지 않고 부등성의 존재론적 배경 위에서 출현하는 공유지를 발명하는 것이라고 시몽동에 의거하여 추정할 수 있을 것이다.

윤리, 기술, 자본주의

하지만 부등한 것의 발명적이고 우발적인 정치라는 이러한 이미지는 들뢰즈가 시몽동의 "도덕적 세계관"이라고 부르는 것과 상충한다. 이 세계관에 따르면 "전-개체적인 것, 즉 준안정적 미래 상태들의 근원"은 개체적인 것과 계속 관련을 맺고 있어야만 한다. 들뢰즈는, 1966년의 서평을 쓰고 『차이와 반복』과 『의미의 논리』에서 시몽동을 원용한 몇 년 후, 초개체성의 계기를 실제로 과타리와 함께 마주치게 되었을 때, 이러한 윤리적 계기는 "[시몽동이] 자신의 차등성 이론을 전개할 때 외면했던 자기Self의 형식"(DI 89)을 재도입하는 위험을 안고 있는 것이 아닌가 하는 생각을 하게 된다. 그가 자기를 해체할 때 쏟는 가공할 사변적 노력들에도 불구하고 강력하게, 들뢰즈는 『차이와 반복』에서, 기계들을 통해 전-개체적 전하를 공정하게 다룰 수 있는 발명가의 고귀한 개체성(=개인성)에 대한 시몽동의 유사한 관심과 거리가 그렇게 멀지 않은, "순수 개체(=개인)"로서의 철학자의 이론적 윤리로 돌아가는 위험을 무릅쓴다. 들뢰즈가 "사상가의 보편적인 구체적 개체성, 혹은 해체된 자기의 체계"(DR 259)에 대해 쓰는 것은 바로 이러한 맥락에서이다.**33** 들뢰즈가 과타리와 더불어 순수하게 철학적인 윤리학의 환상과 결별하려고 애쓰는 것은 필시 오직 두 권의 『자본주의와 분열증』에서뿐일 것이다.

비록 "기술적 문화"에 대한 시몽동의 욕망과 들뢰즈와 과타리의 "분열분석"을 지속적으로 대조하는 일은 확실히 가치 있는 과제이긴 하지만, 그것은 이렇게 책 중간에 끼워넣는 글의 한계를 넘어서는 일이다. 그렇다면 결론에 즈음하여, 나는 단순히 시몽동의 윤리적 선입견에 대한 들뢰즈의 회의의 적절성을 다루고 싶을 따름이다. 이것은 개체화에 관한 텍스트들에서가 아니라, 기술적 대상들의 다양한 "실존 양태들"에 대한 세심한 분석들에, 말하자면 시몽동이 사이버네틱스적 사상의 사회적이고 학문적인 유산과 씨름하는 책, 『기술적 대상들의 존재 양식에 대하여』에 가장 분명히 나타나 있는 선입견이다. 여기서 시몽동은 콩브Combes가 생성becoming에 관한 규범적 사유로서 묘사한 바 있는 것을 보여준다. 즉, 그에게 기술의 허무주의적 남용은 기술적 대상들의 구체적 개체성을 소외시키고, 이렇게 해서 인간들 그 자체를 소외시키는 효용의 패티시즘에 바탕을 두고 있다. 냉전의 와중에, 시몽동의 기술적인 발명의 윤리학은 도구적 합리성으로서의 기술에 대한 비판으로서는 물론 생산주의와 적대 세력의 결합을 우회하는 방법으로서 고안되었다. 하지만 우리는 (계급) 전쟁과 (무의미한) 노동을 넘어 어떻게 이동할 수 있는가? 그리고 우리는 기술적 대상들이 발생할 때 바로 그 발생에서 인간, 자연, 기술이라는 삼부적 분리를 넘어 새로운 상호작용의 윤리를 발생시킬 자원들을 발견할 수 있는가?

『기술적 대상들의 존재 양식에 대하여』에서 시몽동은 기술의 어떤 특정한 사용만이 인간과 자연 간의 신진대사적 상호작용을 적절하게 배치할 수 있다고 매우 단호하게 주장했다. 기술적 대상은

> 인간적인 것과 자연적인 것의 안정된 혼합이므로, 그것은 인간적인 어떤 것과 자연적인 어떤 것을 담고 있다. 기술적 대상은 자신의 인간적 내용에다 자연적 대상의 구조와 유사한 구조를 부여하며, 이러한 인간적 실재를 원인들과 자연적 결과들의 세계에 끼워 넣는 일을 허용한다. … 인간적인 것을 자연적인 것을 향해, 자연적인 것을 인간적인 것을 향해 전환할 수 있는 가능성은 기술적 도식화를 통해 설립된다.[34]

기술적 도식화는 이러한 신진대사적 기능에 있어서 노동을 대체하는 것을 명시적으로 목적으로 삼고 있다. 『형태와 정보 개념에 비추어 본 개체화』의 벽돌-만들기 논의가 "형상을-넣음(=정보)in-formation"으로서의, 육체노동 안의 배제된 인식의 실존을 시사하는 데 반해, 『기술적 대상들의 존재 양식에 대하여』는 노동 그 자체를 기술적 문화가 수습할 필요가 있는 위기의 주된 장본인으로 묘사한다. 인간이 노동할 필요가 있고 인간 그 자신이 "도구들의 소지자"로서 인간 종과 자연 사이의 중재를 성취해야만 하는 것은 기술적 대상들이 부재할 때뿐이다. 인간적-자연적인 기술적 대상의 보철적 발명은 "인간적이지 않은 실재와 합치해야" 하는 예속적이고 인간성을 말살하는 곤경으로부터 인간을 자유롭게 한다.[35]

이런 이유로 시몽동은 노동으로서의 노동에 필수적으로 따르는 "전前-자본주의적 소외"가 존재한다고 주장한다.[36] 이러한 소외는 단지 개체적 수준에서만 일어나는 것이 아니다. 시몽동에 따르면 "개체 상호 간의 관계"로서의 "노동의 사회적 공동체"는 오직 "심-신적

somato-phychic 인간들"로서 개체화되고 있는, 즉 그들의 노동들로 환원되고 있는 존재자들 사이에서만 일어나기 때문에 소외되고 있다. 대신에, 진정한 초개체적 집단성은 "인간 존재자들이 그들의 발명을 통해 소통할 때" 발달한다.**37** 이 경우 역설은 기술적 사유는 소통의 장 및 집단성의 근거로서의 노동보다 우월하다는 점이다. 왜냐하면 "인간 본성"은—"심지어 인간 그 자신 내에 구성된 인간성보다 본래적이고 선행적인 채로 있는 것"**38**—노동하는 남자들과 여자들의 면대면 사회적 상호작용에 의해서보다 기술적 대상들에 의해서 더 잘 운반되고 소통되기 때문이다. 하지만 인간들이 서로 간에 소통하고, 자연과 소통하고, 또 그들 안에 그들 자신 이상인 것(전-개체적인 "인간 본성")과 소통하게 하는 이러한 초개체적인 집단성 형태는 시몽동이 "출력의 도덕morality of output"이라고 부르는 것에 의해 지배되는, 현대적 생산주의의 조건들 아래에서 도구화된다. 따라서 사회적 상호작용의 본래적인authentic, 소외되지 않은 형태는 노동 너머에 있는, 기술적 사유와 사회적 생활의 통합을 요구할 것이다.

시몽동의 이해는 인간과 기술적 대상(혹은 기계) 사이의 상호작용에 대한, 그리고 더욱 강력하게는 (전-개체적인 "인간 본성"의 중재자와 담지자로서의 기술적 대상을 가지는) 인간과 인간 사이의 상호작용에 대한 매우 규범적이고, 심지어 도덕적인 이해이다. 하지만 대안적인 "기술적 문화"의 꿈을—기술적 대상들과 기계들이 인간들을 통해 서로 간에 소통하듯이 기술적 대상들을 통해 상호작용하는—발명자들의 초개체적인 집단성에 기초하게 하는 일이 가능한가?**39** 시몽동의 책략들 중 하나는 우리는 오직 기계들 그 자체의 예속적인 소외(로봇의 반란이라는 아시모프의 악몽이 징후적으로 신호를 보내는 조건)를 종결시킴으로써만, 그리고 노동과 발명 사이의(혹은 육체적 노동과 지적 노동 사이의)

분리를 뛰어넘음으로써만 우리의 소외를 종결시킬 수 있다는 것이다. 하지만 이것은—"노동과 자본이, 기술적 개체를 활성화하는 노동 및 기술적 개체를 제조하는 자본과 같은 시기에 속하지 않는 기술적 개체보다 뒤처지는 한에서"**40**—도구적인 반-기술적인 문화가 극복될 수 있고 자본과 노동 간의 적대 관계가 회피될 수 있는 것은 발명의 지렛목으로부터 집단성과 상호작용을 건설함으로써라는 점을 사유하는 데에 달려 있다.

자본주의를 철학하려는 들뢰즈와 과타리의 시도가 공리주의적 생산주의를 특징으로 하는 사회로부터, 또 자본과 노동의 적대적 원환의 파열로부터 윤리적 도피를 하는 환상에 강력한 해독제를 제공하는 것은 바로 여기에서이다. 내재성의 명법을 유지하고 전체론의 거부를 유지하는 일—또한 정치에 대한 적절한 관심으로서 개체성을 초과하는 것을 유지하는 일—은 "두 가지 종류의 흐름의 마주침, 즉 화폐-자본 형태의 생산의 탈코드화된 흐름과, '자유로운 노동자' 형태의 노동의 탈코드화된 흐름의 마주침"에서 일어나는 어떤 것으로 간주되는 자본주의를 오직 윤리만이 초월하거나 형성하거나 내포할 수 없다는 점을 인지하는 것을 의미한다. "그러므로 이전의 사회적 기계들과는 달리 자본주의적 기계는 사회적 장 전체에 적용될 코드를 제공할 능력이 없다"(AO 33). 어떤 의미에서 그 자신의 전-개체성을 지배하고 소유하는 인물로서의 "기술적 개체"라는 인물에 정박한 기술적 문화는 사이버네틱스의 출현에 수반된 지배와 평정의 이미지들에 어쩌면 여전히 너무나 많이 속할 것이다. 또 기술적 문화의 윤리관은 기계적 보철을 통해 인간 본성이 변화하는 일은 몰적(계급적) 적대 관계로 향하는 경향을 완화하는 윤리관이다. 하지만 한편으로는 생산주의의 쌍둥이 이데올로기(자본주의와 사회주의)를 탈피하려는 시몽동의 시도, 다른 한편으로는 자본주의의 탈영토화하는 충동들을 강화하고 사회체 분해의 극한적 한계에 도달하고자 하는 들뢰즈와 과타리의 애호라는, 발명자와 분열증자의 병치는 다리를 놓을 수 없는 괴리인가? 이데올로기적 좌표들에 의한 명백한 분쟁들을 한쪽에 제쳐놓는다면 나는, 사상가의 윤리적-정치적 전망은 그들의 형이상학에서 가장 잘 정초된다는 안토니오 네그리의 방법론적 제안과 같이하며, 들뢰즈와 과타리가 시몽동 사상의 그 존재론적 측면들—차등적인 것, 부등한 것, 물질의 변조—을 (다른 방식으로는 비르노나 스탕제처럼) 활용했다고 주장하는 일이 여전히 가능하다고 생각한다. 시몽동의 사상의 이러한 측면들은 사회적 전체론으로 향하는 경향을 치받고, —미셸 푸코의 『안티-오이디푸스』 서설을 인용하자면—"탈-개별화de-individulisation를 부단히 발생시키는 것"(AO xiv)으로서 보는, 집단이나 초개체적인 것의 시각을 가능하게 하기 때문이다.

런던 대학교, 골드스미스 대학

주(Notes)

1. 마이클 하트, 『들뢰즈: 철학적 견습 과정』(Minneapolis: Minnesota University Press, 1993).

2. 우리는 초월론적 경험론이나 우월한 경험론 개념이 두드러진 4분의 1을 생성하도록 아마도 흄을 추가할 수 있을 것이다.

3. 데이비드 토우즈, 「새로운 타르드」, *Theory, Culture & Society* 20: 5(2003), pp. 81-98.

4. 시몽동의 경우, 들뢰즈는 비록 그가 『기술적 대상들의 존재 양식에 대하여』(Paris: Aubier, 1989)를 언급할지라도, 1964년에 출간된 시몽동의 학위논문의 제1부인 「개체화와 물리-생물학적 발생」을 인용할 뿐이라는 것은 주목할 만하다. 제2부 「정신적 개체화와 집단적 개체화」는 프랑수아 라루엘의 주장에 따라, 1989년에 출간되었을 따름이다. 제1부와 2부는 최근에 한 권의 책, 『형태와 정보 개념에서 비추어 본 개체화』(Grenoble: Millon, 2005)로 다시 통합되었다.

5. 알베르토 토스카노, 『생산 극장: 칸트와 들뢰즈 사이의 철학과 개체화』(Basingstoke: Palgrave, 2006).

6. 「중재자들」, N 121-34.

7. 야금학(=금속공학)과 관련하여, 1979년 2월 27일 들뢰즈의 세미나에서 후설과 시몽동의 논의가 최초로 소묘되었다. 이 세미나는 www.webdeleuze.com에서 볼 수 있다.

8. 프랑수와 퀴세, 「사이버네틱스와 프랑스 이론: 가짜 동맹과 진짜 적」, *multitudes* 22(2005), pp. 223-31. 뿐만 아니라 퀴세는 자신의 책, 『사이버네틱스 제국. 사유하는 기계에서 사유된 기계까지』(Paris: Seuil, 2005)에서 라퐁텐의 논문, 「프랑스 이론의 미국적 뿌리」, *Esprit*, 2005년 1월(지금은 「프랑스 이론의 사이버네틱스적 모체」, *Theory, Culture, & Society* 24: 5, 2007로 번역되어 있다)에 대답하고 있었다.

9. 퀴세, 『사이버네틱스 제국』, p. 15.

10. 퀴세, 『사이버네틱스 제국』, p. 47.

11. AO 283-96; 토스카노, 『생산 극장』, 제6장 제4절.

12. 파스칼 샤보, 『시몽동의 철학』(Paris: Vrin, 2003), p. 54.

13. 장-피에르 뒤피, 『인지과학의 기원에 대하여』(Paris: La Découverte, 1999), p130. 또한 샤보, 『시몽동의 철학』, p. 55를 보라. 사비에르 귀세가 언급한 바와 같이, 시몽동은 50년대 중반에 그 자신의 사상을 정교하게 서술하기 위한 모체로서 정당하게 간주될 수 있는 두 편의 미간행 논문, 「사이버네틱스의 인식론」과 「사이버네틱스와 철학」의 초안을 이미 작성해 두었다. 사비에르 귀세, 「시몽동, 사이버네틱스와 인문학, 사이버네틱스에 관한 두 편의 원고에 보이는 시몽동의 존재론」, *Chiasmi International* 7: 생명과 개체화』, M.카르본·L.로울러·R.바바라스 엮음(Milan: Mimesis, 2005).

14. 토스카노, 『생산 극장』, 서론과 제5장.

15. 실제로 뒤피는, 시몽동은 사이버네틱스적 전체론의 비판자로서 간주되어서는 안 되며, 그가 사이버네틱스는 전체론적이 아니라는 점, 사이버네틱스의 모델들이 인공적이라는 점, 사이버네틱스적 총체성은 언제나 인공적이라는 점, 따라서 "고전적 목적론의 제약에서 벗어나 있다"는 점을 깨달은 데 대해 칭찬을 받아야 한다고 주장한다. 뒤피, 『인지과학의 기원에 대하여』, pp. 137-8.

16. 토스카노, 『생산 극장』, 제5장을 보라.

17. 귀셰, 『시몽동, 사이버네틱스와 인문학』.

18. 시몽동, 『형태와 정보 개념에서 비추어 본 개체화』, pp. 559-66.

19. 시몽동, 『형태와 정보 개념에서 비추어 본 개체화』, pp. 32, 35.

20. 뒤피, 『인지과학의 기원에 대하여』, p. 130.

21. 또한 알베르토 토스카노, 『차등화disparation. 시몽동의 정치와 주제』, *multitudes* 18 (2004), pp. 73-82.

22. 생명체와 기계의 차이와 관련된 문제, 뿐만 아니라 베르그손 철학에 관한 시몽동 자신의 설명에 대해서는, 『기술적 대상들의 존재 양식에 대하여』, p. 144를 보라.

23. 그럼에도 불구하고 시몽동은 유비 개념을 보존하고, 이 개념에다 변환의 작동에 의해 존재론적 유의성誘意性: valence을 부여하려고 노력한다. 이런 면에서 그는, 유비를 집요하게 비난하고 인정될 수 있는 유일한 존재론적 입장으로서의 일의성을 찬양하는 들뢰즈와 불화한다.

24. 들뢰즈가 그의 여러 책에서 사용하는 "환경" 개념은 또한 시몽동에서 그 근원을 찾아볼 수 있을 것이다.

25. 뮈리엘 콩브, 『시몽동. 개체와 공동체』(Paris: PUF, 1999), p. 47.

26. 토스카노, 『생산 극장』, 제5장을 보라.

27. DI 174.

28. LS 344.

29. 들뢰즈, 「극화의 방법」(DI 94-116).

30. 에릭 알리에, 『세계의 서명』, 혹은 『들뢰즈와 과타리의 철학은 무엇인가?』, 엘리엇 로스 앨버트·알베르트 토스카노 옮김(London: Continuum, 2004), pp. 53-84.

31. *multitudes* 18(2004)에 실린, 「개체화의 정치: 시몽동과 더불어 사유하기」라는 제명의 특별 난을 보라.

32. 비르노는 *multitudes*에서, 그리고 『정신적 개체화와 집단적 개체화』의 이탈리어 번역 서론에서 시몽동을 논평한 바 있다. 영어로는, 비르노의 『다중의 문법』(New York: Semiotext(e), 2002), pp. 78-80을 보라.

33. DR 259.

34. 『기술적 대상들의 존재 양식에 대하여』, p. 245. 인간과 자연에 대한 이러한 신진대사적 견해와, 『안티-오이디푸스』에서 논하는 자연과 생산의 직접적 동일시 간의 차이

에 주목하라.

35. 시몽동, 『기술적 대상들의 존재 양식에 대하여』, p. 242.
36. 시몽동, 『기술적 대상들의 존재 양식에 대하여』, p. 248.
37. 시몽동, 『기술적 대상들의 존재 양식에 대하여』, p. 247.
38. 시몽동, 『기술적 대상들의 존재 양식에 대하여』, p. 248.
39. 시몽동, 『기술적 대상들의 존재 양식에 대하여』, p. 12.
40. 시몽동, 『기술적 대상들의 존재 양식에 대하여』, p. 119.

참고문헌

Alexandrian, Sarane. *Histoire de la philosophie occulte*. Paris: Segners, 1983.

Alliez, Éric. *The Signature of the World, or, What is Deleuze and Guattari's Philosophy?* Trans. Eliot Ross Albert and Alberto Toscano. London: Continuum, 2004.

Alliez, Éric, and Bonne, Jean-Claude. *La Pensée-Matisse. Portrait de l'artiste en hyperfauve*. Paris: Le Passage, 2005.

Althusser, Louis. *For Marx*. Trans. Ben Brewster. London: New Left Books, 1969.

——. 'Ideology and Ideological State Apparatuses (Notes Toward an Investigation)'. In *Lenin and Philosophy*. Trans. Ben Brewster. London: New Left Books, 1971.

Althusser, Louis, and Balibar, Etienne. *Reading Capital*. Trans. Ben Brewster. New York: Pantheon Books, 1970.

Alunni, Charles. 'Continental Genealogies. Mathematical Confrontations in Albert Lautman and Gaston Bachelard'. In *Virtual Mathematics: The Logic of Difference*. Ed. Simon Duffy. Manchester: Clinamen Press, 2006.

Antliff, Mark. *Inventing Bergson: Cultural Politics and the Parisian Avant-garde*. Princeton, NJ: Princeton University Press, 1993.

Aquinas. *Selected Philosophical Writings*. Trans. Timothy McDermott. Oxford: Oxford University Press, 1993.

——. *Summa Theologiae: A Concise Translation*. Ed. Timothy McDermott. Westminster, MD: Christian Classics, 1989.

Aristotle. 'Categoriae'. In *The Basic Works of Aristotle*. Trans. E. M. Edghill. Ed. R. McKeon. New York: Random House, 1941, 3–37.

——. *Metaphysics*, 2 vols. Trans. Hugh Tredennick. Cambridge, MA: Loeb Classics, 1933–35.

——. *Posterior Analytics*. Trans. Jonathan Barnes. Oxford: Clarendon Press, 1975.

Arnaud, Alain. *Pierre Klossowski*. Paris: Seuil, 1990.

Atlas, Samuel. *From Critical to Speculative Idealism: The Philosophy of Solomon Maimon*. The Hague: Nijhoff, 1964

Badiou, Alain. *Deleuze: The Clamour of Being*. Trans. Louise Burchill. Minneapolis: University of Minnesota Press, 2000.

Bains, Paul. *The Primacy of Semiosis: An Ontology of Relations*. Toronto: University of Toronto Press, 2006.

——. 'Subjectless Subjectivities'. In *A Shock to Thought: Expression after Deleuze and Guattari*. Ed. Brian Massumi. London and New York: Routledge, 2002, 101–16.

Balke, Friedrich. 'Eine frühe Soziologie der Differenz: Gabriel Tarde'. In *Eigentlich könnte alles auch anders sein*. Eds P. Zimmermann and N. Binczek. Cologne: Walther König, 1998.

Barot, Emmanuel. 'L'objectivité mathématique selon Albert Lautman: entre Idées dialectiques et réalité physique'. *Cahiers François Viète* 6, 2003, 3–27.

Bataille, Georges. *L'expérience intérieure*. In *Oeuvres completes*, vol. 5. Paris: Gallimard, 1973.

Baugh, Bruce. 'Death and Temporality in Deleuze and Derrida'. *Angelaki* 5:2, August 2000, 73–83.

Beach, Edward Allen. *The Potencies of God(s): Schelling's Philosophy of Mythology*. Albany: SUNY, 1994.

Beaulieu, Alain. 'Gilles Deleuze et les Stoïciens'. In *Gilles Deleuze. Héritage philosophique*, Ed. Alain Beaulieu. Paris: PUF, 2005, 45–72.

——. *Gilles Deleuze et la phenomenology*. Mons/Paris, Sils Maria/Vrin, 2004.

Beck, Lewis White. 'A Prussian Hume and a Scottish Kant'. In *Essays on Kant and Hume*. London: New Haven Press, 1978.

Beiser, Frederick. *The Fate of Reason: German Philosophy from Kant to Fichte*. Cambridge, MA: Harvard University Press, 1987.

——. *German Idealism: The Struggle against Subjectivism, 1781–1801*. Cambridge, MA: Harvard University Press, 1987.

——. 'Maimon and Fichte'. In *Salomon Maimon: Rational Dogmatist, Empirical Skeptic – Critical Assessments*. Ed. Gideon Freudenthal. Dordrecht: Kluwer Academic Publishers, 2003.

Benoist, Alain de. *Vu de droite: anthologie critique des idées contemporaines*. Paris: Copernic, 1977.

Bergen, Véronique. *L' ontologie de Gilles Deleuze*. Paris: L'Harmattan, 2001.

Bergler, Edmund. *The Basic Neurosis: Oral Regression and Psychic Masochism*. New York: Grune and Stratton, 1949.

Bergman, Samuel. *The Philosophy of Solomon Maimon*. Trans. Noah J. Jacobs. Jerusalem: Magnes Press, 1967.

Bergson, Henri. *Durée et simultanéité: a propos de la théorie d'Einstein. Duration and Simultaneity: With Reference to Einstein's Theory*. Trans. Leon Jacobson. Indianapolis: Bobbs-Merrill, 1965 [1922].

——. *Essai sur les données immédiates de la conscience. Time and Free Will: An Essay on the Immediate Data of Consciousness*. Trans. F. L. Pogson. London: George Allen and Unwin, 1910 [1889].

——. *La pensée et le mouvant: Essais et conférences*. In *The Creative Mind*. Trans. M. L. Andison. New York: Philosophical Library, 1946 [1934].

——. *L'énergie spirituelle: Essais et conférences*. *Mind-Energy: Lectures and Essays*. Trans. H. Wildon Carr. London: Macmillan, 1920 [1919].

——. *Les deux sources de la morale et de la religion*. *The Two Sources of Morality and Religion*. Trans. R. Ashley Audra and Cloudesley. Brereton, Westport: Greenwood Press, 1963 [1932].

——. Letter to W. R. Boyce Gibson. 9 February 1911. Gibson Papers, University of Melbourne Archives, Melbourne.

——. *L'évolution créatrice*. *Creative Evolution*. Trans. Arthur Mitchell. New York: Random House, 1944 [1907].

——. 'L'idée de lieu chez Aristote'. Trans. Robert Mosse Bastide. In *Mélanges*. Ed. André Robinet. Paris: Presses Universitaires de France, 1972, 1–56.

——. 'Life and consciousness'. In *Mind-Energy*. Trans. H. Wildon Carr. London: Macmillan, 1920 [1903].

——. *Matière et mémoire: essai sur la relation du corps à l'esprit*. *Matter and Memory*. Trans. W. S. Palmer and N. M. Paul. New York: Zone Books, 1991 [1896].

——. *Mélanges*. Ed. André Robinet. Paris: Presses Universitaires de France, 1972.

——. *Oeuvres*. Ed. André Robinet. Paris: Presses Universitaires de France, 1959.

Bernays, Paul. 'Review of: Essai sur L'Unite des Sciences Mathematiques dans Leur Developpement Actuel. Albert Lautman'. *Journal of Symbolic Logic* 5:1, 1940, 22.

Blay, Michel. *Reasoning with the Infinite: From the Closed World to the Mathematical Universe*. Chicago: University of Chicago, 1998.

Boehm, Rudolf. 'Les ambiguïtés du concept husserlien d'"immanence" et de "transcendence"'. *Revue philosophique de la France et de l'étranger* 84, 1959, 481–526.

Bogue, Ronald. *Deleuze on Music, Painting, and the Arts*. New York: Routledge, 2003.

Borch, Christian. 'Urban Imitations: Tarde's Sociology Revisited'. *Theory, Culture & Society* 22:3, 2005.

Boundas, Constantin V. 'Between Deleuze and Derrida'. *Symposium: Canadian Journal of Continental Philosophy* 9:1, 2005, 99–114

—. 'Foreclosure of the Other: From Sartre to Deleuze'. *The Journal of the British Society for Phenomenology* 24:1, 1993, 32–43.

——. 'The Ethics of Counteractualisation'. *Concepts*, hors série 2, 2003, 170–99.

Boyer, Carl B. *The History of the Calculus and its Conceptual Development*. New York: Dover, 1949.

Bransen, Jan. *The Antinomy of Thought: Maimonian Scepticism and the Relation between Thoughts and Objects*. Dordrecht: Kluwer Academic Publishers, 1991.

Brunschvicg, Léon. *Les étapes de la philosophie mathématique*. Paris: A. Blanchard, 1993 [1912].

Buzaglo, Meir. *Solomon Maimon: Monism, Skepticism, and Mathematics*. Pittsburgh: University of Pittsburgh Press, 2002.

Cavaillès, Jean, and Albert Lautman. 'La pensée mathématique'. *Bulletin de la Société Française de Philosophie* 40:1, 1947, 1–39.

Chabot, Pascal. *La philosophie de Simondon*. Paris: Vrin, 2003.

Chacornac, Paul. *Eliphas Lévi: rénovateur de l'occultisme en France*. Paris: Chacornac, 1926.

Châtelet, Gilles. 'Interlacing the Singularity, the Diagram and the Metaphor'. Trans. Simon Duffy. In *Virtual Mathematics: The Logic of Difference*. Ed. Simon Duffy. Manchester: Clinamen Press, 2006.

Chevalley, Catherine. 'Albert Lautman et le souci logique'. *Revue d'Histoire des Sciences* 40:1, 1987, 49–77.

Cloots, André, and Robinson, Keith (eds). *Deleuze, Whitehead and the Transformation of Metaphysics*. Brussels: Koninklijke Vlaamse Academie van Belgie voor Wetenschappen en Kunsten, 2005.

Cohen, Paul. *Set Theory and the Continuum Hypothesis*. New York: W. A. Benjamin, 1966.

Colwell, C. 'Deleuze and Foucault: Series, Event, Genealogy'. *Theory and Event* 1:2, 1997.

Combes, Muriel. *Simondon. Individu et collectivité*. Paris: PUF, 1999.

Conway, Daniel W. 'Tumbling Dice: Gilles Deleuze and the Economy of Répétition'. *Symploke* 6:1, 1998: 7–25.

Cooke, Alexander. 'Eternal Return and the Problem of the Constitution of Identity'. *Journal of Nietzsche Studies* June 2005, 16–34.

Couturat, Louis. 'On Leibniz's Metaphysics'. In *Leibniz: A Collection of Critical Essays*. Ed. Harry G. Frankfurt. Garden City, NY: Anchor Books, 1972.

Critchley, Simon. *Continental Philosophy: A Very Short Introduction*. Oxford: Oxford University Press, 2001.

Cusset, François. 'Cybernétique et 'théorie française': faux alliés, vrais ennemis'. *Multitudes* 22, 2005, 223–31.

Daniel, Stephen H. (ed.). *Current Continental Theory and Modern Philosophy*. Evanston, IL: Northwestern University Press, 2005.

D'Arcy, Philippe. *Wronski: philosophie de la creation. Présentation, choix de textes*. Paris: Seghers, 1970.

De Beistegui, Miguel. *Truth and Genesis: Philosophy as Differential Ontology*. Bloomington: Indiana University Press, 2004.

De Biran, Maine. *Exposition de la doctrine philosophique de Leibniz*. In *Oevres*. XI–1. Paris: Vrin, 1990.

De Saussure, Ferdinand. *Course in General Linguistics.* Trans. Roy Harris. London: Duckworth, 1983.

Dedron, Pierre, and Itard, Jean. *Mathematics and Mathematicians* (2 vols). Trans. J. V. Field. London: Transworld, 1974.

DeLanda, Manuel. *Intensive Science and Virtual Philosophy.* London: Continuum, 2002.

Deledalle, Gérard, and Huisman, Dennis (eds). *Les philosophes français d'aujourd'hui par eux-mêmes.* Paris: CDU, 1959.

Deleuze, Gilles. 'A quoi reconnait-on le structuralisme?' In *Histoire de la philosophie tome 8: Le XXe Siecle.* Ed. François Châtelet. Paris: Hachette, 1972. 'How Do we Recognise Structuralism?' Trans. Melissa McMahon and Charles Stivale. In Charles Stivale. *The Two-Fold Thought of Deleuze and Guattari: Intersections and Animations.* New York and London: Guilford Press, 1998.

——. 'Bergson 1859–1941'. In *Les philosophes célèbres.* Ed. Maurice Merleau-Ponty. Paris: Editions d'Art Lucien Mazenod, 1956, 292–9.

——. *Le Bergsonisme.* Paris: Presses Universitaires de France, 1966. *Bergsonism.* Trans. Hugh Tomlinson and Barbara Habberjam. New York: Zone Books, 1988.

——. 'Bergson's Conception of Difference'. Trans. Melissa McMahon. In *The New Bergson.* Ed. John Mullarkey. Manchester: Manchester University Press, 1999, 42–65.

——. *Cinema 1: The Movement Image.* Trans. Hugh Tomlinson and Barbara Habberjam. Minneapolis: University of Minnesota Press, 1989.

——. *Cinema 2: The Time Image.* Trans. Hugh Tomlinson and Robert Galeta. Minneapolis: University of Minnesota Press, 1989.

——. 'Coldness and Cruelty'. In *Masochism.* Trans. Charles Stivale. New York: Zone Books, 1989.

——. *Deux regimes de fou.* Paris: Editions de Minuit, 2003. *Two Regimes of Madness and Other Texts.* Trans. Michael Taormina. New York: Semiotext(e), 2006.

——. *Différence et répétition.* Paris: Presses Universitaires de France, 1968. *Difference and Repetition.* Trans. Paul Patton. New York: Columbia University Press, 1994.

——. *Empiricisme et subjectivité.* Paris: PUF, 1953. *Empiricism and Subjectivity.* Trans. Constantin Boundas. New York: Columbia University Press, 1991.

——. *Essays Critical and Clinical.* Trans. Daniel W. Smith and Michael A. Greco. Preface by Daniel W. Smith. Minneapolis: University of Minnesota Press, 1997.

——. *Foucault.* Paris: Minuit, 1986. *Foucault.* Trans. Sean Hand. Minneapolis: University of Minnesota Press, 1988.

——. *Francis Bacon: logique de la sensation* (2 vols). Paris: Éditions de la difference, 1981. *Francis Bacon: The Logic of Sensation.* Translation of the first volume by Daniel W. Smith. London: Continuum Press, 2003.

——. 'Hume'. In *Histoire de la philosophie 4 – les lumières: le XVIIIe siècle*. In Ed. François Châtelet Paris: Librairie Hachette, 1972.

——. *Kant's Critical Philosophy*. Trans. Hugh Tomlinson and Barbara Habberjam. London: Althone Press, 1983.

——. Lectures/Seminars. Available online at http://www.webdeleuze.com/php/sommaire.html

——. 'Lettre-préface de Gilles Deleuze'. In Jean-Clet Martin, *Variations: La Philosophie de Gilles Deleuze*. Paris: Payot, 1993.

——. 'Le "Je me souviens" de Gilles Deleuze'. *Nouvel Observateur* 1619, 1995, 50–1.

——. *Le pli: Leibniz et le baroque*. Paris: Editions de Minuit, 1988. *The Fold: Leibniz and the Baroque*. Trans. Tom Conley. Minneapolis: University of Minnesota Press, 1992.

——. 'L'idée de genèse dans l'esthétique de Kant'. *Revue d'Esthétique* 16:2, 1962–3, 113–36. 'The Idea of Genesis in Kant's Aesthetics'. Trans. Daniel W. Smith. In *Angelaki: Journal of the Theoretical Humanities* 5:3, December 2000, 57–70.

——. *L'ile déserte et autres textes*. Paris: Editions de Minuit, 2002. Ed. David Lapoujade. *Desert Islands and Other Texts*. Trans. Michael Taormina. New York: Semiotext(e), 2004.

——. 'L'immanence: une vie . . .', in *Philosophie* no. 47, September 1995, special issue on Deleuze, pp. 3–7. *Pure Immanence: Essays on a life*. Trans. Anne Boymen. Ed. John Rajchman. New York: Zone Books, 2001.

——. *Logique du sens*. Paris: Editions du Minuit, 1969. *The Logic of Sense*. Trans. Mark Lester and Charles Stivale. New York: Columbia University Press, 1990.

——. *Masochism*. Trans. Jean McNeil. New York: Zone Books, 1989.

——. 'Mathèse, science et la philosophie'. In Jean Malfatti de Montereggio, *La Mathèse, ou anarchie et hiérarchie de la science*. Paris: Griffon d'Or, 1946. 'Mathesis, Science and Philosophy'. Trans. Robin Mackay. In *Collapse* 3, 2007.

——. *Negotiations*. Trans. Martin Joughin. New York: Columbia University Press, 1995.

——. *Nietzsche et la philosophie*. Paris: Presses Universitaires de France, 1965. *Nietzsche and Philosophy*. Trans. Hugh Tomlinson. New York: Columbia University Press, 1983.

——. Online Seminars. Transcribed by Richard Pinhas. http://www.web deleuze.fr/sommaire

——. *Périclès et Verdi: la philosophie de François Châtelet*. Paris: Les Editions de Minuit, 1988.

——. '"A Philosophical Concept . . ."'. Trans. Julien Deleuze. In *Who Comes After the Subject?* Ed. Eduardo Cadava. New York: Routledge, 1991.

——. *Proust and Signs*. Trans. Richard Howard. Minneapolis: University of Minnesota Press, 2000.

——. 'Review of *Logique et existence* by Jean Hyppolite'. In *Revue philosophique de la France et de l'étranger* 94, 1954, 457–60.

——. *Spinoza et le problème de l'expression*. Paris: Minuit, 1968. *Expressionism in Philosophy: Spinoza*. Trans. Martin Joughin. New York: Zone Books, 1990.

——. *Spinoza: Practical Philosophy*. Trans. Robert Hurley. San Francisco: City Lights Books, 1988.

Deleuze, Gilles, and Guattari, Félix. *Kafka: Towards a Minor Literature*. Trans. Dana Polan. Minneapolis: University of Minnesota Press, 1986.

——. *L'Anti-Oedipe*. Paris: Les Editions de Minuit, 1972. *Anti-Oedipus: Capitalism and Schizophrenia*. Trans. Robert Hurley, Mark Seem and Helen Lane. New York: Viking Press, 1977.

——. 'Mai '68 n'a pas eu lieu'. *Les nouvelles*, 9 May 1984, 233–4.

——. *Mille plateaux*. Paris: Les Editions de Minuit, 1980. *A Thousand Plateaus: Capitalism and Schizophrenia*. Trans. Brian Massumi. Minneapolis: University of Minnesota Press, 1987.

——. *Qu'est-ce que la philosophie?* Paris: Editions de Minuit, 1991. *What is Philosophy?* Trans. Hugh Tomlinson and Graham Burchell. New York: Columbia University Press, 1994.

——. *Politique et psychanalyse* Paris: Alençon, 1977.

Deleuze, Gilles, and Parnet, Claire. *Dialogues*. Trans. Hugh Tomlinson and Barbara Habberjam. London: Althone Press, 1987 [1977].

Descombes, Vincent. *Modern French Philosophy*. Trans. J. Harding and L. Scott-Fox. Cambridge: Cambridge University Press, 1980.

Dickstein, S. *Katalog DzieI Rękopisow Hoene-Wronskiego* [Catalogue des oeuvres imprimées et manuscrites de Hoëne Wronski]. Cracow: Nakładem Akademii Umiejetnośki, 1896.

Duffy, Simon. 'Deleuze and Mathematics'. In *Virtual Mathematics: The Logic of Difference*. Ed. Simon Duffy. Manchester: Clinamen Press, 2006.

——. *The Logic of Expression: Quality, Quantity and Intensity in Spinoza, Hegel and Deleuze*. Aldershot: Ashgate, 2006.

——. 'The Mathematics of Deleuze's Differential Logic and Metaphysics'. In *Virtual Mathematics: The Logic of Difference*. Ed. Simon Duffy. Manchester: Clinamen Press, 2006.

——. 'Schizo-Math: The Logic of Different/ciation and the Philosophy of difference'. *Angelaki* 9:3, 2004, 199–215.

Dumoncel, Jean-Claude. *La pendule du docteur Deleuze: une Introduction à l'anti-oedipe*. Paris: Cahiers de l'Unebévue, 1999.

Duns Scotus, J. *Philosophical Writings*. Trans. Allan Wolter. Indianapolis and Cambridge: Hackett Publishing Company, 1987.

——. 'Six Questions on Individuation from His *Ordinatio*, II. d. 3, part 1, qq. 1–6'. In *Five Texts on the Mediaeval Problem of Universals*. Ed.

and trans. V. Spade. Indianapolis: Hackett Publishers, 1994, 57–113.

Dupuy, Jean-Pierre. *Aux origins des sciences cognitives*. Paris: La Découverte, 1999.

Durkheim, Émile. *Les règles de la méthode sociologique*. Paris: PUF, 1973 [1895]. *The Rules of Sociological Method*. Trans. W. D. Halls. London: Macmillan, 1982.

Durutte, Camille. *Esthétique musicale. Technie ou lois générales du système Harmonique*. Paris: Mallet-Bachelier, 1855.

——. *Résumé élémentaire de la Technie harmonique, et complement de cette Technie, suivi de l'exposé de la loi de l'Enchainement dans la Mélodie, dans l'Harmonie et dans leurs concours*. Paris: Gauthier-Villars, 1876.

Echols, W. H. 'Wronski's Expansion'. *Bulletin of the New York Mathematical Society* vol. 2, 1893.

Erdmann, Johann Eduard. *A History of Philosophy*, 3 vols. Trans. W.S. Hough. London: George Allen & Unwin, 1890 [1878].

Ferreirós, José. 'The Crisis in the Foundations of Mathematics'. In *The Princeton Companion to Mathematics*. Ed. Timothy Gowers, June Barrow-Green and Imre Leader. Princeton: Princeton University Press, 2008.

Foucault, Michel. *Discipline and Punish*. Trans. Alan Sheridan. New York: Pantheon, 1978.

——. 'La Prose d'Actéon'. *La Nouvelle Revue Française*. March 1964.

——. 'Theatricum Philosophicum'. *Aesthetics, Method, and Epistemology*. Trans. Robert Hurley. New York: New Press, 1999.

——. *The Order of Things: An Archaeology of the Human Sciences*. New York: Vintage Books, 1994.

Freud, Sigmund. *The Standard Edition of the Complete Psychological Works of Sigmund Freud*. Ed. James Strachey. London: Hogarth, 1961.

Freudenthal, Gideon. *Salomon Maimon: Rational Dogmatist, Empirical Skeptic – Critical Assessments*. Dordrecht: Kluwer Academic Publishers, 2003.

Gernet, Louis. *The Anthropology of Ancient Greece*. Baltimore: Johns Hopkins University Press, 1981.

Gex, Maurice. 'La Psycho-biologie de Raymond Ruyer'. *L'age nouveau* 105, 1959, 102–9.

Ghyka, Matila. *Essai sur le rhythme*, Paris: Gallimard, 1938.

Ghyka, Matila. *The Geometry of Art and Life*. New York: Sheed & Ward, 1946.

——. *Le Nombre d'Or: rites et rhythmes pythagoriciens dans le développement de la civilisation occidentale*, Tome 1: Les rythmes; tome 2: Les rites. Paris: Gallimard, 2000 [1959].

Gilson, Etienne. *Being and Some Philosophers*, 2nd edn. Toronto: Pontifical Institute of Medieval Studies, 1952.

——. *History of Christian Philosophy in the Middle Ages*. London: Sheed and Ward, 1955.

Glendinning, Simon. *The Idea of Continental Philosophy*. Edinburgh: Edinburgh University Press, 2006.

Godwin, Joscelyn. *L'esotérisme musicale en France, 1950–1970*. Paris: Albin Michel, 1991. *Music and the Occult: French Musical Philosophies, 1750–1950*. Trans. the Author. New York: University of Rochester, 1985.

Godwin, Joscelyn (ed.). *Music, Mysticism and Magic: A Sourcebook*. London: Penguin Arkana, 1986.

Granger, Gilles-Gaston. 'Cavaillès et Lautman: deux pionniers'. *Revue philosophique de la France*, Philosopher en France 3, 1940–44, 293–301.

Grau, Albin. 'Hoëne Wronski'. In *Saturn Gnosis*. Graz: Geheimnes Wissen, 2006 [1929], 290–302.

Grogin, R. C. *The Bergsonian Controversy in France, 1900–1914*. Calgary: Calgary University Press, 1998.

Gualandi, Alberto, *Deleuze*, Paris: Les Belles Lettres, 1998.

Guchet, Xavier. 'Simondon, la cybernétique et les sciences humaines. Genèse de l'ontologie simondonienne dans deux manuscrits sur la cybèrnetique'. In *Chiasmi International 7: Life and Individuation*. Eds M. Carbone, L. Lawlor and R. Barbaras. Milan: Mimesis, 2005.

Hardt, Michael. *Gilles Deleuze: A Philosophical Apprenticeship*. Minneapolis: Minnesota University Press, 1993.

Harvey, David Allen. *Beyond Enlightenment: Occultism and Politics in Modern France*. Dekalb: Northern Illinois University Press, 2005.

Hegel, G. W. F. *Elements of the Philosophy of Right*. Ed. Allen W. Wood. Trans. H. B. Nisbet. Cambridge: Cambridge University Press, 1991.

——. *Hegel's Logic. Being Part One of the Encyclopedia of the Philosophical Sciences*. Trans. William Wallace. Oxford: Oxford University Press, 1975.

——. *Hegel's Science of Logic*. Trans. A. V. Miller. Atlantic Highlands, NJ: Humanities Press, 1989.

——. *The Phenomenology of Spirit*. Trans. A. V. Miller. Oxford: Oxford University Press, 1977.

Heidegger, Martin. *Being and Time*. Trans. Joan Stambaugh. New York: State University of New York Press, 1996.

——. *Beiträge zur Philosophie (Vom Ereignis)*. *Gesamtausgabe*, vol. 65. Frankfurt: Vittorio Klostermann, 1989. *Contributions to Philosophy (From Enowning)*. Trans. P. Emad and K. Maly. Bloomington: Indiana, 1999.

——. *Nietzsche*, 4 vols. Trans. David Farrell Krell. San Francisco: Harper Collins, 1991.

——. *On the Way to Language*. Trans. Peter D. Herz. New York: Harper and Row, 1971.

——. 'Phenomenology and Theology'. In *The Play of Thinking*. Trans. James G. Hart and John C. Maraldo. Bloomington: Indiana University Press, 1976.

——. *What is Metaphysics?* Trans. R. F. C. Hull and Alan Crick. In *Existence and Being*. Chicago: Henry Regnery, 1970.

Hellman, Geoffrey. 'Structuralism'. In *The Oxford Handbook of Philosophy of Mathematics and Logic*. Ed. Stewart Shapiro. Oxford: Oxford University Press, 2005.

Hilbert, David. *Gesammelte Abhandlungen*, 3 vols. New York: Chelsea Pub. Co., 1965.

——. 'Uber das Unendliche'. *Mathematische Annalen* 95, 1926, 161–90.

Hill, Leslie. *Writing at the Limit: Bataille, Blanchot, Klossowski*. Oxford: Oxford University Press, 2001.

Holland, Eugene W. *Deleuze and Guattari's* Anti-Oedipus: *An Introduction to Schizoanalysis*. New York: Routledge, 1999.

——. 'Nonlinear Historical Materialism and Postmodern Marxism'. *Culture, Theory, Critique* 47:2, 2006, 181–96.

——. 'Spinoza and Marx'. *Cultural Logic* 2:1, 1998, http://clogic.eserver. org/2-1/holland.html

Hume, David. *A Treatise of Human Nature*. London: Penguin, 1985.

——. *An Enquiry Concerning Human Understanding*. London: Penguin, 1990.

——. *Dialogues Concerning Natural Religion*. Indianapolis: Hackett, 1980.

Husserl, Edmund. *Cartesian Meditations*. The Hague: Martinus Nijhoff, 1960.

——. *Husserliana. Gesammelte Werke*. Ed. S. Ijsseling. The Hague: Martinus Nijhoff Verlag, 1950.

——. *Ideas. General Introduction to Pure Phenomenology*. London/New York: George Allen/Macmillan, 1958.

——. *Logical Investigations*. London/New York: Routledge/Humanities Press, 1970.

Hyppolite, Jean. *Logic and Existence*. Trans. Leonard Lawlor and Amit Sen. Albany: State University of New York Press, 1997.

Igoin, Albert. 'De l'ellipse de la théorie politique de Spinoza chez le jeune Marx'. In *Cahiers Spinoza* 1, 1977, 213–28.

James, Ian. *Pierre Klossowski: The Persistence of a Name*. Oxford: Legenda, 2000.

Jones, Graham. *Difference and Determination: Prolegomena Concerning Deleuze's Early Metaphysic*. Unpublished PhD Dissertation: Monash University, 2002.

Joseph, Isaac. 'Gabriel Tarde: Le monde comme féerie'. In Tarde, Gabriel. *Les lois sociales*. Paris: Les Empêcheurs de penser en rond, 1999, 9–36.

——. 'Tarde avec Park. A quoi servent les foules?' *multitudes* 7, December 2001, 212–20.

Kant, Immanuel. *Critique of Judgement*. Trans. Werner S. Pluhar. Indianapolis: Hackett Publishing Company, 1987 [1790].

——. *Critique of Pure Reason*. Trans. P. Guyer and A. Wood. Cambridge: Cambridge University Press, 1997 [1781/1787].

——. *Critique of Pure Reason*. Trans. Norman Kamp Smith. London: Macmillan, 1990 [1781/1787].

——. Letter to Marcus Herz, 26 May 1789, in *Immanuel Kant: Philosophical Correspondence, 1759–99*. Ed. Arnulf Zweig. Chicago: University of Chicago Press, 1967.

——. *Prolegomena to any future metaphysics that will be able to come forward as science*. Trans. Gary Hatfield. Cambridge: Cambridge University Press, 1997.

Keller, Evelyn Fox. *The Century of the Gene*. Cambridge, MA: Harvard University Press, 2000.

Kerslake, Christian. 'The Somnambulist and the Hermaphrodite: Deleuze, Johann Malfatti de Montereggio and Occultism'. *Culture Machine*, 'Interzone' section. http://www.culturemachine.net/index.php/cm/article/view/243/225

Klossowski, Pierre. 'A propos du simulacra dans le communication de Georges Bataille'. *Critique* Aug–Sept 1963, 742–50.

——. *La vocation suspendue*. Paris: Gallimard, 1950.

——. *Le Bain de Diane*. Paris: Pauvert, 1956.

——. *Le Baphomet*. Paris: Mercure de France, 1965.

——. *Les lois de l'hospitalité* (*Roberte ce soir* [1954], *La révocation de l'Édit de Nantes* [1959] and *Le souffleur* [1960]). Paris: Gallimard, 1965.

——. 'Nietzsche, le polythéisme et la parodie'. In *Un si funeste désir*. Paris: Gallimard, 1963, 187–228.

——. *Origines culturelles et mythoques d'un certain comportement des dames* romaine's. Montpellier: Fata Morgana, 1986 [1968].

——. 'Oubli et anamnèse dans l'expérience vécue de l'éternel retour du meme'. In *Nietzsche et le cerle vicieux*. Paris: Mercure de France, 1969, 93–103. *Nietzsche and the Vicious Circle*. Trans. Daniel W. Smith. New York: Athlone, 1997, 56–66.

——. *Sade mon prochain*. Paris: Seuil, 1967 [1947].

Kuehn, Manfred. *Scottish Common Sense in Germany, 1768–1800*. Quebec: McGill-Queens University Press, 1987.

Lafontaine, Céline. *L'empire cybernétique. Des machines à penser à la pensée machine*. Paris: Seuil, 2005.

——. 'The Cybernetic Matrix of "French Theory"'. *Theory, Culture & Society* 24:5, 2007, 27–46.

Landgrebe, Ludwig. 'The Phenomenological Concept of Experience'. *Philosophy and Phenomenological Research* 34:1, 1973, 1–13.

Laplanche, Jean, and Jean-Baptiste Pontalis. *The Language of Psycho-Analysis*. Trans. Donald Nicholson-Smith. New York: Norton, 1973.

Lapoujade, David. 'From Transcendental Empiricism to Worker Nomadism: William James'. *Pli* 9, 2000, 190–9.

Largeault, Jean. *Logique mathématique. Textes.* Paris: Armand Colin, 1972.

Laruelle, François. *Nietzsche contre Heidegger.* Paris: Payot, 1977.

Latour, Bruno. 'Gabriel Tarde and the End of the Social'. In *The Social in Question. New Bearings in History and the Social Sciences.* Ed. P. Joyce. London: Routledge, 2002.

——. *Reassembling the Social: an Introduction to Actor-Network-Theory.* Oxford: Oxford University Press, 2005.

Laugwitz, D. *Bernhard Riemann: Turning Points in the Conception of Mathematics.* Trans. A. Shenitzer. Boston: Birkhäuser, 1999.

Lautman, Albert. *Essai sur les notions de structure et d'existence en mathématiques. I. Les schémas de structure. II. Les schémas de genèse.* Paris: Hermann, 1938.

——. *Essai sur l'unité des mathématiques et divers écrits.* Foreword by Jean Dieudonné, Olivier Costa de Beauregard and Maurice Loi. Paris: Union générale d'éditions, 1977. (Reprinted 2006. *Les mathématiques, les idées et le réel physique.* Paris: Vrin.)

——. *Essai sur l'unité des sciences mathématiques dans leur développement actuel.* Paris: Hermann, 1938.

——. *Nouvelles recherches sur la structure dialectique des mathématiques, Introduction de Jean Cavaillès et Raymond Aron. Actualités scientifiques et industrielles.* Paris: Hermann, 1939.

——. *Symétrie et dissymétrie en mathématiques et en physique. Le problème du temps. Introduction de Suzanne Lautman.* Paris: Hermann, 1946.

——. 'Symmetry and Dissymmetry in Mathematics and Physics'. In *Great Currents of Mathematical Thought.* Ed. F. Le Lionnais. Trans. R. A. Hall. New York: Dover Publications, 2004 [1971].

Lawlor, L. *The Challenge of Bergsonism.* London: Continuum, 2003.

——. 'Life: An Essay on the Overcoming of Metaphysics'. Available online at http://www.pucp.edu.pe/eventos/congresos/filosofia/programa_general/viernes/plenariamatutina/LawlorLeonard.pdf

Lazzarato, Maurizio. *Puissances de l'invention. La psychologie économique de Gabriel Tarde contre l'economie politique.* Paris: Les Empêcheurs de penser en rond/Le Seuil, 2001.

Leibniz, Gottfried Wilhelm. *New Essays on Human Understanding*, 2nd edn. Ed. Jonathan Bennett and Peter Remnant. Cambridge: Cambridge University Press, 1997.

——. *Philosophical Essays.* Trans. Roger Ariew and Daniel Garber. Indianapolis: Hachett Publishing Company, 1989.

——. *Philosophical Papers and Letters*, 2nd edn. Ed. Leroy E. Loemker. Dordrecht, Holland: D. Reidel, 1956.

Lévi, Eliphas. *History of Magic.* Trans. A. E. Waite, London: Rider, 1913 [1860].

Lévi, Eliphas [Alphonse Constant]. *Transcendental Magic*. London: Rider, 1896 [*Doctrine et ritual de la haute magie*, 1855].

Macherey, Pierre. *Hegel ou Spinoza*. Paris: Maspero, 1979.

McIntosh, Christopher. *Eliphas Lévi and the French Occult Revival*. London: Rider, 1972.

Maimon, Solomon. *An Autobiography*. Trans. J. Clark Murray. Urbana: University of Illinois Press, 2001.

——. *Versuch über die Transcendental-philosophie, mit einem Anhang über die symbolische Erkenntniß und Anmerkungen*. In *Gesammelte Werke* (II, VII). Ed. Valerio Verra. Hildesheim et al. 1965–1976, 2000.

Marx, Karl. *Capital* (3 vols). In *Marx/Engels Collected Works*. vol. 1. London: International Publishers, 1976.

——. *Grundrisse: Introduction to the Critique of Political Economy*. Trans. M. Nicolaus. New York: Vintage, 1973 [1939].

Marx, Karl, and Friedrich Engels. *The Communist Manifesto*. In *Marx/Engels Collected Works*, vol. 6. London: International Publishers, 1976.

Mates, Benson. *The Philosophy of Leibniz: Metaphysics and Language*. Oxford: Oxford University Press, 1986.

Matheron, Alexandre. 'Le *Traité Théologico-Politique* vu par le jeune Marx'. In *Cahiers Spinoza* 1, 1997, 159–212.

Merleau-Ponty, M. 'At the Sorbonne'. *The Bergsonian Heritage*. Ed. T. Hanna. New York: Columbia University Press, 1962, 133-49.

——. *Phenomenology of Perception*. Trans. Colin Smith. London: Routledge & Kegan Paul, 1962.

Meslet, Laurent. *Le psychisme et la vie. La philosophie de la nature de Raymond Ruyer*. Paris: L'Harmattan, 2005.

Milet, Jean. *Gabriel Tarde et la philosophie de l'Histoire*. Paris: Vrin, 1970.

Montferrier, A. S. de. *Encyclopédie Mathématique, ou exposition complète de toutes les branches des mathématiques d'après les principles de la philosophie des mathématiques de Hoëné Wronski* (4 vols). Paris: Amyot, 1834–40.

Moore, F. C. T. *Bergson: Thinking Backwards*. Cambridge: Cambridge University Press, 1996.

Morand, Max. 'Reflexions d'un physicien sur la Gnose de Princeton'. In *Cahiers Laïques* 174, 1980, 123–43.

Morot-Sir, E. 'What Bergson Means to Us Today'. In *The Bergsonian Heritage*. Ed. T. Hanna. New York: Columbia University Press, 1962, 35–53.

Moss, Lenny. *What Genes Can't Do*. Cambridge, MA: MIT Press, 2003.

Mourélos, G. *Bergson et les niveaux de réalité*. Paris: Presses Universitaires de France, 1964.

Mucchielli, Laurent. 'Tardomania? Réflexions sur les usages contemporains de Tarde'. *Revue d'Histoire des Sciences Humaines* 3, 2000, 161–84.

Mullarkey, John (ed.). *The New Bergson*. Manchester: Manchester University Press, 1999.

Nietzsche, Friedrich. *Beyond Good and Evil*. Trans. R. J. Hollingdale. London: Penguin Books, 2003.

——. *Sämtliche Werke. Kritische Studienausgabe*. Hrsg. G. Colli und M. Montinari. München: Deutscher Taschenbuch Verlag, 1967.

——. *Thus Spoke Zarathustra*. Trans. R. J. Hollingdale. Harmondsworth: Penguin, 1961.

——. *Untimely Meditations*. Trans. R. J. Hollingdale. Cambridge: Cambridge University Press, 1997.

Oyama, Susan. *The Ontogeny of Information*. Durham: Duke University Press, 2000.

Papus [Gérard Encausse]. *The Tarot of the Bohemians*. Trans. A. P. Morton. London: George Redway, 1896 [1889].

Papus. *La science des nombres*, Paris: Chacornac, 1934.

Parr, Adrian (ed.). *The Deleuze Dictionary*. Edinburgh: Edinburgh University Press, 2005.

Petitot, Jean. 'La dialectique de la vérité objective et de la valeur historique dans le rationalisme mathématique d'Albert Lautman'. In *Sciences et philosophie en France et en Italie entre les deux guerres*. Ed. J. Petitot and L. Scarantino. Napoli: Vivarium, 2001.

——. 'Refaire le Timée. Introduction à la philosophie mathématique d'Albert Lautman'. *Revue d'Histoire des Sciences* 40:1, 1987, 79–115.

Plato. *Collected Dialogues of Plato*. Ed. Edith Hamilton. Princeton, NJ: Princeton University Press, 1961.

——. *Republic*. Trans. G. M. A. Grube. Indianapolis: Hackett Publishing, Company, 1974.

Plotinus. *The Enneads*. London/New York: Penguin Books, 1991.

Plotnitsky, Arkady. *The Knowable and the Unknowable: Modern Science, Nonclassical Thought, and the 'Two Cultures'*. Ann Arbor: University of Michigan Press, 2002.

Pragacz, Piotr. 'Notes on the Life and Work of Józef Maria Hoëne-Wronski'. IMPAN website (Institute of Mathematics of the Polish Academy of Sciences), www.impan.gov.pl/-pragacz/download

Prentice, R. *The Basic Quidditative Metaphysics of Duns Scotus as Seen in His De Primo Principio*. Rome: Antonianum, 1970.

Read, Jason. 'Primitive Accumulation: The Aleatory Foundation of Capitalism'. In *Rethinking Marxism* 14:2, 2000, 24–49.

——. *The Micro-Politics of Capital: Marx and the Prehistory of the Present*. Albany: State University of New York Press, 2003.

——. 'Universal History of Contingency: Deleuze and Guattari on the History of Capitalism'. In *Borderlands E-journal* 2:3 (2003), http://www.borderlandsejournal.adelaide.edu.au/vol2no3_2003/read_contingency.htm

Reggio, David. 'Jean Malfatti de Montereggio: A Brief Introduction'. In *Working Papers on Cultural History and Contemporary Thought*, paper 1, November 2003. http://www.goldsmiths.ac.uk/ departments/history/ news-events/malfatti_intro.php

Reik, Theodor. *Masochism in Modern Man*. Trans. Margaret H. Beigel and Gertrud M. Kurth. New York: Grove Press, 1941.

Riemann, B. 'On the Hypotheses Which Lie at the Bases of Geometry'. Trans. W. K. Clifford. *Nature* 8, 1873, 14–17; 36–7.

Robert, Jason Scott. *Embryology, Epigenesis and Evolution: Taking Development Seriously*. Cambridge: Cambridge University Press, 2004.

Roudinesco, Elisabeth. *Jacques Lacan & Company: A History of Psychoanalysis in France, 1925–1985*. Trans. Jeffrey Mehlman. Chicago: University of Chicago Press, 1990.

Rubel, Maximilien. 'Marx à la rencontre de Spinoza'. In *Cahiers Spinoza* 1, 1997, 7–28.

Russell, B. *A History of Western Philosophy*. London: Counterpoint, 1984.

Ruyer, Raymond. *L'animal, l'homme, la fonction symbolique*. Paris: Gallimard, 1964.

——. *Eléments de psycho-biologie*. Paris: PUF, 1946.

——. *Esquisse d'une philosophie de la structure*. Paris: Alcan, 1930.

——. *La conscience et le corps*. Paris: Alcan, 1937.

——. *La cybernétique et l'origine de l'information*. Paris: Flammarion, 1954.

——. *La Gnose de Princeton: des savants à la recherché d'une religion américaine*. Paris: Fayard, 1977.

——. *Le monde des valeurs*. Paris: Aubier, 1948.

——. *L'humanité de l'avenir d'après Cournot*. Paris: Alcan, 1930.

——. *L'utopie et les utopies*. Paris: PUF, 1950.

——. *Néo-finalisme*. Paris: PUF, 1952.

——. *Paradoxes de la conscience et limites de l'automatisme*. Paris: Albin Michel, 1960.

——. *Philosophie de la valeur*. Paris: Armand Colin, 1952.

——. *La genèse des formes vivantes*. Paris: Flammarion, 1958.

Salanskis, Jean-Michel. 'Idea and Destination'. In *Deleuze: A Critical Reader*. Ed. P. Patton. Cambridge: Blackwell, 1996.

——. 'Mathematics, Metaphysics, Philosophy'. In *Virtual Mathematics: The Logic of Difference*. Ed. S. Duffy. Manchester: Clinamen Press, 2006.

——. 'Pour une épistémologie de la lecture'. *Alliage* 35–6, 1998. http://www. tribunes.com/tribune/alliage/accueil.htm

Santayana, G. *Winds of Doctrine and Platonism and the Spiritual Life*. Gloucester: Peter Smith, 1971.

Sauvagnargues, Anne. 'Actuel/Virtuel'. *Le vocabulaire de Gilles Deleuze*. Ed. R. Sasso and A. Villani. *Les Cahiers de Noesis* 3, 2003, 22–9.

——. *Deleuze et l'art*. Paris: Presses Universitaires de France, 2005.

Schelling, F. W. J. 'Stuttgart Lectures'. Trans. T. Pfau. In Schelling, *Idealism and the Endgame of Theory*. Albany: SUNY, 1994 [1810].

Schérer, René. 'L'impersonnel'. In É. Alliez et al., *Gilles Deleuze. Immanence et vie*. Paris: PUF, 1998, 70.

——. 'Préface. Fin de siècle–Une utopie esthétique'. In Gabriel Tarde. *Fragment d'histoire future*. Paris: Séguier, 1998, 7–37.

Schrag, Calvin O. 'Heidegger on Repetition and Historical Understanding'. *Philosophy East and West* 20:3, July 1970, 287–95.

Sheehan, Thomas. 'A Paradigm Shift in Heidegger Research'. *Continental Philosophy Review* 34, 2001, 183–202.

Simondon, Gilbert. *Du mode d'existence des objets techniques*. Paris: Aubier, 1989.

——. *L'individuation à la lumière des notions de forme et d'information*. Grenoble: Millon, 2005.

Smith, Daniel W. 'Axiomatics and Problematics as Two Modes of Formalisation: Deleuze's Epistemology of Mathematics'. In *Virtual Mathematics: The Logic of Difference*. Ed. Simon Duffy. Manchester: Clinamen Press, 2006.

——. 'Deleuze, Hegel, and the Post-Kantian Tradition'. *Philosophy Today*, supplement 44, 2001, 119–31.

——. 'Deleuze on Leibniz: Difference, Continuity, and the Calculus'. In *Current Continental Theory and Modern Philosophy*. Ed. Steve Daniel. Evanston, IL: Northwestern University Press, 2004.

——. 'Mathematics and the Theory of Multiplicities: Deleuze and Badiou Revisited'. *Southern Journal of Philosophy* 41:3, 2003, 411–49.

——. 'The Conditions of the New'. *Deleuze Studies* 1:1, 2007, 1–21.

——. 'The Doctrine of Univocity: Deleuze's Ontology of Univocity'. In *Deleuze and Religion*. Ed. Mary Bryden. London and New York: Routledge, 1999.

Stengers, Isabelle. *Penser avec Whitehead: une libre et sauvage création de concepts*. Paris: Seuil, 2002.

Sunden, Hjalmar. *La théorie bergsonienne de la religion*. Uppsala: Almqvist & Wiksell, 1940.

Tarde, Gabriel. *Ecrits de psychologie sociale*. Ed. Jean Millet and A.M. Rocheblave-Spenlé. Toulouse: Privat Editeur, 1973.

——. 'La croyance et le désir'. *Revue philosophique* 10, 1880, 150–80; 264–83.

——. *Les lois de l'imitation*, with a preface by Jean-Philippe Antoine. Paris: Les Empêcheurs de penser en rond/Le Seuil, 2001 [1890/1895].

——. *Les lois sociales*. With a preface by Isaac Joseph. Paris: Les Empêcheurs de penser en rond/Institut Synthélabo, 1999 [1898].

——. *L'opposition universelle*, with a preface by Jean-Clet Martin. Paris: Les Empêcheurs de penser en rond/ Institut Synthélabo, 1999 [1897].

——. *Maine de Biran et l'évolutionnisme en psychologie*, with a preface by Anne Devarieux. Paris: Les Empêcheurs de penser en rond/Institut d'édition Sanofi-Synthelabo, 2000 [1876].

——. *Monadologie et sociologie*. With a preface by Éric Alliez and a postface by Maurizio Lazzarato. Paris: Les Empêcheurs de penser en rond/Institut Synthélabo, 1999 [1893].

Thelke, Peter. 'Intuition and Diversity: Kant and Maimon on Space and Time'. In *Salomon Maimon: Rational Dogmatist, Empirical Skeptic – Critical Assessments*. Ed. Gideon Freudenthal. Dordrecht: Kluwer Academic Publishers, 2003.

Thoburn, Nicholas. *Deleuze, Marx and Politics*. New York: Routledge, 2003.

Toews, David. 'The New Tarde'. *Theory, Culture & Society* 20:5, 2003, 81–98.

Toscano, Alberto. 'La disparation. Politique et sujet chez Simondon'. *multitudes* 18, 2004, 73–82.

——. *The Theatre of Production: Philosophy and Individuation Between Kant and Deleuze*. Basingstoke: Palgrave, 2006.

Turkle, Sherry. *Psychoanalytic Politics: Jacques Lacan and Freud's French Revolution*. New York: Guilford, 1992.

Vax, Louis, and Wunenburger, Jean-Jacques (eds). *Raymond Ruyer, de la science á la théologie*. Paris: Kimé, 1995.

Vergez, André, and Huisman, Denis. *Histoire des philosophes illustrée par les textes*. Paris: Fernand Nathan, 1966.

Viatte, Auguste *Les sources occultes du Romantisme* (2 vols). Paris: Honoré Champion, 1928.

Villani, Arnauld. *La guêpe et l'orchidée*. Paris: Belin, 1999.

Virno, Paolo. *A Grammar of the Multitude*. New York: Semiotext(e), 2002.

Wacquant, Loïc. 'Durkheim et Bourdieu: le socle commun et ses fissures'. *Critique* 579/580, Aug–Sept 1995, 646–60.

Wahl, Jean. *Le malheur de la conscience dans la philosophie de Hegel*. Paris: Rieder, 1929.

——. 'Review of *Nietzsche et la philosophie* by Gilles Deleuze'. In *Revue de métaphysique et de morale* 68, 1963, 352–79.

——. *Vers le concret: étude d'histoire de la philosophie contemporaine, William James, Whitehead, Gabriel Marcel*. Paris: Vrin 2004 [1932].

Warrain, Francis. *Essai sur l'harmonices mundi ou musique du monde de Johannes Kepler*. Tome 1: *Fondements mathématiques de l'Harmonie*. Paris: Hermann, 1942.

——. *La synthèse concrète*. Paris: Chacornac, 1910 [1906].

——. *L'armature métaphysique de Hoëne Wronski*. Paris: Alcan, 1925.

——. *L'espace*. Paris: Fischbacher, 1907.

Warrain, Francis (ed.). *L'oeuvre philosophique de Hoëne Wronski* (3 vols). Paris: Vega, 1933.

Watson, Stephen H. 'Heidegger: The Hermeneutics of Suspicion and the Dispersion of Dasein'. Unpublished manuscript.

Weyl, H. *Space Time Matter*. Trans. Henry L. Brose. New York: Dover, 1952 [1918].

Whitehead, A. N. *Adventures of Ideas*. Harmondsworth: Penguin, 1948.

——. *Process and Reality*. New York: The Free Press, 1978.

——. *Science and the Modern World*. Cambridge: Cambridge University Press, 1927.

Widder, Nathan. *Genealogies of Difference*, Urbana and Chicago: University of Illinois Press, 2002.

——. 'The Rights of Simulacra: Deleuze and the Univocity of Being'. *Continental Philosophy Review* 34, 2001, 437–53.

Williams, James. 'Deleuze and Whitehead'. In *The Transversal Thought of Gilles Deleuze: Encounters and Influences*. Manchester: Clinamen, 2005.

——. *Gilles Deleuze's Logic of Sense: A Critical Introduction and Guide*. Edinburgh: Edinburgh University Press, 2008.

——. *Understanding Poststructuralism*. Chesthunt: Acumen, 2005.

Williams, Thomas A. *Eliphas Lévi: Master of Occultism*. Alabama: University of Alabama, 1975.

Wronski, Józef-Maria Hoëne. *A Course of Mathematics: Introduction Determining the General State of Mathematics*. London, 1821.

——. *Apodictique messianique*. Paris: Depot des ouvrages de l'auteur, 1876.

——. *Introduction à la philosophie des mathématiques et technie d'algorithmie*. Paris: Courcier, 1811.

——. *Mémoires sur l'aberration des astres mobiles et sur l'inégalité dans l'apparence de leur mouvement*. Marseille, 1801.

——. *Messianisme: union finale de la philosophie et de la religion, constituent la philosophie absolue*. Paris: Depot des ouvrages de l'auteur, 1831.

——. *Messianisme, ou réforme absolue du savoir humain*. Paris: Depot des ouvrages de l'auteur, 1847.

——. *Philosophie critique découverte par Kant, fondée sur le dernier principe du savoir humain*. Marseille, 1803.

——. *Philosophie de l'infini: contenant des contre-refléxions sur la métaphysique du calcul infinitésimal*. Paris: Depot des ouvrages de l'auteur, 1814.

——. *Programme du cours de philosophie transcendentale*. Paris: Firmin-Didot, 1811.

——. *Prospectus de la philosophie absolue et son développement*. Paris: Depot des ouvrages de l'auteur, 1878.

Žižek, Slavoj. 'Notes on a Debate "From Within the People"'. *Criticism* 46:4, Fall 2004, 661–6.

찾아보기

에릭 알리에: 미들섹스 대학교 현대 프랑스 철학 교수이다. 그는 *The Signature of the World*(2004)로 영역된 『세계의 서명, 혹은 들뢰즈와 과타리의 철학이란 무엇인가?』(1993)의 저자이다. 또 『마티스의 사유』(2005)의 공저자(장-클로스 본과 함께)이다.

폴 액킨슨: 모나시 대학교 〈의사소통과 글쓰기 프로그램〉에서 강의하고 있다. 그의 연구는 과학에 관한 앙리 베르그손의 저술들에 보이는 물질성과 물체성 간의 관계에 중점을 두고 있다. 특히 내재적 변화와 확장되는 운동 간의 관계를 강조하고 있다. 그의 간행 논문들은 베르그손의 생기론, 영화와 예견 가능성, 시간과 인식, 정지 화상에서의 정동의 지속적 한계와 함축된 운동을 포함하는 광범위한 주제들을 탐구하고 있다. 현재 그는 시간의 절차 이론, 미학, 서사 간의 관계를 탐구하는 논문들을 작성하는 데 열중하고 있다.

브루스 보: 톰슨 리버스 대학교(캐나다, 캄룹스)의 철학 교수이며, 『프랑스의 헤겔: 초현실주의에서 후기모던니즘으로』(2003)의 저자이다. 들뢰즈에 관한 그의 논문들은 *Man and World, the Journal of the British Society for Phenomenology, Social Semiotics, Angelaki, Symposium* 같은 학술지에 실려 있다.

알랭 보들리외: 캐나다 로렌천 대학교 철학과 조교수이다. 그는 『질 들뢰즈와

현상학』(2006)의 저자이며,『오늘날 미셸 푸코와 힘: 우리의 현재 역사에서의 국제적인 다학제간 연구』(2006)의 공동 편집자이다.

로널드 보그: 조지아 대학교 비교문학과 특임 연구교수이다. 그는『들뢰즈와 과타리』(1989),『들뢰즈와 영화』(2003),『들뢰즈와 문학』(2003),『들뢰즈와 음악, 회화, 그리고 예술 일반』(2003),『들뢰즈의 자취; 헌사와 찬사』(2004)의 저자이다.

콘스탄틴 V. 보운다스: 트렌트 대학교 철학 명예교수이자, 〈이론, 정치, 문화의 트렌트 연구 센터〉의 회원이다. 엮은 책으로『들뢰즈 읽기』(1993), 도로시아 올코프스키와 함께 엮은 책으로『철학 극장: 질 들뢰즈에 관한 비판적 시론들』(1994)이 있다. (마크 레스트, 찰스 스티베일과 공역한) 역서로『질 들뢰즈의 의미의 논리』(1990)가 있고,『질 들뢰즈의 경험론과 주체성: 인간 본성에 관한 시론(1991)』이 있다. 그는 또한『들뢰즈와 철학』(2006)의 편집자이자『20세기 철학 에딘버러 안내서』(근간)의 편집 주간이기도 하다.

사이먼 더피: 시드니 대학교(오스트레일리아) 철학과 조교수이다. 그의 연구 관심은 근대 초기 철학, 유럽 철학, 과학과 수학의 역사와 철학이다. 그는『표현의 논리: 스피노자, 헤겔, 들뢰즈가 논하는 질, 양, 강도』(2006)의 저자이자,『잠재적 수학: 차이의 논리』(2006)의 편자이다. 그는 또한 www.webdeleuze.com에 있는 스피노자에 관한 질 들뢰즈의 세미나를 다수 번역하기도 했다.

그레고리 플랙스먼: 노스 캐롤리나 대학교 채플 힐 영문학과 조교수이다. 그는『두뇌는 스크린이다: 들뢰즈와 영화 철학』(2000)의 편집자로, 화행 이론, 정신분석, 포스트모던 소설, 비판 이론의 운명, 철학에 관한 논문들을 간행해 왔다. 그는 현재 우화와 철학에 관한 책을 마치고 있는 중이다.

유진 홀랜드: 오하이오 주립 대학 프랑스 이탈리아 학과에서 강의하고 있다. 그는 사회 이론, 그리고 현대 프랑스 문학, 역사, 문화를 전문적으로 다루고 있다. 후기구조주의, 특히 질 들뢰즈의 저작에 관한 다수의 논문 외에도, 그는 『보들레르와 분열분석: 모더니즘의 사회정치학』 (1993), 『분열분석 입문』(1999)과 같은 책들을 출간했으며, 현재, 시민 의식과 도착에 관한 책들을 집필하는 데 열중하고 있다.

이언 제임스: 1996년 워릭 대학교에서 피에르 클로소프스키의 소설적 저술과 이론적 저술에 관한 박사 학위 연구 과정을 수료했다. 그 이후로 그는 캠브릿지 대학교 다우닝 대학 프랑스 학과 선임 연구원이자 전임강사 이다. 그는 『피에르 클로소프스키: 이름의 지속성』(2000), 『파편적 요구: 장-뤽 낭시 철학 입문』(2006), 『폴 비릴리오』(2007)의 저자이다.

그레이엄 존스: 모나시 대학 조교수이다. 그는 멜버른 대학교, 빅토리아 공과 대학교에서 강의해 왔으며, 대륙 철학 오스트레일리아 협회의 전임 회장, 멜버른 대륙 철학 학교의 회원, 『감각 중추: 미학, 예술, 생명』의 공동 편집자이다. 그는 또한 『재구성된 리오타르』(근간)의 저자이기 도 하다.

크리스천 커슐레이크: 런던, 미들섹스 대학교 〈현대 유럽 철학〉의 연구원이다. 그는 『들뢰즈와 무의식』(2006), 『칸트와 들뢰즈에서의 내재성 문제』 의 저자이자, 『마음의 시작과 끝: 정신분석에 관한 철학적 시론들』 (2007)의 편집자이다.

멜리사 맥마흔: 시드니 대학 철학과에서 강의하고 있는데, 최근에 이 학과에 서 들뢰즈와 칸트의 비판 철학에 관한 박사 학위를 받았다. 그녀는 www.webdeleuze.com에 있는 칸트에 관한 세미나를 포함하는 들뢰즈 의 저술과 다른 프랑스 철학자들에 관한 많은 번역서를 출간했다. 들뢰즈에 관한 그녀의 논문들은 개리 게노스코 엮음, 『들뢰즈와 과타

리: 중진 철학자들에 대한 비판적 평가』, 권1(2001), 찰스 스티베일 엮음, 『질 들뢰즈: 핵심 개념들』(2005)에 나와 있다.

아르카디 플로트니츠키: 퍼듀 대학교 영문학과 교수이자 〈이론과 문화 연구 프로그램〉의 소장이다. 영국과 유럽의 낭만주의, 비판 문화 이론, 대륙 철학, 물리학 철학, 그리고 문학, 철학, 과학 간의 관계에 관한 여러 책들과 많은 논문들을 간행해 왔다. 그의 가장 최근의 책들은 『인식 가능한 것과 인식 불가능한 것: 근대 과학, 비고전적 사유, "두 문화"』(2002), 『보어 읽기: 물리학과 철학』(2006), 그리고 틸로타마 라잔과 공동 편집한 논문 모음집, 『절대자 없는 관념론: 철학과 낭만파 문화』(2004)이다.

존 로페: 멜버른 대륙 철학 학교(www.mscp. org.au)의 회원이자, 『데리다 이해하기』(2004), 『데리다의 하이데거』(근간)의 편집자이다. 그는 들뢰즈, 데리다, 메를로-퐁티에 관한 논문들을 발표해 왔으며, 지금은 들뢰즈와 바디우의 존재론과 정치학에 관한 비교 연구를 집필하는 데 전념하고 있다.

대니얼 W. 스미스: 퍼듀 대학교 철학과 부교수이다. 그는 들뢰즈의 『비평적인 것과 진단적인 것』(1997), 『프랜시스 베이컨: 감각의 논리』(2004), 또한 피에르 클로소프스키의 『니체와 악순환』(1993)의 번역자이다.

알베르토 토스카노: 런던 골드스미스 대학 사회학 조교수이자, 〈발명과 사회 과정 연구 센터(CSISP)〉의 회원이다. 그는 『생산 극장: 칸트와 들뢰즈 사이의 철학과 개체화』(2006)의 저자이자, 『알랭 바디우의 이론적 저술들』과 『베케트에 관하여』의 공동 편집자이다. 그는 시몽동, 셸링, 바디우, 그리고 현대 사회 정치 사상에 관한 여러 편의 논문들을 썼다.

네이선 위더: 엑서터 대학교 정치 이론 조교수이다. 그의 『차이의 계보』(2002)는 헤겔-이후의 차이의 철학을 고대 철학, 초기 기독교 철학, 중세 철학에

대한 전략적 시도들과 함께 엮음으로써 동일성, 권력, 의미, 차이에 관한 존재론적 쟁점들을 다루고 있다. 그는 *Continental Philosophy Review*(2001), *Southern Journal of Philosophy*(2003), *Contemporary Political Theory*(2004), 그리고 *Philosophy Today*(근간)에 발표된 글들을 포함해서, 단행본의 장들에서 또 학술지 논문들에서 들뢰즈의 철학에 관해 광범위하게 집필해 왔다. 그의 가장 최근의 책은 『시간과 정치에 관한 성찰』이다.

제임스 윌리엄스: 던디 대학교 철학 부교수이다. 그의 간행서로는 K. 크롬과 함께 쓴 『리오타르 읽기와 안내』(2006), 『질 들뢰즈의 횡단적 사유: 마주침과 영향』(2005), 『질 들뢰즈의 차이와 반복: 비판적 입문과 안내』(2003), 『질 들뢰즈의 의미의 논리: 비판적 입문과 안내』(2008)가 있다.

박인성: 서울에서 태어나 연세대학교 영어영문학과, 동국대학교 대학원 불교학과를 졸업했다. 현재 동국대학교 불교대학 명예교수. 저서로『무문관을 사색하다: 무문과 들뢰즈의 만남을 기리며』,『화두』,『법상종 논사들의 유식사분의(唯識四分義) 해석』 등이 있으며, 철학 역서로『질 들뢰즈의 철학』,『질 들뢰즈의 저작 I: 1953~1969』,『들뢰즈와 재현의 발생』,『생명 속의 마음: 생물학·현상학·심리과학』,『현상학이란 무엇인가: 후설의 후기 사상을 중심으로』,『현상학적 마음: 심리철학과 인지과학 입문』,『유식사상과 현상학: 사상구조의 비교연구를 향해서』,『현상학과 해석학』 등이 있고, 불교 역서로『유식삼십송석: 산스끄리뜨본과 티베트본의 교정·번역·주석』,『중(中)과 변(邊)을 구별하기: 산스끄리뜨본·현장한역본』,『중변분별론소』,『유식삼십송 풀이: 유식불교란 무엇인가』,『니야야빈두/니야야빈두띠까: 산스끄리뜨본』,『불교인식론 연구: 다르마끼르띠의 「쁘라마나바룻띠까」 현량론』,『아비달마구사론 계품: 산스끄리뜨본·진제한역본·현장한역본』,『중론: 산스끄리뜨본·티베트본·한역본』,『반야심경찬』 등이 있다.

들뢰즈 철학의 계보 1
Deleuze's Philosophical Lineage 1

©경진출판, 2024

1판 1쇄 인쇄_2024년 07월 10일
1판 1쇄 발행_2024년 07월 20일

엮은이__그레이엄 존스·존 로페
옮긴이__박인성
펴낸이__양정섭

펴낸곳__경진출판
　　　　등록__제2010-000004호
　　　　이메일__mykyungjin@daum.net
　　　　스마트스토어(홈페이지)__https://smartstore.naver.com/kyungjinpub/
　　　　사업장주소__서울특별시 금천구 시흥대로 57길 17(시흥동) 영광빌딩 203호
　　　　전화__070-7550-7776　팩스__02-806-7282

값 42,000원
ISBN 979-11-93985-26-7 93100